U0949522

河北农村统计年鉴

2022

河 北 省 人 民 政 府
河 北 省 统 计 局 编

图书在版编目（ＣＩＰ）数据

河北农村统计年鉴. 2022 / 河北省人民政府，河北省统计局编. -- 北京 : 中国统计出版社，2022.12
ISBN 978-7-5230-0040-3

Ⅰ. ①河… Ⅱ. ①河… ②河… Ⅲ. ①农业统计－统计资料－河北－2022－年鉴 Ⅳ. ①F327.22-66

中国版本图书馆 CIP 数据核字(2022)第 213985 号

河北农村统计年鉴—2022

作　　者/ 河北省人民政府　河北省统计局
责任编辑/ 高媛媛
装帧设计/ 何海臣
出版发行/ 中国统计出版社有限公司
地　　址/ 北京市丰台区西三环南路甲 6 号
邮政编码/ 100073
电　　话/ 邮购（010）63376909　书店（010）68783171
网　　址/ http://www.zgtjcbs.com
印　　刷/ 石家庄天荣印刷有限公司
经　　销/ 新华书店
开　　本/ 880mm×1230mm　1/16
字　　数/ 934 千字
印　　张/ 30
版　　别/ 2022 年 12 月第 1 版
版　　次/ 2022 年 12 月第 1 次印刷
定　　价/ 260.00 元

如有印装差错，由本社发行部调换。

《河北农村统计年鉴—2022》编辑委员会名单

编 辑 说 明

2021年是中国共产党成立100周年、是脱贫攻坚战取得全面胜利、全面建成小康社会、实现第一个百年奋斗目标之年，是全面实施乡村振兴战略之年。在省委、省政府正确领导下，全省各地以习近平新时代中国特色社会主义思想为指导，认真贯彻中央、省委一号文件，落实中央、省农村工作会议精神，主动适应经济发展新常态，坚持为高质量发展服务，为领导决策服务，为社会公众服务。为了全面反映2021年河北省农村社会经济在加快新时代经济强省美丽河北建设中取得的新成效以及农业生产、农村发展和农民生活发生的新变化，更好地服务于经济建设、领导决策和公众需要，我们编辑了《河北农村统计年鉴—2022》。

《河北农村统计年鉴—2022》在保持历年《河北农村统计年鉴》基本框架的基础上，结合年度特点对部分内容、表式作了适当调整。本年鉴统计资料中符号说明："…"表示数据不足本项最小单位，"空格"表示该项统计数据不详或无该项统计资料，"#"表示其中的主要项。同时，为反映石家庄市包含辛集、保定市包含定州和雄安新区的情况以及两个省直管县发展情况，在"统计资料•各市情况"中，分列了石家庄市含省管县辛集市数据、保定市含省管县定州市、雄安新区数据，石家庄市不含省管县辛集市数据、保定市不含省管县定州市、雄安新区数据，并单列了定州市、辛集市两市数据。农林牧渔业增加值和中间消耗分市、分项数据为2020年最终核定数。由于部门工作职能整合造成部分数据缺失的，在明年的年鉴中体现。

为保证本年鉴按时、保质出版，省委、省政府有关领导高度重视，省直有关部门及各市、县给予了大力支持，全体编办人员为此付出了辛苦的努力，在此一并表示感谢！

在编辑过程中，我们力图精益求精，但仍难免有不妥之处，敬请广大读者提出宝贵意见。

《河北农村统计年鉴》编辑部

2022年12月

目　录

Ⅰ　特　载

Ⅱ　领导讲话

Ⅲ　社会经济发展报告

各市篇

Ⅳ 农业法规 文件选载

Ⅴ 统计图

Ⅵ 统计资料

全省情况

Ⅶ 2021年河北农村工作大事记

Ⅷ 附 录

Ⅰ 特 载

中共中央 国务院
关于做好2022年全面推进乡村振兴重点工作的意见

（2022年1月4日）

当前，全球新冠肺炎疫情仍在蔓延，世界经济复苏脆弱，气候变化挑战突出，我国经济社会发展各项任务极为繁重艰巨。党中央认为，从容应对百年变局和世纪疫情，推动经济社会平稳健康发展，必须着眼国家重大战略需要，稳住农业基本盘、做好“三农”工作，接续全面推进乡村振兴，确保农业稳产增产、农民稳步增收、农村稳定安宁。

做好 2022 年“三农”工作，要以习近平新时代中国特色社会主义思想为指导，全面贯彻党的十九大和十九届历次全会精神，深入贯彻中央经济工作会议精神，坚持稳中求进工作总基调，立足新发展阶段、贯彻新发展理念、构建新发展格局、推动高质量发展，促进共同富裕，坚持和加强党对“三农”工作的全面领导，牢牢守住保障国家粮食安全和不发生规模性返贫两条底线，突出年度性任务、针对性举措、实效性导向，充分发挥农村基层党组织领导作用，扎实有序做好乡村发展、乡村建设、乡村治理重点工作，推动乡村振兴取得新进展、农业农村现代化迈出新步伐。

一、全力抓好粮食生产和重要农产品供给

（一）稳定全年粮食播种面积和产量。坚持中国人的饭碗任何时候都要牢牢端在自己手中，饭碗主要装中国粮，全面落实粮食安全党政同责，严格粮食安全责任制考核，确保粮食播种面积稳定、产量保持在 1.3 万亿斤以上。主产区、主销区、产销平衡区都要保面积、保产量，不断提高主产区粮食综合生产能力，切实稳定和提高主销区粮食自给率，确保产销平衡区粮食基本自给。推进国家粮食安全产业带建设。大力开展绿色高质高效行动，深入实施优质粮食工程，提升粮食单产和品质。推进黄河流域农业深度节水控水，通过提升用水效率、发展旱作农业，稳定粮食播种面积。积极应对小麦晚播等不利影响，加强冬春田间管理，促进弱苗转壮。

（二）大力实施大豆和油料产能提升工程。加大耕地轮作补贴和产油大县奖励力度，集中支持适宜区域、重点品种、经营服务主体，在黄淮海、西北、西南地区推广玉米大豆带状复合种植，在东北地区开展粮豆轮作，在黑龙江省部分地下水超采区、寒地井灌稻区推进水改旱、稻改豆试点，在长江流域开发冬闲田扩种油菜。开展盐碱地种植大豆示范。支持扩大油茶种植面积，改造提升低产林。

（三）保障“菜篮子”产品供给。加大力度落实“菜篮子”市长负责制。稳定生猪生产长效性支持政策，稳定基础产能，防止生产大起大落。加快扩大牛羊肉和奶业生产，推进草原畜牧业转型升级试点示范。稳定水产养殖面积，提升渔业发展质量。稳定大中城市常年菜地保有量，大力推进北方设施蔬菜、南菜北运基地建设，提高蔬菜应急保供能力。完善棉花目标价格政策。探索开展糖料蔗完全成本保险和种植收入保险。开展天然橡胶老旧胶园更新改造试点。

（四）合理保障农民种粮收益。按照让农民种粮有利可图、让主产区抓粮有积极性的目标要求，健全农民种粮收益保障机制。2022 年适当提高稻谷、小麦最低收购价，稳定玉米、大豆生产者补贴和稻谷补贴政策，实现三大粮

食作物完全成本保险和种植收入保险主产省产粮大县全覆盖。加大产粮大县奖励力度，创新粮食产销区合作机制。支持家庭农场、农民合作社、农业产业化龙头企业多种粮、种好粮。聚焦关键薄弱环节和小农户，加快发展农业社会化服务，支持农业服务公司、农民合作社、农村集体经济组织、基层供销合作社等各类主体大力发展单环节、多环节、全程生产托管服务，开展订单农业、加工物流、产品营销等，提高种粮综合效益。

（五）统筹做好重要农产品调控。健全农产品全产业链监测预警体系，推动建立统一的农产品供需信息发布制度，分类分品种加强调控和应急保障。深化粮食购销领域监管体制机制改革，开展专项整治，依法从严惩治系统性腐败。加强智能粮库建设，促进人防技防相结合，强化粮食库存动态监管。严格控制以玉米为原料的燃料乙醇加工。做好化肥等农资生产储备调运，促进保供稳价。坚持节约优先，落实粮食节约行动方案，深入推进产运储加消全链条节粮减损，强化粮食安全教育，反对食物浪费。

二、强化现代农业基础支撑

（六）落实“长牙齿”的耕地保护硬措施。实行耕地保护党政同责，严守 18 亿亩耕地红线。按照耕地和永久基本农田、生态保护红线、城镇开发边界的顺序，统筹划定落实三条控制线，把耕地保有量和永久基本农田保护目标任务足额带位置逐级分解下达，由中央和地方签订耕地保护目标责任书，作为刚性指标实行严格考核、一票否决、终身追责。分类明确耕地用途，严格落实耕地利用优先序，耕地主要用于粮食和棉、油、糖、蔬菜等农产品及饲草饲料生产，永久基本农田重点用于粮食生产，高标准农田原则上全部用于粮食生产。引导新发展林果业上山上坡，鼓励利用“四荒”资源，不与粮争地。落实和完善耕地占补平衡政策，建立补充耕地立项、实施、验收、管护全程监管机制，确保补充可长期稳定利用的耕地，实现补充耕地产能与所占耕地相当。改进跨省域补充耕地国家统筹管理办法。加大耕地执法监督力度，严厉查处违法违规占用耕地从事非农建设。强化耕地用途管制，严格管控耕地转为其他农用地。巩固提升受污染耕地安全利用水平。稳妥有序开展农村乱占耕地建房专项整治试点。巩固“大棚房”问题专项清理整治成果。落实工商资本流转农村土地审查审核和风险防范制度。

（七）全面完成高标准农田建设阶段性任务。多渠道增加投入，2022 年建设高标准农田 1 亿亩，累计建成高效节水灌溉面积 4 亿亩。统筹规划、同步实施高效节水灌溉与高标准农田建设。各地要加大中低产田改造力度，提升耕地地力等级。研究制定增加农田灌溉面积的规划。实施重点水源和重大引调水等水资源配置工程。加大大中型灌区续建配套与改造力度，在水土资源条件适宜地区规划新建一批现代化灌区，优先将大中型灌区建成高标准农田。深入推进国家黑土地保护工程。实施黑土地保护性耕作 8000 万亩。积极挖掘潜力增加耕地，支持将符合条件的盐碱地等后备资源适度有序开发为耕地。研究制定盐碱地综合利用规划和实施方案。分类改造盐碱地，推动由主要治理盐碱地适应作物向更多选育耐盐碱植物适应盐碱地转变。支持盐碱地、干旱半干旱地区国家农业高新技术产业示范区建设。启动全国第三次土壤普查。

（八）大力推进种源等农业关键核心技术攻关。全面实施种业振兴行动方案。加快推进农业种质资源普查收集，强化精准鉴定评价。推进种业领域国家重大创新平台建设。启动农业生物育种重大项目。加快实施农业关键核心技术攻关工程，实行“揭榜挂帅”、“部省联动”等制度，开展长周期研发项目试点。强化现代农业产业技术体系建设。开展重大品种研发与推广后补助试点。贯彻落实种子法，实行实质性派生品种制度，强化种业知识产权保护，依法严厉打击套牌侵权等违法犯罪行为。

（九）提升农机装备研发应用水平。全面梳理短板弱项，加强农机装备工程化协同攻关，加快大马力机械、丘陵山区和设施园艺小型机械、高端智能机械研发制造并纳入国家重点研发计划予以长期稳定支持。实施农机购置与应用补贴政策，优化补贴兑付方式。完善农机性能评价机制，推进补贴机具有进有出、优机优补，重点支持粮食烘干、履带式作业、玉米大豆带状复合种植、油菜籽收获等农机，推广大型复合智能农机。推动新生产农机排放标准升级。开展农机研发制造推广应用一体化试点。

（十）加快发展设施农业。因地制宜发展塑料大棚、日光温室、连栋温室等设施。集中建设育苗工厂化设施。鼓励发展工厂化集约养殖、立体生态养殖等新型养殖设施。推动水肥一体化、饲喂自动化、环境控制智能化等设施装备技术研发应用。在保护生态环境基础上，探索利用可开发的空闲地、废弃地发展设施农业。

（十一）有效防范应对农业重大灾害。加大农业防灾减灾救灾能力建设和投入力度。修复水毁灾损农业、水利基础设施，加强沟渠疏浚以及水库、泵站建设和管护。加强防汛抗旱应急物资储备。强化农业农村、水利、气象灾害监测预警体系建设，增强极端天气应对能力。加强基层动植物疫病防控体系建设，落实属地责任，配齐配强专业人员，实行定责定岗定人，确保非洲猪瘟、草地贪夜蛾等动植物重大疫病防控责有人负、活有人干、事有人管。做好人兽共患病源头防控。加强外来入侵物种防控管理，做好普查监测、入境检疫、国内防控，对已传入并造成严重危害的，要“一种一策”精准治理、有效灭除。加强中长期气候变化对农业影响研究。

三、坚决守住不发生规模性返贫底线

（十二）完善监测帮扶机制。精准确定监测对象，将有返贫致贫风险和突发严重困难的农户纳入监测范围，简化工作流程，缩短认定时间。针对发现的因灾因病因疫等苗头性问题，及时落实社会救助、医疗保障等帮扶措施。强化监测帮扶责任落实，确保工作不留空档、政策不留空白。继续开展巩固脱贫成果后评估工作。

（十三）促进脱贫人口持续增收。推动脱贫地区更多依靠发展来巩固拓展脱贫攻坚成果，让脱贫群众生活更上一层楼。巩固提升脱贫地区特色产业，完善联农带农机制，提高脱贫人口家庭经营性收入。逐步提高中央财政衔接推进乡村振兴补助资金用于产业发展的比重，重点支持帮扶产业补上技术、设施、营销等短板，强化龙头带动作用，促进产业提档升级。巩固光伏扶贫工程成效，在有条件的脱贫地区发展光伏产业。压实就业帮扶责任，确保脱贫劳动力就业规模稳定。深化东西部劳务协作，做好省内转移就业工作。延续支持帮扶车间发展优惠政策。发挥以工代赈作用，具备条件的可提高劳务报酬发放比例。统筹用好乡村公益岗位，实行动态管理。逐步调整优化生态护林员政策。

（十四）加大对乡村振兴重点帮扶县和易地搬迁集中安置区支持力度。在乡村振兴重点帮扶县实施一批补短板促发展项目。编制国家乡村振兴重点帮扶县巩固拓展脱贫攻坚成果同乡村振兴有效衔接实施方案。做好国家乡村振兴重点帮扶县科技特派团选派，实行产业技术顾问制度，有计划开展教育、医疗干部人才组团式帮扶。建立健全国家乡村振兴重点帮扶县发展监测评价机制。加大对国家乡村振兴重点帮扶县信贷资金投入和保险保障力度。完善易地搬迁集中安置区配套设施和公共服务，持续加大安置区产业培育力度，开展搬迁群众就业帮扶专项行动。落实搬迁群众户籍管理、合法权益保障、社会融入等工作举措，提升安置社区治理水平。

（十五）推动脱贫地区帮扶政策落地见效。保持主要帮扶政策总体稳定，细化落实过渡期各项帮扶政策，开展政策效果评估。拓展东西部协作工作领域，深化区县、村企、学校、医院等结对帮扶。在东西部协作和对口支援框架下，继续开展城乡建设用地增减挂钩节余指标跨省域调剂。持续做好中央单位定点帮扶工作。扎实做好脱贫人口小额信贷工作。创建消费帮扶示范城市和产地示范区，发挥脱贫地区农副产品网络销售平台作用。

四、聚焦产业促进乡村发展

（十六）持续推进农村一二三产业融合发展。鼓励各地拓展农业多种功能、挖掘乡村多元价值，重点发展农产品加工、乡村休闲旅游、农村电商等产业。支持农业大县聚焦农产品加工业，引导企业到产地发展粮油加工、食品制造。推进现代农业产业园和农业产业强镇建设，培育优势特色产业集群，继续支持创建一批国家农村产业融合发展示范园。实施乡村休闲旅游提升计划。支持农民直接经营或参与经营的乡村民宿、农家乐特色村（点）发展。将符合要求的乡村休闲旅游项目纳入科普基地和中小学学农劳动实践基地范围。实施“数商兴农”工程，推进电子商务进乡村。促进农副产品直播带货规范健康发展。开展农业品种培优、品质提升、品牌打造和标准化生产提升行动，推进食用农产品承诺达标合格证制度，完善全产业链质量安全追溯体系。加快落实保障和规范农村一二三产业融合发展用地政策。

（十七）大力发展县域富民产业。支持大中城市疏解产业向县域延伸，引导产业有序梯度转移。大力发展县域范围内比较优势明显、带动农业农村能力强、就业容量大的产业，推动形成“一县一业”发展格局。加强县域基层创新，强化产业链与创新链融合。加快完善县城产业服务功能，促进产业向园区集中、龙头企业做强做大。引导具备条件的中心镇发展专业化中小微企业集聚区，推动重点村发展乡村作坊、家庭工场。

（十八）加强县域商业体系建设。实施县域商业建设行动，促进农村消费扩容提质升级。加快农村物流快递网点布局，实施“快递进村”工程，鼓励发展“多站合一”的乡镇客货邮综合服务站、“一点多能”的村级寄递物流综合服务点，推进县乡村物流共同配送，促进农村客货邮融合发展。支持大型流通企业以县城和中心镇为重点下沉供应链。加快实施“互联网+”农产品出村进城工程，推动建立长期稳定的产销对接关系。推动冷链物流服务网络向农村延伸，整县推进农产品产地仓储保鲜冷链物流设施建设，促进合作联营、成网配套。支持供销合作社开展县域流通服务网络建设提升行动，建设县域集采集配中心。

（十九）促进农民就地就近就业创业。落实各类农民工稳岗就业政策。发挥大中城市就业带动作用。实施县域农民工市民化质量提升行动。鼓励发展共享用工、多渠道灵活就业，规范发展新就业形态，培育发展家政服务、物流配送、养老托育等生活性服务业。推进返乡入乡创业园建设，落实各项扶持政策。大力开展适合农民工就业的技能培训和新职业新业态培训。合理引导灵活就业农民工按规定参加职工基本医疗保险和城镇职工基本养老保险。

（二十）推进农业农村绿色发展。加强农业面源污染综合治理，深入推进农业投入品减量化，加强畜禽粪污资源化利用，推进农膜科学使用回收，支持秸秆综合利用。建设国家农业绿色发展先行区。开展农业绿色发展情况评价。开展水系连通及水美乡村建设。实施生态保护修复重大工程，复苏河湖生态环境，加强天然林保护修复、草原休养生息。科学推进国土绿化。支持牧区发展和牧民增收，落实第三轮草原生态保护补助奖励政策。研发应用减碳增汇型农业技术，探索建立碳汇产品价值实现机制。实施生物多样性保护重大工程。巩固长江禁渔成果，强化退捕渔民安置保障，加强常态化执法监管。强化水生生物养护，规范增殖放流。构建以国家公园为主体的自然保护地体系。出台推进乡村生态振兴的指导意见。

五、扎实稳妥推进乡村建设

（二十一）健全乡村建设实施机制。落实乡村振兴为农民而兴、乡村建设为农民而建的要求，坚持自下而上、村民自治、农民参与，启动乡村建设行动实施方案，因地制宜、有力有序推进。坚持数量服从质量、进度服从实效，求好不求快，把握乡村建设的时度效。立足村庄现有基础开展乡村建设，不盲目拆旧村、建新村，不超越发展阶段搞大融资、大开发、大建设，避免无效投入造成浪费，防范村级债务风险。统筹城镇和村庄布局，科学确定村庄分类，加快推进有条件有需求的村庄编制村庄规划，严格规范村庄撤并。开展传统村落集中连片保护利用示范，健全传统村落监测评估、警示退出、撤并事前审查等机制。保护特色民族村寨。实施“拯救老屋行动”。推动村庄小型建设项目简易审批，规范项目管理，提高资金绩效。总结推广村民自治组织、农村集体经济组织、农民群众参与乡村建设项目的有效做法。明晰乡村建设项目产权，以县域为单位组织编制村庄公共基础设施管护责任清单。

（二十二）接续实施农村人居环境整治提升五年行动。从农民实际需求出发推进农村改厕，具备条件的地方可推广水冲卫生厕所，统筹做好供水保障和污水处理；不具备条件的可建设卫生旱厕。巩固户厕问题摸排整改成果。分区分类推进农村生活污水治理，优先治理人口集中村庄，不适宜集中处理的推进小型化生态化治理和污水资源化利用。加快推进农村黑臭水体治理。推进生活垃圾源头分类减量，加强村庄有机废弃物综合处置利用设施建设，推进就地利用处理。深入实施村庄清洁行动和绿化美化行动。

（二十三）扎实开展重点领域农村基础设施建设。有序推进乡镇通三级及以上等级公路、较大人口规模自然村（组）通硬化路，实施农村公路安全生命防护工程和危桥改造。扎实开展农村公路管理养护体制改革试点。稳步推进农村公路路况自动化检测。推进农村供水工程建设改造，配套完善净化消毒设施设备。深入实施农村电网巩固提升工程。推进农村光伏、生物质能等清洁能源建设。实施农房质量安全提升工程，继续实施农村危房改造和抗震改造，完善农村房屋建设标准规范。加强对用作经营的农村自建房安全隐患整治。

（二十四）大力推进数字乡村建设。推进智慧农业发展，促进信息技术与农机农艺融合应用。加强农民数字素养与技能培训。以数字技术赋能乡村公共服务，推动“互联网+政务服务”向乡村延伸覆盖。着眼解决实际问题，拓展农业农村大数据应用场景。加快推动数字乡村标准化建设，研究制定发展评价指标体系，持续开展数字乡村试点。加强农村信息基础设施建设。

（二十五）加强基本公共服务县域统筹。加快推进以县城为重要载体的城镇化建设。加强普惠性、基础性、兜底性民生建设，推动基本公共服务供给由注重机构行政区域覆盖向注重常住人口服务覆盖转变。实施新一轮学前教育行动计划，多渠道加快农村普惠性学前教育资源建设，办好特殊教育。扎实推进城乡学校共同体建设。深入推进紧密型县域医疗卫生共同体建设，实施医保按总额付费，加强监督考核，实现结余留用、合理超支分担。推动农村基层定点医疗机构医保信息化建设，强化智能监控全覆盖，加强医疗保障基金监管。落实对特殊困难群体参加城乡居民基本医保的分类资助政策。有条件的地方可提供村卫生室运行经费补助，分类落实村医养老保障、医保等社会保障待遇。提升县级敬老院失能照护能力和乡镇敬老院集中供养水平，鼓励在有条件的村庄开展日间照料、老年食堂等服务。加强乡镇便民服务和社会工作服务，实施村级综合服务设施提升工程。健全分层分类的社会救助体系，切实保障困难农民群众基本生活。健全基层党员、干部关爱联系制度，经常探访空巢老人、留守儿童、残疾人。完善未成年人关爱保护工作网络。

六、突出实效改进乡村治理

（二十六）加强农村基层组织建设。强化县级党委抓乡促村职责，深化乡镇管理体制改革，健全乡镇党委统一指挥和统筹协调机制，加强乡镇、村集中换届后领导班子建设，全面开展农村基层干部乡村振兴主题培训。持续排查整顿软弱涣散村党组织。发挥驻村第一书记和工作队抓党建促乡村振兴作用。完善村级重要事项、重大问题经村党组织研究讨论机制，全面落实“四议两公开”制度。深入开展市县巡察，强化基层监督，加强基层纪检监察组织与村务监督委员会的沟通协作、有效衔接，强化对村干部的监督。健全党组织领导的自治、法治、德治相结合的乡村治理体系，推行网格化管理、数字化赋能、精细化服务。推进村委会规范化建设。深化乡村治理体系建设试点示范。开展村级议事协商创新实验。推广村级组织依法自治事项、依法协助政府工作事项等清单制，规范村级组织机构牌子和证明事项，推行村级基础信息统计“一张表”制度，减轻村级组织负担。

（二十七）创新农村精神文明建设有效平台载体。依托新时代文明实践中心、县级融媒体中心等平台开展对象化分众化宣传教育，弘扬和践行社会主义核心价值观。在乡村创新开展“听党话、感党恩、跟党走”宣传教育活动。探索统筹推动城乡精神文明融合发展的具体方式，完善全国文明村镇测评体系。启动实施文化产业赋能乡村振兴计划。整合文化惠民活动资源，支持农民自发组织开展村歌、“村晚”、广场舞、趣味运动会等体现农耕农趣农味的文化体育活动。办好中国农民丰收节。加强农耕文化传承保护，推进非物质文化遗产和重要农业文化遗产保护利用。推广积分制等治理方式，有效发挥村规民约、家庭家教家风作用，推进农村婚俗改革试点和殡葬习俗改革，开展高价彩礼、大操大办等移风易俗重点领域突出问题专项治理。

（二十八）切实维护农村社会平安稳定。推进更高水平的平安法治乡村建设。创建一批“枫桥式公安派出所”、“枫桥式人民法庭”。常态化开展扫黑除恶斗争，持续打击“村霸”。防范黑恶势力、家族宗族势力等对农村基层政权的侵蚀和影响。依法严厉打击农村黄赌毒和侵害农村妇女儿童人身权利的违法犯罪行为。加强农村法治宣传教育。加强基层社会心理服务和危机干预，构建一站式多元化矛盾纠纷化解机制。加强农村宗教工作力量。统筹推进应急管理与乡村治理资源整合，加快推进农村应急广播主动发布终端建设，指导做好人员紧急转移避险工作。开展农村交通、消防、安全生产、自然灾害、食品药品安全等领域风险隐患排查和专项治理，依法严厉打击农村制售假冒伪劣农资、非法集资、电信诈骗等违法犯罪行为。加强农业综合行政执法能力建设。落实基层医疗卫生机构疾病预防控制责任。健全农村新冠肺炎疫情常态化防控工作体系，严格落实联防联控、群防群控措施。

七、加大政策保障和体制机制创新力度

（二十九）扩大乡村振兴投入。继续把农业农村作为一般公共预算优先保障领域，中央预算内投资进一步向农业农村倾斜，压实地方政府投入责任。加强考核监督，稳步提高土地出让收入用于农业农村的比例。支持地方政府发行政府债券用于符合条件的乡村振兴公益性项目。提高乡村振兴领域项目储备质量。强化预算绩效管理和监督。

（三十）强化乡村振兴金融服务。对机构法人在县域、业务在县域、资金主要用于乡村振兴的地方法人金融机构，加大支农支小再贷款、再贴现支持力度，实施更加优惠的存款准备金政策。支持各类金融机构探索农业农村基础设施中长期信贷模式。加快农村信用社改革，完善省（自治区）农村信用社联合社治理机制，稳妥化解风险。完善乡村振兴金融服务统计制度，开展金融机构服务乡村振兴考核评估。深入开展农村信用体系建设，发展农户信用贷款。加强农村金融知识普及教育和金融消费权益保护。积极发展农业保险和再保险。优化完善“保险+期货”模式。强化涉农信贷风险市场化分担和补偿，发挥好农业信贷担保作用。

（三十一）加强乡村振兴人才队伍建设。发现和培养使用农业领域战略科学家。启动“神农英才”计划，加快培养科技领军人才、青年科技人才和高水平创新团队。深入推行科技特派员制度。实施高素质农民培育计划、乡村产业振兴带头人培育“头雁”项目、乡村振兴青春建功行动、乡村振兴巾帼行动。落实艰苦边远地区基层事业单位公开招聘倾斜政策，对县以下基层专业技术人员开展职称评聘“定向评价、定向使用”工作，对中高级专业技术岗位实行总量控制、比例单列。完善耕读教育体系。优化学科专业结构，支持办好涉农高等学校和职业教育。培养乡村规划、设计、建设、管理专业人才和乡土人才。鼓励地方出台城市人才下乡服务乡村振兴的激励政策。

（三十二）抓好农村改革重点任务落实。开展第二轮土地承包到期后再延长30年整县试点。巩固提升农村集体产权制度改革成果，探索建立农村集体资产监督管理服务体系，探索新型农村集体经济发展路径。稳慎推进农村宅基地制度改革试点，规范开展房地一体宅基地确权登记。稳妥有序推进农村集体经营性建设用地入市。推动开展集体经营性建设用地使用权抵押融资。依法依规有序开展全域土地综合整治试点。深化集体林权制度改革。健全农垦国有农用地使用权管理制度。开展农村产权流转交易市场规范化建设试点。制定新阶段深化农村改革实施方案。

八、坚持和加强党对“三农”工作的全面领导

（三十三）压实全面推进乡村振兴责任。制定乡村振兴责任制实施办法，明确中央和国家机关各部门推进乡村振兴责任，强化五级书记抓乡村振兴责任。开展省级党政领导班子和领导干部推进乡村振兴战略实绩考核。完善市县党政领导班子和领导干部推进乡村振兴战略实绩考核制度，鼓励地方对考核排名靠前的市县给予适当激励，对考核排名靠后、履职不力的进行约谈。落实各级党委和政府负责同志乡村振兴联系点制度。借鉴

推广浙江“千万工程”经验，鼓励地方党委和政府开展现场观摩、交流学习等务实管用活动。开展《乡村振兴战略规划（2018－2022 年）》实施总结评估。加强集中换届后各级党政领导干部特别是分管“三农”工作的领导干部培训。

（三十四）建强党的农村工作机构。各级党委农村工作领导小组要发挥“三农”工作牵头抓总、统筹协调等作用，一体承担巩固拓展脱贫攻坚成果、全面推进乡村振兴议事协调职责。推进各级党委农村工作领导小组议事协调规范化制度化建设，建立健全重点任务分工落实机制，协同推进乡村振兴。加强各级党委农村工作领导小组办公室建设，充实工作力量，完善运行机制，强化决策参谋、统筹协调、政策指导、推动落实、督导检查等职责。

（三十五）抓点带面推进乡村振兴全面展开。开展“百县千乡万村”乡村振兴示范创建，采取先创建后认定方式，分级创建一批乡村振兴示范县、示范乡镇、示范村。推进农业现代化示范区创建。广泛动员社会力量参与乡村振兴，深入推进“万企兴万村”行动。按规定建立乡村振兴表彰激励制度。

让我们紧密团结在以习近平同志为核心的党中央周围，真抓实干，埋头苦干，奋力开创全面推进乡村振兴新局面，以实际行动迎接党的二十大胜利召开！

（中发〔2022〕1 号）

河北省委、省政府
关于做好 2022 年全面推进乡村振兴重点工作的实施意见

做好 2022 年“三农”工作，要以新时代中国特色社会主义思想为指导，全面贯彻党的十九大和十九届历次全会精神，深入贯彻中央经济工作会议和中央农村工作会议精神，坚持稳中求进工作总基调，立足新发展阶段、贯彻新发展理念、构建新发展格局、推动高质量发展，促进共同富裕，坚持和加强党对“三农”工作的全面领导，牢牢守住保障国家粮食安全和不发生规模性返贫两条底线，突出年度性任务、针对性举措、实效性导向，充分发挥农村基层党组织领导作用，扎实有序做好乡村发展、乡村建设、乡村治理重点工作，坚决稳住农业基本盘，确保农业稳产增产、农民稳步增收、农村稳定安宁，推动乡村振兴取得新进展、农业农村现代化迈出新步伐，为加快建设现代化经济强省、美丽河北提供有力支撑。

一、全力抓好粮食生产和重要农产品供给

（一）坚决完成粮食生产任务。全面落实粮食安全党政同责，严格粮食安全责任制考核，实施粮食稳产专项行动，将粮食生产任务分解到市县、落实到地块，稳定面积、提高单产，确保完成国家下达的粮食生产任务。实施优质粮食工程，建设强筋小麦、优质谷子、旱碱麦、富硒粮食作物示范区。积极应对小麦晚播等不利影响，加强冬春田间管理，促进弱苗转壮。深化粮食购销领域监管体制机制改革，开展专项整治，依法从严惩治腐败。开展粮食节约行动。

（二）加快发展大豆和油料产业。加大耕地轮作补贴和产油大县奖励力度。建设高油酸花生标准化生产基地，扩大玉米大豆带状复合种植面积。开展盐碱地种植大豆示范。在浅山丘陵区重点发展核桃等木本油料。鼓励发展胡麻、油菜、油葵等规模化种植。

（三）保障“菜篮子”产品供给。加大力度落实“菜篮子”市长负责制。加快推进奶业振兴。稳定生猪生产长效性支持政策。积极发展草食畜牧业，争取草原畜牧业转型升级试点。稳定水产养殖面积。稳定大中城市常年菜地保有量。

（四）健全农民种粮收益保障机制。落实小麦最低收购价、产粮大县奖励等政策，在全部产粮大县推行小麦、玉米、稻谷完全成本保险和种植收入保险。支持新型农业经营主体多种粮、种好粮。支持农业服务公司、农民合作社、农村集体经济组织、供销社等在粮食主产区连片发展托管服务。开展订单农业、加工物流、产品营销等，提高种粮综合效益。

二、强化现代农业基础支撑

（五）落实“长牙齿”的耕地保护硬措施。实行耕地保护党政同责，实施耕地保护专项行动。按照耕地和永久基本农田、生态保护红线、城镇开发边界的顺序，统筹划定落实三条控制线，把耕地保有量和永久基本农田保护目标任务足额带位置逐级分解下达，签订耕地保护目标责任书，作为刚性指标实行严格考核、一票否决、

终身追责。分类明确耕地用途，严格落实耕地利用优先序。全面摸清耕地及种植结构底数，定期进行监测评价，保证耕地面积特别是优质小麦等粮食种植面积只增不减。引导新发展林果业上山上坡，鼓励利用“四荒”资源，不与粮争地。建立撂荒地排查常态机制。落实和完善耕地占补平衡政策，建立补充耕地全程监管机制，确保补充可长期稳定利用的耕地，实现补充耕地产能与所占耕地相当。加大耕地执法监督力度，严厉查处违法违规占用耕地从事非农建设。强化耕地用途管制，严格管控耕地转为其他农用地。稳妥有序开展农村乱占耕地建房整治。巩固“大棚房”问题专项清理整治成果。落实工商资本流转农村土地审查审核和风险防范制度。

（六）加强高标准农田建设。加大各级财政资金、政府专项债投入力度，支持供销社参与高标准农田建设，积极引入社会资本参与建设，新建高标准农田 360 万亩。加大中低产田改造力度，提升耕地地力等级。研究制定盐碱地综合利用规划和实施方案，支持将符合条件的盐碱地等后备资源适度有序开发为耕地，推动由主要治理盐碱地适应作物向更多选育耐盐碱植物适应盐碱地转变。

（七）实施种业振兴行动。编制实施现代种业“十四五”规划。加快农业种质资源普查收集，强化精准鉴定评价。实施种业创新专项，探索育种新模式。开展重大品种研发与推广后补助试点。新建 6 个农作物良种繁育基地。加快建设国家级现代种业产业园区。

（八）强化农业科技支撑。支持打造雄安农业科创中心、中国农大曲周试验站等农业科技创新平台，加大农业科技园区、星创天地建设力度。实施农业科技研发专项，强化农业关键核心技术攻关。充分发挥 23 个省级创新团队作用，打造提升 100 个农业创新精品驿站，全面推行科技特派员制度。

（九）提升农机装备研发应用水平。针对特色优势作物生产全环节短板弱项，支持大马力机械、丘陵山区和设施园艺小型机械、高端智能机械研发制造。实施农机购置与应用补贴政策，优化补贴兑付方式。完善农机性能评价机制，推进补贴机具有进有出、优机优补，重点支持粮食烘干、履带式作业、玉米大豆带状复合种植等农机，推广大型复合智能农机。推动新生产农机排放标准升级。积极争取开展农机研发制造推广应用一体化试点。创建全程机械化示范县 27 个。

（十）加快发展设施农业。因地制宜发展日光温室、连栋温室、塑料大棚，全省设施农业面积达到 340 万亩。加强高性能集约化育苗设施建设。集成推广水肥一体化、环境控制智能化、专用农机等新技术新装备。鼓励发展工厂化集约养殖、立体生态养殖等新型养殖设施。在保护生态环境基础上，探索利用可开发的空闲地、废弃地发展设施农业。

（十一）增强农业重大灾害防范应对能力。实施大中型灌区续建配套和改造、小型病险水库除险加固、水毁防洪工程应急修复，开展中小河治理。强化农业农村、水利、气象灾害监测预警体系建设，加强防汛抗旱、动物疫情防控等应急物资储备。建立区域联合联防作业服务模式，组织开展人工增雨（雪）和防雹作业。加强基层动植物疫病防控体系建设，落实属地责任，配齐配强专业人员，实行定责定岗定人，有效防控非洲猪瘟、草地贪夜蛾等动植物重大疫病。做好人兽共患病源头防控。

三、坚决守住不发生规模性返贫底线

（十二）完善落实监测帮扶机制。统筹用好农户申报、基层排查和部门预警三种监测方式，将有返贫致贫风险的农户纳入监测范围，精准确定监测对象。持续跟踪“两不愁三保障”及饮水安全情况和收入水平变化，发现问题及时预警处置、精准帮扶。建立农村大病人员信息化台账。强化监测帮扶责任落实，确保工作不留空档、政策不留空白。继续开展巩固脱贫成果后评估工作。

（十三）促进脱贫人口持续增收。把脱贫县主导产业纳入全省农业特色优势产业集群一体推进，强化项目增收、科技支撑、龙头培育、帮扶助力，完善联农带农机制。逐步提高财政衔接推进乡村振兴补助资金用于产业发展比重，重点支持帮扶产业补上技术、设施、营销等短板。创建消费帮扶示范城市和产地示范区，发挥脱贫地区农副产品网络销售平台作用。巩固光伏扶贫工作成效，在有条件的脱贫地区发展光伏产业。统筹用好乡村公益岗位，支持农村中小型公益性基础设施建设，扩大以工代赈实施范围，具备条件的可提高劳务报酬发放比例。调整优化生态护林员政策。对脱贫人口就业实行信息化动态管理，抓好职业技能培训和劳务输出，叫响燕赵家政•河北福嫂品牌。延续支持帮扶车间发展优惠政策，优先安置脱贫人口特别是弱劳力、半劳力。压实就业帮扶责任，确保脱贫劳动力就业规模稳定。

（十四）推动脱贫地区帮扶政策落地见效。保持主要帮扶政策总体稳定，细化过渡期各项帮扶政策，对省级乡村振兴重点帮扶县集中支持。落实脱贫家庭子女免费就读省内公办职业院校政策。完善易地搬迁集中安置区配套设施和公共服务，持续加大安置区产业培育力度，开展搬迁群众就业帮扶专项行动，提升安置社区治理水平。继续做好中央单位定点帮扶和省内帮扶工作。扎实做好脱贫人口小额信贷工作，依法依规实施“政银企户保”金融扶贫政策。

四、推动乡村产业高质量发展

（十五）加快发展现代都市型农业。瞄准京津冀市场需求，集中力量打造 15 个特色优势产业集群，全面推进“一县一业”、“一村一品”，新增优质专用粮食 100 万亩、高效特色作物 100 万亩。实施重点园区崛起工程，省级重点支持 30 个园区，市级重点提升 100 个园区，县级重点建设 230 个园区。支持雄安新区调整农业结构，打造现代都市型农业发展高地。

（十六）实施农业产业项目突破年行动。持续开展农业大招商，实行招商项目、在建项目“双目录”、“双包联”，引进一批产业链头部企业及上下游配套企业，新建一批规模种养、精深加工、中央厨房、商贸物流、智慧农业等重大项目。培育壮大农业产业化龙头企业。

（十七）打造农业特色高端精品。开展品种培优、品质提升、品牌打造和标准化生产提升行动，布局建设京津“菜篮子”产品生产供应基地、粤港澳大湾区绿色优质农产品生产基地、农业国际贸易高质量发展基地。制定修订省级农业农村地方标准 30 项以上。全面实施食用农产品承诺达标合格证制度，完善农产品质量安全追溯体系。实施系列“河北品牌”培育行动，省级以上区域公用品牌达到 120 个以上，行业领军企业品牌达到 100 个以上。

（十八）推进农村一二三产业融合发展。推动农产品加工企业向产地下沉、向园区集中，新增年产值超 10 亿元农产品加工集群 13 个。在京津、雄安新区和大中城市周边布局中央厨房项目。支持新型农业经营主体建设分拣包装、冷藏保鲜等初加工设施。推进现代农业园区和农业产业强镇建设，创建农业现代化示范区和农村产业融合发展示范园。实施乡村休闲旅游提升计划，支持农民直接经营或参与经营的乡村民宿、农家乐特色村（点）发展。将符合要求的乡村休闲旅游项目纳入科普基地和中小学劳动实践基地范围。乡村休闲旅游接待人次达到 8000 万以上，综合收入达到 150 亿元。

（十九）完善县域流通服务体系。整县推进农产品产地仓储保鲜冷链物流设施建设，布局建设一批大型冷链物流仓储基地，发展“生鲜电商+冷链配送”、“中央厨房+食材冷链配送”等冷链物流新模式。实施“快递进村”工程，鼓励发展“多站合一”的乡镇客货邮综合服务站、“一点多能”的村级寄递物流综合服务点。支持大型流通企业以县城和中心镇为重点下沉供应链。支持供销社开展县域流通服务网络建设提升行动，建设县域集采集配中心。加快实施“互联网+”农产品出村进城工程，推动建立长期稳定的产销对接关系。实施“数商兴农”工程，推动农村电商基础设施数字化改造和智能化升级，促进农副产品直播带货规范健康发展。

（二十）促进农民就业创业。落实各类农民工稳岗就业政策。实施县域农民工市民化质量提升行动。向农村劳动力发放免费职业培训券，精准开展“菜单”式培训和定岗定向培训。加强与京津等地区域劳务协作，打造“一县一品”特色劳务品牌。开展“春风行动”、“民营企业招聘月”等就业帮扶专项活动。挖掘当地重大工程和项目用工潜力，带动农村劳动力就地就近就业。实施农民工返乡创业行动，每市整合创建 1 个以上返乡创业园。合理引导灵活就业农民工按规定参加职工基本医疗保险和城镇职工基本养老保险。

（二十一）加快农业绿色发展。大力发展节水农业，稳定黑龙港地区季节性休耕，扩大旱作雨养种植规模，发展高效节水灌溉，鼓励发展果蔬滴灌喷灌，支持供销社开展节水托管服务。深入实施化肥农药减量增效行动，化肥、农药使用量继续保持负增长。白洋淀流域规模养殖场粪污处理设施全部达到二级以上水平，全省畜禽粪污综合利用率达到 81%，秸秆综合利用率、农膜回收率分别保持在 97%、90%以上。持续推进受污染耕地分类管理，加强受污染耕地安全利用，受污染耕地风险管控和治理修复措施覆盖率达到 100%。加强国家农业绿色发展先行区建设。

五、扎实稳妥推进乡村建设

（二十二）科学把握乡村建设时度效。落实乡村振兴为农民而兴、乡村建设为农民而建的要求，坚持自下而上、村民自治、农民参与，数量服从质量、进度服从实效，求好不求快。启动乡村建设行动实施方案，统筹城镇和村庄布局，科学确定村庄类型，分类明确建设重点和标准。推进有条件有需求的村庄，单村或联村编制“多规合一”村庄规划，严格规范村庄撤并，不盲目拆旧村、建新村，不超越发展阶段搞大融资、大开发、大建设，避免无效投入造成浪费，防范村级债务风险。开展传统村落集中连片保护利用示范，加强传统建筑物保护修缮。保护特色民族村寨。推动村庄小型建设项目简易审批，鼓励支持村民自治组织、农村集体经济组织、农民群众参与乡村建设项目。明晰乡村建设项目产权，以县域为单位组织编制村庄公共基础设施管护责任清单。

（二十三）接续实施农村人居环境整治提升五年行动。从农民实际需求出发推进农村改厕，在平原地区推广水冲卫生厕所，统筹做好供水保障和污水治理；在山区、坝上等高寒缺水地区可建设卫生旱厕。健全模式选择、质量监管、群众参与和长效管护机制，新建改建农村户厕70万座、新建公厕1.05万座。巩固户厕问题摸排整改成果。分区分类推进农村生活污水治理，完成剩余9000个村庄生活污水无害化能力建设任务。推进农村生活垃圾源头分类减量，完善县域生活垃圾城乡一体化处理体系，加大垃圾填埋整治力度，推进垃圾焚烧无害化处理全覆盖。加强村庄有机废弃物综合处置利用设施建设。实施村庄清洁行动和绿化美化行动，建设省级森林乡村150个，创建美丽庭院50万户。对全省“空心村”治理情况开展督导检查。围绕环京津、环雄安新区核心区、环冬奥赛区等重点区域，规划布局特色小镇，新建美丽乡村2000个。

（二十四）加强乡村基础设施建设。加快推进乡镇通三级及以上公路、20户以上自然村（组）通硬化路，建设改造农村公路7000公里。建设安全生命防护工程664公里，改造危桥141座。开展农村公路管理养护体制改革试点。稳步推进农村公路路况自动化检测。实施农村规模化供水工程，有条件的地方推进城乡供水一体化，完成700万农村居民生活水源江水置换，配套完善净化消毒设施设备。对水源置换情况开展“回头看”，坚决杜绝饮用苦咸水、高氟水情况。深入实施农村电网巩固提升工程。加强农村电力线、通信线、广播电视线“三线”维护梳理。实施农村住房建设品质提升工程，完善建设标准和规范，持续开展农村危房改造和抗震改造。加强农村房屋安全隐患整治。

（二十五）大力推进数字乡村建设。加快推动农业生产加工和农村基础设施数字化、智能化升级。建立和推广应用农业农村大数据体系，推动物联网、大数据、人工智能、区块链等新一代信息技术与农业生产经营深度融合，推动“互联网+政务服务”向乡村延伸覆盖。加快推动数字乡村标准化建设，持续开展数字乡村试点。

（二十六）加强基本公共服务县域统筹。加强普惠性、基础性、兜底性民生建设，推动基本公共服务供给由注重机构行政区域覆盖向注重常住人口服务覆盖转变。实施新一轮学前教育行动计划，多渠道扩充农村普惠性学前教育资源，办好特殊教育。实施义务教育薄弱环节改善与能力提升工程，新（改、扩）建校舍面积40万平方米。推进县域内义务教育学校校长教师交流轮岗，支持建设城乡学校共同体。加强紧密型县域医疗卫生共同体建设，构建基层首诊、双向转诊、急慢分治、上下联动机制，实施医保按总额付费，加强监督考核，实现结余留用、合理超支分担。提升村卫生室和乡镇卫生院一体化管理水平，落实村卫生室运行经费补助，实行乡聘村用，签订劳动合同的乡村医生按规定参加社会保险。提升县级疾控机构应对重大疫情及突发公共卫生事件能力，健全农村新冠肺炎疫情常态化防控工作体系，所有乡镇卫生院配备不少于2间独立隔离观察室，村卫生室设置临时留观室（点）。推动农村基层定点医疗机构医保信息化建设，强化智能监控全覆盖，加强医疗保障基金监管。落实对特殊困难群体参加城乡居民基本医保的分类资助政策。实施全民参保计划，推动社会保险法定人群全覆盖，城乡居民基本养老保险适龄参保人员基本实现应保尽保。推进县乡村三级养老服务网络建设，每个设区市选定2个以上涉农县（市、区），构建乡村衔接互通、功能互补的农村养老服务体系。加强乡镇便民服务和社会工作服务，实施村级综合服务设施提升工程。完善农村留守儿童和妇女、老年人、残疾人关爱服务体系。

（二十七）加强农村生态文明建设。加大地下水超采综合治理力度，压减地下水超采量7.4亿立方米，实现地下水采补平衡。开展水系连通及水美乡村建设，推进河湖生态补水。巩固拓展农村散煤治理成果，完善农村清洁取暖长效机制。健全农村纳污坑塘、黑臭水体长效治理机制，实现动态清零。开展国土绿化行动，营造林600万亩。落实第三轮草原生态保护奖励政策，加快恢复草原生态环境。

六、切实加强乡村治理

（二十八）加强农村基层组织建设。强化县级党委抓乡促村职责，深入开展“抓党建、迎冬奥、防疫情、惠民生、保安全、促发展”活动。加强乡镇、村集中换届后领导班子建设，开展农村基层干部“万人示范培训”。发挥驻村第一书记和工作队抓党建促乡村振兴作用。严把农村发展党员关口，持续整顿软弱涣散村党组织。深入开展市县巡察，强化基层监督，加强基层纪检监察组织和村务监督委员会的沟通协作、有效衔接，强化对村干部的监督。健全“五位一体”村级组织体系，完善村级重要事项、重大问题经村党组织研究讨论机制，全面落实“四议两公开”制度，开展村级议事协商创新实验。深化乡村治理体系建设试点示范。推广村级组织依法自治事项、依法协助政府工作事项等清单制，规范村级组织机构牌子和证明事项，推行村级基础信息统计“一张表”制度，减轻村级组织负担。

（二十九）加强农村精神文明建设。依托新时代文明实践中心、县级融媒体中心等平台开展对象化分众化宣传教育，弘扬和践行社会主义核心价值观。在乡村创新开展“听党话、感党恩、跟党走”宣传教育活动。启动实施文化产业赋能乡村振兴计划。加强农村基层综合文化服务中心建设。推广积分制等治理方式，有效发挥村规民约、家庭家教家风作用，推进农村婚俗改革试点和殡葬习俗改革，开展高价彩礼、大操大办等移风易俗领域突出问题专项治理。

（三十）推进更高水平的平安法治乡村建设。巩固充实乡村人民调解组织队伍，构建一站式多元化矛盾纠纷化解机制。常态化开展扫黑除恶斗争和“一案三查”，持续打击“村霸”。防范黑恶势力、家族宗族势力等对农村基层政权的侵蚀和影响。依法严厉打击农村黄赌毒和侵害农村妇女儿童人身权利的违法犯罪行为。完善“综治中心+网格化+信息化”的农村治安防控网，创建一批“枫桥式公安派出所”、“枫桥式人民法庭”。推进应急管理与乡村治理资源整合，加快农村应急广播主动发布终端建设。开展农村交通、消防、安全生产、自然灾害、食品药品安全等领域风险隐患排查和专项治理，依法严厉打击农村制售假冒伪劣农资、非法集资、电信诈骗等违法犯罪行为。加强农业综合行政执法能力建设。

七、强化政策保障和体制机制创新力度

（三十一）强化乡村振兴投入保障。继续把农业农村作为一般公共预算优先保障领域，完善涉农资金统筹整合长效机制。在防范政府债务风险前提下，支持市县使用地方政府债券，用于符合条件的乡村振兴公益性项目。土地出让收入优先支持乡村振兴，2022 年各市（含定州、辛集市）、雄安新区土地出让收益用于农业农村比例达到 38%。提高乡村振兴领域项目储备质量。强化预算绩效管理和监督。

（三十二）强化乡村振兴金融服务。对机构法人在县域、业务在县域、资金主要用于乡村振兴的地方法人金融机构，加大支农支小再贷款、再贴现支持力度，推动从农村吸储的资金主要用于乡村振兴。推广“政银担”金融支农模式，发挥“裕农通（河北）”平台作用。支持金融机构探索农业农村基础设施中长期信贷模式。开展大型农机具、温室大棚、养殖圈舍、生物活体抵押贷款试点。依法合规开展农产品仓单、农业知识产权等质押贷款。深化农村信用社改革，改善公司治理结构，稳妥化解风险。完善乡村振兴金融服务统计制度，开展金融机构服务乡村振兴考核评估。推进“双基”共建农村信用工程，发展农户信用贷款。发展农业保险和再保险，因地制宜开展地方特色优势农产品保险。优化完善保险+期货”模式。强化涉农信贷风险市场化分担和补偿，做大面向新型农业经营主体的担保业务。

（三十三）强化乡村振兴用地保障。各地可在乡镇国土空间规划和村庄规划中预留不超过5%的建设用地机动指标，重点保障村民居住、农村公共公益设施、零星分散的乡村文旅设施及农村新产业新业态等。市县新增建设用地计划指标优先保障乡村振兴用地需求。在符合国土空间规划的前提下，鼓励对依法登记的宅基地、乡镇企业用地、乡村公共设施和公益事业用地等农村建设用地，采取多种方式进行复合利用。

（三十四）强化乡村振兴人才保障。将乡村人才振兴纳入各级党委人才工作部署推动，健全适合乡村特点的培养机制，强化人才服务乡村激励约束。实施高素质农民培育计划、乡村产业振兴带头人培育“头雁”项目、乡村振兴青春建功行动、乡村振兴巾帼行动。利用选调生招录、高校毕业生“三支一扶”等政策，引进优秀和短缺的专业人才进入“三农”工作队伍。落实县级以下事业单位管理岗位职员等级晋升制度。落实艰苦边远地区基层事业单位公开招聘倾斜政策和县以下基层专业技术人员职称评聘“定向评价、定向使用”政策，对中、高级专业技术岗位实行总量控制、比例单列。完善耕读教育体系。支持办好涉农高等学校和职业教育，培养乡村规划、设计、建设、管理专业人才和乡土人才。支持符合条件的事业单位科研人员按照国家有关规定到乡村和涉农企业创新创业，保障职称评审、工资福利、社会保障等方面权益。

（三十五）深化农村重点领域改革。争取第二轮土地承包到期后再延长 30 年整县试点。稳慎推进农村宅基地制度改革试点，探索闲置宅基地和闲置农宅有效利用途径，规范开展房地一体宅基地日常登记颁证工作。稳妥有序推进农村集体经营性建设用地入市。开展集体经营性建设用地使用权抵押融资。依法依规有序开展全域土地综合整治试点。健全农垦国有农用地使用权管理制度。探索建立农村集体资产监督管理服务体系，加大对集体经济薄弱村帮扶力度。深化集体林权制度改革。推广“龙头企业+合作社+基地+农户”模式，省级农民合作社示范社和示范家庭农场分别达到 1600 家、1700 家，农业生产托管服务面积达到 2.25 亿亩次。

八、坚持和加强党对“三农”工作的全面领导

（三十六）落实五级书记抓乡村振兴责任制。制定乡村振兴责任制实施办法，明确五级书记和各部门推进乡村振兴责任。对各市（含定州、辛集市）、雄安新区和省委农村工作领导小组成员单位实行乡村振兴年度重点任务清单管理，完善县委书记主要精力抓“三农”工作责任清单。落实各级党委、政府负责同志乡村振兴联系点制度。开展县委书记乡村振兴“擂台赛”，选定成效突出的市县召开乡村振兴推进会议。开展《河北省乡村振兴战略规划（2018-2022 年）》实施总结评估。制定《河北省乡村振兴促进条例》。开展乡村振兴主题培

训活动，强化对各级党政领导干部特别是分管“三农”工作的领导干部培训。

（三十七）建强党的农村工作机构。各级党委农村工作领导小组要发挥“三农”工作牵头抓总、统筹协调作用。推进各级党委农村工作领导小组议事协调规范化制度化建设，健全重点任务分工落实机制。加强各级党委农村工作领导小组办公室建设，充实工作力量，完善运行机制，强化职责履行。

（三十八）开展乡村振兴示范创建。采取先创建后认定的方式，分级创建一批乡村振兴示范县、示范乡镇、示范村。按照统筹规划、连片建设、“三区”同建、“四村”联创的思路，新布局创建15个省级乡村振兴示范区，探索形成一批可复制、可推广的有效模式和推进路径。广泛动员社会力量参与乡村振兴，深入推进“万企兴万村”行动。

（三十九）加强督查考核。完善乡村振兴重点工作督办体系，将2022年全面推进乡村振兴重点工作情况纳入省重点工作大督查范围，开展贯彻落实情况专项督查。按规定建立乡村振兴表彰激励制度，对市县党政领导班子和领导干部开展推进乡村振兴战略实绩考核，对排名靠前的市县给予适当激励；对排名靠后、履职不力的进行约谈；对失职渎职，造成不良影响的，依规依纪依法严肃追责问责。

（冀发〔2022〕1号）

Ⅱ　领导讲话

时清霜同志在全省巩固拓展脱贫攻坚成果同乡村振兴有效衔接工作会议上的讲话

（2021 年 3 月 1 日）

刚才，志刚同志介绍了会议主要目的，我就不再重复了。今天是正月十八，虽然晚了一点，但“不出正月都是年”，这里给大家拜个晚年。本来这个会是要在年前开的，受疫情影响推迟到现在。前几天，党中央、国务院隆重召开全国脱贫攻坚总结表彰大会，习近平总书记从全面建成小康社会、实现第一个百年奋斗目标的战略高度，充分肯定了脱贫攻坚取得的伟大成绩，深刻总结了脱贫攻坚的光辉历程和宝贵经验，深刻阐述了伟大脱贫攻坚精神，对全面推进乡村振兴、巩固拓展脱贫攻坚成果提出了明确要求。下面，我就贯彻总书记重要讲话精神，落实党中央国务院决策部署，做好巩固拓展脱贫攻坚成果同乡村振兴有效衔接工作提几点要求。

一、接续拼搏奋斗，切实增强做好这项工作的责任感和紧迫感

在全国脱贫攻坚总结表彰大会上，习近平总书记庄严宣告，经过全党全国各族人民共同努力，在迎来中国共产党成立一百周年的重要时刻，我国脱贫攻坚战取得了全面胜利，区域性整体贫困得到解决，完成了消除绝对贫困的艰巨任务，创造了又一个彪炳史册的人间奇迹！和全国一样，经过八年不懈奋斗，河北现行标准下农村贫困人口全部脱贫，62 个贫困县全部摘帽，7746 个贫困村全部出列，脱贫攻坚战役圆满收官。回顾不平凡的攻坚历程，我和许多同志一样感慨良多。八年来，习近平总书记亲自挂帅出征，亲自部署督战，以赤子之心、大爱情怀，带领全党全国各族人民在脱贫攻坚的道路上，奋发图强、砥砺前行；八年来，全省 7 万多名机关干部响应组织号召，舍小家为大家，奔赴一线、驻村帮扶，帮助贫困地区群众寻找脱贫路径，发展致富产业；八年来，各级扶贫部门及领导小组其他成员单位干部职工，履职尽责、通宵奋战，谋划脱贫举措，制定帮扶方案，在自己的岗位上，以实际行动诠释了共产党人的使命和初心；八年来，社会各界爱心力量弘扬“和衷共济、团结互助”的传统美德，出钱出力、献计献策，为脱贫攻坚事业添砖加瓦，注入不竭动力；八年来，贫困地区群众不等不靠、自立自强，把对美好生活的向往转化为强大动能，依靠勤劳双手和顽强意志摆脱贫困、改变命运。这八年，对贫困群众而言，是收获的八年；对各级干部而言，是奋斗的八年、奉献的八年，在脱贫攻坚的史册上，大家用心血和汗水留下了浓重的一笔，下一步，省里将隆重组织总结表彰活动。这里，受王东峰书记、许勤省长委托，我先代表省委、省政府向八年来奋斗在脱贫攻坚战线上的广大干部职工致以最崇高的敬意！并通过你们向默默支持扶贫工作的家属表示最诚挚的问候！

总书记讲，“脱贫摘帽不是终点，而是新生活、新奋斗的起点。解决发展不平衡不充分问题、缩小城乡区域发展差距、实现人的全面发展和全体人民共同富裕仍然任重道远”。从国家层面讲：在巩固拓展脱贫攻坚成果的基础上，做好乡村振兴这篇大文章，接续推进脱贫地区发展和群众生活改善，关系到构建以国内大循环为主体、国内国际双循环相互促进的新发展格局，关系到全面建设社会主义现代化国家全局和实现第二个百年奋斗目标。从工作角度讲：贫困地区虽然已经脱贫，但相对全省而言，无论是群众收入水平、还是产业发展状况，都有待提升；受新冠肺炎疫情和市场不稳定因素影响，脱贫群众返贫风险依然存在。守住来之不易的攻坚成果，需要乘势而上、再接再

厉，切实做好巩固拓展脱贫攻坚成果同乡村振兴有效衔接各项工作，让脱贫基础更加稳固、成效更可持续。对此，各地各部门必须有深刻的理解、清醒的认识、坚定的态度，要站在增强“四个意识”、坚定“四个自信”、做到“两个维护”的高度，切实把思想和行动统一到总书记的重要讲话精神上来，统一到党中央、国务院和省委、省政府的决策部署上来，提升责任感和紧迫感，全力巩固拓展脱贫攻坚成果、扎实推动乡村振兴。

二、把握总体要求，平稳有序推进“三农”工作重心历史性转移

巩固拓展脱贫攻坚成果、实现同乡村振兴有效衔接，是“十四五”时期农业农村工作的第一任务，各地各部门要把握好总体要求。

一是有效衔接——就是脱贫攻坚与乡村振兴的衔接。攻坚任务完成后，“三农”工作将进入全面推进乡村振兴的新阶段，确保有效衔接，要推动工作机制、政策举措、机构队伍等整个工作体系从脱贫攻坚转向乡村振兴，用乡村振兴巩固拓展攻坚成果，推动脱贫地区实现更宽领域、更高层次的发展。各地各部门要按照与乡村振兴有效衔接要求，扎实推动工作体系转换。

二是如期完成——就是完成好过渡期主要目标任务。党中央决定，脱贫攻坚目标任务完成后，对摆脱贫困的县，从脱贫之日起设立5年过渡期。过渡期内要完成好三大任务：一是建立健全巩固拓展脱贫攻坚成果长效机制；二是推动脱贫攻坚工作体系全面转向乡村振兴；三是健全农村低收入人口常态化帮扶机制。大家要紧紧围绕主要任务推进各项工作，确保如期完成既定目标。

三是平稳有序——就是把握衔接的节奏力度确保不出问题。推进衔接是一项战略性的系统工程，我们要把工作做实做细，要在巩固拓展脱贫攻坚成果上下更大功夫，在增强脱贫稳定性上想更多办法，平稳有序推进工作体系调整转换，既要避免操之过急，又要避免转向不足。各地各部门要按照有序衔接、平稳过渡的原则，把握好衔接的节奏、力度和时限，确保衔接过程不出大的问题。

三、夯实衔接基础，下大力巩固拓展脱贫攻坚成果

这是实现有效衔接的基础和前提，为督促各地抓实抓牢，国家将对巩固拓展脱贫攻坚成果情况开展后评估，要求比考核更高更严。各地各部门一定要严格落实“四个不摘”要求，保持帮扶政策总体稳定，确保不出现规模性返贫。

（一）要健全防贫动态监测和帮扶机制。这是从制度上解决返贫问题的有效举措。要加快健全全省统一的防止返贫致贫大数据监测平台，建立农户主动申请、部门信息比对、基层干部定期跟踪回访相结合的“三位一体”监测网络，对重点对象定期检查、动态管理，持续跟踪收支、“两不愁三保障”及饮水安全变动状况，有问题及时发现、快速响应、动态清零。要强化帮扶救助，对有劳动能力的坚持开发式帮扶，支持发展产业、稳定就业，防止陷入福利陷阱、政策养懒汉；对没有劳动能力的落实好兜底保障措施，确保基本生活不出问题。

（二）要巩固“两不愁三保障”成果。巩固的内涵，首先是稳住“两不愁三保障”成果。要继续压紧压实部门行业责任和市县属地责任，健全控辍保学工作机制，确保适龄儿童少年不失学辍学；要继续做好脱贫人口参保动员工作，落实分类资助参保政策，有效防范因病返贫致贫；要建立农村脱贫人口住房安全动态监测机制，通过危房改造等多种方式，保障低收入人口基本住房安全；要维护好农村供水工程，稳步提升饮水安全保障水平。

（三）要不断壮大脱贫地区特色产业。做大做强特色产业是巩固拓展脱贫攻坚成果、推进乡村产业振兴的关键举措。要加大脱贫地区产业帮扶力度，加快仓储保鲜、冷链物流等现代设施装备建设，强化科技服务、人才培养等支持，促进产业提档升级。要强化全产业链支持措施，深化消费帮扶，促进农产品流通企业、电商、批发市场与脱贫地区特色产业精准对接，同时完善利益联结机制，增强产业抗风险能力和带动增收效果。

（四）要持续促进脱贫人口稳定就业。对许多脱贫户来说，稳定就业就能稳定收入。要发挥就业帮扶“三网合一”信息化平台作用，用好京津两大劳动力市场，确保外出脱贫劳动力稳定就业。要积极拓宽就地就近就业渠道，办好扶贫车间，加快发展劳动密集型产业和创新创业，扩大以工代赈项目实施范围，统筹用好乡村公益岗位。要加强对脱贫人口的职业技能培训，提高培训的针对性和实效性，增强群众稳定就业能力。

（五）要扎实做好易地搬迁后续扶持。为确保搬迁群众稳得住、有就业、逐步能致富，要以集中安置区为重点，支持配套产业园区企业聚集发展，要盘活迁出地农业农村资源，变资源为资产，创造更多工作岗位，扩大就业容量，确保有劳动力的搬迁家庭都有人就业。要强化服务保障，全面落实属地管理，加快完善一体化、均等化的配套基础设施和公共服务体系，提升社区管理服务水平，实现融合交往、共建美好家园。

（六）要深入提升脱贫农村“双基”水平。基础设施方面，过去的重点是解决出村难、饮水难、用电难、住房不安全等问题，现在要以实现生态宜居、增强自我发展能

力为重点，开展乡村建设行动，在物流体系、人居环境等方面谋划实施一批重大工程。公共服务方面，过去主要是实现义务教育和基本医疗有保障，现在要把工作重点放在推进县域基本公共服务一体化发展上，继续改善义务教育办学条件、提升医疗服务能力，加强村级综合服务设施建设，提高公共服务质量。

（七）要大力推进创新性工作规范提升。脱贫攻坚以来，我们出台了一批针对性政策，采取了一系列创新性举措，要继续坚持、不断规范。要抓好扶贫资产管理监督，强化统计监测，规范运营管理，确保持续发挥效益。要落实好扶贫小额信贷政策，针对具体情况稳妥分类处置风险，严防出现逾期。要抓好扶贫公益岗位管理，生态护林员、护路员等公益岗位优先安置脱贫群众，健全完善按需设岗、以岗聘任、在岗领补、有序退岗的工作机制。对现有的扶贫车间，组织开展好“回头看”，符合条件的搞好巩固提升，不符合要求的坚决清退。

四、有序有效衔接，推动脱贫攻坚工作体系全面转换

总书记讲，全面实施乡村振兴战略的深度、广度、难度都不亚于脱贫攻坚。我们要完善政策体系、工作体系、制度体系，以更有力的举措，汇聚更强大的工作合力。

（一）要抓好工作衔接。要突出乡村振兴这个统揽，按照全面推进乡村振兴的要求，积极推动工作力量、组织保障、规划实施、项目建设、要素保障等方面有机结合，做到“一盘棋、一体化”推进。要以实施乡村振兴规划为引领，统揽脱贫地区各项发展规划的编制和实施，带动建设项目和工作举措统筹部署推进。要突出脱贫县这个支持重点，一些深度贫困县自然环境恶劣，经济基础薄弱，社会发展滞后，守住脱贫攻坚成果难度很大，靠自身力量推进乡村振兴很可能再次落后掉队，必须重点支持，扶上马送一程。省里正对这个问题进行研究，各地也要提前筛选，拿出具体意见。要突出农村低收入人口这一弱势群体，建立常态化帮扶机制，对农村低保对象、特困人员、易返贫致贫人口，以及因病因意外事故等刚性支出较大或收入大幅减少，导致基本生活出现严重困难的人口，分层分类做好帮扶救助，保障基本生活。

（二）要抓好政策衔接。重点把握三个关键词：一是“稳定”，就是过渡期内保持主要帮扶政策总体稳定，这是党中央明确要求的。今年继续保持省级财政专项帮扶资金现有规模，过渡期前 3 年 45 个已脱贫的国定县继续实行涉农资金统筹整合试点政策。金融服务、土地保障、人才支持等主要帮扶政策，都要保持总体稳定。特别强调，各地对脱贫地区的资金投入也要保持不减，按照“新政策不出、旧政策不退”的原则，确保支持力度。二是“衔接”，就是把脱贫攻坚政策衔接到乡村振兴上来。年前，国家出台了《关于实现巩固拓展脱贫攻坚成果同乡村振兴有效衔接的意见》，并将对脱贫攻坚原有的 200 多项政策进行梳理，出台优化完善的指导性文件和方案。为落实好国家意见，省里印发了《实施意见》，各地各部门也要制定实施和专项方案，把政策支持的项目和建设内容衔接到全面推进乡村振兴上，利用编制“十四五”规划的时机，抓紧研究谋划乡村振兴项目载体和支持抓手。三是“谋划”，就是研究制定一批新的支持政策。脱贫地区全面推进乡村振兴，是一项比脱贫攻坚范围更大、领域更广、标准更高的任务，仅把原有政策转换过来远远不够，必须根据需要，针对面临的瓶颈制约，研究谋划一批新支持政策。各地各部门要结合实际，创新突破，争取走在全国前列。

（三）要抓好资源力量衔接。关于东西部扶贫协作，国家调整优化东西部协作结对关系后，我省不再享受京津结对帮扶，但原项目要接续推进，并且企业和就业等帮扶保持不变。张承保 3 市和 28 个受援县要继续加强与京津的对接协作，接续推进援建的产业园区、扶贫车间等企业帮扶项目，做好跟踪服务，确保发挥作用。关于中央单位定点帮扶和“万企帮万村”，中央要求，对于中央单位定点帮扶、民营企业“万企帮万村”、社会力量参与帮扶等，今年暂不调整。各地要继续做好中央单位定点帮扶服务保障，深化“万企帮万村”村企结对帮扶，巩固全社会参与的帮扶格局。关于省内对口帮扶和驻村帮扶，王东峰书记在全省农村工作会上强调，新政策出台前，省市县各级对口帮扶单位不变，驻村帮扶工作队不撤。各地各有关部门要认真落实东峰书记讲话要求，做好省内对口帮扶工作，坚持和完善驻村工作制度，今年 7746 个脱贫村工作队不撤，继续加大帮扶力度。

（四）要抓好机构队伍衔接。要保持机构队伍总体稳定，国务院扶贫办已整建制重组为国家乡村振兴局，主要负责巩固拓展脱贫攻坚成果、统筹推进乡村振兴战略有关工作。省级扶贫工作机构设置的调整参照中央做法，各地也要谋划市县级调整方案，努力做到省市县三级同步调整。需要强调的是，各地原有机构保持独立设置，机构级别保持不变，任务重的，力量还要加强。要立足实际调整优化机构职能，由扶贫机构调整为乡村振兴机构后，职责任务更重，调整后的职能只能加强不能削弱。国家正在研究制定具体整合意见，协调有关部门的职能，各地要结合实际，认真研究机构职能调整优化的办法，平稳有序推进，确保思想不乱、工作不断、队伍不散、干劲不减。要引导大家集中精力干好工作，今年是推进衔接的第一年，工作任务艰巨繁重，各级党委和政府要关心关爱扶贫干部，创造良好环境和条件，让他们心无旁骛做好衔接工作。

五、加强组织保障，以过硬举措推进各项工作落地落实

（一）强化组织领导。脱贫攻坚和乡村振兴实行五级书记一起抓，是习近平总书记的明确要求。各级党政主要负责同志要抓紧研究谋划，切实构建起责任清晰、各负其责、执行有力的领导体系，层层压实责任，为做好衔接工作提供有力组织保障。县委书记要履行好衔接工作一线总指挥职责，协调调度、跟踪问效。

（二）强化业务指导。各部门要切实加强对衔接工作的指导支持，结合工作职责，抓紧与国家相关部门沟通对接，对标对表上级要求，尽快出台需要调整优化政策的指导意见和操作方案。要加强对各自领域内衔接工作的调研，及时发现解决苗头性、倾向性问题，及时做好对基层的业务指导和督导。

（三）强化督导考核。要把巩固拓展脱贫攻坚成果纳入市县党政领导班子和领导干部推进乡村振兴战略实绩考核范围。要与高质量发展综合绩效评价考核做好衔接，科学设置考核指标。要强化考核结果的运用，将其作为干部选拔任用、评先奖优、问责追责的重要参考。

省“两会”刚刚结束，政府工作报告中对今年的“三农”工作进行了全面部署，并提出一系列量化指标。省政府办公厅已经对相关任务进行分解细化，明确了责任单位。我们要按照报告安排，结合各自职责全力推进落实。明天国务院将召开全国春季农业生产工作会议，全面部署春季田管、春耕备耕和农业农村重点工作，大家要认真学习领会、全力抓好落实。借这个机会，我就当前有关工作再强调几点。

一是着力抓好春季农业生产。还有4天就是惊蛰节气，天气将迅速转暖，冬小麦自南向北已陆续返青。总体看，全省小麦播种质量较好，主体麦田墒情适宜，大部分麦田冬前苗壮。农业农村部门要抓住小麦返青生长的关键期，深入开展苗情调查，指导农民科学运筹肥水，加强病虫害监测预防，促进苗情巩固升级；要精心组织春耕备播，充分发挥农机主力军作用，搞好深松整地，加快耕播进度，确保适期播种、一播全苗，为完成全年粮食播种面积奠定基础。供销社系统要发挥农资供应主渠道作用，积极筹备货源，稳定销售价格，加强指导服务，确保春耕所需。气象部门要抓住有利天气时机，积极开展人工增雨作业，增加土壤墒情。水利和农业农村部门要密切配合，加强农田水利建设，完善抗旱应急预案，解决群众春灌困难。

二是着力发展农业特色产业。以打造“四个农业”为方向，大力发展特色产业，是省政府在综合考虑省情农情基础上确定的农业主攻方向。按照许勤省长要求，省里研究制定《关于持续深化“四个农业”促进农业高质量发展的行动方案》，这是未来5年推进全省农业现代化、提升质量效益和竞争力的重要遵循。要不折不扣落实《方案》要求，在确保粮食播种面积和产量基础上，适应消费升级趋势，瞄准京津冀市场需求，系统梳理农业特色优势产业的长项和短板，着力延链补链强链，集中力量发展优质专用麦、杂交谷子、设施蔬菜等12个特色优势产业集群，着力打造100个现代农业示范园区、100个高端精品，推动先进要素集成集聚，提升规模化、产业化、市场化水平，增强现代农业竞争力。今年要继续聚焦“千万吨奶”任务，推动相关政策落地落实，确保完成政府工作报告提出的生鲜乳510万吨、乳制品380万吨的任务；同时指导生猪养殖场加快扩能补栏，引进更多大型养殖企业，确保生猪产能恢复到正常年份水平、年底存栏达到1950万头。

三是着力实施乡村建设行动。这是加快农村现代化的重要抓手，是全面推进乡村振兴的重头戏。要着眼城乡一体化发展，统筹县域城镇和村庄规划建设，弥补农村基础设施短板，加快城乡基本公共服务均等化，促进县域内整体提升和均衡发展，实现城乡居民生活基本设施大体相当。要深入实施农村人居环境整治五年提升行动，不断拓展和延伸治理内涵，支持有条件的市、县全域推进农村生活垃圾处理、厕所改造、生活污水治理，确保完成新建2000个美丽乡村、布局创建50个省级乡村振兴示范区、改造100万座卫生厕所等年度任务。

四是着力开展农业大招商。实践证明，开展农业大招商，引进一批国内外知名农业企业，对加快农业结构调整、促进三产融合、提高农业综合竞争力具有重要作用。2021年，要进一步将农业大招商与特色产业提档升级紧密结合，着眼打造小麦、玉米、油料、肉类、乳品、果蔬、“中央厨房”等主导产业，进一步优化发展环境，推动政策落实，创新招商方式，上半年重点办好全省农产品加工业大会，下半年重点办好廊坊“9·26”农交会，力争引进更多市场前景好、带动作用强、节能环保的大项目、好项目，确保完成800亿元招商引资额的目标。

五是着力夯实水利支撑。这里，我特别强调一下地下水超采综合治理，这项工作，书记高度重视，要求到2022年全面完成治理任务，并亲自主持制定了考核问责办法、明确了奖惩细则。这个事，干不好肯定问责，大家要有心理准备，不要心存侥幸。省领导小组办公室要抓紧下发年度压采计划，将市县任务分解下去，加强工作督导，定期通报各地地下水位变化和关井任务完成等情况，落实奖惩措施。有压采任务的市县要对接制定年度实施方案，多方筹措配套资金，保障城乡水源置换、季节性休耕和旱作雨养等项目顺利落地。各地各有关部门要提前做好防汛准备

工作，修订预案，加快水毁工程修复和病险水库除险加固，按照全覆盖的原则制定检查方案，对水库、河道、蓄滞洪区等重点部位开展拉网式排查，抓好问题整改；实施河道搬迁的地方要加快新村建设，组织村民有序搬入新村，彻底解决行洪隐患。

最后，我再强调一下农民增收问题。习近平总书记指出，农业农村工作，说一千、道一万，增加农民收入是关键。近年来，随着经济发展进入新常态，农业农村经济发展的内外部环境都发生了巨大的变化，推动农民增收的动力出现衰减势头。特别是2020年，受新冠肺炎疫情影响，农民外出务工不畅、农产品市场消费下降、休闲采摘基本停滞等因素造成农民工资性收入和经营性收入下降，进一步拉低了农民收入增幅。2021年，新冠肺炎疫情变化和外部环境仍存在诸多不确定性，促进农民增收的任务依然十分艰巨。面对新形势、新任务，促进农民增收必须坚持多条腿走路，瞄准农民增收四部分构成中的重头，有针对性地采取措施。一方面，从常态化的增收途径中深挖潜力，大力发展农业特色产业，通过延长产业链、提升价值链、系紧利益链，增加农民的经营性收入；另一方面，大力推进产业化经营，培育壮大龙头企业，完善利益联结机制，提升农民综合素质，为其就地就近提供更多就业机会，增加农民的工资性收入。

时清霜同志关于全省脱贫攻坚工作情况的报告

（2021年3月30日）

脱贫攻坚战以来，在以习近平同志为核心的党中央坚强领导下，在省委正确领导下，在省人大的监督支持下，省政府深入学习贯彻习近平总书记关于扶贫工作的重要论述和重要指示批示精神，将打赢脱贫攻坚战作为增强“四个意识”、坚定“四个自信”、做到“两个维护”的现实检验，坚持精准扶贫精准脱贫基本方略，狠抓责任落实、政策落实、工作落实，推动脱贫攻坚取得重大胜利。特别是党的十九大以来，省委、省政府以前所未有的力度决战脱贫攻坚，王东峰书记、许勤省长率先垂范，亲自指挥、亲自部署、亲自督战，团结带领全省干部群众苦干实干拼命干，如期完成了新时代脱贫攻坚目标任务。

一、提高政治站位，以强有力举措推动脱贫攻坚决战决胜

（一）高位部署推动，压紧压实攻坚责任。一是坚持以上率下。省委、省政府定期研究脱贫攻坚工作，王东峰书记、许勤省长带头遍访62个贫困县；34名省级领导每人包联一个贫困县，牵头协调解决问题。二是压实任务责任。制定省扶贫开发和脱贫工作领导小组工作规则和成员单位、市、县3套任务责任清单，省级每年与各市（含定州、辛集市，下同）、雄安新区签订减贫责任书，各成员单位抽调精干力量组建工作专班，“一把手”亲自指挥调度，五级书记抓扶贫的行动自觉持续增强。三是强化比学赶超。在全国首创县乡党委书记脱贫攻坚“擂台赛”机制，累计举办2100余期，好的讲经验、差的做检讨，攻坚氛围更加浓厚。四是严格督导考核。成立6个脱贫攻坚督查巡查组，驻市县常态化督导工作落实。实行最严格的考核评估，强化结果运用，狠抓考核发现问题整改，以整改补短板、强弱项，持续提升扶贫脱贫工作水平。

（二）强化工作保障，举全省之力推进脱贫攻坚。一是健全政策体系。省委、省政府出台《关于坚决打赢脱贫攻坚战的决定》《关于坚决打赢脱贫攻坚战三年行动的实施意见》等一系列重要文件，省人大常委会制定《河北省农村扶贫开发条例》，省直有关部门制定“两不愁三保障”、产业就业扶贫、易地扶贫搬迁等一批含金量高的攻坚举措，政策措施不断完备。二是强化投入监管。2016年以来中央、省、市、县四级财政专项扶贫资金累计投入503.1亿元、年均增长27.7%，其中省级累计投入222亿元、年均增长34%，贫困县整合使用除财政专项扶贫资金外的其他涉农资金235.4亿元，资金保障全面强化。省政府出台《关于建立扶贫资产资本监督管理制度的指导意见（试行）》，强化统计监测，确权扶贫资产资本486.74亿元，规范运营管理，确保长期稳定发挥效益。三是推进结对帮扶。扎实推进结对帮扶，省委组织部累计选派6.1万名驻村干部、组织34.8万帮扶责任人开展帮扶，打通了精准扶贫“最后一公里”，确保各项帮扶政策到村到户到人。

（三）落实精准方略，不断提升工作水平。一是精准建档立卡。从严从实抓好贫困识别和建档立卡，2017年8月中旬到10月中旬，在全省全面开展贫困人口建档立卡精准识别“回头看”，组建4.2万个工作队，组织22.5万名工作人员，对全省农村户籍人口实行全覆盖核查，坚持实事求是，严格标准程序，公平公正操作，彻

底摸清了贫困人口底数，为精准施策奠定了坚实基础。汪洋同志对我省开展精准识别“回头看”做法给予高度评价，刘永富主任给予充分肯定。二是实行清单管理。建好用好贫困人口识别认定和精准脱贫、解决“两不愁三保障”问题等 6 项重点任务清单，建成省市县乡村纵向互通、行业部门横向互联的脱贫攻坚综合信息系统，定期分析比对，及时发现和解决问题。三是严把退出关口。省级出台《河北省贫困退出工作实施办法》，坚持现行脱贫标准，严格贫困退出程序，精心组织退出验收和第三方评估，保证了脱贫质量。

（四）聚焦底线任务，彻底解决“两不愁三保障”问题。省委、省政府与省教育厅、省卫生健康委、省医疗保障局、省住房城乡建设厅、省水利厅、省农业农村厅、省人力资源社会保障厅等牵头部门以及各市、雄安新区签订责任书，在全省深入开展大排查大整改，健全落实监测预警、排查处置、运行管护长效机制，推动“两不愁三保障”问题全面彻底解决到位。贫困地区义务教育阶段控辍保学实现动态清零，全省义务教育巩固率达到 97.6%；贫困群众全部参加基本医疗保险、大病保险和医疗救助，138.4 万因病致贫返贫人口成功摆脱贫困；对全省农村住房全面开展安全排查，彻底改造危房，贫困群众住房安全得到全面保障；在贫困地区 4447 个村实施饮水安全巩固提升，79.6 万贫困人口受益，贫困群众饮水安全得到全面保障。

（五）实施重点攻坚，奋力决战深度贫困。一是健全包联体系。建立“五包一”（10 个深度贫困县每县由一名省级领导、一个省直厅局、一个经济强县、一家省属大型企业、一家金融机构包联）、“三包一”（206 个深度贫困村每村由一名省直部门厅级干部、一支省直驻村工作组、一家市域内实力较强的民营企业帮扶）机制，王东峰书记、许勤省长带头包联脱贫攻坚任务重的设区市和深度贫困县，构建了全面覆盖的包联体系。二是强化倾斜支持。对 10 个深度贫困县在政策支持、资金投入、项目建设、要素保障等方面实施重点倾斜，五年来，中央、省、市、县财政专项扶贫资金累计投入 152.7 亿元。“五包一”“三包一”成员单位倾力帮扶，累计投入各类帮扶资金 132 亿元。三是实施“双基”提升。省扶贫办会同省发展改革委等部门，成立“双基”提升工作专班，在 206 个深度贫困村建成基础设施和基本公共服务提升项目 2786 个，乡村面貌发生翻天覆地变化。2019 年，10 个深度贫困县全部摘帽，206 个深度贫困村全部出列。

（六）推进分类施策，持续拓宽增收渠道。一是壮大扶贫产业。省农业农村厅会同有关部门，扎实推进产业扶贫，坚持一乡一业、一村一品，累计实施特色种养、乡村旅游、光伏、电商等产业扶贫项目 5.3 万个，培育发展新型经营主体，认定扶贫龙头企业 591 家，健全完善利益联结机制，做到户户有增收项目、人人有脱贫门路。二是促进稳岗就业。省人力资源社会保障厅会同有关部门，扎实推进就业扶贫，建成就业扶贫网络服务平台，强力开展“七个一批”（发展产业增收一批、以工代赈吸纳一批、劳务协作稳岗一批、创新业态培育一批、新型主体带动一批、公益岗位安置一批、自主创业脱贫一批）专项行动，累计培训贫困劳动力 24.57 万人次，帮助 15.29 万名贫困劳动力通过京津劳务协作实现就业，选聘建档立卡贫困人口生态护林员 5.1 万人，贫困劳动力实现就业帮扶全覆盖。三是强化科技支撑。省科技厅会同有关部门，扎实推进科技扶贫，组建科技特派团 900 多个，选派科技特派员 9000 多人次，建设省级以上农业科技园区 60 家，培育农业科技“小巨人”企业 240 家，在贫困县建成太行山农业创新驿站 81 家，农业创新驿站荣获第二届“全球减贫最佳案例”。四是深化消费扶贫。省发展改革委、省扶贫办、省商务厅、省供销社等单位认真落实省委、省政府工作部署，扎实推进消费扶贫，强力开展消费扶贫月活动，建成河北扶贫产品线上展馆，设立消费扶贫专柜 2643 台、专馆 348 个、专区 1526 个，认定扶贫产品 8367 个，销售扶贫产品价值 348.6 亿元。

（七）抓好基础建设，全面改善生产生活。一是强化易地扶贫搬迁和后续扶持。省级成立易地扶贫搬迁工作领导小组，省发展改革委、省扶贫办等部门抽调业务骨干组建办公室，精准摸排搬迁对象，指导各地多渠道筹集资金，强力推进“两区同建”，建成集中安置项目 406 个，配套产业园区项目 632 个、公共服务设施 491 所，330 个集中安置区实现基层组织全覆盖，纳入“十三五”搬迁计划的人口提前一年搬迁安置，13.59 万搬迁贫困人口全部落实后续帮扶措施，实现稳定脱贫。二是补齐基础设施短板。实施水电房路等 10 项提升工程，开展水利扶贫、电力扶贫、危房改造、交通扶贫、网络扶贫等系列专项行动，对全省农村住房进行全面排查鉴定，彻底改造危房。抓好“四好农村路”建设，推进农村饮水安全巩固提升，推动村村通动力电，电子商务进农村综合示范对 62 个贫困县实现全覆盖。三是完善公共服务配套。实施全面改善贫困地区义务教育薄弱学校基本办学条件工程，开展乡村小规模学校和乡镇寄宿制学校建设，新建、改扩建校舍 58 万平方米。强力开展县域医联体建设，推进乡村医疗机构标准化，消除行政村卫生室和村医“空白点”，推行“乡村一体化”管理，提升基层医疗机构服务能力。四是提升兜底保障水平。推进农村低保制度与扶贫政策有效衔接，定期开展数据比对，将84万符合条件的贫困人口纳入民政保障范围，实现“应保尽保”。全省农村低保平均标准达到每人每年5452元，平均补差标准达到每人每月283元，较2015年底分别增长104%、122.8%。全面实施困难残疾人生活补贴和重度残疾人护理补贴制度，落实农村贫困失能半失能人员照护服务，加强“三留守”人员关爱帮扶，持续提升特殊困难群体获得感和满意度。

（八）凝聚攻坚合力，巩固深化大扶贫格局。一是扎实推进东西部扶贫协作。北京、天津市把助力河北打赢脱贫攻坚战作为重大政治任务，蔡奇和陈吉宁同志，李鸿忠和张国清、廖国勋同志分率北京、天津市党政代表团到我省对接，王东峰书记和许勤省长率队赴京津学习考察。健全落实定期会商、调度通报等机制，按时完成年度东西部扶贫协作协议任务。北京、天津市累计投入帮扶资金62.85亿元，实施项目2356个。二是扎实推进中央单位定点帮扶。强化定点帮扶沟通对接和服务保障，各中央单位领导定期深入定点帮扶县调研指导，31个中央单位累计投入帮扶资金21.47亿元,实施项目859个。三是扎实推进“万企帮万村”精准扶贫行动。建立村企结对帮扶台账，完善统计督导考核机制，动员13925家企业参与“万企帮万村”结对帮扶，7746个贫困村实现村企结对帮扶全覆盖。四是扎实推进驻冀部队帮扶。省军区把脱贫攻坚作为党委工程、主官工程，三级主官带头结对认亲，组织所属11个军分区、168个人武部，协调军委办公厅等12个驻京军队大单位、驻冀7个军以上单位参与脱贫攻坚，持续深化“八个助力”帮扶活动（助力组织建设、基础设施、乡村产业、红色旅游、学子圆梦、百姓健康、退役老兵、文明新风），狠抓国防书屋、双拥文化活动广场、爱民路“三件实事”，精准开展结对帮扶，累计投入资金1.6亿元，协调资金5.4亿元，集中帮扶的100个贫困村全部脱贫摘帽，为全省脱贫攻坚作出了重要贡献。

（九）健全长效机制，切实防止返贫致贫。一是强化顶层设计。在王东峰书记亲自推动下，2019年我省在全国率先出台《关于建立健全脱贫防贫长效机制的意见》，汪洋、胡春华同志作出肯定批示，国务院扶贫办转发各省（区、市）学习借鉴。2020年省级印发《关于做好防贫监测部门筛查预警工作的通知》，国务院扶贫办转发各省（区、市）学习借鉴。二是强化监测帮扶。健全农户申报、乡村排查走访、部门筛查预警“三位一体”防贫监测网络，精准识别认定防贫监测对象4万户、9.3万人，并全部录入全国扶贫开发信息系统，实行动态管理。对所有防贫监测对象，有针对性地落实产业就业扶持、教育专项救助、兜底保障等措施，切实防止返贫致贫。2020年以来，全省未发生返贫致贫问题。三是强化保险保障。创新推出精准防贫保险，组织各地多渠道筹措资金5.93亿元，为监测对象购买精准防贫保险，累计向3.4万户实施了保险救助，全省各县（市、区）实现防贫保险全覆盖。邯郸市魏县与太平洋保险公司首创“防贫保”，荣获2019年度全国脱贫攻坚组织创新奖和首届“全球减贫最佳案例”。四是强化基金救助。省政府印发《关于设立社会救助基金的指导意见》，省市县逐级设立覆盖城乡的社会救助基金会，吸引各类企业、社会组织和爱心人士捐赠资金，重点资助有特殊困难的城乡群众。目前全省已成立社会救助基金会192家。

（十）坚持干群联动，充分激发内生动力。一是持续强化监督。省人大常委会聚焦脱贫攻坚持续开展调研视察、联动监督，在产业扶贫、易地扶贫搬迁后续扶持、巩固脱贫成果和建立防贫机制等方面指出问题、给出对策、提出建议，持续跟踪问效，推动问题解决，为打赢脱贫攻坚战作出了突出贡献。省纪委监委切实履行监督执纪问责职责，持续强化政治监督，不断深化扶贫领域腐败和作风问题专项治理，精准开展执纪问责，着力解决贪污侵占、吃拿卡要、优亲厚友以及“两不愁三保障”突出问题和扶贫领域形式主义、官僚主义问题，累计查处相关问题17865件，处分16731人，问责党员干部2726人，交办督办问题线索879件、挂牌督办2649件，为打赢脱贫攻坚战提供了坚强纪律保障。二是锤炼作风能力。省委组织部会同省扶贫办，深入开展“脱贫攻坚党旗红”“抓党建、防疫情、促脱贫、保小康”等活动，举办脱贫攻坚培训4100余期、培训105万人次。三是推进“志”“智”双扶。加大以工代赈、以奖代补力度，积极推广“爱心公益超市”，创办脱贫攻坚“农民夜校”“讲习所”7000余个，培育贫困村创业致富带头人3.4万人，贫困群众精神面貌发生明显变化。四是强化典型引领。省委宣传部会同省扶贫办，制定脱贫攻坚宣传方案，加强对上报道和省内宣传，制作脱贫攻坚专题片，推出《最美的乡村》等一系列影视作品，形成了崇尚先进、学习先进、争当先进的浓厚氛围。大力弘扬李保国精神，录制脱贫攻坚奖特别节目，省级累计评选脱贫攻坚奖先进集体383个、先进个人587个。做好涉贫舆情监测处置工作，及时回应社会关切，启动扶贫交流基地建设，总结推广河北扶贫经验，讲好河北减贫故事。

2020年以来，面对突如其来的新冠肺炎疫情，省委、省政府团结带领全省各级干部群众，统筹推进疫情防控和脱贫攻坚，全力以赴推动脱贫攻坚圆满收官。对2019年年底剩余的3.4万贫困人口，逐村逐户逐人逐项建立脱贫台账，实行领导干部包联、帮扶责任人帮扶、因户因人施策全覆盖，全部高质量脱贫。持续开展“两不愁三保障”“回头看”和排查整改，“两不愁三保障”问题全部解决到位。最大限度克服疫情影响，出台了《促进贫困劳动力就业创业的13条措施》等一系列政策文件，建立疫情影响分析应对机制，强力推进稳岗就业和复工复产。截至2020年底，全省贫困劳动力务工90.37万人，相当于2019年总人数的130.1%；2020年度19008个扶贫项目全部开工、完工率99.2%（含跨年度项目），有带贫益贫作用的扶贫龙头企业和扶贫车间复工复产率达到100%。巩固提升脱贫攻坚成果，深入推进产业、就业、科技、教育、健康、消费扶贫，强化易地扶贫搬迁后续帮扶，330个集中安置区实现就业、基层组织管理全覆盖。2020年全省贫困地区（45个国定贫困县）农村居民人均可支配收入增速高于全省农村平均水平1.7个百分点。完善和落实防贫监测及帮扶机制，出台了《河北省防贫监测和帮扶工作实施办法》《关于做好防贫监测部门筛查预警工作的通知》等政策文件，建立多个行业部门参与的动态监测和帮扶机制，2020年以来全省未发生返贫致贫问题。

习近平总书记在决战决胜脱贫攻坚座谈会上，对我省及阜平县骆驼湾村、顾家台村脱贫攻坚工作给予充分肯定。汪洋、孙春兰、胡春华等中央领导同志对我省脱贫攻坚工作、建立健全脱贫防贫长效机制、阜平县骆驼湾及顾家台村做法、国家脱贫攻坚成效考核反馈问题整改、健康扶贫等工作作出肯定批示。威县“金鸡”产业扶贫模式、涞水县“双带四起来”旅游扶贫模式，列入中央政治局集体学习资料。2018年、2019年，河北连续两年在省级党委和政府扶贫开发工作成效考核、东西部扶贫协作成效考核、财政专项扶贫资金绩效评价中取得好成绩，连续两年在全国扶贫开发工作会议上作典型发言。

二、聚焦全面收官，全省脱贫攻坚取得了重大历史性成就

2016年以来，全省现行标准下农村贫困人口全部脱贫，7746个贫困村全部出列，62个贫困县全部摘帽，如期兑现了“全面建成小康社会，一个不能少；共同富裕路上，一个不掉队”的庄严承诺，河北历史上首次消除了绝对贫困和区域性整体贫困，在全体人民共同富裕道路上迈出了坚实的一大步。

（一）贫困群众收入水平显著提高。贫困人口全部实现不愁吃不愁穿，全面实现义务教育、基本医疗、住房安全和饮水安全有保障，获得感幸福感显著增强。贫困地区（45个国定贫困县）农村居民人均可支配收入由2015年的7575元增长到2020年的12712元，增速连续5年高于全省平均水平。

（二）贫困地区生产生活条件显著改善。贫困地区13502所中小学办学条件得到改善。组建151家县域医联体，补充乡镇卫生院全科医生2.1万名，全省所有行政村实现标准化卫生室和村医配备全覆盖，贫困群众基本实现小病不出村、大病不出县。改造农村危房29.5万户，纳入“十三五”搬迁计划的30.2万人全部搬迁安置。完成35座小型水库除险加固，建成饮水工程3.4万处，全省贫困地区农村集中供水率达到95.5%。建设贫困地区农村公路1.94万公里，实现村村通硬化路、村村通客车，农网供电可靠率达到99.8%，贫困村光纤宽带通达、4G信号和动力电全覆盖，贫困地区行路难、用电难、通信难等问题得到历史性解决。

（三）贫困地区经济社会加速发展。全省贫困地区共实施产业扶贫项目5.3万个，发展合作社5.3万家，培育省级农业产业化龙头企业256家，打造特色产业样板村1119个，总装机光伏扶贫电站392.3万千瓦、为全国第一，培育年销售额10亿元农产品加工集群20个，创建农业产业化联合体128个，县域经济发展动力持续增强，各类新业态蓬勃兴起。

（四）贫困群众精气神全面提振。坚持扶贫与扶志扶智相结合，有效激发贫困人口发展内生动力，依靠自己辛勤劳动摆脱贫困。过去不少贫困群众“揣着手等”“背着手看”“靠着墙根晒太阳，等着别人送小康”。现在争先恐后“甩开手干”，等靠要少了、勤劳致富多了，陈规陋习少了、文明新风多了，僵化保守少了、自信开放多了，愁眉苦脸少了、欢声笑语多了，精神面貌焕然一新。

（五）党在农村的执政基础更加巩固。深入开展“脱贫攻坚党旗红”“抓党建、防疫情、促脱贫、保小康”等活动，整治软弱涣散基层党组织577个，基层党组织凝聚力战斗力不断增强，战斗堡垒作用充分发挥。6.1万名驻村干部和7746个贫困村党组织书记在攻坚克难中快速成长，基层干部的群众工作能力明显提升。贫困地区广大群众知党恩、感党恩，听党话、跟党走，申请入党的年轻人明显增多。在新的历史条件下，党同群众血肉联系更加密切，党在农村的执政基础更加巩固。

三、平稳有序过渡，推动巩固拓展脱贫攻坚成果同乡村振兴有效衔接

经过连续几年的强力攻坚，我省如期完成了新时代脱贫攻坚目标任务，在看到成绩的同时，我们也清醒地认识到，巩固拓展脱贫攻坚成果任务艰巨，还有大量工作要做；防止致贫返贫监测和帮扶机制还需持续推动落地见效；推进巩固拓展脱贫攻坚成果同乡村振兴有效衔

接还需深入研究、完善工作机制；巩固提升产业就业帮扶的稳定性可持续性，还需持续加力。

脱贫摘帽不是终点，而是新生活、新奋斗的起点。下一步，我们将深入学习贯彻习近平总书记重要讲话和重要指示批示精神，全面落实中央经济工作会议、中央农村工作会议、全国脱贫攻坚总结表彰大会、全国巩固拓展脱贫攻坚成果同乡村振兴有效衔接工作会议和省委九届十一次、十二次全会、全省农村工作会议、全省巩固拓展脱贫攻坚成果同乡村振兴有效衔接工作会议精神，发扬“上下同心、尽锐出战、精准务实、开拓创新、攻坚克难、不负人民”的脱贫攻坚精神，把巩固拓展脱贫攻坚成果摆在头等重要位置来抓，坚决守住脱贫攻坚胜利果实，推动脱贫攻坚政策举措和工作体系逐步向乡村振兴平稳过渡，确保乡村振兴有序推进。

（一）保持主要帮扶政策总体稳定。党中央决定，脱贫攻坚目标任务完成后，对摆脱贫困的县，从脱贫之日起设立5年过渡期。过渡期内，要实现“一个目标”，即确保如期实现脱贫攻坚成果巩固拓展、乡村振兴战略全面推进的目标。要完成“三大任务”，即建立健全巩固拓展脱贫攻坚成果长效机制、推动脱贫攻坚工作体系全面转向乡村振兴、健全农村低收入人口常态化帮扶机制。要落实“四个不摘”，即摘帽不摘责任，防止松劲懈怠；摘帽不摘政策，防止急刹车；摘帽不摘帮扶，防止一撤了之；摘帽不摘监管，防止贫困反弹。在国家和省新的政策出台之前，现有帮扶政策继续执行，做到投入力度不减、帮扶队伍不撤，狠抓落地落实。

（二）持续巩固拓展脱贫攻坚成果。坚决守住不发生规模性返贫的底线，狠抓责任落实、政策落实和工作落实，让脱贫基础更加稳固、成效更可持续。建立健全长效防贫机制。加强易返贫致贫人口监测，做到早发现、早干预、早帮扶；强化农村低收入人口常态化帮扶，分层分类实施帮扶救助。不断强化产业就业帮扶。支持脱贫地区乡村特色产业发展壮大，做大做强龙头企业，强化科技服务支撑，完善利益联结机制，提升规模化品牌化水平。促进脱贫人口稳定就业，通过劳务输出、公益岗位等方式，确保稳定就业，加强脱贫人口技能培训，增强脱贫人口稳定就业能力。搞好易地搬迁后续扶持。因地制宜搞好产业就业帮扶，强化服务保障，落实属地化管理，加快完善一体化、均等化的配套基础设施和公共服务体系。持续加强基础设施建设和基本公共服务改善，持续改善乡村道路、水利、电力、通讯等生产生活条件和村容村貌。加大教育、健康等公共服务投入，持续改善乡村义务教育办学条件和医疗卫生基础条件。继续用好多方帮扶力量。坚持和完善驻村第一书记和工作队、对口支援、社会帮扶等制度，并根据形势和任务变化进行完善。持续抓好京津两市扶贫协作项目后续工作，确保发挥效益。强化中央定点帮扶单位对接服务，争取更多支持。深化“万企帮万村”精准帮扶，拓宽社会力量参与渠道。

（三）强化脱贫攻坚总结宣传。大力弘扬脱贫攻坚精神，激励和动员全省广大干部群众激情干事创业、接续攻坚奋进。强化宣传工作。全面系统梳理8年脱贫攻坚实践取得的伟大成就和宝贵经验，挖掘好脱贫故事，汇聚接续奋进强大正能量。开展总结表彰。精心组织开展全省脱贫攻坚总结表彰工作，严格组织开展先进集体和先进个人推荐评选，筹备召开全省脱贫攻坚总结表彰暨乡村振兴部署推进会议。加强激励关怀。对在脱贫攻坚中表现突出的领导干部和扶贫一线干部，论功行赏，符合条件的提拔重用。实事求是做好脱贫攻坚殉职人员认定抚恤工作，确保符合条件对象应定尽定、应抚尽抚。

（四）扎实做好有效衔接各项工作。强化体制衔接。做好领导体制、工作机制、协调机制等衔接，继续实行党委政府定期研究、县乡党委书记“擂台赛”、领导干部包联等制度，推动形成五级书记抓乡村振兴的工作局面。强化政策衔接。认真落实《关于实现巩固拓展脱贫攻坚成果同乡村振兴有效衔接的实施意见》，为推进工作提供政策支持。强化规划衔接。科学编制省级“十四五”巩固拓展脱贫攻坚成果同乡村振兴有效衔接规划，谋划一批重点项目，接续推动脱贫地区乡村全面振兴。强化重点县衔接。把脱贫县作为支持重点，统筹资源力量，加大帮扶力度，确保在乡村振兴新征程中不掉队。强化机构队伍衔接。参照国家做法，组建乡村振兴工作机构，调整职能，明确任务，配强力量，确保平稳过渡。（五）强化衔接工作组织保障。坚持五级书记一起抓，借鉴脱贫攻坚领导体制、工作机制、政策举措、机构队伍等做法，持续用力推动工作落实。把巩固拓展脱贫攻坚成果作为推进乡村振兴战略实绩考核的重要内容，科学设置考核指标，强化考核激励，确保党中央、国务院和省委、省政府决策部署落地落实。

省十三届人大常委会听取脱贫攻坚工作报告，是对脱贫攻坚工作的高度重视和大力支持。真诚希望省人大常委会继续对巩固拓展脱贫攻坚成果、推进乡村振兴给予关注和支持，省政府将更加自觉地接受人大及其常委会监督，紧盯目标任务，推动工作落实，为建设经济强省、美丽河北作出新的更大贡献！

时清霜同志在全省地下水超采综合治理工作会议上的讲话

（2021 年 4 月 20 日）

这次全省地下水超采综合治理现场会，是省委、省政府决定召开的一次重要会议。主要任务是，深入贯彻习近平总书记关于地下水超采综合治理重要论述和党的十九届五中全会精神，认真落实党中央、国务院决策部署和省委、省政府工作安排，交流经验做法，分析形势任务，对今明两年工作进行动员部署，进一步凝聚思想共识、压实主体责任、汇集攻坚合力，确保如期高质量完成超采治理任务。

上午，大家实地观摩了宁晋农业节水灌溉、河道治理、生态补水、江水直供、城乡水源置换等超采治理项目建设现场，从不同角度感受了宁晋地下水超采综合治理工作的力度和成效，许多同志表示深受鼓舞和启发。宁晋超采治理任务很重，县委、县政府对此高度重视，强力组织，综合施策，推进地下水超采综合治理，取得了积极进展和良好效果。一是节水有效。特别是农业方面，作为全国粮食生产先进县和全省产粮第一大县，一直把农业节水作为重中之重，近年累计投入资金 5 个多亿，推进结构调整，推广冬小麦节水稳产配套、保护性耕作、水肥一体化等技术，实施面积达 200 多万亩，形成压采能力 7600 多万方。二是置换有力。着眼城乡全域水源置换，通过“专项资金+专项债券+社会资本”的方式，多方筹集资金，强力推动城乡水源置换工程建设，打造宁柏线和石津干渠双水源供水管网体系，在提高供水安全保障水平的同时，最大限度减少城乡生活和工业取用地下水。三蓄补有道。为提高调蓄能力，因地制宜实施河道蓄水、坑塘蓄水、沟渠蓄水工程，累计新增地表水存蓄容积 300 多万立方米；按照先清后补的要求，持续推进河湖“四乱”清理整治，大力实施生态补水，累计补水 4500 万立方米，水生态环境逐步修复。四是管控有方。强化管控制度建设，持续加强地下水取用监管，年取水量超 5 万吨的企业，全部安装在线远程计量监测系统，完善联合执法制度，健全定期巡查机制，严厉打击非法取水行为，减少了开采浪费。他们的许多做法切合实际，标本兼治，有力有效，值得学习。刚才，省水利厅、省农业农村厅、省住建厅就有关工作做了具体安排，石家庄市、邢台市，包括宁晋县也都作了很好的发言，介绍了不少好经验，各地要相互借鉴、取长补短，共同把超采综合治理这项工作抓实做好。下面，我再讲四点具体意见。

一、充分认识超采治理取得的显著成效

大家知道，在华北地区开展地下水超采综合治理，是以习近平同志为核心的党中央作出的重大决策部署。党的十九届五中全会强调，要实施国家节水行动，建立水资源刚性约束制度。省委九届十一次全会提出，聚焦解决华北地下水大漏斗问题，统筹山水林田湖草系统治理，深化地下水超采综合治理，加快实现地下水采补平衡。省委、省政府对这项工作，高度重视，几年来，坚持从顶层设计抓起，不断优化治理路径，强化推进举措，推动压采工作取得阶段性成效。

一是制度体系逐步健全。以水利部、财政部、国家发展改革委、农业农村部联合印发的《华北地区地下水超采综合治理行动方案》为遵循，在我省《地下水超采综合治理五年实施计划》框架下，相继出台了《关于进一步加强生态文明建设 深入开展地下水超采综合治理的实施意见》，印发了《地下水超采综合治理成效考核与问责办法》，细化制定了《农村供水保障体系建设实施方案》《关于严格地下水取水许可管理有关事项的通知》《取水井管理办法》等文件，明确了治理目标，厘清了任务分工，完善了保障措施，压实了各方责任，为推动超采治理提供了制度保障。

二是治理路径不断完善。从 2014 年启动试点开始，有关部门和超采区市县立足实际，大胆创新，边干边总结，不断探索、优化治理路径和模式。经过多年实践，用好外调水，以引江水全面置换受水区城乡生活和工业用水，以引黄水扩大地表水灌溉面积；留住天上水，通过清淤河道、扩容坑塘、连通沟渠，最大程度存蓄雨洪资源，扩大地表水可利用量；少用地下水，在无地表水替代的超采区，连片实施旱作雨养、季节性休耕、扩大耐旱作物种植面积；有序关停南水北调受水区生活工业自备机和种植结构调整项目区农业灌溉机井，减少地下水取用；回补生态水，着眼修复水生态环境，加快回补地下水，统筹水源开展河湖生态补水。这套“组合拳”已经成形，而且十分有效。

三是水源条件显著改观。河北是全国唯一一个没有大江大河过境的、严重的资源型缺水省份；又是全国 13 个粮食主产省之一，保障粮食安全责任同样重大。在维护正

常生产生活秩序、确保粮食丰产稳产这个大前提下，推进地下水超采综合治理，增加地表水可用量尤为关键。这几年，得益于南水北调中线干渠、引黄入冀补淀等工程相继通水，得益于国家水利部和河南、山东等兄弟省份的支持配合，我省外调水量逐年增加，去年全省引调江水达 37.09 亿立方米，引调黄河水达 18.26 亿立方米，均创历史新高。宝贵的长江水、黄河水，为取得经济社会发展和超采治理的双赢，提供了坚实保障。

四是治理成效初步显现。截至去年底，经过综合施策、系统治理，全年累计压减地下水超采量 43.5 亿立方米，完成总压减任务的 73%；浅层、深层地下水位有 7 个月份同比上升；年底超采区浅层、深层地下水位分别同比上升 0.52 米、1.62 米，超采区三分之二的县地下水位实现回升，地下水位下降趋势得到初步扭转。其中，张家口市自我加压、主动作为，提前完成全部治理任务，在全省率先实现采补平衡，更值得各地学习。另外，通过有序实施生态补水，河湖生态环境明显改善，石家庄滹沱河、邯郸滏阳河、邢台泜河等相继恢复了岸青水绿、鱼游蛙鸣的勃勃生机，成为群众旅游休闲、颐养身心的好去处。

在肯定成绩的同时，也要清醒地认识到，我省地下水超采综合治理工作仍然存在不少问题。比如，一些地方对地下水管理的重要性和紧迫性认识不足，仍然把地下水看作取之不尽、用之不竭的资源，节水惜水、把水资源作为最大刚性约束的意识有待提高。比如，有些地方领导同志在超采治理上办法不多，工作抓得不严不实，导致工作进展很不平衡，目前超采区 127 个县中，还有 45 个县剩余压采任务在 2000 万方以上、占全省剩余任务的 72%。比如，有的地方资金保障不够有力，市场机制运用得不够充分，过多依赖中央和省财政资金支持，尤其是在季节性休耕、旱作雨养等农业种植结构调整上，筹措补助资金的积极性主动性不高，压采措施还未有效落地。对此，各地各有关部门一定要高度重视，结合实际，认真研究解决的措施和办法。

二、准确把握推进超采治理的总体要求

全面解决河北地下水超采问题，事关水安全、粮食安全、生态安全和区域安全，事关京津冀协同发展和雄安新区建设发展。总书记高度重视河北超采问题，多次发表重要讲话、作出重要指示，强调河川之危、水源之危是生存环境之危、民族存续之危，要求从实现长治久安的高度和对历史负责的态度做好地下水超采综合治理工作。2014 年 3 月 14 日，总书记在中央财经领导小组第 5 次会议上讲，要把华北地面沉降问题作为一个重大专项，提出可操作的实施方案，纳入京津冀协同发展的顶层设计中。2016 年 7 月 28 日，总书记视察唐山时，明确要求河北深入开展地下水超采综合治理，努力实现采补平衡，使华北平原这一世界上最大的地下水漏斗区得到有效控制和改善。国务院对河北地下水超采综合治理工作十分重视，胡春华副总理亲自部署调度，多次到我省调研指导，去年 5 月 18 日，在雄安新区调研时，春华副总理专门听取我省工作汇报，要求河北坚持不懈做好地下水超采治理工作，全面提升水安全保障水平。为确保治理任务尽快落地见效，王东峰书记、许勤省长多次召开省委常委会会议、书记专题会议、省政府党组会议、省政府常委会议、省领导小组会议，亲自研究谋划地下水超采综合治理工作，主持制定了《关于进一步加强生态文明建设 深入开展地下水超采综合治理的实施意见》，提出全面启动地下水超采治理攻坚战，到 2022 年全部完成剩余 16.2 亿立方米压采任务，较国家行动方案明确的 2035 年实现地下水采补平衡提前 13 年完成任务，从整体上扭转地下水位下降趋势，大部分地区止降回升，河湖水生态环境明显改善，城市漏斗区特征逐步消失。形成地表水高效利用、地下水严格管控、供用水结构优化的综合治理体系，从整体上提升全省水资源水环境承载能力。

这个目标，是省委、省政府在前期治理工作基础上，综合分析当前水源条件、农业种植结构、行业用水效率等情况，经过慎重研究提出的。这个目标省水利厅会同省农业农村厅、省住建等部门进行了反复测算，符合河北省情水情，是积极可行的，经过努力是完全可以实现的。主要是因为，有党中央、国务院、国家部委和省委、省政府的强力政策支持，有前些年我们试点取得的成功经验和有效模式，有各地各部门的主动作为和密切配合。目前，压采目标已经落实到了具体措施和分解到了任务市县，大家要真正重视起来、不折不扣地抓好落实。这里，我特别强调的是，就超采治理工作来讲，这是习近平总书记十分关注的一件大事，是春华副总理亲自部署推动的一件要事。对河北来讲，是省委、省政府必须肩负起的政治责任，是各级各有关部门必须完成的政治任务。大家一定要站在这个高度去认识、去把握，以坚定的决心、过硬的举措来组织实施。

这项工作，从全省来讲，要树立一盘棋思想，统筹谋划、协调推进，汇聚力量、集中攻坚。整体推进中，要把握好几个原则，坚持全域推进，突出重点区域。将地下水超采治理保护范围拓展到全省，以超采区为主战场，集中攻坚、逐县销号；非超采区全面开展节水增效行动，防止出现新的超采。坚持外引内节，统筹水源配置。利用既有渠道大力引调外来水，开展全社会节水行动，打造适水发展格局。按照生活生产生态顺序，优先利用外调水、合理开发地表水、限制开采地下水。坚持系统治理，发挥叠加

效应。综合运用工程和非工程措施，通过水源置换、农业结构调整、关停取水井等，多措并举、同步谋划、协同推进，发挥各项治理措施的综合效应，巩固和提升治理成果。坚持分区施策，实现精准治理。针对冀中南、冀西北、冀东北地区不同的产业结构、水源条件和工程状况，分区分类精准落实治理举措，全面提升超采综合治理工作的针对性和有效性。坚持依法管理，深化改革创新。发挥政府在水资源管理中的主导作用，实行属地负责，水利部门严格监督管理，完善奖惩机制，强化考核问责，加大激励约束。发挥市场调节配置水资源的作用，深化水资源价税改革，倒逼全社会节水。各地各有关部门要在上述原则指导下，做好任务和措施衔接，要通过全域的、系统的、精准的治理，确保打赢地下水超采综合治理这场硬仗，加快建成京津冀生态环境支撑区，为子孙后代长远发展奠定好的生态基础。

三、强力推进事关治理成败的重点行动

确保如期完成超采治理任务，必须坚持问题导向和目标导向，聚焦地下水采补平衡、水位止降回升，抓住关键举措，突出工作重点，系统科学治理。

一是坚决打好水源置换战。水源置换是超采治理最直接、最有效的途径。省里制定的《农村供水保障体系建设实施方案》和《城市生活工业水源置换方案》明确了推进水源置换的任务和时限。各地要按照“优水优用、分区置换、能换尽换”的原则，加快组织实施，引足用好外调水和当地地表水，尽可能多地置换地下水。城市生活和工业方面，各地要加快供水管网改造扩建，提高供水能力和覆盖范围，增加江水消纳能力，加快地表水源置换进度，确保 2021 年底前南水北调受水区城镇生活和工业用水全部切换为引江水。受水区外，要合理开发当地地表水，新建改建扩建地表水厂，增加地表水供应量。农村生活方面，目标是到 2022 年，南水北调受水区所有农村群众全部喝上长江水，今年要完成 818 万人的水源切换任务。和城市不同，农村水源置换工程量大、建设任务重，需要主要领导亲自布置、一抓到底，协调解决建设资金、项目用地、供水管线穿越铁路公路审批等问题，为工程建设创造良好条件，确保顺利实施，11 月底前完成主体工程，12 月底达到通水条件。农业灌溉方面，各地要抓紧完善引江、引黄、引滦和水库水调蓄、灌溉工程，合理调配水量，稳步扩大地表水灌溉面积。沧州、衡水、邢台、邯郸等地重点是实施平原河网连通、蓄水等工程，提升既有项目灌溉保证率；唐山、秦皇岛重点是谋划利用滦河水，扩大井渠双灌面积。这里就唐山超采治理工作多讲几句，唐山虽然不是引江、引黄受水区，但和冀中南几个市相比，水资源条件要好很多，一定要把现有的地表水用足用好，加大连通工程实施力度，配合工农业节水措施，把压采进度赶上来。

二是坚决打好农业节水战。农业是用水大户，也是节水重点，把水源置换潜力挖尽后，剩余的 8.67 亿立方米任务，只能在农业上做文章。从以往经验和节水效果测算，一方面，要大力发展高效节水灌溉，需要新增管灌、喷灌等高效节水灌溉面积 260 万亩、浅埋滴灌面积 100 万亩。另一方面，要持续加大种植结构调整力度，需要在黑龙港地下水严重超采区，新增季节性休耕面积 50 万亩、旱作雨养面积 305 万亩；在雄安新区，再退减耕地 30 万亩。上述任务，省农业农村厅要按年度分解到市县、落实到地块。对今年冀中南地区新增的 100 万亩和以前实施需要维持的 35 万亩旱作雨养，省里安排补助资金 5.3 亿元，刚才，玲玲同志讲得很明白，各地包干使用，不足部分市县配套。特别强调，超采治理是超采区市县的任务，但调整农业结构，减少农业用水是全省的事，非超采区也要因地制宜发展旱作农业、适水农业，在保障粮食生产能力的前提下，扩大耐旱的苜蓿、高粱等作物和金银花、枸杞等中草药面积。各地还要在农业水价改革上多探索，利用价格杠杆，倒逼农业节水，这方面有许多成熟的经验。比如，元氏大力推行水权水价改革，成立县乡村三级农民用水户协会，通过完善水权确权、水价定价、超用加价和节水奖励等措施，提高农民节水意识，减少灌溉用水。类似的还有张北“总量控制、水权交易”、成安“定额管理、超额征收”等等，改革的方向是一致的，具体到操作实施层面又各有特点，各地可以充分借鉴。农业之外，还要通过合同节水等方式，不遗余力抓好工业和生活节水。

三是坚决打好清河补水战。河湖既是盛水的“盆”，也是回补地下水的“源”。我省河湖水生态环境历史欠账多，大多数河道常年干涸，水生态环境损害严重。为提高地下水回补效果，春华副总理亲自谋划启动了河湖生态补水，2018 年 9 月，先期选择滹沱河、滏阳河、南拒马河 3 条河段开展试点。两年多实践证明，实施生态补水，不仅有利于改善河湖环境，而且回补地下水效果也非常好，监测数据显示，补水河段平均入渗率达到 60-70%，回补影响范围达到两侧 12 公里。下一步，要集中时间、集中力量，以滹沱河、南拒马河、滏阳河、永定河等常态化补水河道为重点，统筹推进 1386 条河道清理整治，为实施生态补水创造了有利条件。要以习近平总书记关于“打造幸福河”的重要指示精神为引领，进一步巩固清理整治成果，把河湖水生态环境修复和地下水超采治理作为有机整体，统一谋划、统筹推进。要以大中型水库和行洪河道为骨干，分流域谋划实施河河连通、河湖连通工程，构建丰缺互补、可调可控的现代水网体系。要统筹外调水和水库水，向具备补水条件的河道实施生态补水，打造水清、岸绿、景美

的秀美河湖。要全面落实河（湖）长制，依法治水、依法管水，严格水域、岸线空间管控与保护，坚决整治侵占、破坏河道行为，推进河湖清理整治常态化、规范化，巩固好清河补水成效。

四是坚决打好关井管井战。按照实施意见明确的目标，全省还要再关井 20.6 万眼，任务非常艰巨。具体安排是，南水北调受水区城市建设区内取水井，原则上 2021 年底前全部关停，受水区农村生活和工业取水井，2022 年底前全部关停；旱作雨养和季节性休耕等范围内的农业灌溉取水井，随项目实施进度有序关停。这些井能否顺利关停，直接关系到地下水超采综合治理能否取得最终胜利，市县政府要落实主体责任，按照省里明确的关停任务，制定年度实施计划，逐井明确关停时限和责任单位、责任人，确保应关尽关。对引江引黄和本地地表水无法覆盖区域的 94.7 万眼在用取水井，加强总量控制，逐县明确并严格执行地下水开采总量控制红线，县域内地下水开采总量接近或超过总量控制红线的，不予新批取水许可。加强计划管理，严格落实年度用水计划管理制度，分年度把地下水计划用水量逐级分解到用水户。加强计量监测，5.1 万眼生活和工业取水井全部安装计量设施，对年取水量 1 万立方米以上的实行在线监控；农业取水井 89.6 万眼，通过“以电折水”“以电控水”，强化取用地下水的计量和管控。各地要加强对取水井关停管控的监督管理，严查明关暗用、停而复用、非法开凿取水井、无证取水等违法违规行为，切实把好地下水开采的“总阀门”。

四、全面强化超采治理的组织保障

地下水超采综合治理是一项系统性工程，各地各部门要坚持守土有责、履职尽责，真正把责任扛起来、把使命担起来，统筹推进疫情防控和地下水超采综合治理等工作。

一要压实攻坚责任。省领导小组及其办公室要发挥牵头抓总作用，分年度明确省直部门和市县任务，搞好跟踪问效，强化调度指导。市县党委、政府要切实履行主体责任，主要负责同志亲自谋划、研究部署，分管负责同志靠前指挥、强化调度，要结合地方实际，细化实施方案，确保各项治理措施落实到人员、项目和地块。相关部门要发挥行业职能，盯紧盯牢负责的具体任务，共同推进工作落实。

二要多方筹措资金。各地各部门要积极争取国家支持，加大财政投入，拓宽投融资渠道，保障压采任务顺利实施。省市县要按照已经明确的投资比例，落实农村生活水源置换项目和旱作雨养、季节性休耕等补贴资金。各地要利用城市基础设施配套费增量收入、加大政府债券和市场化融资力度等方式，解决城市水源置换和江水直供建设资金。

三要强化宣传引导。主流媒体和网络媒体要广泛宣传地下水超采综合治理的重要性和紧迫性，大力宣传中央和省制定出台的治理政策、工作成效。各地要以工业节水减排、节水城镇建设、河湖管理保护等为重点，推进宣传教育进企业、进农村、进机关、进校园、进社区，提升全民节水惜水爱水意识，营造全社会节约用水、保护河湖的良好氛围，引导广大群众和社会各界支持参与地下水超采综合治理。

四要严格考核问责。要充分发挥考核指挥棒作用，严格落实《地下水超采综合治理成效考核与问责办法》，将地下水位回升幅度作为硬性指标，真考实考，考核结果全省通报，落实经济奖惩，对失职失责、没有完成治理任务的县（市、区），依规依纪追责问责。要用好地下水位监测通报这一有力抓手，连续排名靠后、地下水位下降严重的县（市、区），将约谈政府主要负责同志。

最后，我再强调两件事。一个是河湖智能视频监控系统建设。打造全覆盖、全天候、智能化的河湖视频监控系统，是省委、省政府深入贯彻落实习近平总书记“打造人民满意幸福河湖”重要指示，着眼于保障河湖防洪安全、供水安全、生态安全，作出的一项重大决策部署。东峰书记、许勤省长多次就这项工作作出指示，3 月份召开的全省 2021 年度省级总河湖长暨河湖治理工作会议，明确要求市县属地负责，于今年 5 月底前完成。省水利厅编制了建设方案，明确了技术架构、实现功能、资金分摊、进度安排等，马上就会具体部署。各地各有关部门要从讲政治的高度，进一步提高重视程度，倒排工期、挂图作战，协调联动、加快实施，确保如期高质量完成建设任务。

另一个是贯彻落实国家“三农”重点工作视频调度会精神，4 月 16 日的视频会上，胡春华副总理作了重要讲话。贯彻落实会议精神要抓好三项具体工作。一是全面落实春播面积。要在加强麦田管理、搞好病虫害防控的基础上，不误农时抢春播。今年预计春播粮食面积 2565 万亩，已经完成播种 181 万亩。要密切监测播种进展情况，对进展慢的地区强化督导，确保应播尽播。二是切实抓好生猪产能稳定恢复。要切实抓好重大动物疫病特别是非洲猪瘟疫情防控，把常态化防控措施落实落细，抓住生猪市场行情较好的有利时机，引导养殖户春季补栏，尽早将产能恢复到正常年份水平。要提早做好应对猪周期的充分准备，密切监测生猪生产态势走势，抓紧研判提出逆周期调节合适时点、政策措施，尽量减少猪周期波动幅度。三是坚持不懈地抓好脱贫劳动力稳岗就业。要聚焦年度目标，规范公益岗位管理，提高就业培训精准性，多措并举推动脱贫劳动力稳岗就业，确保脱贫劳动力务工就业人数和省外劳务输出总量高于去年水平。

时清霜同志在津承扶贫协作联席会议上的讲话

（2021 年 5 月 28 日）

在河北省、承德市脱贫攻坚全面胜利，乡村振兴衔接推进之际，庆恩副主任一行莅临河北省、承德市调研指导、协调沟通津承对口帮扶收尾交接工作，这充分体现了天津市委、市政府认真学习习近平总书记一系列重要讲话精神，落实党中央、国务院重大决策部署的政治站位，充分体现了天津市委、市政府落实“四个不摘”精神，积极推动津承双方从对口帮扶到协同发展平稳过渡，努力促进京津冀协同发展的广阔视野，充分体现了天津市委、市政府对承德市人民的深情厚谊。受东峰书记委托，我代表河北省委、省政府向天津市以及参加对口帮扶承德工作的全体同志表示衷心感谢！代表东峰书记和许勤省长向鸿忠书记、国勋市长问好和致谢！

刚才，春武同志对津承对口帮扶工作的成果进行了汇报，晓宇同志在总结五年来津承扶贫协作取得巨大成效的同时，对下一步工作提出建议。庆恩副主任对津承对口帮扶平稳交接工作做出了重要指示，我都同意。承德市委、市政府和五个受援县（市）的各级党委、政府对庆恩副主任的讲话精神，要认真学习、认真领会、抓紧落实。晓宇同志提出的建议是可行的，请庆恩副主任和天津市有关部门和对口支援区给予研究支持。下面，我讲三点意见：

一、提高政治站位，全面做好津承扶贫协作的平稳交接工作

2016 年以来，天津市各级党委府投入了大量的人力、物力、财力，积极开展对承德的对口帮扶工作，在农村基础设施建设、公共服务水平提升、产业培育、人才培养、劳务就业等方面发挥了巨大作用，为承德市脱贫攻坚的全面胜利和接续的乡村振兴工作奠定了坚实的基础。这一成果来之不易，承德市各级党委和政府一定要将成果巩固好、利用好，确保工作平稳交接。

一是持续做好人才交流工作。几年来，天津市向承德市派出了一大批优秀的专业技术人才，这些同志克服重重困难，深入贫困乡村、田间地头、学校医院，做了大量卓有成效的工作，为承德市经济社会发展做出了卓越的贡献。这些同志虽然大部分都已经返回了天津市的各个工作岗位，但仍有一部分同志要在承德继续工作生活一段时间，五个受援县（市）一定要抱着一颗感恩的心，为这些同志做好服务保障工作。天津市驻承工作队就要撤离了，但是我们不能让这些同志没有“娘家”，要让这些同志充分地感受到塞外人民的热情温暖，帮助他们解决工作和生活中出现的困难和问题。

二是持续抓好劳务协作工作。天津市一直是承德贫困劳动力转移就业的主要目的地。东西部扶贫协作开始后，津承两市通力协作，分别出台了一系列支持政策，帮助了一批贫困劳动力实现了稳定就业。在接续的拓展巩固脱贫攻坚成果和乡村振兴有序衔接的过程中，就业仍旧是脱贫群众增收的最稳定手段。承德市要充分发挥劳务大市的优势，针对天津劳务市场的用工需求，加大培训力度，为天津市提供高素质的劳动力。也请天津市继续执行已有的各项优惠政策，吸引更多的承德脱贫劳动力到天津就业，助力更多的脱贫群众实现增收。

三是持续加大对天津来承投资企业的支持力度。几年来，双方通过产业合作，鼓励引导一批天津企业到承德投资兴业，这些企业的落地不但极大地延伸了承德市产业发展的链条、提升了产业发展层次，还通过资产收益、土地流转、劳务就业等方式帮助一大批脱贫群众实现了增收，为承德市脱贫攻坚取得胜利做出了卓越的贡献。刚才晓宇同志提到的百万只肉羊项目，就是一个极好的范例。它从根本上解决了围场县作为畜牧大县羊产业发展滞后的局面。承德市应该继续保持对来承投资的天津企业的各项支持举措，严格落实已出台的各项政策措施，创造良好的营商环境，确保天津企业在承德能够取得良好的发展。

四是持续深化携手奔小康工作。按照天津市委、市政府的统一部署，天津市和承德市对口帮扶县区的乡镇之间、村村之间、学校之间、医院之间、社会组织与村之间签订了一系列携手奔小康协议。承德市和五个受援县（市）要对这些协议进行再梳理、再排查，将已落实的要保护和使用好现有的项目和成果，对未落实的要主动沟通汇报，确保落实。特别是五受援县（市）要紧紧抓住即将签订友好区县协议的契机，认真谋划和设计好合作内容和项目，确保携手奔小康的工作持续发展下去。

二、巩固协作成果，切实发挥援建项目的最大效益

刚才，晓宇同志在汇报中提到，2016-2020 年，天津

市各级财政投入帮扶资金超过 16 亿元，新建项目超过 400 个。这些项目在承德市脱贫攻坚工作中发挥了不可替代的作用，这是天津市各级党委、政府和天津市广大人民留给我们的宝贵资产。保护管理好这些资产，充分发挥这些资产的作用，不但是承德市拓展巩固拓展脱贫攻坚成果同乡村振兴有效衔接的需要，也是落实习近平总书记讲话精神和党中央、国务院重大部署的政治需要。承德市在 4 月份出台了《关于进一步完善承德市东西部扶贫协作及省内对口帮扶资产管理的实施意见》，这项工作走在了全省乃至全国的前列，这是非常值得肯定的。在工作落实中，要重点把握以下三个环节：

一是要明确项目资产的所有权。对于乡村道路、河坝水渠等基础设施项目和学校、幼儿园、卫生院、卫生室等公共服务项目，要将所有权划归乡镇、村和行业部门，由乡镇、村和行业部门统一管理和维护，要确保这些项目长期稳定发挥作用。对于生产经营项目可根据实际，将所有权划归县国有公司或村集体，由国有公司或村集体开展授权经营，确保国有资产安全。

二是要明确项目资产的经营权。对于经营性资产，县国有资产管理平台或村集体等产权单位，可以通过承包、租赁、入股等方式投入到合作社、企业等经营主体进行管理和经营，签订协议或合同，确定经营方式、经营期限、收益分配、风险防控、资产保值增值责任等内容。各受援县（市）要依法保证经营主体享有依法经营的自主权，并承担项目经营风险。

三是要明确项目资产的收益权。在目前阶段，协作项目资产收益要重点用于脱贫村、脱贫不稳定户及低收入农户。资产收益分配应通过民主决策程序提出，并主动进行公开，确保群众享有资产收益分配的知情权、参与权和监督权。资产收益分配要体现精准和差异化扶持，优先用于扶持发展壮大村集体经济和公益事业，提高脱贫不稳定户及低收入农户的收入，确保这些资产在拓展脱贫攻坚成果同乡村振兴有效衔接中发挥应有效益。

三、立足长远目标，找准在京津冀协同发展中的战略定位

习近平总书记在全国脱贫攻坚总结表彰大会上的讲话强调：“脱贫摘帽不是终点，而是新生活、新奋斗的起点”。津承之间东西部扶贫协作工作虽然结束了，京津冀协同发展是党中央、国务院的战略决策，是一项必须长期坚持才能做好的重大国家战略。承德市各级党委、政府要紧紧抓住这一战略机遇，充分发挥自身优势，找准在京津冀协同发展中的定位，高起点谋划、高层次设计、高质量推进、高标准落实，尽快融入京津发展的快车道。从目前看，我建议重点抓好以下几个方面工作：

一是加速推进“两区建设”，做好滦河上游的水土保持和环境保护工作。承德市是习近平总书记亲自定位的京津冀水源涵养功能区，是塞罕坝精神的发源地，天津市饮用水源地之一的潘家口水库 90%的入库水源都来自承德。5 月 19 日，河北省召开了推进首都“两区”建设工作会议，对张家口和承德两市建设首都水源涵养功能区和生态环境支撑区做出了进一步安排部署。承德市委、市政府要切实落实会议精神，按照“山水林田湖草沙”统筹治理的思路，加快坝上退耕还草、植树造林的项目建设，加快坝下山区河道综合治理的速度，确保保质保量地完成各项工作任务，为天津市民保护好这盆清水，也请天津市在这方面给予承德一定的支持。

二是加快推进京津绿色食品供应基地建设，为京津两市提供更多的优质农产品。近年来，承德市利用得天独厚的环境优势，在京津两市的大力支持下，成功打造了“承德山水”区域公用品牌，承德市“一环六带”九大特色扶贫产业布局已经形成，“一村一品”“一县一业”扶贫产业建设有了长足发展，食用菌菇、时差蔬菜、优质肉牛、优质肉羊、板栗苹果等优质农产品产业基地不断壮大。在下一步工作中，承德市要充分发挥这些优势，在确保粮食生产的同时，进一步加大特色产业建设，利用消费帮扶建设成的各种平台，积极拓展京津市场，将承德市打造成直供京津的“菜篮子”“米袋子”“肉案子”“果盘子”基地。

三是加速一体化建设，全面推动两市融合发展。天津市与承德市山水相连、人文相通、两市融合发展基础良好，下一步的工作应该在补短板、强弱项上下功夫。交通建设方面，加速承平高速蓟州连接线建设，积极推进津承城际高铁项目，尽快打通交通瓶颈。产业合作方面，要充分利用天津资金、人才、科技的优势、引导更多的天津企业来承投资兴业，共同打造产业链，促进两地产业融合发展。教育医疗方面，要线上线下齐发力，将天津市更多的教育医疗优势资源引进承德，让承德人民享受更好的医疗教育服务。文化旅游方面，承德市要抓住全域旅游目的地建设的契机，发挥独特的传统文化和旅游资源优势，整治旅游环境，发展旅游康养产业，将承德建设成为京津真正的后花园。

在下一步工作中，我们将坚决贯彻习近平总书记一系列重要指示精神和党中央、国务院的重大部署，在天津市各级党委和政府的关心和支持下，有信心、有决心全面做好巩固拓展脱贫攻坚成果与乡村振兴有效衔接的各项工作，积极推进京津冀协同发展！

时清霜同志在全省水资源保护暨地下水超采综合治理工作会议上的讲话

（2021 年 6 月 9 日）

水是生命之源、生产之要、生态之基。兴水利、除水害，事关人类生存、社会进步，历来是治国安邦的大事。习近平总书记多次就保障国家水安全发表重要讲话，强调要把水资源作为最大的刚性约束，坚持以水定城、以水定地、以水定人、以水定产。最新水资源评价研究成果显示，我省多年平均降水量 521 毫米，水资源总量 176.3 亿立方米，人均水资源量 235 立方米，不足全国平均水平的 1/7，水资源短缺、地下水超采已成为制约经济社会高质量发展的突出瓶颈。王东峰书记、许勤省长高度重视治水兴水工作，多次专题研究，对调水蓄水、超采治理、节约用水、河湖补水等工作提出明确要求。按照省委、省政府决策部署，今年我省全面启动超采治理攻坚行动，在累计压减地下水超采量 43.5 亿立方米的基础上，计划用 2 年时间全面完成剩余 16.2 亿立方米压减任务。为确保实现既定目标，要突出水资源源头管理，重点抓好以下几项工作。

一、着眼永续利用，优先节约水资源

各地各部门要坚持节水优先，深入落实《河北省节约用水条例》，把节约水资源作为一项战略性举措抓实抓牢。一是农业节水增效。围绕完成 7.7 亿立方米农业压采任务，省农业农村厅要统筹考虑粮食安全，指导各地大力调整农业结构，推动转型升级、节水降耗、提质增效。粮食生产核心区市县，在普及小麦、玉米节水品种的基础上，大面积推广节水技术，到 2022 年新增高效节水灌溉 240 万亩（喷灌、滴灌 140 万亩、浅埋滴灌 100 万亩）；黑龙港和坝上地区，今明两年再增加旱作雨养、季节性休耕 355 万亩（休耕 50 万亩、旱作 305 万亩，这里不包括新区退耕 20 万亩）。上述措施，省农业农村厅要抓好任务分解，制定专项方案，落实到地块。二是工业节水减排。要依法依规淘汰落后产能、限制高耗水行业，优化工业结构和布局。督促园区完善供水排水及循环利用设施，推动企业间串联用水、分质用水，实现一水多用、循环利用。到 2022 年万元工业增加值用水量较 2015 年降低 30%以上。三是城镇节水降损。各地要深入开展全民节水行动，加大宣传力度，普及节水器具，巩固提升节水型城市建设成果和标准。要大力推广河北工程大学合同节水模式（该校是水利部遴选的全国第一所合同节水管理试点高校，由专业公司投资进行节水改造，采用效益分享模式，用节水收益偿还改造成本，实现盈利。项目四年节水 600 多万吨，节约水费 2700 多万元），加快创建节水型机关、学校和医院等，树立一批节水典型，示范带动全社会节约用水，到 2022 年全省一半以上的县达到节水型社会标准。

二、注重统筹兼顾，优化配置水资源

着眼用足用好地表水、减少开采地下水，科学配置、高效利用引江、引黄和本地水。一要增引外调水。省水利厅要加强与水利部、河南、山东等方面的沟通，充分利用南水北调中线、东线应急北延和引黄入冀补淀等线路，多渠道增加我省引江、引黄水量；积极配合国家推进引江补汉、东线二期等南水北调后续工程规划论证，科学测算用水需求，争取最有利的线路布局和分配水量。二要增供地表水。各地要根据水源条件和用水需求，尽快补齐地表水利用工程短板，在滦河、永定河、漳卫河等水系，加快谋划建设张家口乌拉哈达、邯郸茅岭底等水库，黑龙港运东地区利用低洼地和废弃砖窑，改扩建坑塘，实施河塘连通，山前平原依托上游大中型水库，实施水库、河道引水工程，“十四五”期间初步构建起“多源互补、河渠互通、丰枯互济”的省级骨干水网。三要置换地下水。各地要全面落实省委、省政府下发的超采治理实施意见，加强资金配套，按照既定部署，加快建设城乡公共供水管网，年内完成南水北调受水区城市生活和工业水源置换，明年完成受水区农村地区生活和工业水源置换；抓紧完善引江、引黄、引滦和水库水调蓄、灌溉工程，扩大地表水灌溉面积。同时，坚持“先通后关、应关尽关”，同步开展取水井关停行动，确保 2022 年底前关停 20.6 万眼，再压减地下水超采量 8.5 亿立方米。此外，秦皇岛、唐山、沧州等沿海地区，要大力发展海水淡化利用工程，增加淡化海水利用量。

三、强化刚性约束，严格管理水资源

坚持“有多少汤泡多少馍”，全面落实最严格水资源管理制度。一要严格总量控制。各地在保障河湖基本生态水量的前提下，要明确重点河流水量分配份额，严格地表水开发利用管理；要以县为单位确定“十四五”地下水用水总量和水位控制指标，作为开发利用红线。二要严格强度控制。省水利厅要抓紧组织开展水资源承载能力评价，掌握水资源家底和变化趋势，明确水资源超载地区清单。要严格开展论证，把水资源作为相关规划制定和项目建设布局的刚性约束，促进经济社会发展与水资源承载能力相协调。三要严格许可审批。新办地下水取水许可，要按照“县级政府初审、市级政府审核、省政府审定”的程序，分级负责，严格把关，对县域范围许可总量达到控制红线的，不再新增取水许可。四要严格计量监控。各地要对取用地下水计量监测情况开展排查，生活、工业和服务业取用水户要全部安装在线计量设备，与水行政主管部门联网，实现实时监控；要通过“以电折水”等方式，完善农业灌溉用水计量体系，提升计量精准度。

四、坚持改革创新，有效调控水资源

水是基础性自然资源，也是战略性经济资源，要充分发挥市场配置作用，倒逼高效集约利用。一要深化水价改革。省水利厅牵头，抓紧梳理农业水价改革经验和模式，指导各地完善农业用水超额加价、节水奖励与精准补贴办法。省发展改革委牵头，督促各地全面推行工商和服务业用水超定额累进加价制度，落实城镇生活用水阶梯水价，强化计量收费。二要深化水资源税改革。省财政厅牵头，会同税务、水利、农业等部门，统筹考虑节水效果、用水户承受能力等因素，适时调整水资源税税额和农业用水限额标准，完善征管模式，建立有利于促进地表水利用、减少地下水开采的水资源税调节机制。三要鼓励用水权市场化交易。完善交易平台，培育交易市场，探索总结行之有效的经验做法，鼓励各地开展区域用水权和取用水户用水权交易，促进水资源节约保护、优化配置。

时清霜同志在全省乡村振兴系统建设和工作推进电视电话会议上的讲话

（2021 年 8 月 6 日）

今天召开这次会议，主要目的是深入学习贯彻习近平总书记关于“三农”工作的重要论述，认真落实全国乡村振兴系统建设和工作推进会议精神。刚才，秦皇岛市、承德市、涞源县、赤城县分别从不同角度作了发言，士锋副秘书长宣读省“两办”转发的关于厘清职责任务、合力推进乡村振兴工作的意见，志刚局长就乡村振兴下步工作进行了安排，讲得都很好，各地各有关部门要认真学习、相互借鉴，进一步提升工作质量和水平。下面，我就加强乡村振兴系统机构队伍建设、巩固拓展脱贫攻坚成果、全面推进乡村振兴再强调几点意见。

一、提高政治站位，切实增强抓系统建设和工作落实的使命感责任感

志刚同志也讲到了，将全国扶贫系统重组为乡村振兴系统，是以习近平同志为核心的党中央从战略和全局高度作出的重大决策，是我国“三农”发展改革史上的一件大事。党中央、国务院高度重视乡村振兴系统建设和工作推进，习近平总书记亲自审定扶贫工作机构重组为乡村振兴工作机构的总体方案，强调要平稳有序做好各级扶贫工作机构职能的调整优化，确保思想不乱、工作不断、队伍不散、干劲不减，为巩固拓展脱贫攻坚成果、统筹推进实施乡村振兴战略接续奋斗。李克强总理对推进脱贫攻坚与乡村振兴工作体系有效衔接提出明确要求。中共中央、国务院《关于实现巩固脱贫攻坚成果同乡村振兴有效衔接的意见》和今年中央一号文件，也都对此进行了重点部署。

省委、省政府深入学习贯彻习近平总书记重要讲话和重要指示精神，认真落实党中央、国务院决策部署，狠抓乡村振兴系统建设，强力部署推动巩固拓展脱贫攻坚成果同乡村振兴有效衔接工作。省委常委会会议、省政府常务会议、省乡村振兴工作领导小组会议多次听有关工作汇报，王东峰书记亲自审定省扶贫办机构重组方案。经省委编办批复并报中央编办批准，省扶贫办整建制重组为省乡村振兴局，为正厅级省政府直属机构，今年 5 月 30 日正式挂牌。6 月 28 日，省委常委会会议传达学习全国乡村振兴系统建设和工作推进会议精神，王东峰书记要求，厘清省委农办、省农业农村厅、省乡村振兴局职责任务，理顺推进机制，凝聚推进巩固拓展脱贫攻坚成果同乡村振兴有效衔接强大合力。《关于厘清职责任务合力推进乡村振兴工作的意见》已经明确了三个部门的职责任务，要各司其职、各负其责，协调联动、密切配合，合力推进乡村振兴工作。在省级“三定”方案出台前，以上职责分工各地要参照执行。

全面推进乡村振兴，这是“三农”工作重心的历史性转移，深度、广度、难度都不亚于脱贫攻坚。党中央和省

委将如此重大的使命任务交给我们，既是充分肯定，又是极大信任。全省乡村振兴系统、党委农办系统和农业农村系统要进一步提高政治站位，增强“四个意识”、坚定“四个自信”、做到“两个维护”，牢记重托、不辱使命，以更加昂扬的斗志、更加务实的作风、更加有力的行动，坚决履行好重大使命，在全面推进乡村振兴的新征程中再创佳绩、再立新功。

二、狠抓工作落实，实现巩固拓展脱贫攻坚成果同乡村振兴有效衔接

脱贫攻坚战打赢后，扶贫办重组为乡村振兴局，工作对象从农村贫困人口拓展到所有农村居民，工作地域从部分地区农村拓展到所有农村，工作内容从解决“两不愁三保障”拓展到推进乡村产业、人才、文化、生态、组织五大振兴。要主动适应新形势、新任务、新要求，不折不扣抓好工作落实，坚决守住不发生规模性返贫的底线，夯实乡村振兴的基础。

一要坚决巩固拓展好脱贫攻坚成果。为压紧压实各级党委、政府责任，党中央决定，适时组织开展巩固脱贫成果后评估工作。前段时间，国家乡村振兴局制定了评估办法，明确5年过渡期内每年开展一次后评估，今年初定在11月。相比以往国家考核，后评估标准更高、要求更严，评估结果将作为对省级党委、政府主要负责同志和领导班子综合考核评价的重要参考。在国家评估之前，省里将对市县和省直有关部门工作进行全面评估，深入排查整改问题。目前，我省一些脱贫地区发展基础仍然薄弱，有的工作还不够扎实，距离后评估要求还有一定差距。特别是个别市县和部门松劲懈怠思想开始抬头，有的倾向还比较明显，这是非常危险的信号！2016年、2017年我省脱贫攻坚成效考核之所以在全国落后，根本原因就是思想上不重视、责任压力传导不到位。大家要牢记前车之鉴、深刻吸取教训，克服过关心态，思想上时刻绷紧弦，坚持摘帽不摘责任、不摘政策、不摘帮扶、不摘监管，持续加大工作力度，巩固住、拓展好来之不易的脱贫攻坚成果，确保在国家和省后评估中取得好成绩。

二要健全防返贫动态监测和帮扶机制。上半年，各级各部门全面排查，摸清了防止返贫动态监测底数。下一步，要认真落实国家《关于健全防止返贫动态监测和帮扶机制的指导意见》和我省《工作方案》，用好农户申报、基层排查和部门预警“三位一体”监测网络，持续跟踪“两不愁三保障”情况和收入变化，健全监测对象快速发现和响应机制，按照缺什么补什么的原则，因人因户精准帮扶救助，做到早预警、早发现、早行动。要根据洪涝灾害和疫情防控新形势，聚焦重大突发公共事件、农副产品价格持续下跌、农村劳动力失业增多、乡村产业项目失败、易地扶贫搬迁人口就业和社区融入等风险隐患，加强分析研判，拿出针对性措施，坚决防止发生规模性返贫问题。

三要精准落实各项帮扶措施。要扎实做好脱贫村产业就业和科技帮扶底数梳理汇总工作，找准短板弱项，强化工作举措，不断拓宽脱贫人口增收渠道。要以脱贫县为单位编制乡村特色产业发展规划，强力实施特色种养业提升行动，完善利益联结机制，深化产销对接，提升帮扶产业发展的质量和效益。要努力克服疫情影响，依托京津劳动力市场深化劳务协作，组织开展脱贫人口劳务输出和技能培训；要积极实施以工代赈，规范管理帮扶车间，用好乡村公益岗位，增加就业容量，确保脱贫劳动力充分就业、稳岗增收。要发挥好科技特派团、特派员、农业科技园区、创新驿站作用，加快科技成果转化，提升农产品科技含量和附加值。要对接产业园区用工需求，加大搬迁人口产业就业帮扶，加快完善一体化、均等化的配套基础设施和公共服务体系，强化服务保障，促进社会融入，确保稳得住、逐步能致富。

四要深化中央单位定点和省内包联帮扶。中央单位定点帮扶，原有结对关系不变，重点是健全对接沟通机制，加强联络服务，提高帮扶针对性、实效性。要认真落实省“两办”《关于过渡期持续做好中央单位定点帮扶和省内包联帮扶工作的通知》要求，中央单位定点帮扶未覆盖的脱贫县，由省直有关部门分别定点帮扶，确保实现定点帮扶全覆盖。要稳定省内、市内结对帮扶关系，继续向7746个脱贫村选派工作队，做好第一书记和工作队员调整轮换工作，确保帮扶队伍总体稳定。要接续推进京津协作帮扶项目，明确责任主体，强化跟踪服务，持续发挥效益。张家口、承德、保定3市和各受援县要继续强化同京津和各帮扶区的沟通联系，建立产业协作、劳务协作、消费帮扶、人才交流长效机制，确保感情不减、工作不断。

五要有序推进同乡村振兴有效衔接。要系统梳理脱贫攻坚以来的各项政策措施，积极对接国家有关部委，有序做好省级政策调整优化，推动财政投入、金融服务、土地和人才智力支持等政策有效衔接。要抓好规划编制和项目建设，结合实施乡村振兴战略规划，科学编制“十四五”巩固拓展脱贫攻坚成果同乡村振兴有效衔接规划，将重大举措、重大工程项目纳入全省“十四五”和相关规划统筹实施。要倾斜支持，对62个省级乡村振兴重点帮扶县，从财政、金融、土地、人才、基础设施建设、公共服务等方面给予集中支持，各有关部门要依据职责任务，抓紧研究提出具体政策措施，加强跟踪监测，定期开展评估，帮助重点县增强区域发展能力。

三、强化组织领导，确保凝聚起全面推进乡村振兴的强大工作合力

脱贫攻坚期间，各级扶贫开发和脱贫工作领导小组实行“双组长”制，党政主要负责同志亲自指挥调度，各级扶贫部门认真履行领导小组办公室职责，发挥统筹协调作用，建立健全了清晰明确的责任落实机制、较真碰硬的考核督查制度，凝聚起强大的工作合力，推动脱贫攻坚取得了全面胜利。这些好的经验做法、体制机制，在巩固拓展脱贫攻坚成果、全面推进乡村振兴的新征程要充分吸取借鉴。

一要压实工作责任。切实强化党对巩固拓展脱贫攻坚成果、全面推进乡村振兴的集中统一领导，坚持五级书记一起抓，各级各部门党政主要负责同志要亲自研究、亲自部署，以更大力度推动工作落实。特别是县委书记要把主要精力放在抓“三农”工作上，切实当好“一线总指挥”。各级党委农村工作领导小组要充分发挥牵头抓总、统筹协调作用，党委农办要切实履行决策参谋、统筹协调、政策指导、推动落实、督促检查等职能，成员单位各负其责，充分凝聚工作合力。

二要完善推进机制。省扶贫开发和脱贫工作领导小组更名为巩固拓展脱贫攻坚成果领导小组后，要延续和执行好脱贫攻坚期间行之有效的推进机制。省乡村振兴局要充分发挥统筹协调、督促检查和考核评估作用；省直各成员单位要按照原职责分工继续抓好落实，原则上，脱贫攻坚期间成立的“两不愁三保障”、产业就业、易地扶贫搬迁等工作专班或机构不撤，人员力量不减；各市县、雄安新区扶贫开发和脱贫工作领导小组要抓紧完成更名，继续由党政主要负责同志任“双组长”，党委、政府要定期研究巩固拓展脱贫攻坚成果工作，严格落实“四个不摘”要求，确保在国家和省后评估中不出问题。

三要建强机构队伍。将扶贫工作机构重组为乡村振兴机构，是对全面推进乡村振兴工作的极大加强。各市县要结合集中换届，选择一批业务精、能力强、作风硬的优秀干部，充实到乡村振兴干部队伍，配强乡村振兴局领导班子，确保今年 8 月 15 日前调整到位。单独设立乡村振兴局的市县要加快机构重组和领导班子调整，确保机构类型、性质、规格不变，工作力量不减；没有单独设立乡村振兴局的市县，要加快将工作职责调整至农业农村局，明确具体内设机构、分管领导，配强工作人员。要进一步强化防贫工作机构和人员保障，借鉴秦皇岛等地做法，成立专门机构、选配专门人员，确保工作力量与防止返贫监测帮扶任务相适应。

四要锤炼作风能力。从打赢脱贫攻坚战转向全面推进乡村振兴，对干部队伍能力素质和工作作风提出了更高要求。要弘扬“上下同心、尽锐出战、精准务实、开拓创新、攻坚克难、不负人民”的伟大脱贫攻坚精神，继续知重负重、砥砺前行。要全面提高业务能力，抓紧熟悉工作，搞清进展情况，找准短板弱项，细化实化推进举措。要对调整后的乡村振兴系统干部、市县分管领导和驻村第一书记、工作队开展全覆盖培训，确保业务素质、工作能力同全面推进乡村振兴任务相匹配。

五要严格考核评估。省级已经将巩固拓展脱贫攻坚成果纳入市县党政领导班子和领导干部推进乡村振兴战略实绩考核范围，将防返贫致贫监测帮扶、脱贫人口“两不愁三保障”落实、脱贫地区乡村特色产业培育壮大、脱贫人口稳定就业等重点任务完成情况作为对市县考核评价的重要指标。10 月份，还要对标对表国家巩固脱贫成果后评估要求，制定具体工作方案，提前开展省级后评估。各级各部门对照志刚同志讲到的国家评估重点，提前组织开展排查，及时整改到位。对松劲懈怠、工作不力、在国家巩固脱贫成果后评估中出现问题的，省委、省政府将依规依纪依法严肃追责问责。

时清霜同志在数字经济与乡村振兴高峰论坛上的致辞

（2021 年 9 月 7 日）

金风送爽、硕果飘香。今天我们相聚在石家庄正定新区，共同见证“数字经济与乡村振兴高峰论坛”举办。在此，我代表河北省委、省政府，对莅临本次论坛的各位嘉宾，表示热烈的欢迎！对各位朋友长期以来给予河北的关心和支持，表示衷心的感谢！

数字经济是引领全球经济社会变革、推动经济高质量发展的重要引擎，实施乡村振兴战略是“三农”工作的总抓手。本次论坛将两者相结合，确定“发展数字经济为乡村产业振兴赋能”的主题，各位专家、学者和企业家通过思想的碰撞、理念的交流，必将给数字经济与乡村发展带来多维度、多视角的思考和启迪。论坛在河北举办，充分体现了对河北的信任和肯定，也为我们学习借鉴先进理念、深入开展交流合作带来难得机遇。

河北内环京津、外沿渤海，区位优势独特，经济蓬

勃发展，当前，正处于加快发展、加速转型的重要时期。习近平总书记亲自谋划推动京津冀协同发展、雄安新区规划建设、北京2022年冬奥会筹办，这些国家大事给河北经济社会发展带来前所未有的战略机遇。河北省委、省政府高度重视数字经济与乡村振兴融合发展，深入贯彻国家数字乡村发展战略，立足新时代省情农情，将数字乡村作为数字河北建设的重要方面，加强统筹规划和分类指导，强化设施与资源整合利用，农村信息基础设施加快建设，线上线下融合的现代农业持续推进，农村信息服务体系不断完善，产业发展、资源管理、乡村治理等方面的信息化、数字化水平显著提升，为全面实施乡村振兴战略提供了重要保障。

当前，新一轮科技革命方兴未艾，以人工智能、大数据、云计算、物联网等为代表的信息技术与实体经济不断融合发展，为乡村振兴赋予了新内涵、提供了新动能。希望各位借助数博会这个国际化、专业化平台，进一步聚焦本次论坛主题，积极建言献策，深化交流合作，为数字经济助力乡村振兴提出更多建议。我们将以论坛为契机，充分利用信息技术创新的扩散效应、信息和知识的溢出效应、数字技术释放的普惠效应，加快推进数字乡村建设，努力构建面向农业农村的综合信息服务体系。

作为东道主，我们将秉承燕赵儿女热情好客的传统，为本次数博会和高峰论坛举办提供全面、细致、周到的服务。衷心希望与会专家学者、企业家以及各界朋友继续关注河北、支持河北，期待在更深层次、更高水平、更多领域开展新的合作。

时清霜同志在省农林科学院调研时的讲话

（2021年9月29日）

农业科技是确保粮食安全的基础支撑，是突破资源环境约束的必然选择，是加快现代农业建设的决定力量。习近平总书记在山东省农业科学院视察时强调，要“给农业插上科技的翅膀”，这是推进农业农村现代化建设必须牢固树立的理念，为农业科技创新指明了方向。中央农村工作会议、全国“两会”及省农村工作会议、省“两会”，都对加强农业科技创新提出了明确要求。这些新精神、新理念、新要求，是我们做好农业科技工作的重要遵循。大家要深入学习领会，抓好贯彻落实。下面，我就进一步加强农业科技创新讲几点意见。

一、当好农业科技创新的“排头兵”

俗话说，人无头不走，鸟无头不飞。省农科院作为全省农业科技进步的“排头兵”、农业科研工作的主力军，任何时候都要按照这个基本定位来谋划发展，真正发挥好省级农业科研机构应有的作用。要紧紧围绕省委、省政府确定的“三农”重点工作，利用长期积累的农业科技创新基础优势，努力在前沿技术研发、种质资源创新、领军人才培养、重大科研协作等方面走在前、作贡献。一要围绕特色产业求突破。从2018年开始，省政府将农业特色产业作为深化农业供给侧结构性改革的重要载体，持续推进“大产业抓小品种、新产业抓大基地、老产业抓新提升、强产业抓固根基”，取得了阶段性成效。今年2月份省政府出台的《促进农业高质量发展行动方案》确定，“十四五”期间，将按照“规模化、集约化、融合化”发展思路，集中力量打造专用小麦、优质谷子、精品蔬菜等12个特色优势产业集群。这是未来5年河北现代农业发展的重点和方向。省农科院要进一步调整科研方向，统筹科研力量，聚焦品种选育、种植管理、精深加工、储藏保鲜等关键环节，开展系统性研发，力争取得突破性创新成果，打造从种子到餐桌的全链条现代技术体系，为农业特色产业高质量发展奠定基础、提供保障。二要围绕绿色发展做文章。农业绿色发展是生态文明建设的重要组成部分。中央对此高度重视，今年8月份，农业农村部等6部委专门出台《“十四五”全国农业绿色发展规划》，提出打造与资源环境承载力相匹配、与生产生活生态相协调的现代农业发展新格局。贯彻国家要求，结合我省实际，省委、省政府将优化种植结构、治理农业面源污染、推广高效节水灌溉、深化地下水超采综合治理等作为农业绿色发展的重要任务来抓。省农科院要认真领会、精准把握中央和省委省政府决策部署，紧紧围绕绿色、生态、可持续的要求，针对减肥、减药、循环利用等关键技术集成创新，特别要在节水品种、节水技术研发上下更大功夫，努力扩大战果，构建起农业绿色发展的技术支撑体系。三要围绕种业创新去攻关。种子是农作物的“芯片”，是现代农业的“基石”。习近平总书记明确要求“打一场种业翻身仗”，这是重大国家战略，对我们而言也是重大历史机遇。8月27日，国家召开推进种业振兴电视电话会议，胡春华副总理对全面实施种业振兴行动作了部署。今天上午我们也考察了种质资源库，了解了我省种业发展历史和现状。目前看，虽然我省种业发展取得了一定成绩，但依然存在农作物种质资源保护滞后、精准鉴定能力不强、种业创新成绩不多、种子同质化严重等诸多问题。为此，要深入贯彻落实国家相关要求，聚焦“加强种质资源保护和利用、有序推进生物育种产业化应用、开展种源卡脖子技术攻关”这三大关键任务，结合我省特色产业发展需求，大力搞好种业创新攻关，重点培育优质专用、资源节约、绿色高效、抗逆性强、适宜机械化作业的新品种。同时，要抓好种质资源保护利用，强化农业种质鉴定评价，促进种质资源共享共用，为“打好种业翻身仗”作出贡献。

二、做好强农惠农富农的“服务员”

农科院姓“农”，只有贴近农村、服务农业、情系农民，才能加快自身发展、有更大作为。要始终坚持将为“三农”服务作为一切科研活动的出发点和落脚点，引导广大科技人员深入农村、走进企业，面向农业生产实践开展科研工作，真正把“论文”写在田间地头、把“成果”留在农民手中。一要在满足现代农业生产需求上下功夫。当前，农业科技服务工作与政府要求、企业需求、农民期盼的对接还不够精准，科技助推产业发展的支撑力和贡献度亟待提升。农业科技创新不能闭门造车，既要瞄准科技前沿,又要结合农业生产实际需求，这样研发出的成果才能既“叫好”又“叫座”。要理清“为谁创新、创新什么”这个方向性问题，针对现代农业发展中的热点难点，以经营主体需求为导向，下大力研究基于提高土地生产率的集约、持续、高产技术，基于提高资源利用率的节地、节水、节肥、节能技术，基于提高劳动生产率的省工、精准的机械化和信息化技术，真正解决研发与需求脱节问题。二要在创新科技服务模式上下功夫。近几年，省农科院探索的“院市合作”模式效果不错，衡水、邯郸的几个点儿都取得了一定成效，既促进了成果由“盆景”向“风景”转变，又提升了市县农业特色产业竞争力。要进一步加强与市县开展合作，打造更多像宁晋抗旱节水示范基地、平泉苹果基地这样的绿色高质量发展示范基地，为优良品种、适用技术推广示范发挥作用。要结合实际丰富服务模式，支持广大科研工作者扎根农业生产一线，利用好“燕赵农科”App 和微信公众号等线上平台，围绕新型经营主体及小农户生产需要，提供贴心服务，解决困难问题，增加农民收入。三要在建强科技成果转化平台上下功夫。在一定意义上讲，打造科技成果转化平台，与科研攻关同样重要，这是科技服务“三农”工作的“最后一公里”。我省农业科技创新成果不算少，有些新品种、新技术位居全国前列，但由于缺少有效平台，存在“酒香也怕巷子深”的问题。农业农村和乡村振兴部门作为科技成果转化应用的主管部门，要摸清全省科技创新成果底数，与科技部门、科研部门加强沟通联系，通过农业科技成果展示大厅、社会中介服务平台、微信微博公众号等途径，多渠道、多角度、多方式推广新成果、新技术，促进转化应用，把“锁在柜子里”的科研成果更多搬到田间地头。

三、搭建人才活力迸发的“大舞台”

科技创新实质上是人才创新，无论是推进农业科技研发，还是加快科技成果转化，都离不开高素质人才。要想留得住人才，必须搭建好平台，用高层次的平台吸引高素质的人才。一要加强科研平台建设。省农科院制定的《农业科技创新平台建设五年规划》，明确了“十四五”期间重点建设的实验室、试验站、研究中心等重点环节和目标任务。整体上看定位比较准确，思路目标非常清晰，跟农业特色产业发展方向也比较契合。省发改、财政、科技、农业农村、乡村振兴等部门要充分发挥各自职能作用，在资金、项目、政策等方面给予更多支持，着力改善科研基础设施条件，力争将省农科院的实验室、试验站、研究中心打造成国内省级层面一流的科技创新平台。二要注重领军人才培养。人才培养是农业科研单位最重要最紧迫的任务。要以推动农业供给侧结构性改革为核心，以打造高层次创新型团队为目标，以满足我省农业特色产业发展为重点，主动出击，变“等人上门”为“上门选人、以诚招人”，面向国内外引进更多高精尖科技人才。要利用好院士工作站、博士后工作站、京津冀协同创新联盟等平台，支持省内农业科技领军人才发挥好“传、帮、带”作用，组建创新团队，承担重大课题，在科研实践中培养更多创新型人才，加快形成衔接有序、梯次配备的人才结构，提高整体科研实力。三要营造良好发展环境。人才要引得来、更要留得住。实事求是地讲，与其他领域相比，农科科研条件相对艰苦，许多科研工作者长期与土地打交道，几十年如一日，默默无闻、兢兢业业，作出了许多不为人知的贡献。要加大对他们的关心支持，想方设法提高待遇，改善工作条件，解决后顾之忧。要进一步优化适应基础研究特点的评价体系，探索更加科学合理的考核激励机制。要努力为农业科技创新创造宽松的工作氛围，更多赋予科研人员科研管理和经费使用自主权，持续为他们松绑减负。要教育引导广大科研人员更好传承和弘扬科学家精神，鼓励广大科研人员专注于科技创新事业，不慕虚荣、不计名利，为农业创新发展、高质量发展作出更多贡献。

时清霜同志在全省秋收秋种工作视频会议上的讲话

（2021年10月10日）

现在寒露已过，霜降将至，正是秋收秋种的关键时节，确保秋粮颗粒归仓、小麦面积稳定，是摆在我们面前的一项重要任务。今年入汛以来，我省降雨范围广、强度大、时间长，平均降雨量突破历史极值，尤其是10月2日至6日，全省连续4天出现阴雨天气，造成土壤水分饱和、部分农田积水，阻碍了农事进程。据气象部门预测，10月14日至15日全省大部分地区还将有一次降雨过程。几十年不遇的雨情，让农业从“抢抓农时”变成了“等时生产”，给秋收秋种工作带来较大困难。我们一定要千方百计克服，积极主动应对，确保粮食生产稳定。刚才，邢台市、邯郸市政府负责同志作了发言，国发同志通报了全省秋收秋种有关情况，我都赞成，要按照既定部署抓好落实。下面我再强调几点。

一、切实增强抓好粮食生产的责任感和使命感

习近平总书记反复强调，解决好吃饭问题始终是治国理政的头等大事。我省是全国13个粮食主产省、8个规模调出省之一，河北粮食生产事关国家粮食安全。稳定粮食面积和产量，是国家交给我省的硬任务，是政治责任。总体看，今年全省粮食生产形势较好，据省农业农村厅预测，全年粮食播种面积和总产量均超过上年，可超额完成国家下达我省的目标任务。但是，面对历史罕见的天气状况，能否最终将粮食装进口袋，关键在于秋收；明年能否再获丰收，打好稳粮第一仗，关键在于秋种。各级各相关部门要进一步提高政治站位，切实把思想和行动统一到党中央、国务院决策部署上来，坚决贯彻省委、省政府抓好粮食生产的具体要求，针对当前形势，立足抗灾抢丰收，着眼降墒保种植，强化责任担当，细化工作举措，加强协调调度，确保秋粮应收尽收、产量稳定，确保秋播应种尽种、面积稳定，继续为保障国家粮食安全作出河北贡献。

二、全力以赴加快秋收进度

从刚才国发同志通报情况看，全省农田积水面积达251万亩，其中积水超过20厘米地块达105万亩。我省大部分地区都是收获玉米之后播种小麦，从农情调查看，受近期降雨影响，截至10月9日，全省秋粮收获3031.8万亩，同比少688.8万亩，进度慢11%。各地要根据土壤墒情、田间积水、秋粮成熟时间等情况，因地制宜、分类施策，拿出有力有效的抢收方案，迅速组织秋粮收获。对降雨较少、墒情适宜的地块，要充分发挥农机合作社、机耕服务队的作用，加快机收进度，提高机收质量，减少收割损失；对土壤湿度偏大、机械能够进田的地块，要尽快调集履带式收割机或者对现有收割机进行适当改装，抢晴抢时收获；对田间积水严重、短时无法排水的地块，要组织动员人工收获，努力降低损失。同时，要统筹收、储、售等各环节，指导农户及时通风晾晒，降低籽粒含水量，防止霉变发芽；要积极协调有烘干仓储资源的经营主体，开展秋粮烘干作业；要加强与加工收储企业对接，最大限度拓宽秋粮销售渠道。

三、科学有序推进适墒播种

今年，经过各地各有关部门共同努力，我省粮食播种面积比去年增加了几十万亩。受地下水超采治理和种植结构调整等因素影响，2022年稳定粮食面积压力仍比较大。今年全国秋冬种工作视频会议上，农业农村部唐仁建部长明确提出，各主产省小麦面积不能低于上年，农业农村部正在研究稳定粮食面积的考核办法。我省冬小麦播种面积约占全年粮食种植面积的35%左右，稳定小麦面积是确保明年夏粮丰收的基础。近期一些地方农田积水，可能影响小麦播种进度，增加了稳定粮食面积的难度。据省气象台预测，10月中下旬开始，随着副高南撤，降水过程减少，进入11月气温将有所回升，这将有利于秋收秋种。我们要抢抓有利天气时机，组织专家和农技人员，逐地分析研判，有针对性地开展适墒播种，最大限度保障种植面积。对具备播种条件的地块，要抓紧时间组织播种，种好“适时麦”；对目前仍有积水、土壤湿度过大的地块，要组织进行排水散墒，沥出耕层滞水，待墒情适宜后，抓紧时间播种；对积水严重、不能适期播种的地块，千万不要盲目抢播，要指导农民在土壤墒情晾至适宜、农机具能正常进地作业时，再耕翻整地，采取“四补一促”等晚播配套技术进行播种；对今年确实无法播种的地块，有休耕任务的县，要相机将其调整为休耕土地，通过休耕政策适当给予农民补偿。

四、统筹协调加强组织保障

秋收秋种时间紧、任务重，面对今年特殊天气带来的不利影响，各级各有关部门要切实加强组织保障，各司其职、协同配合、形成合力，确保圆满完成秋收秋种任务。一要压实相关责任。农业农村部门要发挥好牵头抓总作用，科学制定方案，做好协调沟通，适时调度指导，及时汇总信息。市县党委政府要扛起粮食安全的政治责任，实行党政同责，主要负责同志要亲自协调指挥，分管负责同志要深入一线解决具体问题、落实关键举措。二要加强指导督导。各地要成立秋收秋种指导组，组织专家与农技人员深入田间地头，逐地逐户开展技术服务，提高农民应对灾害能力。要深入灾情较重市县进行督导，对措施不利、工作进度慢的进行约谈通报。三要保障物资供应。农机部门要调配好农机具，协助做好农机改造，确保秋收秋种有得用、用得好；供销部门要做好化肥、农药、种子等物资储备调运工作，及时提供代耕代种等社会化服务；有关部门要保障抽水机泵、电力、柴油供应，满足秋收秋种所需。四要加大宣传力度。宣传部门要组织各级各类媒体采取各种手段，向种植户宣传“排水散墒、抢收腾茬、适墒整地、精细播种”等关键技术措施，让农民稳住心态，掌握科学种植技术、减少灾害损失。

最后，我再强调一下防汛抗洪工作。今年由于气候异常，现在部分地区防汛形势依然严峻。相关市县要根据河道行洪情况，有序组织群众转移，落实好临时救助措施，最大限度保障受灾群众正常生活。要依据水情雨情变化，科学调度上游水库泄洪流量，及时优化调度方案，尽最大努力减少下游行洪压力。

徐建培同志在巩固拓展脱贫产业 促进农民增收协商座谈会上的讲话

（2021 年 8 月 27 日）

省政协党组聚焦打赢脱贫攻坚战，连续四年将脱贫工作列入民主监督工作计划，体现了政协在打赢脱贫攻坚战，做好脱贫成果巩固与乡村振兴有效衔接工作中的责任与担当。2021 年是“十四五”规划的开局之年，也是做好巩固拓展脱贫攻坚成果与乡村振兴有效衔接的关键之年。省政协党组积极落实中央、省委经济工作会议和中央、省委农村工作会议精神，找准切口，从巩固、拓展脱贫产业来破题，切实为促进农民增收来开展监督协商议政，为脱贫攻坚与乡村振兴有效衔接助力。

今天通过现场+网络视频会议的形式把大家召集起来，开这个协商座谈会，主要就是围绕巩固拓展脱贫产业，促进农民增收来进行协商议政，听听委员、党派团体和市县政协对脱贫产业在如何巩固住、拓展好、农民可持续增收等方面发现的问题、难题，有什么意见建议？刚才，部分省政协委员、有关党派团体和市县政协负责同志分别从不同角度，深入分析了存在问题，并提出了比较中肯、有质量的建议，充分体现了大家对我省脱贫成果巩固与乡村振兴衔接工作的关注和重视，也体现了对农民实现共同富裕的热切期盼。相关厅局的负责同志和各位委员进行了很好的互动，达到了交流思想、凝聚共识、凝聚智慧、凝聚力量的目的。

结合前一阶段的调研和今天的会议，下面谈谈我的看法，与大家做个交流。

一、提高政治站位，充分认识巩固拓展脱贫产业对促进农民可持续增收的重要意义

随着脱贫攻坚任务的结束，我国“三农”工作重心发生了历史性的转移。推进脱贫攻坚成果同乡村振兴有效衔接，巩固拓展脱贫产业是最直接的衔接点。要深入学习习近平总书记关于乡村振兴工作的重要论述，贯彻落实好党的十九届五中全会精神，构建新发展格局，将产业发展融入国内国外经济“双循环”发展格局中，从战略和全局高度，充分认识脱贫地区特色产业高质量发展的重大意义，把更多资源集聚到产业发展上，推进脱贫地区特色产业可持续发展，促进脱贫人口稳定就业增收，为加快实现共同富裕加油助力。

我省虽已如期完成脱贫攻坚目标，但巩固脱贫攻坚成果仍是一项长期艰巨的任务，还需要集中力量来巩固好、拓展好。促进农民持续增收是巩固脱贫攻坚成果的根本目的，做好脱贫产业的巩固与拓展是促进农民可持续增收的具体抓手，是涉及广大脱贫群众未来发展的民心工程。省委、省政府高度重视，把做好巩固拓展脱贫产业作为当前工作的重中之重，先后出台了《河北省提升产业扶贫质量水平三年行动指导意见》《关于实现巩固拓展脱贫攻坚成果同乡村振兴有效衔接的实施意见》等支持扶贫产业发展的政策措施，省直相关部门也按照工

作职责，配套制定出台了一系列政策、措施。各级党委、政府严格抓落实，形成了上下衔接、齐抓共管的工作合力。我们要高度重视巩固拓展脱贫产业的重要意义，认真贯彻中央和省委的决策部署，毫不松懈把脱贫产业巩固住、拓展好，切实让农民的钱袋子鼓起来。

二、把握三个关系，为巩固拓展脱贫产业促进农民增收精准发力

要准确把握“巩固”“拓展”“增收”三者之间的内在逻辑关系，巩固是基础，拓展是路径，增收是目的，三者是相互贯通的有机整体，巩固拓展的最终目的是为了使农民增收致富。

（一）巩固住。要健全政策体系，使政策有效衔接。按照“四个不摘”政策要求，进一步完善政策支持体系，充分发挥政策引领作用。利用好五年过渡期政策，做好产业政策、财政金融政策、保险政策、土地支持政策、人才政策等政策的有效衔接，既要确保这些政策接续发挥作用，又要在此基础上提档升级，优化完善。要培强脱贫产业，为脱贫产业提升赋能。要因地制宜，着力发展各地具有较大优势的产品，精选适宜且具备可持续发展能力的1-2种特色主导产业，着重围绕“特”字做文章，聚集资源要素，挖掘发展潜力，坚持创新引领，增强产业发展新动能，把特色产业做大做强。发挥主导产业引领优势，突出特色化、个性化、品牌化，吸引产业集聚，促“分散布局”向“集群发展”转变，使“同质竞争”向“错位发展”转型，变“单打独斗”为“合作共赢”，形成品种品质好、规模体量大、融合程度深的特色优势产业集群，加大全产业链科研创新，做好农产品精深加工，提高产品附加值，增强核心竞争力，形成可持续发展。

（二）拓展好。要着力加强品牌建设。完善有关农业品牌建设的政策，健全推进农业品牌战略实施的相关意见，健全促进农业品牌战略实施的财政政策，对有机、绿色、地理标志等农产品等给予支持激励，通过多种措施调动经营主体创建农产品品牌的积极性和主动性。要注重创新意识、立足优势、突出特色，做精地方农业，打造有品质、有影响力的冀字号产品品牌。要充分发挥龙头企业带动作用。龙头企业是推进农业产业化的中坚力量、是推进农业供给侧结构性改革和发展壮大乡村产业的重要引擎、是引领广大脱贫农户继续发展的关键所在。一方面要以“四个农业”（科技农业、绿色农业、品牌农业、质量农业）为引领，支持龙头企业做大做强，支持农业产业化龙头企业重心下沉，向特色产业优势区集聚，让龙头企业牵头，发挥新型经营主体的主导作用，让小农户唱好主角，形成多要素、有分工、风险共担、利益共享的农业产业化共同体、联合体。另一方面要加强对相关龙头企业的监管，及时发现并切实解决由于经营不善而造成的项目失败风险、及与广大农户利益联结不紧密等问题。

（三）可持续。要拓宽农产品销售渠道。大力推进电子商务进农村，发展农村电商，畅通线上销售渠道，完善“电商+龙头企业+合作社+农户”的销售模式，加快现代流通体系建设，完善县、乡、村三级物流体系，打通农产品上下行通道，着力形成要素集聚、主体多元、渠道畅通、网络稳定的产销对接体系，促进农民稳定增收。要兜牢农户返贫底线。应对脱贫产业可能存在的风险，应进一步提高应对导致返贫可能出现因素的科学防范能力。进一步健全各级风险防控指导意见和应对措施，进一步完善农业领域产业脱贫风险防范，进一步扩大脱贫县农业保险覆盖面，切实筑牢防止返贫致贫防线。

三、充分发挥政协优势，为巩固拓展脱贫产业促进农民增收聚智献力

发挥各级政协组织作用。要充分发挥省、市、县政协组织人才荟萃、智力密集的优势，紧紧围绕巩固拓展脱贫产业促进农民增收，广泛开展调研视察、协商议政等活动，在精准施策上建真言、在精准推进上谋良策、在精准落地上出实招，结合党史教育，办好民生实事。要充分发挥联系面广、包容性强的优势，调动一切可以调动的积极因素，团结一切可以团结的力量，引领、带动社会各界力量参与到巩固拓展脱贫产业促进农民增收工作中，汇聚起实现全面乡村振兴的强大合力。要敢于和善于履行好民主监督职责，坚持鲜明问题导向和结果导向，围绕巩固住、拓展好、促增收、可持续，找准存在的困难、短板，提出有见地、能落地的意见和建议。发挥政协委员主体作用。政协委员是各界群众的代表，是社会各界的成功人士，具有联系广泛的独特优势。各级政协要按照“懂政协、会协商、善议政”的要求，坚持“为国履职、为民尽责”的情怀，在全面推进乡村振兴战略中充分展示政协委员的担当。要积极参加党史学习教育，强化责任担当，提升履职能力和水平，继续围绕巩固拓展脱贫产业，促进农民增收工作建睿智之言、献务实之策。推动专题协商成果的转化落实。在省政协党组领导下，农委牵头组织的“巩固拓展脱贫产业，促进农民增收”民主监督，经过前期精心谋划、广泛动员发动、开展监督调研的环节后，今天召开了协商座谈会，可以说这次会议是对前期工作的阶段性总结。下一步，政协有关部门要做好后续工作：一方面，提炼呈报协商

成果。认真汇总梳理委员真知灼见、意见建议，起草好监督报告，以适当形式报送省委、省政府。对委员提出的一些具体的、可操作的建议，可以转化为提案或社情民意信息，送有关部门参考。另一方面，运用好协商成果。加强与党委政府有关部门的联系，了解意见建议转化落实情况，并及时向委员反馈。

各位委员，各位同志，巩固拓展脱贫产业，促进农民增收意义重大，任务艰巨，让我们深入领会习近平总书记有关“三农”工作的重要论述，认真贯彻落实省委、省政府有关决策部署，把发展特色产业作为脱贫攻坚与乡村振兴相衔接的着力点，为推动乡村全面振兴、建设经济强省、美丽河北奠定更加坚实的基础。

III 社会经济发展报告

综合篇

全省农村经济综述

一、2021年发展情况及成效

2021年，全省上下深入学习贯彻习近平总书记重要讲话精神，以实施乡村振兴战略为总抓手，强基础、固根本，补短板、抓提升，克服局部疫情和秋涝影响，全省农业农村经济保持稳中向好、稳中向优的良好态势，主要经济指标强于同期、好于往年，“三农”压舱石作用更加凸显。初步核算，第一产业增加值4030.3亿元，增长6.3%；农村居民人均可支配收入18179元，增长10.4%，完成全年任务目标。主要成效概括为六个“显著”。

（一）重要农产品保障能力显著增强。粮食生产再获丰收，全年播种面积9643.5万亩，总产达765亿斤以上，超额完成国家下达目标任务。蔬菜水果肉类禽蛋水产品等“菜篮子”产品产量保持稳定增长。奶牛养殖场规模化率、智能化率全国第一；牛奶产量498.4万吨，增长3.1%，乳制品产量连续七年全国第一。猪牛羊禽肉产量461.0万吨，增长10.9%。其中，猪肉产量265.7万吨，增长17.1%；牛肉产量55.8万吨，增长0.5%；羊肉产量33.9万吨，增长8.2%；禽肉产量105.6万吨，增长3.5%。蔬菜播种面积1221万亩，增长1.3%；蔬菜总产量5284.2万吨，增长1.7%。园林水果产量1058.5万吨，增长2.6%；食用坚果产量64.3万吨，增长12.8%。主要农产品价格运行总体平稳。

（二）乡村产业发展质量显著提升。集中打造高端乳品、中药材、食用菌等 12 个农业特色产业集群，建成全国最大的越夏香菇、优质梨、酸枣仁等一批特色农业基地，打造了大运河、滹沱河、草原天路、红河谷等一批休闲农业示范带。省级以上农产品区域公用品牌达 105 个，进入全国第一方阵，农业标准化生产率达 72%。建成国家现代农业产业园 7 个、国家农村产业融合发展示范园 3 个、国家级农业产业强镇 49 个，省级现代农业园区总数达到 231 个，年产值 10 亿元以上农产品加工产业集群达到 87 个。农业新产业新业态加快发展，全省农村网络零售额达 1211 亿元，休闲农业和乡村旅游综合收入达 100 亿元。

（三）乡村基础设施水平显著改善。乡村基础设施建设投入不断加大，新改造户厕 141 万座、卫生厕所普及率达 80%，建设公厕 2.15 万座；城乡一体化生活垃圾处理体系基本实现行政村全覆盖；新建生活污水无害化处理设施覆盖 10575 个村庄，累计覆盖率 80%。成线连片、高标准建设 2000 个美丽乡村。全省 631 个农宅空置率 30%-50%的“空心村”基本完成治理。新建及改造农村电网线路 1.5 万公里。86 个县建成 760 个农产品仓储保鲜冷链物流设施，47 个县实施农村生活水源江水置换工程，受益人口 818 万。

（四）巩固脱贫成果取得显著成效。防返贫机制进一步健全，“两不愁三保障”成果更加巩固，2021 年以来未发生规模性返贫致贫问题。易地扶贫搬迁安置区累计建成配套产业园区（项目）588 个，5.01 万名有劳动能力和就业意愿的劳动力全部实现转移就业，330 个集中安置区全部完成基本管理单元设置。62 个脱贫县全部纳入乡村振兴重点帮扶县，特色产业招商签约项目 212 个、签约额 710 亿元，脱贫地区产业发展后劲不断增强。

（五）重大生态建设质量显著提高。出台《白洋淀生态环境治理和保护条例》，印发《关于做好洪涝灾害灾后重建工作的指导意见》，南拒马河右堤等 4 个项目主体工程汛前完成，基本形成雄安新区起步区 200 年一遇防洪保护圈。实施生态补水 58 亿立方米，夏季滹沱河、大清河（白洋淀）627 公里河道全线贯通，永定河实现全线通水。完成营造林 630 万亩、退化草原修复 37.2 万亩，雄安郊野公园建成使用。张家口首都“两区”建设扎实推进，取得阶段性成效。冀蒙两省区建立了察汗淖尔生态保护协作机制。完成全省 36 个国家级重要生态保护区违规违建排查整治。

（六）农业农村改革进度显著加快。扎实开展第二轮土地承包到期再延长30年试点，完成确权颁证面积8407.8

万亩，已确权颁证农户 1278.3 万户。定州市等 4 个国家级农村宅基地改革试点编制完成实施方案，81 个试点村改革先行推开。农村集体经济加快发展，集体经济收入 5 万元以上的村达到 70%以上，新型农业经营主体不断壮大，农村金融改革稳步推进。

二、2022 年重点任务和举措

2022 年是落实"十四五"规划的关键之年，也是实施河北省乡村振兴战略第一个五年规划的收官之年，做好"三农"工作意义重大。做好 2022 年的农业农村工作，在扎实开展抓投资上项目促发展的基础上，重点突出"稳、优、美、绿、准、深"六个字，实施农产品产能提升、农业结构调整、乡村建设、生态建设、脱贫成果巩固拓展、农业农村改革等六大行动。

（一）突出稳，实施重要农产品产能提升行动。一是稳定粮食综合生产能力。落实国家下达我省 2022 年粮食生产目标任务，实施优质粮食示范区创建、高标准农田建设等工程，新建旱涝保收高标准农田 360 万亩，同步发展高效节水灌溉 120 万亩，建设强筋小麦、旱碱麦、优质谷子等示范区 714 万亩。加强优良节水品种和先进技术推广应用，健全农作物病虫害防治体系，夯实粮食增产基础。二是大力发展现代种业。组织实施《河北省种业振兴行动实施方案》，扎实推进农业种质资源普查工作，强化种业科技创新，加强种业企业扶优，提升种业基地能力，促进种业市场净化，组织实施南繁科研育种基地、畜禽种业水平提升等现代种业工程项目，加快种业强省建设步伐。三是强力推动奶业振兴。持续推进优质奶源基地建设，巩固扩大饲草基地面积，新建一批现代化规模养殖场，生鲜乳产量达到 520 万吨。谋划建设一批乳制品加工项目，提升乳品加工能力，增强奶业全产业链竞争力。整顿规范奶业市场，确保乳制品质量安全。

（二）突出优，实施农业供给侧结构性改革行动。一是发展特色优势农业。全力打造优质专用小麦、精品蔬菜、道地中药材等 15 个特色优势产业集群，新增优质专用粮食 104 万亩、特色优质作物 101.5 万亩，打造高端品牌 80 个。建设太行山核桃、燕山板栗、太行山和黑龙港流域枣、张承地区仁用杏四大传统优势产业集群。布局建设 117 个规模化京津"菜篮子"生产基地、10 个粤港澳大湾区"菜篮子"生产基地。二是推进乡村产业融合。持续实施重点园区崛起工程，加快推进 30 个省级园区、100 个市级园区和 230 个县级园区（精品基地）建设。加快实施农产品加工带动工程，新增年产值超 10 亿元农产品加工集群 13 个，产值超亿元中央厨房企业达到 30 家以上，全省农产品加工业总产值达到 7200 亿元以上。休闲农业和乡村旅游人次达到 4840 万人次，综合收入达到 64.5 亿元。落实省委、省政府《关于开展"三基"建设年活动的意见》和《加强基层产业体系建设实施方案》，实施农村产业融合发展示范园建设，打造农村产业融合发展示范样板和平台载体。三是加快农业数字化建设。以辛集市等 4 个国家级试点和栾城区等 15 个省级试点为重点，加快乡村信息基础设施和农业生产、农产品质量安全、乡村治理等数字化建设。推进智慧农业产业化示范县建设，建设农作物智能农事管理和农业数据资产体系，打造智慧种植农业新模式。提升滦平县等 3 个国家农村产业融合示范园数字化水平。四是提高农产品质量安全水平。健全以省为龙头、地市为骨干、县乡为基础的农产品质量安全监测网络，确保不发生重大农产品质量安全事件。

（三）突出美，实施乡村建设行动。一是优化村庄规划布局。按照农村新型社区、美丽乡村精品村、美丽乡村、人居环境达标村、人居环境未达标村、规划撤并村等 6 类标准，优化村庄分类，逐村制定改善提升方案，压茬推进、梯次发展。二是加快农村人居环境整治。推进农村人居环境整治提升五年行动，改造农村卫生厕所 65 万座、新建公厕 1 万座。新建 2000 个美丽乡村，实施 700 万农村居民江水置换方案，确保南水北调受水区农村居民全部喝上长江水。三是推进乡村振兴示范区创建。巩固提升 50 个、布局新建 10 个省级示范区，围绕特色产业发展、美丽乡村建设、盘活资产资源等开展政策集成创新，探索模式路径，示范引领全省乡村振兴。四是加大农村基础设施改造提升。实施农村电网巩固提升工程，新建（改造）农村电力线路 10000 公里以上。持续加强农村"四好"公路建设，大力推广农村清洁能源，抓好通信线路和广播电视线路治理。合理设置农村电商服务站点，畅通商品进出村通道。合理布置农村供水管网，逐步实现自来水全面入户、安全达标。推进石津等大型灌区的续建配套与现代化改造，提高灌区供水能力和保障率。加快推进雄安新区防洪、病险水库除险加固、中小河流治理等工程建设进度，补齐水利防洪排涝短板。继续推进大陆泽、宁晋泊等蓄滞洪区建设工程前期工作，力争 2022 年开工建设。

（四）突出绿，实施重大生态建设提质行动。一是推进国土绿化。突出"两山、两翼、三环、四沿"重点区域，大力实施绿化攻坚工程，实施国家"双重"规划燕山山地、太行山东麓等林草区域性系统治理项目，全年完成国土绿化 336 万亩（含种草 36 万亩），森林抚育 300 万亩。二是加快地下水超采治理。落实落细"节引调补蓄管"措施，实施引江引黄调水、扩容增蓄。有序实施农业种植结构调整，稳步扩大高效节水灌溉面积，推进城镇节水降损，压减地下水超采量 8.7 亿立方米，全部完成压采任务，从整体上扭转地下水位下降趋势。三是开展草原湿地生态治理。抓好察汗淖尔湿地自然保护区保护与恢复。严格落实草原禁牧、休牧制度，加强草畜平衡监管，加快恢复坝上地区草原生态。合理安排白洋淀、衡水湖等湿地生态补水，增强全省水生态安全保障水平。四是加强农业面源污染治理。推进规模养殖场粪污处理设施提档升级，全面推进畜禽粪污资源化利用，白洋淀流域养殖场粪污处理设施全部达到二级以上水平，全省畜禽粪污综合利用率达到81%。持续推进化肥减量增效，大力推广测土配方施肥。完善秸秆收储运体系，开展地膜科学使用与回收示范区创建。五是加快张家口首都“两区”建设。持续推进永定河综合治理与生态修复等重点工程，加快乌拉哈达水利枢纽工程前期工作。推动京冀签署密云水库上游潮白河流域生态补偿第二期协议。加快建设京张体育文化旅游带，大力推进后奥运经济，高质量发展冰雪、新能源、大数据等绿色产业。

（五）突出准，实施脱贫攻坚成果巩固拓展行动。一是加强防返贫监测帮扶。建好用好全省防返贫监测和帮扶工作信息系统，因人因户实施帮扶救助，切实防止返贫致贫。健全控辍保学、防止因病返贫致贫、保障农村住房安全、巩固饮水安全四项工作机制，巩固提升“两不愁三保障”成果。二是加大开发式帮扶。推进“一县一业、一村一品”，促进帮扶产业提档升级。开展“春风行动”和帮扶车间提升行动，强化职业技能培训和就业服务保障，用好乡村公益岗位，促进脱贫劳动力稳岗就业。健全科技帮扶“团、站、员”服务体系，发挥科技特派员和产业发展指导员作用，加快农业科技推广和转化。三是强化易地搬迁后续扶持和消费帮扶。加大集中安置区产业就业帮扶和社区管理服务，抓好消费帮扶产品认定，加快推进消费帮扶专柜、专馆、专区建设，支持农产品流通企业、电商、批发市场与县域特色产业精准对接。四是积极开展包联帮扶。以原10个深度贫困县206个深度贫困村为重点，继续开展“五包一”“三包一”帮扶，保持结对关系不变、帮扶力度不减。强力实施“万企兴万村”行动，建好村企结对帮扶台账，用好社会帮扶资金，扎实推进共同富裕。

（六）突出深，实施农业农村改革行动。一是深化农村宅基地改革试点。加快定州市等4个国家级试点宅基地“三权分置”改革，形成一批可复制、能推广、惠民生、利修法的制度创新成果。创建100个增减挂钩集约用地示范村、100个乡村旅游民宿示范村、100个促进乡村产业发展示范村。二是深化农村集体经济改革。引导支持村集体经济组织领办合办农民合作社、社会化服务组织，多措并举增加农民收入，2022年集体经济收入5万元以上的村占比达到80%以上。三是深入推动新型农业经营主体发展。加大家庭农场培育力度，推广龙头企业+合作社+基地+农户“四位一体”生产经营模式，大力发展农业社会化服务组织，新增农业生产托管服务组织1000家。四是深化农业农村金融创新。建立与各大金融机构常态化对接机制，引导金融机构围绕产业集群和园区项目建设开发普惠金融产品，推广应用“裕农通”金融综合服务平台，扩大土地经营权抵押贷款规模，全省涉农贷款余额达到1.9万亿元以上。

（河北省统计局　李晓梅）

部 门 篇

农业生产

【概况】2021 年，全省农业农村系统认真贯彻落实党中央、国务院“三农”决策部署和省委、省政府要求，以实施乡村振兴战略为总抓手，大力推进农业高质量发展，统筹抓好疫情防控和农业农村发展，农业农村发展保持稳中向好、稳中向优的良好态势，为全省经济社会发展全局有效发挥了“基本盘”“压舱石”作用。

农业综合生产能力稳定提升。坚持把粮食生产作为“三农”工作的头等大事，有效保障粮食安全供给。全年粮食播种总面积为 9642.9 万亩，粮食总产量 765 亿斤，连续 9 年保持在 700 亿斤以上。以粮食生产功能区和重要农产品保护区为重点，新建高标准农田 400 万亩、累计建成 4862 万亩。全力抓好“菜篮子”产品生产保供，优化生猪产业布局，加快实施奶业振兴行动，蔬菜总产 5284.2 万吨，排全国第 4 位；肉类 461 万吨，排第 5 位；禽蛋 386.8 万吨，排第 3 位；生鲜乳 498.4 万吨，排第 3 位；水果 1058 万吨，排第 6 位；水产品产量 108.1 万吨，其中扇贝、海参等品种产量居全国前列。实施现代种业提升工程，组建 20 个现代种业科技创新团队，强化种源关键核心技术攻关，建设 85 个农作物良种繁育基地，主要农作物良种覆盖率达到 98%以上。乡村产业持续壮大。优化产业结构和产品结构，以现代都市型农业和特色高效农业为方向，集中打造高端乳品、中药材、食用菌等 12 个产业集群、100 个示范园区和 100 个高端精品，新增优质专用粮食 183 万亩，蔬菜、水果、中药材、食用菌等特色产业 218 万亩，建成全国最大的越夏香菇基地、优质梨基地、酸枣仁基地、高端奶业基地。大力发展农产品加工业，开展全产业链招商，全省共签约农业招商项目 425 个，签约引资额达 1403 亿元，年产值 10 亿元以上农产品加工产业集群达 87 个。集中推介 26 条乡村休闲旅游精品线路，全省休闲农业综合收入达 74.6 亿元。农业发展质量进一步提高。建立 19 个省级创新团队横向协作机制，创建省级创新驿站 224 个，全面推行科技特派员制度，基层科技服务支撑体系更加完善。开展农产品提标行动，农业标准化生产覆盖率达 72%。全面推行食用农产品承诺达标合格证制度，全链条追溯机制进一步完善。培树打造系列河北知名农产品品牌，省级以上区域公用品牌达 105 个，企业领军品牌 80 个。开展地下水超采综合治理，落实季节性休耕、旱作雨养、浅埋滴灌等农业节水项目，关停取水井 8.65 万眼，新增农业节水 3.14 亿立方米。综合治理农业面源污染，化肥农药使用量继续负增长，畜禽粪污、秸秆资源化利用率保持在 77%、97%以上，高于全国平均水平。

【粮食生产】2021 年全省农业农村系统认真贯彻习近平总书记重要指示精神，落实党中央、国务院决策部署和省委、省政府工作要求，把发展粮食生产放在突出位置，加强组织领导，出台支持政策，强化科技支撑，克服不利天气和新冠肺炎疫情影响，粮食生产再获丰收。据国家统计局发布，2021 年全省粮食播种面积 9642.9 万亩，比上年增加 59.4 万亩，亩产 396.7 公斤，比上年增加 0.6 公斤，总产 765 亿斤，比上年增加 5.8 亿斤，完成了国家下达目标任务。其中，夏粮播种面积 3406.2 万亩，比上年增加 41.4 万亩，亩产 435.3 公斤，比上年增加 3.2 公斤，总产 296.5 亿斤，比上年增加 5.7 亿斤。小麦收获 3370 万亩，平均亩产 436 公斤，比上年增加 3.2 公斤，小麦总产 293.8 亿斤，比上年增加 5.9 亿斤。秋粮播种面积 6236.7 万亩，比上年增加 18.3 万亩，亩产 375.6 公斤，比上年减少 1 公斤，总产 468.5 亿斤，比上年增加 0.1 亿斤。2021 年全省实现播种面积、单产、总产“三增加”，粮食产量连续 9 年保持在 700 亿斤以上，为保障国家粮食安全作出积极贡献，农业农村部对河北省夏粮生产和全年粮食生产给予两次通报表扬。

【蔬菜产业】2021 年坚持集群建设为抓手，按照全产业链打造、全价值链提升的思路，强化政策引导、明确思路措施，整合要素资源，强力推进全省特色产业高质量发展。一是特色产业发展总体稳定。蔬菜播种面积 1221 万亩，总产量 5284 万吨，在北京批发市场占有率保持 41%左右，是全国蔬菜产销大省和设施蔬菜重点省，是京津地区最大的“菜园子”。水果面积 708.7 万亩，总产量 1058 万吨，形成了太行山、燕山浅山丘陵区苹果产业带、平原设施葡萄示范区和全球最大的沙地梨产业聚集区，梨面积、产量、出口量居全国第一位，在国内梨果贸易中享有重要话语权。道地中药材面积 194 万亩，总产量 80 万吨，建成万亩以上单品基地 35 个，酸枣仁、金银花、山杏仁等占全国总产量的 60%以上，实现了一地供全国。食用菌产量 180 万吨，形成了全国最大的越夏香菇、栗蘑产区以及北方面积最大、单产最高的设施羊肚菌产区。二是优势特色产业集群建设成效显著。越夏食用菌、河北鸭梨、道地中药材 3 个集群入选国家集群建设。建成巨鹿金银花、邢台酸枣仁、内丘富岗苹果、辛集黄冠梨、饶阳葡萄等一批高端示范园区，平泉香菇、鸡泽辣椒、安国中药材、晋州鸭梨等成为全省特色产业高质量发展的模板。河北省中药材全产业链大数据服务平台基本实现在线指导、赋码交易、全程追溯、农资金融等一体化服务功能，平台全面对接22个3万亩以上的中药材大县，涵盖全省85%中药材基地，引入244家制药及饮片企业，实现了基地与药企的直接对接。三是产品推介推陈出新。组织产销对接活动，不断扩大特色产业品牌影响力。通过线上同声传译全球双语直播形式，举办了“第三届邢台国际十字花科蔬菜产业大会”，集中展示了国内外150多家企业、科研单位的十字花科蔬菜品种2100个，大会还邀请10余位知名专家学者做专题报告、举办圆桌论坛，线上播放量近千万。采取主会场＋分会场网络连线直播方式，举办河北省2021年度山地苹果鉴评及品牌推介活动，来自全省6市15县的16个品种、90多个产品参加大赛，评出果王4个、金奖9个、银奖15个，以及优秀奖若干。

【高标准农田建设】建设高标准农田，是巩固和提高粮食生产能力、保障国家粮食安全的关键举措。河北作为全国13个粮食主产区之一，多年来坚持以提高粮食生产能力为己任，大力推进高标准农田建设，加快补齐项目区农业基础设施短板，切实发挥高标准农田建设在粮食生产中的“压舱石”作用。2021年，全省安排新建高标准农田400万亩，统筹发展高效节水灌溉160万亩，分别超出国家下达我省任务数的2.6%和33.3%，为近年来建设任务最高。项目建成后，项目区道路通达率、灌溉排水水平将大幅提升，粮食安全保障能力也将进一步提高。

【农业产业化】一是农产品加工水平显著提升。全省农产品加工业总产值7383.59亿元，增幅达11.41%，农产品加工业总产值与农业总产值之比达到2.05:1。其中沧州市、衡水市、保定市农产品加工业总产值分别增长18.26%、16.06%、15.12%，为全省前三。100个重点打造的农产品加工集群产值达到4500亿元，年产值超10亿元的集群达到87个。二是扶植做大农产品加工龙头企业。新认定964家省农业产业化重点龙头企业，其中农产品加工龙头企业670家，占认定总数的70%。新认定20家农业产业化国家重点龙头企业，其中19家为农产品加工龙头企业。7家农产品加工龙头企业年销售收入超100亿元（全省共9家）、61家农产品加工龙头企业年销售收入超10亿元（全省共77家）。8家农产品加工龙头企业入选中国农业产业化龙头企业百强名单，5家农产品加工龙头企业入选“科技创新、外贸出口、品牌影响力、联农带农、产业融合发展”等全国农业产业化龙头企业专项10强名单。三是大力培育农产品加工集群。全面梳理了全省范围内100个重点打造的农产品加工集群建设情况，建立了专项台账，指导农产品加工业集聚发展。安排专项资金支持农产品加工集群建设，支持了10个农产品加工集群，引导集群内农产品加工企业扩大产业规模，降低融资成本。开展农产品加工集群典型培树，在全省范围内梳理出了10个典型集群，总结先进经验，汇编成册，在唐山市开展农产品加工集群观摩学习活动。

【农业信息化】2021年围绕智慧农业、“互联网+”农产品出村进城等工作，持续推进农业信息化发展。一是开展智慧农业示范区建设。建设智慧农业数字化应用平台，建立规范化共建共享数据管理体系，加快推进产业数据共享和业务协同，实现产业数据融合；建设20个规模化、网络化、智能化、精细化的智慧农业示范区，用于加强智慧种植、智慧畜牧和智慧水产等应用集成。二是实施“互联网+”农产品出村进城工程。在全省选择10个县，每县选择100个以上益农信息社服务站点，开展“互联网+”农产品出村进城试点建设，探索线上线下引导、交易的对接模式，有效促进产销衔接，提升辖区内主要农产品溢价能力，形成可复制可推广的推进模式和标准规范。三是建设智慧农业一张图平台。通过汇聚多源数据，构建资源共享、业务协作协同的公共服务平台，提升农业农村管理服务能力，针对种植业、畜牧业、农机、水产等构建全产业链、全方位“数据链”，为各类农业应用系统提供统一的地理空间数据和功能服务支撑。

【农产品品牌建设】2021年全力做好品牌打造、宣传推介、品牌营销，强力推进品牌农业建设。一是统筹做好品牌建设规划安排。制定印发《2021年农业品牌建设工作方案》和《2021年度品牌农业建设项目实施方案》，明确2021年品牌建设工作目标和工作重点，指导各市围绕集群以及提升区域公用品牌、企业品牌等加强品牌建设。二是做好农产品“河北品牌”打造。完成梨、食用菌、葡萄等集群品牌整体形象设计打造。发布我省第五批区域公用品牌和企业领军品牌名录，全省省级以上区域公用品牌达105个，企业领军品牌80个。三是全力做好农业品牌宣传推介。在央视投放河北奶、葡萄、小米等多个集群品牌公益宣传片。开展我最喜爱的农业品牌网络评选、组织举办“寻味河北探秘家乡”知名大V探秘河北农业品牌活动。编印《河北省农业品牌故事汇编》，编选了蔚州贡米等100个农业品牌故事，挖掘品牌历史底蕴和文化内涵。四是实施农业品牌营销工程。举办2021“品味河北·我们在行动”暨河北农产品进京对接推介会，组织65家农业品牌与北京170多家餐饮企业进行推介对接。组织参加全国糖烟酒会，举办“2021河北省品牌农业展暨河北省品牌农业对接推介会”，组织省内36家优质农业品牌企业、河北葡萄产业链相关企业参加展销活动，进一步拓展市场渠道。组织参加第六届京津冀品牌农产品（线上）产销对接活动，在主会场现场展示我省品牌农产品，组织采购商与供应商对接。

【农业科技进步】2021 年，重点聚焦科技农业、绿色农业，助推农业高质量发展，科教环能各项工作全面推进。一是农业创新驿站建设强力推进。省级创建驿站 64 个，总数达到 224 个，引导市县级创建 776 个，全省创建数量达到 1000 个。通过“十个一”模式，全部制定驿站建设方案并有序推进。目前，共研发、引进、示范推广优质品种 1064 个，高新技术 525 多项，机具装备 516 多台套，技术标准或规程 208 余项，培育或壮大品牌 224 个。驿站对当地产业辐射带动能力显著提升，成为县域特色产业最强有力的科技支撑平台。二是基层农技推广体系逐步完善。针对我省地下水严重超采实际，加大节水等绿色生态技术的示范推广，推介发布绿色节水、生态环保等 50 个高效抗逆农业主导品种、50 项成熟适用主推技术和 10 项引领性绿色技术模式。针对基层人员知识不足，实践操作不熟练等实际，强化知识更新培训，培训基层农技人员 5076 人。三是科技成果管理与转化能力加强。谋划实施农业科技引智项目，主动对接一批京津及其他省份高层次专家，遴选引进了 10 项重大农业科技成果，加快推进在河北落地转化。立项厅农业科技成果推广项目 25 项，推荐省科技进步奖励项目 3 项，上报科技成果 3 项，申报立项省科技厅科研项目 10 项，争取资金 385 万元。积极申报设立河北省农业技术推广奖，进一步激发基层农技人员工作积极性。四是秸秆综合利用产业结构持续优化。制定秸秆综合利用“十四五”实施方案。在 21 个县实施秸秆综合利用整县推进项目，探索秸秆高值化、规模化、长效化利用机制和途径。推进秸秆与畜禽粪污结合资源化利用，发布 3 项秸秆综合利用年度主推技术。全省秸秆综合利用率达到 97%以上。

【农产品质量安全】2021 年严格落实“四个最严”要求，突出抓好冬奥会保供、农业标准化、追溯体系建设等工作，夯实农安工作基础，全省未发生重大农产品质量安全事件。一是全力以赴抓实冬奥农产品质量安全保供。成立冬奥农安保障工作领导小组，由厅主要领导任组长，加强统筹协调，组建冬奥工作专班，落实各项工作要求。建立四级领导包联机制、厅冬奥专班周调度日报告制度，制定冬奥保障工作方案预案 9 项，制定基地遴选标准 4 项、完善生产技术规程 100 余项。每月对备选基地开展全覆盖监测，共开展监测 8198 批次，基地自检 41832 批次，做到了供奥基地和供奥品种监测全覆盖，产品出场必检、批批带证。厅冬奥专班实行驻市巡回检查，市县联合驻场，明确任务，责任到人。共选派 239 名干部组成联合工作组开展驻场监管，确保所有备选基地全覆盖。开展迎冬奥“百日大排查”，排查消除风险隐患。冬奥期间累计供应产品 54.49 吨、生猪 11125 头、白条猪肉 600 头，所有供应产品严格执行生产、贮存、检测、供货等各环节监管要求，确保了供奥产品质量绝对安全。二是标准引领推进农业标准化生产。配合省市场监管局发布省级农业地方标准 76 项，编印省级农业地方标准 344 项，补充完善标准体系架构三级子目录 1 项。举办全省标准化培训班，制定农业标准化生产、“两品一标”推进方案，强化标准落地实施，“两品一标”数量达到 1354 个。印发地理标志农产品保护工程工作指南、绩效管理等相关规定，使用中央资金 2000 万元支持 4 个地标产品实施保护工程，确保高质量完成。在 6 家辐射带动潜力大的企业实施“标准化+”典型示范，遴选确定 20 家企业实施绿色优质农产品全产业链标准化试点建设。三是深入推进农产品追溯工作。系统梳理新增认定认证追溯挂钩情况，在农业农村重大创建认定上，国家现代农业产业园 3 个，全部完成 80%的主体追溯率和 20%的电子追溯率目标；59 个第四批省级农安县全部完成 80%的主体追溯率和 10 个电子追溯目标。289 个“两品一标”认证单位，全部依托国家平台开展了电子追溯。29 个第五批省级区域公用品牌使用单位和 254 家第十一批省级农业产业化龙头企业全部依托省平台开展了电子追溯。四是夯实农安工作基础。制定《河北省农产品质量安全网格化监管体系建设工作方案》，按照“提升县一级、强化乡一级、健全村一级”的思路，以县区为单位，下移工作重心，建立健全县、乡、村三级网格体系，做到“区域定格、网格定人、人员定责”，全省建设一级网格 189 个、二级网格 2068 个、三级网格 48798 个，所有网格明确监管员和协管员，形成“层层负责、网格到底、责任到人、全面覆盖”的农产品质量安全监管新格局。

（河北省农业农村厅　刘　洁）

林业和草原

【综述】2021 年，全省林业和草原主管部门坚决贯彻落实党中央、国务院和省委、省政府决策部署，切实增强政治自觉、思想自觉和行动自觉，把习近平总书记的殷殷嘱托转化为干事创业的强大动力。在省委、省政府坚强领导和国家林草局正确指导下，紧紧围绕“两区”建设，聚焦聚力“三件大事”，大力弘扬塞罕坝精神，团结一心、拼搏竞进，圆满完成全年各项目标任务，实现了“十四五”良好开局。2021 年全省完成营造林 57.0 万公顷（855.5 万亩），完成年度生产任务的 143%，各类经济林产品产量 1074.4 万吨，与上年同期相比增长 3.5%，全省木材产量 110.8 万立方米，人造板产量 1884.0 万立方米。2021 年全省林草系统克服疫情影响，实现林业草原产业总产值 1457.8 亿元，与上年同期相比增长 3.8%。

【生态建设】科学推进大规模国土绿化，超额完成国土绿化任务，进一步筑牢京津冀生态安全屏障。在全国率先印发了《关于科学绿化的实施意见》《关于推进草原生态保护修复的实施意见》。张家口、石家庄、承德、秦皇岛、保定、廊坊、唐山等7市通过国家动态监测评估，继续保持“国家森林城市”荣誉称号。成功创建37个省级森林城市，248个省级森林乡村，分别为计划任务的185%和165.3%。省林草局被评为全省“三重四创五优化”活动先进典型。环京津森林城市群初步形成，京津冀协同发展在生态环境方面实现率先突破。高标准完成雄安郊野公园建设，打造了千年秀林的新样板，成为雄安新区的一处标志性工程，集中展示了我省生态文明建设成就。经积极争取，成功申办2025年第五届中国绿化博览会。全力服务保障冬奥会和冬残奥会，确保“绿色奥运”成功举办。持续巩固提升冬奥绿化成果，张家口市林木绿化率达50%，奥运会核心赛区超过80%，同步完成森林碳汇等林草系统可持续性承诺任务，为冬奥会提供良好生态支撑。

2021年全省完成营造林57.0万公顷，完成全年年度生产任务的143%，与上年同期相比下降23.7%，其中：人工造林12.2万公顷，完成年度生产任务的141%，同比下降49.6%；飞播造林2.4万公顷，新封山育林7.3万公顷，飞播造林和新封山育林完成年度生产任务的162%，同比下降47.9%；退化林修复（含坝上地区植树造林项目中森林质量精准提升）7.8万公顷，完成年度生产任务的145%；人工更新0.17万公顷。森林抚育面积27.2万公顷，完成全年生产任务的136%，同比下降9.6%。

2021年全省各地林业重点工程扎实推进。京津风沙源治理工程（含坝上地区植树造林项目）、三北防护林体系工程等林业重点工程完成营造林16.6万公顷，与上年同期相比增长27%，其中：人工造林6.5万公顷，飞播造林0.7万公顷，新封山育林3.0万公顷，退化林修复（含坝上地区植树造林项目中森林质量精准提升）6.3万公顷，人工更新0.06万公顷，森林抚育0.03万公顷。

分工程看，京津风沙源治理工程（含坝上地区植树造林项目）完成造林9.6万公顷，三北防护林工程3.2万公顷，沿海防护林工程0.3万公顷，太行山绿化工程3.4万公顷，国家储备林建设工程0.09万公顷。

【草原保护修复】围绕国务院办公厅印发的《关于加强草原保护修复的若干意见》，并结合“两区”建设和我省实际，在全国率先印发了我省《关于推进草原生态保护修复的实施意见》。组织开展休耕种草，指导张家口市从稳定土地流转协议关系、依法优化调整种植结构、持续加大扶持力度等方面，巩固完善休耕种草成果。

继续推进张承两市草原保护修复治理，2021年种草面积1.1万公顷，其中：草原重点工程中种草面积0.9万公顷，草原生态修复治理项目中种草面积0.2万公顷；草原改良面积3.4万公顷，其中：草原重点工程中草原改良面积0.2万公顷，草原生态修复治理项目中草原改良面积3.2万公顷。草原管护面积和草原禁牧面积均为135.4万公顷。

【林草产业】林草生态产业惠泽民生。省直十部门联合印发《关于科学利用林地资源促进木本粮油和林下经济高质量发展的实施意见》。圆满完成上海第十届中国花卉博览会河北展园展馆建设和参展工作，荣获一项特等奖和多项金奖。

2021年全省林草系统克服疫情影响，实现林业草原产业总产值1457.8亿元，与上年同期相比增长3.8%，其中：第一产业产值665.4亿元，同比下降1.8%，第二产业产值690.3亿元，同比增长10.1%，第三产业产值102.1亿元，同比增长2.2%。分地区看，廊坊林草产业产值继续保持领先地位，产值达325亿元，保定、石家庄、承德林草总产值超过150亿元，分列全省二、三、四位，唐山、衡水林草产业总产值超过100亿元。

2021年全省各类经济林产品产量1074.4万吨，与上年同期相比增长3.5%，其中：水果产量957.6万吨，与上年同期相比增长3.5%；干果产量89.9万吨，与上年同期相比增长4.1%，其中：板栗产量40.9万吨，与上年同期相比增长9.3%。木本油料18.3万吨，其中：核桃产量18.2万吨，与上年同期相比增长14.1%。全省木材产量110.8万立方米，与上年同期相比下降3.5%，人造板产量1884.0万立方米，与上年同期相比增长2.4%。

【生态脱贫】塞罕坝林场获“全国脱贫攻坚楷模”，省林草局规划财务处、石家庄市林业局获得“河北省脱贫攻坚先进集体”荣誉称号。下达62个脱贫县区林草资金34.87亿元，持续安排生态护林员补助资金，助力巩固生态脱贫攻坚成果。2021年全省生态护林员7.06万人，其中：中央资金选聘建档立卡贫困人口生态护林员5.1万人。生态护林员全部管护面积512万公顷。

【资源管护】编制上报《河北省自然保护地整合优化预案》，推进风景名胜区总体规划编制报批，深入开展各类自然保护地监督检查专项行动，建立常态化遥感监测和明察暗访机制，严守生态安全底线。有序推进黄（渤）海候鸟栖息地（第二期）河北段申遗工作，确定5处候选提名地。加强森林资源保护管理和监督检查，新增国家级公益林24.86万公顷（372.9万亩），全省重点生态公益林达227.87万公顷（3418万亩），实现87.8万公顷（1317万亩）天然商品林停伐保护全覆盖。实施白洋淀及上游湿地建设，开展衡水湖湿地生态效益补偿，在18个生态区位重要的湿地实施保护修复工程。加强野生动植物及其栖息地（生境）保护，实施黑鹳、大花杓兰等野生动植物保护项目，省政府印发《关于进一步加强鸟类等野生动物保护管理工作的通知》，初步完成《河北省重点保护陆生野生动物名录》调整，开展野生动物收容救助和疫源疫病监测防控。

【森林草原防火】在全国率先建成“天空地”一体化防火监测体系，布设前端探头 6702 个，建设完成覆盖全省的森林草原防火视频监控系统，国家林草局在全国推广我省经验。开展森林草原可燃物“六清”活动和电力线路火灾隐患专项整治行动，清理坟头 48.8 万个，清理林边、矿边、地边、路边、隔离带可燃物 5.4 万余公里。全省 3777 个卡口“防火码”启用率在全国率先达到 100%。全年森林火灾发生起数大幅下降，未发生重大及以上森林火灾，没有发生草原火灾和人员伤亡事故，连续两年实现了春节、全国“两会”、清明、“五一”、国庆期间“零火情”。强化普查监测，严格检疫监管，继续保持松材线虫病“零发生”，美国白蛾等重大林草有害生物持续稳定控制。2021 年 10 月，由国家林草局、住建部、交通运输部组成的国家调研组评价我省美国白蛾防控工作“谋划到位、措施扎实、保障有力、成效显著，真正做到了可防可控”。

【省市县乡村五级林长制】至 2021 年 11 月 17 日，我省五级林长组织体系全面建立，提前完成了党中央、国务院和省委、省政府确定的阶段目标。明确了 139828 名林长名单、职责和责任区，初步形成“统筹在省、组织在市、责任在县、运行在乡、管理在村”的林草资源管理体系。省总林长亲自研究、实地调研、带头巡林，其他省级林长深入分包区域巡林督导，协调推动林草资源保护发展。至目前，全省已有近 9 万名林长深入开展巡林督查。全省林草部门积极争取，在落实机构、配强队伍、建立协作机制等方面取得突破。省编办批复省林草局设立林长制工作处，“林长+检察长”协作机制建立运行。石家庄、张家口、保定、邢台、邯郸 5 市中级人民法院建立了太行山生态环境一体化司法保护协作机制。

【法治建设】《塞罕坝森林草原防火条例》为塞罕坝筑起一道法治“防火墙”，《衡水湖保护和治理条例》让衡水湖迈入“专法”保护时代，林草法治保障体系日臻完善。省林草局与河北政法职业学院签署战略合作协议，全面加强依法行政、依法管理。依法查处各类林草行政案件1388起，处罚1342人次，罚款2900.13万元，恢复林地83.68公顷，责令补种树木10.3万株。积极推进行政审批制度和“放管服”改革，政务服务事项网办率由48%提高到100%，2021年分别向石家庄市、北戴河新区下放省级行政许可事项7项和 3 项。持续深化“证照分离”改革，直接取消审批5项，实行告知承诺3项，优化审批服务4项。加强“双随机一公开”监管，全年组织随机抽查9次，抽查主体95个。

（河北省林业和草原局　闫香妥）

畜牧业生产

【畜牧业生产概括】2021 年是“十四五”规划开局之年，也是全省畜牧业转型升级、高质量发展的关键之年，全省畜牧业扎实践行新发展理念，以奶业、生猪、蛋鸡 3 个集群、30 个现代养殖示范园、36 个畜禽精品为突破口，以点带面，朝着高质量发展的目标大步迈进，生猪生产快速恢复、奶业振兴成效明显，河北省猪牛羊禽肉、禽蛋、奶类产量分别达到 461 万吨、386.8 万吨和 498.4 万吨，同比分别增长 10.9%、下降 0.7%、增长 3.1%，分别位居全国第 5 位、第 3 位和第 3 位。全省生猪存栏 1810.1 万头，其中能繁母猪存栏 184 万头，同比分别增长 3.5%和下降 1.6%；生猪出栏 3410.6 万头，同比增长 17.3%。奶牛存栏 135.2 万头，生鲜乳产量 498.4 万吨，同比分别增长 10.6%和 3.1%。肉牛存、出栏分别为 230.1 万头和 339.9 万头，同比分别增长 3.4%和 1.4%。羊存栏 1316 万只，其中山羊存栏 345.4 万只、绵羊存栏 970.7 万只，同比分别增长 3.6%、下降 5.4%和增长 7.2%；羊出栏 2440.1 万只，同比增长 7.7%。家禽存栏 3.78 亿只，其中：肉鸡存栏 0.92 亿只，同比分别下降 5.1%和增长 21.8%；蛋鸡存栏 2.65 亿只，同比下降 7%；家禽出栏 7.12 亿只，同比增长 3.6%。

【主要畜禽生产情况】

一、生猪生产。2021 年全省生猪存栏最高为 1886 万头，基本恢复至常年水平，生猪出栏 3410.6 万头，同比增长 17.3%。生猪产品市场供给平稳。生猪生产方面主要举措：一是建设优质生猪产业集群。认真落实省政府《持续深化“四个农业”促进农业高质量发展行动方案》。制定印发《2021 年优质生猪产业集群实施方案》，强化生猪产业集群建设工作的督导调度，加快集群、示范园区和高端精品的建设步伐，着力推进 15 个现代生猪养殖示范园建设，扩大黑猪肉、无抗生态猪肉等优质特色精品产能，提升养殖效益。二是开展标准化场创建。制发了《河北省农业农村厅办公室关于开展 2021 年畜禽养殖标准化示范创建活动的通知》，明确了创建标准的条件、内容、要求和数量，深入开展畜禽养殖标准化场建设活动，全年建设部级畜禽养殖标准化示范场 6 家，省级畜禽养殖标准化场 100 家。组织产业技术体系专家对部分生猪养殖场进行技术指导服务，持续提升生猪养殖规模化、标准化、规范化水平，提高全省生猪养殖高质量发展。三是优化生猪产业支持政策。印发《关于促进生猪产业持续健康发展的实施意见》，稳定支持政策，保障生猪产业持续健康发展。落实省生猪产业发展政策，对新河、故城、馆陶、黄骅和丰南等 5 县新扩建生猪场予以补贴，加强生猪产业优势集聚区地位。对武安和辛集 2 个生猪产能恢复较快的市予以奖励支持，引导生猪产能恢复，扩大生猪养殖量。四是加强市场调控与统计监测。印发《河北省生猪产能调控实施方案》，建立完善产能调控长效机制，稳定产能，保障生猪产业健康持续发展。调控指标由过去的全部生猪存栏为主，调整为以能繁母猪存栏为主，确定能繁母猪稳定在 187 万头左右。认真组织生猪生产形势和价格监测，每月测算生猪存出栏量，每周发布生猪及产品价格，适时撰写生猪生产形势分析报告，为领导决策提供科学、及时、准确的数据依据，引导行业科学组织生产、销售，缓解生猪价格波动幅度。

二、奶业发展。2021 年全省新扩建乳制品加工项目 10 个，增加年处理生鲜乳能力 162 万吨，新扩建奶牛场 165 个，新增设计存栏 10.8 万头，其中乳企自建牧场 5 个、合建家庭牧场 16 个，新扩建社会牧场 144 个。筛选 9 个县承接蒙牛投资项目，对接伊利达成在沧州建设 1 个 150 万吨乳制品加工厂、20 个万头牧场计划。2021 年全省奶牛存栏 135.2 万头，同比增长 10.6%，生鲜乳产量 498.4 万吨，同比增长 3.1%，乳制品产量 397.64 万吨，同比增长 10.9%。河北奶业有效克服新冠肺炎疫情影响，生鲜乳产量近三年平均增速约 10%，扭转了十年来徘徊不前的不利局面，乳制品产量稳定在 350 万吨以上，连续 7 年全国第一。主要举措：一是推进奶业高质量发展。制发《奶业高质量发展推进方案》，深入实施种业提升、奶牛核心群组建、新产品研发、园区建设、进口牧草替代五大工程，开展奶农大会、场企对接、部门对接、大招商、品牌营销五大活动，建设奶牛养殖示范园区、打造奶业集群。支持君乐宝旗帜婴幼儿奶粉、君乐宝 A2 婴幼儿奶粉、君乐宝悦鲜活液态奶、邯郸市康诺巴氏奶、青县小洋人休闲乳品等高端乳制品扩大产能，奶酪、黄油实现零的突破。起草《关于持续加大奶业支持政策的若干意见》，积蓄发展后劲，支持产业做大做强。二是争取环京津奶业集群建设项目。组建专班，调动处室、良种站、乳企等多方面骨干力量，通过答辩竞争，成功争取农业农村部环京津奶业集群建设项目，国家财政分三年支持我省 2 亿元，打造具有较强综合竞争力的现代奶业经济带。起草完善《环京津奶业优势特色产业集群建设方案》上报农业农村部备案，确定行唐、鹿泉、武强、丰润、定州、察北、威县、中捷、大名等 9 地为项目建设县（区、园），谋划奶牛良种繁育体系、优质奶源基地建设、高端乳制品加工、品牌与质量安全、组织经营体系、科技创新服务体系“八大”工程，建设 48 个奶业项目，总投资 53.5 亿元。2021 年，引进种公牛 50 头，新建扩建牧场 14 个，乳品企业加工升级 7 个，建设燕麦草等饲草存储基地 40000 平方米，高端乳制品研发 2-3 个品种。三是建设优质绿色奶源基地。新增苜蓿种植 1.7 万亩，支持 183 家奶牛家庭牧场升级改造，对 74 家奶牛场进行智能化改造，支持乳企自建栏位 30263 个，引进优质性控冻精 14 万支，开展胚胎移植 4912 枚。省公牛站顺利转归君乐宝，成立“河北省荷斯坦奶牛种质创新联盟”，建成万头 A2 基因奶牛核心群。推荐曲阳益佳养殖农民专业合作社、现代牧业张家口有限公司（塞北）2 家奶牛场争取农业农村部第四批休闲观光牧场。四是提升河北奶业品牌影响力。编写河北奶业宣传资料，制作招商画册，向社会各界充分展示河北奶业振兴成果和行业良好形象。与金融机构积极对接，介绍河北奶业良好发展形势，为全省奶业发展争取金融支持。鼓励企业积极参加国际国内奶业峰会和质量评鉴活动，4 月 23 日中国奶业高质量发展推进会议暨第三届河北国际奶业博览会在我省唐山市召开。召开奶业品牌建设会，研究奶业品牌建设、产品宣传、市场开拓等工作。10 月 11 日，河北省奶农与乳企对接活动暨全省奶农大会成功举办，为河北奶牛养殖场和乳品企业高层次技术、信息交流创造平台，展示了河北奶业生机勃发的大好形势，河北奶业品牌影响力持续提升。五是规范生鲜乳市场秩序。落实喷粉补贴政策，稳定乳制品淡季生鲜乳收购价格和预期，保护奶农利益。每季度组织生鲜乳收购价格座谈会，发布生鲜乳收购指导价，推动养殖场和乳企签订长期购销合同。开展规范生鲜乳市场秩序专项整治，整改、取缔不合格生鲜乳收购站运输车，严查严防非法收购运输生鲜乳及违法添加等行为，推进签订和履行规范的生鲜乳购销合同。今年上半年对唐山违法收奶进行现场督导，撤销 2 家主体资格不充分的生鲜乳收购许可证，有力震慑了违法违规生鲜乳购销行为，维护了良好市场秩序。

三、家禽业生产。2021 年着力扩大大午金凤、太行鸡、北京油鸡等优势特色品种，提升蛋鸡养殖效益，为保障群众“菜篮子”丰富丰裕发挥了重要作用。主要举措为：编制优质蛋鸡产业集群项目实施方案，组织召开全省蛋鸡产业集群推进工作视频调度会，推动蛋鸡产业集群、示范园区和高端精品建设。对赞皇县太行鸡产业技术研究院的成立进行论证，并提出指导意见。制作招商画册，为蛋鸡产业发展鼓呼宣传，积极争取省蛋鸡产业发展资金，支持赞皇、平山等 9 县扩大太行鸡、北京油鸡、大午金凤等地方优质蛋鸡品种产能。组织 3 场现场培训观摩会，受训人数 100 余人次，提升太行鸡项目县蛋鸡养殖技术水平。支持赞皇天然养殖公司申报绿色认证，推动美客多牌参鸡汤在北京、唐山 6 家超市销售，扩大高端精品市场。

四、肉牛、肉羊生产。着力发展草食畜牧业，提升肉牛肉羊生产能力，在农牧交错区重点发展肉牛产业，建设隆化国家肉牛现代农业产业园，在围场、丰宁 2 县实施肉牛增量提质项目，对产犊母牛进行补贴，调动肉牛养殖积极性。制发《河北省推进肉牛肉羊生产发展五年行动方案》，明确我省肉牛、肉羊产业五年发展目标及重点任务。组建工作专班，研究起草《河北肉牛产业高质量发展推进方案（2021-2025）》《河北省肉羊产业高质量发展推进方案（2021-2025）》，将肉牛、肉羊产业集群纳入我省优势特色产业集群建设范围，支持肉牛肉羊示范园区建设，带动提升全省肉牛、肉羊生产能力。

【畜禽种业】2021 年全省共有种畜禽场 361 家，其中曾祖代、祖代或原种场 44 家，其他市县级扩繁场和商品化生产场 317 家。有国家级核心育种场及国家良种扩繁基地 12 家，其中生猪国家级核心场 4 家、蛋鸡国家级核心场 1 家、蛋鸡国家级良种扩繁基地 3 家、肉鸡国家级良种扩繁基地 1 家、奶牛国家级核心育种场 1 家、肉牛国家级核心育种场 2 家。有国家级保种场 1 家、省级地方品种保种场 3 家、市级保种场 2 家。各畜种划分，有种公牛站 2 家，种牛胚胎生产企业 1 家，种猪场 163 家，种公猪站 27 家，蛋种鸡场 53 家，肉种鸡场 56 家，种奶牛场 10 家，种肉牛场 4 家，种羊场 25 家，种鸭场 9 家，其他种畜禽生产经营企业 11 家。种畜年供种量 340 万头，种禽年供种量 11.67 亿只，生猪常温精液 800 余万剂，奶牛、肉牛冻精 330 万支。

2021 年起草《河北省种业振兴行动方案》（畜禽种业部分）《河北省奶牛种业行动方案（2021-2030 年）》等文件，印发《2021 年现代种业工作提升工作方案》，对列入“十四五”储备的中央预算内现代种业提升工程项目实施方案进行审核。成立河北省蛋鸡育种创新团队、河北省荷斯坦奶牛种质创新联盟，健全完善禽良种繁育体系，支持育种场、保种场改扩建，培育育繁推一体、产学研结合的畜禽种业企业，查种、保种、引种、育种多措并举，积极抢占畜禽种业科技高地，部分畜禽新品种培育取得明显成效，种源自给率、竞争力持续提升。主要举措：一是普查遗传资源。成立全省第三次畜禽资源普查工作领导小组和普查工作办公室，印发《第三次全省畜禽遗传资源普查工作实施方案》，完善机构、加强领导，明确时间节点和任务目标，组织各畜种专家包联市县，全力推动畜禽资源普查工作。举办全省第三次畜禽遗传资源普查工作培训班，强化业务技术培训，确保普查质量。完成全国畜牧总站和全国畜禽遗传资源委员会对我省新发现畜禽遗传资源燕山绒山羊的现场核验。印发《省级畜禽遗传资源保种场保护区和基因库现场评审标准》，积极发现和保护我省珍稀畜禽遗传资源。二是规范种畜禽生产经营管理。制发《关于做好种畜禽生产经营许可证核发工作的通知》和《关于做好种畜禽生产经营许可证核发现场评审工作的通知》，组织参加农业农村部种畜禽生产经营许可管理系统网络培训班，熟练掌握备案管理系统使用要领。协调农业农村部和北京市农业部门，帮助美客多公司成功办理《种畜禽生产经营许可证》，解决了北京油鸡推广的法律障碍。印发《关于 2021 年度生猪良种补贴项目核验和种公猪精液质量抽检的通报》，开展种猪精液质量抽检工作，督导调度生猪良种补贴项目。三是推动良种培育选育。以国家核心育种场和省级原种猪场为重点开展种猪育种联合攻关，启动深县猪和北京黑猪新品种培育，筛选杂交组合，多次与中国农大教授研究座谈，成立了专家育种团队，确定了育种方案。蛋鸡育种方面，推进“容德小黑鸡”、“大午小金凤”、“农金 1 号”等新培育品种的中间试验；肉蛋兼用、蛋肉兼用太行鸡培育分别进入第一、第三世代选育。提升 8 家国家核心育种场、1 家种公牛站和奶牛 DHI 中心生产性能测定能力，强化 6 家省级原种场畜禽育种创新工作。四是升级改造育种场保种场。在邢台沙河冀禽牧业召开太行鸡保种工作座谈会。组织专家完成 2 家市级一级种猪扩繁场现场评审，升级为省级原种场。河北康宏牧业、衡水志豪、乐寿鸭业 3 家种畜禽业企业通过国家核心育种场遴选文字材料审核。育种场积极引进国际国内优良畜禽品种，河北品元生物科技有限公司海外购买、托养全球顶级优秀种公牛，与国外顶尖企业合作，建设世界一流种公牛站。升级改造国家级渤海驴保种场，深县猪、渤海驴和太行鸡等地方畜禽保种场，全省畜禽遗传资源保护能力明显提升。

【畜禽粪污资源化利用】2021 年全省畜禽粪污资源化利用深入推进，绿色发展基础更加牢固。坚持“源头减量、过程控制、末端利用”，着力打通粪肥还田渠道，实现种养结合、农牧循环绿色可持续发展。全省规模养殖场畜禽粪污处理设施装备配套率保持 100%，畜禽粪污资源化利用率稳步提升。主要举措：一是强化顶层设计。省政府办公厅先后出台《河北省畜禽养殖废弃物资源化利用工作方案》和《河北省畜禽养殖废弃物资源化利用专项行动方案（2020-2022 年）》，分年度印发了《河北省畜禽养殖废弃物资源化利用总体工作方案》。2021 年 3 月，省农业农村厅召开领导小组成员单位会议，研究省 2021 年畜禽粪污资源化利用重点工作，安排部署年度资源化利用工作。二是开展全省养殖异味污染整治。按照《河北省生态环境保护委员会办公室关于开展全省异味整治督导检查的通知》要求，组织精干力量组成 3 个督导组，于 10 月 11 日至 16 日，分区域对全省畜禽养殖异味整治情况进行了督导检查。各督导组采取逐问题、逐点位“过筛”的方式，重点对固体粪便、液体、气体等畜禽养殖污染问题整改落实情况进行了现场核查。对照畜禽养殖整治有关标准及措施要求，逐场户提出整改措施。需完成整治的 90 个畜禽养殖异味污染问题已全部完成整治。三是唐县养殖异味综合治理。按照省政府领导指示，省农业农村厅抽调专人组建唐县养殖异味综合治理工作技术指导小组，主管厅领导亲自带队多次赴现场调度、技术指导，撰写工作报告，提出整改措施。8 月份省农业农村厅与生态环境厅联合成立唐县养殖异味综合治理工作专班，安排人员常驻唐县做好技术指导服务，指导唐县制定《唐县畜牧业“十四五”发展规划》，高标准建设肉羊养殖小区。四是开展白洋淀流域畜禽粪污治理专项行动。印发《2021 年白洋淀流域畜禽养殖废弃物资源化利用专项工作方案》《白洋淀流域畜禽养殖废弃物资源化利用攻坚行动专项方案》，自 2021 年 7 月到 2021 年 12 月在白洋淀流域开展 6 个月畜禽养殖废弃物资源化利用攻坚行动。7 月底，在保定组织召开白洋淀流域畜禽养殖污染整治工作现场调度会，白洋淀流域上游 9 条河流两侧各 1 公里范围内，所有规模养殖场粪污处理设施配建水平全部达到一级水平，严禁新建和改扩建畜禽规模养殖场；规模以下养殖场户全部实现资源化利用，严禁任何一滴养殖污水流入白洋淀。白洋淀流域 3441 家畜禽规模养殖场粪污处理设施装备配套率保持 100%，粪污综合利用率达到 90%以上。五是开展畜禽粪污整治和资源化利用再提升行动。自 2021 年 5 月至 10 月在全省开展为期 6 个月的畜禽粪污整治和资源化利用再提升行动，2021 年 5 月 18 日以省畜禽养殖污染防治办公室名义印发《河北省畜禽粪污整治和资源化利用再提升行动实施方案》，组织生猪、奶牛、肉牛、蛋肉鸡、羊 5 个畜禽粪污资源化利用岗位专家团队组成五个督导组，采取分包市、县的做法，开展畜禽粪污整治和再提升督导、检查、技术指导工作，及时解决实际工作中遇到的问题，全年出动约 180 余人次。并召开了 3 次督导汇报会议。针对各岗位专家团队发现的问题症结，提出有效的解决方案。六是加快整县推进项目实施进展。2021 年，召开 5 次调度会议，对重点县采取专项督导，对超期未完工的县要求限期完工，抓紧竣工验收，拨付资金，对进展缓慢的县采取通报、督导、约谈及现场调度的方式推进项目进展；严格信息平台审核，严格时间节点，严格审核把关，及时完善信息系统平台畜禽粪污资源化利用项目信息数据填报。七是雄安全面退养。2021 年，加大工作力度，指导雄安新区按照制定的畜禽养殖全面退养工作计划积极开展退养工作，共涉及 5672 家养殖场、户（其中规模场 378 家)。畜禽养殖场（户）5672 家已完成全部退养。

（河北省农业农村厅　赵学风）

渔业生产

【概况】2021 年，全省渔业围绕提质增效、减量增收、绿色发展、富裕渔民的思路和目标，深入推进产业转型升级，不断完善发展举措，促进渔业可持续、高质量发展。同时，积极应对新冠疫情不利影响，狠抓水产品稳产保供，渔业经济保持稳健发展态势，实现了渔业总产量、总产值和渔民人均纯收入“三增长”，其中全省水产品总产量 108.1 万吨，同比增长 7.73%；渔业经济总产值 366.73 亿元，同比增长 20.9%；渔民人均纯收入 2.15 万元，同比增长 10.2%。

【捕捞业】资源养护力度加大，海洋捕捞业呈现增产增收态势，海洋捕捞产量达到 19.1 万吨，同比增长 11.24%。其中梭鱼同比增加 59.29%，虾蛄同比增加 27.54%，梭子蟹同比增加 8.62%。全省海洋渔业增殖放流 63.3 亿单位，较去年增加 89.3%；海洋牧场建设控海总面积已达 1.6 万公顷，有效修复水域生态环境，带动周边海域捕捞产量增加；实施虾蛄专项捕捞许可，延长虾蛄捕捞作业时间 15 天，促使虾蛄较大幅度增产。淡水捕捞业稳步发展，产量达到 3.5 万吨，同比增长 4.41%，淡水捕捞渔船达到 1155 艘，同比增加 10.73%。远洋渔业生产进一步巩固和规范，远洋捕捞渔船保持在 23 艘，全年远洋捕捞产量达到 5.0 万吨，同比下降 1.78%。

【水产养殖业】2021 年多数养殖品种价格上涨，投苗生产积极性高，养殖生产形势向好。海水养殖产量 54.3 万吨，同比增长 11.27%，南美白对虾（海养）产量同比增加 17.70%，鲽鱼产量同比增加 21.97%，石斑鱼产量同比增加 14.03%；海湾扇贝通过调整养殖区域、养殖密度，长势良好，养殖个体大，单产水平和出柱率明显提高，产量 35.4 万吨，同比增长 11.07%。海水养殖面积 10.4 万公顷，同比减产 1.10%，其中海水工厂化养殖发展迅速，养殖面积 413 万立方水体，同比增加 9.46%。大宗淡水鱼价格普遍上涨，草鱼同比增长 51.08%，鲢鱼同比增长 40.05%，鲑鳟同比增长 38.87%，鲤鱼同比增长 25.06%，调动了生产积极性。淡水养殖面积 3.6 万公顷，同比增长 1.26%；养殖产量 26.2 万吨，同比增长 1.04%。

【渔业二三业】水产品精深加工与市场流通建设加强，进一步弥补产业发展短板。全省水产加工能力 32.5 万吨/年，同比增长 2.74%，年水产品加工总量 9.9 万吨，与去年持平，水产品加工产值 29.5 亿元，同比增长 14.3%；水产流通业产值 4.4 亿元，同比增长 5.34%，水产运输产值 1.7 万元，同比增长 8.12%。注重品牌培育与营销管理，培树了曹妃甸河鲀、黄骅梭子蟹等区域公用品牌，打造了河鲀鱼特色小镇，进一步扩大了产业知名度和影响力。克服疫情的不利影响，全省休闲渔业经济总产值 7.8 亿元，同比增长 4.87%，全省休闲渔业经营主体 922 家，同比增长 11.49%，接待游客数量 402 万人次。

【渔业经济发展】渔业经济稳健发展，全省渔业经济总产值 366.7 亿元，同比增长 20.92%。其中第一产业产值 313.4 亿元，同比增长 12.71%，第二产业产值 36.7 亿元，同比增长 23.25%，第三产业产值 16.6 亿元，同比增长 3.81%。水产品价格高位运行，渔业新型业态加快发展，有效促进了渔民增产增收，渔民人均纯收入 21535.74 元，同比增长 10.17%。

【水产苗种】随着水产品价格普遍上涨，渔民生产积极性提高，养殖投苗量增加，苗种需求增大，带动了水产苗种价格的大幅提升，苗种生产规模进一步扩大。全省育苗 450 多亿尾，淡水鱼苗产量 39.3 亿尾，同比增长 5.64%；淡水鱼种 2.1 万吨，同比增加 7.01%；海水鱼苗 5926 万尾，同比增长 12.09%，虾类育苗 351.8 亿尾，同比增长 13.49%，贝类育苗 60 亿尾，同比增长 20.0%，海参 23.95 亿头，同比增加 13.13%。

【渔业灾情】2021 年 7 月邯郸、邢台遭受洪涝灾害，11 月唐山、秦皇岛、沧州遭受暴雪灾害，水产品共损失 2804 吨，同比增长 37.25%，台风、洪涝损失 1480 吨，同比增长 1750.00%，其他损失 1222 吨，同比增长 13.78%，损失工厂化养殖 261 座，苗种繁育场 39 个，池塘 383 公顷，堤坝 1500 米。直接经济损失 29455.7 万元，同比增长 155.78%。

（河北省农业农村厅　雷　霞）

农村居民收入与消费

据国家统计局河北调查总队住户收支与生活状况调查资料显示，2021 年，全省农村居民人均可支配收入 18179 元，比上年增长 10.4%；农村居民人均生活消费支出 15391 元，比上年增长 21.7%。

一、农村居民收入全面增长

2021 年，全省农村居民人均可支配收入 18179 元，增长 10.4%，扣除物价因素，实际增长 9.1%。从收入构成看，四项收入全面增长（见表 1）。

表 1　2021 年河北农村居民人均可支配收入及构成数据表

单位：元，%

指标名称	水平	增量	增速	占比
可支配收入	18179	1712	10.4	100
一、工资性收入	9497	898	10.4	52.2
二、经营净收入	6017	499	9.1	33.1
三、财产净收入	390	39	11.0	2.2
四、转移净收入	2275	275	13.8	12.5

（一）工资性收入增速提升。2021 年，全省农村居民人均工资性收入 9497 元，增长 10.4%，比去年同期提高了 4.5 个百分点，增量由去年的 478 元增加 898 元，其占农村居民人均可支配收入的比重与上年持平，为 52.2%，拉动收入增长 5.5 个百分点，对收入增长的贡献率为 52.5%。农村居民工资性收入仍处于主导地位，是拉动农村居民增收的主动力。

工资性收入较快增长主要原因：一是各级政府部门出台多项稳就业、促生产的政策措施，使得工资性收入稳步增长。二是据住户收支与生活状况调查资料显示，2021 年从业过的农村居民数量增长 6.8%，从事所有工作总时间超过两个月的增长 16.8%，提升了农村居民工资性收入。

（二）经营净收入增长平稳。2021 年，全省农村居民人均经营净收入 6017 元，增长 9.1%，占农村居民人均可支配收入的 33.1%，拉动收入增长 3 个百分点，对收入增长的贡献率为 29.2%。其中第二产业经营净收入增长快速提升，增速由去年同期的 7.5%提高到 22.0%。

经营净收入平稳增长的主要原因：一是粮食生产稳步上涨，为农村居民经营净收入稳定增长打下坚实基础，2021 年全省粮食总产量达到 3825.1 万吨，增产 29.2 万吨，增长 0.8%。二是畜牧业产品价格稳中向好，牛、羊、禽蛋等价格上涨，有效拉动农民经营收入增加。三是第二产业经营净收入提升，钢铁价格持续走高，带动了农村第二产业发展。

（三）财产净收入继续增加。2021 年，全省农村居民人均财产净收入 390 元，增长 11.0%，占农村居民人均可支配收入的 2.2%，拉动收入增长 0.2 个百分点，对收入增长的贡献率为 2.3%。农村居民人均财产净收入占可支配收入的比重相对较小，但增长潜力较大。

财产净收入保持增长的主要原因：一是巩固拓展脱贫攻坚改革成果持续推进，红利收入增长迅速，人均增收 19 元，增速达到了 39.1%。二是随着农村土地制度改革的深化，农村土地流转加快，转让承包土地经营权租金净收入人均增收 46 元。

（四）转移净收入增长最快。2021 年，全省农村居民人均转移净收入 2275 元，增长 13.8%，占农村居民人均可支配收入的 12.5%，拉动收入增长 1.7 个百分点，对收入增长的贡献率为 16.1%。

转移净收入快速增长的主要原因：一是脱贫攻坚政策补助力度加大，从政府和组织得到的实物产品和服务折价与政策性生活补贴增速较高，农民得到了更多的实物与服务。二是 2021 年秋粮因灾单产减少，农民获得的救灾款增加。三是受新冠疫情影响，就业市场不稳定，农民失业保险金收入提升。四是新农合报销比例进一步提高，报销门槛降低，农民因而也得到了更多的实惠。

二、农村居民收入增长特征

（一）城乡收入差距缩小。2021 年，全省城镇居民人均可支配收入增长 6.7%，慢于农村居民收入增速 3.7 个百分点。城乡收入比（以农村居民收入为 1 计算）为 2.19，比上年缩小 0.07。

（二）农村居民人均可支配收入增速低于全国。2021 年，全国农村居民人均可支配收入 18931 元，增长 10.5%，河北农村居民人均可支配收入增速低于全国 0.1 个百分点。增速在全国排名第 20 位，比去年提升了 1 位。分项来看，工资性收入增速低于全国 3.7 个百分点，经营净收入增速高于全国 1.1 个百分点，财产净收入增速低于全国 1.1 个百分点，转移净收入增速高于全国 6.3 个百分点。

（三）农村居民人均可支配收入与全国的差距拉大。从绝对差看，2021年，河北农民人均可支配收入在全国排第15位，较上年后移1位，与全国的差距由2020年的664元扩大为2021年的752元。从相对差看，农村居民可支配收入与全国比值，由2020年的96.1%降低到96.0%。

三、农村居民消费大幅提升

2021年，全省农村居民人均生活消费支出15391元，增长21.7%，比上年上升19.5个百分点，增速保持在较高水平。农村居民生活消费持续恢复。

（一）消费增长速度快于收入。2021年一季度，全省农村居民人均生活消费支出增加了12.5%，增长幅度比收入低4.1个百分点；从第二季度开始，农村居民消费支出增长幅度高于收入，上半年农村居民人均生活消费支出增长24.2%，增幅高于收入9.6个百分点；前三季度，消费增速高于收入11.9个百分点；全年高出11.3个百分点。消费增长速度快于收入，居民的消费能力得以释放。

（二）消费八大项全面上升。2021年，全省农村居民人均消费支出八大项呈现全面上升的态势，增长最快的是教育文化娱乐类消费，增长33.4%，其次是其他用品和服务类、食品烟酒类、医疗保健类、衣着类、交通通信类和生活用品及服务类，分别增长32.8%、27.6%、26.5%、26.3%、23.4%和18.8%；增长最慢的是居住类消费，增长3.7%（见表2）。

表2　2021年河北农村居民人均生活消费支出情况

单位：元，%

指标名称	水平	增速	占比
生活消费支出	15391	21.7	100
一、食品烟酒	4703	27.6	30.6
二、衣着	1024	26.3	6.7
三、居住	2812	3.7	18.3
四、生活用品及服务	930	18.8	6.0
五、交通通信	2336	23.4	15.2
六、教育文化娱乐	1541	33.4	10.0
七、医疗保健	1746	26.5	11.3
八、其他用品和服务	299	32.8	1.9

（三）服务性消费支出快速提升。服务性消费支出是指用于支付社会提供的各种文化和生活方面的非商品性服务费用。包括为别人付款的服务。全年增加了24.0%，服务性消费支出占生活消费支出的比重为36.2%，比2020年增加了0.7个百分点。

（四）城乡居民消费差距继续缩小。随着农村居民收入的快速增长，脱贫攻坚成果的持续巩固，农村市场消费潜能得到有效释放。2021年，全省农村居民人均生活消费支出增长21.7%，快于城镇居民17.3个百分点，城乡消费比（以农村居民生活消费为1计算）为1.57，比上年缩小0.26。从绝对差值看，城乡居民生活消费绝对差值为8801元，比上年缩小1722元。

（国家统计局河北调查总队　范　旻）

农产品生产者价格

2021年河北农产品生产者价格指数为108.09，价格比上年上涨8.09%。

【农产品生产价格“高位运行”】2021年农产品生产者价格走势继续走高。河北农产品生产者价格总体呈上涨态势，全年同比上涨8.09%。分季度看，一至四季度均呈涨势，但涨幅逐季回落，同比分别上涨9.65%、10.2%、6.9%、2.56%。

【农、林、牧、渔业生产价格“全面上涨”】分行业看，农林牧渔四大板块全面上涨。其中种植业、林业、畜牧业、渔业产品生产者价格分别比上年同期上涨了11.02%、8.61%、0.95%和32.06%。

（一）种植业产品生产者价格同比上涨了11.02%。

2021年，全省种植业产品生产者价格总体呈涨势，全年同比上涨了11.02%。其中八类产品价格“六涨一降一平”。谷物、薯类、油料、豆类、棉花、蔬菜食用菌价格分别上涨了19.87%、7.09%、2.71%、22.63%、30.07%、2.32%；而水果坚果下降了11.56%，香料原料同比持平。

（二）林业产品生产者价格同比上涨了8.61%。

2021年，全省林业产品生产者价格总体呈明显上涨态势，全年同比上涨了8.61%。林业价格上涨主要受树苗价格攀升影响。随着城镇化建设步伐加快，对植保类树苗需求量增加，导致树苗价格有所上涨。

（三）畜牧业产品生产者价格同比上涨了0.95%。

2021年，全省畜牧业产品生产者价格依然呈现上涨趋势，但幅度较小，全年同比上涨了0.95%。其中三类产品价格“一降两涨”，活牲畜下降了23.16%；而活家禽和畜禽产品则较上年上涨了8.02%和30.82%。

（四）渔业产品生产者价格同比上涨32.06%。

2021年，渔业产品生产者价格上涨，全年同比上涨了32.06%。渔业产品价格上涨主要原因：一是2020年受环保政策、疫情、气候等因素影响养殖户减少较多；二是养殖成本上涨，鱼苗和豆粕上涨较多；三是水产品进口量减少。

【主要品种生产者价格变动分析】

（一）小麦价格持续上涨。

2021年，全省小麦生产者价格平均为每公斤2.49元，同比上涨5.19%。小麦价格走高主要是受新冠肺炎疫情影响，全球食品价格在2020年总体上涨了20%，带动国内市场供应偏紧。

（二）玉米价格大幅上涨。

2021 年，全省玉米生产者价格平均为每公斤 2.6 元，比上年上涨 30.5%，创下近三年来最大涨幅。据调查，玉米价格上涨主要有两方面原因：一是近两年来种植结构调整力度加大，各地积极推进“粮改饲”工作，调减籽粒玉米种植面积，促使玉米价格上涨；二是新冠疫情发生之后，部分国家限制粮食出口，市场供应偏紧；三是河北是生猪生产大省，近年来生猪产能加速恢复，玉米作为饲料主要原料需求量持续增加。

（三）棉花价格大幅上涨。

2021 年，全省棉花生产者价格为每公斤 8.41 元，比上年上涨了 30.07%。棉花价格上涨主要原因是受新疆等地优质棉冲击，本地市场持续减产，其中邯郸地区部分县，近五年棉花种植面积更是缩减近半。

（四）蔬菜类价格小幅上涨。

2021 年，全省蔬菜类价格总体呈现上涨趋势，全年同比上涨了 3.12%。调查的八类蔬菜四涨四跌。其中：叶菜类、根茎类、瓜菜类、豆类、葱蒜类分别上涨为 31.25%、1.25%、22.21%、28.38%；白菜类、甘蓝类、瓜菜类、茄果类分别下降 1.05%、6.53%、6.77%、11.95%。

（五）活猪价格一路走低。

2021 年，全省活猪生产者价格平均每公斤 20.18 元，比上年降了 36.46%。据调查，2021 年生猪和能繁母猪的存栏量较大，市场供给阶段性过剩。

（六）活牛、活羊价格小幅上涨。

2021 年，全省活牛生产者价格为每公斤 32.67 元，比上年上涨 3.33%；活羊价格每公斤 30.92 元，同比上涨 1.03%。牛、羊产品同比涨幅不大，全年价格相对稳定，随着人民生活水平的逐步提高，高质量健康饮食需求增加，拉动了市场需求，带动牛、羊产品价格小幅攀升。

（七）禽、蛋价格同比双升。

2021 年，全省活鸡生产者价格为每公斤 8.29 元，比上年涨了 8.02%。鸡蛋生产者价格为每公斤 8.41 元，比上年涨了 37.26%。禽、蛋价格上涨主要原因是：年初河北本土出现新冠疫情之后，多数大中小学院校停课，校食堂无法正常经营，4 月份解封之后，各地市逐步恢复正常经营秩序，禽、蛋需求量迅速回升，价格随之上涨。

（国家统计局河北调查总队　刘　珺）

农产品中间消耗

2021 年河北主要农产品中间消耗情况如下：

一、冬小麦消耗减少

2021 年冬小麦亩均生产投入费用 515.81 元，比上年减少 1.23 元，减 0.24%。其中，物质投入费用 363.25 元，比上年增加 7.91 元，增 2.23%；生产服务支出费用 152.56 元，比上年减少 9.14 元，减 5.65%。

（一）物质消耗中的肥料、农药、亩均投入费用增加，用种、燃料费用同比减少。

肥料、农药每亩投入费用分别为 184.2 元、21.25 元，分别上涨了 3.45%、13.64%。用种、燃料每亩投入费用分别为 78.26 元、1.47 元，分别减少了 0.98%、24.46%。

（二）生产服务支出中的外雇运输费、外雇排灌费、外雇机械作业亩均投入减少，保险费、其他服务费费用增加。

外雇运输费、外雇排灌费、外雇机械作业每亩消耗分别 1.06 元、5.87 元、143.95 元，同比减 25.37%、13.47%、5.62%。

二、秋粮及棉花中间消耗二增二减

（一）黄玉米：平均消耗支出为 334.4 元/亩，比上年减少 4.21 元，减 1.24%。其中物质消耗支出 234.75 元/亩，占总消耗支出的 70.2%，比上年增加 6.29 元，增 2.75%；生产服务支出 99.65 元/亩，占总消耗支出的 29.8%，比上年减少 10.5 元，减 9.53%。

从物质消耗支出看，调查的 11 项支出中，除农膜、用水量和用电消耗比上年减少外，其它均比上年有所增加。其中占比重较大的项目是：肥料平均 137.15 元/亩，比上年增加 8.25 元，增 6.4%；用种支出 47.75 元/亩，比上年增加 0.47 元，增 0.99%。

从生产服务支出看，调查的 6 项支出中呈 3 增 2 减 1 持平的态势，其中占比重较大的是外雇机械作业费，消耗支出为 94.88 元/亩，比上年减少了 9.4 元，减 9.02%。

（二）马铃薯：平均消耗支出为 1176.16 元/亩，比上年减少 48.28 元，减 3.94%。其中物质消耗支出为 1083.04 元/亩，占总消耗支出的 92.08%，比上年减少 39.13 元，减 3.49%；生产服务支出为 93.12 元/亩，占总消耗支出的 7.92%，比上年减少 9.15 元，减 8.94%。

从物质消耗支出看：主要是用种支出 453.06 元/亩、肥料支出 437.86 元/亩、农药支出 82.76 元/亩、燃料支出 35.69 元/亩、用电支出 25.65 元/亩。

从生产服务支出：主要是外雇机械作业和外雇运输费两项，其中外雇机械作业支出为 65.88 元/亩，比上年减少了 7.26 元；外雇运输费支出为 27.24 元/亩，比上年减少了 1.88 元。

（三）大豆：平均消耗支出 166.94 元/亩，比上年支出增加 4.86 元，增 3%。其中物质消耗支出为 136.65 元/亩，占总消耗支出 81.85%，平均每亩比上年增加 7.52 元，增 5.82%；生产服务支出为 30.3 元/亩，占总消耗支出 18.15%，平均每亩比上年减少 2.66 元，减 8.06%。

从物质消耗支出看：占比重较大的用种和肥料分别为

47.09元/亩和66.68元/亩，比上年分别增加了2.67元和2.44元；农药为14.48元/亩，增加3.96元。

从生产服务支出看：外雇机械费用平均消耗支出为30.3元/亩，比上年减少了2.66元，减8.06%。

（四）棉花：平均消耗支出为431.79元/亩，比上年增加23.11元，增5.66%。其中物质消耗支出372.42元/亩，占总消耗支出的86.25%，比上年增加15.52元，增4.35%；生产服务支出59.38元/亩，占总消耗支出的13.75%，比上年增加7.59元，增14.67%。

从物质消耗支出看：有数据的6项支出中呈3增3减态势。其中燃料支出为16.99元/亩，较上年增加5.50元，用电支出为37.08元，较上年增加6.65元；用种、肥料、农膜支出分别为47.61元/亩、159.11元/亩、35.91元/亩，比上年分别增10.52%、19.92%、8.74%。

从生产服务支出看：报告期仅外雇机械作业费用一项支出，为59.38元/亩，比上年增加7.59元，增14.67%。

三、畜牧业中间消耗呈现“四涨一降”态势

活牛、活羊、活鸡和鸡蛋中间消耗分别比上年同期上涨了5%、11.2%、5.15%和20.57%；而活猪中间消耗则比上年下降了11.26%。

（一）活猪：调查数量为9092头，与上年相比增加了713头，增幅为8.51%，主要原因是近两年价格高企产能增长所致。平均每头养殖中间消耗为1628.02元，比上年同期减少206.5元，减11.26%。其中物质消耗支出1604.73元，比上年同期减少201.37元，减11.15%。生产服务支出23.29元，比上年同期减少5.14元，减18.07%。

（二）活牛：调查数量为1099头，与上年相比减少了742头，降幅为40.3%。平均每头养殖中间消耗为8198.86元，与上年同期相比增加390.71元，增5%。其中物质消耗支出8141.37元，比上年同期增加371.06元，增4.78%。生产服务支出57.49元，比上年同期增加19.65元，增51.93%。

（三）活羊：调查数量为6403只，与上年相比增加520只，增幅为8.84%。平均每只养殖中间消耗为496.48元，与上年同期相比，增加50.01元，增11.2%。物质消耗支出487.51元，比上年同期增加51.29元，增11.76%，其中用种消耗增加95.98元，增71.01%，饲料支出减少44.37元，减15.12%。生产服务支出8.97元，比上年同期减少1.28元，减12.49%。

（四）活鸡：调查数量为699667只，比上年增加126221只，增22.01%。平均每只养殖中间消耗为15.71元，与上年同期相比增加0.77元，增5.15%，主要原因是由于仔鸡投入增加所致，平均每只仔鸡消耗费用为2.78元，比上年增加0.74元。

（五）鸡蛋：平均消耗费用为每公斤6.83元，增幅为20.57%。其中物质消耗为6.76元，较上年增加1.15元，增20.52%。今年鸡蛋的饲料成本为每公斤6.55元，同比增加1.13元，增20.78%。

（国家统计局河北调查总队　柴若楠）

居民消费价格

2021年是十四五开局之年，河北扎实做好“六稳”工作、全面落实“六保”任务，多措并举保供稳价，消费市场总体稳定。国家统计局河北调查总队抽样调查数据显示，2021年，全省CPI同比上涨1.0%，扣除食品和能源价格后，核心CPI上涨0.3%，全省消费价格水平呈低位温和运行态势。其中：城市上涨0.9%，农村上涨1.2%；食品价格上涨0.8%，非食品价格上涨1.0%；消费品价格上涨1.4%，服务价格上涨0.2%。

一、2021年河北CPI总体运行情况

（一）CPI温和上涨，涨幅收窄。2021年，全省居民消费价格水平上涨1.0%，涨幅较上年收窄1.1个百分点。自2012年以来，全省居民消费价格水平连续10年处于3%的调控目标内，整体呈现温和平稳运行态势。

（二）同比涨幅呈上涨态势。2021年，全省CPI月同比指数低开高走。1-2月份，受上年翘尾因素负向影响，居民消费价格总指数最低且处于负增长状态，幅度仅为-0.1%。3-9月份，CPI同比涨幅平缓。10-11月份，CPI同比涨幅大幅攀升，受上年同期翘尾因素影响0.7个百分点，11月份达到同比涨幅最高点，涨幅为2.5%。12月份翘尾归零，同比涨幅有所回落，涨幅为1.5%。

（三）环比涨幅呈季节性波动态势。2021年，1月份河北新冠肺炎疫情爆发，季节性供应趋紧，CPI环比涨幅达全年最高1.2%。随着疫情形势缓解、供应增加和社会运行恢复，2-3月份环比涨幅急速下跌，4-9月份环比涨幅平稳运行。10月份受涝灾、散发式疫情等影响，环比指数涨幅迅速攀升至1.0%。11-12月份，随着大棚蔬菜的稳定供应、衣着类促销力度加大，CPI环比指数涨幅持续回落。

（四）CPI涨幅略高于全国平均水平。2021年，河北CPI涨幅略高于全国平均涨幅0.1个百分点。从全国31个省（市、区）中CPI涨幅由高到低排序看，河北位列第12位，与山西并列。与周边省份相比，低于山东（同比上涨1.2%，下同）、天津（1.3%）、北京（1.1%）、辽宁（1.1%）、高于河南（0.9%）、内蒙古（0.9%）。

分类别看，食品烟酒类、交通通信类、其他用品及服务类价格涨幅较全国平均水平高，分别高1.2、0.4、0.7个百分点；衣着类、居住类、教育文化娱乐类、生活用品及服务类、医疗保健类价格较全国平均水平低，分别低0.9、0.6、0.7、0.7、0.1个百分点。

二、2021 年 CPI 走势结构特点

（一）农村居民消费水平增速高于城市。分城乡看，农村居民消费价格水平上涨 1.2%，城市居民消费价格水平上涨 0.9%，农村居民消费水平高于城市 0.3 个百分点。从历史年度看，2001-2021 年，除 2003、2012、2015、2017、2018 年等 5 年农村 CPI 上涨低于城市 CPI 外，其余 16 年农村 CPI 增速均快于城市 CPI。

（二）核心 CPI 小幅波动，能源类价格上涨突出。扣除食品和能源价格后，核心 CPI 仅上涨 0.3%。鲜活食品价格指数较上年上涨 0.2%，保持平稳状态，而能源价格指数上涨 7.7%，驱动 CPI 总指数上涨 0.6 个百分点，为 CPI 上涨的主要驱动因素。

（三）非食品类价格波动影响力增强。2021 年，食品类价格受猪肉价格大幅下降拉动影响，食品类价格仅上涨 0.9%，涨幅比上年低 6.7 个百分点，带动 CPI 上涨 0.2 个百分点，对 CPI 的拉升作用明显减弱。2021 年，非食品类价格上涨 1.0%，涨幅比上年扩大 0.9 个百分点，带动 CPI 上涨 0.8 个百分点，价格波动对整体消费水平的影响力增大。

（四）八大类商品和服务价格“五涨三降”。从构成居民消费的八大类商品及服务项目价格来看，八大类价格“五涨三降”。其中：价格上涨的有交通和通信类、教育文化娱乐类、食品烟酒类、医疗保健类、居住类，分别上涨 4.5%、1.2%、0.9%、0.3%、0.2%；价格下降的有衣着类、其他用品及服务类、生活用品及服务类，分别下降 0.7%、0.7%、0.3%。

（五）部分基本分类对总指数影响较大。从居民消费价格总指数 268 个基本分类价格变动影响情况看，食品类中猪肉、鲜菜、鲜果、淡水鱼、鸡蛋涨跌幅度较大，对总指数的影响均超过了 0.1 个百分点。其中，猪肉、鲜菜、鲜果分别影响总指数-0.53、0.46、0.21 个百分点。此外，汽油、其他水电燃料类分别影响总指数 0.11、0.10 个百分点。

三、2021 年 CPI 运行影响因素分析

（一）能源类价格上涨成为推动 CPI 上涨的主要因素。按照现行成品油价格形成机制，2021 年全国成品油价格调整 25 次，每吨价格累计上涨超过 1400 元。据消费价格调查显示，河北汽油价格上涨最为突出，2021 年上涨 17.7%，推动 CPI 总指数上行 0.46 个百分点。

（二）猪肉价格大幅度下跌成为拉动 CPI 下行的主要因素。2021 年，受生猪产能恢复、市场需求不足等因素影响，猪肉价格持续下降，全年价格累计下跌 30.6%，影响 CPI 总指数下行 0.53 个百分点，成为拉低消费价格总体水平最主要因素。从同比看，猪肉价格除 1 月份同比上涨 1.1% 外，其余 11 个月均为下跌态势，跌幅由 2 月份的 11.4% 逐月扩大到 12 月份的 38.3%，9 月跌幅最大，达 48.1%，成为影响食品类乃至 CPI 涨幅回落的主要原因。

（三）政策调控对价格的影响加大。政策调控对物价稳定发挥了积极作用。从 CPI 调查的分类看，一是水、电、燃气等基本民生保障能源采用政府定价的方式；二是粮食、猪肉等基本生活必需品，在价格变动较大或突发疫情等紧急情况下，通过紧急调运、投放储备物资、临时物价管控等政策稳定市场价格。近年来，国家持续推进成品油、天然气、电力、水资源等重点领域资源性产品价格改革，保障稳定供给，促进产业结构调整，节能减排；加大对通讯、交通、能源、医疗、教育等行业改革力度。调查数据显示，2021 年全省医疗服务价格下降 0.1%，水电燃料价格上涨 2.2%，交通价格上涨 5.5%，通信价格上涨 2.2%，教育类价格上涨 1.3%。

（国家统计局河北调查总队　李玲萍）

民营经济

一、综述

2021 年，全省各地各部门坚决贯彻习近平总书记关于支持民营经济发展的系列重要指示批示精神，认真落实党中央、国务院和省委、省政府统筹夺取疫情防控和经济社会发展“双胜利”的决策部署，以超常规政策、超常规举措、超常规服务，扎实做好“六稳”工作，认真落实“六保”任务，全省民营经济运行呈现平稳向好、逐季回升的态势。2021 年全省民营经济实现增加值 25659 亿元，同比增长 6.6%，占全省 GDP 比重的 63.5%。

二、管理与服务

【完善政策体系】省工业和信息化厅发挥省民营经济领导小组办公室的协调牵总作用，印发《河北省 2021 年民营经济发展工作要点》，明确各市、省有关部门年度工作目标和任务。印发《关于进一步促进民营企业加快发展做大做强的若干措施》《推动中小企业高质量发展若干措施》《支持入围中国民营 500 强企业发展壮大十条措施》，保护和激发市场主体活力，破解融资难融资贵等难题，进一步优化营商环境，促进龙头骨干企业做强做优做大，实现高质量发展。这些政策举措对推动民营企业精准有序复工复产、助力摆脱发展困境、增强企业家发展信心，起到了积极有效的支撑作用。

【培育“专精特新”企业】构建起部门协同、省市县联动工作机制，形成“入库培育、择优认定、选拔示范、打造小巨人”的梯度培育体系。全省累计培育省级“专精特新”中小企业 2989 家，培育省级“专精特新”示范企业 772 家，打造国家级专精特新“小巨人”企业 202 家，获得国家财政支持的重点小巨人企业 72 家。

【召开全省深化“放管服”改革暨推动民营经济发展工作大会】8月10日，全省深化“放管服”改革暨推动民营经济发展工作会议在石家庄召开。省委书记、省人大常委会主任王东峰在会议上强调，要深入学习贯彻习近平总书记“七一”重要讲话精神和党中央决策部署，持续深化“放管服”改革，着力打造一流营商环境，扎实有力推动民营经济高质量发展，为“十四五”开好局、起好步，为加快建设经济强省、美丽河北提供有力支撑。省委副书记、省长许勤主持会议，省政协主席叶冬松出席会议。会上，王东峰等省领导为2021河北省民营企业100强、制造业民营企业100强、服务业民营企业100强代表授牌。

【举办“百场万家”公益服务活动】省工信厅印发《关于开展2021年中小企业“百场万家”公益服务和培训活动的通知》，指导各市围绕市场营销、数字化赋能、工业设计、品牌建设、精益管理、政策解读等方向，优选一批高端服务机构，线上线下为中小企业提供精准服务。全年共组织服务活动110余场，通过举办高级研修班、专题培训班、网络学堂等形式，培训企业经营管理者超过1万人。

【开展职业经理人培育】聚焦百家民企集团、县域特色产业龙头企业，围绕增强战略规划能力、经营决策能力、计划执行能力、经营管理能力、团队领导能力等，组织各市精心挑选国内知名培训师、业界大咖，依托国内高端学府以及优质服务机构，举办高级研修班、短训班，推进职业经理人培训工作。全年培训高级职业经理人3100余人，中级职业经理人14000余人，初级职业经理人83000余人。

【推动县域特色产业振兴】制发《河北省特色产业发展“十四五”规划》《河北省县域特色产业提质升级工作方案（2021-2025年）》等文件，探索实施创新驱动、标准引领、工业设计、品牌营销、链条延伸、资本运作等12条发展路径；指导市县结合产业禀赋和发展实际，逐个集群制定发展规划和振兴计划。绘制产业链全景图、配套服务体系图、产业链发展项目表等“两图一表”，指导推进强链补链延链行动。建立“一个产业集群，一名包联领导，一个工作专班，一抓到底”的“四个一”工作机制，全省各级领导累计赴集群调研4000余次，召开企业家座谈会1700余次，解决土地、审批、融资、产品推广等问题3469个。出台《服务头部企业助力特色产业提质升级工作方案》，组建跨部门工作专班，利用县域特色产业集群头部企业服务系统，为集群头部企业解决问题670个。出台《河北省县域特色产业振兴工作考核办法》，严格落实月调度、季通报、年考核工作机制，压实属地责任，凝聚工作合力。全省291个县域特色产业集群实现营业收入31746.4亿元，同比增长15.5%。其中，107个省级重点县域特色产业集群实现营业收入25438.3亿元，同比增长16%。

（河北省工业和信息化厅　于东峰）

农垦经济

【综述】2021年，河北垦区在农业农村部和省委、省政府正确领导下，以习近平新时代中国特色社会主义思想为统领，全面贯彻新发展理念，着力发挥农垦在农业现代化建设和经济社会发展全局中战略支撑、示范引领、辐射带动、强基固本的重要作用，聚焦四个农业，深化农垦集团化企业化改革，推进农垦转型升级发展，实现大基地、大企业、大产业协调共生、高质量发展的新格局，着力打造农业领域航母，推进农垦经济高质量发展。

农垦经济平稳增长，经济总量又上新台阶。全年农垦经营规模情况达到583.35亿元，比上年增长7.55%。其中，第一产业增加值76.99亿元，增长2.57%；第二产业增加值323.87亿元，增长12.17%；第三产业增加值182.49亿元，增长2.15%。2021年人均GDP增加8136元，达到136404元，比上年增长6.34%。居民人均可支配收入24717元，比上年增长7.76%。

【第一产业】2021年，垦区切实贯彻落实惠农强农政策，加快农业科技推广，加强现代农业建设，农业综合生产能力平稳增强。全年实现农林牧渔业总产值149.76亿元，比上年增长5.08%。全年农作物总播种面积90.63千公顷，比上年增加1.28千公顷，增长1.43%。其中：粮食作物播种面积76.98千公顷，比上年增加4.45千公顷，增长6.13%，占农作物总播种面积的84.94%；油料面积2.23千公顷，减少0.36千公顷，下降13.82%；蔬菜、瓜类面积5.29千公顷，减少0.78千公顷，下降14.84%；其他作物6.48千公顷，减少0.64千公顷，下降8.96%。垦区全年农作物种子播种面积2655公顷，其中原种播种面积142公顷，良种播种面积2408公顷。生产量合计12789吨；加工厂7个，加工厂生产能力14005吨；种子公司8个；年末从业人员87人，其中技术人员28人；种子质量检验室6个，种子检验人员14人。

粮食总产量稳步增长。2021年粮食总产量68.37万吨，比上年增加3.97万吨，增长6.16%。畜牧业保持健康发展。2021年末大牲畜存栏195641头。奶牛数量达到160717头，比上年增加8.45%；牛奶总产量655248吨，增加3015吨，比上年增加0.46%。察北、沽源两个农场牛奶产量分别达到283492吨和290872吨，占全垦区牛奶总产量的87.66%。水产养殖业良好发展。2021年末水产品养殖面积16521公顷，比上年减少2.04%。养殖面积中淡水8508公顷，海水8013公顷。全年水产品总产量174142吨，比上年增加3375吨，增长1.98%。其中：淡水产品产量93717吨，增加1.17%；

海水产品产量 80426 吨，增加 2.93%。对虾产量 28318 吨，比上年增长 10.61%。

全年植树造林面积 2.02 千公顷，其中用材林 0.13 千公顷，经济林 0.53 千公顷，防护林 1.36 千公顷。年末林地面积 73.54 千公顷。

农业基础设施建设得到加强，农业生产机械化水平进一步提高。年末农业机械总动力 99.73 万千瓦，比上年增加 0.64%。农用排灌动力机械 12317 台，大中型农用拖拉机 3993 台，小型拖拉机 14981 台，联合收获机 774 台。当年机播面积 80.08 千公顷，占农作物总播种面积的比重达 88.36%，机械收获面积 77.85 千公顷，占农作物总播种面积的 85.89%。

【第二产业】2021 年工业企业总数为 1263 个，其中规模以上工业企业 265 个，销售产值 966.38 亿元，增长 21.22%。乳制品产量 32.04 万吨，比上年增长 4.89%，液体乳产量 28.78 万吨，比上年增长 8.40%。实现工业总产值 907.10 亿元，比上年增长 8.86%。国有工业总产值 245.96 亿元,增长 30.09%；战略性新兴工业产值 209.87 亿元，比上年增长 4.43%。

主要工业产品总产值为：农副食品加工业 51.66 亿元，增长 23.23%；食品制造业 38.22 亿元（主要为乳制品制造业），增长 7.57%；纺织业 4.76 亿元，增长 11.02%；纺织服装、服饰业 3.13 亿元，增长 2.79%；家具制造业 75.91 亿元，增长 21.94%；化学原料及化学制品制造业 17.41 亿元，增长 8.61%；金属制品业 35.59 亿元，增长 22.23%；交通运输设备制造业 66.63 亿元，增长 15.94%；石油、煤炭及其他燃料加工业 415.58 亿元，增长 2.02%。

建筑业稳步发展。建筑企业 667 个，年末从业人员 10487 人。年末固定资产原值 5.96 亿元，全年施工房屋建筑面积 59.42 平方米，房屋竣工面积 20.15 万平方米。

【运输业、批发零售贸易业、服务业及出口商品】交通运输业全年完成货运量 31727 万吨，客运 315 万人次；年末单位个数 7055 个，从业人 15574 人，运输工具 11919 台；营业总收入 26.40 亿元，比上年增长 3.21%。

批发零售业、餐饮业、服务业年末单位个数 14640 个，固定资产原值 37.78 亿元，比上年增长 0.88%，营业用房面积 113.05 万平方米，增长 0.90%；营业总收入 454.74 亿元，比上年减少 1.41%，其中批发零售业 358.58 亿元，比上年减少 1.69%；餐饮业 20.69 亿元，比上年减少 2.44%；服务业 75.47 亿元，比上年增长 0.22%；批发零售业、餐饮业、服务业营业网点数 17175 个，年末从业人员 5.19 万人。

全年出口商品总金额 28.66 亿元，比上年增长 10.51%。其中：水产品 4781 万元，增长 253.77%；工业品 281817 万元，增长 9.23%。

【固定资产投资】固定资产投资对垦区经济持续增长起着较强推动作用。2021 年全垦区完成固定资产投资总额 418.91 亿元，比上年减少 13.45 亿元，下降 3.11%。国有固定资产投资 19.63 亿元，基本与比上年持平。

【科研】2021 年末全垦区拥有科研单位 3 个，从业人员 45 人，其中科技人员 33 人。科研经费 6 万元，企业自筹 6 万元，实验地面积 23 公顷。

【人口、职工、收入与社会保障】2021 年末垦区总人口 42.76 万人，年末全垦区从业人员 25.62 万人。其中第一产业 8.45 万人，比上年减少 1.38%；第二产业 7.49 万人，增长 2.24%；第三产业 9.68 万人，增长 1.40%。

职工生活水平稳步提高。2021 年全垦区实现居民人均可支配收入 24717 元，比上年增长 7.76%。垦区危房改造工作自 2011 年开展以来，职工居住条件得到改善，年末职工实有住房面积 1655 万平方米，人均住房面积 39.18 平方米。

【农垦绿色、有机食品、无公害农产品】截至 2021 年末，我垦区认证了 16 个绿色、有机食品农产品，其中：种植业 6 个，含水稻 3 个、油料 1 个和其他 2 个，已认证的绿色食品产量 8785 吨；认证有机食品个数 9 个，即水果（梨）1 个，已认证有机食品产量 350 吨；畜牧业 8 个，其羊肉 8 个。

【农垦改革】国有土地确权登记发证任务提前完成。全省完成农垦国有土地权籍调查 510.24 万亩，登记发证 416.11 万亩，颁发不动产权证 41009 本，发证率 97.25%。全省 32 个农场全部完成办社会职能改革任务，已全部纳入地方政府统一管理。

（河北省农垦局　王　伟）

自然灾害救助

一、全年灾情

2021 年，我省部分地区遭受了较为严重的洪涝、风雹、低温冷冻、台风、雪灾、生物灾害等自然灾害。据统计，全省累计受灾人口 330.4 万人次，因灾死亡 8 人，紧急转移安置 14.33 万人；农作物受灾面积 390.43 千公顷，绝收面积 68.92 千公顷；倒塌房屋 1030 间，严重损坏房屋 3706 间，一般损坏房屋 22871 间，直接经济损失 102.46 亿元，详细情况见表 1。

分灾种经济损失指标，洪涝灾害造成直接经济损失 91.35 亿元，风雹灾害 9.02 亿元，低温冷冻灾害 0.74 亿元，雪灾 1.03 亿元，台风灾害 0.26 亿元，生物灾害 0.07 亿元，地质 0.001 亿元，分别占全年经济损失的 89.15%、8.8%、0.72%、0.25%、0.07%、1.01%、0.001%（图 1）。其中，受灾较重的区域主要集中在邯郸、承德、邢台、石家庄等市（图 2、表 2）。

表 1　2021 年自然灾害损失分灾种统计表

灾种	受灾人口（万人）	死亡人口（人）	转移安置人口（人）	受灾面积（千公顷）	绝收面积（千公顷）
合计	330.4	8	143335	390.43	68.92
洪涝	233.59	5	142364	210.76	51.36
风雹	79.96	3	787	156.75	15.42
低温	9.54	–	–	17.95	1.8
台风	1.5	–	178	1.15	0.05
生物	2.16	–	–	1.53	0.08
雪灾	3.08	–	–	2.29	0.21
地质	0.001	–	6	–	–
干旱	0.57	–	–	–	–

表 1　2021 年自然灾害损失分灾种统计表（续）

灾种	倒塌房屋（间）	严重损坏房屋（间）	一般损坏房屋（间）	直接经济损失（亿元）
合计	1030	3706	22871	102.46
洪涝	1006	3386	15544	91.35
风雹	24	305	7303	9.02
低温	–	–	–	0.74
台风	–	5	24	0.26
生物	–	–	–	0.07
雪灾	–	9	–	1.03
地质	–	1	–	0.001
干旱	–	–	–	–

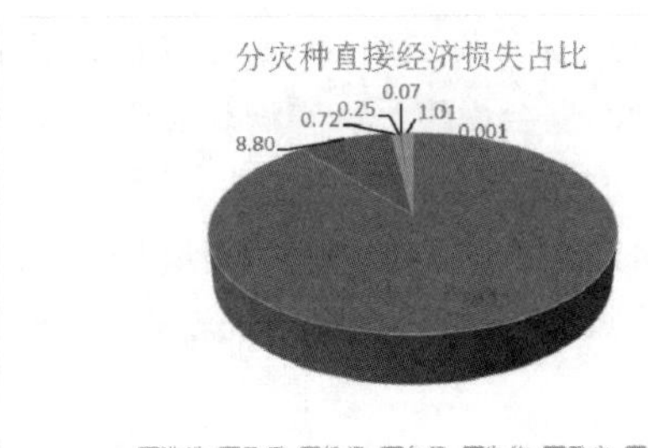

图 1　2021 年自然灾害分灾种直接经济损失占比图

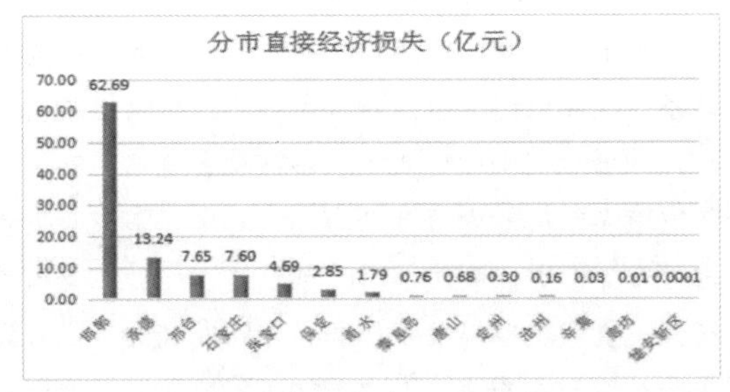

图2　2021年自然灾害直接经济损失分市统计图

表 2　2021 年自然灾害损失分市统计表

区　域	受灾人口（万人）	死亡人口（人）	转移安置人口（人）	农作物受灾面积（千公顷）	农作物绝收面积（千公顷）
合　计	3304039	8	143335	390434.7	68920.05
邯　郸	1106806	1	64648	89424.59	27475.03
承　德	628593	3	5953	79580.03	7120.73
邢　台	587824	2	72421	44290.7	16776.87
石家庄	117566	0	240	12801.25	572.91
张家口	279429	0	73	79999.59	8853.5
保　定	123572	2	0	6217.63	738.63
衡　水	192553	0	0	27953.59	2682.77
秦皇岛	82250	0	0	6132.71	671.4

表 2　2021 年自然灾害损失分市统计表（续）

区　域	倒塌房屋（间）	严重损坏房屋（间）	一般损坏房屋（间）	直接经济损失（亿元）
合　计	1030	3706	22871	102.46
邯　郸	326	1648	8322	62.69
承　德	61	324	6533	13.24
邢　台	13	668	2486	7.65
石家庄	534	530	1186	7.60
张家口	36	349	2903	4.69
保　定	34	20	287	2.85
衡　水	0	0	676	1.79
秦皇岛	20	130	431	0.76

（一）直接经济损失分市情况来看，直接经济损失在亿元以上的市有 7 个，从重到轻依次为邯郸、承德、邢台、石家庄、张家口、保定、衡水，分别占总损失的 61.12%、12.92%、7.47%、7.42%、4.58%、2.78%、1.75%。

（二）直接经济损失分县情况来看，直接经济损失在亿元以上的县有 18 个，从重到轻依次为磁县、鸡泽县、承德县、涉县、冀南新区、峰峰矿区、平山县、永年区、易县、信都区、围场县、蔚县、兴隆县、井陉矿区、宁晋县、灵寿县、赞皇县和南和区（图 3），其中磁县、鸡泽县、承德县、涉县、冀南新区、峰峰矿区、平山县、永年区损失较重，8 个县（区）直接经济损失分别占全年总损失的 28.58%、7.74%、7.23%、6.59%、6.09%、5.8%、3.3%、3.19%。

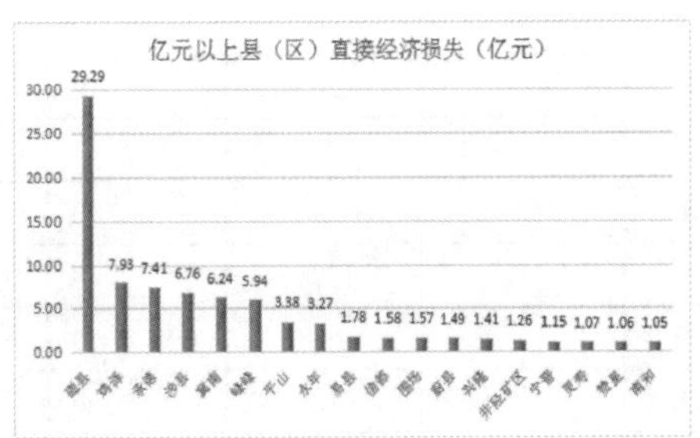

图 3　2021 年直接经济损失亿元以上县（区）统计图

（三）直接经济损失分类情况来看，基础设施损失59.87亿元，占总损失的58.43%；农林牧渔业损失33.71亿元，占总损失的32.9%；工矿商贸业损失3.99亿元，占总损失的3.89%；公共服务损失2.44亿元，占总损失的2.38%；房屋及居民家庭财产损失1.89亿元，占总损失的1.84%；以及其他损失0.56亿元，占总损失的0.55%（表3）。

表3　2021年全省自然灾害直接经济损失分类统计表

区　域	直接经济损失(万元)	其　中	
		房屋及家庭财产损失(万元)	农林牧渔业损失(万元)
合　计	**1024612.05**	**18893.04**	**337145.16**
邯　郸	626885.62	7378.36	127426.33
承　德	132373.29	4640.47	59564.3
邢　台	76526.53	2800.86	53625.79
石家庄	76042.59	1731.42	10548.16
张家口	46892.18	1354.89	43916.09
保　定	28501.53	69	9939.1
衡　水	17946.51	122.29	17824.22
秦皇岛	7565.09	271.85	4937.04
唐　山	6845.35	511.9	5574.95
定　州	3015.72	0	3015.72
沧　州	1581.72	11.8	340.44
辛　集	296.71	0	294.01
廊　坊	139.01	0	139.01
雄安新区	0.2	0.2	0

表3　2021年全省自然灾害直接经济损失分类统计表(续)

区　域	其　中			
	工矿商贸业损失(万元)	基础设施损失(万元)	公共服务损失(万元)	其他损失(万元)
合　计	**39890.8**	**598698.65**	**24389.54**	**5594.86**
邯　郸	25974.96	455327.43	10004.47	774.07
承　德	11897.57	53460.88	320.08	2489.99
邢　台	534.97	18987.49	373.67	203.75
石家庄	183.6	55882.78	6710.13	986.5
张家口	0	1600.4	0	20.8
保　定	550	10962.24	6981.19	0
衡　水	0	0	0	0
秦皇岛	0	2356.2	0	0
唐　山	747	0	0	11.5
定　州	0	0	0	0
沧　州	0	121.23	0	1108.25
辛　集	2.7	0	0	0
廊　坊	0	0	0	0
雄安新区	0	0	0	0

（四）人员伤亡情况来看，2021年全省因灾死亡8人，主要集中在7月份洪涝、风雹灾害过程中。一是7月11日和7月20日两次洪涝灾害过程造成5人因灾死亡，其中4人因公殉职。二是7月6日1人因雷击死亡，7月21日风雹灾害造成2人因灾死亡。

2021年，全省先后发生风雹、洪涝、低温冷冻、雪灾、生物灾害等自然灾害50次。共造成全省330.4万人受灾，因灾死亡8人，紧急转移安置14.33万人，农作物受灾面积390.43千公顷，绝收面积68.92千公顷，倒塌房屋1030间，严重损坏房屋3706间，一般损坏房屋22871间，直接经济损失102.46亿元。面对各类突发自然灾害，各级应急管理部门始终坚持以习近平新时代中国特色社会主义思想为指导，坚决贯彻落实党中央、国务院及省委、省政府关于防灾减灾救灾工作的重大决策部署，积极有效应对各类自然灾害，切实保障了全省受灾群众基本生活，全省防灾减灾救灾工作取得明显成效。

二、防灾减灾救灾体制机制建设情况

（一）灾害救助体制机制日趋完善。一是完成省级灾害救助指导标准修订。对《河北省自然灾害救助指导标准》进行了科学修订，加大省级对市、县自然灾害救助工作支持，提升受灾群众基本生活保障水平。《救助指导标准》修订后，标志着我省已阶段性完成救灾和物资保障相关13个法规政策制修订工作，进一步理顺全省救灾工作体制机制。二是探索社会资金支持灾害救助机制。会同国开行河北省分行印发《关于进一步加强开发性金融支持河北省应急融资工作的通知》，充分发挥国家开发银行金融综合服务优势，帮助受灾地区和企业加快恢复生产生活秩序。三是规范集中安置点管理。印发《关于加强集中安置点管理工作的紧急通知》，指导受灾加强对集中安置点管理，做好卫生防疫和食品安全保障，切实满足群众基本生活需求。四是探索推进家庭应急储备。会同省卫健委、省工信厅印发了《河北省家庭应急物资储备建议清单》，进一步增强人民群众自我防护意识，有效提升家庭抵御事故灾害能力。

（二）充分发挥省减灾办作用。一是印发了省减灾委员会2021年度工作要点。根据省政府有关工作安排，2月9日，以省减灾办名义印发了关于印发《河北省减灾委员会2021年工作要点》的通知，从建立健全自然灾害监测预警体系，提高自然灾害监测预警能力；持续推动自然灾害防治九项重点工程项目实施；多方综合施策，实施全面提升防灾减灾救灾能力等3个方面，对全省防灾减灾救灾工作进行安排部署，明确了16项具体工作。二是调整完善了省减灾委成员单位及工作职责。印发《关于做好调整省减灾委员会有关准备工作的通知》，对省减灾委原有的49个成员单位的成员进行了更新确认，并对比国家减灾委员会调整情况，新增省军民融合办、省人社厅、省国资委为省减灾委3个成员单位。在更新确认的基础上，印发了《关于调整河北省减灾委员会组成人员及工作职责的通知》，完成省减灾委员会调整工作，进一步完善了省减灾委工作体系。三是做好全省防灾减灾总结工作。印发了《关于报送2021年防灾减灾工作总结及2022年工作任务的通知》，收集汇总省减灾委各成员单位2021年防灾减灾工作总结及明年工作任务，为总结好全省防灾减灾工作，谋划好明年重点任务做好准备。

三、防灾减灾救灾方面采取措施

（一）抓好自然灾害风险研判和风险隐患信息报送工作。一是组织开展月度自然灾害综合风险会商，会同省自然资源厅、水利、农业农村、林草、气象、地震等主要涉灾部门，针对1至11月份全省自然灾害风险形势，进行了会商研判，印发了11期自然灾害风险分析报告。二是加密对张家口崇礼地区的自然灾害风险会商研判频次，每月对张家口崇礼地区自然灾害风险形势进行研判。三是组织开展灾害风险隐患信息报送工作，印发了《关于贯彻落实全国灾害风险隐患信息报送工作视频培训会议精神切实做好灾害风险隐患信息报送工作的通知》，组织各地认真开展风险隐患信息报送。截至目前，全省在册信息员数量共计10万余人，各地共上报隐患信息70条，涉及内涝、渍涝、山洪滑坡等灾害隐患。

（二）扎实推进灾害综合风险普查。一是印发风险普查2021年工作要点。从加强普查工作组织统筹、制定印发普查工作方案、认真总结试点工作经验等10个方面安排全省2021年普查工作，保证高质量高标准如期完成各项目标任务。二是编制印发省级实施方案。根据国务院普查办统一部署，组织编制了《河北省第一次全国自然灾害综合风险普查实施方案》，并以普查领导小组名义印发。三是全面完成试点调查任务。按照国家统一进度安排，我省已全面完成平山、涞水、滦州3个试点县（市）调查任务。我省探索建立的“四检一审”等普查制度得到国务院普查办的高度肯定，并在全国普查试点总结会上向全国交流介绍。四是组建省普查办技术组。以各主要行业部门推荐的技术专家为基础，以从省内高等院校邀请的6名专家为支撑，成立了由涵盖各领域的38名技术专家组成的我省风险普查技术组，形成了普查工作所需的强大技术力量。五是建立了各级风险普查领导机构。全省11个设区市、167个县（市、区）政府和雄安新区管委会均已成立了普查领导小组及其办公室，另有25个普查独立区划地区也成立了相应领导机构。

（三）推进自然灾害防治九项重点工程建设。一是切实发挥自然灾害防治工作联席会议办公室协调作用，持续加大调度推进力度，自然灾害综合风险普查工程、监测预警信息化工程、地震易发区房屋设施加固工程、灾害防治技术装备现代化工程等新建工程均已制定出台了实施方案，各工程牵头单位按照方案要求积极开展工作，工程有序启动实施。重点生态功能区生态修复工程、海岸带保护修复工程、防汛抗旱水利提升工程、地质灾害综合治理工程等已有基础、延续性项目多的工程，进一步加大了资金投入力度，累计投入资金205.67亿元。二是按照国家减灾委2021年自然灾害防治工作综合督查检查工作有关要求，以省减灾办名义向各市和省直有关部门起草印发《关于做好全国自然灾害防治工作综合督查检查准备工作的通知》，组织各有关部门做好迎检准备；三是组织省有关部门召开协调会议研究制定行程安排，确定督导调研项目站点，向省政府报送《关于国家减灾委工作组来我省督查检查自然灾害防治工作有关事项的请示》《关于邀请省领导出席国家自然灾害防治综合督查检查有关活动的请示》，完成了迎检相关工作准备。

（四）加强基层综合减灾能力建设。一是组织开展“5•12”防灾减灾宣传活动。以省减灾办名义转发国家减灾委员会办公室关于做好2021年全国防灾减灾日有关工作的通知，明确了各地各有关单位的责任分工。活动期间，全省共召开新闻发布会12场，组织宣传活动3000余场，悬挂张贴海报、条幅和标语110余万条，播放公益宣传片2500余万次，发放宣传手册、宣传品、明白纸等宣传资料1200多万份，发送公益短信1.5亿余条。各地开展各种应急演练6000余次，参加人员达到35万人。利用突发预警信息发布系统发布预警信息14000条，发送预警短信共计1000万人次。采购救灾物资1200万元，组织对各类风险隐患进行了排查整治。二是组织开展了国际减灾日活动。印发了落实通知，制定了省级落实方案。通过应急演练、播放公益广告、发放宣传品等各类活动，进一步提升了全社会防灾减灾意识和自救互救能力。三是做好减灾示范社区创建有关工作。转发国家关于命名2020年度全国综合减灾示范社区的通知，并要求各地进一步提高认识，按照《全国综合减灾示范社区创建管理办法》加强对已命名社区的日常管理，不断提高全国综合减灾示范社区创建质量，为带动基层防灾减灾能力的提升作出新的贡献。

（五）成功应对汛期多次严重洪涝灾害。今年汛期，我省石家庄、邢台、邯郸、承德等地发生严重洪涝灾害，受灾群众人数多，灾害涉及范围广，直接经济损失大，灾害发生后，相关地区应急管理部门积极有效开展抗洪抢险和灾害救助，加大救灾资金和物资投入，妥善做好受灾群众紧急转移安置和基本生活救助工作，有效保障了人民群众生命财产安全。一是及时启动应急响应。依据汛期灾害发展形势，先后启动省级自然灾害救助应急预案Ⅳ级和Ⅲ

级响应，积极争取国家对我省启动Ⅳ级响应；邯郸市、邢台市启动市级Ⅲ级响应，鸡泽、隆尧、大名、宁晋、南和、永年、磁县等7个县区启动Ⅲ级以上应急响应，信都、平山、灵寿、承德县等4个县区启动Ⅳ级应急响应，有效支持帮助地方做好受灾群众转移安置和基本生活救助工作。二是周密部署，妥善转移安置受灾群众。为确保人民群众生命财产安全，各地应急管理部门根据气象、水利、国土部门预报预警信息，超前部署、科学研判、积极调度，周密组织开展群众安置和生活救助，通过集中、分散等多种方式安置受灾群众 14 万余人，设置集中安置点 192 个，高峰期共计集中安置群众达 3 万人以上。三是强化实地监督指导。省市县三级积极派出工作组指导受灾地区救灾工作，实地查看灾害影响程度，现场检查集中安置点运转状况，核实安置人员生活保障情况。四是发放款物保障群众生活。会同省财政厅向汛期受灾较重的邯郸、邢台、石家庄等市 30 个县区下拨应急生活救助资金 7310 万元和救灾物资价值 364.2 万元，相关市县下拨救灾物资价值 468.15 万元，下拨救灾资金 2097.2 万元，有力支持基层一线做好应急期群众安置救助。

（六）灾情管理工作水平不断提升。2021 年，各级狠抓信息员队伍素质和能力提升，不断提升灾情信息管理水平，统计、汇总上报灾情数据 28549 条，向应急管理部报送灾情信息 429 次，及时、准确、全面反映各地受灾情况。一是加快推进信息员队伍建设。各地认真落实国家和省灾害信息员队伍建设指导意见有关要求，迅速调整和充实灾害信息员队伍，截至 2021 年底，我省省、市、县、乡、村五级灾害信息员共计 6.6 万人，人数居全国第二位，五级全覆盖的灾情统计报送体系已经建成。石家庄市现共有灾害信息员 10676 人，数量位居全省首位。二是积极开展专业培训。汛期前，逐级按要求开展灾情管理专题培训，其中省级对市县乡灾害信息员 6250 人进行远程视频培训，对省市县三级 50 余名救灾系统骨干进行集中培训，石家庄、张家口、秦皇岛、承德等市也积极采取线下集中、视频连线和发放教材等多种方式开展信息员业务培训，进一步提高自然灾害救助队伍素质和能力，有效提升灾情信息管理水平。三是积极开展灾情会商评估。全年多次组织农业农村、自然资源、水利、林草等省直相关部门召开灾情会商会议，对全省重大灾害和全年数据进行会商核定，石家庄、邯郸、邢台等市也积极组织市级相关部门会商分析评估本地自然灾害损失和灾害发展趋势，为开展灾后救助和恢复重建工作提供全面准确的领导决策依据和数据支撑服务。

（七）深入组织开展冬春生活救助工作。一是全面摸排救助需求。从 9 月份开始，采取下发通知和视频会议调度等方式，组织全省对群众需救助情况进行了全面、细致、深入调查摸底，详细掌握受灾群众生活困难，为有效实施冬春救助提供基础依据。二是及时发放救助款物。12 月 10 日，会同省财政厅向全省 9 个设区市 62 个县区下拨 12182 万元冬春救助资金和 1.85 万件救灾物资，支持今年以来受灾较重地区做好冬春救助工作。邯郸、邢台、承德、衡水、张家口、石家庄、保定等地区加大救助款物投入力度，提高本地区冬春救助保障水平。三是深入基层监督检查。加快冬春救助资金拨付进度，检查款物发放程序是否合规，省市县三级共计派出 112 个工作组，对全省 62 个县区 384 个乡镇开展专项抽查，详实掌握各地资金下拨发放情况。各级共发放冬春救助资金 13428 万元，调拨救灾物资价值 354 万元，救助受灾群众 65.7 万人，切实保证受灾群众安全、温暖过冬过节。

四、防灾减灾救灾对策及建议

（一）健全监测预警体系，提升监测预警能力。一是健全自然灾害分类监测体系。构建智能化地震监测预报预警体系，建立群专结合的地质灾害监测网络，强化海洋观测预报台站建设，建成“天空地”一体化林火全覆盖预警监测体系。二是构建自然灾害分级预警及信息发布体系。各有关部门要按照自然灾害可能造成的危害程度，综合研判结果，开展分级预警，并向相关部门和社会通报。构建基层预警信息发布服务体系，提高信息覆盖率和播放频度，确保各类预警信息入户到人。

（二）加强灾情报送管理，提升灾害救助能力。一是推进省、市、县、乡、村五级专业灾害信息员队伍建设，及时规范收集上报灾情信息。二是完善救灾款物调拨发放工作规范和流程，提升救灾工作的时效性、准确性、科学性。三是积极推广政策性农房保险工作。进一步推进农房保险试点，将试点县扩展到 150 个以上，强化市级监督责任，指导县区规范农房保险工作。四是受灾地区人民政府发挥灾后恢复重建主体作用，结合国家相关政策和灾情实际，科学编制恢复重建规划，有力有序推进灾后恢复重建工作。

（三）统筹推进防灾减灾工作，提升灾害防治综合能力。一是广泛社会动员防灾减灾宣传。充分利用“全国防灾减灾日”“国际减灾日”“全国消防宣传日”“森林草原防火宣传月”等节点，做好本行业领域防灾减灾救灾宣传教育，面向社会普及灾害防范和应对知识。二是加快灾害综合风险普查。建立风险普查数据库，推进单灾种和综合风险评估区划工作，强化风险普查成果的实际运用。三是推动重点项目实施。有计划推进抗震设防烈度 8 度区农村民居、城镇住宅、学校、医院等房屋设施抗震加固工程实施。加强泥石流、山体滑坡、崩塌等地质灾害隐患排查治理，开展排危除险综合治理。指导市县分类规划建设 1-2 处示范性应急避难场所。四是科学恢复农业生产。农业、林草等部门要加强农业救灾资金、技术支持，组织专业技术人员通过业务培训、技术指导、疑难解答等方式，指导受灾农户加强田间管理。

（河北省应急管理厅　刘子元）

水利建设

2021年，全省水利系统深入贯彻党的十九大及十九届历次全会精神，全面落实中央和省经济工作会议、全国水利工作会议和省“两会”部署要求，聚焦水旱灾害防御、地下水超采综合治理、重点水利工程建设等工作，克服新冠疫情影响，推动新阶段全省水利事业实现高质量发展，实现了“十四五”良好开局。

一、暴雨洪水防御成效显著

2021年，全省降雨量796毫米，是1956年有系统观测记录以来最多的一年，强降雨出现早、次数多、雨量大、范围广，4条河流先后11次发生超警洪水，漳卫河、子牙河系发生历史罕见的夏秋连汛。面对严重汛情，全省水利系统坚决扛起防御洪水灾害责任，严阵以待、全力应对、科学防范，实现了“人员不伤亡、水库不垮坝、重要堤防不决口、重要基础设施不受冲击”目标，得到国家防总和水利部多次肯定。一是强化预报预警。创新洪水预报模式，首次开展“三个3天”滚动预报，发布河道洪水预警37次；及时发布山洪灾害预警，各地共发送预警短信5亿余条，启动预警广播4.25万站次，提前转移受山洪威胁群众12.45万人。二是强化会商研判。针对16次强降雨过程，先后与水利部海委、省气象局及周边省市会商70余次，启动调整省级应急响应9次，与市县进行洪水防御视频会商151次，统筹协调工程调度、群众转移及险情处置。三是强化工程调度。对水库、闸涵枢纽、蓄滞洪区实施超前调度、联合调度、精准调度，59座大中型水库充分发挥拦洪、削峰、错峰作用，调蓄洪水38.92亿立方米，避免下游地区人员转移77万余人。新盖房、枣林庄、艾辛庄、献县等枢纽实施分洪调度114次，保障河道洪水有序安全下泄。大陆泽、宁晋泊、永年洼3处蓄滞洪区及时启用，安全转移7.88万人，充分发挥了各类水工程防洪减灾综合效用。四是强化应急处置。汛前排查处置各类隐患755处，汛期及时处置险情1363处。省厅派出24批次工作组，赴一线对洪涝灾害防御进行技术指导。全省水利系统以临战状态值守尽责，确保了河道行洪安全。

二、地下水超采综合治理进展顺利

省委省政府印发《关于进一步加强生态文明建设深入开展地下水超采综合治理的实施意见》，省人大颁布《河北省节约用水条例》，为全面打赢地下水超采治理攻坚战提供了制度保障。我厅紧盯7.46亿立方米年度压采任务，强力推进“节引调补蓄管”综合措施落实，强化跟进督导检查，每月通报水位变化，每季实施资金奖惩，对项目建设进度滞后和地下水位持续下降的县进行约谈，进一步压实各级各部门责任。全年共关停取水井9.6万眼，完成年度任务的135%；共压减地下水超采量8.8亿立方米。据监测，2021年底，全省超采区地下水位整体回升，深、浅层分别同比回升5.12米、1.87米。

三、重点水利工程建设步伐加快

围绕京津冀协同发展、规划建设雄安新区、筹办冬奥会“三件大事”，抢抓机遇扩大水利投资规模，加快重点项目建设，全年共完成全社会水利投资335亿元，同比增长25%。加快推进项目建设，全年新开工水利项目524个，中央水利投资计划完成率97%。雄安新区防洪工程体系建设进展顺利，完成了南拒马河右堤、白沟引河右堤、新安北堤（一期）、萍河左堤主体工程建设，起步区基本具备200年一遇防洪能力。推进石津、庙宫等14处大中型灌区续建配套与现代化改造，恢复改善灌溉面积50万亩，在石津灌区完成水价改革面积190万亩。在7市47个县（市、区）实施农村生活水源江水置换，受益人口818万，沧州、衡水等市率先实现江水村村通。2座大型、1座中型、22座小型病险水库除险加固全部完工。完成水土流失治理面积2238平方公里。水库移民后扶项目绩效评价被财政部、水利部评为优秀等次。水利监督工作首次被水利部综合评价为先进，质量考核连续4年实现增比进位。

四、水资源集约节约利用得到强化

持续推进节水行动。《河北省节约用水条例》颁布实施。建立覆盖工业、农业和生活服务业的先进用水定额体系。全省水利系统建成节水单位231个，36个县（区）被水利部命名为第四批节水型社会建设达标县，开展高校合同节水19个，均居全国前列。我省6家单位被命名为全国公共机构水效领跑者。严格取水许可审批。核实核发取水许可证4.3万个，对许可水量达到控制红线的县级行政区停批新增取水许可，结合水源置换和取水井关停，注销地下水取水许可证3258个。全部完成取水许可证电子化转换，完成数量和完成率均居全国第一。规范计划用水管理。逐级从严从实向14025个非农用水户分解下达用水计划，督促568个超计划30%用水户开展水平衡测试。强化取水管理基础。年取水量1万立方米以上的非农取水户全部实现在线计量监控。农业灌溉取水“以电折水”计量模式被水利部在全国推广。开展河流水量分配，省级完成16个跨市河流分水方案，占总任务量的89%，石家庄、张家口等市完成15个跨县河流分水方案。

五、河道清理整治持续推进

创新河湖监管机制。首次将河湖长制落实纳入全省绩效考核和领导班子、领导干部考核指标体系，省委组织部每季度通报得分排名。我省河湖长制考核问责制度被中央深改办推广，入选水利部全面推行河湖长制典型案例。强化河湖清理整治。清理“四乱”问题 1980 个。严格实行河道砂石资源开采清单管理，清单内 196 条河道，推行先规划后开采、采治一体治理模式，清单外全部禁采，会同公安等部门联合行动，共查处非法采砂行政案件 219 起，全省河道采砂秩序稳中向好。全年共对 160 条（段）2376 公里河道进行清淤疏浚、滩地规整、河堤绿化，实现河道清洁畅通景美。

六、科学推进水土保持工作

按照省政府 2021 年重点工作目标和《全省水土保持规划（2016-2030 年）》要求，科学推进全省水土流失综合治理。依托国家水土保持重点工程、京津风沙源治理二期工程等重点项目，在太行山、燕山、坝上地区的重要水源地上游、革命老区及少数民族地区，开展以小流域为单元的山水林田路村综合治理，统筹相关部门水保职责，积极吸引和撬动民间资本参与水土流失治理，全年共治理水土流失面积 2238.77 平方公里，超额完成省政府下达的治理水土流失面积 2000 平方公里年度任务目标。其中水部门开展小流综合治理 87 条，治理水土流失面积 919.58 平方公里，包含修建梯田 14.05 平方公里，营造经济林 47.14 平方公里，栽植经济林 38.34 平方公里，实施封禁治理 783.37 平方公里，其他措施 36.68 平方公里。

七、调水补水取得突破

水利部下达我省年度引江调水计划 25.8 亿立方米、引黄调水计划 9.3 亿立方米。为多引多调江水、黄河水，及时掌握丹江口水库和黄河上游来水情况，加强与水利部和流域管理机构协调会商，抢抓调水有利时机，动态调整引调水计划安排，提前调、错峰调，最大限度增加调水量。全年共引江调水 37.7 亿立方米，创历史新高，引黄调水 10.2 亿立方米，超额完成年度计划。持续实施河湖生态补水，统筹多水源向 36 条河道补水 60.65 亿立方米，比 2020 年增加 32 亿立方米，形成有水河长 1997 公里，水面面积 130 平方公里。滹沱河、大清河、南运河实现全线贯通。白洋淀生态补水 13.62 亿立方米，生态水位保证率达到 100%，水质整体达到Ⅲ类标准，进入全国良好湖泊行列。华北河湖生态补水入选中国生态修复典型案例。

八、水利行业管理能力明显提升

围绕增强水利发展动力活力，加强法制建设，深化体制机制创新，治水管水能力明显提升。一是完善水利法规体系。《河北省节约用水条例》颁布实施，为大力开展全社会节水提供了法律依据。颁布省级总河湖长令，开展河湖保护治理五大专项行动，推动河湖长制深入落实。编制印发《河北省水安全保障“十四五”规划》《大运河河道水系治理管护规划》等，石家庄、秦皇岛市城市防洪规划率先得到批复，水利专项规划体系更加完善。二是提升水利公共服务效能。规范水利行业权力运行，编制并向社会发布权责清单 10 类 86 项。下放省级行政许可审批事权，向石家庄市下放 4 项，向北戴河新区下放 1 项。全面推行水利政务服务全程网办、一次办和不见面办模式，全年按时办结政务服务事项 16685 件，电子证照率和网上办理率均达到 100%。落实“双随机、一公开”制度，全省水利系统共抽查市场主体 151 批次、787 家，实现了监管事项全覆盖。三是强化水利行业监督和专项执法。对农村饮水安全、水资源管理、水毁修复项目建设等 11 方面 27 项重点任务，省市县三级水利部门协调联动，持续开展专项督导和明察暗访，及时发现问题，及时督促整改。开展专项执法行动，查处案件 172 件。深入开展水利领域扫黑除恶斗争和平安建设，省厅被评为全省平安建设先进单位。四是推进水利工程管理机制创新。实施小型水库管护模式改革，以政府购买服务管理为主、“以大带小”为辅，869 座乡镇、村分散管理的小型水库全部落实了管护主体、管护责任和管护经费。邢台信都区、唐山遵化市被评为全国第二批改革样板县。另外，通过政府购买服务方式，初步建成河湖视频监控系统，形成了全省河湖实时监控“一张网”。

（河北省水利厅　刘瑞林）

农业机械

2021 年，全省农机系统紧紧围绕服务农业农村工作大局，以科技创新、机制创新和政策创新为动力，以“全程机械化+综合农事服务”示范县创建为抓手，补短板、强弱项、提能力，大力推动农业机械化全程全面高质量发展，充分发挥农机装备优势，为全面实现乡村振兴战略、确保粮棉油等重要农产品有效供给作出了农机新贡献。

一、农机服务体系持续优化

全省农机服务组织共有 0.57 万个、年末人数 6.44 万人。农机合作社 0.28 万个、年末人数 4.97 万人。农机原值为 20 万元以上的机构和人数分别为 4.07 万个和 8.37 万人。农机作业服务专业户机构和人数分别为 19.43 万个和 29.61 万人。农机服务收入 200.15 亿元，同比增长 0.52%，占全国总收入的 4.18%；其中农机作业服务收入 155.31 亿元，同比增长 1.48%，占全国总收入的 4.29%。

二、农业机械保有量保持平稳增长

全省农业机械总动力首次突破 8000 万千瓦，达到 8096.81 万千瓦，同比增长 1.64%。柴油发动机动力 5804.54 万千瓦，同比增长 3.81%。汽油发动机动力 141.79 万千瓦、电动机动力 2150.49 万千瓦，与去年基本持平。全省拖拉机保有量 141.03 万台，其中小型拖拉机 109.03 万台，58.8 千瓦和 73.5 千瓦以上的中大型拖拉机分别为 5.77 万台和

7.1261万台。耕整地机械95.18万台套、播种机械42.78万台、收获机械33.06万台、排灌机械161.77万台。免耕播种机19.38万台，谷物联合收割机17.84万台。饲料（草）加工机械10.03万台，饲养机械4.14万台。畜产品采集加工机械2.36万台。全省水产养殖机械5.69万台，水产捕捞机械0.56万台。

三、农业综合机械化水平稳步提升

2021年全省主要农作物耕种收综合机械化水平达到84.25%，较去年增长0.87%，小麦综合机械化水平达99.94%、玉米综合机械化水平达到91.66%、水稻综合机械化水平达91.26%。三大主粮作物的综合机械化水平均高于全国平均水平，保持高位平稳增长态势。棉花、马铃薯、大豆、花生综合机械化水平分别达到70.92%、87.87%、77.55%、86.45%。农产品初加工、水产养殖、畜牧养殖和设施农业的机械化水平分别达到29.93%、36.33%、41.51%和38.95%。

四、农业全程全面机械化扎实推进

开展全程机械化示范县创建。围绕15个特色优势产业集群布局、地下水超采综合治理、秸秆综合利用等重点工作，在20个县开展“全程机械化+综合农事服务”示范县创建活动，打造农机装备高端、技术路线优化、作业模式完备、农机农艺充分融合的全省样板。在石家庄赵县、邯郸成安县打造小麦玉米无人农场，开展“无人化”作业智能装备技术先行先试，率先提出了全国小麦玉米“无人化”机械装备与技术解决方案。

推动丘陵山区等薄弱环节机械化。2021年全省玉米籽粒收获面积达56.7千公顷、新增丘陵山区玉米机械化收获面积3.3千公顷，新增坝上地区马铃薯机械化收获面积16.7千公顷、新增棉花机收面积200公顷。新增全国率先基本实现主要农作物全程机械化示范县16个县，总体入选规模达到50个县，全国领先。

创新农机发展新机制。聚焦紫花苜蓿、高粱、高油酸花生、优质梨、露地特色蔬菜、健康生态养殖等特色产业，深入研究农艺农机融合新技术，总结提炼新成果新模式；举办农机推广“田间日”活动6次，展演300多家企业的2000多种农机产品，构建产学研推用合力攻关新机制，解决“无机可用、无好机用”难题。聚焦保障国家粮食安全、奶业振兴、畜禽粪污处理、特色农业、地下水压采等重点领域，以绿色、智能、高效、特色新机具新技术为重点，谋划实施农机新机具新技术研发项目，省财政先后投入资金2235万元，引导企业实施高端智能农机装备研发项目45个。已研制出智能水肥一体化淋灌设备、静液压茎穗兼收型玉米收获机、履带自走式根茎类中药材收获设备、果园电动线控作业平台、TMR自动配料控制系统等样机30种，制定企业标准和技术规程30余项，为优质小麦、中药材、食用菌、蔬菜等重点产业关键环节提供了农机化解决方案。

五、农机购置补贴政策高效落实

2021年，全省农机购置补贴资金106494.112万元，全年登记使用资金108366.3145万元，补贴各类机具59806台（套）、受益农54145户、年度内资金登记率达101.76%，超额完成绩效目标。强化顶层政策设计。制发《河北省2021-2023年农机购置补贴实施方案》，将农机购置补贴政策落实列为全省绩效考核重点任务目标强力推动。开发省农机购置补贴综合管理服务平台，实现了农户全程办补一趟完成。加快机具更新换代。印发《关于加快农机报废更新补贴实施进度的通知》，分5批优选公布农机回收拆解企业132家，覆盖全省101个农业县，完善报废农机回收拆解网络，加快耗能高、污染重、安全性能低的老旧农机淘汰。印发《农机报废回收企业遴选程序流程图》《农机报废更新补贴申领程序流程图》，以形象直观的形式做好政策宣传，规避系统性风险。

六、农机安全生产形势稳定向好

深入开展农机安全生产大排查大整治“回头看”和农机安全生产专项整治集中攻坚，检查农机合作组织3084家，明查暗访单位场所86家，排查一般隐患3694个。组织各地举办农机“安全生产月”活动106场次，开展各类应急演练200多场次。全省参保农机累计6万余台。2021年全省农机事故起数、死亡人数“双下降”，农机安全生产形势持续向好。

（河北省农业机械化管理局　张建虹）

气象防灾减灾服务

【综述】河北省气象局设有10个内设机构，12个直属事业单位。全省设11个设区市气象局，雄安新区气象局，135个县（市、区）气象局（含曹妃甸区、曹妃甸工业区、渤海新区3个副处级气象局），10个其他独立设置的县级气象机构。2021年，全省气象部门坚持以“精”字为导向，狠抓极端天气监测预报预警能力提升；以实战为检验，优质服务于国家重大战略和重大活动；以改革为主线，调整核心业务布局助力全面协同发展；以创新为动力，融合打造信息化智能化数字化多业态，实现“十四五”河北气象事业发展良好开局。

【气候概述】2021年，河北省气温较常年显著偏高，降水异常偏多，日照偏少。

气温　全省年平均气温12.9℃，较常年显著偏高（偏高1.1℃），较2020年偏高0.3℃，为1951年以来第三暖年。全省各地年平均气温在3.0～15.7℃之间，31个县（市、区）年平均气温突破建站以来历史极值。年内大部分时段气温偏高，2月异常偏高，为历史同期第二高，

12 月显著偏高（偏高 2.2℃），居历史第一。与常年相比，全省除承德县外，其他大部分地区气温偏高或接近常年，张家口南部、保定西部、唐山东部以及冀南的大部偏高 1℃以上。

降水 2021 年，河北省降水具有雨季开始偏早，结束偏晚，降水过程多，累计雨量大等特点。全省年平均降水量 861.2 毫米，较常年偏多 71.1%，属异常偏多年份，为历史第一多。各地年降水量在 333.0～1331.9 毫米之间，除张家口地区外，其他大部分地区降水量在 600 毫米以上，其中承德南部、唐山大部、秦皇岛西部、邢台西南部、邯郸大部及石家庄局部年降水量超过 1000 毫米，唐山市丰南区年降水量达 1331.9 毫米，为全省最多。与常年相比，除张家口地区降水接近常年外，其他大部分地区降水偏多，承德南部、唐山、秦皇岛西南部、廊坊中部、沧州大部和保定东南部及其以南大部分地区偏多 6 成以上，唐山西部、邢台南部以及邯郸大部偏多超过 1 倍。正定、柏乡、巨鹿等 35 个县（市、区）年降水量突破历史极值。

日照 全省年平均日照时数较常年显著偏少，年内大部时段日照偏少，冬季日照时数偏多。日照时数空间分布不均，张家口大部在 2500～2800 小时之间。与常年相比，全省大部分地区年日照时数偏少，承德北部、秦皇岛大部、唐山东南部、沧州大部以及张家口、保定和石家庄等地的部分地区较常年偏少 300 小时以上。

【主要天气气候事件】2021 年，河北省天气气候形势复杂多变，极端天气气候事件频发，暴雨、大风沙尘、短时强对流、连阴雨等灾害影响较大。年内发生的主要气象灾害有干旱、暴雨、高温、寒潮、雾和霾、大风沙尘、冰雹、强降雪、连阴雨、干热风等。总体而言，2021 年河北省气象灾害损失程度接近近 10 年平均值，气候年景属于“一般”年份。

干旱 2021 年，气象干旱较轻，干旱日数较常年偏少 5 成以上。全省平均气象干旱日数为 71 天，较常年偏少 50.6%，为 2004 年以来第二少。空间分布上，张家口西南部和北部、雄安新区、保定东南部、沧州西部、石家庄东部、邢台北部及衡水等地干旱日数在 80 天以上，衡水大部以及石家庄、张家口、雄安新区等地的局部干旱日数超过 120 天以上。年内，发生气象干旱的过程较少，仅年初和初夏出现阶段性干旱。2 月 22 日，干旱范围最广，覆盖全省 125 个县（市、区）。

暴雨 全年暴雨站次异常偏多，秋季暴雨偏多近 10 倍。全省共出现暴雨 512 站次，较常年偏多 1.6 倍，为历史第一多年。暴雨主要出现在夏、秋两季，夏季暴雨为 336 站次，较常年同期偏多 89.1%，主要集中在 7 月中下旬；秋季暴雨为 176 站次，较常年同期偏多 9.9 倍。空间分布上，承德南部、唐山中部和北部、秦皇岛大部、石家庄大部、沧州南部以及衡水、邢台和邯郸三市大部地区暴雨日数超过 4 天，邢台、邯郸和唐山等地的 7 个县（市、区）暴雨日数达 7 天。年内，暴雨过程主要出现在 7 月 11—13 日、21—22 日、28—30 日、9 月 18—20 日、10 月 3—6 日。其中，影响较大的过程为 7 月 11—13 日、21—22 日、9 月 18—20 日和 10 月 3—6 日。

高温 高温天气日数接近常年，北部偏少南部偏多。全省平均高温（日最高气温≥35℃，下同）日数 10.0 天，接近常年。年内，全省共有 122 个县（市、区）日最高气温达到 35℃以上，全省最高气温 6 月 6 日出现在邢台市任泽区，达 40.5℃。年内，高温天气过程主要集中在 6 月至 7 月上旬，全省共出现 8 次大范围高温天气过程：5 月 27 日、6 月 4—6 日、6 月 11—13 日、6 月 18—21 日，6 月 26—28 日、7 月 4—5 日、7 月 8—11 日、7 月 31 日，其中 6 月 18—21 日和 7 月 8—11 日 2 次高温天气过程影响较大。

寒潮降温 寒潮天气日数偏多，1 月出现极端寒潮天气过程。全省平均寒潮日数达 9.0 天，较常年偏多超 6 成，为 1972 年以来最多。1—2 月、10—12 月寒潮日数较常年偏多，2 月偏多 2.5 倍。影响范围超过 30 个县（市、区）的寒潮过程共有 9 次，超过 50 个县（市、区）的寒潮过程有 5 次，其中 1 月 5—7 日、2 月 22—24 日、10 月 15—18 日、11 月 6—9 日寒潮影响范围广、降温幅度大、极端性强。

雾和霾 大雾天气过程接近常年，春季和秋季显著偏多。全省平均大雾天气日数 22 天，与常年基本持平。空间分布上，各地大雾天气日数在 1～70 天之间。张家口大部、承德北部、保定西南部等地大雾日数不足 10 天，其他地区在 10 天以上，承德中南部、唐山大部以及山前平原大部在 20 天以上。与常年相比，整体呈北部偏多南部偏少的分布态势。张家口北部、承德大部、廊坊北部和南部、沧州大部以及唐山、秦皇岛和邢台等地的部分地区偏多 5 天以上，局部偏多超过 20 天。霾天气主要出现在冬季。全省平均霾日数 15.3 天，为 2013 年以来最少，较 2020 年偏少 0.7 天。张家口北部、承德地区、秦皇岛大部、廊坊大部以及保定、衡水和沧州等地的部分地区霾日数在 10 天以下，石家庄西部、邢台和邯郸大部等地在 20 天以上，局部超过 50 天。

大风和沙尘 大风沙尘天气多，北部出现近 10 年最强沙尘暴。全省共出现大风 1698 站次，较常年偏多 31.6%，为 1984 年以来最多。全省出现沙尘天气 1076 站次，与常年持平，为 2003 年以来最多。其中，浮尘 591 站次，较常年偏多 86.1%，为 1989 年以来最多；扬沙 638 站次，较常年偏少 13.8%，为 2003 年以来最多；沙尘暴 12 站次，为近10年最多。影响范围较大的大风、沙尘天气分别为：3月15—16日、3月28—29日、4月15—16日、5月6—8日、7月11—12日。

冰雹 冰雹站次接近常年，为2002年以来第二多。全省出现冰雹134站次，接近常年，为2002年以来第二多，仅低于2020年。空间分布上，冰雹天气主要出现在张家口和承德北部等地，沽源、崇礼和康保等5个县（市、区）超过5天。时间上集中在5—9月，7月和8月发生冰雹站次较常年偏多38.6%和85.8%，分别为1994年以来同期最多和第二多，6月2日和6月29日—7月1日冰雹影响范围最广。7月21日，保定市清苑区东闾乡东闾村遭受龙卷风和冰雹强对流天气袭击，东闾村受灾严重，并造成重大人员伤亡。

降雪 降雪偏少，11月上旬遭遇极端性雨雪天气。全省平均降雪日数为7.6天，较常年偏少7.1天。单日影响范围超过50个县（市、区）的降雪过程有3次，分别为1月25日、2月28日—3月1日和11月6—9日，其中2月28日—3月1日和11月6—9日过程影响较大。2021年2月28日—3月1日，河北省出现大范围降雪天气过程，全省142个县（市、区）均监测到降雪天气，平均降雨（雪）量为19.0毫米。11月6—9日，河北省出现大范围雨雪天气过程，此次过程影响范围广、雨雪量级大、初雪日早。全省142县（市、区）均监测到降雪，平均降雨（雪）量30.0毫米，超常年11月上旬总量5.8倍。

连阴雨 连阴雨天气过程多，多地连阴雨日数突破历史极值。全省出现连阴雨842站次，较常年偏多72.3%，排名历史第二，仅次于2015年。连阴雨天气主要集中在7月和9—10月。7月11—18日和10月2—11日连阴雨过程影响范围大，持续时间长。年内，各地连阴雨日数在8～45天之间，张家口大部、廊坊中北部以及沧州中南部等地在20天以下，其余大部分地区超过20天，其中邯郸东南部、保定和承德两市的局部等地超过40天。与常年相比，全省大部分地区连阴雨日数偏多，承德大部、秦唐大部、保定大部、石家庄东南部、衡水西南部以及邢台和邯郸大部等地偏多超过10天。

干热风 干热风天气出现次数接近常年，6月上中旬影响程度重、范围广。5月11日—6月20日，全省共出现干热风577站次，接近常年。唐山西部、保定东部、廊坊南部、雄安新区、沧州西部、石家庄南部、衡水北部、邢台西部和邯郸中西部超过5天。年内，6月4—6日和18—20日干热风影响范围广。6月4—6日，全省104个县（市、区）出现干热风，60个县（市、区）达到重度等级，主要出现在冀南大部地区。6月18—20日，全省108个县（市、区）出现干热风，其中94个县（市、区）达到重度干热风，主要分布在唐山大部、冀中南大部地区。其中6月19日，93个县（市、区）出现干热风，单日影响范围为2001年以来同期（6月中旬）第三广。

【极端天气应对】围绕经济社会发展需求，进一步完善决策气象服务手段，改进服务内容，完善决策气象服务供给方式。年内省领导就气象工作批示69次，省委办公厅、省政府办公厅发文25件，省气象灾害防御指挥部办公室发布通知和快报255期，全省发布天气预警信息3.8万条、短信2818万人次，多个市县党政主要领导到气象局现场坐镇指挥气象灾害防御工作，有力有效应对了30余次重大灾害性天气过程，气象防灾减灾第一道防线作用有效发挥。

【公众气象服务】公众气象服务更加贴近民生。畅通信息发布渠道，改版河北卫视天气节目，突出做好能源保供、红色旅游等气象保障。公众预警信息发布覆盖率达98.4%，预警准确送达率99.997%，短信下发速率提升至400条/秒。“河北天气”抖音号连续4个月在全国气象系统影响力排名前三。连续5年联合科技等部门开展“冀望风云燕赵科普行”活动。省气象局获评春运工作先进单位。全省公众气象服务满意度达到92.2分，较去年增长0.8分。

【粮食安全气象保障】围绕粮食生产，强化春耕春播、夏收夏种气象服务保障。针对全省冬小麦因遭受9月下旬至10月上旬历史同期罕见连阴雨天气影响大面积延迟播种，采用超常规服务手段全力做好秋收秋种气象服务保障，首次制作了《2021年河北省冬小麦最晚播种期预报》，为涉农部门合理安排冬小麦播种及苗期管理提供科学依据。全年向中国气象局、省委省政府和有关部门提供各种农业气象服务产品97期。其中《河北省2021年冬小麦产量预报》《小麦条锈病扩散流行气象条件分析》和《2021年河北省冬小麦最晚播种期预报》获得省领导批示。

【特色农业气象服务】围绕特色农业产业和林果业，依托科研项目在巨鹿和元氏县分别开展杏树春季冻害、石榴冻害实验，并取得了初步成果。探索育种气象科研服务，开展了张杂谷种子培育、酿酒葡萄温室大棚育苗、核桃种植收获晾晒等气象服务，制定了《“张杂谷”育种气象服务周年服务方案（试行）》、气象服务指标、气候资源分析报告，安装了“张杂谷”农田小气候观测站，并打通了直通式气象服务。开展花生种植气象服务，制作河北省春播花生和夏播花生播种期预报。试点开展土地托管和优势特色农业“气候好产品”评估，巨鹿金银花获评“中国气候好产品”，怀来葡萄、青龙板栗、滦南大米获评“河北省气候好产品”。

【气象助力托稳京津冀菜篮子】持续做好设施蔬菜农业气象服务工作，2020～2021年冬春生产季，针对设施蔬菜灾害性天气共发布预警、评估专题7期。按调查点样本数平均得出 2020～2021 年度冬春季我省设施气象服务效益，计算结果平均效益贡献率为 1.41%，设施服务效益为 5.87 亿元。

【行业气象服务】行业气象服务更加精细。年发布行业预警信息 3348 条次，助力行业趋利避害。牵头建设京津冀交通气象中心，高速交通事故起数较上年同期下降 29.7%。省市两级探索共建电力气象服务联盟，研发了导线风偏、覆冰、舞动等电力高影响天气精准预警模型和产品。强化港口天然气卸载、机场航空、大运河通航、铁路等气象服务，为“5•31 渤海新区储油罐火灾事故”、森林山火等突发事件提供精细化气象服务保障。

【人工影响天气与重大活动保障】省政府在全国首家出台《关于推进人工影响天气工作高质量发展的实施意见》，部分市出台贯彻文件并建立人工影响天气协调会议制度。完善区域联合、分类实施、省级指导、三级预警、四级联动、科学评估的人影作业机制，全年人工增雨（雪）约 30.7 亿立方米。面对汛期复杂的天气形势和双重保障任务，全省各级气象部门出动 1000 余人、飞机和地面装备 206 部，开展作业 244 轮（架）次，严密布防北京周边 240 公里重点防区，确保了建党 100 周年首都庆祝活动人影保障任务精彩出彩、万无一失。

【生态文明建设气象保障】围绕河北省“首都两区”生态保护与修复和绿色发展主线，开展了雄安新区陆地植被、水体、湿地等生态气象监测评估和白洋淀湿地飞机遥感监测，每半月提供雄安新区植被长势监测报告及上一年同期对比分析，每月提供白洋淀水体遥感监测产品，利用哨兵卫星数据开展雄安新区森林种植分布提取工作，制作完成《雄安新区千年秀林植被生态状况分析报告》。开展张家口坝上草原生态监测评估，拓展河北省境内察汗淖尔及周边地区气候变化预估分析，在承德御道口机场部署人工增雨飞机，加大对塞罕坝机械林场生态保护力度，筑牢京津生态屏障。

【气候与气候变化工作】编制并发布《2020 年河北省气候变化监测公报》，配合河北省应对气候变化及节能减排领导小组办公室完成碳达峰相关工作任务，联合河北省生态环境厅报送《应对气候变化快报》11 期，为促进河北省应对气候变化提供决策支持。积极推进气候影响评价工作，开展了雨强历史对比、降水持续时间等暴雨特征评估；深化区域暴雨过程指标的构建研究，完成河北省历史近 60 年区域暴雨过程历史序列构建；利用欧洲中心的再分析资料和预报数据相结合，建立了用于实时评价的大气自净能力的相关参数数据集。建立 PM2.5 和 O3 自动订正模型，空气质量预报准确率提升 5%以上，精细化颗粒物来源解析耗时缩短了 60%以上。

【科技人才队伍建设】科技人才带动作用明显。持续实施高层次科技创新人才计划，组建数值模式应用等 3 个创新团队。增加研究型岗位体量，全面推行研究型业务定期交流评估。加强和改进科技项目闭环管理，全年各类科研项目到账经费 1409.35 万元，完成实用新型专利、软件登记等 102 项，发表专著 11 部、核心期刊及以上级别论文 87 篇，3 项成果获省科技进步三等奖。实施县气象局高级职称分类评审、定向使用政策，9 人新获正高级工程师任职资格、1 人新获正高级二级岗任职资格，54 名高层次科技创新人才签订支持期合同。

【智能观测业务】智能观测业务加速发展。新建和升级多要素（常规）观测站 148 套、三维闪电定位仪 23 套、温室气体监测站 1 套，各类观测设备平均业务可用性达 99.45%。研发和推广应用“真定”仪器场地维护系统，实现地面、高空等仪器设备和观测场地维护可视化记录。打通“观测通”到现有业务平台路径，实现社会观测数据直达预报服务人员桌面。

【智能网格预报】智能网格预报水平逐步提高。开展了人工智能应用、数值预报模式解释应用、智慧决策服务自动化算法等技术研究，研发 72 小时 1 小时/1 公里的天空状况、天气现象（雨、雪、雨夹雪）和新增积雪深度智能网格预报产品。24 小时省级格点的温度、晴雨（雪）、一般性降水、暴雨（雪）预报准确率明显提高，强对流（雷电、冰雹）预警提前量达 66.5 分钟。6-8 月降水预测质量平均 84.4 分，为近 15 年夏季降水预测最高质量。

【智能气候预测】智能化气候预测系统建设取得新进展。基于气象大数据云平台和数值模式产品 NCEP、ECMWF、CFSV2、DERF2.0，应用预报预测通用算法和大数据智能分析、机器学习等技术，实现了基于预测产品检验的智能推荐。建设智能化自动处理、智能推荐、延伸期预测、月尺度预测、产品制作、智能语音助手、区域气候模式显示等功能模块，能够实现延伸期（11-30 天）逐日气温、降水要素格点预报产品显示生成，以及月尺度客观化格点、站点要素产品生成，并自动化生成报文。

【信息技术支撑】信息技术支撑能力稳步提升。省级气象大数据云平台实现业务运行，11 大类气象数据入云。基于气象大数据云平台和共享平台提供数据服务，全年数据接口访问量超 11.4 亿次，共享平台访问量超 250 万次。建成人影基地数字气象档案库房。完成综合观测设备运行监控职责调整，实现全省观测设备状态、资料传输的统一监控。强化降水、风观测要素等实时数据质量监控，弥补了 MDOS 系统不足。

【气象法规建设与社会管理】《河北省气象信息服务管理办法》列入 2022 年省政府立法计划和“十四五”期间立法项目。持续深化“放管服”改革，推进“互联网+政务服务”，优化“网上办”“马上办”等利企便民举措。

实施升放气球单位资质和雷电防护装置检测资质单位资质认定“证照分离”改革，雷电防护装置相关行政审批全面推行证明事项告知承诺制改革，依法依规加强雷电防护装置检测资质单位监管。

【雄安智慧气象服务】雄安智慧气象服务示范区建设进展顺利。编制《河北雄安新区智慧气象建设行动方案（2021—2025年）》，雄安新区国家气候观象台“一主八辅”全部确定选址，主站和容城辅站开工建设。完成气象设备智能化改造和物联化接入，构建智慧气象服务引擎和气象知识图谱。建立流域联防机制，为全域在建工地提供实时气象服务保障。雄安新区气象局成功申报全国市级先行试点单位。

【冬奥气象服务保障】冬奥气象服务保障全面进入赛时运行状态。坚持“冬奥优先”和“细之又细、实之又实、严之又严”的工作标准，明确7领域45项重点任务，不断优化“1+1+5+8”工作制度体系，将120多项任务纳入动态台账管理，8个前方工作组173人全部进驻崇礼。完成了2021年度《北京2022年冬奥会和冬残奥会赛区气象条件分析报告》《北京2022年冬奥会和冬残奥会赛区气象风险分析》《冬奥赛区精细化风分析报告》并报送冬奥组委。圆满完成年度各项测试赛保障，各领域工作全面经受测试考验。

【精神文明建设与表彰】2021年，全省共有8个集体、12个个人获省部级以上表彰，其中1人获全国五一劳动奖章。全省气象部门有3名预报员作为代表出席省第十次党代会，1单位荣获河北省脱贫攻坚先进集体，1人获公务员一等功奖励。在2018-2020年度“河北省文明单位”命名表彰和保留荣誉称号单位名单中，全省气象部门54个单位获评2018-2020年度“河北省文明单位”。

【气象高质量发展】气象高质量发展环境优化。省政府与中国气象局召开省部合作联席会议，签署新一轮省部合作协议，为河北气象事业高质量发展奠定基础。深化部门合作，与承德市政府共同打造承德生态气象科技创新示范区，与省军区、林草、应急等部门签署合作协议。推动省编办整合成立省气象灾害防御和环境气象中心（省预警信息发布中心）、省人工影响天气中心。

【“十四五”气象发展规划】2021年12月3日，河北省人民政府办公厅印发《河北省气象事业发展“十四五”规划》（以下简称《规划》）。《规划》以推动气象高质量发展为主题，以推进高水平气象现代化建设为主线，提出了“十四五”时期气象事业发展的五项重点任务：构建普惠精细的现代气象服务体系；构建智慧精准的现代气象业务体系；助力办好京津冀协同发展、高标准建设雄安新区、高质量推进2022年冬奥会筹办“三件大事”；构建开放协同的现代气象创新体系；构建规范有力的现代气象支撑体系。

【成功经受疫情防控重大考验】2021年初，突如其来的疫情给全省气象部门带来严峻考验。关键时刻，气象干部职工顶得上、靠得住，以极大的政治责任和政治担当，确保了气象业务不中断、民生服务不掉线，保证了全省气象部门无一例确诊、疑似病例发生。省气象局党组书记、局长张晶责任在肩，统筹应急值班、预测预报、灾害防御、信息网络、后勤保障等重要岗位在岗人员，梯队备勤、分组轮流值班，带领30多名党员干部20多个日夜坚守，不能到岗人员远程办公，因时因势调整防控策略，并指导石家庄市气象局有序开展疫情防控和业务服务工作。全省气象干部职工戮力同心、共克时艰，在极难条件下确保了“河北省采暖期气象服务”等决策服务材料和寒潮大风预警等预报产品及时发出，保证了全省气象业务、服务运转。

（河北省气象局　毛翠辉）

农业科研

【科技创新】2021年，全院新增国家级课题（含子课题）24项、省部级课题109项，在研省部级以上课题总量达到432项，总到账科研经费超过1.6亿元，全院国家、省重大科研项目保有量和整体科研水平较“十三五”稳中有升。其中，获批国家重点研发计划项目“黄淮海多因子障碍粮田产能提升定向培育技术模式与应用”，全院主持在研的项目级国家重点研发计划达到2项；获批国家自然科学基金项目7项，创近3年新高；获批河北省自然科学基金项目15项，创近10年新高；获批河北省重点研发项目34项，我院作为首席专家单位，承担河北省“十四五”育种创新团队项目9个，占全省总数的45%，保持了遗传育种学科在全省的优势领先地位。此外，新增国家现代农业产业技术体系岗位专家1名、综合试验站3个，新增河北省现代农业产业技术体系首席科学家1名、岗位专家15名、综合试验站3个，支撑农业产业发展能力进一步提升。

【科研产出】全院科技供给能力显著增强，获得省部级以上科技成果奖励17项。其中，主持获得省科技进步一等奖2项、二等奖2项、三等奖2项，主持获得神农中华农业科技奖二等奖1项、三等奖1项。审定（登记、鉴定）农作物新品种69个，获得国家授权专利207项，审定标准技术规程68项，发表核心期刊及以上级别论文459篇。共有9个自育新品种、14项生产技术和6套绿色安全技术模式入选河北省主导品种和主推技术序列，自主研发的“二点委夜蛾绿色防控技术”入选农业农村部农业主推技术，与中国农大联合研发的“苜蓿套种青贮玉米高产高效生产技术”入选农业农村部2021年十项重大引领性技术。

【科技平台】认真落实农业科技创新平台条件建设五年规划，各项建设项目稳步有序推进。全院科研平台建设总投资额度刷新历史单年度投资记录，实现“十四五”平台建设“开门红”。其中，在建“黄淮海大豆生物学与遗传育种重点实验室Ⅱ期”“国家植物保护保定观测站”和“国家土壤质量深州观测站”等国家级科研平台建设项目 3 项，在建省级基建项目、省级科研基础条件建设项目 6 项。全院“院级-所级-特色学科”三级实验室试验站保障体系初步构建，科研平台“建管用”制度框架进一步完善，综合实验室和大型仪器设备共享共用进一步深化，平台条件保障能力进一步提升，为全院科研工作顺利开展奠定了坚实基础。

【成果示范】依托自研新品种新技术，在全省 9 个设区市的 40 个县（市、区）建设科技成果示范基地 44 个，累计示范面积 6.87 万亩，辐射带动面积 188 万亩，示范新品种新技术 300 余项，服务省级以上园区、农业企业等新型经营主体 60 余家，示范效果得到主管部门和广大农民认可，多个基地被中央电视台、人民日报、河北日报等国家、省主流媒体宣传报道。以我院为技术依托单位，宁晋县被农业农村部遴选为全国农业科技现代化先行县。持续深化院市科技合作，高标准实施与衡水、邯郸、定州的科技合作项目，与秦皇岛市达成科技合作意向，围绕 22 个产业开展“定制式”合作服务，建立高标准示范样板 73 个，培育企业（产品）品牌 20 余个，服务省级农业创新驿站 10 个，省产业技术研究院 5 家。作为技术依托单位，助力支撑 4 个村镇入选第十一批全国“一村一品”示范村镇，促进了县域主导产业的健康发展。

【科技服务】积极适应新冠肺炎疫情影响的形势变化，不断提升应时、应邀、应急服务能力，全年组织技术观摩指导近千场次，培训基层技术人员和农民超 3 万人次，参与录制河北电视台“农博士在行动”100 余次。加强科技成果转移转化，累计完成科技成果交易 50 项，实现转化收益超 1400 万元。开发完成“燕赵农科”APP 网络科技服务平台构建，开辟技术传播新途径。加强农业规划设计，在涉县制作巨幅大地稻田画“女娲补天”，成为全省旅发大会标志性景观和县域新地标。提出技术政策建议（报告）36 份，其中，与中国农科院、山东农科院联合提出“中国粮食发展研究”调研报告得到农业农村部三位部领导批示，近 20 篇建议得到省领导批示或主管部门采纳。大力开展科技引领乡村振兴示范村建设，积极参与全省文化科技卫生“三下乡”集中示范活动，推荐“三区”人才和科技特派员 147 名，完成省级科技特派员认证备案 105 名。扎实做好驻村帮扶工作，完成驻村人员调整，帮助新建新型冷棚 1600 平米，探索开展鲜食葡萄、西甜瓜和特色蔬菜技术示范，确保实现两个村从脱贫攻坚到乡村振兴的平稳过渡。

【对外开放】积极面对复杂多变的国际形势和国内外新冠疫情变化形势，拓展合作渠道，运用灵活方式，有效推动对外合作项目落实。与罗马尼亚丰都良国家农业研究与发展研究所签订合作协议，围绕向日葵育种栽培开展双边科技合作。稳步实施与日本信州大学的合作，在红肉苹果和梨矮化砧木选育方面的研究按计划稳步推进；中美国际合作项目“旱作区域土壤墒情自动监测系统研究”顺利通过验收结题，圆满完成任务。克服疫情影响，积极实施引智项目，邀请日本、澳大利亚、美国、南非等国家的 8 位专家开展学术交流和技术培训，我院工作成效在全省 2021 年重大引智计划对接会上作了介绍，得到肯定。

（河北省农林科学院　李　梦）

农村科技

2021 年，是“十四五”开局之年，一年来，全面贯彻新发展理念，积极谋划，主动作为，全省科技农业发展质量持续提升，乡村振兴战略加快推进，各项工作取得良好成效。

一、强化种业科技自立自强，打好种业翻身仗

实施现代种业科技创新专项，围绕保障粮食安全和农产品有效供给，以优质高产、广适多抗、绿色高效、特色专用、适宜机械化为主攻目标，聚焦种质资源精准鉴定与创新利用、现代生物育种前沿技术研发、突破性标志品种培育等开展关键核心技术攻关，抢占种业战略制高点，推进农业高质量发展。

（一）壮大种业科技创新力量。组建了 20 支产学研结合、多学科合作的高水平现代种业科技创新团队，采取“首席专家负责制”，给予长期持续稳定支持。团队数量较“十三五”增加了 6 个，进一步拓展中药材、鸡、水产领域，支持经费实现翻番，形成了联合长效攻关机制。加强与京津等省外优势单位联合攻关，积极吸纳国家高层次人才参与种业创新团队，借助外脑提升创新水平。建立科学规范的团队运行管理与利益联结机制，实现资源共享、优势互补、合作共赢。

（二）建立完整的现代种业创新链条。创新常规技术与现代技术相融合的共性高效育种技术体系，强化企业创新主体地位，加快育种资源、人才、技术从科研单位向企业聚集，企业首次全面进入我省种业创新团队，其中马铃薯甘薯、西甜瓜两个团队由企业牵头组建。导向种业创新成果转化和产业化。优化建立以高质量发展为导向的项目绩效评价体系，在资源方法上，以创新性、共享性指为考核指标；在品种培育上，突出标志性和突破性，注重从品种的推广应用、与企业、市场的结合以及对产业发展的贡献度等方面的进行考核评价。

（三）创新成效初步显现。组织召开各团队项目启动会和年度总结会，经过一年的实施初见成效，种质资源收集、挖掘与评价工作全面展开，为培育突破性品种奠定良好基础。高效关键育种技术进行前期攻关，生物育种技术研发步伐加快，优势特色品种实现突破。小麦团队育成超高产、大粒、矮秆突破性品种-马兰 1 号，河北省小麦单产首次突破 800 公斤。棉花团队解码陆地棉纤维品质和产量遗传秘密，破译棉花育种改良的基因组结构变异及遗传效应，研究成果在国际顶级期刊发表。联合拍摄了以杂交谷子创新团队首席赵治海为原型的电影《谷魂》，配合机关党委在我厅首次点映观看。团队内充分开展合作交流，体现产学研协同创新。在培育企业、对接市场上，形成了科研力量助推企业发展和企业订单式需求引导科研方向的科企合作模式。

二、强化农业科技攻关，促进农业农村现代化发展

围绕深入推进乡村振兴战略，聚焦保障粮食安全和农产品有效供给，落实省政府深化“四个农业”工作部署，推进产业链创新链深度融合，强化农业科技攻关，加速实现农业农村现代化。

（一）开展农业高质量发展技术攻关。着重突出了传统农业生产向现代农业生产方式转变的技术创新，强化了农业科技和装备支撑，更加注重发挥企业创新主体的作用，更加注重向农业数字化转型，更加注重绿色生态农业的发展。主要对农业绿色优质生态关键技术、农产品精深加工技术、现代化牧场生物安全与环境控制、数字农业与智能化农机装备等四个方面开展技术攻关；围绕我省奶业振兴、数字农业、科技帮扶等重点工作，探索了“揭榜挂帅”项目机制；支持同福集团开展农业科技攻关等。2021年共取得110项重点研发成果，65项新技术（品种）完成了中试与示范，通过开展技术研发和成果转化，促进了全省农业高质量发展，创造良好效益。

（二）加强节水农业科技示范。针对主要粮食作物、设施蔬菜和特色作物节水增效，在省内低平原、山前平原、坝上和城郊等区域，启动建设 35 个节水农业科技示范基地，开展具有区域特色的农业节水技术集成研究与示范应用，创新一批核心关键技术和集成技术体系，着重解决粮食安全保障与水资源严重约束的矛盾，挖掘节水稳产提质增效新潜力，破解开源节流、生物节水、农艺节水、工程节水和信息化管理节水等技术难题，实现节水增效与可持续发展。在低平原区，已初步凝练了微咸水补灌、旱碱麦适水绿色发展、稳产节水和旱作适水绿色发展 4 个节水增效技术模式；坝上地区实施的“退水还旱”以及雨养旱作田节水稳产技术已初见成效。

（三）协同推进国家科技专项

1.国家重点研发计划部省联动项目“黄淮海多因子障碍粮田产能提升定向培育技术模式与应用”落地我省。2021 年，作为国家科技部遴选的首批 16 个部省联动省份之一，由我省组织推荐，河北省农林科学院农业资源环境研究所联合河北农业大学、根力多生物科技股份有限公司、中国农业大学、中国农科院等优势力量共同申报的“北方干旱半干旱与南方红黄壤等中低产田能力提升科技创新专项”中“黄淮海多因子障碍粮田产能提升定向培育技术模式与应用”项目获批立项，执行期 2021.07-2025.12，国拨经费 6481 万元，我省参加单位获得国拨经费 3000 万元。项目对重点解决以我省为主的黄淮海区域中低产田产能提升问题、挖掘粮食增产潜力具有重要意义。

2.“粮食丰产科技创新”专项结出丰硕成果。“十三五”期间，项目区用全省 20%的小麦玉米粮田，生产了全省 30%的小麦和玉米，同时每年节水约 8 亿立方米、节肥 6 万吨、新增效益约 15 亿元。去年 6 月，经对项目建设的高产攻关田和核心区小麦进行实收测产，藁城区的 100 亩攻关田平均亩产 811.9 公斤，刷新我省小麦单产纪录；在藁城和辛集建设的 1 万亩核心区，小麦平均亩产达 676.42 公斤，创造小麦大面积高产记录。

（四）农业科技成果持续转化。持续支持农业科技成果转化资金项目，围绕农业优质高效发展、农业绿色安全发展、农业产业升级、农村人居环境改善等领域，熟化转化 100 项技术含量高、产业化应用前景好、具有良好市场前景的农业科技成果，共支持项目经费 3000 万元。

三、提档升级农业科技园区、星创天地，增强农业农村创新创业活力

立足全省区域优势，增强园区和星创天地的科技孵化、科技成果转移转化和辐射带动能力，着力拓展农村创新创业、成果展示示范、技术转化推广和职业农民培训的功能，推动形成更多新技术、新产品、新产业、新业态，推动产城产镇产村融合发展、一二三产融合发展，培育农业农村发展新动能、新活力。

（一）国家农业科技园区建设再创佳绩。按照科技部的安排部署，完成了大厂、固安、涿州、滦平、丰宁、辛集、威县 7 家国家农业科技园区的园区评估工作，依据科技部公布综合评估结果，此次全国共 87 家园区参评，共 15 家被评为优秀，滦平、辛集国家农业科技园区以优异成绩顺利通过综合评估，结果为优秀，大厂等 5 个园区均达标。我省已经连续两年有 2 家园区获得优秀。衡水国家农业科技园区顺利通过国家科技部验收。目前国家农业科技园区共 15 家，在全国居第四位。

（二）筑牢省级农业科技园区建设基础。为加强省级农业科技园区规范管理，提升建设管理水平，从以评促建、奖优罚劣、提档升级发力，进一步提升建设质量。依据科技部等六部委印发的《国家农业科技园区管理办法》，按照省委省政府关于农业科技工作的意见精神和厅党组关于农业科技园区建设管理的相关要求，修订了《河北省农业科技园区管理办法》，出台了《河北省农业科技园区评估管理实施细则》，制定了河北省农业科技园区考核评估指标体系，建立农业科技园区动态管理机制。按照新修订的办法要求，组织开展了 2 批省级农业科技园区评估工作，共 15 家获评“优秀”，54 家获评“良好”。目前全省省级农业科技园区 124 家。

（三）拓展农业科技园区服务职能。围绕落实《河北省关于加强农业科技社会化服务体系建设的实施意见》，增强农业科技服务有效供给，着重提升县域全产业链农业科技服务能力。以首轮评估良好以上的省级农业科技园区为主要载体，开展县域科技服务综合平台建设工作，主要为产业发展提供技术研发、品种引进、成果转化与集成示范服务，增加了县域科技创新调查研究、业务辅导、产学研对接和科技合作等服务职能。同时，在园区内开展农业科技服务企业试点示范，提升企业标准化技术服务水平，促进企业通过技术服务实现增收增效，形成稳定的农业科技社会化服务模式。

（四）培育建设星创天地。星创天地建设快速推进、总体规模不断壮大，新备案 101 家服务专业、运营良好、效果显著的省级星创天地，省级以上星创天地达 720 家。

完成了 2020 年度星创天地创新能力监测评价工作，经监测显示，星创天地共有创业导师 3566 人，累计入驻创业团队 3436 个，入驻创业企业 2969 个，创业服务人员 1.1 万人，建设线上、线下服务平台 3953 个，创业团队和创业企业研发投入 4.6 亿元，举办创新创业活动 4175 场次，举办投融资洽谈活动 1321 次，创业团队和创业企业获得投融资总额 11.5 亿元，比上年增长 3.6%，成功孵化创业企业 889 个，创业团队和创业企业累计获得市级以上科技奖励数量 269 项，发展形势良好。

四、巩固拓展脱贫攻坚成果与乡村振兴有效衔接

（一）扎实做好科技精准帮扶。继续实施边远贫困地区、边疆民族地区和革命老区（以下简称“三区”）人才支持计划科技人员专项计划。2021年向我省62个“三区”县选派科技人员1000人，培养“三区”县本土科技人员62人。选派的科技人员共服务乡镇898个、村庄1450个，服务带农农户35383个，服务企业、合作社、农民协会等机构758个，创办领办企业、合作社、农民协会等机构68个。引进新品种1543个，推广新技术1106个，建立示范基地604个，为受援地引进项目180个、引进资金5545.58万元，培养基层技术骨干5593人，举办培训4124场次，培训农民89529人次，帮助受援对象增收9705.43万元，促进农业增效、农民增收，成效显著。

（二）持续实施山区“四个一”科技示范工程。组织召开了山区“四个一”科技示范工程建设调度会，共130余人通过视频会议形式参会，会议通报了河北省山区“四个一”科技示范工程建设管理工作情况，并对下一步工作进行了安排部署。按照《河北省山区“一县一业一基地一团队”科技示范工程实施意见》要求，完成了60个基地的考核评估工作，进一步推动山区特色产业标准化、链条化、集群化发展。

（三）完成了科技帮扶后评估考核工作。严格对标对表国家和省后评估指标要求，指导市、县科技管理部门落实工作职责，加强日常工作管理和帮扶督导，印发了《关于进一步做好科技帮扶巩固脱贫攻坚成果有关工作的通知》，总结上报了巩固拓展脱贫攻坚成果科技帮扶自评报告及各种后评估材料，开展了政策咨询与授课解读等工作，圆满完成了科技帮扶的后评估考核。

（四）做好内丘定点帮扶。按照省委省政府相关部署，结合县里的实际与具体要求，制定了《河北省科学技术厅定点帮扶内丘县工作方案（2021-2025）》。以内丘县苹果和中药材特色产业发展壮大为重点，支持有关企业、院所开展覆盖全县、带动周边的科技攻关，带动特色产业提质增效，支撑县域产业高质发展。

（河北省科学技术厅　庞海慧）

财政支农

【综述】 2021 年，面对严峻复杂的形势和艰巨繁重的任务，全省各级财政部门坚持以习近平新时代中国特色社会主义思想为指导，深入学习贯彻党的十九大精神和习近平总书记对河北工作的重要指示批示，坚决落实党中央、国务院和省委、省政府决策部署，持续增强“四个意识”，坚决做到“两个维护”，坚持稳中求进工作总基调，坚定贯彻新发展理念，按照高质量发展要求，以供给侧结构性改革为主线，全面落实积极财政政策，优化财政支出结构，强化财政资金管理，着力推进农业供给侧结构性改革、着力支持打赢脱贫攻坚战、着力深化农村综合改革、着力创新财政支农体制机制，着力支持乡村振兴战略实施，改革创新、事争一流，圆满完成全年各项工作任务，多项工作取得新的突破，为巩固和发展全省农业农村好形势提供了有力支撑。种粮农民一次性补贴发放工作得到许勤省长肯定性批示；水库移民后期扶持资金、财政专项扶贫资金在国家绩效评价中获得优秀等次；我厅被省委、省政府乡村振兴领导小组评为先进单位，被省地下水超采治理工作领导小组评为先进单位。

【全力支持打赢脱贫攻坚战】 把扶贫工作作为工作重中之重，全力以赴抓好省委省政府决策部署落实。

一是加强协调。研究制定年度工作要点，与省扶贫办建立月会商机制，在我省召开全国扶贫资金管理座谈会。二是强力推进。保障扶贫投入，2020 年省级安排财政专项扶贫资金 69.66 亿元，增长 26.5%，高于国家要求 15.2 个百分点；督导市县投入，确保达到省委省政府要求。严格整合试点，建立 27 项资金下达台账，对增幅要求把关；对 62 个贫困县整合方案进行 2 轮审核，反馈意见 574 条，保障扶贫资金精准使用，2020 年贫困县实际整合使用 119.32 亿元，增长 15.4%。建立资金清单，组织全省各市、县统计 2013 年—2020 年财政扶贫资金投入、使用、绩效情况。做好包联工作，定期召开“五包一”联席会，推动康保县实现高质量脱贫摘帽，得到时任省领导赵一德、梁田庚同志的充分肯定。三是强化督导。建立半月报制度，开展闲置资金清零行动， 2020 年财政专项扶贫资金和整合资金支出进度分别达到 97.22%和 95.24%，超过国家考核要求 5.22 和 10.24 个百分点。开展财政扶贫资金使用管理情况“回头看”，用好动态监控系统，财政部农业司予以通报表扬。

【保障粮食和生猪等重要农产品有效供给】 按照中央针对国际上对我国粮食“卡脖”而做出的粮食安全部署，集中资金政策保障重要农产品的稳产保供。一是提升补贴效应。准确核实我省耕地面积，实现应补尽补，及时下达兑付耕地地力保护补贴 67.8 亿元，补贴耕地 7155 万亩、涉及农户 1273 万户，保证了种粮农民基本收益，稳定了粮食种植面积。落实农机购置补贴政策，安排资金 10.2 亿元，优先保证粮食生产所需机具的补贴需要。鼓励新型农业经营主体投入粮食生产，统筹资金 3.1 亿元，对以粮食生产或从事粮食托管服务的农民合作社、家庭农场予以资金奖补。通过一系列政策组合拳，为保障粮食安全提供有力支撑，粮食产能持续增长，2020 年全省粮食产量达 759 亿斤，居全国第四位。二是统筹资金支持。聚焦粮食生产核心区，统筹整合多渠道资金 38 亿元，实行先建后补，引导撬动社会及金融资本 2000 万元，支持建设高标准农田 289 万亩，累计建设高标准农田 4985 万亩，超额完成“十三五”任务目标。三是研究支持政策。会同部门 3 次深入生猪养殖大县开展调研，进猪场、走市场，摸清我省生猪生产、猪肉产量和养殖场户实际需求，找准问题症结，出台生猪疫病防控、贷款贴息、良繁补贴等一揽子补贴政策，进一步降低企业成本，提高生猪养殖积极性。截至 2020 年底，全省生猪存栏达 1750 万头，产能恢复至正常年份的 90%以上。四是聚焦发展载体。立足县域特色优势资源，支持农业全产业链发展，统筹资金 6.3 亿元，推进现代农业产业园区、农业产业强镇、优势特色产业集群建设，补助资金重点用于提高农业产业体系、生产体系、经营体系现代化水平，开展生产、加工、仓储、物流等全产业链建设，实现龙头企业、新型经营主体和农民分享产业增值收益。

【创新政策支持疫情防控工作】 面对新冠疫情防控对脱贫攻坚、农业生产供给等带来的影响，积极调整优化资金支持政策，全力支持扶贫企业复工复产和农产品稳产保供。一是支持复产复工。出台调高扶贫项目工程预付款比例（由 30%提高到 50%）、给予扶贫企业一次性生产补贴等政策，通过财政专项扶贫资金，安排一次性生产补贴 1.04 亿元，支持 803 个扶贫企业复工复产；安排贴息补助资金 1438 万元，支持 197 个企业融资贷款。二是推进稳产保供。制定加大“菜篮子”农产品冷藏保鲜、强化农业信贷担保支持力度等举措。政策实施以来，安排资金 3.6 亿元，支持 760 余个蔬菜果品生产经营主体建设仓储保鲜设施，有效解决农产品无法及时运出销售、损耗严重等实际问题；进一步降低农业信贷担保费率，由 1.5%下调至 0.8%，减轻农业经营主体负担 950 余万元。 三是力促稳岗就业。制定设立临时性就业岗位、贫困群众稳岗补贴等政策，安排临时公益岗资金 7145 万元，设立临时公益岗位 3.9 万个，解决 4.7 万贫困人口就业问题；安排稳岗补贴资金 7605 万元，支持贫困人口 2.9 万人实现稳定就业。

【切实加强财政支农政策制度建设】 积极推进工作创新，在财政支持政策上开拓创新，强化政策供给。一是研究制定我省现代农业支持保护制度。制定了深化农业供给侧结构性改革支持政策等 25 项支持保护制度，纳入省政府印发的任务方案，健全了我省农业支持保护政策体系。二是制定我省土地出让收入优先支持乡村振兴政策。研究提出我省土地出让收益占比总体目标及分年度目标，建立省市资金统筹调剂和统筹使用政策，制定了我省实施意见，经省领导同意报国家有关部门审核。三是提高涉农资金统筹整合长效机制水平。研究制定加强市县涉农资金统筹整合的意见，培育县域特色农业产业发展，开展涉农资金统筹整合重点示范县建设。四是开展耕地地力保护补贴改革试点。在全国率先开展耕地地力保护补贴改革试点，将鼓励使用有机肥、相应减少化肥使用量作为政策突破点，有针对性地引导农户改变施肥习惯，实现对耕地地力的保护。

【支持推进农村现代化建设】 围绕乡村建设的短板和薄弱环节，不断加大支持农村基础设施和公共服务建设投入，全面推进乡村振兴落地见效。一是支持改善农业农村生态环境。支持打好农业农村污染攻坚战，统筹省以上资金 6.7 亿元支持农业面源污染防治。认真研究旱作雨养补助政策、农业水价改革政策，支持农业结构调整、水利工程建设等重点任务实施，保障了治理工作的顺利实施。统筹使用引黄水费、地下水奖补、水价调整补偿等政策支持引水补水，促进引江引黄水量大幅增加，2020 年引水量创我省历史新高。二是支持改善农村人居环境。创新资金筹措渠道，安排省以上资金 14 亿元，改造卫生厕所 143.66 万座，卫生厕所普及率提高到 72.2%。采取整县推进、先建后补、以奖代补等多种方式，安排资金 12 亿元，撬动市县资金 124 亿元、社会资本 54.2 亿元，全力支持农村人居环境整治。安排资金 11.7 亿元支持村内街道硬化、街道照明设施、公共环卫设施等 7460 个农村公益项目建设，切实改善农村生活条件。三是支持补上农村基础设施短板。安排 15 亿元完成 518 万农村群众生活水源江水置换任务，切实提升供水保障水平。深入研究雄安新区防洪工程、蓄滞洪区、大运河河道水系治理筹资方案，对工程涉及的引水补水、工程建设、后续管护等提出资金意见。安排资金 6.3 亿元，支持实施防汛抗旱水利提升工程，开展中小河流治理、小型病险水库除险加固等灾后水利薄弱环节建设。

【深入推进农村综合改革】 支持巩固和完善农村基本经营制度，落实资金 7100 万元，全面完成农村集体资产清产核资，99.9%的村成立了集体经济组织。扶持 1500 个村发展壮大集体经济。全省累计扶持村级集体经济项目近 4300 个，累计为村级增加收入 13922 万元，带动村民增加收入 9860 万元。在全省选择 73 个村推进农村综合改革示范村建设，努力发挥政策的聚合效应，推动乡村振兴的体制机制创新。会同省委组织部开展红色美丽村庄试点建设，安排资金 6000 万元支持 20 个村依托红色资源，传承红色基因，推动红色村组织振兴。

【涉农资金管理实现新跨越】 推进实施以结果导向配置涉农资金的绩效管理，开展重点专项资金绩效评价，强化绩效评价结果应用。一是全面推进涉农资金统筹整合。深入调研全省涉农资金统筹整合工作，选择一批涉农资金统筹整合试点，落实“大专项+任务清单”机制，理顺资金项目管理职责，加快实现资金归口管理和统筹使用。二是开展重点项目绩效评价。在国家脱贫成效考核中，我省财政专项扶贫资金绩效评价取得优秀等次。中央农业资源及生态保护、水库移民后期扶持资金绩效评价获得优秀档次。三是制定完善涉农资金管理制度。全面加强涉农资金管理，完善农村综合改革转移支付资金、农田建设补助资金、水库移民扶持基金等资金管理和绩效管理办法，切实规范了资金使用管理。

（河北省财政厅 马 磊）

农业信贷

【概况】 2021 年，中国农业发展银行河北省分行以高质量发展为主线，以“党建铸魂、发展塑形、合规强体”为总抓手，从百年党史中汲取智慧力量，锐意进取、攻坚克难，各项工作取得显著成效。全年累放各项贷款 683 亿元，同比多放 208 亿元；各项贷款余额 1890 亿元，较年初增加 256 亿元，同比多增 100 亿元，累放额、净增额均创历史新高。日均存款、利润计划两项重要指标超额完成总行下达任务；巩固衔接、水利、农地、小微贷款投放等十四项发展指标任务也均超额完成。省分行及内设部门、员工分别荣获河北省脱贫攻坚成员单位考核和“五包一”包联工作考核“好”的最高等次等八个奖项，全行风清、气正、心齐、劲足、绩优的良好局面得到进一步巩固。

【履职尽责推动高质量发展】 完整准确全面贯彻新发展理念，充分履行农业政策性银行职能作用，不断加大对全省“三农”重点领域和薄弱环节支持力度。认真落实党中央关于加快国有经济布局优化和结构调整要求，大力支持地方国有企业做优做强。累计审批国有企业贷款 549 亿元，占全部贷款审批额的 80%，同比提高 12 个百分点，剔除续贷因素后同比提高 16.5 个百分点，客户结构持续优化。一是全力服务国家粮食安全。累放粮油贷款 238 亿元，同比多放 98 亿元，全年支持收购市场份额达到 52%，切实发挥了粮油收购资金供应主渠道作用。其中累放夏粮收购贷款 101 亿元，同比增加 53 亿元，完成总行下达任务的 126%，任务完成率居系统第 2；向三河汇福、玉锋、助力解决企业在粮食竞价交易过程中流动资金短缺难题。二是全力服务抗疫保供和企业复工复产。年初疫情突袭河北，在连续封闭 40 多天的情况下，干部员工吃住在行，累计投放抗疫保供贷款 15.6 亿元，有效保障了抗疫物资和重要生产生活品的稳产保供。三是全力服务巩固拓展脱贫攻坚成果同乡村振兴有效衔接。在扶贫贷款余额和投放额连续三年稳居全省国有银行首位，连续两年获得省委、省政府脱贫攻坚成效考核最高等次基础上，认真落实“四个不摘”要求，累放巩固衔接贷款 235 亿元，同比增加 59 亿元，实现 62 个脱贫县全覆盖，支持了阜平县土地复垦及扶贫产业建设等一批党政关注、群众关切的重点民生项目。四是全力服务农业农村建设和农业现代化。聚焦县域城乡一体化建设、安置房、农田水利、污水治理等，累放贷款 259 亿元，助力农业农村生产生活条件改善。其中，累放水利建设贷款 43.7 亿元，支持蓄水工程、农村生活水源江水置换等项目建设。立足推动农村产业兴旺，累放贷款 188 亿元，不断提升农业质量效益。其中，累放农地贷款 72 亿元，积极支持“空心村”治理、高标准农田建设。2020 年以来累计审批张家口地区“空心村”治理贷款 46.6 亿元、发放 27.5 亿元，惠及 246 个空心村、2.2 万户农村人口，复垦耕地 3.5 万亩。大力推进普惠金融，累放“租金贷”项目 2 批，涉及小微企业 73 户，贷款 5.81 亿元，荣获总行“小微企业服务优化提升工程”竞赛履职成果一等奖。五是全力服务区域战略发展和生态文明建设。聚焦河北“三件大事”，累放 24.4 亿元贷款支持雄安新区重点项目建设，投放额居雄安新区金融机构前列。累计向张家口涉奥项目投放贷款 26.7 亿元，全方位助力冬奥会筹办。以支持张家口可再生能源示范区建设为重点，大力服务“碳达峰·碳中和 30/60 目标”，累放绿色贷款 132 亿元。绿色贷款余额 314.7 亿元，较年初增长 119.6 亿元，增幅 61.3%，高于全部贷款增速 45.6 个百分点。

【下大气力夯实高质量发展根基】 深刻理解高质量发展内涵，更加注重统筹好发展与风险、合规之间的关系，不断夯实发展根基。一是下硬功夫加强风险清控。开展不良贷款清收处置“攻坚战”和重点风险“歼灭战”，累计清收处置不良贷款 2.4 亿元。不良贷款余额和占比分别较年初下降 1.18 亿元和 0.12 个百分点。强化风险监测、预警、报告和处置，累计化解风险贷款 114 亿元。二是下笨功夫深化合规管理。深入开展“内控合规管理建设年”、“信贷合规管理推进年”、合规“标杆行”创建等活动，推动合规文化理念入脑入心。以总行配备“三合一”专员为契机，组织提炼县级支行屡犯问题、关键风险“两个清单”，编印县级支行合规履职、“三合一”专员监督履职“两个手册”，充分发挥“三合一”专员作用，推动各部门各岗位履职扎实、到位。制定《基础工作合规量化考核方案》，加大考核力度，全年共对 213 人次负向积分 568 分，真正将合规管理抓在日常、严在经常。三是下实功夫推进基础管理。针对辖内集团客户数量多、管理难度大的情况，对集团客户进行全面风险排查，摸清风险底数，采取针对性措施。完善前中后台沟通会商机制，合力破解发展难题。开展业务高质量合规“回头看”，查漏补缺，确保经得起历史检验。扎实开展数据专项治理，数据质量稳步提升。

【多措并举提升经营运维水平】 强化财务的管理引领和运营的支撑保障作用，为高质量发展赋能添力。一是强化经营意识。优化财务资源配置，激励性财务费用指标同比提高 7 个百分点。以总行开展电商采购、农发差旅平台、农发智购平台等试点为契机，进一步规范开支程序，堵塞管理漏洞。实施亏损行“清零工程”，年末 FTP 利润亏损县支行由年初的 27 个减少至 13 个，降幅达 52%。考核口径 FTP 利润 4.34 亿元，超额完成总行下达任务 5.23 亿元。二是拓宽增存路径。坚持以行务一号文印发存款工作意见，考核口径日均存款余额 428.4 亿元，超额完成总行下达任务；日均存贷比 23.9%，处于系统前列。三是提升服务水平。牢固树立“以客户为中心”的服务理念，着力提高运维能力，提升服务水平。拓宽服务渠道，先后为粮食交易中心和大宗商品交易中心开办资金存管业务，为今麦郎、金沙河等大客户开通银企直联系统，提供一站式优质服务。

【坚定不移推进党的建设】 毫不动摇地坚持把党建作为汇聚力量的根本之策，突出抓好党史学习教育，不断巩固“围绕发展抓党建、抓好党建促发展”的工作格局。一是扎实开展党史学习教育。将开展党史学习教育作为重大政治任务，创新建立“天天读、周周学、月月讲、季季展”学习机制，开展“十个一”专项促学活动，与财政部河北监管局以及 121 个红色资源基地开展党建联学共建，狠抓 943 项“办实事”项目落地见效，推动党史学习教育走深走实。在总行年中工作会议期间，河北省分行作为四家省级分行代表之一，在大会上作了交流发言。总行巡回指导组对河北省分行党史学习教育开展情况评估结果为“好”。二是坚持把政治建设摆在首位。制定《党委研究决定和前置讨论事项清单》，发挥党委把方向、管大局、保落实作用。严格执行重大事项请示报告制度，及时向总行党委报告工作、报备党内规范性文件。研究制定《市级分行政治生态分析评价办法》，对 3 个市级分行领导班子和领导机关开展政治生态分析评价，促进领导干部坚定政治信仰，把准政治方向。三是持续加强队伍建设。在系统内率先制定“十四五”人才发展规划，提拔任用 28 名处级干部充实工作一线，干部结构进一步优化。选派 5 名机关青年员工下基层“墩苗”、3 名基层青年员工到省行“育苗”，为干部培养特别是青年员工成长搭建广阔平台。四是持续加强作风建设。在省分行机关开展“五型机关”创建活动，发挥示范引领作用。严格落实中央八项规定及其实施细则精神，落实总行党委《关于解决形式主义突出问题为基层减负的通知》等制度规定，持续为基层松绑。省分行机关全年发文同比减少 16%，手工报表同比减少 42%；组织市县行压减议事协调机构 23%。五是持续加强纪律建设。突出“四个落实”要求，对 3 个市级分行、63 个县级支行和省行机关 6 个处室开展巡察，对巡察中发现的 2 名不作为县支行行长给予免职处理。坚持“三不”一体，加强案件查处工作，追责问责 40 人次，释放从严治党的强烈信号。

（农业发展银行河北省分行　王如楠）

农村扶贫开发

【概况】 2021 年，省委、省政府深入学习贯彻习近平总书记关于巩固拓展脱贫攻坚成果同乡村振兴有效衔接工作的重要指示批示精神，全面落实党中央、国务院决策部署，坚持把巩固拓展脱贫攻坚成果作为首要政治任务，狠抓责任落实、政策落实和工作落实，全省未发生返贫致贫问题，各项工作取得显著成效，圆满完成全年目标任务。

2021 年，原 45 个国定贫困县农村居民人均可支配收入 14272 元，同比增长 12.3%，高于全省农村居民收入增速 1.9 个百分点；全省脱贫户人均纯收入达到 11156 元，较上年增长 17.8%。在国家 2021 年度巩固拓展脱贫攻坚成果后评估中，我省综合评价为“好”的档次，名次位居全国前列，衔接资金绩效评价获得“A”的等次，国家共奖励我省 7.3 亿元。我省在全国健全防止返贫动态监测和帮扶机制工作部署会议、全国防止返贫监测和帮扶工作视频调度会议、全国农业农村厅局长会议上作典型发言，防止返贫动态监测帮扶典型做法在全国推广。

【责任落实】一是全面系统学习，准确把握精髓要义。省委常委会会议、省政府党组会议、省委理论学习中心组学习会议等，专题学习习近平总书记关于巩固拓展脱贫攻坚成果同乡村振兴有效衔接重要讲话精神，多次深入研讨，切实把学习成果转化为巩固脱贫成果的具体行动。二是强化思想引领，凝聚奋斗新时代强大动力。省委认真落实习近平总书记给平山县北庄村全体党员回信要求，开展了“永远跟党走”“团结就是力量”等群众性主题教育活动和“我为群众办实事”实践活动，加强对干部群众的思想引领，增强“四个意识”、坚定“四个自信”、做到“两个维护”成为全省上下的自觉行动。三是联系实际宣传，全力提振巩固脱贫成果精气神。河北日报、河北广播电视台、长城网等省级主流媒体，持续刊发习近平总书记重要讲话及在河北引起的强烈反响，不间断推送典型做法；拍摄《河北脱贫攻坚战》《河北脱贫攻坚战纪实》系列专题片，举办巩固脱贫成果展，举行防止返贫专题新闻发布会，大力宣传骆驼湾、顾家台、德胜村等一批脱贫故事，生动展示全省深入宣传习近平总书记重要讲话精神、打赢脱贫攻坚战的光辉历程。

【工作举措】一是全面摸底调查。对 62 个脱贫县 7746 个脱贫村产业就业和科技帮扶情况进行全面摸底，建立清单台账，完善帮扶举措。结果显示，62 个脱贫县的 867 个乡（镇）全部实现了“一乡一业”，7746 个脱贫村中有 7743 个村达到“一村一品”、占 99.96%。二是狠抓问题整改。持续开展巩固脱贫成果“回头看”，把中办督查、中央纪委国家监委机关督查和国务院第八次大督查发现问题、历年国家考核、督查反馈的问题，与省内考核、督查、巡视、审计发现问题和群众举报、媒体暗访等发现的问题，以及举一反三查摆出来的问题，全部纳入整改范围，建立整改清单、任务清单、责任清单和效果清单，一体推进整改、全部落实到位。三是强化总结表彰。扎实做好全国和全省脱贫攻坚总结表彰推荐评选，获评全国脱贫攻坚先进个人 71 名、先进集体 54 个、荣誉称号 1 个，评选全省脱贫攻坚先进个人 1027 名、先进集体 823 个，省委、省政府隆重召开全省脱贫攻坚总结表彰大会，在全省引起强烈反响。完善会商协调机制，加强舆情监测处置，全年未发生大的负面舆情。四是抓好调研培训。立足新形势新任务，先后开展 3 次大调研活动，及时查找问题、总结经验、谋划思路，有力推动了工作落实。立足换届后干部队伍现状，举办省级巩固脱贫成果能力提升研讨班和乡村振兴系统视频培训班，学习政策，提升能力，引起强烈反响。全省累计培训 1932 期、31.5 万人次。五是全力服务冬奥。持续加大对张家口市的支持力度，2021 年下达省级衔接资金 22.5 亿元，约占全省总规模的 1/3。在王正谱省长亲自协调下，积极争取国家乡村振兴局支持张家口市开展“空心村”治理和农村环境整治，下大力解决“视觉贫困”问题。坚持每周分析调度，指导做好防止返贫动态监测和帮扶工作。协调制定专项预案，加大舆情监测处置力度，防止负面舆情影响冬奥大局。

【巩固拓展脱贫攻坚成果】一是加强防贫监测。完善部门筛查预警、全面排查整改、精准帮扶救助、定期督导调度、专门力量保障 5 项机制，省、市、县、乡、村逐级设立防贫机构队伍，对 4.56 万户、10.73 万重点监测对象因人因户帮扶救助。教育、民政等 10 个部门开展筛查预警，累计反馈预警信息 46.81 万条，核查认定监测对象 1888 户。2021 年全省未发生返贫致贫问题。二是巩固“两不愁三保障”成果。健全完善“两不愁三保障”动态监测报告制度，持续开展排查整改，每月梳理汇总情况，第一时间发现和解决问题，“两不愁三保障”动态新增问题全部清零。强化教育帮扶，持续抓好控辍保学，严格落实各阶段教育帮扶资助政策，全省共安排各类资助资金 98.5 亿元，资助家庭经济困难学生 291 万人；深入实施“雨露计划”，发放职业教育补助资金 1.63 亿元，资助 10.67 万人次。强化健康帮扶，落实县域内住院先诊疗后付费、大病专项救治、家庭医生签约服务等政策，制定《关于巩固拓展医疗保障脱贫攻坚成果有效衔接乡村振兴战略的实施方案》，过渡期内对脱贫人口等群体参保实行分类资助并逐年降低比例，既防止过度保障，又防止政策急刹车导致规模性返贫风险。强化住房安全保障政策落实，对监测对象等重点群体排查全覆盖，解决新增危房 4846 户。强化饮水安全保障政策落实，健全饮水设施运行管护长效机制，安排维修养护专项资金 1.6 亿元，倾斜支持脱贫县 9788 万元。三是壮大特色产业。62 个省级乡村振兴重点帮扶县衔接资金支持产业项目 73.79 亿元、占比 66.49%。脱贫地区打造特色产业带 21 个，建成农业创新驿站 108 家，建设省级以上农业科技园区 58 家、基地 37 个，认定省农业产业化重点龙头企业 298 家，发展省级合作社示范社 500 个。建成全省脱贫地区产业数据统计系统，对脱贫人口产业收入实施全面监测，脱贫户年度人均产业收入达到 5998 元，较上年增长 12%。四是促进稳岗就业。有针对性开展技能培训，用好脱贫劳动力就业网络服务平台，有组织开展劳务输出，全面落实失业保险稳岗返还、培训补贴等政策，规范发展帮扶车间，开发用好村级公益岗位，多措并举抓好脱贫劳动力稳岗就业。全省脱贫劳动力务工 88.62

万人，完成年度任务的106.26%，实现脱贫劳动力就业规模稳中有增。五是强化科技帮扶。持续加大科技帮扶力度，共选派农业科技特派员1000名，组建服务山区专家团队60个，科技服务能力进一步提升。六是做好易地搬迁后续扶持。突出抓好搬迁群众防止返贫、稳定增收、基层治理等重点工作。全省330个集中安置区，全部完成基本管理单元设置；建成配套产业园区（项目）583个，有劳动能力的搬迁脱贫家庭全部实现至少一人就业。国务院办公厅发布《关于对2021年落实有关重大政策措施真抓实干成效明显地方予以督查激励的通报》，张家口市入选易地扶贫搬迁后续扶持工作成效明显的地方。

【推进有效衔接】一是加强政策衔接。对标国家层面出台的33项政策文件，分类做好政策调整优化工作，印发《关于实现巩固拓展脱贫攻坚成果同乡村振兴有效衔接实施意见》，编制《河北省巩固拓展脱贫攻坚成果同乡村振兴有效衔接“十四五”规划》，省级共出台政策文件81个，保持了主要帮扶政策总体稳定，做到了有序调整、平稳过渡。二是加强投入保障衔接。坚持财政投入只增不减，2021年下达省级财政衔接推进乡村振兴补助资金70.36亿元，较2020年增长1%。2021年全年新增脱贫人口小额信贷6.2亿元，为脱贫群众自主发展生产提供了资金保障。以省政府办公厅文件印发《河北省扶贫项目资产后续管理办法》，对十八大以来形成的扶贫项目资产进行摸底登记，明晰产权关系，压实管护责任，确保持续发挥效益。三是加强重点县衔接。将45个原国定贫困县和17个原省定贫困县全部确定为省级乡村振兴重点帮扶县，省乡村振兴局等13部门联合印发《关于支持省乡村振兴重点帮扶县的实施意见》，细化15项支持政策，从财政、金融、土地、人才等方面给予集中支持。2021年，下达62个重点帮扶县省以上衔接资金102.9亿元，占资金总量的92.9%，62个省级乡村振兴重点帮扶县全部编制完成“十四五”特色产业发展规划，实现产业就业政策有效衔接。选择丰宁、围场、沽源、张北、阜平县和任泽区等6个重点帮扶县区作为试点，积极开展金融支持乡村振兴示范创建。四是加强帮扶关系衔接。召开中央单位定点帮扶河北暨京冀津冀协作工作座谈会，印发《关于过渡期持续做好中央单位定点帮扶和省内包联帮扶工作的通知》，做好京冀津冀协作后续工作，深化中央单位定点帮扶，继续实行“五包一”“三包一”包联帮扶，深入开展省直部门定点帮扶和省内区域性结对帮扶，组织“万企兴万村”行动，脱贫县实现定点帮扶全覆盖，脱贫村实现企业帮扶全覆盖。坚持和完善驻村第一书记和工作队制度，完成两轮驻村工作队调整轮换，实现脱贫村、易地搬迁安置村（社区）驻村帮扶全覆盖。五是加强体制机制衔接。省市县三级乡村振兴局全部完成重组和挂牌。将各级扶贫开发和脱贫工作领导小组更名为巩固拓展脱贫攻坚成果领导小组，原组织架构、成员单位和职责分工保持不变，领导小组办公室设在乡村振兴局，继续发挥统筹协调、督导检查、考核评估作用，保持了强力推进态势。六是加强考核督查衔接。与各设区市、雄安新区、领导小组成员单位分别签订巩固拓展脱贫攻坚成果目标责任书，压实市县党政主体责任和省直部门行业责任。把巩固拓展脱贫攻坚成果纳入省委重点工作大督查和乡村振兴实绩考核，以严格的督考评估倒逼责任落实。对标国家后评估办法，出台省级后评估实施办法、2021年实施方案和评估验收工作方案，召开全省巩固脱贫成果后评估动员部署会议，省市县全覆盖检查验收，及时发现问题、全面整改提升。

（河北省乡村振兴局　韩雪莹）

粮食工作

2021年，全省各级粮食和物资储备部门深入学习贯彻习近平总书记关于保障国家粮食安全的重要论述，坚决贯彻落实中央和省重大决策部署，坚持政治站位，聚焦主责主业，抓收购、增储备、保供应、强监管，扎实推进粮食和物资储备行业改革发展，较好地完成了全年目标任务，为全省“十四五”经济社会发展开好局、起好步做出了积极贡献。

一、粮食市场化收购更趋活跃

2021年全省粮食生产再获丰收，总产量达到765亿斤，比上年增加5.8亿斤。在未启动国家小麦最低收购价政策的情况下，各级粮食和物资储备部门认真开展夏秋粮生产收购形势调查，协调有关部门落实收购资金、仓容、运输等资源要素，积极引导各类主体入市收粮，指导粮食企业创新收购方式，千方百计搞好为农服务，做到了农民顺畅卖粮，企业有序收粮，促进了种粮农民增产增收。2021年，全社会累计收购粮食502亿斤，占当年粮食产量的65%以上，主要粮食品种小麦、玉米收购价格比上年分别提高0.15元/斤、0.09元/斤；农发行系统发放粮油贷款238亿元，同比增加98亿元；省粮食收购贷款信用保证基金已有20家企业通过资格认定，实际认缴1.02亿元，累计发放贷款19.54亿元，有效缓解了企业“融资难”问题。

二、粮食储备调控能力大幅提升

认真落实省委办公厅、省政府办公厅《关于进一步加强粮食储备和能源安全的实施意见》要求，制定出台新增政府储备落实方案，会同有关部门分两批下达新增政府储备计划64亿斤。2021年底，第一批32亿斤政府储备增储任务已完成收购入库，全省地方政府粮食储备达到94.5亿斤，超国家下达计划40.5亿斤。建立企业社会责任储备制度，制定

《河北省粮食企业社会责任储备库存管理办法（暂行）》，落实到位 70.1 亿斤社会责任储备。政府储备与企业储备、原粮储备与成品粮储备功能互补、协同运转的多元储备体系初步形成。疫情防控期间，紧急增加成品粮临时储备，实施国家政策性粮食和地方储备粮定向投放，对粮油市场价格和 209 家应急加工企业库存实行日监测，建立骨干企业联动保障机制，有效保证了全省粮油市场供应和价格基本稳定。

三、应急物资保障及时有力

扎实推进省级救灾物资增储代储，新采购了 8 个品种共计 8.42 万件救灾物资，省级救灾物资储备达到 32 个储备品种 58.7 万件，总价值 6361 万元。全年分 8 个批次组织调拨价值 891.8 万元的救灾物资 5.3 万件，支持各地疫情防控和防汛救灾。2021 年底全省粮食应急网点达到 3121 个，供应网络实现城乡全覆盖；市县级物资储备库点 131 个，张家口物资储备库成为了省级救灾物资代储库点，增强了冀北地区物资保障能力。

四、粮食产业基础更为牢固

2021 年，全省入统粮食加工转化企业 562 家，实现工业总产值 1390.9 亿元，跻身全国前十。其中，工业产值超过 50 亿元的 31 家，超过 100 亿元的 8 家。面粉加工能力位居全国第三，挂面能力位居全国第三，玉米、杂粮及薯类加工均位居全国前十。第一轮“优质粮食工程”建设项目基本完成，237 个项目投入使用；“燕赵粮油”区域公共品牌成功发布，“燕赵好粮油”产品达到 98 个，7 个产品荣登 2020 年度“中国好粮油”产品目录。研究编制了《河北省粮食收储供应安全保障体系建设“十四五”规划》，明确了“十四五”时期粮食收储供应安全保障工作总体思路和政策举措，为粮食产业中长期发展提供了遵循。

五、市场监管持续强化

根据国务院新修订的《粮食流通管理条例》，制修订了《河北省粮食企业社会责任储备库存管理办法（暂行）》等 8 个规范性文件，废止了与《条例》不相适应的 4 个规范性文件，《河北省粮食安全保障条例》等 3 个项目列入了“十四五”时期省政府立法规划，依法管粮治粮的法律法规政策体系不断健全。完善“双随机、一公开”监管制度，深入开展粮食流通“亮剑 2021”专项执法行动，圆满完成了 2021 年全省政策性粮油库存检查、政策性粮食销售出库检查、夏秋粮收购专项检查等任务，严格落实粮油质量安全监测和粮食出入库检验制度，全省政策性粮食数量真实、质量良好、储存安全。

（河北省粮食和物资储备局　姚辰彦）

农村供销

【综述】2021 年，河北省供销合作社深入贯彻习近平总书记重要指示精神，全面落实中央、省和全国总社决策部署，坚持稳中求进工作总基调，坚持“守底线、防风险、求发展、上台阶”发展思路，全面融入乡村振兴大局，大力推进“十项重点”工作，以重点突破带动全局，促进各项工作全面开展，全省供销系统在为农服务方向上进一步聚焦，社有企业实力、活力、竞争力进一步增强，为农服务的能力和水平显著提升，改革发展呈现崭新局面。全系统销售、利润、资产总额和所有者权益分别实现 4759.4 亿元、10.4 亿元、1045.3 亿元、222.1 亿元，同比分别增长 22%、44.5%、15.4%、21.5%，在全国总社综合业绩考核排名第一，时任省委书记王东峰、省长王正谱、省委副书记廉毅敏、副省长时清霜等领导专门批示肯定，连续两年在省委绩效考核中获优秀等次；省委省政府领导 5 次批示肯定，全国总社领导 3 次批示肯定，中央电视台 5 次报道；供销工作首次写入省党代会报告，省政府工作报告和省经济工作会都对供销合作社工作作出明确要求；全国总社梁惠玲主任和韩立平书记等总社领导先后到河北专题调研，对河北工作给予充分肯定。

【党的建设得到新加强】坚持政治站位，加强党的全面领导，以党建促改革促发展，推动形成担当实干、风清气正的良好政治生态。一是理论武装不断强化。深入学习习近平新时代中国特色社会主义思想，全面贯彻习近平总书记“七一”重要讲话、十九届六中全会重要讲话等最新重要讲话精神，引导全系统党员干部深刻认识“两个确立”的决定性意义，增强“四个意识”、坚定“四个自信”、做到“两个维护”。二是党史学习教育深入开展。多形式开展各项学习活动，实现宣讲单位、人员全覆盖。大力弘扬“扁担精神”、“背篓精神”，全力推进农业生产社会化服务体系等 4 项为民办实事工作，达到学史明理、学史增信、学史崇德、学史力行的效果。三是专项整治行动扎实推进。认真落实专项整治方案，通过以案促教、以案促改、以案促治，深刻汲取系统腐败案件教训，多形式开展警示教育活动，狠抓整改措施落实到位，完善规章制度 65 项，受到省纪委监委充分肯定。四是干事创业氛围日益浓厚。广大干部职工苦干实干成为主流，比业绩比贡献成为价值追求，树立了忠诚、干净、担当、实干的正确导向，形成了想干事、能干事、干成事、不出事的良好氛围，各项工作取得突破性进展。

【改革发展再上新台阶】坚定不移把习近平总书记对供销合作社重要指示作为总纲领总遵循，持续用力将综合改革推向深入。一是改革方案加快落地。省委常委会专题研究，在全国率先出台《河北省人民政府关于持续深化供销合作社综合改革助力全面推进乡村振兴的方案》（冀政字〔2021〕13 号），掀起新一轮改革热潮。目前，各设区市和定州、辛集市政府都已出台贯彻落实意见。二是县级社人员机构加快解决。纳入事业单位的县级社占比达到90%。石家庄市编办专门印发通知，将鹿泉、灵寿等9个未定性县级社纳入事业单位，经费纳入同级财政预算。三是五级平台加快建设。以信息化手段整合系统和社会资源，着力打造省市县乡村五级为农服务综合平台，信息化平台已实现试运营。联合省政务办、省建行、省邮政，以邯郸武安、石家庄赵县、邢台信都区等为试点，四方融合共建村综合服务社。全系统建成乡镇为农服务综合体115个、农村综合服务社（中心）4.58万个。

【服务大局展现新作为】围绕保供稳价、脱贫攻坚等中心工作，切实发挥为农服务“国家队”作用。一是做好疫情保供。面对年初突发疫情，全系统闻令而动，迅速行动起来，向实行闭环管理的石家庄、邢台、廊坊等地供应生活必需品27万吨、价值9.4亿元。得到时任省委书记王东峰和全国总社党组书记、理事会副主任韩立平等领导的批示肯定，央视两次直播报道。二是巩固脱贫成果。在62个重点贫困县领办农民合作社9298家，在“扶贫832平台”上线农副产品18433个，线上线下销售扶贫农副产品300亿元。其中承德、张家口、保定等地在京津设立扶贫专区、专柜217个，销售3.08亿元。推广“政银社户保”金融支农模式，累计发放贷款112.18亿元，惠及15万农户。三是加强应急储备。年初调入化肥200万吨，满足了疫情期间春耕农资需求。年内完成化肥储备任务43万吨、农药储备任务2000吨，在下半年农资价格大幅上涨时平稳有序投放。全年实现农资销售总额1207.6亿元，同比增长29.3%。落实省级食盐储备3.4万吨，可满足全省两个月的食盐供应。

【为农服务实现新突破】积极创新和优化供销服务供给，全面融入乡村振兴工作大局。一是积极开展农业生产社会化服务。在农业农村厅指导支持下，以浅埋滴灌节水农业为突破口，组建省现代农业服务公司，大力开展全产业链土地托管服务，完成浅埋滴灌冬小麦种植30万亩，涉及10个市47个县。组建全省农机联盟和农资采购联盟，开展农资下乡和智慧农机服务，完成土地托管面积2347.2万亩、农业生产社会化服务规模5863.7万亩次，同比分别增长52.7%、168.1%。二是积极开展农产品销售服务。实现农产品销售总额1991.5亿元，同比增长18.7%。组建全省农产品电商联盟、农产品销售联盟、物流（冷链）联盟，建立电商平台120家，打造“冀供优品”省级公用品牌，上线产品1035个，培育“承德山水”等区域公共品牌20多个。规划建设全省冷链物流骨干网，7个项目入选省级商贸物流重点项目。在崇礼滑雪场开设“供销优选特色产品体验馆”，成为冬奥会供销展示窗口。三是积极开展农村产权交易服务。加快推进农村产权交易市场信息化、标准化建设，落实资金管理监督等“七统一”管理，初步构建起覆盖全省的农村产权交易市场体系。推广沧州河间、石家庄栾城等地经验，推进土地承包经营权等12类农村产权应进必进。完成土地经营权流转291.14万亩，平均溢价率25.6%；农村集体资产交易204.8亿元，平均溢价率18.2%。

【企业发展跨入新阶段】社有企业发展质量进一步提升，步入健康持续发展快车道。一是调优增量。组建省现代农业服务公司、自贸区大宗商品交易中心、冷链物流公司、城乡发展公司，打造省级为农服务骨干龙头企业；惠信大数据科技金融公司成功运营省金融服务平台、省登记结算平台、小额贷款服务平台等3个平台。承德市社投资3亿元，建成农产品冷链物流产业园。唐山遵化市社联合中农批公司，启动建设京东农产品智慧物流园。二是盘活存量。省社以新合作房地产公司为龙头，整合盐业、农资等房地产企业，统一管理运营；全资控股中商大厦，成功出租并实现资产资本化；盘活冀通农产品市场项目，打造冀东板栗国际交易中心。邯郸市社筹措改制费用3.97亿元，推进12家企业改革改制、资产盘活。衡水市社建成全国棉花交易市场优秀指定交割仓库。三是防控变量。严格执行“三重一大”决策报告制度，落实“五投”“五不投”投资要求，签订违规操作无限连带责任书，建立风险防控长效机制。省社31个社有企业风险点已基本化解27个，依法收回欠款5.83亿元。辛集市社完成11.2万件库存烟花清零任务，清除了安全风险。四是提升质量。选优配强社有企业领导班子，完善公司法人治理结构。加强与央企和各大银行的战略合作，靠大联强、借力发展。省社集团公司重点控参股企业实现营业收入124.8亿元，增长26%；资产总额183.8亿元，增长13%。

（河北省供销合作总社　夏铭玉）

卫生健康

2021年，省卫生健康委全面贯彻党的十九大和十九届历次全会精神，认真落实全国、省“两会”和全国卫生健康工作会议精神，深入拓展党史学习教育成果，始终坚持人民至上、生命至上，胸怀“国之大者”，主动担当作为，奋勇攻坚克难，全身心护佑人民健康，以一份优异的“答卷”庆祝建党百年华诞。

一、全力以赴防控疫情，坚决筑牢首都政治“护城河”

坚持“外防输入、内防反弹”总策略和“动态清零”总方针，大力弘扬伟大抗疫精神，充分发挥牵总协调职责，疫情应急处置科学精准高效，常态化防控有力有序有效。一是快速处置突发疫情。凝聚全系统之力有效处置省外输入性本土疫情，特别是3月以来，多地多发频发输入性疫情，各级卫生健康部门坚决落实“四早”要求，精准开展流调排查、转运隔离、区域管控、全员核酸检测、消毒消杀等，全力诊治患者，每起疫情均得到快速有效控制。二是全面强化常态化防控。制定出台十个常态化 30 项举措，持续完善优化 7 套信息化系统，组建储备 8 支队伍，启动建设方舱医院、健康驿站，不断提升核酸检测能力，规范定点医院管理，全面加强和规范了院感防控工作。三是全力推进疫苗接种。全省适龄人群累计接种 6815.76 万人，累计接种 1.82 亿剂次，接种覆盖率 97.82%；加强免疫累计接种 3593.66 万人，接种完成率 90.52%，初步建立起人群免疫屏障，得到省委省政府充分肯定，并在全国会议上作典型发言。

二、全力抓好冬奥会、冬残奥会医疗防疫保障，展现北京冬奥精神之光

坚决落实“简约、安全、精彩”办赛要求，圆满完成冬奥筹办和赛事期间各项医疗防疫保障任务，在省表彰大会上作了典型发言。一是前期筹办精细到位。申奥成功即筹办，组织制定一系列工作标准和保障方案，建立“关口前移、各方协作、责任到人、全面防控”的疫情防控工作机制。二是赛时指挥扁平高效。牵头组建省医疗防疫分指挥部，抽调系统内 81 名干部专家进驻崇礼，坚守奋战 6 个多月，组织全系统 4082 名医疗防疫专业人员直接提供保障服务。三是疫情防控平稳有序。坚持“三个赛区一个标准”，制定审核医疗防疫相关方案预案、指引流程等 147 个，改造集中隔离酒店，建成专用核酸检测实验室和发热门诊，完成涉奥人员疫苗加强免疫。严格落实分区分级分类全程闭环管理、全员每日核酸检测、规范佩戴 N95 口罩等防疫措施，及时规范处置阳性人员，精准判定管理密接，实现了“五个不发生”目标。四是医疗救治专业规范。构建以赛道医疗站、运动员医疗站、住宿酒店诊疗室为重点，以定点收治医院、集中隔离设施为支撑，以救护车和直升机为转运主体的医疗救治体系，对所有涉奥人员每日进行健康监测，各环节衔接紧密、运转顺畅，所有伤病患者均得到专业高效救治，出色完成了张家口赛区医疗防疫保障任务。

三、用心用情用力办好民生实事，着力解决群众就医防病难题

一是基层基础更加坚实。大力实施基层公共医疗卫生服务惠民工程，基层医疗卫生机构标准化覆盖率达到 90%以上，新建社区卫生服务中心（站）82 个，所有乡镇卫生院与集体产权村卫生室实现“十统一”管理。为基层配备负压救护车 2015 辆、流动核酸检测车 120 台，多轮次开展基层医务人员疫情防控知识培训，基层“哨点”作用和服务能力显著增强。二是医疗机构建设量增质优。谋划实施建设项目 332 个、新增床位 1 万余张，167 个县（市、区）建成市场化运营康复中心 183 所，超额完成既定目标任务。三是医联体建设深入推进。297 家二级以上医院与 2627 家基层医疗卫生机构组建医联体，组建资源共享中心 1565 个，215 家医联体能为 1298 家基层机构提供远程服务，牵头单位派驻医师覆盖所有乡镇卫生院和社区卫生服务中心。四是老年健康服务提能增效。出台《河北省积极应对人口老龄化“十四五”规划和 2035 年远景目标》，启动实施“智慧助老”行动、老年友好型社区创建、老年友善医疗机构建设和医养结合优质服务单位遴选活动，全省医养结合机构增加到 427 家，比上年增加 51 家。五是妇幼健康和托育服务供给持续增加。确定星级婴幼儿照护服务机构 160 家，全省可提供托位 9 万多个。孕妇无创产前基因免费筛查全省覆盖，群众多样化健康需求日益得到满足。

四、聚焦短板弱项，坚持统筹兼顾，卫生健康事业改革发展成果更加坚实

立足新发展阶段，完整准确全面贯彻新发展理念，推动卫生健康事业加快融入新发展格局。一是京津冀协同发展和雄安新区规划建设进入新阶段。3 个国家区域医疗中心项目稳步实施，雄安宣武医院等重大工程建设进展顺利，首批疏解医院项目在新区选址落位，国家医学中心建设进入倒计时。二是深化医改走深走实。出台《推动公立医院高质量发展的实施意见》等系列政策文件，狠抓药品保供稳价、集中带量采购等用药管理政策落实，启动建设 4 个省级区域医疗中心，二级公立医院和妇幼保健院绩效考核全省覆盖。保定唐县因公立医院改革成效显著受到国务院真抓实干表彰。统筹编制 1+5“十四五”规划和一批专项规划，制定疾控体系改革方案，新建互联网医院 15 家、国医堂 300 家，国医堂覆盖率达 92%。三是优化生育政策落地落实。修订《河北省人口与计划生育条例》，将生育、养育、教育一体考虑，出台实施配套支持措施，减轻生育家庭负担。全面实行生育登记制度，累计三孩生育登记 39379 人。四是健康河北建设稳步推进。连续两年在国家试考核中获得“优秀”等次，健康河北行动纳入省管领导班子和领导干部政绩考核。全域创建卫生城镇，居民健康素养水平提高到 26.82%。有效落实重大疾病防控措施，艾滋病疫情保持低流行态势，结核病患者管理保持在 90%以上。持续强化食品安全标准管理和风险监测。在全国率先开展职业健康达人、企业创评活动。圆满完成健康扶贫攻坚任务，全力推进巩固拓展健康扶贫成果同乡村振兴有效衔接。

五、扎实开展党史学习教育，从百年党史中汲取智慧和力量，全面提升卫生健康治理能力

一是重点项目资金稳步增长。全年落实省以上财政转移支付 82.47 亿元，较上年同口径增长 4.84 亿元，增幅 6.2%；完成固定资产投资 265 亿元，增速为 26.6%，位列全省主要行业第二名。二是法治建设全面加强。出台重大行政决策专家咨询论证和“三重一大”事项决策后评估办法，法律顾问和公职律师全面参与政府采购、重大执法等工作，确保行政行为全程合法。三是“放管服”改革持续深化。编制全系统行政许可和政务服务事项标准化要素实施清单，实现省市县乡村同一事项“五级四同”。省本级行政许可的25个主项、99个子项网上可办率100%，实现服务“零投诉”。四是监督执法力度不断加大。组织开展消毒产品、医疗美容等专项整治行动，全省立案5791起，罚没 1156.32 万元；集中开展治理“红包”、回扣专项行动和打击非法应用人类辅助生殖技术专项整治，有力维护保障了群众健康权益。

2021年，全委深入学习宣传贯彻党的十九届六中全会精神，大力弘扬伟大建党精神，忠诚捍卫“两个确立”、增强“四个意识”、坚定“四个自信”、做到“两个维护”。坚决落实全面从严治党战略部署，加强政治机关建设，严格落实中央八项规定及其实施细则精神，深化纠正“四风”和作风纪律专项整治，着力为基层减负。深入开展“6+1”联动监督“回头看”，自觉接受人大四项联动监督和政协民主监督，人大代表建议和政协提案办理满意率保持100%。扎实推进人事管理、科技教育、舆论宣传、国际合作、干部保健、离退休干部服务等工作，生物安全防控工作体系建设成效明显，主题宣传和健康科普接地气、入人心，关心关爱医务人员政策措施落地落实，全系统安全稳定形势持续向好。

（河北省卫生健康委员会　陈泽斌）

自然资源管理

【资源概况】全省 2020 年度国土变更调查主要地类数据如下：耕地9017.01万亩，种植园用地1506.21万亩，林地9643.27万亩，草地2906.03万亩，湿地211.75万亩，城镇村及工矿用地3179.74万亩，交通运输用地624.11万亩，水域及水利设施用地 858.70 万亩，剩余为其他土地。

河北省矿产资源丰富，截至 2021 年底，河北省已发现矿产159种（含亚矿种），其中有查明资源量的矿产133种，无查明资源量的矿产26种，列入《河北省矿产资源储量表》的矿产 94 种。列入《河北省矿产资源储量表》的矿产地1560处，调减矿产地3处，新增矿产地33处（其中新增矿产地1处，原有矿产地新增共伴生矿产32处）。按矿产大类划分：能源矿产167处、金属矿产911处、非金属矿产482处。按资源量规模划分：大型矿产地213处，中型矿产地369处，小型矿产地978处。

煤炭保有资源量227.24亿吨，铁矿保有资源量94.99亿吨，金矿保有资源量304.80吨（金属量），钼矿保有资源量86.08万吨（金属量），水泥用灰岩保有资源量52.57亿吨，冶金用白云岩保有资源量12.44亿吨。

河北省地处环渤海核心地带，沿海地区毗邻京津、连接三北（西北、华北、东北），海洋区位条件独特，现有3个沿海市和15个沿海县（市、区）。全省大陆海岸线长487公里，管辖海域7200多平方公里，在沿海11个省区市中排名第9位。沿海分布有菩提岛、龙岛等砂质无居民海岛，海岛陆域面积 36 平方公里。河北省沿海属于暖温带湿润大陆性季风气候，四季分明，地貌和海岸线类型多样，山海相连，有基岩、砂质、淤泥岸线，景色优美，人文资源丰富，构成了沿海独特的旅游资源，现有秦皇岛山海关、港城、北戴河及昌黎黄金海岸和唐山湾“三岛”等风景区。河北省沿海地区有曹妃甸等优良港址资源，海岸线开发程度较高，主要利用类型有渔业、交通运输、工业、城镇、旅游、矿产与能源。

【服务经济社会发展】全力做好资源要素保障，服务保障重大国家战略实现新突破。研究制定土地要素精准保障10项措施，全年供应建设用地44.61万亩，累计为682个省重点项目供应建设用地31.34万亩，出让海域2.56万亩，有力保障了临空经济区、怀来大数据基地、涿州文化产业园、唐山LNG项目等一大批重点项目，河北日报、中国自然资源报多次头版头条专题报道。积极做好雄安新区用地保障，支持重点片区和工程建设。专项下达脱贫县用地指标 2.7 万亩，林草资金34.87亿元，安排生态护林员补助资金2.99亿元；通过支持政策为脱贫县创收 118.03 亿元；提前 40天完成8.37万套易地扶贫搬迁安置住房不动产登记任务，脱贫攻坚成果得到有效巩固拓展。塞罕坝机械林场被党中央、国务院授予“全国脱贫攻坚楷模”荣誉称号，河北省自然资源厅国土整治中心、康保县自然资源和规划局等单位被省委、省政府表彰为脱贫攻坚先进集体。

【生态文明建设】践行“绿水青山就是金山银山”理念，深入推进生态支撑区建设。全面建立五级“林长制”。完成营造林630万亩、退化草原修复治理42.37万亩，分别是年度任务的 105%和 118%。在雄安新区建成国内最大的城市郊野公园。37个市县成功创建省级森林城市，我省成为全国创建森林城市数量最多、成效最显著的省份。塞罕坝机械林场二次创业扎实推进，获得联合国防治荒漠化领域最高荣誉“土地生命奖”。“十三五”省级政府防沙治沙目标责任期末综合考核，河北省考核等级为工作突出，获得国家林业和草原局通报表扬。

责任主体灭失露天矿山迹地综合治理。坚持宜林则林、宜耕则耕、宜草则草、宜建则建、宜景则景，分类采取修复绿化、转型利用、自然恢复等措施，2021年完成责任主体灭失矿山迹地修复治理 625 处、9.04 万亩。全省4330处责任主体灭失矿山迹地全部修复治理完毕，修复治理面积达30万亩以上。在2021年全国生态修复工作会议上介绍了矿山综合治理经验。省委书记王东峰就矿山修复治理批示“此事成效大，值得肯定”。《人民日报》《中国自然资源报》《中国矿业报》等数十家省级以上媒体进行了宣传报道。

海洋生态修复工作。海洋生态修复历史遗留项目全部处置到位，截至 2021 年 6 月，25 个 2013 年以来未按期完工的历史遗留海洋修复项目全部竣工，走在全国前列。完成 13 个渤海综合治理攻坚战治理项目任务，共修复岸线 17.32 公里、修复滨海湿地 1243.35 公顷，超额完成国家下达的 14 公里岸线和 800 公顷湿地修复目标任务。

海洋生态修复工作。海洋生态修复历史遗留项目全部处置到位，截至 2021 年 6 月，25 个 2013 年以来未按期完工的历史遗留海洋修复项目全部竣工，走在全国前列。完成 13 个渤海综合治理攻坚战治理项目任务，共修复岸线 17.32 公里、修复滨海湿地 1243.35 公顷，超额完成国家下达的 14 公里岸线和 800 公顷湿地修复目标任务。

国土空间生态修复规划编制。印发《河北省国土空间生态修复规划（2021-2035 年）编制工作方案》《关于推进县市级国土空间生态修复规划编制工作的通知》《市县级国土空间生态修复规划编制指南（试行）》，依托河北省国土整治中心，组建工作专班、明确编制团队、专家团队，开展专题调研、培训辅导等，全面启动三级国土空间生态修复规划编制工作。

海水淡化能力大幅提升，跃居全国第三位，提前完成国家下达的 5000 万吨“淡化水”替代“地下水”目标任务。

【自然资源重点领域改革】聚焦“两统一”职能定位，积极完善管理体系框架，推进重点领域改革。一是国土空间规划体系基本建立，省级国土空间规划完成文本、图件和 38 项专题研究等成果，全国第 6 个完成公示；各市县均形成较为成熟的总体规划成果；1446 个乡镇、15229 个村庄规划编制单元，全部形成规划初步成果。“三条控制线”划定有序推进，圆满完成生态保护红线评估调整方案并上报。二是认真履行全民所有自然资源资产所有者职责，圆满完成塞罕坝国家级自然保护区等 14 个区域自然资源地籍调查；组织实施了重点区域自然资源确权登记、全民所有自然资源资产所有权委托代理机制等 5 个试点。受省政府委托，首次向省人大常委会专题报告了 2020 年度全省国有自然资源资产管理情况。三是高质量完成第三次国土调查、2020 年度国土变更调查和海岸线修测等重点任务。圆满完成全省 11 个重点矿种 872 个调查矿区内、外业调查，并通过省级全面质量检查验收。矿产资源储量统计质量监控工作在全国会议上作典型发言。四是“十四五”专项规划成果丰硕，高标准完成自然资源、海洋经济发展、地质灾害防治、基础测绘等 4 个省级专项规划编制，矿产资源总体规划上报自然资源部。

【自然资源保护与利用】严守耕地保护红线。一是建立耕地卫片监督工作机制，印发《耕地卫片监督工作方案》，定期监督耕地转为林地、园地等其它农用地，组织各地对 3287 个疑似问题图斑进行核实整改。二是以“三调”数据为基础，对“二调”至“三调”“十三五”期间以及永久基本农田划定后耕地流向进行全面摸底。三是与河北省林业和草原局联合印发《关于坚决制止违规占用耕地绿化造林行为的紧急通知》，排查出违反政策占用耕地绿化造林 551 亩，年底前全部复耕到位。积极配合自然资源督察北京局开展耕地“非农化”“非粮化”督察。四是组织对全省耕地保护责任目标履行情况进行自查，代省政府起草自查报告并上报自然资源部等三部门。五是印发《关于做好重大建设项目补划永久基本农田问题图斑核实整改工作的函》，组织各地完成对 26 个经国务院批准项目补划永久基本农田的补划整改。印发《关于加快推进永久基本农田核实整改补足和城镇开发边界划定工作的通知》，优化永久基本农田布局，完成国家审计发现问题整改。六是大力推进补充耕地任务落实，全省土地整治项目立项 720 个，验收 597 个，实现新增耕地 22.3 万亩。

狠抓土地节约集约利用。印发《关于全面做好 2021 年批而未供和闲置土地盘活利用工作的通知》，采取定期通报、专项督导、内业对比核实等措施，强力推进批而未供和闲置土地盘活利用，全省共盘活处置批而未供土地 13.7 万亩、闲置土地 1.85 万亩，处置率在全国 31 个省（市、区）分别排第 6 位、第 3 位，受到自然资源部通报表扬，省委书记王东峰对闲置土地盘活利用成效给予充分肯定，批示“此项工作成效突出”。印发《河北省开发区用地审核规范》，配合相关部门先后完成 7 家开发区扩区、4 家开发区调区、2 家国家示范物流园区和 1 家省级高新区设立用地审查工作。研究制定《严格建设用地管控若干措施》，从规划管控、土地征收、用地审批、批后监管、督导问责等 5 个方面，提出 16 条具体管控措施，推进实施建设用地减量化发展，全面提升土地利用质量效益。组织各地全面开展城镇基准地价更新，城镇标定地价、集体建设用地和农用地基准地价制定工作。截至年底，全省 10 个设区市本级和 143 个县（市、区）完成成果验收工作，城乡公示地价体系建设工作走在全国前列，受到自然资源部通报表扬。切实加强房地产用地调控和土地开发利用监测监管，持续推进“河北省国土空间基础信息平台-自然资源开发利用管理系统”开发建设。

扎实推进矿山综合治理。严格执行产业负面清单，停止新上露天矿产采矿权审批和已有露天矿山扩大矿区范围审批，全年未新批露天采矿权。配合煤炭去产能，没有在平原区新批煤炭矿业权。没有在生态保护红线、永久基本农田、城镇开发边界、自然保护区、风景名胜区、饮用水水源保护区、地质遗迹保护区、文物保护单位的保护范围内和铁路、高速公路国道两侧1000米范围内新批固体矿产矿业权。严格落实《河北省2021年度矿山综合治理工作方案》，按照年度矿山综合治理目标、时限和保障措施，严控新增矿产开发项目，超额完成矿山关闭任务。进一步明确矿山整合重组原则、目标和审批程序，全省382个整合区整合重组实施方案全部完成编制。按照“能转尽转、科学开采”的原则，22个符合条件露天矿山完成转“硐采”。

违法违规用地得到有效整治。对自然资源违法违规问题保持高压打击态势，对重大典型案件进行实地盯办督办，严厉查处违法违规行为，全年新增违法用地同比下降50%以上。从严查处新增乱占耕地建房行为，组织力量认真排查农村乱占耕地建房问题，在全省开展6轮核查督导，对新增问题比较突出和整改推进缓慢的8个市县政府进行警示约谈，发现一起，坚决查处一起。依法依规处置举报线索，及时对所有线索进行了类处置，直接查处和现场核查30多件，河北省自然资源厅督办12件，交市级自然资源管理部门依法依规办理3447件，依法依规答复举报人11件，全部得到有效处置，因线索处置引发行政复议8起、行政诉讼5起，行政复议无一起驳回，行政诉讼无一起败诉，违法线索办理和执法案卷评查受到自然资源部通报表扬。

严格海域海岛管理。切实加强海岸线保护与利用管理，严禁建设项目占用自然岸线，全年未审批占用自然岸线的围填海、永久性建筑物、开采海砂、设置排污口等项目，确保全省自然岸线长度不减少。积极推进海岸线修测工作，补充完善海岸线数据信息，完成疑难岸段的位置界定，对43个岸段位置进行了修正。系统梳理河北省海岸线利用现状，评估岸线生态功能状况，对全省海岸线分类保护、节约集约利用、海岸线用途管制、海岸线占补平衡、海岸线整治修复手段等方面进行探讨研究。高效优质办理用海审批工作，积极做好海域资源要素保障，全年省级完成海域使用论证15宗，用海预审22宗。加强海域海岛使用事中事后监管，坚持更为严格的无居民海岛保护与管理，开展无居民海岛现状调查、生态评估，编制《河北省无居民海岛现状调查与评估项目工作方案》。开展无居民海岛数量、形态变化、开发利用、植被覆盖等四要素监测和全省海域海岛资源承载能力监测评估，为全省海域海岛精细化管理提供了决策依据。

【营商环境优化】持续提升不动产登记便利度。出台不动产登记网上预约办、电话咨询办、绿色通道办等创新举措，各市县一般登记、抵押登记办理时间全部压缩至3个工作日以内，查封登记、异议登记、抵押权注销登记即时办结。实施“互联网+不动产登记”，建立“网上（掌上）登记中心”，通过互联网受理不动产登记业务。推进不动产登记信息共享集成，统一为市县提供省级以上存储的自然人身份、统一社会信用代码等8个部门20类信息共享核验。建设不动产登记电子证照库，统一签发全省不动产登记电子证书84.1万余本，电子证明27.5万余份。处置解决“登记难”问题项目401个、房屋13.01万套。《不动产登记领域“我为群众办实事”实践活动》解读被评为全省政府系统“政策宣传解读工作创新案例”十佳案例，《永不停步——河北省不动产登记便利度纪实》被评为省直机关“创先争优”典型案例优秀奖。

深化“放管服”改革。全面开展规划用地“多审合一、多证合一、多测合一”改革，实现用地预审与选址合并、用地规划许可和用地批准合并。简化用地审批流程，实行并联审批，省厅审查时间压缩到8个工作日以内。全面推行网上审批，减环节、减材料、压时限，不断提高行政审批质量和效率，简化合并矿业权审批、变更等流程，取消规划编制、地质灾害防治、测绘三个方面共8项丙级和丁级资质审批。向省自贸区下放9项、向国家级开发区下放4项省级行政许可，在全国率先实行海域使用权立体分层设权。实行清单动态管理，编制公开厅行政权责清单、行政执法事项清单、行政审批中介服务事项清单等，做到清单之外无权力、清单之外无审批。推动地理信息“放管服”改革，指导各地完善地理信息安全保密和档案管理制度体系，提升基础测绘成果服务保障能力。

强化测绘地理信息支撑保障。通过公告形式向社会公布2021版地理信息数据资源，涵盖地形要素数据（DLG）、国家测绘基准成果、数字正射影像数据（DOM）、数字高程模型数据（DEM）、数字地表模型数据（DSM）、三维基底数据等6种形式的14类地理信息数据资源，全年提供各类地理信息成果数据共计41TB。升级“天地图·河北”门户主页、在线服务系统、运维管理系统、开发中心等，构建了与国家节点的一体化地理信息在线服务功能体系，数据日均调用超过2640万次，连续9年被国家评为最高级别“五星级”。全力做好领导办公用图保障，先后为中办、国办、省委、省政府紧急提供地图服务16批次，为领导决策提供了高效地理信息保障，得到了部、省领导肯定。8月中央主要领导同志赴承德、塞罕坝等地调研，组织专门力量及时高效地提供了现势性强的各类地图，自然资源部发来感谢信予以肯定。在全国率先实行地理信息安全保密网上免费培训，经验做法被自然资源部《内部要情》225期刊介，《中国自然资源报》予以详细报道。圆满完成河北地信集团组建。沧州市获批时空大数据平台建设全国试点城市。

积极推进自然资源领域立法。配合省人大高标准、高质量开展立法工作，自觉接受省人大及其常委会监督，确保各项工作任务得到有效落实。《关于加强矿产开发管控保护生态环境的决定》2021年5月1日起实施；《河北省土地管理条例》修订草案提请省十三届人大常委会第二十七次会议审议；《河北省实施〈中华人民共和国测绘法〉办法》修订进展顺利；组织开展《雄安新区生态保护红线管理办法》立法书面调研；配合自然资源部完成2次《密云水库水源保护条例》立法调研。制定《法律顾问聘用规定》，确立法律顾问驻厅制度，面向全国选聘法律顾问，为重大行政决策提供法律意见，积极参与规范性文件起草论证，协议、合同审核和复议、诉讼等工作。

【安全稳定】扎实做好防灾减灾。加强地质灾害防治，印发《关于做好2021年地质灾害防治工作的通知》和《关于加强汛前地质灾害防治工作的通知》，组织召开全省汛期地质灾害防治、信访稳定和安全生产工作视频会议，对全省地质灾害防治工作进行安排部署，提出明确要求。统筹推进疫情防控，围绕新建高速公路沿线、山区乡村道路两侧、山区农村切坡建房、景区玻璃栈道、山区别墅区、异地扶贫搬迁集中安置区等区域，组织开展全域地质灾害隐患拉网式核查排查，会同省文化旅游厅联合开展红色旅游景区地质灾害隐患排查，进一步摸清全省地质灾害隐患底数和现状，全面落实群测群防措施，建立地质灾害隐患点管理台账，逐点制定防灾预案，向所有受地质灾害威胁的单位和群众发放防灾责任卡和防灾明白卡，实现地质灾害隐患点群测群防全覆盖，压实各级政府及有关部门地质灾害防治责任，组织开展汛期地质灾害防治工作督导及专家驻守，连续8年无人员伤亡和重大财产损失。全力做好森林草原防火，草原实现零火灾，森林火灾发生7起，同比减少近50%，无重大森林火灾和人员伤亡事故，连续2年实现重要时间节点“零火情”。积极做好海洋灾害预警预报，有效应对台风“烟花”过境。认真履行安全生产责任，扎实开展安全生产大排查大整治等行动。集中治理重复信访，进京访、进京集体访、来省访、来省集体访实现“四下降”。持续推进扫黑除恶专项斗争，摸排移交自然资源领域涉黑涉恶线索9条。

【全面从严治党】把抓好党建作为最大的政绩，全面贯彻落实《中共中央关于加强党的政治建设的意见》，第一时间跟进学习习近平总书记发表的重要讲话、作出的重要指示批示，制定贯彻落实意见，明确责任狠抓落实，始终在政治上思想上行动上同以习近平同志为核心的党中央保持高度一致，始终做到“两个维护”，不断加强思想政治建设。各级党组织认真落实主体责任，坚持把党建工作与中心工作同谋划、同部署、同考核。驰而不息纠正“四风”，严格执行中央八项规定精神，严格落实意识形态工作责任制，巩固深化巡视整改成果，及时通报违纪违法案件，开展经常性政治性警示教育。河北省自然资源厅机关以“人民满意、纪律严明、事争一流”为主题，集中开展作风纪律专项整顿，全厅作风持续向上向好，30多项工作在国家或全省获得表彰，取得佳绩。持续为基层减负，全年向市县印发政策性文件107件。深入扎实开展巡察工作，严格落实巡察反馈问题整改。在全系统共同努力下，提前完成省主要领导经济责任与自然资源资产离任（任中）审计交办问题整改。从严管党治党，开展常态化政治性警示教育，严格执纪问责，2021年以来，驻厅纪检监察组和河北省自然资源厅机关纪委立案12件，给予9人党纪处分、2人政务处分，良好党风政风得到进一步巩固和拓展。坚持和加强党的全面领导，圆满完成机关“两委”换届，工会、妇联、团委、老干部等工作得到全面加强。

【党史学习教育】全系统把开展党史学习教育作为一项重大政治任务，深入开展“四史”宣传教育和“永远跟党走”群众性主题宣传教育活动。坚持学党史、悟思想、办实事、开新局，各级党组织发挥组织带动作用，广泛采取集中学习、专题讨论、深度自学、专家辅导、“三级书记讲党课”等形式，开展理论学习；综合运用观看视频影像、革命传统教育、典型事迹宣讲、实地参观学习、重温入党誓词等方式，开展教育实践活动，先后就学习贯彻“七一”重要讲话、党的十九届六中全会精神等内容组织集中宣讲辅导，认真学习贯彻习近平总书记到承德市考察调研时重要指示精神，印发贯彻落实意见。开展“缅怀革命英烈•传承红色基因”活动，在“天地图•河北”上线红色资源线路图，动态展示191个主要红色地标和80条红色线路。深入扎实开展“我为群众办实事”实践活动，21项利民便民惠民举措取得突出成效。

【创先争优】河北省经国务院备案围填海面积居全国之首。省厅预算绩效管理工作考核位列省直部门第一，决算工作被评为优秀省直部门。全省地质灾害和海洋灾害调查进度全国第一。唐山建设用地节约集约利用试点经验做法在全国推广；邢台批而未供土地盘活利用全省第一，闲置土地实现清零。邯郸市矿山减量化工作受到省委、省政府通报表扬。张家口不动产登记工作被省“两办”通报表彰。唐山、沧州两市自然资源和规划局被评为全国自然资源系统“七五”普法工作先进集体。承德市局被评为“河北省国土绿化突出贡献单位”。石家庄市在全国范围内首次提出“建筑风貌容积率”概念，将容积率指标和景观风貌品质挂钩。保定市在全省率先推出“交房（地）即交证”改革。秦皇岛地质灾害防治成效明显，在全省率先探索建立了“全局动员、分区负责、责任到人、直插到底”的防控新模式。衡水市执法监管平台建设工作走在全省前列，廊坊市三河市执法案卷被自然资源部评为全国优秀案卷。定州市自然资源和规划局深入开展“我为群众办实事”实践活动，全年解决群众急难愁盼问题2896件。张家口市宣化区古生物化石发掘取得重大突破，发现“王氏亚洲龙”新恐龙遗迹，恐龙足迹5000多个，并与硅化木共生，规模之大国内罕见。全系统人大联动监督工作成效显著，得到省人大领导充分肯定。

（河北省资源管理厅　杨淑梅）

农村经济发展及调控

一、2021年发展情况及成效

2021年，全省上下深入学习贯彻习近平总书记重要讲话精神，以实施乡村振兴战略为总抓手，强基础、固根本，补短板、抓提升，克服局部疫情和秋涝影响，全省农业农村经济保持稳中向好、稳中向优的良好态势，主要经济指标强于同期、好于往年，“三农”压舱石作用更加凸显。初步核算，第一产业增加值4030.3亿元，增长6.3%；农村居民人均可支配收入18179元，增长10.4%，完成全年任务目标。主要成效概括为六个“显著”。

（一）重要农产品保障能力显著增强。粮食生产再获丰收，全年播种面积9643.5万亩，总产达765亿斤以上，超额完成国家下达目标任务。蔬菜水果肉类禽蛋水产品等“菜篮子”产品产量保持稳定增长。奶牛养殖场规模化率、智能化率全国第一；牛奶产量498.4万吨，增长3.1%，乳制品产量连续七年全国第一。猪牛羊禽肉产量461.0万吨，增长10.9%。其中，猪肉产量265.7万吨，增长17.1%；牛肉产量55.8万吨，增长0.5%；羊肉产量33.9万吨，增长8.2%；禽肉产量105.6万吨，增长3.5%。蔬菜播种面积1221万亩，增长1.3%；蔬菜总产量5284.2万吨，增长1.7%。园林水果产量1058.5万吨，增长2.6%；食用坚果产量64.3万吨，增长12.8%。主要农产品价格运行总体平稳。

（二）乡村产业发展质量显著提升。集中打造高端乳品、中药材、食用菌等12个农业特色产业集群，建成全国最大的越夏香菇、优质梨、酸枣仁等一批特色农业基地，打造了大运河、滹沱河、草原天路、红河谷等一批休闲农业示范带。省级以上农产品区域公用品牌达105个，进入全国第一方阵，农业标准化生产率达72%。建成国家现代农业产业园7个、国家农村产业融合发展示范园3个、国家级农业产业强镇49个，省级现代农业园区总数达到231个，年产值10亿元以上农产品加工产业集群达到87个。农业新产业新业态加快发展，全省农村网络零售额达1211亿元，休闲农业和乡村旅游综合收入达100亿元。

（三）乡村基础设施水平显著改善。乡村基础设施建设投入不断加大，新改造户厕141万座、卫生厕所普及率达80%，建设公厕2.15万座；城乡一体化生活垃圾处理体系基本实现行政村全覆盖；新建生活污水无害化处理设施覆盖10575个村庄，累计覆盖率80%。成线连片、高标准建设2000个美丽乡村。全省631个农宅空置率30%-50%的“空心村”基本完成治理。新建及改造农村电网线路1.5万公里。86个县建成760个农产品仓储保鲜冷链物流设施，47个县实施农村生活水源江水置换工程，受益人口818万。

（四）巩固脱贫成果取得显著成效。防返贫机制进一步健全，“两不愁三保障”成果更加巩固，2021年以来未发生规模性返贫致贫问题。易地扶贫搬迁安置区累计建成配套产业园区（项目）588个，5.01万名有劳动能力和就业意愿的劳动力全部实现转移就业，330个集中安置区全部完成基本管理单元设置。62个脱贫县全部纳入乡村振兴重点帮扶县，特色产业招商签约项目212个、签约额710亿元，脱贫地区产业发展后劲不断增强。

（五）重大生态建设质量显著提高。出台《白洋淀生态环境治理和保护条例》，印发《关于做好洪涝灾害灾后重建工作的指导意见》，南拒马河右堤等4个项目主体工程汛前完成，基本形成雄安新区起步区200年一遇防洪保护圈。实施生态补水58亿立方米，夏季滹沱河、大清河（白洋淀）627公里河道全线贯通，永定河实现全线通水。完成营造林630万亩、退化草原修复37.2万亩，雄安郊野公园建成使用。张家口首都“两区”建设扎实推进，取得阶段性成效。冀蒙两省区建立了察汗淖尔生态保护协作机制。完成全省36个国家级重要生态保护区违规违建排查整治。

（六）农业农村改革进度显著加快。扎实开展第二轮土地承包到期再延长30年试点，完成确权颁证面积8407.8万亩，已确权颁证农户1278.3万户。定州市等4个国家级农村宅基地改革试点编制完成实施方案，81个试点村改革先行推开。农村集体经济加快发展，集体经济收入5万元以上的村达到70%以上，新型农业经营主体不断壮大，农村金融改革稳步推进。

二、2022年重点任务和举措

2022年是落实“十四五”规划的关键之年，也是实施河北省乡村振兴战略第一个五年规划的收官之年，做好“三农”工作意义重大。做好2022年的农业农村工作，在扎实开展抓投资上项目促发展的基础上，重点突出“稳、优、美、绿、准、深”六个字，实施农产品产能提升、农业结构调整、乡村建设、生态建设、脱贫成果巩固拓展、农业农村改革等六大行动。

（一）突出稳，实施重要农产品产能提升行动。一是稳定粮食综合生产能力。落实国家下达我省2022年粮食生产目标任务，实施优质粮食示范区创建、高标准农田建设等工程，新建旱涝保收高标准农田360万亩，同步发展高效节水灌溉120万亩，建设强筋小麦、旱碱麦、优质谷子等示范区714万亩。加强优良节水品种和先进技术推广应用，健全农作物病虫害防治体系，夯实粮食增产基础。二是大力发展现代种业。组织实施《河北省种业振兴行动实施方案》，扎实推进农业种质资源普查工作，强化种业科技创新，加强种业企业扶优，提升种业基地能力，促进种业市场净化，组织实施南繁科研育种基地、畜禽种业水平提升等现代种业工程项目，加快种业强省建设步伐。三是强力推动奶业振兴。持续推进优质奶源基地建设，巩固扩大饲草基地面积，新建一批现代化规模养殖场，生鲜乳产量达到520万吨。谋划建设一批乳制品加工项目，提升乳品加工能力，增强奶业全产业链竞争力。整顿规范奶业市场，确保乳制品质量安全。

（二）突出优，实施农业供给侧结构性改革行动。一是发展特色优势农业。全力打造优质专用小麦、精品蔬菜、道地中药材等 15 个特色优势产业集群，新增优质专用粮食 104 万亩、特色优质作物 101.5 万亩，打造高端品牌 80 个。建设太行山核桃、燕山板栗、太行山和黑龙港流域枣、张承地区仁用杏四大传统优势产业集群。布局建设 117 个规模化京津“菜篮子”生产基地、10 个粤港澳大湾区“菜篮子”生产基地。二是推进乡村产业融合。持续实施重点园区崛起工程，加快推进 30 个省级园区、100 个市级园区和 230 个县级园区（精品基地）建设。加快实施农产品加工带动工程，新增年产值超 10 亿元农产品加工集群 13 个，产值超亿元中央厨房企业达到 30 家以上，全省农产品加工业总产值达到 7200 亿元以上。休闲农业和乡村旅游人次达到 4840 万人次，综合收入达到 64.5 亿元。落实省委、省政府《关于开展“三基”建设年活动的意见》和《加强基层产业体系建设实施方案》，实施农村产业融合发展示范园建设，打造农村产业融合发展示范样板和平台载体。三是加快农业数字化建设。以辛集市等 4 个国家级试点和栾城区等 15 个省级试点为重点，加快乡村信息基础设施和农业生产、农产品质量安全、乡村治理等数字化建设。推进智慧农业产业化示范县建设，建设农作物智能农事管理和农业数据资产体系，打造智慧种植农业新模式。提升滦平县等 3 个国家农村产业融合示范园数字化水平。四是提高农产品质量安全水平。健全以省为龙头、地市为骨干、县乡为基础的农产品质量安全监测网络，确保不发生重大农产品质量安全事件。

（三）突出美，实施乡村建设行动。一是优化村庄规划布局。按照农村新型社区、美丽乡村精品村、美丽乡村、人居环境达标村、人居环境未达标村、规划撤并村等 6 类标准，优化村庄分类，逐村制定改善提升方案，压茬推进、梯次发展。二是加快农村人居环境整治。推进农村人居环境整治提升五年行动，改造农村卫生厕所 65 万座、新建公厕 1 万座。新建 2000 个美丽乡村，实施 700 万农村居民江水置换方案，确保南水北调受水区农村居民全部喝上长江水。三是推进乡村振兴示范区创建。巩固提升 50 个、布局新建 10 个省级示范区，围绕特色产业发展、美丽乡村建设、盘活资产资源等开展政策集成创新，探索模式路径，示范引领全省乡村振兴。四是加大农村基础设施改造提升。实施农村电网巩固提升工程，新建（改造）农村电力线路 10000 公里以上。持续加强农村“四好”公路建设，大力推广农村清洁能源，抓好通信线路和广播电视线路治理。合理设置农村电商服务站点，畅通商品进出村通道。合理布置农村供水管网，逐步实现自来水全面入户、安全达标。推进石津等大型灌区的续建配套与现代化改造，提高灌区供水能力和保障率。加快推进雄安新区防洪、病险水库除险加固、中小河流治理等工程建设进度，补齐水利防洪排涝短板。继续推进大陆泽、宁晋泊等蓄滞洪区建设工程前期工作，力争 2022 年开工建设。

（四）突出绿，实施重大生态建设提质行动。一是推进国土绿化。突出“两山、两翼、三环、四沿”重点区域，大力实施绿化攻坚工程，实施国家“双重”规划燕山山地、太行山东麓等林草区域性系统治理项目，全年完成国土绿化 336 万亩（含种草 36 万亩），森林抚育 300 万亩。二是加快地下水超采治理。落实落细“节引调补蓄管”措施，实施引江引黄调水、扩容增蓄。有序实施农业种植结构调整，稳步扩大高效节水灌溉面积，推进城镇节水降损，压减地下水超采量 8.7 亿立方米，全部完成压采任务，从整体上扭转地下水位下降趋势。三是开展草原湿地生态治理。抓好察汗淖尔湿地自然保护区保护与恢复。严格落实草原禁牧、休牧制度，加强草畜平衡监管，加快恢复坝上地区草原生态。合理安排白洋淀、衡水湖等湿地生态补水，增强全省水生态安全保障水平。四是加强农业面源污染治理。推进规模养殖场粪污处理设施提档升级，全面推进畜禽粪污资源化利用，白洋淀流域养殖场粪污处理设施全部达到二级以上水平，全省畜禽粪污综合利用率达到 81%。持续推进化肥减量增效，大力推广测土配方施肥。完善秸秆收储运体系，开展地膜科学使用与回收示范区创建。五是加快张家口首都“两区”建设。持续推进永定河综合治理与生态修复等重点工程，加快乌拉哈达水利枢纽工程前期工作。推动京冀签署密云水库上游潮白河流域生态补偿第二期协议。加快建设京张体育文化旅游带，大力推进后奥运经济，高质量发展冰雪、新能源、大数据等绿色产业。

（五）突出准，实施脱贫攻坚成果巩固拓展行动。一是加强防返贫监测帮扶。建好用好全省防返贫监测和帮扶工作信息系统，因人因户实施帮扶救助，切实防止返贫致贫。健全控辍保学、防止因病返贫致贫、保障农村住房安全、巩固饮水安全四项工作机制，巩固提升“两不愁三保障”成果。二是加大开发式帮扶。推进“一县一业、一村一品”，促进帮扶产业提档升级。开展“春风行动”和帮扶车间提升行动，强化职业技能培训和就业服务保障，用好乡村公益岗位，促进脱贫劳动力稳岗就业。健全科技帮扶“团、站、员”服务体系，发挥科技特派员和产业发展指导员作用，加快农业科技推广和转化。三是强化易地搬迁后续扶持和消费帮扶。加大集中安置区产业就业帮扶和社区管理服务，抓好消费帮扶产品认定，加快推进消费帮扶专柜、专馆、专区建设，支持农产品流通企业、电商、批发市场与县域特色产业精准对接。四是积极开展包联帮扶。以原10个深度贫困县206个深度贫困村为重点，继续开展“五包一”“三包一”帮扶，保持结对关系不变、帮扶力度不减。强力实施“万企兴万村”行动，建好村企结对帮扶台账，用好社会帮扶资金，扎实推进共同富裕。

（六）突出深，实施农业农村改革行动。一是深化农村宅基地改革试点。加快定州市等4个国家级试点宅基地“三权分置”改革，形成一批可复制、能推广、惠民生、利修法的制度创新成果。创建100个增减挂钩集约用地示范村、100个乡村旅游民宿示范村、100个促进乡村产业发展示范村。二是深化农村集体经济改革。引导支持村集体经济组织领办合办农民合作社、社会化服务组织，多措并举增加农民收入，2022年集体经济收入5万元以上的村占比达到80%以上。三是深入推动新型农业经营主体发展。加大家庭农场培育力度，推广龙头企业+合作社+基地+农户“四位一体”生产经营模式，大力发展农业社会化服务组织，新增农业生产托管服务组织1000家。四是深化农业农村金融创新。建立与各大金融机构常态化对接机制，引导金融机构围绕产业集群和园区项目建设开发普惠金融产品，推广应用“裕农通”金融综合服务平台，扩大土地经营权抵押贷款规模，全省涉农贷款余额达到1.9万亿元以上。

（河北省发展和改革委员会　武纪成）

农业和农村法制建设

2021年是省十三届人民代表大会农业和农村委员会坚持党的领导、贯彻落实省委和省人大常委会党组决策部署更加坚定的一年，是依法履职尽责、推动全省“三农”工作更加有效的一年。一年来，在省人大常委会党组正确领导下，坚持以习近平新时代中国特色社会主义思想为指导，全面贯彻党的十九届六中全会、中央和省委人大工作会议精神，深入贯彻中央和省委关于“三农”工作重大决策部署，主动担当作为，努力团结奋斗，持续提升依法履职水平，守正创新做好各项工作，全年共制定地方性法规3部，承担2项联动监督专班工作，开展执法检查1项、专题调研6项。

一、充分发挥人大主导作用，涉农立法切口小、效率高

突出质量和效率，制定《河北省节约用水条例》，把刚性约束贯穿到水资源取用全过程各方面；制定《塞罕坝森林草原防火条例》，筑牢京津生态屏障；制定《衡水湖保护和治理条例》，促进区域生态环境持续改善。栗战书委员长在第二十七次全国地方立法座谈会上称，“《塞罕坝森林草原防火条例》是一部森林草原防火方面‘小切口、大部头’专项立法”。《河北省节约用水条例》《塞罕坝森林草原防火条例》作为九届省委法治建设成就写入省第十次党代会报告。一是严格对标对表。深入学习领悟习近平总书记关于生态文明建设特别是水资源管理、森林防火、湿地保护等重要指示批示精神，把总书记重要指示作为立法依据和根本遵循，明确写入总则，统领全篇内容。二是领导亲自修改。王东峰书记对节水条例和塞罕坝防火条例既提方向性、指导性要求，又有具体细致修改。范照兵常务副主任多次提出明确要求，把关定向，并亲自组织修改。聂瑞平、王会勇副主任多次召集调度、现场组织修改。三是发挥主导作用。在法规立项、立法调研、征求意见、座谈论证、研究审查等环节，先后多次召开立法协调会、推进会，提前介入，全程参与。四是发扬“立法人精神”。塞罕坝条例从立项到出台仅有一个月时间。期间，与法工委密切协作，召集省林草局、省司法厅、塞罕坝机械林场等部门同志发扬斗争精神，加班加点、昼夜奋战，条例草案获全票通过。

同时，统筹兼顾推进其他立法工作。一是系统开展民法典涉地方性法规专项清理、涉行政处罚内容地方性法规专项清理等集中清理工作，对我省现行39部涉农地方性法规逐条对照梳理，提出修改意见和建议。二是完成《河北省蓄滞洪区管理办法》《河北省河长湖长履职细则（草案）》《丰宁满族自治县旅游业管理条例》和衡水、沧州等市河湖水系综合治理等22件规范性文件备案审查和征求意见工作。三是围绕修订《河北省陆生野生动物保护条例》《河北省农村土地承包条例》等，开展4项立法调研。

二、持续强化监督“利剑作用”，联动监督力度大、效果好

坚持围绕中心、服务大局、贴近民生，牢牢把握人大监督的政治定位和法律责任，扎实开展农业结构调整、地下水超采治理联动监督。在范照兵常务副主任、聂瑞平副主任牵头领导下，紧紧围绕省委决策部署，坚持依法依规，强化责任担当，突出“持续、精准、高效”，得到王东峰书记批示：力度大、效果好。一是领导率先垂范。范照兵常务副主任、聂瑞平副主任和工作专班反复到省水利、农业、住建、工信等部门和市县调研，听取工作汇报，面对面与基层和专家交流，实地了解情况，现场把脉问诊，提出针对性指导性建议。农业结构调整实现11个设区市和定州、辛集调研督导全覆盖，实地检查44个县、80多个点位；地下水超采治理专班到 30 个压采重点县明察暗访，到 27 个县、82 个点位实地检查，查找存在问题，摸清工作底数。二是创新方式方法。两个工作专班统筹安排，有分有合。既关注全省总体部署，又关注具体任务落地情况；既坚持问题导向，找准短板弱项，又注重经验推广。在结构调整调研督导中，针对许多地方“不敢调、不会调”的问题，与省农业农村厅编印《河北省农业结构调整 100 例》，把组织推动、特色种植、节水灌溉、产业融合等 114 个各类典型免费发放到乡镇，为指导结构调整、促进农民增收服务，得到范照兵常务副主任、聂瑞平副主任、周仲明副主任肯定性批示。三是强化纵横联动。省市人大成立工作专班、县组建专项代表小组，统一动员部署、加强分类培训，持续开展调研视察，全方位多渠道摸情况促整改；省工作专班与水利、农业、住建等部门认真落实信息通报、问题交办、难点会商等制度，与市县专班始终保持密切联系，随时沟通情况、及时跟进指导。四是监督有力有效。农业结构调整方面，“四个农业”建设取得新进展，全省农业科技进步贡献率超过 60%、农业标准化覆盖率达 72%、农民合作社 11.58 万家（居全国第三），国家级、省级龙头企业分别达到 61 家、964 家，拉动农民收入人均达到 4302 元，超全国平均水平 260 元。地下水超采治理方面，推动出台《河北省节约用水条例》，今年以来全省超采区浅层、深层地下水位除 5 月份同比下降外，其他月份均同比回升；11 月底超采区浅层、深层地下水位同比回升 6.11 米、1.98 米。

同时，有条不紊推进其他监督工作。一是协助常委会听取和审议省政府关于脱贫攻坚工作情况报告，书面听取“一条例两决定”（《河北省河湖保护和治理条例》《关于加强张家口承德地区草原生态建设和保护的决定》《关于加强太行山燕山绿化建设的决定》）执法调研报告。二是对地下水超采综合治理情况开展联动监督“回头看”，推动一些顽瘴痼疾得到有效解决。三是对《河北省节约用水条例》宣传贯彻情况进行执法检查，推动条例内容和节水知识走近人民群众、走进日常生活。检查报告得到范照兵常务副主任高度肯定。四是对全省近年来制定的 33 部现行涉农法规监督情况进行全面梳理，提出进一步贯彻实施意见。五是协助聂瑞平副主任就我省法治乡村建设、农业创新驿站开展了 2 项专题调研。

三、积极推介依法治农新成效，交流宣传有突破、影响广

紧紧围绕依法治农、依法兴农、依法护农，以介绍河北脱贫攻坚经验、宣传对我省“三农”工作起关键作用的地方法规为重点，积极拓展工作领域，不断扩大宣传影响。一是参加对外交往，介绍河北经验。与民侨外工委、研究室通力合作，参加全国人大常委会举行的与阿尔及利亚、埃及、毛里塔尼亚三国议会线上研讨会，并以《河北省生态减贫事业的实践及人大作为》为题，介绍省人大常委会在推进生态环境建设和减贫事业中依法履职的经验，受到全国人大充分肯定。活动情况在全国人大简报刊发，发言全文在《河北发展》刊登。二是宣传解读法规，营造浓厚氛围。《河北省节约用水条例》《塞罕坝森林草原防火条例》《衡水湖保护和治理条例》通过后，趁热打铁、及时跟进进行宣传解读，相关文章在《河北日报》刊发。《河北省节约用水条例》通过后，联合省水利厅制定专项宣传方案，要求各地组织开展《条例》“六进”（进机关、进乡村、进社区、进学校、进企业、进单位）活动。人民网、新华网、中国水利网、河北日报、长城网等中央和省级媒体进行广泛宣传报道。与法工委会同省林草局召开塞罕坝条例新闻发布会，有关消息在央视新闻频道播出。

四、认真办理代表议案建议，代表主体作用发挥好、满意度高

坚持把提高代表议案建议办理质量作为尊重代表权力、发挥代表主体作用、体现人民当家作主的大事来抓，切实提高办理的质量和效率。一是强化组织领导。实行委员会领导领办制度，第一时间对议案建议办理工作进行分解落实，做到每件建议有责任领导、有牵头处室、有具体承办人、有办结时限，形成主要领导负总责，分管领导组织研究、督促检查，职能处室沟通联系、协调督办、具体落实的工作格局。二是注重方式方法。加强与代表沟通联系，邀请代表参加立法调研、执法检查、专题视察、业务培训，做到办前吃透情况、办中征求意见、办后交代结果，对已经解决落实的，把办理结果向代表讲清楚；对已列入计划正逐步解决的，把方案、步骤和措施向代表讲清楚；对因政策原因或客观条件限制暂时不能解决的，把原因向代表讲清楚。三是务求办理实效。办理关于制定《河北省乡村振兴促进条例》《河北省节约用水条例》等代表议案 5 件，《河北省乡村振兴促进条例》列入 2022 年一类立法计划，《河北省节约用水条例》已由省十三届人大常委会第二十三次会议审议通过，自 2021 年 7 月 1 日起施行。完成重点督办关于巩固脱贫成效、现代农业发展、农业节水等代表建议 11 件，相关建议有的在听取省政府工作报告时要求明确回应，有的吸收写入相关法规，有的在联动监督中予以推动，代表均对办理结果表示满意。

（河北省人大常委会农工委　杨永飞）

各 市 篇

石家庄市

2021年，石家庄市坚持以习近平新时代中国特色社会主义思想为指导，聚焦“三农”各项硬任务，系统推进，重点突破，农业农村工作保持了稳中有进、稳中向优良好发展态势，实现了“十四五”良好开局。农业基本盘更加稳固，粮食生产实现了“十八连丰”，“菜篮子”产品位居全省前列。现代农业蓬勃发展，全国首家智慧家庭示范牧场、全省首家智能化“无人农场”建成投产，全市农作物耕种收综合机械化率 89.6%，农业标准化生产覆盖率73.75%。乡村面貌焕然一新，农村人居环境整治行动有效开展，改造提升农村户厕21.28万座、公厕1828座，创建省级乡村振兴示范区5个、省级美丽乡村387个，位居全省首位。农民生活持续改善，农村集体经济年收入5万元以上村达到80%以上，农村居民人均可支配收入达到18676元，增长10.2%。

一、农业生产情况

（一）粮食（杂粮、油料）

1.粮食。全年粮食作物播种面积998.19万亩，比上年增加0.89万亩，比省下达任务997.8万亩增加0.39万亩；单产433.21公斤/亩，比上年增加1.26公斤/亩；总产量86.48亿斤，比上年增加0.32亿斤。其中夏粮播种面积426.6万亩，单产466公斤/亩，总产量198.8万吨；秋粮作物播种面积571.57万亩，单产408.77公斤/亩，总产量233.6万吨。藁城区推广的小麦节水节肥综合技术，实收面积4.3亩，籽粒平均亩产811.9公斤，创河北省小麦单产最新纪录。

2.杂粮。主要包括豆类、薯类、谷子等。2021年豆类播种面积39万亩，总产6.55万吨，其中大豆面积38万亩，总产6.45万吨。薯类播种面积24万亩，鲜薯总产45.2万吨，其中甘薯面积18万亩，鲜甘薯产量36万吨。谷子播种面积16万亩，产量3万吨。

3.油料。主要以花生为主，搭配油葵、油菜籽。2021年全市油料播种面积44万亩，总产9.08万吨。其中花生面积为37万亩，占油料面积的84%，总产7.9万吨；油菜籽面积2.84万亩，总产0.42万吨。

（二）特色产业

1.蔬菜（含食用菌）。全市常年蔬菜（含食用菌）播种面积和产量总体稳定。2021年播种面积99.1万亩，产量491.2万吨。蔬菜生产主要分布在藁城、无极、正定。食用菌生产主要分布在灵寿、藁城、栾城。

2.园林水果。2021年全市水果面积及产量保持基本稳定，种植面积72.5万亩（不含坚果），总产量180.6万吨。水果种植主要分布在晋州、赵县、行唐等县。

3.中药材。2021年全市中药材种植面积15.1万亩，总产量5.84万吨。中药材种植主要集中在行唐、井陉、赞皇等县。

4.特色产品优势区。全市拥有中国特色产品优势区1个、省特色农产品优势区13个。

（三）畜牧业。生猪、奶牛、蛋鸡养殖是我市畜牧业三大主导产业。2021年，全市生猪、牛、羊、禽存栏分别达到200.65万头、42.16万头、68.47万头和6005.38万只；肉、蛋、奶产量分别达到50.10万吨、70.35万吨和80.18万吨，分列全省第三、第二、第三位。

（四）渔业渔政。全市渔业养殖面积长年稳定在2万亩左右，水库自然增殖面积约22万亩。主要分布在平山、井陉、行唐、灵寿、赞皇、元氏、鹿泉，2021年渔业产量1.76万吨，产值3.6亿元。全市共有水域滩涂养殖证111家，国家级水产健康养殖示范场22家，省级水产健康养殖场4家，省级休闲渔业示范基地19家。主要养殖品种有草鱼、鲤鱼、鲢鱼和鲫鱼；名特优品种有鲟鱼、中华鳖、鲈鱼等。

二、农业现代化建设情况

（一）科技农业。全市共有省级农业创新驿站29个，市县农业创新驿站95个。2021年培训高素质农民、专业农机手和基层农技人员分别为6450名、850名和700余名。在15个项目县实施基层农技推广改革与建设，推介全市主导品种48个，主推技术68项。鹿泉区石家庄君乐宝乳业有限公司、元氏县河北联兴佳垚农业科技有限公司申报为河北省农业科技引智重大项目。

（二）品牌农业。2021年，全市共有地理标志产品18个、中国驰名商标12个、区域公用品牌9个（其中国家级2个，省级7个）。全年共组织参加省内外各类展示展销活动5次。

（三）质量农业。2021年，全市16个符合创建条件的县（市、区）全部完成省级农产品质量安全县建设任务。元氏县已通过国家级农安县验收，鹿泉区国家级农安县创建正在等待验收。全市批准立项制修订市级农业地方标准39项；2021年全市绿色食品认证企业51家、绿色认证农产品132个；全市获中绿华夏有机农产品认证企业共有3家、有机认证农产品5个；农业标准化生产覆盖率达到 73.75%。

（四）智慧农业。全市智慧农业一期工程建成于 2017 年 10 月，目前共有石家庄电子政务应用系统（OA）、三农舆情监测管理系统、农产品市场价格行情监测预警系统等 19 个系统。

三、农业产业化情况

（一）农业产业化。全市市级以上农业产业化重点龙头企业 315 家，其中国家级 9 家、省级 91 家；市级以上农业产业化联合体 126 家，其中省级 32 家；全国“一村一品”示范村镇 16 个，全国农业产业强镇项目 5 个，全国主食加工业示范企业 3 家，省级创新型企业 11 家，全国休闲农业重点县 1 个（正定县），中国美丽休闲乡村 4 个，河北省美丽休闲乡村 6 个。省级以上休闲农业与乡村旅游星级企业 84 家，其中国家级 12 家，省级 72 家。

（二）农业机械化。2021 年，全市农业机械总动力 1188.04 万千瓦。机耕面积 45.3 万公顷，机械播种面积 70.6 万公顷，机械收获面积 67.4 万公顷。耕种收综合机械化率为 89.6%。

（三）畜禽屠宰。全市共有屠宰企业 50 家，其中已取消定点屠宰资格 3 家、拟取消定点屠宰资格 12 家、正常生产 35 家。石家庄双鸽圣蕴食品有限公司荣获 2020 年全国生猪屠宰标准化示范厂，成为全市第一家国家级生猪屠宰标准化示范厂。

（四）饲料。2021 年，全市共有饲料生产企业 315 家（占全省 29%），饲料工业总产量 190 万吨，饲料总产值 77 亿元。规模饲料企业 10 万吨以上 2 家，5-10 万吨 2 家，1-5 万吨 61 家，1 万吨以下 167 家。

（五）兽药。石家庄市是兽药生产大市。全市共有兽药生产企业 73 家，占全省总数的 53%，位列全国省会城市第一位；2021 年兽药产值 41.95 亿元，占全省的 65%，其中出口 13.14 亿元，出口额超亿元以上企业 4 家。

（六）农药。全市共有农药生产企业 38 家，规模较大的有河北威远生物化工有限公司、河北兴柏农业科技有限公司、河北野田农用化学有限公司、河北兰升生物科技有限公司、华北制药集团爱诺有限公司 5 家企业。全年农药原药产量 1.87 万吨，农药制剂产量 12 万吨，年销售收入 65 亿元；全市已办理农药经营许可证经营门店 2200 家，其中限制性农药经营门店 88 家。

四、推进乡村振兴战略情况

（一）经济发展。2021 年，石家庄市地区生产总值完成 6490.3 亿元，一二三产比重为 7.8:32.5:59.7。其中农林牧渔业总产值 731.1 亿元，同比增长 7.2%；一产增加值 504.8 亿元，同比增长 6.1%（不含辛集市为 451.6 亿元，同比增长 6.4%）；农村居民人均可支配收入达到 18676 元，同比增长 10.2%。

（二）乡村振兴。按照“产业兴旺、生态宜居、乡风文明、治理有效、生活富裕”总要求，统筹推进乡村产业振兴、人才振兴、文化振兴、生态振兴、组织振兴，实施乡村振兴战略取得重要进展。截至 2021 年底，全市共创建市级以上乡村振兴示范区 21 个，其中省级 5 个、市级 16 个，实现了农村县（市、区）乡村振兴示范区全覆盖。

（三）农村人居环境整治。按照全市“六大专项行动”要求，强力推进农村厕所革命、污水治理、垃圾清理、美丽庭院创建等环境改善 7 项重点工作。全年改造提升户用卫生厕所 22.31 万座、公厕 1828 座；无害化厕所普及率达到 87.41%，全省领先。推广了晋州市“水肥一体化”、新乐市沼气发电和正定县粪污集中处理站等厕所粪污处理新模式，实现了“厕所坏了有人修、粪液满了有人抽、抽走之后有利用”的目标，在全省率先打通了厕所革命“最后一公里”。全年创建省级美丽乡村 387 个（精品村 79 个），创建省级美丽乡村片区 9 个，居全省首位。

（四）农村社会事业

1. 村庄清洁行动。以“五清三建一改”为重点，深入实施村庄清洁攻坚行动，着力推进整县提升项目建设，全市国家级村庄清洁行动先进县达到 2 个，省级村庄清洁行动先进县达到 5 个。

2. 乡村治理。积极开展“党建引领，三治融合”乡村治理试点建设，探索出了一条乡村治理新路子。全市共有国家级乡村治理典型 13 个，其中全国乡村治理试点县 1 个（鹿泉）、全国乡村治理典型案例 1 个（鹿泉）、全国乡风文明建设优秀典型村 1 个（藁城杜村）、全国乡村治理示范村镇 10 个。全市共有“全国民主法治示范村” 23 个。

（五）农村改革

1. 农村集体产权制度改革。全市应改制村 4066 个，全部完成改制任务，6 月底县（市、区）档案全部移交档案馆，与村“两委”同步完成了村股份经济合作社换届选举，在 16 个农村县（市、区）开展村党支部领办合作社试点工作，正定县塔元庄、行唐县常香等 6 村入选河北省发展壮大农村集体经济典型。

2. 新型农业经营主体。全市正常运营的农民合作社 8526 家，在农业部门备案的 5231 家，其中农民专业合作社示范社 860 家（国家级 48 家、省级 133 家、市级 381 家、县级 860 家），国家和省、市级示范社总数位列全省前茅。农民专业合作社成员 19 万户，带动非成员农户 43 万户。农民专业合作社流转土地 113 万亩，年经营收入 44.45 亿元，盈余 6.5 亿元。全市录入国家家庭农场名录系统家庭农场（含种粮大户、专业大户）1.6 万余家，其中国家级典型案例 1 家、省级示范家庭 244 家，比上年增长 20.9%，市级示范家庭农场 758 家，比上年增长 24.1%，县级示范家庭农场达到 1349 家，比上年增长 43.4%。

3. 农村承包土地及流转经营。全市家庭承包经营土地面积 649.5 万亩，2019、2020、2021 年土地流转面积分别达到 283.29 万亩、300.21 万亩和 309.75 万亩，分别占家庭承包耕地总面积的 43.62%、46.2%和 47.69%。2021 年全市规模经营（50 亩以上）流转面积达到 196.45 万亩，规模经营流转率为 30.24%。

4. 农村宅基地。全市 17 个农村县（市、区）、205 个乡（镇、街道）实行了农村宅基地管理正常履职，覆盖 3943 个行政村。2021 年，多部门联审联办的乡镇达到 205 个，受理申请数 388 件，已审批 113 件，建立协管员制度村 3943 个，协管员人数达到 4130 人。

（六）散煤治理。全市洁净型煤及型煤配套炉具确村确户工作涉及 6 个山区县、97 个乡镇、1957 个行政村。2021 年，共确户 206041 户，型煤需求量 32.13 万吨，新增型煤专用炉具 5424 台。

（七）村级集体经济收入。2021 年，全市村级集体经济收入共计 39.1 亿元，其中：5 万元（不含）以下的村级集体 283 个，占比 6.82%；5 万元（含）至 10 万元（不含）的村级集体 1366 个，占比 32.90%；10 万元（含）至 50 万元（不含）的村级集体 1741 个，占比 41.93%；50 万元（含）以上的村级集体 762 个，占比 18.35%。

（石家庄市人民政府）

唐山市

【综述】唐山市深入贯彻落实习近平总书记关于“三农”工作系列重要指示精神和党中央、国务院和省委、省政府决策部署，坚持稳中求进工作总基调，以推动农业农村高质量发展为主题，以深化农业供给侧结构性改革为主线，全面实施乡村振兴战略，大力推进城乡统筹发展，着力打造乡村振兴“国家样板”，为加快实现“三个努力建成”提供坚实支撑。2021年，全市农林牧渔业现价总产值996.8亿元；第一产业增加值606.5亿元，增速6.6%，总量全省排名第一；农产品加工业产值678亿元，农业产业化经营率60.3%；农村居民人均可支配收入达到22839元，增速10.4%，总量全省排名第一。因成效显著，全省农村产业融合发展会议在我市召开，成功举办中国奶业高质量发展推进会暨第三届河北国际奶业博览会、2021中国毛皮产业发展大会暨唐山毛皮产业专家论坛、河北板栗公用品牌发布会、全省农耕文明农事健身比赛暨美丽乡村健身跑活动，唐山市农业农村局被农业农村部评为全国粮食生产先进集体。

【粮食生产概况】2021 年，全市粮食播种面积 734.34 万亩，总产 293.81 万吨。全市油料播种面积 114.0 万亩，总产 31.88 万吨。全市瓜菜面积 194.37 万亩，总产 993.89 万吨。超额完成粮食生产目标任务。2021 年省达唐山市粮食生产目标任务为：面积 729.2 万亩，产量 58 亿斤。2021 年全市超额完成省达任务目标，实现面积、总产、单产“三增长”。强化耕地保护筑牢粮食生产根基。积极开展耕地非粮化排查整治和撂荒地复耕复种工作，以粮食生产功能区为重点，全市累计建设高标准农田 604.8 万亩。扎实推进耕地土壤环境质量类别划分和受污染耕地安全利用，采集化验土壤样品 960 个，在滦南县示范推广退化耕地治理技术 2 万亩，构建数量、质量、生态“三位一体”耕地保护格局，筑牢粮食生产根基。强化结构调优促进粮食生产。结合唐山市“双十双百”工程、“四个农业”建设和深化农业结构调整推进农业高质量发展等工作，继续深化种植业结构调整，大力发展优质粮油作物，特色优质作物种植面积持续增长。2021 年开展了 5 个粮食作物标准化生产示范园创建，全市完成强筋春麦 18.86 万亩，特色鲜食玉米 6.85 万亩，优质绿色水稻 37.5 万亩，特色杂粮杂豆 6.4 万亩，实现粮食生产提质增效。

【特色产业】2021 年全市特色产业坚持稳增长、引新品、调结构、提品质，蔬菜生产实现稳定增长。全市蔬菜播种面积 182.3 万亩，总产量 947.6 万吨，总产值 290.2 亿元，同比分别增长 0.5%、0.6%和 6.8%。水果生产保持稳定，全市水果播种面积 59.92 万亩，产量 128.94 万吨，产值 50.32 亿元，与去年基本持平。

【畜牧业生产概况】2021 年，全市生猪存栏 285.6 万头，出栏 530.25 万头，奶牛存栏 26.71 万头，家禽存栏 3146.1 万只，家禽出栏 7129.19 万只；肉蛋奶产量分别达到 60.05 万吨、26.39 万吨和 110.5 万吨。2021 年，全市规模化养殖场达到 213 家，奶牛规模化养殖比例达到 100%，全市牧场智能化覆盖率达到 80%以上；全市奶牛良种覆盖率达到 100%，成年母牛平均单产达到 9 吨以上；我市奶牛存栏 26.71 万头，居全省首位；全市有乳品加工企业 6 家，日处理鲜奶 3000 吨以上，居全省前列。

【渔业生产概况】2021 年，坚持以创新、协调、绿色、开放、共享的发展理念为引领，努力克服疫情影响，着力拓展渔业发展新空间，积极培育渔业发展新业态，扎实推进渔业高质量发展。全年水产品产量 55.5 万吨，产值 174.7 亿元，同比分别增长 4.14%、22.2%。

【“双十双百”工程概况】围绕建设“三地”目标（京津优质安全农产品供应基地、环京津生产加工物流基地、京津冀休闲农业和乡村旅游目的地），持续实施“双十双百”工程（发展 10 个优势特色产业、建立 10 个农产品加工集群、创建 100 个农业高质量发展示范基地、创建 3 个产值超 100 亿元的全产业链加工集群），推进农业由增产导向转向提质导向，重点培育了 6 个产值超 20 亿元的农产品加工集群（遵化市食品加工产业集群、玉田县农产品加工产业集群、迁西板栗加工产业集群、滦州市乳品加工产业集群、丰润区乳品加工产业集群、乐亭县果蔬加工产业集群），建成国家级海洋牧场示范区 5 个。玉田县获批创建第一批农业现代化示范区（全国 100 个、河北 4 个）。乐亭县丰汇海水养殖有限公司获批首批国家级水产健康养殖和生态养殖示范区（全国 65 个、河北 1 个）。唐山栗圆实业有限公司联合体被农业农村部认定为全国首批农业国际贸易高质量发展基地。北京首农集团“一基地两中心”落地滦南县。唐山市锦程牧业有限公司获批农业农村部畜禽养殖标准化示范场。

【农业产业化经营】2021 年，全市共有市级以上农业产业化龙头企业 312 个，其中国家级 8 个、省级 103 个，市级 312 个；市级以上农业产业化联合体 48 个，其中省级 21 个，市级 48 个；规模以上农产品加工企业 278 个，产值 578 亿元；专业合作社 11269 个，其中国家级示范社 31 个，省级示范社 82 个，市级示范社 260 个；家庭农场 4922 个，其中省级示范农场 130 个，市级示范农场 338 个。2021 年，唐山市坚持把加快培育新型农业经营主体作为创新农业经营体系、推进现代农业发展的“牛鼻子”，有效提升农业集约化、专业化、组织化水平。遵化市被农业农村部确定为全国肉鸡养殖加工全产业链典型县。遵化市山里各庄村、曹妃甸区李家房子村获批第十一批全国“一村一品”示范村镇，乐亭县中堡镇获批 2021 年全国乡村特色产业十亿元镇，遵化市朱山庄村获批 2021 年全国特色产业亿元村。遵化市、滦州市被评为河北省农业产业化先进县。提升农民合作社规范发展质量，迁安市被确定为国家整县推进试点县，玉田县集强农民专业合作社被评为 2021 年度河北省“十佳”农民合作社。大力实施家庭农场培育计划，滦南县被确定为省级家庭农场示范县，玉田县佳华家庭农场获批农业农村部第三批全国家庭农场典型案例。积极探索农业社会化服务新业态新模式，玉田县被农业农村部确定为全国农业社会化服务创新试点县，滦县百信花生种植专业合作社被确定为全国农业社会化服务创新试点组织。加快发展休闲农业，唐山供销农业开发有限公司、唐山尚禾源农业开发有限公司被评为第三批休闲农业和乡村旅游五星级企业(全省 3 家)。迁安市山叶口村被农业农村部确定为 2021 年中国美丽休闲乡村。

【乡村振兴“十百千”工程概况】坚持“统筹规划、项目推进、精细管理、组团发展、规范治理”理念，建设“五美乡村”（村容村貌美、服务设施美、生态环境美、富民产业美、社会和谐美）。制订《唐山市美丽乡村建设行动实施意见（2021—2025）》，确定了“四环、九带、多片”的重点布局，指导未来 5 年美丽乡村建设。出台《唐山市 2021 年实施乡村振兴“十百千”工程方案》，将省级美丽乡村标准与乡村振兴示范村标准进行整合，将美丽乡村示范片作为乡村振兴示范区统筹建设，将乡村振兴示范村全部列入美丽乡村创建任务，将提升村作为示范村和美丽乡村的“预备队”打好基础。重点建设滦州、遵化 2 个省级乡村振兴示范区，培育 10 个市级示范区，争创 298 个省级美丽乡村（含 120 个市级示范村），同步提质升级 1066 个提升村，示范引领带动全域振兴。

（唐山市人民政府）

秦皇岛市

2021 年，秦皇岛市坚持以习近平新时代中国特色社会主义思想为指导，深入贯彻中央和省农村工作会议精神，坚持稳中求进工作总基调，坚持党对农村工作的全面领导，坚持农业农村优先发展，以全面实施乡村振兴战略为总抓手，以推动农业高质量发展为主线，扎实推进农业农村各项工作，“三农”向好态势持续巩固提升。

一、巩固拓展脱贫攻坚成果同乡村振兴有效衔接情况

在全省巩固拓展脱贫攻坚成果后评估中位列“好”的等次。强化投入保障，市县共投入财政衔接资金 1.13 亿元，比上年增长 3.22%。狠抓政策落实，全市义务教育阶段除身体原因外无失学辍学学生，脱贫人口全部纳入医疗保险，脱贫户住房安全有保障，无饮水不安全农村人口，农村低收入群体实现应保尽保。健全防止返贫动态监测和“2+3”帮扶机制，精准认定监测对象，开展产业就业帮扶，实施综合性政策保障和防贫保险救助、社会专项救助基金救助，认定监测对象 1555 户 3939 人，无一人返贫致贫。实施就业帮扶，全市 3.4 万脱贫人口稳定就业。培育壮大特色产业，青龙满族自治县 24 个乡镇全部实现“一乡一业”，建立了 8 个产业园区，创建了肖营子省级农业产业强镇，3 个省级现代农业园区辐射带动作用明显，打造了“京东”板栗、“在旗”粘豆包、“祖山柴胡”等一批特色农产品品牌。持续改善基础设施条件，青龙满族自治县改扩建农村道路 144 公里，乡镇和建制村客运班车通车率 100%，行政村实现 4G 网络和宽带（光纤）全覆盖，实施农网改造项目 203 个，成规模果园全部配建了水利设施。实施农村薄弱学校改造，新建幼儿园1所、改扩建中小学3所。

二、推进农业现代化情况

全市农林牧渔业总产值444.48亿元、同比增长7.5%，一产增加值239.51亿元、同比增长6.8%，农村居民人均可支配收入达到17793元、同比增长10.6%，一产固定资产投资达到12.56亿元。粮食及重要农产品稳产保供，粮食播种面积194.5万亩、产量15.2亿斤。油料产量9万吨、蔬菜245万吨、干鲜果品70万吨、肉蛋奶43万吨、水产品31万吨。农业供给侧结构性改革持续深化。重点培育粮油、甘薯、生猪、肉鸡、牛羊、水产、蔬菜、食用菌、板栗、苹果、葡萄、大樱桃、毛皮、中药材、休闲农业等15个特色产业集群。青龙中药材、昌黎水产、卢龙葡萄等6个产业纳入全省重点打造的优势特色产业集群，昌黎蔬菜、山海关大樱桃等7个示范区列入省重点打造的现代农业示范区，抚宁分割肉、北戴河新区鲆鲽鱼等7项农产品列入省重点打造的高端精品。新增昌黎县新集镇等2个国家级“一村一品”示范村镇，昌黎县荒佃庄镇、青龙满族自治县土门子镇进入国家和省级产业强镇示范镇创建之列。

农业发展质效不断提升。市本级定量检测农产品合格率达到99.6%。善源养殖公司被认定为国家级畜禽养殖标准化示范场，6家企业被评为省级国际标准农产品生产示范基地，7家企业获省农业“走出去”企业奖励。农业标准化生产覆盖率达到73.8%。新增“两品一标”产品34个。实施化肥减量增效等7大行动，卢龙县成为第二批全国农作物病虫害绿色防控示范县，秸秆综合利用率、农膜回收利用率分别达到98.5%、91.2%。推广优质作物品种33个，农作物良种覆盖率达98%，主要畜禽品种良种覆盖率达90%，燕山绒山羊成为我市首个通过国家畜禽遗传资源鉴定的地方品种。推广先进实用技术6项，2项智慧农业技术成为全国农业农村主推新技术。新增省级创新驿站3家、省级农民实训基地16家，培育高素质农民1830人。

一二三产加快融合。全市农业产业化龙头企业年销售收入达380亿元，农产品加工业产值增长8.3%以上，农业产业化经营率达到72.6%。新增国家和省级农业产业化重点龙头企业5家。昌黎佳鹏实业集团被认定为第七批农业产业化国家重点龙头企业，金海粮油公司入选全国农业产业化龙头企业100强和农业产业化龙头企业产业融合发展10强。昌黎县被评为省农业产业化先进县。丰科生物真姬菇新品种产业化应用项目荣获省农村“双创”大赛成长组三等奖。葡萄文化休闲体验线路入选省休闲农业精品线路，34条线路入选省重点推介的休闲农业四季旅游线路，2条线路纳入中国美丽乡村休闲旅游精品景点线路。

三、实施乡村建设行动情况

开展农村人居环境整治提升行动，改造户厕5.56万座、公厕842座。生活垃圾处理体系覆盖所有乡村，937个村生活污水实现无害化处理、对106个村生活污水进行治理，纳污坑塘实现动态清零。卢龙县、海港区被评为省村庄清洁行动先进县区，北戴河区受到国务院通报表彰。打造美丽乡村，创建美丽庭院3.2万个、精品庭院1.1万个，省级美丽乡村102个、省精品示范村25个。推动乡村振兴示范区建设，创建省级乡村振兴示范区3个、市级乡村振兴示范区5个。青龙县肖营子镇入选第4批省级乡村振兴示范区。加强生态文明建设，石河海港—山海关河段获得第二届河北省“秀美河湖”称号，超采区深层地下水位埋深较上年同期上升7.87米，营造林面积24.77万亩，23个村被认定为省森林乡村。进一步完善乡村基础设施，“四好农村路”提升工程完成522公里、改造危桥9座，县城30公里范围内农村客运班线公交化运行率达90%以上，4座生活垃圾焚烧发电厂项目加快建设，农村电网改造升级300公里。不断提升农村公共服务能力，所有县区均实现了“村内及周边1.5公里范围”幼儿园全覆盖，乡镇卫生院和村卫生室标准化建设覆盖率达到97.8%。全市城乡居民基本养老保险参保率达到99.57%。实施文化惠民工程，组织群众文艺演出2000余场次，发放文化惠民券7.1万张。提高乡村治理水平，“五位一体”组织体系建立健全，农村综合服务站规范达标。县级新时代文明实践中心实现全覆盖，建成镇（街）级实践所56个、村（社）级实践站472个。创建“星级文明户”6万余户，县级以上文明镇、文明村占比达到68.29%。海港区石门寨镇柳条庄村等4个村被认定为第二批全国乡村治理示范村。

四、深入推进农村改革情况

深化农村土地制度改革，完成第二轮土地承包到期情况调查摸底，土地承包纠纷调处率达到100%。落实市县乡村四级宅基地管理工作职责，规范开展房地一体宅基地日常登记业务工作，宅基地审批职能全部纳入乡镇综合服务窗口。青龙满族自治县在4个村率先启动了省级宅基地改革试点工作。新型经营主体发展水平不断提升，新增农民合作社199个、家庭农场586家。全市创建国家级示范社23家，卢龙县被确定为国家级农民合作社质量提升整县推进试点，6家农民合作社入选农民合作社全国500强排行榜，昌黎县嘉诚蔬菜种植专业合作社位居全国第二名。创建省级示范社67家、家庭农场示范场46家，青龙满族自治县被确定为全省家庭农场示范县创建试点，卢龙县牧青蔬菜种植专业合作社被评为全省“十佳”农民合作社。农村金融改革力度不断加大，全市本外币涉农贷款余额 431.76 亿元。各大银行及金融机构均设立了服务乡村振兴部门，开发专属金融产品。发挥“裕农通（河北）”乡村振兴综合服务平台作用，注册用户 3.5 万户，乡村旅游及民宿企业入驻 827 家。同中国邮政储蓄银行合作建设了全省首个线上服务线下管理一体化的新型农业经营主体云平台服务中心。与中国人保秦皇岛分公司、省农村信用社联合社分别签署了合作协议。

（秦皇岛市人民政府）

邯 郸 市

2021 年，邯郸市坚持以习近平新时代中国特色社会主义思想为指导，认真贯彻中央、省和市委、市政府关于“三农”工作决策部署，以全面推进乡村振兴为总抓手，紧盯粮食安全、产业提升、乡村建设、农村改革等重点领域，抓重点、补短板、强弱项，全市农业农村多项工作走在全省前列。

一、农业综合生产能力稳步提升

1. 粮食生产再获丰收。将省下达的粮食生产指标分解到县，落实到地块、品种，一季接着一季抓；积极应对多年不遇的严峻汛情，实行县级领导分包责任制，组织 1600 余名专家和农技人员深入田间地头、蹲点包片，开展指导服务，特别是在国庆节期间，所有县级干部牺牲节假日，带队深入一线，督促县（市、区）结合实际，制定防灾抗灾方案，层层落实分包责任制，确保农业生产损失降到最低。全年粮食生产实现面积、总产“双增加”，粮食播种面积达到 1171.3 万亩（比上年增加 6.1 万亩）、总产 537 万吨（比上年增加 3.9 万吨），超额完成省定年度任务目标。全市完成 534 万亩冬小麦播种任务，比 2020 年增加 8.7 万亩，增幅 1.6%。

2. 蔬菜产业加快发展。以蔬菜生产大县为重点，在全市布局建设蔬菜保供基地，大力发展设施蔬菜，尤其是高端设施蔬菜。全年蔬菜播种面积达到 150.6 万亩，总产量达到 572.4 万吨，总产全省排位第二，同比分别增长 2.3%和 3.5%。其中，设施蔬菜播种面积 41.3 万亩，增长 7.1%；产量 160.9 万吨，增长 10.3%。

3. 畜牧产业转型升级。紧紧围绕生猪、蛋肉鸡、肉羊、奶牛等优势产业，突出抓好标准化、规模化生产，新建和扩建规模养猪场 57 个，扎实推进华裕蛋鸡、馆陶牧原等 11 个超亿元的重点项目。全年肉蛋奶产量分别达到 52 万吨、92.6 万吨、18.9 万吨，同比分别增长 10.6%、1.2%、8%。4. 耕地保护建设不断加强。全面开展耕地“非粮化”排查整治行动，及时发现和遏制耕地“非粮化”增量问题。加强高标准农田建设，全市新建高标准农田 45 万亩，超额完成年度任务。

二、农业产业化经营水平不断提高

全市累计建成市级以上农业产业化重点龙头企业 521 家，其中国家级 10 家（新增 3 家）、省级 110 家，数量均居全省第一；17 个项目入选 2021 年省农业产业化重点项目，数量蝉联全省第一。100 个农业产业化项目完成投资 50.8 亿元，超额完成全年任务；全市一产固定资产投资项目 164 个，项目数量居全省前列；全市共签约农业项目 67 个，签约投资额 242.35 亿元，居全省前列，完成省厅下达我市 170 亿元签约额任务的 142.56%。全市第一产业增加值增长 6.6%，第一产业投资增长 47.2%；农村居民人均可支配收入达到 18796 元，增长 11.3%。

三、农业供给侧改革深入推进

特色产业提速发展。立足资源禀赋和特色优势，聚焦 8 个特色优势产业集群、10 个现代农业示范园区、6 个高端精品，坚持把“四个农业”发展的政策要求、资金项目整合使用。全市建设了 2 个国家级特优区、12 个省级特优区，各类特色产业面积达到 450 余万亩。在环主城区周边，沿国省干道、景区及太行山区和大运河沿线，重点打造了 10 条特色精品农业休闲观光线路。

“四个”农业稳步提升。大力发展质量农业，制修标准 5 项以上，完成绿色食品认证 49 个、地理标志登记农产品申请 1 个、有机农产品认证 27 个，新申报国家有机农产品基地 1 个。大力发展品牌农业，新打造 3 个省级区域公用品牌（邱县羊肉、涉县柴胡、魏县杏鲍菇）、累计达到 13 个，新打造 1 个省级企业品牌(河北兴科农业科技开发有限公司）、累计到 10 个。大力发展科技农业，建设农民培训基地 26 个、科技示范基地 45 个，建设省级农业创新驿站 6 个、累计达到 28 个，完成 5731 人的高素质农民培训任务。曲周县、鸡泽县成功入选全国农业科技现代化先行县。涉县、复兴区被评为 2021 年全国农业农村信息化发展先进县。河北·邯郸小麦机收暨全程机械化＋综合农事现场演示活动在我市成安县成功举办。大力发展绿色农业，实施地下水超采综合治理农业项目面积 96.74 万亩，化肥农药用量继续保持负增长，主要农作物秸秆综合利用率达到 97%以上，畜禽规模养殖场粪污处理设施装备配套率保持 100%。

园区建设提档升级。全市建有国家级现代农业产业园 1 个、省级现代农业园区 25 个（其中省级精品园区 12 个)，市级现代农业园区 51 个（其中市级精品园区 11 个）。邱县邱城镇成功申报中央农业产业强镇示范建设项目，馆陶县寿山寺乡等 5 个乡镇建设省级农业产业强镇，全市有 11 个村被认定为 2021 年省级“一村一品”暨“百村示范带动”工程示范村。涉县被农业农村部认定为首批全国休闲农业重点县。

四、乡村振兴战略成效明显

乡村振兴示范区高质推进。推动落实市县党政主要负责同志分包制，全市创建乡村振兴示范区23个，实现县（市、区）全覆盖，探索了四种可复制推广的模式，涌现出了峰峰全域国土整治、馆陶粮画特色小镇等一批在全国、全省有示范引领意义的创建模式。

农村生活垃圾治理实现常态化。深化拓展“五清三建一改”内容，由“清脏”向“治乱”转变，由“清脏”向“美化”转变，由“突击清理”向“常规化治理”转变，促进农村人居环境整治质量全面提升。全市已实现农村环卫保洁公司化全域覆盖，共有大中型保洁公司21家。

农村环境提升项目扎实实施。争取厕所改造、农村生活污水治理整县提升、村庄巷道硬化整县提升、村庄洁净有序整县提升、农村人居环境整治整县提升等五项专项资金，共计42481万元，占全省总资金的22.45%，位列全省第一。各项目全部完成建设任务，其中，完成户用卫生厕所改造17.97万座，完成农村公厕建设3205座，超额完成省定任务目标。

美丽乡村创建任务超额完成。坚持将美丽乡村建设和农村人居环境整治提升一体设计、一体推进，按照“环、带、片”布局思路，全市累计完成投资3.9亿元，完成241个美丽乡村建设任务，超过省人居办下达的226个村建设任务。

农村土地制度改革实现新突破。鸡泽县和邱县二轮土地延包试点，以及峰峰矿区农村宅基地改革国家级试点和馆陶县省级试点稳步推进，为面上推进提供了有益借鉴。农村土地仲裁体系建设工作在全省名列前茅。

农业新型经营组织实现新提高。11个县（区）实施了中央、省农业生产社会化服务项目，排全省第一。全市累计培育农业生产社会化托管服务组织3894家，家庭农场发展到5023家。永年区“博远农事360＋”、曲周县“为农服务”模式全省推广。

农村集体经济发展取得新成效。集中力量扶持“薄弱村”，壮大“一般村”，做强“富裕村”，新增5万元以上的村768个，累计达到5157个，占全市总村数的95.7%，超过年度85%的目标任务。

乡村治理工作再上新水平。全市现有全国乡村治理体系建设试点县（区）1个，省乡村治理体系建设综合试点县2个，全国乡村治理示范乡镇1个、村9个，国家、省级试点全省第一。成功承办了全省农民健身武术项目展示活动。组队参加全省农民健身四级联赛广场舞决赛，获得全省冠军。

乡村脱贫产业得到新发展。在每个脱贫县（区）均培育了2-3个特色主导产业，在全市形成了生猪、肉牛、蛋鸡、蔬菜、花卉、中药材、脱毒红薯、蒲公英、文冠果、核桃等主导产业布局。六个脱贫县（区）蔬菜种植面积达到67万亩；肉牛、肉羊存栏分别达到10万头、100万只，生猪出栏量稳定在180万头，蛋鸡存栏达到0.3亿只。

（邯郸市人民政府）

邢台市

2021年，邢台市认真贯彻落实中央和省关于农业农村发展的各项决策部署，按照“一三五十”经济社会发展总体思路，统筹推进疫情防控和高质量赶超发展重点任务，以实施乡村振兴战略为总抓手，深入推进农业供给侧结构性改革，加快改善农村人居环境，持续深化农业农村重点领域改革，农业农村工作扎实推进并取得优异成绩。2021年，全市农林牧渔业总产值579.8亿元，同比增长4.4%。农村居民可支配收入实现16438元，同比增长10%，比上年增速提高1.7个百分点。省级以上农业农村工作现场会在我市召开9次，列入省级以上示范创建名单工作16项。

一、农业生产持续稳定

邢台市立足农业资源禀赋，发挥传统优势，通过“规划引领、技术支撑、政策支持、项目带动”，一手抓粮食安全，一手抓农民增收，积极推动“千斤粮，万元钱”为重点的农业结构调整，走出了农业高质量发展的邢台路径、邢台模式。2021年全市粮食播种面积1155.4万亩，较上年增加10.1万亩，同比增长0.9%，粮食总产量489.44万吨，增加4.2万吨，同比增长0.9%。棉花、油料和蔬菜分别达到6.7万吨、13.9万吨和308万吨。全市生猪出栏262.9万头，同比增长23.4%；牛出栏19.0万头，同比增长0.9%；羊出栏138.1万只，同比增长4.4%。2021年底生猪存栏151.3万头，同比增长4.6%；全市牛存栏21.2万头，同比下降0.6%；羊存栏73.6万只，同比增长3.3%。2021年，推广节水型加州鲈鱼养殖，推广面积3500亩。肉、蛋、奶和水产品分别完成34.31万吨、45.12万吨、37.55万吨和0.76万吨，全市农牧渔业生产稳中向好。

二、农业现代化水平稳步提升

以农业供给侧结构性改革为主线、积极推动农业现代化建设。一是农业设施装备得到强化。农机装备总动力达到936万千瓦，农作物耕、播、收综合机械化水平达到89%，其中小麦、玉米耕、播、收三大环节实现了全程机械化。2021年，共实施补贴资金14161万元，补贴机具8824台，受益农户6989户。隆尧、沙河、威县三个县（市区）获得“全国率先基本实现主要农作物全程机械化示范县”称号。宁晋县、威县承担了省级农机装备智能改造提升项目。2021 年农机深松深耕完成补助任务 68.1 万亩。沙河市金福临农机服务合作社被推介为第三批全国“全程机械化+综合农事”服务中心典型案例。二是农业科技创新能力进一步提升。农业科技应用成果显著，全年推广主导品种 54 个，推广技术示范 46 项。围绕主导产业和农业园区，重点抓好 2 个省级科技引智工程项目（柏乡、临西）和 16 个基层农技推广补助示范县建设。新建省级农业科技创新驿站 7 个，省级农业创新驿站达到 28 个。加强小麦、中药材、蔬菜、食用菌（平菇）、棉花、蛋鸡（肉鸡）、油料、桃、梨、苹果 10 个市级综合试验推广站建设。完善市县乡村产业技术服务体系，健全农业科技信息化网络。发挥智慧农业、现代信息技术等智能技术在特色农业中的推广应用。依托信息进村入户工程，推进 3971 家益农信息社服务站运营，培育省级示范点 12 个，试点推进农业资源与生产数据可视化管理平台建设，加强市县乡村四级贯通的农技推广云平台通达深度。南宫市、临西县、隆尧县入选省级智慧农业建设项目示范县，南和区、临西县被确定为“2021 全国县域农业农村信息化发展先进县”；南和区“椰糠岩棉复合基质蔬菜栽培技术”入选农业农村部 2021 数字农业农村新技术典型。三是农产品质量安全水平得到提高。17 个农业县（市、区）开展了农产品质量安全县动态考核，南和区开展了国家农产品质量安全县创建工作。打造南和富硕种植有限公司、清河马屯红果种植专业合作社 2 个标准化生产典型，全市农业标准化生产覆盖率达到 76.46%以上。完成县级农业农村部门、乡镇农业服务中心及村级协管员三级网格化农产品质量安全监管体系构建。市级农产品综合质检中心进行了检测指标扩项认证，由 2020 年的 23 项增加到 136 项，临西县完成了检测机构“双认证”。开展“治违禁控药残促提升”行动，针对生产经营主体开展巡查检查 2.4 万人次，同生产经营主体签订承诺书 1.6 万余份，全市共开展快速检测 3.15 万批次，开展定量检测 12506 批次，整体合格率达到 99.95%。开展了迎冬奥保安全“百日大排查”行动。四是农业绿色发展进一步加快。突出节水、节肥、节药，实施地下水压采项目（含高效节水灌溉项目）103.22 万亩；开展农田残膜监测回收工作，农膜回收率达到 91%；测土配方施肥技术覆盖率 96.8%，化肥使用量同比减少 2.33%；持续推进农药减量增效，农药使用量同比减少 2.04%。全市畜禽规模养殖场粪污处理设施装备配套率达到 100%，畜禽粪污资源化利用率达到 85%，农作物秸秆综合利用率达到 95%以上。

三、农业产业化成效突出

2021 年，围绕乡村产业振兴，积极推进农业产业化经营，通过建项目、育龙头、强政策、优服务等一系列措施，创新发展模式，农村一二三产融合发展态势良好。一是抓好项目建设。组织申报省级农业产业化重点项目 14 个，项目总投资 75 亿元。组织宁晋县河渠镇申报成为 2021 年国家级农业产业强镇；组织内丘县柳林镇、广宗县北塘疃镇、信都区浆水镇、临城县黑城乡、柏乡县王家庄乡、任泽区大屯乡 6 个乡镇成功申报省级农业产业化强镇；争取 4 个联合体实施产业融合项目；打造了南和宠物食品加工产业集群。二是培育壮大龙头企业。新认定邢台市农业产业化重点龙头企业 50 家、新增省级重点龙头企业 27 家、新增国家级重点龙头企业 3 家，市级以上农业产业化龙头企业达 435 家，其中国家级 9 家、省级 90 家。三是积极培育农业产业化联合体。新增省级示范农业产业化联合体 15 个、市级示范联合体 36 个，全市拥有省级联合体 27 个、市级 73 个。四是抓好一村一品工作。新增邢台市信都区将军墓镇、沙河市新城镇小屯桥村、临城县东镇镇南孟村全国一村一品示范村镇 3 个；内丘县柳林镇东石河村、内丘县侯家庄乡岗底村、南和区贾宋镇郄村、宁晋县苏家庄镇伍烈霍村 4 个村入选 2021 年全国乡村特色产业亿元村名单。五是抓好休闲农业。推荐宁晋县黄儿营西村成功申报为中国美丽休闲乡村，推荐宁晋县黄儿营西村、信都区前南峪村、临城县西竖村成功申报为河北省美丽休闲乡村；37 条休闲农业精品线路在河北新闻网上进行了推介；在沙河市成功举办了河北省休闲农业精品线路推介活动。六是农村创新创业成效明显。组织邢台燕阳农业服务有限公司花养佳绿色园艺产业项目参加第五届河北省农村创新创业项目创意大赛荣获二等奖，并入围第五届全国农村创新创业项目创意大赛半决赛；广顺园王廷强成功入选第五批全国农村双创优秀带头人典型案例。

四、乡村振兴战略稳步实施

2021 年，我市紧紧围绕重要农产品生产保供、农业结构调整、打造生态宜居乡村、强化乡村治理、持续增加农民收入等重点工作，大力实施乡村振兴战略，在全省推进乡村振兴战略实绩考核中，我市获优秀等次。一是着力提升农业发展质量和效益。全市完成高标准农田建设 43.13 万亩。隆尧县、沙河市、威县被认定为全国第六批率先基本实现主要农作物生产全程机械化示范县。市农业农村局被农业农村部评为“全国粮食生产先进集体”。大力调整优化农业结构，重点打造了优质强筋小麦等 11 个特色产业集群，建设现代农业示范园区 28 个。“两品一标”认证产品达 164 个。二是着力推进乡村建设。完成各类无害化卫生厕所改造 9.17 万座，普及率位居全省前列。完成生活污水治理村庄 297 个。创建美丽乡村 270 个。新增威县君乐宝和宁晋县贾家口镇 2 个省级乡村振兴示范区。加强农村生态文明建设，大力开展“河河有水”工作，地下水水位大幅回升，与上年同期相比浅层、深层地下水位分别上升3.13、6.6米，位列全省第一、第二。三是着力深化农村改革。全市新增农村电商村107个，农村电子商务网络零售额实现305.39亿元，同比增长11%。创建A级乡村旅游景区105家、乡村民宿和特色农家乐766家，全市休闲农业和乡村旅游收入达到68.5亿元。稳步推进农村土地承包制度改革，积极引导土地有序流转，全市土地流转面积349.7万亩，流转率38.93%；规模经营面积217.67万亩，规模经营率62.24%。

（邢台市人民政府）

保定市

【概况】2021年，全市农业农村系统紧紧围绕市委、市政府和上级有关部门的决策部署，按照“争先、创优、进位”的要求，统筹抓好农村和农业两项工作，以实施乡村振兴战略统揽农村工作，以大力发展都市农业统揽农业工作，固强补弱、重点突破、系统推进，全市农业农村经济保持“稳中有进、稳中向好、稳中提质”的良好态势，充分发挥了农业农村“压舱石”和“稳定器”的作用。全市农林牧渔业总产值增长8.1%，一产增加值增长7.2%，均居全省第二，其中，一产增加值达到了1998年以来的最高；农村居民人均可支配收入18957元，增速11.6%。

【乡村振兴全面推进】市委常委会、市委理论学习中心组、市政府常务会带头学习贯彻习近平总书记三农工作重要论述、重要讲话和批示指示精神，利用新时代文明实践中心、县级融媒体和驻村工作队，在基层干部和群众中开展大宣讲，加强推进乡村全面振兴的宣传造势。五级书记抓乡村振兴责任得到落实。坚持把全面推进乡村振兴作为县（市、区）委书记三项重点工作之一进行部署。加强统筹部署，组织召开市乡村振兴工作领导小组会议，研究调度全市乡村振兴重点工作。强化台账管理，差异化制定县（市、区）委书记“三农”工作清单、县级推进乡村全面振兴任务清单，加强季度进展台账管理。对市委、市政府《关于认真贯彻落实习近平总书记重要讲话精神全面推进乡村振兴加快农业农村现代化的实施意见》量化指标进展情况实施月报告、重点工作实施季报告。强化督导考核，将推进乡村全面振兴纳入党政领导班子和领导干部综合考核评价内容，制定考核办法，对所辖县（市、区）党政领导班子和领导干部开展乡村振兴实绩考核，实施季度测评、半年评价、年终考核。加强考核结果应用，注重提拔使用乡村振兴实绩突出的县（市、区）党政领导干部。加大投入力度，2021年全市土地出让收入425.5亿元，土地收益126.2亿元，用于农业农村方面支出46亿元（含土地出让收入用于“农业生产发展”、“农村社会事业”和“农业农村生态环境”等三类支出9.3亿元），农业农村支出占土地出让收益比例36%，占土地出让收入11%。全市新增建设用地计划指标安排用于乡村振兴3794.21亩、占比23.58%，保障乡村重点产业和项目用地。

【农业结构调整步伐加快】把调整优化农业产业结构作为大力发展都市农业的抓手。大力实施藏粮于地、藏粮于技战略，粮食播种面积、产量稳中有增，全市粮食播种面积1007.97万亩，总产83亿斤。大力实施高标准农田建设工程，指导各项目县制定年度实施计划并按时上报，落实市级配套资金400万元，完成高标准农田建设任务28.8万亩。“菜篮子”保障能力持续加强，全年特色农作物年产量643万吨，产量同比增幅5.9%。特色农作物新增8.817万亩，调优替代21.62万亩。全市设施农业种植面积34.5万亩，较2020年新增1.3万亩。全年猪存栏220.23万头，奶牛存栏10.35万头，水产品产量15020吨，蔬菜产量达到428万吨。

【农业品牌建设加快推进】建立“1+N”品牌农业体系，创建市级以上区域公用品牌37个，其中，省级区域公用品牌12个。打造省级企业品牌8个、市级企业品牌12个，全市企业品牌达到86个。市农业农村局获省厅品牌包装创意设计优秀组织奖，阜平、清苑三个产品被授予十八届农展会“最受欢迎农产品”。中央电视台“振兴直通车”直播基地、省农业农村创新创业联盟和省农业品牌研究院落户我市，全面提升农产品在京津及省内外市场占有率。高碑店新发地构建起多元化市场流通模式，全市农产品供应链体系基本建成。认证绿色、有机农产品分别达到103个和210个。农药化肥减量增效、测土配方施肥和绿色防控技术全面推广，主要农作物测土配方施肥技术推广面积达到1079.06万亩，覆盖率96.03%；小麦、玉米病虫统防统治覆盖率达48.98%、48.01%，绿色防控技术覆盖率分别为48.92%、48.53%；秸秆综合利用率99.9%；规模养殖场配建率100%，粪污综合利用率89.4%，农膜回收利用率90%以上。

【农业科技创新驱动深入推进】加快推进“一院、四中心、三集群、两机制、1+N个试点县”的合作协议落地实施，跟踪推动3大类67项合作项目。全市有18个县（市、区）与中国农大有关学院签订农业合作协议，初步建立起“一对一”合作关系。中国农科院与安国、阜平、涞水等10个县市建立了合作机制。积极推进数字农业建设，对接京东科技数字城市群板块负责人，开展10个京东农场建设选址工作。对接阿里巴巴河北区域负责人，探讨农业农村大数据中心建设路径。全面启动与河北农大共建“保定市智慧农业研究院”，专题研究管理委员会、专家委员会机构设置和人员组成。建立太行山农业创新驿站产业联盟；与驿站首席专家、保定建行、农行多次召开座谈会，研讨金融支持驿站发展的长效机制；与驿站企业对接座谈，探索与专家教授利益联结的有效途径，提升驿站档次，发挥带动作用。

【农业产业化加快突破】加快推进农业产业化建设，市级以上龙头企业达到 303 家，同比增长 10.2%；省级龙头企业达到 101 家，同比增长 53%。新申报 3 个国家龙头企业，已通过农业农村部审核公示。市级以上联合体达到 48 家，同比增长 54.8%；县级以上农业产业化联合体已达 101 个，同比增长 222.58%。农产品加工企业总产值 736.8 亿元，同比增长 16.3%。全市招商引资现代农业项目 81 个、总投资 237 亿元。市级农业产业化重点项目 218 个，总投资 585 亿元。国家药用植物园华北园项目落户安国。我市安国中药材纳入河北省燕山太行山道地中药材产业集群。唐县南店头乡、曲阳县孝墓镇入选农业产业强镇名单。

【一二三产融合实现突破】完成“一村一品”专业村 1290 个、省级“一村一品”示范村 23 个，全国“一村一品”示范村镇 14 个。河北新发地农副产品物流园等 6 个园区（基地）入选全国农村双创园区（基地）。“e 网无虫”项目荣获全省农村“双创”大赛初创组一等奖，并作为全省初创组唯一代表进入全国“双创”大赛决赛。推荐河北新发地集团董事长米亚林被列入 2021 年全国农村“双创”优秀带头人典型案例。我市三家农业产业入选 2021 年度河北省农村产业融合发展十大典型案例。推介 21 条休闲农业精品线路，其中徐水区田园小镇体验游入选全国休闲农业线路。阜平龙泉关镇入选第一批全国乡村旅游重点镇，涞水百里峡、竞秀区大激店等 6 个村为全国乡村旅游重点村。休闲农业营业收入 3.94 亿元。

【持续推进全面脱贫与乡村振兴有效衔接】全面落实“四个不摘”，建档立卡脱贫人员和监测对象稳定增收、无一返贫，高质量通过国家和省脱贫攻坚后评估。出台《保定市实现巩固拓展脱贫攻坚成果同乡村振兴有效衔接的若干措施》。聚焦关键支撑，持续加大产业帮扶，建立脱贫地区特色产业发展壮大“六个一”工作机制，落实“三套清单”管理，制定“1+9”规划体系，9 个脱贫县培育了食用菌、林果等 25 个特色主导产业；持续开展科技帮扶，构建农业创新驿站、产业发展指导员、科技特派员互为补充的工作机制。

【乡村建设持续推动】农村人居环境整治提升成效明显，改造农村户厕 16.4 万座、公厕 2060 座%。加快推动生活垃圾终端处理设施建设，顺平县、阜平县、易县的垃圾焚烧发电项目完成省定任务。完成污水治理村 1323 个，全市纳污坑塘实现清零。美丽乡村建设有序推进，积极推进 588 个省、市级美丽乡村建设，204 个省级美丽乡村建设项目基本完成。实施市县领导包联制度，持续推进 40 个以上示范区建设。提档升级农村基础设施，建设改造农村公路 1023 公里，改造升级农村电网 4100 公里。提升农村公共服务水平，农村学前教育覆盖率达到 100%，全市 260 家乡镇卫生院、35 家社区卫生服务中心（公立 23 所），达到国家优质服务基层行活动能力标准 269 家，标准化达标率 91.2%，全市纳入一体化管理村卫生室 5168 所、社区卫生服务站 129 所（公立 7 所），达到标准化建设标准 5195 所，达标率 98%。加强基层组织建设，村级“五位一体”组织架构覆盖率达到 100%，党组织书记和村委会主任“一肩挑”比例达到 100%，符合“六有标准”的农村综合服务中心（站）覆盖率达到 100%。常态化推进农村扫黑除恶专项斗争，扎实推进平安乡村建设，网格化服务管理覆盖率达到 100%。

【农村改革不断深化】巩固农村承包地确权登记颁证成果，加强农村土地承包经营纠纷调解仲裁体系建设，农村土地承包经营纠纷调处率达到 100%。加强县乡村三级农村宅基地管理员、调查员队伍建设，加快推进宅基地基础信息调查工作。农村集体经济发展壮大，扶持 156 个村级集体经济项目，集体经济年收入 5 万元以上的村占比 88%以上。规范提升农民合作社，创建省级示范社 115 家、国家级示范社 34 家。农村经营制度改革扎实推进，全市新增注册家庭农场 1153 家，农民合作社达到 10327 家，注册家庭农场 6256 家，农业专业化社会化服务组织 1769 家，完成 3166.87 万亩次农业生产托管服务面积。

（保定市人民政府）

张家口市

一、巩固拓展脱贫攻坚成果

始终把巩固脱贫成果摆在头等重要位置来抓，与建成“首都两区”、筹办冬奥会、加快建设京张体育文化旅游带等国家大事融合推进，强化“四个不摘”“三落实一巩固”，保持过渡期政策稳定，取得显著成效。8 月 30 日至 9 月 3 日，中办调研组赴我省开展专题调研，对张家口巩固脱贫攻坚成果工作和成效给予充分肯定；9 月 30 日，我市在省委组织部、省委党校、省乡村振兴局联合举办巩固脱贫攻坚成果能力提升专题研讨班上作了典型经验介绍。兜牢“两不愁三保障”底线。开展教育、医疗、住房、安全饮水常态化排查、动态清零，各项政策有效落实。特别是市域内所有定点医疗机构全部纳入“三重保障”“一站式”结算范围，先诊疗后付费惠及20万人次，救治大病患者27709人。强化防返贫动态监测帮扶。在全省率先出台《关于健全防止返贫动态监测和帮扶长效机制的实施意见》，建立了“六个一”工作机制，市县乡村防返贫监测实行网格化全覆盖，识别重点防贫对象11331户22520人，新纳入2738户5685人，全部落实针对性帮扶措施，6543户13307人稳定消除风险。突出抓好产业就业帮扶。围绕特色农业、乡村旅游、光伏、生态等产业，投资22.8亿元实施项目628个，全市形成“1+12”乡村特色产业发展体系，512家新型经营主体带动脱贫户36.6万户次51.99万人次。

二、扎实推进“空心村”治理和农村环境整治提升

强化冬奥会期间向世界展示全面小康成果和美丽中国形象的使命担当，按照“分类实施、统筹推进、全域提升”总体思路，以前所未有的力度，采取“空心村”治理和村庄整治提升两种模式，全面推进4174个村庄治理的历史性任务，市域内村庄实现全覆盖整治提升，从根本上消除了“视觉贫困”。在农宅空置率30%以上1100个“空心村”治理上，投资150.97亿元，通过易地新建、联村并建、整治提升三种途径分类进行综合治理，累计建成集中安置区155个，实现搬迁624个村，整治提升476个村。在集中安置区周边配套建成产业园区112个，实现了集中安置区中有劳动能力且有就业意愿人口就业全覆盖；在充分尊重农户意愿的基础上，引导群众有序规范流转耕地，搬迁类村庄共流转耕地134.5万亩，增加了群众资产性收入；对搬迁后的村庄实施拆除复垦，共腾退土地7万亩，其中复垦土地6.4万亩，复绿土地0.6万亩。在农宅空置率30%以下2988个村庄整治提升上，投资47.06亿元，通过“清、拆、改、建、腾、提、管”方式，推进村庄建筑风貌提升、人居环境整治等“六大工程”，农村基础设施和公共服务水平得到大幅提升，村庄面貌发生显著变化，得到了省委领导的肯定。省委主要领导先后主持召开省委专题会议，对我市“空心村”治理和乡村整治提升逐村航拍视频片进行了集中研审；召开省委常委会专题听取全市汇报，给予充分肯定、高度评价，认为我市村庄全域治理走在全省前列。在乡村振兴示范区创建上，加强万全佑卫、怀来桑园2个省级示范区建设，将赤城县、涿鹿矾山、蔚县南山3个乡村振兴示范区纳入省级乡村振兴示范区创建范围。全面启动市级乡村振兴示范区创建工作，围绕建设京张体育文化旅游带，重点启动建设26个产业、生态、文化等功能突出的市级乡村振兴示范区。围绕“两环”（环冬奥赛区、环首都）“两沿”（高铁高速沿线）“两边”（景区城区周边），集中连片打造132个省级美丽乡村，其中35个村达到精品村标准，有效助力乡村繁荣振兴。

三、高质量发展绿色农牧产业

以打造坝上生态绿色农业区、坝上高原优质草牧区、环首都精品农业区、坝下浅山丘陵特色农牧区和坝下河川产业融合区“五大特色产业区”为目标，按照“稳粮、兴草、精菜、壮特、优牧、强果”发展思路，打造生态经济效益良好的绿色农牧产业链条和项目集群，构建特色化、集聚化、差异化发展的产业布局。增强重要农产品保供能力。全市粮食种植面积688.49万亩，超省下达任务13.69万亩，实际产量186.1万吨，超省下达任务0.65万吨；加快恢复生猪产能，截至12月底，行业统计全市生猪存栏161.76万头，出栏256.37万头，完成全省存栏恢复正常年份（2017年存栏107.8万头）目标的150.1%；全市主要畜产品肉、蛋、奶产量分别达到36.9万吨、11.8万吨、118.8万吨。发展旱作雨养和精品设施农业。全市新增燕麦13.4万亩，总面积达到154.32万亩；新增道地中药材15.4万亩，总面积达到53万亩；新增优质谷子2.42万亩，总面积达到40.22万亩；新增设施果蔬、食用菌0.68万亩，总面积达到16万亩，旱作、节水、精品成为新标签。推进草原畜牧业转型。截至12月底，行业统计全市奶牛、肉牛、肉羊饲养量分别达到35.1万头、61.3万头、520.5万只，同比增长3.5%、7.9%、0.6%；肉鸡出栏3629.1万只，同比增长20.5%，草原绿色畜牧业成为新名片。提升农业产业质量效益。加快智慧农业云服务系统建设，完成整体框架搭建。实施高标准农田建设项目38.93万亩、旱作雨养试点11.69万亩、耕地轮作试点17.22万亩、巩固提升休耕种草成果181.26万亩。积极打造“大好河山·张家口”区域公用品牌，雪川农业入选“2021年中国500最具价值品牌”。积极开展农业大招商，全年引进农业招商项目31个，引资总额127.55亿元，累计完成投资9.42亿元。大力发展农产品加工业，集中打造塞北乳业、察北马铃薯、康保肉鸡、万全鲜食玉米等21个农产品加工产业集群，到年底，规上农产品加工业产值达到274.14亿元，同比增长11.8%。

四、助力推进“首都两区”建设

坚持把建成“首都两区”作为推动创新绿色高质量发展的重要抓手，深入推进山水林田湖草沙综合治理，生态涵养能力有效提升。全面提升生态建设成效。造林绿化由“要成果”向“要效果”转变，抓巩固提升、抓廊道绿化、抓资源管护，完成营造林178.9万亩，超额完成省定任务；顺利完成雄安郊野公园及城市展园建设任务，市政府荣获河北雄安郊野公园最佳组织大奖；创新林木公益冠名权做法，推动全社会认养林木、共建共享。11 月 12 日，阳原县率先启动“认养桑干幸福树，共建两区生态城”林木冠名认养活动，6 万多亩、20 多万株林木有了“新主人”；依托京津风沙源治理等工程，实施草原生态修复治理 34 万亩；以林草长制落实管护责任，确保林草资源安全。全面提升水源涵养能力。积极落实《永定河综合治理与生态修复总体方案》要求，推进洋河、桑干河等河道综合整治及涿鹿七一等灌区节水综合改造工程建设，完成年度投资 7 亿元。通过各类项目的实施，河道时隔多年实现全线通水，河流水质明显改善，流域水安全得到有效保障，我市永定河流域正在稳步实现“流动的河、绿色的河、清洁的河、安全的河”的治理目标。严格落实河湖长责任制，实施地下水超采综合治理，退减水浇地 11.68 万亩，关停机井 1592 眼。加强水资源管理，成功创建省级节水型城市。制定了《“十四五”期间用水总量和用水效率控制指标》，取水许可基本实现全覆盖，全市年取水量 1 万立方米以上非农业取水户全部安装在线监控。结合河道综合整治项目，清理“四乱”100 处，生态补水 0.7 亿立方米，小流域治理 86.7 平方公里。

五、持续深化农村领域改革

巩固提升农村集体产权制度改革成果。以农村集体综合管理服务平台建设为重点，组织对县、乡两级开展平台升级、业务培训，17 个县（区）实现了农村信息化管理，全市农村综合管理服务平台建设成果在全省位居前列。完成农村承包地确权登记颁证扫尾工作。全市农村承包地确权登记颁证工作的主要任务基本完成，18 个县（区）确权到户承包地面积 951.04 万亩，涉及农户 77.93 万户，分别占应确权耕地总面积、应确权总农户数的 96.7%、6.97%，发放证书 73.86 万份，发证率达到 97.74%。全市确权数据成果已经向农业农村部汇交并通过质检，部分县区确权档案已经移交档案部门。加快农村宅基地改革与管理。全市 18 个县（区）建立了农村宅基地改革管理工作体系，康保县纳入省级农村宅基地改革与管理和闲置宅基地闲置住宅盘活利用试点示范县创建范围。抓好乡村治理试点示范。持续抓好 5 个第一批全国乡村治理示范村建设和 3 个省级乡村治理试点县创建，加大乡村治理示范村镇选树力度，万全区宣平堡乡被评为第二批全国乡村治理示范镇，万全区第七屯村、蔚县郑家庄村、张北县德胜村、涿鹿县杨窑村被评为第二批全国乡村治理示范村。

六、切实做好民生保障

创新社会救助方式。在乡镇、街道设置综合服务窗口，将低保审批权下放到18个县区的218个乡镇(街道)，有效缩短了审批时限，提高了工作效率，打通了为民服务“最后一公里”。阳原县 4 个试点乡镇，为 562 户分散特困供养人员落实“物质+服务”工作；张北县采取公建民营养老模式，建成幸福港湾养老社区，集中供养特困人员 135 人，新型特困供养模式满足特困人员多样化需求。截至 12 月底，全市城乡低保保障 27.3 万户 35.4 万人，特困 2.8 万人，临时救助 5 万人次。提升养老服务水平。推进“养老服务提质增能民生工程”，全市新增养老床位 680 张。改造康复护理型床位 1502 张，新改建社区日间照料服务站 105 个，改造提升中心敬老院 7 所，新建农村互助幸福院 26 所。创新推进殡葬改革。制定了《张家口市殡葬基本服务免费和节地生态安葬补贴管理办法（试行）》，积极推进公益性纪念堂和公益性纪念林墓地建设，全市殡葬改革多项工作走在全省前列。

（张家口市人民政府）

承德市

2021 年，承德市坚持以习近平新时代中国特色社会主义思想为指导，认真贯彻落实党中央、国务院和省委、省政府“三农”决策部署，特别是深入贯彻落实习近平总书记视察承德重要讲话指示精神，坚持以全面推进乡村振兴为引领，持续调整优化农业结构，加快推动农业产业提档升级，大力开展乡村建设行动，不断深化农村综合改革，农业农村发展持续保持稳中有进，稳中向优态势。平泉市入围国家农业现代化示范区创建名单（全省 4 个）；隆化肉牛现代农业产业园获评 2021 年国家现代农业产业园；兴隆县蓝旗营镇获评 2021 年全国产业强镇；滦平、隆化 2 县入围河北道地中药材国家级优势特色产业集群；滦平“百里潮河”、丰宁京北云雾山乡村振兴示范区获批省级村振兴示范区。相继召开全省农业产业化联合体发展暨农业全产业链建设现场交流会议和全省休闲农业精品线路推介会议。

一、以完成目标任务为前提，保障指标平稳运行和重要农产品供给一是确保主要指标争先进位

第一产业实现增加值 373.6 亿元，同比增长 7.8%；农村居民人均可支配收入达到 14852 元、同比增长 12.6%；一产固定资产投资同比增长 30.4%。二是确保粮食生产安全。落实粮食安全党政同责，全市粮食播种面积完成 427.8 万亩，超出省定任务 1.9 万亩，产量达到 146.66 万吨，超出省定任务 0.16 万吨。落实高标准农田建设任务 23.32 万亩，累计建成高标准农田 97.32 万亩。全面开展耕地“非粮化”排查整治，摸清问题底数，分类妥善处置存量，坚决遏制增量。我市“非粮化”种植基本以设施蔬菜、设施水果、园林水果、食用坚果为主。其中设施蔬菜占一般耕地 7.836 万亩，永久基本农田 4.874 万亩；设施水果占一般耕地 0.938 万亩，永久基本农田0.542万亩；露地果树面积（园林水果、食用坚果、油料）占一般耕地23.524万亩，永久基本农田10.391万亩；其他非粮食作物占一般耕地18.65万亩，永久基本农田29.493万亩。自国办《意见》出台后，我市不断强化粮食安全生产，严格控制“非粮化”增量，在农业生产领域均未发现新增违规耕地“非粮化”问题。稳步推进撂荒地排查整改，排查撂荒耕地面积2948.52亩，已全部复耕复种。三是确保重要农副产品供给。全市蔬菜总播种面积达到98.86万亩，同比增长1.87%，蔬菜总产量达到376.85万吨，同比增长5.88%；牛存栏74.8万头，同比增长3.86%，出栏71.2万头，同比增长4.76%，其中奶牛存栏3.2万头，同比增长25.58%；羊存栏99.7万只，同比增长5%，出栏160.3万只，同比增长2.28%；生猪存栏92.9万头，同比增长3.98%，出栏182.4万头，同比增长11.93%；禽存栏2195.8万只，同比下降5.67%，出栏7903.2万只，同比增长0.64%；肉产量39.2万吨，同比增长3%；蛋产量9.9万吨，同比下降10.5%；奶产量9.53万吨，同比下降11.02%，随着总投资6亿元的朴诚乳业万头奶牛牧场项目6000头奶牛进场，奶产量将快速增长。

二、以提质量增效益为导向，持续壮大乡村优势特色产业

立足资源禀赋和产业基础，在确保粮食安全前提下，加快农业结构调整，促进传统优势特色产业规模发展、集聚发展。一是集中精力抓好5条产业示范带建设。把培育壮大优势特色产业作为落实习近平总书记视察承德重要讲话指示精神的第一抓手，制定印发《承德市乡村振兴优势特色产业示范带推进方案（2021-2023）》，重点打造“一号风景大道”生态休闲产业示范带、京沈高铁沿线“平泉香菇”产业示范带、“塞罕坝”高寒地区马铃薯产业示范带、滦河潮河流域道地中药材产业示范带、金山岭长城沿线优质果品产业示范带，共谋划重点项目80个、总投资45.3亿元。带动全市食用菌产量（干鲜混合）82.39万吨，产值80.2亿元；马铃薯播种面积73.3万亩、产量160万吨、产值24.1亿元；中药材播种面积（不含山楂山杏）32.4万亩，产量20.87万吨、产值65.5亿元；园林水果种植面积124.8万亩、产量112万吨、产值37.1亿元；二是持续推进农业结构调整。以调优调精为导向，集中连片推进农业结构调整，今年共完成调整58.78万亩（其中新增特色作物32.62万亩、优质替代26.16万亩），完成年初任务目标的104.6%。成功打造千亩以上片区47个，其中万亩以上农业结构调整示范片区20个，5万亩以上示范片区5个。三是布局一批现代农业产业园区。衔接省推进“群、园、品”工程，以农业结构调整为依托，启动实施“133”工程（培育10个特色产业集群、建设30个现代农业示范园、打造30个高端精品），重点推进平泉食用菌、隆化肉牛2个国家级现代农业产业园和大贵口新水现代农业园区、双桥区农产品保供园区等30个省市级现代农业示范园建设，推动乡村振兴产业集聚发展。

三、以扶大扶强龙头为牵引，稳步提升农业产业化水平

坚持“举旗当帅、找帅当兵”，推动农业龙头企业做大做强，全面提升辐射带动能力。一是持续开展“扶龙行动”。新增国家级龙头企业1家、省级龙头企业19家，国家级、省级、市级农业产业化重点龙头企业分别达到8家、105家、485家。组织召开增信基金领导小组会议5次，投放增信基金贷款44笔1.81亿元，累计发放贷款300笔，金额15.52亿元。二是延伸产业链条。大力发展绿色食品初加工和精深加工，重点培育食用菌、山楂、板栗、山杏等农产品加工集群，重点实施中央厨房、杏仁苷肽、山楂黄酮、山楂膳食纤维、菊粉等一批加工项目，提高农产品附加值。总投资3亿元的中鸿记“中央厨房”项目主体已完工；天津食品集团总投资5.05亿元的津垦塞飌公司肉牛肉羊养殖屠宰加工项目已试生产。三是积极开展农业大招商。以京津大企业、大集团为重点，积极开展全产业链招商和“敲门式”精准招商，加快引进落地一批产业前拓后延的大项目、好项目。全市共争取省以上项目80个，资金总额13.79亿元。签约农业大招商项目40个，协议总投资135.9亿元，完成全年任务的113.3%。实施投资千万元以上农业产业化项目169个，总投资440亿元，已完成投资85.5亿元，带动全市农产品加工业产值增速达到7%以上。

四、以抢占京津市场为目标，做大做强“承德山水”品牌

坚持内联基地联万户、外拓市场创品牌，发挥“承德山水”运营平台作用，努力做到好生态育出好产品、好产品创出好品牌、好品牌卖出好价钱。一是加强品牌基地打造。进一步扩大“承德山水”绿色标准化生产基地，实现质量安全全程可追溯，目前绿色基地86.6万亩，占全省的72%。吸引更多企业和产品入驻电商平台，目前已有188家企业进驻“承德山水”品牌运营平台，涉及7大品类953个单品。二是加强品牌营销推广。组织开展“承德山水”品牌进京津系列宣传推介活动，重点发展“生鲜食材+冷链宅配”、“中央厨房+团餐直供”、“大型商超+直营专柜”等模式，抢占高端市场更大份额。成功举办“承德山水”优质农产品进天津、河北省2021年中国农民丰收节承德分会场暨“承德山水”优质农产品与京津产销对接活动，影响力进一步扩大。三是加强子品牌集群建设。隆化肉牛、宽城板栗荣获国家级区域公用品牌，总数达到7个。

平泉黄瓜、兴隆板栗荣获河北省区域公用品牌、总数达到13 个；承德森源绿色食品有限公司、平泉市瀑河源食品有限公司获得省级企业品牌，总数达 10 个。全市新增地理标志证明 1 个，总数达到 4 个；新增有机农产品认证26个，总数达到190个；新增绿色食品认证22个，总数达到166个。

五、以新模式新业态为抓手，推动一二三产融合发展

按照“一产往后延，二产两头连，三产走高端”发展方向，大力发展都市农业、休闲农业、体验农业。一是积极引进新业态。大力拓展农业嘉年华、阳台经济等新业态新模式，持续提升产业层级和效益。投资 2 亿元的农业嘉年华项目已完成选址，阳台经济已试种 2 万盆。二是大力发展民宿经济。实施民宿经济“百村示范、千村带动”工程，全力推进“盛世 100”项目建设，全市确定民宿重点村 103 个，目前已完成“承德民宿”LOGO设计并对外发布，建立了民宿业主文明服务公约和地方民宿标准，对民宿实行统一编码管理。三是大力发展乡村休闲旅游。积极争创省级乡村休闲旅游精品线路，2条春观花线路、6 条夏纳凉线路，4 条秋采摘线路进行了重点推介。全市完成接待休闲农业游客 650 万人次，实现营业收入 6.8 亿元。滦平巴克什营镇古城川村成功申报 2021 年中国美丽休闲乡村，隆化西阿超乡红石砬村获批第 11 批全国一村一品示范村，全国一村一品示范村镇达到 18 个。

六、以补齐农村短板为重点，建设幸福生态宜居新农村

以农村人居环境整治、美丽乡村建设为载体，努力建设幸福家园、秀美花园、山水田园。一是深入开展厕所革命。积极推广以奖代补、先建后补方式，因地制宜选择改厕模式，建立健全长效管护机制。全市完成户厕改造 67960 座、公厕 649 座，均超额完成省民生工程任务（户厕改造 4.97 万座、公厕 630 座）。全市累计改造各类无害化卫生厕所 41.7 万座，卫生厕所普及率达到60.1%。“三个机制、三支队伍、三个电话”机制逐步完善，初步建立了有制度、有标准、有队伍、有经费、有督查的“五有”长效管护运行机制。二是积极开展农村人居环境整治。136 个村启动省级美丽乡村创建；完成50 个村庄农村生活污水治理，累计完成 400 个农村生活污水治理村庄任务，农村生活污水治理管控基本实现全覆盖；积极推广“村收集、乡（镇）转运、县处理”城乡一体化垃圾处理模式，年内完成 10 座转运站建设任务，已建成垃圾中转站 161 座，配置非露天垃圾池 2079个、垃圾箱 16.3 万个，配备清运、转运车辆 4196 台，配备保洁员近 1.7 万人，农村生活垃圾收转运处置体系基本实现全覆盖；全域推进村庄清洁行动，全市完成“五清三建一改”任务的村 2428 个，实现全覆盖；完成建设美丽庭院 53027 个、精品庭院 11532 个，全市累计创建美丽庭院 56.2 万户、精品庭院 13.6 万户；圆满完成 12个农宅空置率 30%—50%的村治理任务，集中安置 462 户、1361 人，分散安置 70 户 224 人。三是扎实开展乡村振兴示范区创建。巩固提升平泉“桲椤树”、宽城“化皮溜子”2 个省级乡村振兴示范区，重点抓好丰宁京北云雾山、滦平百里潮河 2 个省级示范区创建，4 个省级乡村振兴示范区已累计完成投资 5.5 亿元，生产类、生活类、生态类项目建设有序推进。双滦大贵口乡村振兴示范区、隆化七家—茅荆坝乡村振兴示范区被列为 2022 年省级乡村振兴示范区。

七、以农村改革为有效手段，激发农业农村发展活力

以盘活资源资产、吸引京津等社会资本投入、增加农民收入为目标，集成推进农村综合改革。一是深化农村土地制度改革。制定出台《关于进一步发展壮大农村集体经济的实施意见》，重点支持 82 个村实施扶持村级集体经济发展项目，推动集体经济空壳村全部“清零”，全市农村集体经济收入 5 万元以上的村达到 89.4%。积极引导土地经营权向新型农业经营主体流转，发展多种形式适度规模经营。全市新增农村土地流转面积 7.6 万亩，累计达到 184.2 万亩，占家庭承包经营土地面积的44.3%。二是促进新型经营主体发展。全市纳入名录系统管理的家庭农场数量累计达到 9159 家，兴隆县富硒家庭农场获评全国家庭农场典型案例。新获批国家级农民合作社示范社 9 家、国家级农民合作社示范社达到 40 家，省级农民合作社示范社达到 150 家、市级农民合作社示范社达到 351 家；全市农民合作社监测合格率达到 90%以上，农民专业合作社达到 12557 家，兴隆县继承德县之后，被农业农村部评为“全国农民合作社质量提升整县推进试点单位”。积极开展市级以上产业化示范联合体监测评选，总数达到 67 家，省级农业产业化示范联合体达到 29 家。三是稳慎推进宅基地改革。农村宅基地登记、入库、调查工作稳步推进；县乡村三级农宅管理体系全面建立，农村宅基地基础数据库和管理信息平台加快建设，政策制定、宣传发动等工作有力推进，207 个乡（镇、街道）全部设立宅基地审批受理窗口、公布审批办事指南、建立巡察制度；11 个县市、区和河北新中大公司签订市县乡村四级互联互通大数据库建设合同；滦平县“庄头部落”等一批闲置农宅、农房盘活利用典型先后涌现；平泉、滦平国家级和省级改革试点积极推进。

八、以务实工作举措为保障，增强农业农村发展支撑

一是抓强力推动。建立健全市级统筹、县区主体、部门配合的工作体系，压实县（区）委书记“一线总指挥”作用和乡镇党委书记、村党支部书记前沿阵地“指挥员”职责，确保上下贯通、一抓到底。对重点工作实行一个专班、一套方案、一张图、一本台账的“四个一”工作机制，实行挂图作战、清单管理、责任到人。目前已成立落实习近平总书记视察承德重要指示精神乡村振兴专班、5 条产业示范带专班、“四个农业”专班、重点项目专班、绿色食品精深加工等工作专班，成立由 11 个副处级领导带队的督导组，对重点工作实行常态化督导，确保重点工作落到实处。每年组织 2 次以上观摩拉练活动，5 月 10—11 日召开全市第一批乡村振兴重点项目集中开工观摩活动；9 月 18 日采取实地观摩和会议形式，组织召开了全市推进乡村全面振兴工作会议，进一步营造了“比学赶超”氛围。二是抓质量提升。组织申报河北省地方标准制修订项目 10 项，全市农业标准化生产覆盖率为 72.61%，同比增长 2.6%，超出考核目标任务 0.61 个百分点；加强农产品质量安全监测预警，全市农产品抽检总体合格率保持在 98%以上。加强追溯体系建设，符合条件的农产品经营主体全部依托省农产品追溯平台实现可追溯。创建国家级农业综合行政执法示范窗口和示范单位实现零的突破，承德县农业农村局、围场县农业综合行政执法大队分别获得第三批全国农业综合行政执法示范单位和示范窗口荣誉称号。三是抓绿色发展。持续推进农业节水减肥控药，加大畜禽粪污、农作物秸秆综合利用，开展废弃农膜农药包装物等回收，有效治理农业面源污染。完成旱作节水农业技术推广面积 375 万亩，完成任务目标的 104%；全市实现化肥减量 2388 吨（折纯量），同比下降 2.43%；农田农药使用量降低 9.96 吨，同比减少 1.59%。农膜回收率达到 90%以上，平泉、宽城被确定为省废弃物回收处理工作试点县；持续推进畜禽粪污资源化利用，畜禽规模养殖场粪污处理设施装备配套率保持 100%，畜禽粪污综合利用率达到 94.23%；秸秆综合利用率达到 97%。全力推进冬季清洁取暖工作，全市生物质取暖推广规模达到 47680 户，（农村生物质取暖确户 44715 户、城区生物质取暖确户 2965 户）完成生物质炉具安装 47680 户，配送生物质燃料 7.85 万吨，户均 1.65 吨。四是抓科技创新。突出与京津科研院所、龙头企业合作对接，共建科技创新示范基地。与天津食品集团合作，在围场建设全国领先肉羊繁育实验室，已取得积极进展，同时全力推进马铃薯脱毒种薯繁育基地建设，围场脱毒马铃薯研究所成功获批河北省马铃薯种薯产业技术研究院。新组建食用菌种业创业联盟；新创建省级农业创新驿站 5 个、市级农业创新驿站 35 个、全市农业创新驿站累计达到 56 个。五是抓风险防范。积极开展“大棚房”专项清理整治行动“回头看”，全市未出现“大棚房”整治“死灰复燃”问题和新发生“大棚房”问题。全力做好疫病防控，抓好“非洲猪瘟”常态化防控，口蹄疫、禽流感、布病和小反刍兽疫应免畜禽免疫密度均达到 100%。有效控制了 8 月 8 日围场县御道口镇畜间炭疽疫情，未造成重大经济损失和社会影响。深入开展土地承包经营权纠纷信访化解，全市共发生土地承包经营纠纷 294 件，其中乡村调解 247 件，仲裁委受理 47 件（调解 21 件、裁决 26 件），调处成功率 100%。

（承德市人民政府）

沧州市

2021 年沧州市委、市政府全面贯彻落实中央、省农村工作会议和中央、省委一号文件精神，坚持以乡村振兴战略为总抓手，以深化农业供给侧结构性改革为主线，统筹疫情防控和经济社会发展，农业农村各项工作扎实推进。全市农林牧渔业总产值达到 697 亿元，同比增长 7.7%；农村居民人均可支配收入 1.8 万元，同比增长 10.3%。

一、强基固本，农业生产实现新提升

2021 年全市扎实做好“六稳”、“六保”工作，筑牢农业农村高质量发展的“压舱石”。

（一）种植业生产稳中有进，重要农产品供给充足。全市深入实施“藏粮于地、藏粮于技”战略，粮食生产能力得到新提升。2021 年全市粮食播种面积 1348.7 万亩，增长 1.7%；总产量 466 万吨，增长 1.8%，超额完成省定任务。稳定大田作物的同时，积极调整种植结构，大力推进经济作物及特色种植业发展。经济作物稳定增长，蔬菜与食用菌累计产量首次突破 300 万吨，增长 0.9%。食用菌产业发展加快，积极引进银耳、羊肚菌等高效益产品，全市食用菌总产量增长 48.9%，达 4151.5 吨。

（二）畜牧业生产增质提速，农业结构持续优化。全市围绕高质量发展这一主线，抓生产、调结构、补短板，畜牧业呈现健康稳定发展态势。全市肉、蛋、奶总产量分为 47.8 万吨、33.0 万吨和 13.4 万吨，分别增长 17.0%、1.5%和 1.6%。生猪产能调控见效，全市生猪出栏 303.6 万头，增长 28.5%。

（三）渔业生产优势扩大，特色水产业聚集发展。立足特色水产品育种优势和环绕京津的市场优势，大力发展精深加工和冷鲜物流，推动特色水产业聚集发展。全市共有省级水产原良种场 7 家，国家级水产原良种场 3 家。2021 年全市渔业总产量 10.9 万吨，增长 9.0%。其中海洋捕捞 7.14 万吨，远洋渔业 0.65 万吨，海水养殖 1.7 万吨。

（四）绿色农业健康发展，清洁生产不断推进。以绿色、生态、可持续为目标，大力实施畜牧业升级、秸秆综合利用、农药化肥减量增效等工程。先后印发了《沧州市 2021 年畜禽养殖废弃物资源化利用工作方案》《2021 年农膜回收利用工作方案》等文件，持续推进绿色农业健康发展，2021 年全市规模畜禽养殖场粪污资源化利用设施配建率保持在 100%，畜禽粪污综合利用率达到 90.1%；全市农膜回收率为 96.2%；实际秸秆综合利用量 510.9 万吨，秸秆综合利用率达到 97.8%。完成季节性休耕项目任务面积 30 万亩，补助资金 1.5 亿元，节水 0.45 亿立方米。

二、深化改革，乡村产业取得新进展

（一）农业产业化进程加快。深入贯彻落实党中央关于乡村振兴战略的各项决策部署，持续加大对“三农”领域龙头企业的扶持力度，2021 年全市农业产业化经营总量达到 657.4 亿元，产业化经营率 64.1%。市级以上农业龙头企业达到 406 家，其中省级 75 家。随着青县唇动食品、新华区华海顺达被确定为国家级农业龙头企业，全市国家级农业龙头企业已发展到 8 家。大力发展农业产业化联合体，创建市级以上农业产业化示范联合体 32 个，其中省级农业产业化示范联合体 19 个。积极组织开展全国“一村一品”示范村镇建设，目前全市已拥有全国“一村一品”示范村镇 11 个，其中青县曹寺乡、沧县崔尔庄镇和东光县连镇镇被农业农村部认定为全国乡村特色产业十亿元镇，黄骅市孔店村、南皮县贾九拨村入选全国乡村特色产业亿元村，肃宁县梁村镇入选国家级农业产业强镇，献县入选全国农业全产业链典型县。

（二）一二三产业融合发展逐步推进。围绕特色主导产业，以农业产业化龙头企业为主体，着力打造了一批加工规模大、集中程度高、带动能力强、产业链条配套、产业发展成效突出的农产品加工产业集群，加速了一二三产业融合发展。全市共打造农产品加工产业集群 19 个，其中省级加工产业集群 11 个，形成了烤鸭坯产能全国第一、皮草行业出口全国居首、鲜梨出口全国第一等多个特色优势产业集群。一是依托现有加工基地规范提升，打造了青县食品、沧县红枣、渤海新区农产品、河间驴肉火烧等 4 个全国知名农产品加工产业集群。二是依托龙头企业带动和农业产业园聚集，创建培优了黄骅旱碱麦、泊头果品、献县肉鸭等 7 个区域性农产品加工产业集群。三是依托县域特色优势产业培育，重点培育了肃宁皮毛、盐山杂粮、东光棉花等 8 个县域特色产业加工集群。

（三）现代农业效益不断提高。将推进农业结构调整作为促进产业兴旺的主要抓手，狠抓关键措施的落实。一是抓布局。按照区位特点和传统产业特色，重点抓了旱碱麦产业带、肉鸭产业带等跨县域产业带建设，推动了特色产业规模化发展。二是抓重点。打造了 15 个特色优势产业集群、43 个现代农业示范园区、25 个高端精品，配套制定了 15 个推进方案，形成了“1+15”的组织推进体系。2021 年全市各级现代农业园区总数达 191 个，其中市级以上现代农业园区 108 个，市级现代农业精品园区 47 个。全市 167 个农业乡镇均建成现代农业园区，实现“一县一园，一乡一园”的目标。三是抓改革。持续深化农村经营制度改革，不断为农业农村现代化释放新活力、注入新动能。2021 年底，全市注册农民合作社 10528 家，其中培育国家级示范社 24 家，省级示范社 56 家；注册家庭农场 5202 家，其中培育省级示范家庭农场 108 家；发展农业生产托管服务组织 3011 家，2021 年度共计完成托管服务面积 1879 万亩次。四是抓融合。全市上下大力发展休闲农业与乡村旅游，累计接待游客 780 余万人次，综合旅游收入突破 2.3 亿元。通过省级平台发布休闲农业与乡村旅游精品线路 4 条，累计推荐休闲农业与乡村旅游精品线路 20 条，全市获评休闲农业称号企业达到 29 个。青县胡白庄村和东光县小邢村被评为河北省美丽休闲乡村。

三、整治提升，乡村面貌得到新改善

按照省三年行动计划要求，沧州市以农村厕所革命、农村生活垃圾治理、农村生活污水治理、村容村貌整治等为主攻方向，加快补齐农村人居环境短板，取得良好效果。农村厕所革命稳步推进。2021 年底全市完成农村户厕改造 21 万座，超额完成省政府下达全市 14.52 万座的任务目标。农村垃圾治理扎实有效。建立覆盖全市的“村收集、乡（镇）转运、县集中处理”城乡一体化垃圾治理体系，配置乡镇垃圾转运站 98 座，收转运车辆 643 辆，投入使用垃圾箱（桶）25.4 万个。农村污水治理有序开展。全市累计实现农村生活污水治理村庄 1936 个，其余村庄全部完成管控。村容村貌明显提升。所有行政村基本实现通村道路、主街道硬化全覆盖。大力开展村庄清洁行动，全市基本完成“五清三建一改任务”。5659 个行政村完成村庄规划，实现应编尽编。2021 年，完成绿化村庄 447 个。维修、更换、新添节能灯具 1.02 万盏。村庄面上环境基本实现干净整洁有序，推进由面上清洁向屋内、庭院清洁延伸。2021 年新增完成美化整治的村 926 个，累计达到 4855 个。新增美丽庭院 15.7 万个、精品庭院 4.7 万个，累计分别达到 94.7 万个、20 万个。

四、巩固成果，乡村振兴取得新成效

全市始终把巩固拓展脱贫攻坚成果作为最大政治责任和首要民生工程，坚持党政齐抓、部门协同、全民参与，扎实巩固拓展脱贫攻坚成果，确保同乡村振兴有效衔接。坚持巩固拓展脱贫攻坚成果，确保同乡村振兴有效衔接。聚焦核心指标，脱贫成果持续提升。为 124.5

万名各学段学生提供了教育资助，1.3 亿元资助资金全额落实到位。重点人群“基本医疗有保障”，个人缴费部分全部纳入政府资助范围，参保率达 100%。持续开展农村住房安全和饮水安全大排查，实现新增问题动态清零，全市农村住房和饮水安全有保障。扭住关键环节，健全防返贫监测机制。农户自主申报、基层干部走访、部门信息预警加社会反映的“3+1”监测方式被写入省政策性文件。

坚持全面落实优先发展总方针，推动乡村振兴战略向纵深实施。围绕破解“人、地、钱”瓶颈制约，拿出一系列真招数、硬举措。加大资金投入。充分利用建行的 200 亿乡村振兴授信额度，推进乡村重点产业的发展，目前新增授信额度达 16.49 亿元。壮大人才队伍。制定了《2021 年沧州市高素质农民培育实施方案》，培育高素质农民 2410 人；大力开展职业技能培训进乡村活动，共培训 17308 人。

（沧州市人民政府）

廊坊市

2021 年，廊坊市委、市政府坚持以习近平新时代中国特色社会主义思想为指导，全面贯彻党的十九大和十九届历次全会精神，认真落实中央和省市委的各项决策部署。在新冠疫情的冲击下，坚持农业农村优先发展，持续推进乡村振兴战略，深入开展农业结构调整、稳步提升农业产业化水平、扎实开展农村人居环境整治，农业农村发展继续保持稳中有进、稳中向优的良好态势。

一、农业生产能力稳步提升

（一）粮食作物。坚持“藏粮于地，藏粮于技”总要求，提高粮食产能，促进粮食生产能力与保护生态环境协调发展。2021 年，全市粮食播种面积 405.43 万亩，总产量 150.73 万吨，平均单产 371.78 公斤，其中冬小麦 89.70 万亩，单产 401.70 公斤，总产 36.03 万吨；玉米 295.00 万亩，单产 369.65 公斤，总产 109.05 万吨。

（二）果蔬产业。充分发挥环京津蔬菜产业优势，重点培育特色品种，打造万亩以上规模示范区，完善配套栽培技术，提高产品竞争力。据统计数据显示，全市瓜菜播种面积 130.36 万亩，总产量 546.94 万吨，产值 170.06 元。

（三）畜牧养殖业。优化畜禽生产布局，推进畜禽业转型升级，延长畜牧业产业链条，促进一二三产业融合发展，着力提高综合生产能力和效益。2021 年，全市猪存栏 9.14 万头，牛 13.60 万头（其中奶牛 5.11 万头），羊 70.57 万头，肉鸡 399.70 万只；猪出栏 117.35 万头，肉牛出栏 15.00 万头，羊出栏 127.38 万头，肉禽出栏 2588.82 万只。肉、蛋、奶产量分别为 16.63 万吨、12.84 万吨、15.84 万吨。

二、乡村振兴战略持续推进

（一）建立健全政策制度体系。《关于全面推进乡村振兴加快农业农村现代化的实施意见》《廊坊市美丽乡村建设行动实施意见（2021～2025 年）》《关于认真贯彻落实省委办公厅、省政府办公厅〈关于加快推进乡村人才振兴的若干措施〉的通知》《市委市政府乡村振兴工作领导小组 2021 年工作要点》等指导性文件，为高标准持续推进乡村振兴战略打下了坚实的工作基础。

（二）推进乡村振兴示范区创建。持续推进 10 个市级以上乡村振兴示范区不断加快项目建设，各示范区工程项目总体进展顺利。下达 2021 年省级乡村振兴示范区专项资金 2000 万元，支持三河省级乡村振兴示范区创建。同时，按照省要求，组织固安县、大厂县、香河县、三河市编制上报了 2021 年度乡村振兴示范区创建工作实施意见和美丽乡村建设专项工作方案。目前，全市各乡村振兴示范区创建工作稳步推进，示范区项目实施进度较快，已建成项目 206 个，占总谋划项目的 83.74%，累计完成投资 93.09 亿元，占计划总投资额的 81.50%。

（三）全面开展农村人居环境整治。

一是高标准推进农村厕所革命。开展农村户厕公厕建设。目前，4.1 万座户厕、1040 座公厕改造任务已完成。其中，三河市、香河县、大城县户厕改造超额完成省定目标任务，全市户厕改造完成 47260 座，完成了目标任务的 115%以上。开展农村户侧摸排整改。全市 2013 年以来各级财政支持改造的农村户用厕所数量为 47.96 万座，涉及村街 2676 个，已排查出问题厕所 6.74 万座。其中，已完成整改 3.09 万座，剩余 3.64 座问题厕所已明确整改计划。二是深入开展农村生活垃圾治理。目前，全市 3059 个村庄配置村级保洁员 1.5 万名，建设垃圾收集点 4.16 万处、乡镇垃圾转运站 110 座，配置垃圾收集车 9953 辆、垃圾收集站 1762 处，已基本实现农村生活垃圾以“点（站）-车-站”为模式的收运体系全覆盖。全市 325 个村街启动农村生活垃圾分类工作，市本级、霸州市、三河市、固安县、大城县和香河县 6 座生活垃圾焚烧处理设施已投入运行。三是稳步推进农村生活污水治理。按照“因地制宜、区域统筹、经济适用、易于维护”的原则，积极探索本地适宜模式并加以推广复制，形成一批经济适用、绿色低碳的技术模式和经验做法，提高科学治理水平和能力，合理指导开展农村生活污水治理工作。截至目前，共完成农村生活污水治理任务 38 个，累计完成 1238 个村庄生活污水治理任务，治理率达 40.5%，高于农村人居环境整治提升工作中“农村生活污水治理率高于 30%”的要求。四是全面开展农村清洁行动。今年以来，结合疫情防控，组织各县（市、区）全面开展村庄清洁行动，全市农村清理生活垃圾 5.3 万余吨，清理房前屋后杂物 2.95 万余处，消杀垃圾转运车 2.83 万辆次，清理消杀农村农贸市场等人群聚集地公厕 3 万余座次，通过村街大喇叭广播宣传村庄清洁行动有关内容 8.3 万余次，为农村疫情防控提供了有效助力。五是大力开展美丽乡村建设。研究制定了《廊坊市美丽乡村建设行动实施意见（2021-2025 年）》（廊乡〔2021〕2 号）、《廊坊市 2021 年美丽乡村建设工作方案》，对标对表河北省美丽乡村建设标准，逐村明确建设重点、项目清单和时间安排。截至目前，目前，148 个美丽乡村的创建工作已基本完成。

三、现代都市农业加快提升

（一）农业产业化经营水平稳步提升。一是推进龙头企业建设。以农业结构调整为主线，梯度管理、突出重点、分级分批培育重点龙头企业，全市建成国家级重点龙头企业 7 家、省级重点龙头企业 53 家、市级重点龙头企业 246 家。其中，年销售收入超百亿元企业 2 家（汇福粮油、梅花生物），超 50 亿元企业 1 家（好丽友）。提高企业科技水平，引导龙头企业引进应用现代技术、设备、人才，支持返乡下乡人员开展创业创新。二是推进农产品加工业发展。围绕资源禀赋，重点打造粮油、肉类、果蔬、乳品四大农产品加工产业，共建成规模以上农产品加工企业 223 个，2021 年农产品加工业与农业总产值比达到 2.65:1。构建农产品加工布局体系，推进农产品加工集群建设，重点培育粮油加工、休闲食品加工、杂粮加工、肉鸡加工等年产值超 10 亿元的农产品加工产业集群 6 个，其中年产值超 50 亿元的 1 个。三是推进一二三产业融合发展。以农产品加工业为引领，延长农业产业链、价值链，加快农村一二三产业融合发展。推进联合体建设，以龙头企业为核心，建成省级示范农业产业化联合体 18 家，市级联合体 31 家；推进产业强镇建设，建成农业产业强镇 2 个（永清县刘街乡、安次区东沽港镇），建设省级产业强镇项目 3 个；推进“一村一品”建设，充分发挥农民的主体作用和新型经营主体的带动作用，创建全国“一村一品”示范村（镇）10 个。四是推进农业大招商。加大招商引资力度，搭建招商平台，充分发挥企业作为招商主体的作用，瞄准重点企业、重点区域、重点产业开展全方位、多角度招商活动。2021 年，全市共签约招商项目 18 个，拟引资额 116 亿元，其中，计划总投资亿元以上项目 10 个，已开工建设项目 8 个。

（二）稳步推进现代农业园区提档升级。2021 年新认定永清县恒都美业现代农业园区、固安县现代农业园区（兴农）2 家省级精品园区。目前，全市共创建省级现代农业园区 15 个、市级现代农业园区 64 个、7 个省级精品园区。

（三）实施休闲农业和乡村旅游精品工程。目前，全市共有国家级休闲农业与乡村旅游星级企业（园区）22 个，省级休闲农业星级企业（休闲农业园及休闲农业采摘园）47 个，河北省休闲农业示范点 6 个，廊坊市级休闲农业示范点 15 个，中国美丽休闲乡村 3 个，河北省最美休闲乡村 5 个，河北省美丽田园 3 个。省级水产健康养殖示范场 2 个，省级休闲渔业示范基地 1 个。

四、农业农村改革全面深化

（一）农村承包地改革持续深化。全面落实农村土地承包关系稳定并长久不变政策。在全市农村承包地确权登记颁证工作基本完成的基础上，加快农村承包地确权登记颁证成果运用。截至目前，全市确权村街 2809 个，完成率 100%，土地确权面积完成率 99.93%，农村土地承包经营权证书发放完成率 96.45%。全市农村土地经营权流转面积 113.34 万亩，占家庭承包经营耕地面积的 24.99%。

（二）深化农村集体产权制度改革。全市 3230 个村街中，清产核资完成率 100%，成员确认完成率、资产量化完成率、“三会”选举完成率、登记赋码完成率均达到 99.97%。依托省级农村集体产权制度改革综合管理服务平台，基本完成市级农村集体资产管理和产权改革综合平台建设。指导各县（市、区）做好农村集体经济组织成员信息录入工作，基本实现，省、市、县平台端口数据共享。

（三）农村宅基地改革稳慎推进。指导县（市、区）进一步明晰宅基地管理机构、责任领导和工作人员，设立村级宅基地协管员 4331 人，探索完善村级宅基地协管员制度，县乡村逐步建立管理制度，县乡属地管理责任进一步压实。开展各类培训 40 期次，培训工作人员 1000 余人，宅基地工作人员素质进一步提升。稳步推进宅基地基础信息调查和需求调查，扎实推动闲置宅基地闲置农宅盘活利用。三河省级试点示范取得阶段成效。

（四）新型农业经营主体快速发展。目前，全市注册登记的家庭农场 1624 个，其中省级示范 54 个、市级示范 123 个；注册登记的农民合作社 6322 个，其中国家级示范社 10 个、省级示范社 44 个、市级示范社 80 个。农业生产托管服务扩面升级，培育农业生产托管组织 722 个，托管服务面积 505.7 万亩次，小农户发展能力得到提升。

（廊坊市人民政府）

衡水市

2021年，衡水市认真贯彻落实中央和省“三农”工作决策部署，坚持“稳粮食、调结构、减用水、促增收”多目标统筹，扎实推进乡村振兴战略实施，促进农业高质高效、农村宜居宜业、农民富裕富足。全市一产增加值达到237.9亿元，比上年增长6.5%；农村居民人均可支配收入达到16912元，增长12.0%，农业农村发展继续保持稳中有进、稳中向优的态势，实现了“十四五”良好开局。

一、粮食生产和重要农产品实现稳产保供

坚持粮食安全党政同责，扛稳扛牢粮食安全政治责任，把粮食生产作为“三农”工作的头等大事和首要任务来抓，稳政策、稳面积、稳产量，强化科技支撑保障，完成了粮食生产年度目标任务。2021年全市粮食播种面积1085.5万亩，比上年增长0.7%。粮食总产量441.1万吨，增长1.1%。其中，夏粮产量216.9万吨，增长1.3%；秋粮产量224.3万吨，增长0.8%。市农业农村局被农业农村部评为2021年度全国粮食生产先进集体，1名同志被评为先进个人。加强“菜篮子”“果盘子”产品生产，不断壮大蔬菜、畜牧、林果三大特色产业。全市蔬菜播种面积98.4万亩，比上年增长2.5%，总产量294.8万吨，增长3.7%；油料播种面积37.4万亩，增长4.7%，总产量9.5万吨，增长1.9%。猪牛羊禽肉产量30.0万吨，比上年增长16.1%。园林水果产量达到111.1万吨，比上年增长3.9%。

二、农业高质量发展迈出新步伐

以水资源的高效充分利用为导向，积极主动调整农业结构，大力发展品牌农业、质量农业和资源节约型农业，推动农业高质量绿色发展。一是农业种植结构加快推进。结构调整面积达到70.4万亩，“万元田”达到33万亩；形成32万亩优质谷子、高粱，32万亩以花生为主的油料作物，6万亩中药材等规模化产业。二是农业品牌建设成绩显著。“安平白山药”入选第五届河北省二十大农产品区域公用品牌，省、市级区域公用品牌分别达到7个、22个；河北裕丰京安养殖有限公司等3家企业被认定为二十大农业领军企业品牌，省、市级领军企业品牌分别达到7个、30个；6个品牌入选第二届河北省“我最喜爱的农业品牌”前20名，河北养元智汇饮品有限公司被中国农业产业化龙头企业协会认定为2021年度果蔬行业头部企业；全市培育中国驰名商标6个，地理标志证明商标7个，“衡字号”农业品牌的知名度和影响力进一步提升。三是农业发展支撑保障明显增强。建设完成45万亩高标准农田，同步发展高效节水灌溉36万亩；69万亩季节性休耕、41万亩旱作雨养种植试点项目全部落实到村、到地块。畜禽粪污综合利用率稳定在85%以上，农作物秸秆合利用率达到98%，农膜回收率达到90%以上，武邑县、故城县被评为第一批全国农作物病虫害绿色防控示范县。阜城县获评全国第六批主要农作物生产全程机械化示范县。河北康宏牧业有限公司被评为2021年国家级奶牛核心育种场，衡水志豪畜牧科技有限公司被评为2021年国家级羊核心育种场。四是农产品质量安全水平不断提高。着力推进农业标准化建设，省级地方标准立项2项，制定市级地方标准14项，农业标准化生产覆盖率72.35%。省级农产品质量安全县创建实现全覆盖，饶阳县创建国家农产品质量安全县取得阶段性成效。全市新增“两品一标”农产品30个，达到135个。扎实推进农产品质量追溯机制建设，390家企业可开具二维码电子追溯合格证，共开具合格证79151批。全市共监测农畜产品6608批次，抽检合格率99.9%。

三、农业高端合作实现互惠共赢

发挥高端合作的引擎作用，为加快农业现代化发展注入新动力，引领全市农业向高端化、规模化迈进。一是大力推进“果蔬进京”。总投资16亿元的北京新发地衡水（冀州）农副产品智慧物流园及城市安全保供仓项目签约，全市与北京新发地签订生产合作协议37个，建设生产基地50个、面积4万多亩，销售优质农产品6.4万吨，销售额2.6亿元。二是务实推进“中化来衡”。落实万亩大方示范基地15个，初步建成县级MAP技术服中心6个。全市农业种植综合服务面积48.6万亩。三是深化院市合作。2021年，创建5家省级、59家市县级农业创新驿站，总数达到79家。全市105个新型农业经营主体分别与44家农业科研院校开展科技合作。衡水市人民政府与河北省农林科学院签订了3年合作协议，实施了优质粮高产创建、农产品品质提升、优良品种引进、先进科技成果转化等一系列科技示范项目，为提高我市农业发展质量效益和竞争力发挥了重要作用。

四、农业产业化发展成果丰硕

坚持一二三产业融合发展，开展农业大招商，加快农业产业化项目建设，延伸产业链条，增强农业发展后劲。全市签约引进农业产业化项目43个，引资总额145.54亿元，完成年度计划的138%，居全省第三位。认定市级农业产业化龙头企业394家，其中，国家级龙头企业3家，省级农业产业化重点龙头企业77家，实现销售收入260亿元，利润46.9亿元。培育形成了14个农产品加工集群，其中10亿元以上7个。全市一产固定资产投资同比增长79.9%，居全省首位。阜城阜云农辣椒、安平老家圣姑挂面、高新区景芝源灵芝获评“全国乡村特色产品”。景县王谦寺镇马贾庄村和饶阳县大尹村镇南北岩村被命名为全国“一村一品”示范村镇，总数达到

16 个。

五、农业农村改革持续深化

持续深化农村重点领域改革，激活农业农村发展新动能。积极拓展农村承包地确权登记颁证成果应用，新增“地押云贷”2533.9 万元，有效缓解了经营主体的资金困难。武邑县省级农村宅基地规范管理和闲置宅基地闲置住宅盘活利用试点工作扎实推进，在 10 个试点村探索出 “三园”建设、集中收储、租赁开发、特色小镇（增减挂钩）四种模式。故城县“五位一体”经营模式初见成效，全县 254 个村采用“五位一体”经营模式发展规模经营，涉及耕地面积近 30 万亩，年可增加村集体收入 1000 万元以上。新型经营主体培育成效显著，全市经工商管理部门注册家庭农场 10798 家，共创建省级示范家庭农场 211 家、市级 555 家、县级 1196 家，省级示范家庭农场居全省第二位。农民专业合作社达到 13504 家，其中，国家、省级、市级农民合作社示范社分别为 38 家、173 家、422 家。深州市星火畜禽专业合作社、武强县牧兴肉鸭养殖专业合作社、深州市仁忠农机专业合作社入选 2021 年中国农民合作社 500 强。

六、乡村建设步伐全面提速

把推进乡村建设作为贯彻习近平总书记系列重要讲话精神的具体实践和扩大投资、激活农村内需的战略之举，落实乡村振兴为农民而兴、乡村建设为农民而建的要求，坚持自下而上、村民自治、农民参与，数量服从质量、进度服从实效，切实增强农民群众的幸福感、获得感。2021 年，全市完成农村户厕改造 64976 座、公厕改造 2014 座。配备抽粪车 1081 辆，建设粪污收集站点 203 个，114 个乡镇实现全覆盖；建成厕具维修站点 91 个，服务能力基本覆盖所有改厕村庄。建成美丽乡村 160 个，32 个美丽乡村被认定为省级精品村。完成村庄绿化面积 581450 平方米，建设美丽庭院 2144 个，建成小菜园、小果园、小游园 394 个，完成主街道硬化 203141 平方米，巷道硬化 348626 平方米，建筑立面和标语广告整治 22600 平方米。完成生活污水治理的村庄 305 个，建立健全县级政府为责任主体、乡镇政府为落实主体、村级组织为管理主体、农户为受益主体、第三方专业服务机构为服务主体的“五位一体”运营管护体系。配建农村生活垃圾运转站 112 座，收转运车辆 460 余辆，转运能力 3100 余吨/日，基本实现“村收集、乡（镇）转运、县集中处理”城乡一体化垃圾处理模式，形成设施配套、运行稳定的农村生活垃圾治理体系。冀州区双冢村、故城县董学村、深州市小寺庄村被评为第二批全国乡村治理示范村。

（衡水市人民政府）

Ⅳ 农业法规 文件选载

河北省节约用水条例

（2021年5月28日河北省第十三届人民代表大会常务委员会第二十三次会议通过 根据2021年7月29日河北省第十三届人民代表大会常务委员会第二十四次会议《河北省人民代表大会常务委员会关于修改〈河北省发展循环经济条例〉等五部法规的决定》修正）

目 录

第一章 总 则

第一条 为了推进水资源集约节约利用，建设节水型社会，保障水安全，促进经济社会高质量发展，根据《中华人民共和国水法》和有关法律、行政法规，结合本省实际，制定本条例。

第二条 本省行政区域内节约用水及其监督管理活动，适用本条例。

本条例所称节约用水，是指通过统筹生产、生活、生态用水，转变生产生活方式，控制用水总量，提高用水效率，降低水资源消耗和损失，集约节约利用水资源的活动。

第三条 节约用水工作应当坚持节水优先、空间均衡、系统治理、两手发力的治水思路，遵循统筹规划、科学配置，总量控制、高效利用，因地制宜、分类指导的原则，依法管水，节约用水，落实水资源刚性约束制度，建立健全党委领导、政府主导、部门履职、市场调节、公众参与的机制。

第四条 县级以上人民政府应当将节约用水纳入国民经济和社会发展规划，建立健全节约用水政策体系，加大节约用水投入，完善节约用水协调工作机制，统筹解决节约用水工作中的重大问题。

节约用水工作应当纳入市、县级人民政府政绩考核内容，建立健全考核评价、约谈、问责等制度。

乡镇人民政府、街道办事处、村民（居民）委员会应当做好本区域内的节约用水工作。

开发区、园区管理机构应当按照职责做好管理范围内的节约用水工作。

第五条 省人民政府水行政主管部门负责全省节约用水工作，组织编制节约用水规划并监督实施，依法规范管理，指导和推动节水型社会建设。

省人民政府发展改革部门负责建立健全有利于促进节约用水的价格机制，会同有关部门推进节约用水重大项目建设。

省人民政府住房城乡建设主管部门负责指导城市节约用水工作，组织推进节水型城市建设，加大城市再生水利用力度。

省人民政府工业和信息化主管部门负责指导工业节约用水工作，推广先进工业节水技术、工艺和设备。

省人民政府农业农村主管部门负责指导种植业、畜牧业、渔业节约用水工作，推进高效节水灌溉，推广先进农业节水技术。

省人民政府其他有关部门按照各自职责，推进节约用水各项政策措施落实。

设区的市、县（市、区）人民政府有关部门，按照职责分工做好节约用水相关工作。

第六条　各级人民政府及其有关部门应当加强省情水情宣传教育，将节约用水纳入国民素质教育体系和大中小学教育教学内容，宣传节约用水法律法规、普及节约用水知识，引导公众自觉参与爱水、节水、护水行动，提高全民节水意识，形成全社会节约用水的良好风尚和自觉行动。

第七条　报刊、广播、电视、互联网等新闻媒体应当加强节约用水公益宣传和舆论监督，宣传推广节约用水先进典型。

国家机关、学校、社区、宾馆、商场、医院、公园、文化场馆、车站、机场等公共机构和场所，应当设置节约用水宣传标语、标志牌等，宣传节约用水知识。

第八条　县级以上人民政府水行政主管部门和其他有关部门应当建立健全公众参与节水制度，在推进节约用水工作中充分听取公众意见建议，自觉接受社会监督。

第九条　任何单位和个人都有节约用水的义务，有权举报浪费水资源的行为。

对节约用水成效显著的单位和个人，依法给予表彰和奖励。

第十条　雄安新区管理委员会应当对标国际先进节水标准，建立健全深度节水控水指标体系，推进优水优用，循环循序利用，建设节水型标杆城市。

各设区的市、县（市、区）积极推进高标准节水型城市创建，建设节水型社会。

第二章　用水管理

第十一条　省、设区的市和县（市、区）人民政府应当建立水资源刚性约束指标体系，坚持以水定城、以水定地、以水定人、以水定产，优化城市空间布局、产业结构和人口规模，控制高耗水项目建设。

建立健全用水总量与分类管理指标控制制度和激励处罚机制，完善水资源税征收机制和水价体系。

第十二条　县级以上人民政府应当统筹各类水源和各行业用水需求，优化水资源配置，建立多种水源联合调度机制，科学利用水库调蓄功能，用足用好外调水，合理利用当地地表水，鼓励利用非常规水，严格控制开采地下水，确需开采地下水的，由县级人民政府逐级报省人民政府批准。

在引江和引黄受水区及地表水能够满足用水需求的区域，不得批准开采地下水，有序关闭现有取水井。

第十三条　县级以上人民政府水行政主管部门应当会同发展改革部门，根据上一级人民政府节约用水规划以及本地经济社会发展和水资源状况，组织编制本行政区域节约用水规划，报本级人民政府批准后实施。

节约用水规划应当包括水资源状况评价、节约用水潜力分析以及节约用水目标、任务、措施、效果考核等内容。

第十四条　本省实行用水总量和用水效率控制制度。建立健全省、设区的市、县（市、区）行政区域用水总量和用水效率控制指标体系。

省人民政府水行政主管部门依据本省行政区域用水总量和用水效率控制指标，结合各地实际，制定各设区的市用水总量和用水效率控制指标。

设区的市人民政府水行政主管部门依据省人民政府水行政主管部门下达的用水总量和用水效率控制指标，制定本行政区域内各县（市、区）用水总量和用水效率控制指标，并报省人民政府水行政主管部门备案。

第十五条　各行政区域用水总量不得超过上一级人民政府水行政主管部门下达的区域用水总量控制指标，用水效率应当达到上一级人民政府水行政主管部门下达的区域用水效率控制指标。

对用水总量或者地下水开采量接近控制指标的行政区域，限制审批建设项目新增取用水；达到或者超过控制指标的行政区域，暂停审批建设项目新增取用水。

用水效率未达标的行政区域，相关设区的市、县（市、区）人民政府应当组织采取措施达标。

第十六条　县级以上人民政府水行政主管部门应当划定水资源承载能力地区类别，建立健全水资源承载能力监测预警机制。水资源超载地区，应当制定并实施用水总量削减方案。

第十七条　规划和建设项目应当按照国家和本省规定，开展水资源论证，并将节水评价作为重要内容。

建设项目所在区域已经开展水资源论证的，可以不再单独进行节水评价。

第十八条　严格执行取水许可制度。建设项目取水许可申请人应当按照水资源论证报告确定的内容，建设取水工程和设施，落实水资源节约、保护和管理措施，并接受水行政主管部门的监督。

取水许可机关可以对项目工程建设期和运行期用水量分别进行核定。

第十九条　对纳入取水许可管理的用水单位和公共供水范围内达到国家规定取水量的用水单位（以下统称计划用水单位），实行计划用水管理。

纳入取水许可管理的用水单位，由所在设区的市、县（市、区）人民政府水行政主管部门下达用水计划。

公共供水范围内达到国家规定取水量的用水单位，由所在设区的市、县（市、区）人民政府水行政主管部门会同同级城市供水主管部门下达用水计划。

第二十条　计划用水单位应当保证用水、节水设施正常运行，按照国家和本省有关规定建立健全用水原始记录和统计台账，向所在地水行政主管部门报送用水情况并定期开展水平衡测试，及时发现并整改存在的问题。

水行政主管部门应当督促、指导用水量超出下达年度用水计划百分之三十以上的计划用水单位进行水平衡测试，查找超量原因，制定节约用水方案和措施。

第二十一条　公共供水企业应当协助水行政主管部门做好计划用水单位管理工作，向所在地水行政主管部门提供企业供水情况及其供水范围内的用水单位用水情况。

公共供水企业应当逐步将用水管控平台与水行政主管部门管理平台对接。

第二十二条　县级以上人民政府水行政主管部门应当按照国家和本省有关规定，建立省、设区的市、县（市、区）重点监控用水单位名录，加强对重点监控用水单位的监督管理。

建立完善水资源管理信息系统，实现对水资源的科学和精细管理。

第二十三条　省、设区的市人民政府标准化行政主管部门应当会同水行政以及其他有关行业主管部门制定农业、工业、城镇生活等领域的节水地方标准、节水载体建设和评价标准。

有关行业协会等社会团体可以协调相关市场主体共同制定团体节水标准。企业可以根据需要自行制定或者与其他企业联合制定企业节水标准。

第二十四条　省人民政府有关行业主管部门应当组织编制本行业用水定额，经省人民政府水行政主管部门和标准化行政主管部门审核，报省人民政府批准后公布，并报国务院水行政主管部门和标准化行政主管部门备案。没有行业主管部门的，用水定额由省人民政府水行政主管部门组织编制。

设区的市人民政府可以制定省有关行业主管部门未制定或者严于省有关行业主管部门制定的用水定额，并报省人民政府水行政主管部门和标准化行政主管部门备案。

用水定额应当根据经济社会发展、产业结构变化和产品技术进步等情况及时进行修订。

用水单位超过用水定额的，县级以上人民政府有关行业主管部门应当指导、督促其实施节水改造，并实行超定额用水价格差异化制度和惩处措施。

第二十五条　用水单位和个人应当按照国家和本省技术标准安装取用水计量设施，加强日常维护和定期检查，保障计量设施正常运行。有两类以上不同水源、不同用途用水的，应当分别安装取用水计量设施，实施分类分级计量。积极推进城镇居民一户一表改造。

农业取用水计量设施由农业灌溉设施管护主体负责安装和维护。暂不具备安装条件的，可以采用以电折水等替代方式进行计量。大中型灌区渠首和干支渠口门应当实施取水计量。

工业、生活和服务业用水单位应当按规定安装符合规定的在线计量监测设备，与水行政主管部门的监测设备联网并保证其正常运行。

第二十六条　新建、改建、扩建建设项目应当制订节水措施方案，配套建设节水设施。节水设施应当与主体工程同时设计、同时施工、同时投入使用。

建设项目审批单位应当将项目节水设施建设相关审批信息推送相关水行政主管部门和其他有关行业主管部门。

项目建设单位组织开展咨询、设计、施工、监理、验收等活动时，应当落实建设项目节水设施要求。已建成的节水设施不得擅自停止使用。

县级以上人民政府水行政主管部门和其他有关行业主管部门应当加强对节水设施建设运行情况的监督检查。

第二十七条　县级以上人民政府及其有关部门应当推进水资源使用权确权，明确行政区域取用水权益，科学核定取水许可水量。探索流域内、地区间、行业间、用水单位间等多种形式的水权交易。

对用水总量达到或者超过区域总量控制指标或者水量分配指标的地区，可以通过水权交易调节优化用水需求。

第三章　农业节水

第二十八条　县级以上人民政府农业农村主管部门应当保障国家粮食安全，根据各地水资源条件，调整农业种植结构，推广农业节水种植技术和节水耐旱作物品种，扩大节水耐旱作物种植比例。

第二十九条　在地下水严重超采地区，实施轮作休耕、旱作雨养，适度退减灌溉面积。严格限制开采深层地下水用于农业灌溉。

第三十条　县级以上人民政府水行政主管部门应当加强大中型灌区续建配套和现代化改造，改善灌溉条件，提高灌溉用水效率，建设节水型灌区。

第三十一条　县级以上人民政府农业农村主管部门应当推广农艺节水和工程节水，加强农田节水设施建设，因地制宜推广喷灌、滴灌、低压管道输水灌溉、渠道防渗输水灌溉、集雨补灌、水肥一体化、保护性耕作和深度保墒储墒等节水技术措施。加强农田土壤墒情监测，推进测墒灌溉。

第三十二条　县级以上人民政府农业农村主管部门应当推动实施规模畜禽养殖场节水技术改造，推广先进适用的节水型养殖方式，采用节水型饲喂设备、机械干清粪等技术和工艺。

第三十三条　各级人民政府及其有关部门应当建立健全基层节水服务体系，培育专业化托管服务组织，创新节水服务模式，鼓励农村集体经济组织、专业合作社、家庭农场和农户参与农业节水服务。

第四章　工业节水

第三十四条　县级以上人民政府及其有关部门应当严格落实主体功能区规划，在生态脆弱、严重缺水和地下水超采地区，严格控制新建、改建、扩建高耗水项目，推进高耗水企业向水资源条件允许的工业园区集中；限制新增高耗水企业和项目，逐步减少现有高耗水企业和项目，有效利用再生水资源。

第三十五条　新建园区，应当统筹供水、排水、水处理及循环利用设施建设，推动企业间用水系统集成优化。

已建成的园区，应当逐步开展以节水为重点内容的绿色高质量转型升级和循环化改造，加强节水及水循环利用设施建设。

第三十六条　工业企业应当加强内部用水管理，建立节约用水管理制度，推广高效冷却、洗涤、循环用水、废污水回用、高耗水生产工艺替代等节水技术和工艺，建设节水型企业。鼓励工业企业设立水务经理，加强用水管理。

第三十七条　禁止生产、进口、销售列入国家淘汰名录的用水产品和设备。禁止使用列入国家淘汰名录的节水技术、工艺、产品和设备。

对采用列入国家淘汰名录的节水技术、工艺、产品和设备的项目，不予批准取水许可。

第三十八条　矿泉水、纯净水生产企业和以水为主要原料的饮料生产企业，应当采用节水技术、工艺和设备。原料水的利用率应当符合国家有关标准，尾水应当回收利用。

第五章　城镇节水

第三十九条　公共供水企业应当采用先进制水技术，减少制水水量损耗。加强对供水、节水和自用水设施的维护管理，开展取水、输配水水量检测，定期进行管网巡查，发现漏损及时维修改造，降低管网漏损率。超过国家规定漏损率的，漏损水量不得计入供水企业合理损耗水量。

第四十条　县级以上人民政府住房城乡建设主管部门应当推广绿色建筑，推动建筑节约用水。

县级以上人民政府应当推进海绵城市建设，逐步完善滞、渗、蓄、净、用、排等相结合的雨水收集、利用系统。

新建公共建筑应当安装节水器具，采用列入国家鼓励使用目录的节水产品和设备。

第四十一条　国家机关、学校、医院、宾馆、文化场馆、高速公路服务区、车站、机场等公共机构和场所应当建立完善节约用水管理制度，使用节水产品，配备完善的取用水计量设施，加强日常用水管理。

第四十二条　鼓励居民使用节水器具，倡导节水型生活方式。

物业服务企业应当做好社区公共用水场所节水器具的日常维护，确保正常使用。

推动城乡居民家庭节水，鼓励养成节水型生活方式，循环利用生活用水，创建绿色节水家庭。

第四十三条　洗浴、洗车、人工滑雪场、洗涤等高耗水服务业应当采取节水措施，配备完善的节水和循环用水技术、工艺和设备。

第四十四条　城市园林绿化应当树立生态节水理念，选用耐旱型树木、花草，采用喷灌、微灌等节水灌溉方式。城市绿化不得利用地下水。

禁止使用地下水建造人造水景观。

第四十五条　城镇园林、环卫部门和公共消防给水设施产权人，应当加强给水设施管理，防止跑水漏水或者取水作他用。

第四十六条　县级以上人民政府及其有关部门应当加强村镇生活供水设施及配套管网建设和生活用水设施改造，推广使用节水器具，推进计量收费。

第六章　非常规水源开发利用

第四十七条　县级以上人民政府应当加强再生水、微咸水、海水、雨水、矿坑水等非常规水源的开发利用，

组织编制非常规水源开发利用规划，明确非常规水源用水需求、配置领域、配置量、供水能力和设施布局。

第四十八条　县级以上人民政府住房城乡建设主管部门应当按照国家和本省有关标准，加强污水资源利用设施建设，加快实施现有污水处理设施提标升级扩能改造，提高污水再生利用率。

第四十九条 城镇新区建设、旧城改造和市政基础设施建设，应当因地制宜规划布局再生水利用设施，有序推进再生水利用设施建设。

市政管网未覆盖的城区，可以采用分散式、小型化的处理回用设施对住宅小区、学校、企事业单位的生活污水进行达标处理，实现就近回收循环利用。

第五十条 建筑面积达到国家和本省规定规模的宾馆、办公楼、住宅小区、学校等建设项目，应当配套建设再生水利用设施。

新建高速公路服务区应当同时建设污水处理和利用设施，已通车高速公路服务区应当确保污水处理和利用设施正常运行，充分收集、处理并利用污水资源。

第五十一条 具备使用再生水条件的钢铁、火电、化工、制浆造纸等高耗水行业以及建设项目，应当充分利用再生水。未充分利用的，应当相应核减其取水许可量。

园林绿化、城市道路喷洒、洗车等行业应当优先使用再生水，城市人民政府应当建设再生水取水口，为其取用再生水提供便利。

第五十二条 县级以上人民政府应当根据乡镇区域位置和人口密集度，采用区域统筹、联合共建的方式建设污水处理站，对农村污水进行集中处理与利用。对不具备污水集中处理利用条件的农村，应当采取措施实现生活污水就地就近资源化利用。

第五十三条 鼓励微咸水分布区在农业、工业和生态等领域，因地制宜开发、科学利用微咸水。

第五十四条 鼓励沿海地区进行海水淡化和海水直接利用，节约淡水资源。沿海城市可以将海水淡化水作为市政新增供水及应急备用重要水源。

第五十五条 新建城市基础设施、住宅小区等建设项目应当配套建设雨水集蓄利用设施，实行雨污分流，提高雨水收集利用率。

城市和老旧小区改造应当将雨污分流纳入改造内容。

第五十六条 鼓励煤炭矿区及周边工业企业建设矿坑水净化和利用设施，促进矿坑水利用。

第七章 激励保障

第五十七条 县级以上人民政府应当统筹财政相关资金，重点支持节水型社会建设、农业节水技术推广、工业节水技术改造、地下水超采区综合治理、水资源节约保护、城市供水管网漏损控制、节水标准制定修订、节水宣传教育等。

鼓励采用政府购买服务方式，开展节约用水相关工作。

第五十八条 县级以上人民政府应当对符合条件的节水载体建设、计量设施安装、节水器具使用、非常规水源利用等项目予以支持激励。

第五十九条 鼓励金融机构对符合贷款条件的节水工程建设、节水技术改造、非常规水源利用等项目优先给予支持。

第六十条 鼓励开展节水技术和产品研发，重点支持用水精准计量、水资源高效循环利用、精准节水灌溉控制、管网漏损监测智能化、非常规水利用等先进技术及适用设备研发，促进节水科技成果转化。

第六十一条 县级以上人民政府价格主管部门应当会同有关部门，根据当地水资源状况和经济发展水平，按照补偿成本、合理收益、节约用水、公平负担的原则，完善分类定价、差别水价、阶梯水价等水价机制，实行水价动态调整，促进和引导全社会节约用水。

第六十二条 城镇居民用水实行阶梯水价制度。对具备条件的建制镇推行阶梯水价制度。

各阶梯水量标准应当依据用水定额和水资源稀缺程度合理确定，执行不同的水价标准。第一阶梯水量应当保障居民基本生活用水需求；第二阶梯水量体现改善和提高居民生活质量的合理用水需求；第三阶梯水量充分体现水资源稀缺程度，有效抑制水资源浪费。

第六十三条 城镇公共供水管网内非居民用水实行超定额累进加价制度。

县级以上人民政府应当根据用水定额标准，合理确定分档水量和加价标准。实行超定额用水累进加价形成的收入，应当用于管网和计量设施改造、节水产品推广、水质提升以及企业节水技术改造等，并可以对节水成效突出的企业进行奖励。

第六十四条 县级以上人民政府及其有关部门应当研究制定鼓励合同节水管理的相关政策，在公共机构、公共建筑、高耗水工业和服务业、公共管网漏损控制等领域，引导和推动合同节水管理。

第六十五条 用水产品的生产者可以自愿委托依法设立的认证机构进行节水产品认证，取得节水产品认证证书，使用节水产品认证标志。

通过节水产品认证的产品和设备，优先列入政府采购名录。

第六十六条 对节水潜力大、使用面广的用水产品，按照国家规定实行水效标识管理。

县级以上人民政府市场监管部门对列入水效标识管理产品目录的产品依法进行水效标识监督检查、专项检查、验证管理，并将检查结果通报同级发展改革和水行政主管部门。

第六十七条 县级以上人民政府水行政主管部门和其他有关部门应当建立健全节约用水信用管理制度，

对失信的用水单位和个人依法实行联合惩戒。

第八章　法律责任

第六十八条　县级以上人民政府及其有关部门和工作人员违反本条例规定，未依法履行节约用水监督管理职责或者有其他玩忽职守、滥用职权、徇私舞弊行为的，依法依规给予处分；构成犯罪的，依法追究刑事责任。

第六十九条　违反本条例规定，有下列行为之一的，对设区的市、县（市、区）人民政府予以通报批评；对主要负责人和分管负责人予以约谈，情节严重的，依法依规追究责任：

（一）未按规定编制用水年度计划和开展节水行动的；

（二）超过用水总量、用水效率控制指标的；

（三）未完成地下水采补平衡任务的；

（四）引江和引黄受水区及地表水能够满足用水需求而未按规定关闭取水井的；

（五）治理超采不力造成地下水位不升反降的；

（六）未按规定完成农业节水任务的。

第七十条　对未经省人民政府批准开采地下水的，由县级以上人民政府水行政主管部门按照下列规定予以处罚，对已开凿的取水井责令限期封闭；逾期不封闭的，依照《中华人民共和国行政强制法》的规定，申请人民法院强制执行：

(一)在地下水禁止开采区开凿取水井取水的，处十万元以上二十万元以下罚款；

(二)在地下水限制开采区开凿取水井取水的，处五万元以上十万元以下罚款；

(三)在其他区域开凿取水井取水的，处三万元以上五万元以下罚款。

违反本条例规定，工业、农业、服务业等用水单位超过用水定额的，由县级以上人民政府有关行业主管部门责令限期改正；逾期未改正的，依法核减其用水计划。

第七十一条　违反本条例规定，计划用水单位有下列情形之一的，由县级以上人民政府水行政主管部门责令停止违法行为，限期改正，处五千元以上二万元以下罚款；情节严重的，吊销取水许可证：

（一）未按规定申报年度计划用水量的；

（二）未取得用水计划擅自取用水的；

（三）虚报、瞒报、伪造、篡改用水原始记录和统计台账的。

第七十二条　违反本条例规定，有下列情形之一的，由县级以上人民政府水行政主管部门会同有关部门予以处罚：

（一）未按规定安装取用水计量设施或者监测设备的，按照《取水许可和水资源费征收管理条例》第五十三条的规定予以处罚；

（二）取用水计量设施或者监测设备运行不正常的，按照《取水许可和水资源费征收管理条例》第五十三条的规定予以处罚；

（三）在线计量监测设备未按要求与水行政主管部门的监测设备联网的，责令限期改正；逾期未改正的，处五千元以上五万元以下罚款。

第七十三条　违反本条例规定，有下列行为之一的，由县级以上人民政府有关部门按照职责分工予以处罚：

（一）项目建设单位未落实建设节水设施要求的，或者建设项目擅自停用节水设施的，责令限期改正；逾期未改正的，处五万元以上十万元以下罚款；

（二）建设项目的节水设施没有建成或者没有达到国家规定要求，擅自投入使用的，责令停止使用，限期改正，处五万元以上十万元以下罚款。

第七十四条　违反本条例规定，未建设再生水利用设施或者应当利用再生水而未利用的，计划用水单位未开展水平衡测试的，由县级以上人民政府有关部门责令限期改正；逾期未改正的，处一万元以上十万元以下罚款。

第七十五条　对发现的水资源浪费行为，县级以上人民政府有关部门应当及时调查处理。对造成水资源浪费的单位和个人，责令改正，予以警告；情节严重的，依法依规予以处罚。

第七十六条　凡造成水污染和水安全隐患的，依法依规予以处罚。

第七十七条　违反本条例规定的行为，《中华人民共和国水法》《取水许可和水资源费征收管理条例》等法律、行政法规对法律责任已有规定的，从其规定。

第九章　附　则

第七十八条　本条例自2021年7月1日起施行。

塞罕坝森林草原防火条例

（2021 年 9 月 29 日河北省第十三届人民代表大会常务委员会第二十五次会议通过）

目　录

第一章　总　则

第一条　为了有效预防和扑救塞罕坝森林草原火灾，保障人民生命财产安全，保护森林草原资源，筑牢京津生态屏障，维护生态安全，建设生态文明，根据《中华人民共和国森林法》《森林防火条例》《草原防火条例》等法律、行政法规，结合塞罕坝森林草原防火实际，制定本条例。

第二条　本条例适用于塞罕坝机械林场以及周边区域森林草原火灾的预防和扑救。

塞罕坝机械林场以及周边区域是指省塞罕坝机械林场、木兰围场国有林场的燕格柏分场和龙头山种苗场，承德市御道口牧场管理区，以及围场满族蒙古族自治县红松洼自然保护区、御道口镇、姜家店乡、宝元栈乡、哈里哈乡、大唤起乡、燕格柏乡所属区域。

第三条　塞罕坝森林草原防火工作应当全面贯彻习近平生态文明思想，传承好塞罕坝精神，依法依规严格落实防火责任，坚持防火责任重于泰山，坚持预防为主、安全第一的方针。

第四条　省人民政府应当建立健全防火责任机制和依法监管机制，坚持旅游服从防火安全要求，严格控制塞罕坝机械林场以及周边区域旅游开发，科学合理设立禁止旅游区并严禁游客进入，健全省级组织领导和协调协作落实体系，确保塞罕坝机械林场以及周边区域防火安全和旅游发展安全。

第五条　省、市、县人民政府对塞罕坝森林草原防火实行分级负责制，省、市、县林业和草原主管部门对防火监管执法承担主管责任。塞罕坝机械林场以及周边区域按照省、市、县隶属关系归口实行森林草原资源保护发展林长制，建立健全塞罕坝森林草原防火工作责任制，落实各级人民政府及其部门、塞罕坝机械林场以及周边区域森林草原管理机构的防火责任，构建属地负责、部门监管，归口管理、联防联控，源头治理、全域覆盖的森林草原防火常态长效机制。

本条例所称“市”特指承德市，“县”特指围场满族蒙古族自治县，“乡（镇）”特指围场满族蒙古族自治县御道口镇、姜家店乡、宝元栈乡、哈里哈乡、大唤起乡、燕格柏乡。

第六条　塞罕坝机械林场以及周边区域相关森林、林木、林地、草原的经营管理单位和个人以及其他相关单位、个人，应当按照规定承担塞罕坝森林草原防火责任。

第七条　任何单位和个人进入塞罕坝机械林场以及周边区域，均有预防火灾、保护防火设施设备、报告火情的义务，严禁从事可能造成火灾后果的行为，不得将各类火源火种带入林区。

第八条　省、市、县人民政府应当将塞罕坝森林草原防火基础设施建设纳入国民经济和社会发展规划，将森林草原火灾预防、扑救、保障等所需工作经费列入本级财政预算。

第九条　省、市、县人民政府及其有关部门应当支持塞罕坝森林草原防火科学技术研究与运用，推广先进监测手段、防火灭火技术和设施设备，提高塞罕坝森林草原防火和扑救能力。

第十条　对在塞罕坝森林草原防火工作中作出突出成绩的单位和个人，按照国家和本省有关规定给予表彰和奖励。

第二章　管理职责

第十一条　塞罕坝机械林场以及周边区域森林草原防火工作实行行政首长负责制。省、市、县、乡（镇）人民政府主要负责人是本行政区域森林草原防火第一责任人，对森林草原防火工作负主要领导责任；分管森林草原防火工作的负责人是本行政区域森林草原防火直接责任人，对森林草原防火工作负直接领导责任。

省人民政府林业和草原主管部门主要负责人是塞罕坝机械林场森林草原防火第一责任人，对森林草原防火工作负主要领导责任；省人民政府林业和草原主管部门分管森林草原防火工作的负责人是塞罕坝机械林场森林草原防火直接责任人，对森林草原防火工作负直接领导责任；省人民政府林业和草原主管部门明确的森林草原防火责任单位和责任人，对塞罕坝机械林场的森林草原防火工作负具体责任。

塞罕坝机械林场以及周边区域森林草原的管理机构的主要负责人是本单位森林草原防火工作的第一责任人，负主要领导责任；分管森林草原防火工作的负责人是本单位森林草原防火直接责任人，对森林草原防火工作负直接领导责任；各单位明确的森林草原防火责任人，对本单位的森林草原防火工作负具体责任。

第十二条　省人民政府负责塞罕坝森林草原防火总体工作，加强组织领导，建立省际联防联控协调机制，制定和采取有效防火措施，健全防火责任制和追究制度。

市、县人民政府负责本行政区域内的森林草原防火工作，对塞罕坝森林草原防火工作履行属地责任。

乡（镇）人民政府在上级人民政府的领导下，做好塞罕坝森林草原防火的具体工作，承担属地防火责任。

村民委员会应当制定塞罕坝森林草原防火村规民约，严格管理，落实措施，做好森林草原防火工作。

第十三条　塞罕坝机械林场以及周边区域森林草原的管理机构，负责本单位和所属区域的森林草原防火工作，落实森林草原防火责任制，履行下列职责：

（一）制定本单位森林草原防火安全制度和防火工作方案以及应急处置预案；

（二）建立健全森林草原防火组织体系，确定本单位森林草原防火责任人和网格责任区；

（三）常态化进行森林草原防火安全检查，健全人防、物防、技防长效机制，及时消除火灾隐患；

（四）按照森林草原防火技术规范，完善防火基础配套设施，配置森林草原防火装备器材、设置森林草原防火标志，并定期进行检查、维护，确保设施设备完好、有效。

塞罕坝机械林场应当建立森林草原防火专家组，对森林草原火灾预防、科学灭火组织指挥、力量调动使用、灭火措施、应急处置、火灾调查评估规划等提出意见建议。

第十四条　省、市、县人民政府设立的由应急管理、林业和草原、公安、发展改革、财政、交通运输、民政、卫生健康、通信、气象等有关部门组成的森林草原防灭火指挥机构负责组织、协调和指导塞罕坝森林草原防灭火工作。

乡（镇）人民政府应当设立森林草原防灭火指挥机构，负责本行政区域的森林草原防灭火工作。

森林草原防灭火指挥机构主要履行下列职责：

（一）贯彻实施森林草原防火的法律法规和上级部署的防灭火工作，组织、协调和指导本地区、本单位的森林草原防灭火工作；

（二）组织开展森林草原防火宣传教育培训工作，增强公民森林草原防火意识，提高森林草原防灭火专职人员业务素质；

（三）指导建立并督促落实森林草原防火责任制，组织森林草原防火安全检查，消除火灾隐患；

（四）组织、协调和指挥本地区、本单位的森林草原火灾扑救；

（五）研究、协调解决本地区、本单位森林草原防火工作中的重大问题。

第十五条　省、市、县人民政府林业和草原主管部门负责塞罕坝森林草原防火工作的行业管理和监管执法，将本行政区域内塞罕坝森林草原防火工作纳入森林草原火灾防治规划，组织做好防火设施建设、预警监测、防火巡护、火源管理、日常检查、宣传教育和视频远程监控及信息化网络体系建设等工作。加强对塞罕坝机械林场以及周边区域有关单位森林草原防火工作的监督检查，对检查中发现的火灾隐患，应当及时向有关单位下达火灾隐患整改通知书，责令限期整改并检查落实，消除火灾隐患。

省人民政府林业和草原主管部门对塞罕坝机械林场森林草原防火工作履行管理监督职责，组织部署火灾预防、预警预报和火情早期处理相关工作。

第十六条　应急管理部门负责对塞罕坝机械林场以及周边区域消防工作的监督管理，依据职责对消防工作加强组织协调，指导协调塞罕坝森林草原火灾防治、火情监测预警和火灾扑救专业应急救援力量建设工作。

公安机关负责火场警戒、交通疏导、治安维护、火灾案件侦破等工作，协同有关部门开展防火宣传、火灾隐患排查、重点区域巡护、违规用火处罚等工作。

其他有关部门按照职责分工负责塞罕坝森林草原防火相关工作。

第十七条　塞罕坝机械林场以及周边区域应当根据森林草原分布状况和防火工作需要，加强专、兼职护林护草员队伍建设，配备瞭望员，推行森林草原防火网格化管理，实现护林护草员全域覆盖。

护林护草员应当履行下列职责：

（一）宣传森林草原防火法律法规和安全知识，对进入防火区的人员进行宣传教育；

（二）巡护森林草原，管护防火设施设备；

（三）制止野外违法用火行为，严控火源火种进入防火区；

（四）及时报告火情，参与火灾扑救的辅助工作；

（五）协助调查森林草原火灾案件；

（六）对责任区履行护林护草责任，确保巡查检查全覆盖；

（七）其他森林草原防火工作。

瞭望员应当履行下列职责：

（一）熟悉森林草原资源分布及地形状况；

（二）实行二十四小时值班值守制度，不得擅离岗位；

（三）及时发现并报告森林草原火情和其他野外用火行为；

（四）维护和管理瞭望设施设备，保持正常运行；

（五）其他森林草原防火工作。

第十八条　森林、林木、林地的经营单位和个人应当按照林业和草原主管部门的规定，建立健全森林草原防火责任制，划定并确保森林草原防火责任区全覆盖，确定森林草原防火责任人，并配备森林草原防火设施和设备。

第十九条　市、县人民政府应当建立森林草原消防队伍，根据需要配备相应设施和消防人员。

塞罕坝机械林场应当配备林业消防队，按照国家有关标准建设营房以及生活、训练和防灭火物资储备设施。塞罕坝机械林场周边区域应当成立相应规模的森林草原消防队伍。

森林草原消防队伍应当配备扑救工具和专业装备，定期进行培训和演练，按照靠前驻防、携装巡逻、有火扑火、无火预防的要求，开展防灭火工作。

第二十条　塞罕坝森林草原火灾扑救人员和森林草原防火工作人员，按照国家和本省有关规定落实待遇。

第二十一条　塞罕坝森林草原防火专用车辆应当按照规定喷涂标志图案，安装警报器和标志灯具。

防火专用车辆执行扑救森林草原火灾任务时，在确保安全的前提下，不受行驶路线、行驶方向、行驶速度和信号灯的限制，其他车辆和行人应当让行，不得穿插超越。

第二十二条　本省建立塞罕坝森林草原防火工作目标考核体系，将塞罕坝森林草原防火工作纳入对省林业和草原主管部门和市、县人民政府绩效考核内容，建立健全考核评价、约谈、问责等制度。

第二十三条　省、市、县人民代表大会常务委员会应当加强对塞罕坝森林草原防火工作的法律监督和工作监督。

省、市、县人民政府应当每年向同级人民代表大会常务委员会报告塞罕坝森林草原防火工作。

第二十四条　林业和草原、应急管理部门，塞罕坝机械林场应当建立受理损害塞罕坝森林草原防火工作违法行为的举报、投诉制度，公布电话、电子邮箱等举报、投诉方式。

任何单位和个人有权对损害塞罕坝森林草原防火工作的违法行为进行举报、投诉。

第三章　联防联控

第二十五条　省人民政府应当围绕塞罕坝森林草原防火工作，与内蒙古自治区人民政府建立森林草原防火联防联控机制，建立健全联席会议、信息共享、通讯联络、力量调动、预警和信息报告等制度，统一森林草原火灾监测预警标准，按照火灾等级统一协调各级森林草原防灭火指挥机构，建立健全分级响应机制，指挥跨省界森林草原火灾预防和扑救工作。

第二十六条　省人民政府林业和草原主管部门和市人民政府应当组织塞罕坝机械林场与周边区域森林草原的管理机构，以及毗邻县、乡（镇）人民政府、村民委员会签订联防协议，划定联防区域，建立联防组织，明确联防职责，共同做好塞罕坝森林草原防火工作。联防协议无法达成一致的，由共同的上一级森林草原防灭火指挥机构协调确定。

第二十七条　塞罕坝机械林场管理机构应当与围场满族蒙古族自治县以及毗邻的内蒙古自治区多伦县、克什克腾旗人民政府开展日常森林草原火险形势会商研判，针对重点区域、重点时段不定时联合开展会商，及时发布火险预警信息。发生森林草原火灾时，应当按照分级响应要求，在森林草原防灭火指挥机构领导下，共同研究处置方案，统筹扑救工作。

第二十八条　省人民政府林业和草原主管部门和市人民政府应当组织塞罕坝机械林场管理机构与周边区域森林草原的管理机构，以及毗邻县、乡（镇）人民政府、村民委员会建立联防联训制度，定期开展联合实战演练。

第四章　火灾预防

第二十九条　塞罕坝机械林场全域为防火区，实行全年防火、全员防火，全面落实人防、物防、技防措施，确保森林草原防火安全。

第三十条　塞罕坝机械林场全年为防火期。每年三月十五日至六月十五日、十月十五日至十二月十五日以及其他遇有高温、干旱、大风等高火险天气时，为高火险期。高火险期内，塞罕坝机械林场依法实行封闭管理。

市、县人民政府按照有关规定划定塞罕坝机械林场周边区域的防火区、高火险区，规定防火期、高火险期，并向社会公布。

高火险期内，未经批准，任何单位和个人不得擅自进入高火险区。

第三十一条　塞罕坝机械林场以及周边区域防火区

严禁下列野外用火行为：

（一）吸烟、乱丢火源火种，携带火柴、打火机等各种火源火种；

（二）燃放烟花爆竹、祭祀用火、点放孔明灯；

（三）烤火、烧烤、野炊、燃放篝火；

（四）烧荒、燎地边，焚烧秸秆、枯枝、落叶、垃圾；

（五）使用烟熏、火攻、电击驱赶猎捕野生动物；

（六）其他未经批准的野外用火。

第三十二条　省、市、县人民政府森林草原防灭火指挥机构，应当编制塞罕坝森林草原防火工作方案和火灾应急预案。

塞罕坝森林草原火灾应急预案应当包括下列内容：

（一）应急组织指挥机构及其职责，以及人员配备和级别响应；

（二）预警、监测、信息报告和处理；

（三）应急响应机制和措施；

（四）资金、物资和技术等保障措施；

（五）灾后处置；

（六）其他防灭火措施。

塞罕坝机械林场、木兰围场国有林场应当按照规定编制森林草原火灾应急预案，并报省林业和草原主管部门备案。

塞罕坝机械林场周边区域森林草原的管理机构、乡（镇）人民政府及其所辖村民委员会应当按照规定编制森林草原火灾应急预案，并报上级人民政府备案。

第三十三条　林业和草原、应急管理等相关部门应当对机关、学校、乡村、企业、景区景点等开展森林草原防火法律法规和森林草原防火安全知识宣传。

相关森林、林木、林地、草原的经营单位以及从事旅游服务的单位应当将森林草原防火作为业务培训的重要内容，提高消防宣传教育培训能力，在醒目位置设置防火警示宣传标志、张贴防火提示语，对相关人员进行森林草原防火安全宣传教育，并按照规定配备防火设施、器材，及时组织清除可燃物。

第三十四条　报刊、广播、电视、互联网等新闻媒体应当加强塞罕坝森林草原防火宣传和舆论监督。

消防日应当开展森林草原防火专项宣传活动。

每年四月、十月为塞罕坝机械林场以及周边区域防火宣传月。

第三十五条　进入塞罕坝机械林场以及周边区域森林草原防火区的各种机动车辆应当按照规定交通线路通行，并按照规定安装防火装置，配备灭火器材，严防漏火、喷火和闸瓦脱落引起火灾。

在防火期内，在塞罕坝机械林场以及周边区域森林草原防火区开展抚育、采伐、运输等野外作业活动，应当采取防火措施，配备干粉灭火器等灭火器材，使用的机械按照规定加装防灭火装置；作业人员应当遵守防火安全操作规程，防止引起火灾。

第三十六条　塞罕坝机械林场依法设立防火检查站，并向社会公布。塞罕坝机械林场可以根据实际需要设立相应的防火检查点。

防火检查站、防火检查点应当履行下列职责：

（一）检查和登记进入林场的车辆、人员，对不符合防火规定要求的禁止进入；

（二）开展森林草原防火安全知识宣传教育；

（三）检查、阻止携带火源火种、易燃易爆物品人员进入林场；

（四）消除其他影响防火安全的隐患。

任何单位和个人都应当配合防火检查工作。

第三十七条　塞罕坝机械林场以及周边区域应当科学规划建设防火通道、防火隔离带、水域和水源、生态安全隔离网，配备远程红外线防火视频监控设施，健全信息化监控中心，实行二十四小时值班值守制度并及时应急处置，及时维护、修缮和升级改造设施设备，确保其完好并正常运行。对禁止游客进入的林区实行隔离带、护栏网全域隔离。

塞罕坝机械林场以及周边区域应当科学规划和建设下列雷电防护设施，防止雷电火灾隐患：

（一）建立符合塞罕坝森林草原防火实际的雷电火灾发生预报模型；

（二）建设覆盖塞罕坝机械林场并辐射周边区域的雷电火灾监测预警预报系统；

（三）建设等离子拒雷电防火系统等防雷电设施，实现雷电不落地。

雷电防护设施的建设和安装，应当遵守法律法规和国家有关标准，保证建设和安装质量，确保正常运行。

第三十八条　塞罕坝机械林场内禁止放牧。塞罕坝机械林场周边区域管理机构和围场满族蒙古族自治县人民政府农业和农村、林业和草原主管部门和乡（镇）人民政府应当加强对放牧活动的管理，制定管理制度，落实管理责任。

塞罕坝机械林场应当在主要出入口、边界设立禁牧标志，公示禁牧要求，重点区域设置生态安全隔离网。

第三十九条　塞罕坝机械林场内应当推动建立航空护林工作机制，根据实际情况开展塞罕坝森林草原航空巡护、侦察、灭火作业，提高火情监测水平和火灾扑救能力。

第四十条　塞罕坝森林草原防火工作应当充分运用现代科技和信息化手段，完善防火视频监控系统，健全从林区到各级森林草原部门互联互通的视频远程监控网络，提高智慧管理水平，构建天空地一体的全覆盖预警监测体系。

第四十一条　全省各级工业和信息化、林业和草原、通信主管部门和电信业务经营者应当健全塞罕坝森林草原应急通信保障体系，支持塞罕坝机械林场建设防火专用通信网络，完善有线与无线相结合、基础电信网络与机动通信系统相配套的应急通信系统，提升移动通信技术，确保森林草原防火通信畅通。

第四十二条　供电企业应当对既有穿越塞罕坝机械林场的架空电力线路，采取入地敷设、绝缘化处理、加大线地安全距离、变电器设施周边硬化、开设线下防火通道、加强安全巡查等措施，确保消除火灾隐患。

未经省人民政府批准，塞罕坝机械林场以及周边区域内不得新建风电、光伏等新能源发电设施。风电企业应当对既有风力发电机加装自动灭火系统，采取物理隔离措施，及时清理所负责区域的可燃物，定期开展安全巡查，消除火灾隐患。各级相关职能部门及时检查落实。

在塞罕坝机械林场以及周边区域内，供电、用电单位和个人应当加强供电、用电安全管理，严格按照规定供电、用电，消除火灾隐患。

第四十三条　塞罕坝机械林场外围公路应当与塞罕坝机械林场内道路相协调。交通运输主管部门对新建区域普通省道应当予以科学规划，避免穿越塞罕坝机械林场。对有安全隐患的既有线路应当及时调整。

第四十四条　在塞罕坝机械林场以及周边区域内，任何单位和个人不得有下列行为：

（一）破坏、非法占用森林草原防火通道、防火隔离带、禁牧标志、蓄水输水设施；

（二）破坏瞭望塔、防火检查站、防火检查点、生态安全隔离网、雷电防护装置、防火警示宣传标志以及应急通信、视频监控、航空护林等防火设施设备；

（三）其他破坏、非法占用森林草原防火设施设备的行为。

第五章　旅游防火

第四十五条　省人民政府应当划定并向社会公布塞罕坝机械林场以及周边区域禁止旅游区，并实行全年封闭管理，禁止游客进入。

禁止旅游区之外的区域可以在每年六月十六日至十月十四日开展旅游活动，遇有高温、大风、干旱等高火险天气，应当立即停止旅游活动。其他时间段禁止开放。

第四十六条　塞罕坝机械林场应当采取设置隔离护栏、隔离网和拓宽防火隔离带等措施，使禁止旅游区与其他区域实现物理隔离，并全域加装视频监控等设施。

禁止旅游区之外的区域，应当规划设置专用观光廊道、隔离网、集中观光点（区）等，不得开展燃放篝火、燃放烟花爆竹、野外烧烤、空中飞行、摩托越野、骑马穿行等影响森林草原防火安全的游乐活动，确保森林草原防火安全。

第四十七条　塞罕坝机械林场以及周边区域从事旅游服务的单位和个人不得向游客售卖或者提供火源火种和烟花爆竹等。

禁止旅游车辆驶入林业生产专用道路、防火通道以及无道路区域。

第四十八条　在塞罕坝机械林场以及周边区域从事旅游服务的单位应当制定本单位森林草原防火安全制度，建立森林草原防火组织，确定本单位森林草原防火责任人和责任区，配备必要的防火设施、器材，经常性地开展安全教育和安全隐患排查，及时消除火灾隐患。

第四十九条　在塞罕坝机械林场以及周边区域从事旅游服务的单位应当在门票上注印森林草原防火注意事项；在景区景点出入口、旅游线路沿线等醒目位置和防火重点部位以及各类商业网点，设置森林草原防火警示宣传标志、语音广播喇叭等宣传设施，开展防火安全宣传教育。

旅游景区导游、讲解员及其他景区工作人员应当在讲解过程中开展景区防火教育，提醒相关人员防范火灾，制止违反防火要求的行为。

第五十条　在塞罕坝机械林场以及周边区域从事旅游景区经营的单位应当在景区入口设置火源火种收集箱，安装火源火种探测设备，对进入人员、车辆进行防火检查，清查、阻止携带火源火种、易燃易爆物品人员进入景区景点。

第六章　火灾扑救

第五十一条　省、市、县人民政府林业和草原、应急管理部门，塞罕坝机械林场以及周边区域森林草原的管理机构、乡（镇）人民政府发现火情或者接到火情报告后，应当立即组织扑救，同时上报。不得瞒报、谎报或者拖延报告。

第五十二条　发生森林草原火灾，火灾发生地的塞罕坝机械林场以及周边区域森林草原管理机构、乡（镇）人民政府应当立即启动相应森林草原火灾应急预案，先行扑救，并立即报告省、市、县人民政府森林草原防灭火指挥机构。县人民政府森林草原防灭火指挥机构应当按照规定启动塞罕坝森林草原火灾应急预案，成立塞罕坝森林草原火灾扑救前线指挥部，负责火灾扑救的组织、指挥、协调、决策。参加火灾扑救的单位和人员应当服从扑救前线指挥部的统一调度和指挥。

上级人民政府森林草原防灭火指挥机构，根据火灾发展情况，分级启动塞罕坝森林草原火灾应急预案。

第五十三条　森林草原火灾扑救应当以专业火灾扑救队伍为主要力量，不得组织未经过专业培训的人员参与直接扑救。必要时，省人民政府森林草原防灭火指挥机构可以增调应急航空救援飞机等扑火装备以及物资，按照有关规定向省军区、武警河北省总队提出增援需求，支援火灾扑救工作。

扑救森林草原火灾应当坚持科学施救，及时疏散、撤离受火灾威胁的群众，保障火灾扑救人员的生命安全，防止发生次生灾害。

第五十四条　森林草原火灾扑灭后，火灾扑救队伍应当对火灾现场进行全面清理检查，并按照规定程序移交当地人民政府或者责任单位看守。经县人民政府森林草原防灭火指挥机构检查验收合格，方可撤出看守人员。

林业和草原、应急管理部门和公安机关应当按照规定开展火灾调查，对火灾发生原因、肇事者、事故责任、损失情况进行调查、评估，并向本级人民政府提交调查报告和处理意见建议。

第五十五条　塞罕坝森林草原火灾信息由省人民政府森林草原防灭火指挥机构或者省人民政府林业和草原主管部门按照规定向社会发布。

第七章　法律责任

第五十六条　省、市、县、乡（镇）人民政府以及有关部门、森林草原防灭火指挥机构、塞罕坝机械林场以及周边区域森林草原的管理机构及其工作人员违反本条例规定，有下列行为之一的，由有关机关责令改正；情节严重的，对直接负责的主管人员和其他直接责任人员依法依规给予处分；构成犯罪的，依法追究刑事责任：

（一）未按照规定建立塞罕坝森林草原防火工作目标考核评价制度，落实森林草原防火责任制和追究制度的；

（二）未按照规定编制规划、防火工作方案和应急预案的；

（三）未按照规定落实防火责任和措施及建设森林草原防火设施的；

（四）未按照规定建立联防联控机制，未履行联防职责的；

（五）未按照规定划定防火区、高火险区和防火期、高火险期并向社会公布的，未划定禁止旅游区或者禁止旅游区未实行隔离带、隔离护栏、隔离网全域隔离进行封闭管理的，高火险天气未立即停止旅游活动的；

（六）未按照规定在塞罕坝机械林场主要出入口、边界设立禁牧标志，公示禁牧要求，设置生态安全隔离网的；

（七）未推动建立航空护林工作机制的；

（八）未按照规定建立完善防火视频监控系统，防火视频监控系统运行不正常的；

（九）未按照规定建立健全塞罕坝森林草原应急通信保障体系、塞罕坝机械林场防火专用通信网络以及相配套的应急通信系统的；

（十）未按照法律法规和国家有关标准建设和安装雷电防护设施的；

（十一）对塞罕坝机械林场内存在火灾隐患的道路，应当调整而未调整的；

（十二）发现森林草原火灾隐患未及时下达火灾隐患整改通知书并检查整改落实的；

（十三）未按照规定组织开展森林草原防火宣传、教育、培训工作的；

（十四）未按照规定配备森林草原消防队伍和设施设备的，未按照消防队伍职责要求开展防灭火工作和定期对消防队员进行培训、演练的；

（十五）未按照规定划分网格责任区，未配备护林护草员、瞭望员和设施设备的；

（十六）未按照规定落实二十四小时值班值守或者靠前驻防制度的；

（十七）未按照规定落实火灾扑救人员和防火工作人员待遇的；

（十八）未及时报告和瞒报、谎报或者故意拖延报告森林草原火灾的；

（十九）未按照规定及时启动应急预案的，未及时采取森林草原火灾扑救措施的，不服从扑救前线指挥部的统一调度和指挥的，指挥扑救不当造成人员伤亡或者重大财产损失的，未及时疏散、撤离受火灾威胁的群众造成次生灾害的；

（二十）未经县人民政府森林草原防灭火指挥机构检查验收合格，撤出火场看守人员的，未按照规定开展火灾调查，不如实、不及时向本级人民政府提交调查报告和处理意见建议的；

（二十一）未建立受理损害塞罕坝森林草原防火工作的违法行为的举报、投诉制度和方式的；

（二十二）未依法依规履行森林草原防火职责的其他行为。

护林护草员、瞭望员，防火检查站、防火检查点未按照本条例第十七条、第三十六条规定履行职责的，依照前款规定予以处理。

第五十七条　违反本条例第十五条第一款规定，塞罕坝机械林场以及周边区域有关单位或者个人拒绝接受森林草原防火监督检查或者接到森林草原火灾隐患整改通知书逾期不消除火灾隐患的，由林业和草原主管部门责令改正，给予警告，对个人处一千元以上二千元以下罚款，对单位处五千元以上一万元以下罚款。

违反本条例第三十六条第三款规定，拒不配合防火检查站、防火检查点防火检查的，由林业和草原主管部门责令改正，给予警告；拒不改正的，对个人处五百元以上二千元以下罚款，对单位处二千元以上五千元以下罚款。

违反本条例第四十二条规定，供电企业、风电企业、用电单位和个人未采取相应措施消除火灾隐患的，由林业和草原主管部门责令改正，给予警告，对个人处一千元以上二千元以下罚款，对单位处一万元以上二万元以下罚款。

第五十八条　违反本条例第十八条、第四十八条、第五十条规定，各经营单位和个人有下列行为之一，未履行森林防火责任的，由林业和草原主管部门责令改正，对个人处二千元以上五千元以下罚款，对单位处一万元以上五万元以下罚款；未履行草原防火责任的，由林业和草原主管部门责令改正，对个人处二千元以上五千元以下罚款，对单位处五千元以上二万元以下罚款：

（一）未就防灭火工作建立防灭火责任制、划定责任区、确定责任人、配备防火设施和设备的；

（二）未制定防火安全制度、建立防火组织、确定防火责任人和责任区、配备防火设施和器材、开展安全教育和安全隐患排查的；

（三）未安装火源火种探测设备、进行防火检查的，未清查阻止携带火源火种和易燃易爆物品人员进入景区景点的。

违反本条例第四十七条第一款规定，向游客售卖或者提供火源火种的，由林业和草原主管部门或者县级以上人民政府确定的有关部门责令改正，对个人处二千元以上三千元以下罚款，对单位处二万元以上五万元以下罚款；向游客售卖或者提供烟花爆竹的，依照有关法律法规给予处罚。

第五十九条　违反本条例第三十条第三款规定，在高火险期内未经批准擅自进入高火险区的，由林业和草原主管部门责令改正，给予警告，对个人处一千元以上二千元以下罚款，对单位处三千元以上五千元以下罚款。

违反本条例第四十五条第一款规定，游客擅自进入禁止旅游区的，由林业和草原主管部门责令改正，给予警告，对个人处一千元以上二千元以下罚款，对单位处三千元以上五千元以下罚款。

违反本条例第四十九条第二款规定，导游、讲解员及其他景区工作人员未按照规定对游客进行防火教育、制止违反防火要求的行为的，由林业和草原主管部门或者有关部门责令改正，给予警告、通报批评。

第六十条　违反本条例第三十一条、第四十六条第二款规定，在塞罕坝机械林场以及周边区域防火区野外用火，或者在禁止旅游区之外的区域开展影响森林草原防火安全的游乐活动的，由林业和草原主管部门责令停止违法行为，给予警告并处罚款，涉及森林防火的，对个人处二千元以上三千元以下罚款，对单位处二万元以上五万元以下罚款；涉及草原防火的，对个人处三千元以上五千元以下罚款，对单位处一万元以上二万元以下罚款。

第六十一条　违反本条例第三十三条、第四十九条第一款规定，未在醒目位置、防火重点部位以及各类商业网点设置防火警示宣传标志、语音广播喇叭等宣传设施的，由林业和草原主管部门责令改正，给予警告，对个人处五百元以上二千元以下罚款，对单位处三千元以上五千元以下罚款。

第六十二条　违反本条例第三十五条第一款规定，进入森林防火区的机动车辆未安装森林防火装置、配备灭火器材的，由林业和草原主管部门责令改正，给予警告，对个人处一千元以上二千元以下罚款，对单位处三千元以上五千元以下罚款。

在草原上行驶的机动车辆未安装防火装置或者存在火灾隐患的，由林业和草原主管部门责令停止违法行为，采取防火措施，消除火灾隐患，并对有关责任人员处五百元以上二千元以下罚款，对有关责任单位处五千元以上二万元以下罚款；拒不采取防火措施、消除火灾隐患的，由林业和草原主管部门代为采取防火措施、消除火灾隐患，所需费用由违法单位或者个人承担。

第六十三条　违反本条例第三十五条第二款规定，不遵守防火安全操作规程或者对野外作业的机械设备未加装防灭火装置、配备灭火器材的，由林业和草原主管部门责令停止违法行为，采取防火措施，消除火灾隐患，并对有关责任人员处五百元以上二千元以下罚款，对有关责任单位处五千元以上二万元以下罚款；拒不采取防火措施、消除火灾隐患的，由林业和草原主管部门代为采取防火措施、消除火灾隐患，所需费用由违法单位或者个人承担。

第六十四条　违反本条例第三十八条规定，在塞罕坝机械林场内放牧的，由林业和草原主管部门责令改正；拒不改正的，按照每只(头)牲畜处三十元以上一百元以下罚款；致使植被受到破坏的，责令限期恢复植被，造成损失的，依法承担赔偿责任。致使森林、林木受到毁坏的，依法赔偿损失；补种毁坏株数一倍以上三倍以下的树木。拒不补种树木或者补种不符合国家有关规定的，由林业和草原主管部门组织代为补种，所需费用由违法单位或者个人承担。

违反本条例第四十四条规定，破坏、非法占用森林草原防火设施设备的，由林业和草原主管部门责令停止违法行为，对个人处警告或者五百元以下罚款，对单位处一万元以上五万元以下罚款。经责令改正拒不改正的，强制执行，所需费用由违法单位或者个人承担。

第六十五条　违反本条例第三十五条第一款、第四十七条第二款规定，未按照规定交通线路通行的，驶入林业生产专用道路、防火通道以及无道路区域的，由林业和草原主管部门责令改正，给予警告，对个人处五百元以下罚款，对单位处五千元以上五万元以下罚款。

第六十六条　违反本条例规定的其他行为，依照法律、行政法规的相关规定给予处罚。

违反《中华人民共和国治安管理处罚法》的，由公安机关依法给予处罚；故意或者过失引发森林草原火灾，构成犯罪的，依法追究刑事责任。

尚未构成犯罪的，除依照本条例第五十七条、第五十八条、第五十九条、第六十条、第六十一条、第六十二条的规定追究法律责任外，林业和草原主管部门可以责令责任人补种树木，恢复植被。

第八章　附　则

第六十七条　本条例自2021年11月1日起施行。

河北省农业农村厅等六部门关于生猪产业持续健康发展的实施意见

各市（含定州、辛集市）农业农村局、发展改革委（局）、财政局、生态环境局、商务局，各银保监分局：

为贯彻落实《农业农村部、国家发展改革委、财政部、生态环境部、商务部、银保监会关于促进生猪产业持续健康发展的意见》（农牧发〔2021〕24 号）精神，巩固生猪产能恢复成果，防止产能大幅波动，促进生猪产业持续健康发展，结合我省实际，提出如下实施意见。

一、总体要求

（一）指导思想。以习近平新时代中国特色社会主义思想为指导，认真贯彻落实党中央、国务院决策部署，坚持生猪及产品调出区定位，保障猪肉完全自给，巩固京津猪肉生产基地，构建上下联动、响应及时的生猪生产逆周期调控机制，划定产能保障底线，优化产业布局，强化科技支撑，激发市场活力，不断提升养殖效益和竞争力，促进生猪产业高质量发展，满足人民群众消费需求。

（二）工作原则。一是坚持精准调控。更好发挥政府作用，优化产业布局，加大政策支持，加强监测预警，完善调控机制，稳定生猪生产，保持合理生猪产能水平；密切关注产销异常变化，保障生猪产品有效供给。二是坚持市场主导。认真落实生猪稳产保供省负总责和“菜篮子”市长负责制，以市场需求为导向，充分发挥市场在资源配置中的决定性作用，用市场化方式缓解“猪周期”波动，保持生猪产业平稳健康发展。三是坚持提质增效。加快构建标准化养殖、动物防疫和加工流通体系，补齐生猪产业发展的短板和弱项，协同推进畜禽养殖和环境保护，促进可持续发展，实现提质增效。

（三）发展目标。到 2030 年，全省生猪产业整体竞争力稳步提升，集约化程度明显提高，动物疫病防控能力明显增强，绿色发展水平明显提升，政策保障体系基本完善，市场周期性波动得到有效缓解，猪肉供应安全保障能力持续增强，基本形成产出高效、产品安全、资源节约、环境友好、调控有效的生猪产业高质量发展新格局。满足全省猪肉产品消费，保障京津市场以及主销区猪肉供应。

二、稳定支持政策，构建生猪生产长效机制

（四）稳定生猪贷款政策。银行业金融机构要将土地经营权、养殖圈舍、大型养殖机械、畜禽活体等纳入抵押贷款范围，简化担保贷款程序。支持将符合农业发展银行职能定位和政策性业务标准的生猪养殖相关贷款按程序纳入政策性业务范围。对符合授信条件但暂时经营困难的生猪养殖场（户）和屠宰加工企业，不得随意限贷、抽贷、断贷。（中国人民银行石家庄中心支行、省财政厅、河北银保监局等按职责分工负责）

（五）扩大生猪政策性保险。深入推进生猪养殖保险，稳定能繁母猪、育肥猪保险保额，根据生产成本变动对保额进行动态调整，增强保险产品吸引力，实现养殖场（户）愿保尽保。鼓励和支持有条件的地方开展并扩大生猪收入保险，进一步提升保障水平、降低经营风险。积极开展病死猪无害化处理与保险联动机制建设，建立健全有关部门和保险机构的信息共享机制。（省财政厅、省农业农村厅、河北银保监局等按职责分工负责）

（六）优化环境管理服务。加强对畜禽养殖禁养区的动态监测，各地不得超越法律法规规定随意扩大禁养区范围，不得以行政手段对养殖场（户）实施强行清退，切实保障养殖场（户）合法权益。深入推进生猪规模养殖项目环评“放管服”改革，简化审批手续，继续对年出栏 5000 头以下的生猪养殖项目实行备案管理、对年出栏 5000 头

及以上和涉及环境敏感区的生猪养殖项目按规定实行审批。（省生态环境厅、省农业农村厅等按职责分工负责）

三、加强逆周期调控，有效缓解“猪周期”波动

（七）稳定能繁母猪保有量。“十四五”期间，我省能繁母猪存栏量稳定在187万头左右，最低保有量不少于163万头，各市要稳定能繁母猪存栏量，后续根据猪肉消费和母猪繁殖率等变化动态调整。以能繁母猪存栏量变化率为核心调控指标，建立异常变化自动触发调控机制，当月度同比变化率超过5%时，及时采取预警引导、鼓励生猪养殖场（户）加快补栏二元母猪或淘汰低产母猪等措施，促使能繁母猪存栏量回归合理区间。（省农业农村厅、省财政厅等按职责分工负责）

（八）稳定规模猪场存量。将年出栏500头以上的规模养殖场（户）纳入全国生猪养殖场系统备案，动态监测其生产经营情况，保持规模养殖场（户）数量总体稳定。各市不得违法拆除规模养殖场（户），确需拆除的，要实行“减一补一”政策，安排养殖用地支持其异地重建，并给予合理经济补偿。对年出栏1万头（含）以上的规模养殖场，挂牌建立国家级生猪产能调控基地；对年出栏5000头（含）以上，10000头以下的规模养殖场，挂牌建立省级生猪产能调控基地。（省农业农村厅负责）

（九）稳定政策调控保障。当能繁母猪存栏量月度同比减少10%或生猪养殖连续严重亏损3个月以上时，各市统筹相关资金对规模养殖场（户）给予一次性临时救助补贴。各银行金融机构要发挥支农、支小再贷款引导作用，支持扩大对符合条件的生猪养殖场（户）信贷投放。能繁母猪存栏量在合理区间波动，但种猪生产供应、新生仔猪数量或生猪存栏量出现异常减少等情况时，要及时采取加大种猪供应、减缓淘汰能繁母猪、增加商品猪补栏，财政补贴等政策措施，防范生产大幅下降。省农业农村厅要结合各市生产实际，确定能繁母猪存栏量和规模养殖场（户）保有量指标任务，定期组织对各市生猪产能调控政策落实情况进行考核，强化考核结果运用。各市要制定本行政区域的生猪产能调控实施方案。23个生猪调出大县要充分利用调出大县奖励资金发展生猪生产。（省农业农村厅、省财政厅、中国人民银行石家庄中心支行等按职责分工负责）

四、强化关键措施，建立生猪稳产保供综合应急体系

（十）强化监测预警。完善市场动态预警分析机制，定期发布全产业链动态信息。及时回应产业热点和突发性问题，加强宣传解读，合理引导生猪养殖场（户）按市场需求生产。省农业农村厅、省发展改革委、省商务厅、石家庄海关、国家统计局河北调查总队、河北银保监局等部门要建立完善信息会商和发布机制，做好协调配合，形成工作合力。（省农业农村厅、省发展改革委、省商务厅、石家庄海关、国家统计局河北调查总队、河北银保监局等按职责分工负责）

（十一）强化疫病防控。落实动物防疫地方政府属地管理、行业部门监管责任，依法督促畜禽养殖、贩运、屠宰加工、无害化处理等环节从业者，履行重大动物疫病防控主体责任。强化非洲猪瘟常态化防控，严格实施养殖场（户）“密罐式”管理、屠宰企业“高压式”管理和驻场官方兽医“问责式”管理；全面落实屠宰企业自检和派驻官方兽医“两项制度”持续开展部门抽检、大清洗大消毒、生猪运输车辆全程监管和养殖、屠宰企业提档升级行动。强化基础免疫，分类推进口蹄疫、猪瘟、高致病性猪蓝耳病等重点猪病防控，指导做好仔猪腹泻等常见病防控。以种猪场为重点，深入推进伪狂犬病等垂直传播疫病净化。加强部门协作，联合开展案件查处、溯源追踪等工作。基于养殖场（户）生物安全水平，建立风险评估、分级管理制度，鼓励和支持具备条件的养殖场创建重点猪病无疫小区。强化联防联控和区域化管理，推进北部区非洲猪瘟等重大动物疫病分区防控各项措施落实落地。（省农业农村厅、省发展改革委、省公安厅、省财政厅、省交通运输厅等按职责分工负责）

（十二）强化储备调节。实施《河北省完善政府猪肉储备调节机制做好猪肉市场保供稳价工作预案》，建立政府常规储备，各市常规储备按城区常住人口每人每天消费0.1公斤，共3天消费量安排，城区常住人口100万以上的适当增加规模，保持必要调节能力。根据不同预警情形，及时启动我省储备肉投放或增加临时收储等响应措施，有效调控市场异常变化。根据省内生猪产能和市场需求情况，科学引导进口节奏。（省发展改革委、省财政厅、省农业农村厅、省商务厅、石家庄海关等按职责分工负责）

五、立足资源禀赋，提升生猪产业现代化水平

（十三）大力发展现代生猪种业。全面开展第三次畜禽遗传资源普查，加强地方猪保种场和省级畜禽遗传资源基因库建设。贯彻落实国家生猪遗传改良计划，以4个国家核心育种场和8个省级原种场为依托，充分发挥大专院校、科研院所和省生猪产业体系创新团队的技术支撑作用，开展种猪育种联合攻关，加强种猪生产性能测定，持续选育提高种猪遗传进展和生产性能水平。鼓励利用地方猪种质资源开展新品种（系）培育，支持深县猪保种场申报国家核心育种场。继续在生猪养殖大县实施生猪良种补贴项目，加快品种改良，提高生猪良种化水平。（省农业农村厅、省发展改革委、省财政厅等按职责分工负责）

（十四）协同推进规模养殖场和中小养殖场（户）发展。继续实施农机购置补贴政策，对生猪养殖场（户）购置自动饲喂、环境控制、疫病防控、废弃物处理等农机装备给予积极支持。根据《河北省畜禽养殖标准化示范创建活动工作方案（2018-2025）》要求，深入开展部、省级畜禽养殖标准化示范场创建工作，推行生猪标准化生产。引导养殖大户组建合作社，为中小养殖户提供良种繁育、饲料营养、疫病检测、产品储运、废弃物资源化利用等实用科技服务。支持大型养殖企业发挥资金、市场和管理优势，与中小养殖户建立利益联结机制、带动提档升级。发挥现代农业产业技术体系创新团队作用，引领中小养殖户提高生产、疫控技术和产品收益能力。（省农业农村厅、省财政厅等按职责分工负责）

（十五）深入优化生猪屠宰加工布局。深入贯彻落实《生猪屠宰管理条例》，会同生态环境等有关部门，按照“科学布局、集中屠宰、有利流通、方便群众”的原则，结合我省生猪养殖、动物疫病防控、生猪产品消费实际和各地生猪屠宰行业发展规划计划，制订《河北省生猪屠宰行业发展规划》，调整屠宰加工布局，化解结构性产能过剩；积极推进生猪屠宰标准化“提升年”行动，引导屠宰产能向养殖优势区域转移，提升新建生猪定点屠宰企业建设标准，用市场竞争方式解决长期困扰生猪屠宰行业发展的难题，压缩落后生猪定点屠宰企业生存空间，逐步淘汰落后产能；持续开展生猪屠宰标准化厂创建工作，不断提升我省．生猪屠宰标准化建设水平，保障屠宰产品质量安全。（省农业农村厅、省发展改革委等按职责分工负责）

（十六）全面提升绿色养殖水平。以白洋淀流域为重点，开展畜禽规模养殖场粪污处理设施提档升级行动，全省每年完成 1200 家畜禽规模养殖场提档升级任务。以就地就近还田利用为重点，每年支持 3-5 个非畜牧大县整县实施粪污资源化利用整县推进项目。在全省 18 个畜牧大县或粮食、蔬菜主产县（市、区）推进绿色种养循环农业试点项目。推行养殖粪污养分平衡管理制度。鼓励在规模种植基地周边建设与消纳能力相配套的养殖场（户），促进种养良性循环。加快培育社会化服务组织，推动养殖粪污就近就地利用，促进绿色循环发展。（省农业农村厅、省发展改革委、省生态环境厅等按职责分工负责）

（冀农字〔2021〕34号）

关于印发《河北省“菜篮子”产品稳产保供工作方案》的通知

各市（含定州、辛集市）农业农村局、发展改革委（局）、商务局，雄安新区管委会公共服务局、改革发展局，厅属有关单位：

为深入贯彻落实全国大中城市“菜篮子”产品稳产保供视频会议精神，扎实做好元旦春节、冬奥会期间及今后一个时期“菜篮子”产品稳产保供工作，省农业农村厅、省发展改革委、省商务厅联合制定了《河北省“菜篮子”产品稳产保供工作方案》，现印发你们，请结合实际认真组织实施。

河北省“菜篮子”产品稳产保供工作方案

为深入贯彻落实全国大中城市“菜篮子”产品稳产保供视频会议精神，进一步落实“菜篮子”市长负责制，加强全省“菜篮子”产品稳产保供工作，特制定本方案。

一、总体思路和目标。综合考虑宏观经济走势、灾害天气影响、疫情仿控形势、消费需求波动等因素，充分认识当前“菜篮子”产品稳产保供面临的风险挑战，发挥市场在资源配置中的决定性作用，更好地发挥政府部门作用，全力稳定“菜篮子”产品生产，加强农产品产销衔接，积极拓展销售渠道，强化价格监测分析预警，切实提升“菜篮子”产品市场供应能力，确保元旦春节、冬奥会期间及今后一个时期“菜篮子”产品稳定供给。

二、切实加强“菜篮子”产品生产供给。坚持疫情防控和农业生产“两手抓、两不误”，认真落实“菜篮子”市长负责制，在抓好疫情防控的同时，科学安排蔬菜及肉蛋奶等重要农产品生产，全力保障群众日常需求。要搞好分类指导，区分不同地区风险等级，组织专家和农技人员通过深入田间地头或远程视频、网络等方式开展技术指导。要加强设施蔬菜管理，科学应对疫情及灾害性天气不利影响，提高产出能力；大力推进畜禽标准化规模化养殖，合理安排生猪出栏时间，积极有序投放牛羊肉，增加肉类供应，保障禽蛋、生鲜乳生产供应。同时，加强监测巡查，严格落实监管责任，切实保障农产品质量安全。

三、全力保障“菜篮子”产品运输畅通。要把蔬菜、肉蛋奶、水产品及化肥、饲料、兽药等纳入常态化疫情防控重点保障物资范围，会同公安、交通、卫生健康等部门，加强协调联动，通过发放通行证、设立指定通道、点对点调研等措施，确保“菜篮子”产品及蔬菜种苗、仔畜雏禽、水产种苗、饲料、化肥等农资运输渠道畅通。严格落实鲜活农产品运输“绿色通道”政策，对整车合法装载运输鲜活农产品的车辆，免收车辆通行费。严禁违法断路封路等阻断交通的行为，确保通往蔬菜基地、畜禽水产养殖场、畜产品加工屠宰场和农产品交易市场等关键场所道路畅通。

四、多方拓展“菜篮子”产品销售渠道。发挥批发市场集散吞吐能力，鼓励引导新型经营主体拓宽农超对接、农企对接、农批对接等营销主渠道，建立集中产区经营主体与批发市场联系对接机制，引导形成稳定的供销关系。开展便民市场提档升级建设，营造便利的消费环境，提升居民生活品质。组织系列展会、交易会等产销对接活动，进行专题宣传推广和展示推介，提高农产品销量，扩大农产品市场影响力。创新产品流通模式，组织电商平台、超市配送等线上销售主体，发挥自身优势，畅通终端销售网络。

五、健全完善“菜篮子”产品调控政策。落实国家关于“菜篮子”产品储备各项规定，依托有条件的农产品加工销售和冷链物流企业及农产品批发市场，适时建立和完善蔬菜等鲜活农产品应急收储制度，加大耐储果蔬、冷冻肉品、水产品收储力度，精准落实储备货源，有序组织市场投放，防止出现卖难和断供。要做好困难群众兜底保障，认真执行社会救助和保障标准与物价上涨挂钩联动机制，达到启动标准的及时启动，足额发放价格临时补贴。要全面加强“菜篮子”产品市场监测，密切关注“菜篮子”市场运行走势，建立健全农业、发改、商务协调沟通工作机制，及时掌握生产、库存和市场价格信息，强化形势分析研判，发现苗头性、潜在性、倾向性问题，及时提出措施建议，保障农产品市场稳定。

六、加强组织领导和工作推动。各级农业农村、发改、商务部门要高度重视，切实提高政治站位，把“菜篮子”稳产保供作为保障民生的重要举措，建立健全联合工作机制，强化统筹协调，明确责任分工，加强队伍建设，切实抓好各项工作措施落实，保障“菜篮子”产品市场稳定供应、平稳运行。加强信息反馈，实行工作报告制度，明确专人，及时上报工作进展情况，重要情况随时上报。

（冀农发〔2021〕189号）

河北省农业产业化工作领导小组
关于大力推进农业产业化项目建设的意见

各市（含定州、辛集市）农业产业化工作领导小组、省有关部门：

为深入贯彻中央农村工作会议、省委农村工作会议精神，落实省委、省政府关于抓投资上项目促发展的部署，坚持以项目建设为统领，组织和推动各市、县（区、市）完善政策措施，加强招商引资，优化营商环境，扩大投资规模，推动农业产业化项目建设实现新突破，发挥在壮大龙头企业、完善产业链条、带动农民增收、促进乡村产业振兴中的重要作用，形成项目带动、三产融合、加快发展的新格局，制定如下意见：

一、加强项目清单管理。各市、县（市、区）要根据本地农业产业发展和农产品加工业布局，立足延链补链强链，统筹谋划、安排项目，强化项目管理，谋划储备一批、开工建设一批、投产达效一批，形成清单管理、压茬推进的良性格局。强化结果导向，形成招商项目抓签约、签约项目抓落地、落地项目抓开。工、开工项目抓进度的推进机制。要定目标、定计划、定措施，聚焦农产品加工增值、新产业新业态等重点领域，谋划引进一批大项目好项目。制订市、县计划启动项目和已签约未落地项目“两个清单”，照单推进逐个抓落实，明确抓什么、怎么抓、谁来抓，明确任务、标准、路径、完成时效，明确责任领导、责任单位和考核措施，有清晰的路线图和施工图。实行省、市、县三级领导项目包联制度，每个项目都要实行领导包联和专班推动，强化系统抓、抓系统，构建上下联动、逐级推动步调一致抓项目的新格局，营造一级抓一级、层层抓落实的浓厚氛围。

二、加大招商引资力度。招商引资是补短板强弱项，快速提升项目规模、质量和水平的重要抓手，各市、县（市、区）要制定招商引资方案，积极与大型央企、知名民企、跨国外企对接，开展产业园区招商、产业链招商、产业集群招商、龙头企业招商等精准招商活动，广泛推介与精准对接相结合、请进来与走出去相结合、线上与线下相结合，注重招商时效，丰富招商形式，突出特色化和专业性，引进一批填空白、强链条、有品牌的项目。举办河北省农产品加工业发展大会，安排农业产业化专项资金，支持承办市强化奖补、贴息、园区公共服务等招商引资优惠政策，集中签约落地一批大项目，实现农产品加工业跨越式发展，发挥对全省的示范带动作用。省政府农业产业化办公室每年择优审定一批省级农业产业化重点项目。审定项目享受省重点项目同等优惠政策，实行清单台账管理，会同市县共同加快项目建设进度。各市县政府要压实招商引资责任，健全工作机制，配强招商队伍，每一个招商项目都要有领导包联、有专班跑办、有部门分工服务项目落地。省级每年选择20个已开工建设的农业产业化重大招商项目给以奖补。

三、扩大农产品精深加工项目规模。精深加工项目体量大、链条长、增值能力强，是项目建设的重点。各市、县（市、区）要立足强基础、扩产能、延链条、提效益，聚焦短板、弱项、关键，加快“短板”补长、“断链”接通，组织实施一批“顶天立地”的农产品精深加工项目。围绕15个农业特色产业集群，建设一批农产品加工集群，加快大型优质农产品加工项目布局和开工建设，加大优质产品、精深加工产品、终端产品、品牌产品开发力度，向价值链中高端迈进，提升加工业对农业产业发展的带动引领作用。推进农产品加工业集群项目，促进产业集聚化集约化，重点支持100个以上有龙头、有规模、纵向成链、横向互补的农产品加工集群。围绕农产品精深加工，支持龙头企业实施一批扩产提能、技术升级、动能转换、数字化赋能项目，增强龙头企业实力和市场竞争力。到2025年，全省农产品加工业总产值与农业总产值之比由2020年的1.95:1提高到2.6:1；省农业产业化重点龙头企业达到1000家以上。

四、加快发展“中央厨房”项目。“中央厨房”项目一头服务城市消费、一头连接农业生产，转化效率高，带农能力强，社会效益好，是典型的产加销一体化新业态。要推动“中央厨房”产业加快发展，支持一批扩产项目、一批原料生产延链项目、一批招商引资新项目，在京津周边、雄安新区周边、省会周边等区域，集中布局一批服务京津、雄安新区和大中城市的“中央厨房”新项目、大项目和示范企业，加快以洁净蔬菜、预制菜肴、套餐成品、工业化主食为主的“中央厨房”新兴产业异军突起，推进原料变成品、食材变食品、单品变套餐、工厂变厨房，实现综合加工、梯次增值，形成从田间到餐桌的全过程加工配送产业链条。安排农业产业化专项资金，重点支持“中央厨房”示范企业和项目。

五、扎实推动三产融合项目。联农带农益农富农是农业产业化的最显著的标志，要加强对服务三农、三产融合项目的支持。深入实施农业产业化联合体示范项目，按照有机制、有基地、有利益共享的标准，支持示范联合体兴建一批产地初加工、农业设施改造提升、公共服务平台项目，鼓励企业为合作社、农户贷款提供担保，引导“链主”企业联结一产、延伸三产，构建产业融合发展新格局。大力实施农业产业强镇、农业特色优势产业集群和现代农业产业园区项目，稳步提升农产品综合生产能力。加快推进邢台、邯郸粮油全产业链，沧州、石家庄奶业全产业链，邢台、衡水生猪全产业链，承德食用菌全产业链，唐山肉鸡全产业链等重大项目加快建设投产，打造大龙头、大基地、大产业。支持产学研用相结合具有产业主导能力的育繁推一体化种业全产业链项目，推进生鲜农产品冷链物流、电子商务、休闲农业等新产业新业态项目，全面提升一二三产业深度融合。整合中央和省级专项资金，支持农业产业化联合体、农业产业强镇、农业特色产业集群和现代农业产业园区项目。每年支持50个省级示范联合体、10个国家级和20个省级农业产业强镇，重点建设15个农业特色优势产业集群，支持100个现代农业产业园区。

六、创建农业产业化创新先行县。借鉴河南驻马店市强化政策创设、建设加工园区、用活会展平台、广泛招商引资、服务项目落地，促进农产品加工业大发展的先进经验，组织开展农业产业化创新先行县创建活动，选择11个县（市、区）突出创新、突破和引领，围绕政策、机制、招商、项目等领域，统筹各方力量，聚集资源要素，创新发展模式，加快转型升级，为全省农业产业化创新发展提供可借鉴可复制可推广的先进经验。创建活动采取自主创建、自愿申报的方式，省、市两级建立严格的推荐评审考核机制，对成效突出的予以支持。

七、强化金融支持。建立常态化政银企保对接机制，举办项目投融资对接活动，引导金融机构加大资金支持力度。鼓励金融机构实行“绿色”审批，灵活采用抵质押等宽松担保方式。鼓励担保公司和政策性银行、开发性金融机构、商业性金融机构，为符合条件的农业产业化项目提供担保和融资支持。支持龙头企业发债、上市等直接融资。支持金融机构开发专属金融产品，加大对龙头企业信贷支持。加强“强龙担”“农联贷”“裕农通”等金融服务模式创新。提高龙头企业中长期贷款比例，支持龙头企业技改、扩建等固定资产项目融资。鼓励各市县设立产业发展基金，以股权投资形式参与农业产业化项目。

八、加大财政支持力度。突出重点、增强激励、用好杠杆，建立政府投入为引导，社会投入为主体的多元化项目投入机制。整合中央和省本级财政专项资金，撬动社会资本、金融资本，集中资金和政策，重点支持我省特色优势农业主导产业和龙头企业。积极争取中央预算内投资，发挥政府投资引导基金带动作用，支持农业产业化项目建设。在防范政府债务风险的前提下，鼓励有条件的市县通过政府债券支持符合条件的农业产业化项目。对符合条件的企业上市挂牌、首发债券、资产证券化、定向贷款、供应链融资、融资担保等给予奖补或贴息。在不新增隐性债务的前提下，鼓励各市县由政府或平台公司代建项目厂房及农产品加工园区道路、通讯、水电等基础设施，统建厂房出租给项目企业使用，达到规定年限后由企业回购。鼓励和支持有实力的企业、机构按“市场化运作、企业化经营”机制参与农产品加工园区基础设施建设、招商、运营并按价取费。

九、加强协调联动。省直部门按照职能分工各尽其责、协调联动、形成合力。省政府农业产业化工作领导小组加强统筹协调，研究全省农业产业化项目建设中的重要情况、重要政策和重要问题。省农业农村厅（省政府农业产业化工作领导小组办公室）加强农业特色产业与农业产业化项目统筹推进，强化重点项目谋划、筛选、评审，建立农业产业化项目协同推进、问题会商解决和定期通报机制。省农业产业化工作领导小组成员单位和其他有关部门，要着眼农业农村工作大局，结合部门职能实际，制定支持农业产业化项目建设的政策措施。各市县要解放思想、细化举措、开拓创新，落实好“放管服”改革各项措施，优化营商环境，提高办事效率，厚植发展土壤，规范项目建设全流程办理程序，为项目建设提供定制化“管家式”服务。完善环保正面清单动态调整机制，优先支持符合条件的重点项目用能需要。全面排查营商环境突出问题，逐一制定整改措施，坚决防止乱收费、乱罚款、乱摊派等乱作为增加企业负担、干扰项目进展。牢固树立项目为王、客商至上理念，着力打造崇商、重商、安商、暖商的服务环境。

十、强化调度考核。按照各市县上报的“双清单”进行对账、交账、算账，月通报、季调度、年底考核。加强专项督导，对工作进度、任务落实等动态情况全程跟踪。加强项目调度，定期组织召开农业产业化项目擂台赛、集中开工、项目观摩等活动，比业绩、找差距、学经验。加强项目考核，建立完善项目建设考评机制，逐级建立项目考评制度。对项目建设成效显著的市县，在安排中央预算内资金、省级产业资金时予以倾斜，以省政府农业产业化领导小组名义通报表扬。

（冀产组〔2022〕1号）

V 统计图

现价农林牧渔业总产值

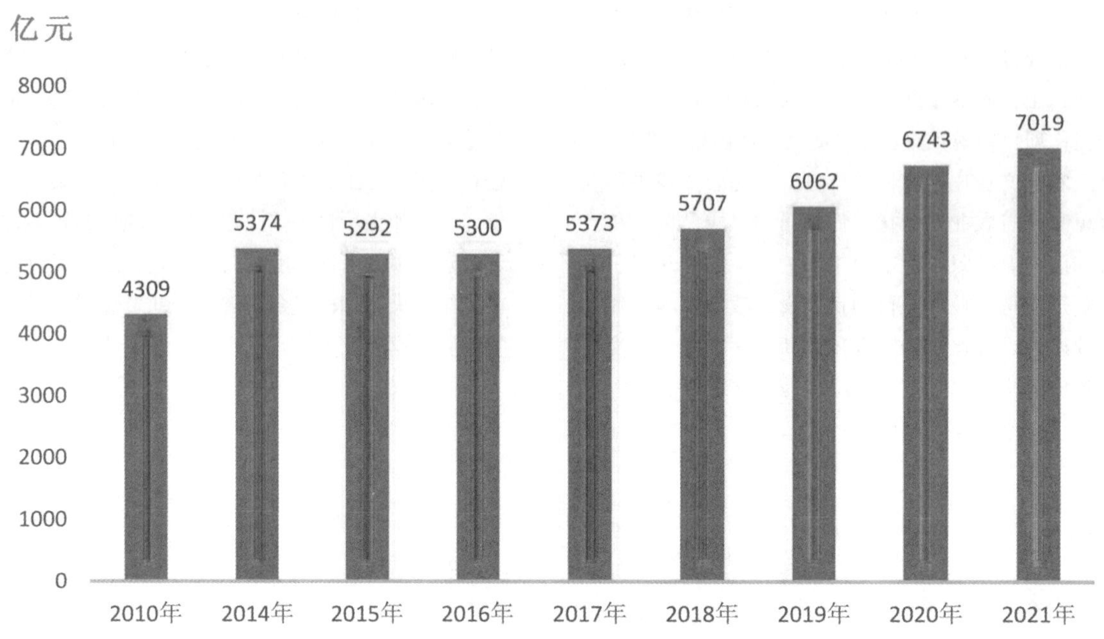

现价农林牧渔业总产值构成

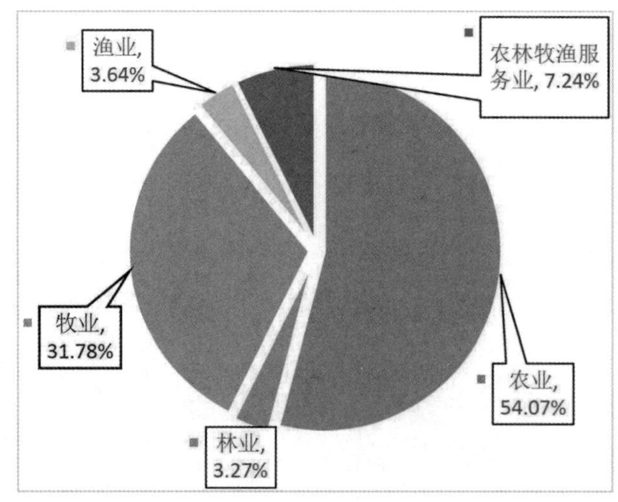

2020年

渔业,
3.51%
农林牧渔服务业,
7.71%
农业,
51.39%
牧业,
33.5
8%
林业,
3.82%

2021年

农林牧渔业增加值

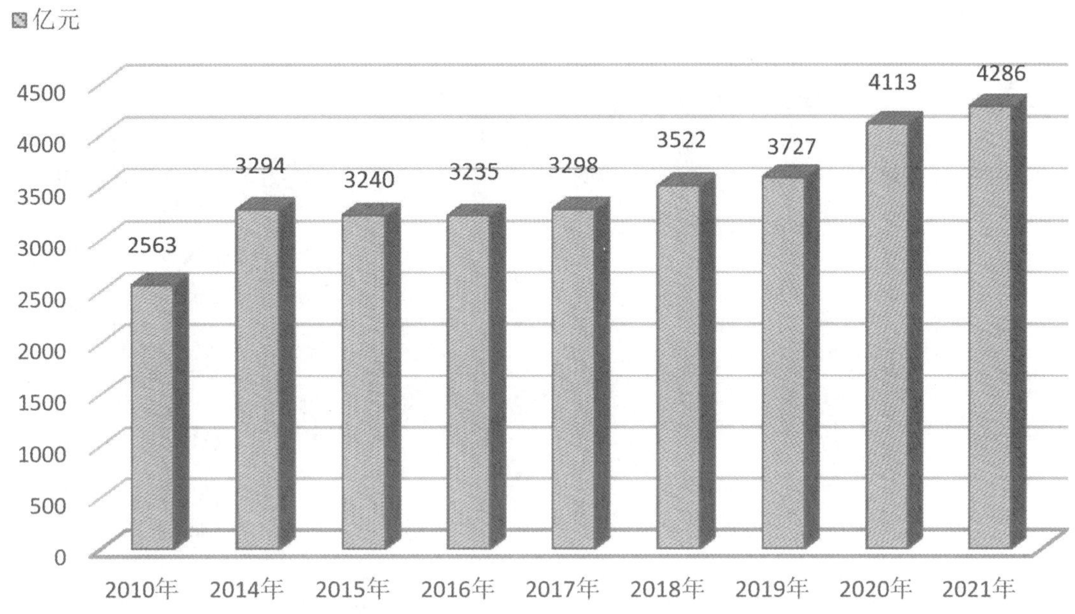

注：2021年农林牧渔业增加值为快报数。

粮食、蔬菜和水果产量

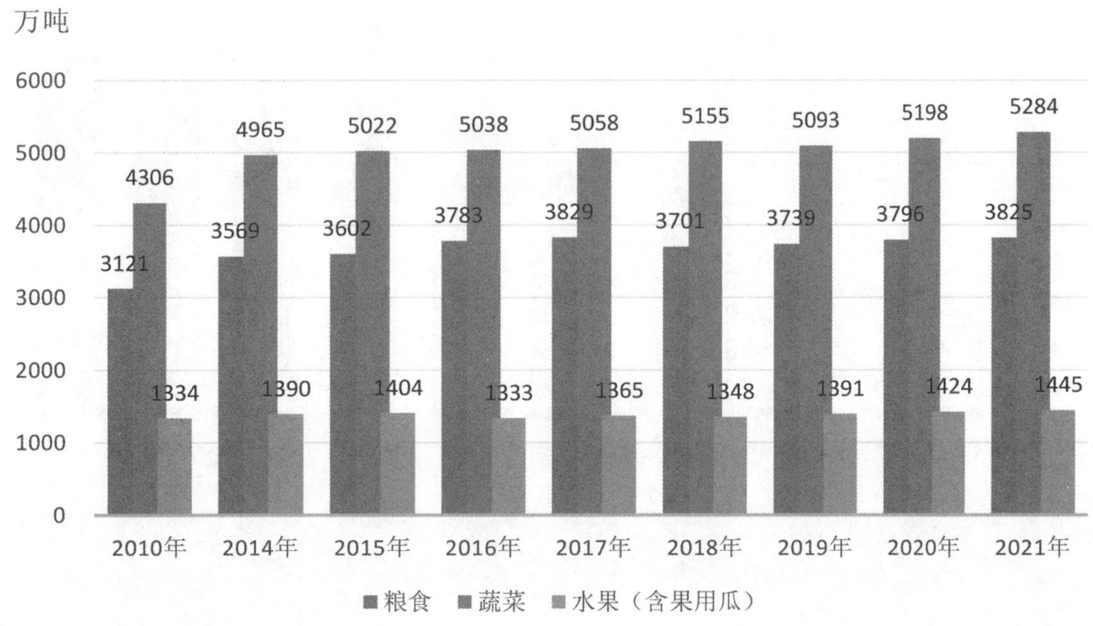

猪牛羊肉产量

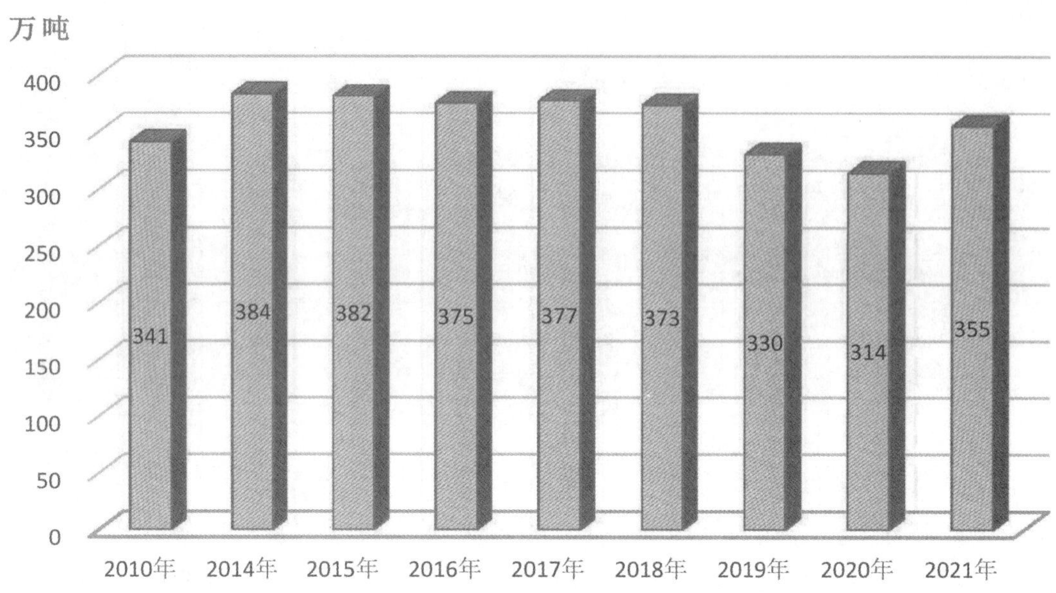

农民人均纯收入及生活消费支出

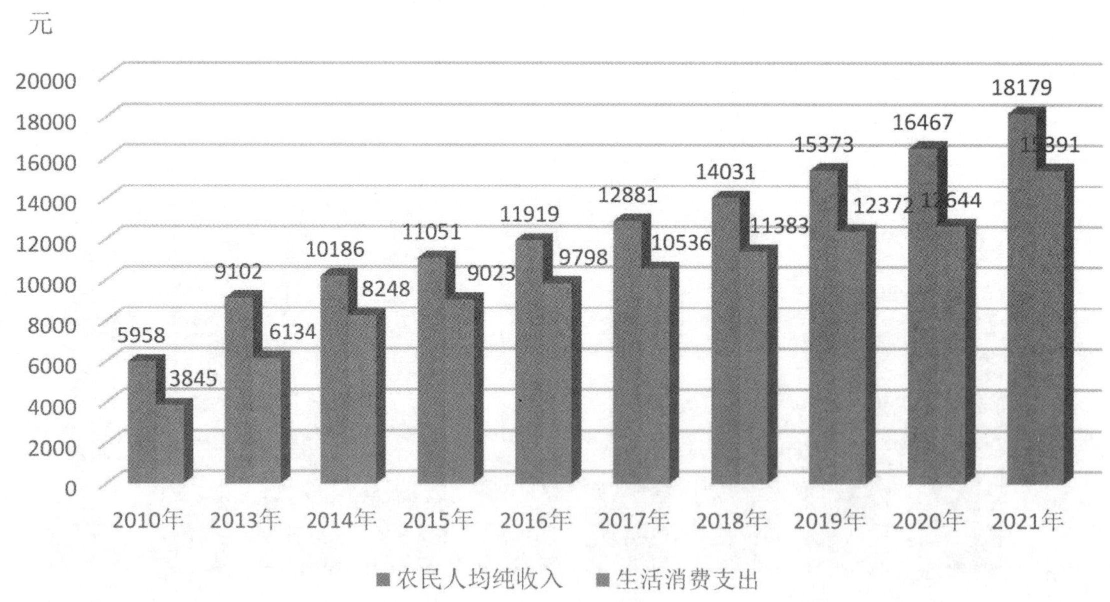

Ⅵ 统计资料

1-1-1 全省行政区划

(2021年底)

单位：个

名称	地级单位数	县级单位数	市辖区	县级市	县	乡镇级单位数	街道办事处	乡数	镇数	居民委员会	村民委员会
全省	**11**	**167**	**49**	**21**	**97**	**2254**	**310**	**656**	**1287**	**4983**	**48428**
石家庄市（包含辛集市）	1	22	8	3	11	276	60	83	133	991	4175
石家庄市（不含辛集市）	1	21	8	2	11	261	60	76	125	967	3831
辛集市		1		1		15		7	8	24	344
唐山市	1	14	7	3	4	231	54	24	153	711	5313
秦皇岛市	1	7	4		3	97	23	23	51	165	2265
邯郸市	1	18	6	1	11	242	30	77	135	761	5089
邢台市	1	18	4	2	12	198	27	54	117	510	4868
保定市（包含定州市）	1	24	5	4	15	340	31	109	200	563	6170
保定市（不含定州市）	1	23	5	3	15	315	27	104	184	491	5700
定州市		1		1		25	4	5	16	72	470
张家口市	1	16	6		10	233	23	106	103	339	4173
承德市	1	11	3	1	7	217	14	82	121	200	2459
沧州市	1	16	2	4	10	194	26	57	111	245	5727
廊坊市	1	10	2	2	6	108	18	11	79	362	3203
衡水市	1	11	2	1	8	118	4	30	84	136	4986

1-1-2 总人口、人口自然变动及从业人员

年 份	总人口（万人）	#男	出生率（‰）	死亡率（‰）	自然增长率（‰）	就业人员（万人）	#一产业就业人员	城镇登记失业人数（万人）
1949	3086.06	1564.23	27.30	12.73	14.57			
1952	3271.95	1652.81	29.17	12.10	17.07			
1957	3670.10	1865.23	29.62	11.30	18.32			
1962	3883.58	1961.29	28.68	9.06	19.62			
1965	4086.96	2084.19	32.93	8.74	24.18			
1970	4549.55	2320.15	26.73	6.49	20.24			
1975	4913.39	2514.52	17.78	7.22	10.56			
1978	5057.47	2595.40	20.88	6.49	14.39	2109.39	1621.61	
1980	5167.62	2650.65	20.47	6.46	14.01	2182.80	1637.42	
1985	5547.52	2851.51	17.10	5.30	11.80	2555.43	1603.36	3.56
1990	6158.88	3147.00	20.46	6.82	13.64	2955.47	1820.51	7.70
1995	6436.51	3265.89	13.93	6.32	7.61	3252.01	1729.29	17.50
1996	6483.67	3309.37	13.85	6.55	7.30	3300.16	1635.17	15.64
1997	6524.58	3327.63	13.11	6.82	6.29	3324.23	1634.03	15.53
1998	6569.30	3343.24	13.01	6.18	6.83	3367.18	1650.22	15.86
1999	6613.66	3356.43	12.99	6.26	6.73	3322.30	1653.25	16.20
2000	6674.27	3397.20	11.30	6.21	5.09	3385.71	1678.12	17.40
2001	6699.13	3383.67	11.16	6.18	4.98	3409.16	1676.34	19.50
2002	6734.60	3419.96	11.53	6.25	5.28	3435.00	1662.59	22.20
2003	6769.44	3453.92	11.43	6.27	5.16	3470.23	1672.26	25.80
2004	6808.75	3479.62	11.98	6.19	5.79	3516.71	1612.85	28.01
2005	6850.83	3441.17	12.84	6.75	6.10	3568.97	1564.72	27.82
2006	6897.86	3485.69	12.86	6.59	6.23	3609.99	1524.89	28.69
2007	6943.19	3528.97	13.33	6.78	6.55	3664.97	1481.52	29.29
2008	6988.82	3562.35	13.04	6.49	6.55	3725.66	1481.37	32.24
2009	7034.40	3582.08	12.93	6.43	6.50	3792.49	1479.22	34.50
2010	7193.60	3647.18	13.22	6.41	6.81	4135.00	1566.00	35.14
2011	7231.86	3738.67	13.02	6.52	6.50	4087.00	1485.00	35.99
2012	7262.00	3680.82	12.88	6.41	6.47	4063.00	1418.00	36.83
2013	7287.59	3701.15	13.04	6.87	6.17	4032.00	1375.00	37.17
2014	7322.90	3720.24	13.18	6.23	6.95	3978.00	1338.00	38.30
2015	7345.20	3716.89	11.35	5.79	5.56	3927.00	1292.00	39.41
2016	7374.99	3747.38	12.42	6.36	6.06	3871.00	1186.00	39.73
2017	7409.14	3761.62	13.20	6.60	6.60	3795.00	1086.00	40.00
2018	7426.37	3761.46	11.26	6.38	4.88	3739.00	982.00	38.04
2019	7446.56	3765.49	10.83	6.12	4.71	3702.00	938.00	36.00
2020	7463.84	3769.83	8.16	7.22	0.94	3671.00	815.00	38.48
2021	7448.00	3705.00	7.15	7.58	-0.43	3643.00	777.00	40.00

注：1.1999年以后年份就业人员不包括离开本单位仍保留劳动关系的职工。
2.2011–2020年常住人口根据第七次全国人口普查数据进行了修订，出生率、死亡率及自然增长率暂未调整。
3.2010–2020年就业人员及一产业就业人员数据根据第七次全国人口普查数据进行了修订。

1-1-3 历年农业基本生产条件

年份	一、户数、人口、劳动力								
	乡村户数(万户)	乡村人口数(万人)	乡村从业人员(万人)	#农林牧渔业	工业	建筑业	批发和零售业	交通运输、仓储和邮政业	住宿和餐饮业
1957	767.53	3322.06	1382.83	1382.83					
1962	836.21	3555.11	1375.24	1375.24					
1965	846.79	3703.83	1456.74	1456.74					
1970	921.07	4156.23	1635.57	1635.57					
1975	985.81	4415.46	1716.84	1617.61	37.40				
1978	1040.77	4490.38	1726.00	1475.43	95.39	11.87			
1980	1075.10	4537.77	1766.59	1542.02	126.25	22.51			
1985	1159.84	4793.36	2059.76	1639.03	167.98	81.15	35.96	31.14	
1990	1325.48	5211.59	2360.50	1780.42	220.73	102.01	53.59	48.07	
1995	1387.10	5324.29	2573.51	1715.42	325.04	157.83	98.00	78.23	
1996	1390.10	5319.26	2583.16	1621.83	365.92	184.06	116.48	85.58	
1997	1394.43	5313.76	2613.43	1620.31	380.19	188.14	122.16	89.11	
1998	1398.67	5322.46	2635.91	1635.83	380.10	191.51	125.73	89.63	
1999	1401.18	5336.29	2654.31	1639.90	382.38	198.06	129.69	90.63	
2000	1422.61	5382.39	2707.10	1665.45	388.36	202.47	135.33	92.13	
2001	1434.07	5385.64	2717.88	1664.96	390.30	205.74	137.46	93.69	
2002	1434.69	5388.84	2731.76	1651.97	403.47	212.53	141.17	94.55	
2003	1436.10	5383.04	2748.04	1660.24	441.88	243.73	124.89	101.01	37.81
2004	1439.38	5389.87	2771.98	1600.43	481.54	259.35	140.60	107.92	43.05
2005	1448.55	5422.28	2805.94	1552.75	518.86	275.22	154.26	114.71	48.61
2006	1445.65	5412.04	2817.80	1513.04	545.32	285.43	161.03	117.63	50.38
2007	1461.93	5456.94	2846.53	1479.04	576.85	301.50	165.60	121.22	53.11
2008	1476.82	5495.58	2894.82	1478.23	597.96	309.50	172.04	126.96	55.69
2009	1497.39	5531.18	2944.36	1472.50	623.63	327.11	178.03	129.21	57.52
2010	1525.58	5570.20	2976.55	1458.33	640.13	342.13	182.49	132.36	59.60
2011	1536.91	5599.62	3003.83	1433.17	657.96	352.33	188.10	137.87	63.88
2012	1551.16	5628.36	3023.37	1419.85	670.96	359.83	190.89	140.15	65.69
2013	1564.25	5659.96	3039.17	1397.22	678.97	361.10	202.82	133.99	77.86
2014	1575.24	5695.41	3055.91	1389.29	689.86	364.60	207.42	134.99	79.33
2015	1579.05	5711.49	3055.31	1371.37	695.43	365.92	211.87	135.33	80.71
2016	1590.45	5746.56	3063.83	1369.28	695.76	366.89	215.22	135.88	82.87
2017	1609.73	5736.31	3061.75	1354.71	699.30	366.70	216.57	136.78	84.34
2018	1660.26	5829.24	3023.20	1354.33	685.20	357.32	210.21	124.09	88.30
2019	1683.11	5861.38	3018.16	1338.01	686.43	356.99	214.09	124.70	90.41
2020	1695.42	5843.93	2997.87	1317.55					
2021	1693.92	5793.76	2968.88	1291.17					

注：1.乡村从业人员：指乡村人口中16岁以上实际参加生产经营活动并取得实物或货币收入的人员。
2.2002年及以前年度的批发和零售业从业人员包括批发和零售业以及住宿和餐饮业从业人员。
3.按照农林牧渔业统计报表制度，除农业从业人员外，其他从业人员不再统计。

1-1-3续1　历年农业基本生产条件

年 份	二、耕地面积(千公顷)				三、农业机械化情况		
	年末耕地面积	#年末常用耕地面积	#有效灌溉面积	有效灌溉面积占耕地面积比重(%)	1.农用机械总动力(万千瓦)	2.大中型拖拉机(台)	3.小型拖拉机(万台)
1949		7265.79	769.21	10.6			
1952		7616.41	962.84	12.6		34	
1957		7545.97	1577.55	20.9		1953	
1962		6953.83	1357.31	19.5		4724	
1965		6983.71	1754.27	25.1		5614	
1970		6849.55	2678.31	39.1		6909	0.07
1975		6718.61	3553.22	52.9	769.04	17017	1.94
1978		6675.01	3660.17	54.8	1083.17	28092	9.10
1980		6648.01	3622.25	54.5	1253.84	42133	11.06
1985		6603.41	3572.70	54.1	1993.74	37341	29.04
1990		6556.03	3758.49	57.3	2822.25	30063	59.39
1995		6517.25	4040.01	62.0	4336.44	29040	91.53
1996	6897.11	6498.80	4248.15	61.6	5137.72	32961	101.20
1997	6888.52	6493.74	4322.57	62.8	5808.66	38414	108.64
1998	6874.94	6484.58	4388.04	63.8	6263.90	45767	116.34
1999	6868.77	6478.71	4444.45	64.7	6622.75	52953	123.12
2000	6857.08	6465.96	4482.32	65.4	7000.39	63624	129.85
2001	6854.04	6448.93	4485.39	65.4	7244.43	66771	132.14
2002	6691.13	6125.15	4415.17	66.0	7451.21	76753	134.94
2003	6486.51	5991.27	4403.99	67.9	7764.54	81165	133.79
2004	6441.51	6000.63	4459.77	69.2	8135.63	89745	139.60
2005	6396.25	5988.93	4547.75	71.1	8487.21	100894	144.68
2006	6315.34	5882.52	4569.77	72.4	8795.77	111080	145.47
2007	6314.53	5893.61	4579.02	72.5	9134.53	114345	148.15
2008	6331.89	5901.44	4560.51	72.0	9525.37	136169	150.05
2009	6561.35	6060.83	4509.60	68.7	9861.37	155153	149.15
2010	6551.42	6057.53	4520.87	69.0	10151.30	172676	150.50
2011	6563.78		4596.61	70.0	10349.19	197882	149.10
2012	6558.33		4165.03	63.5	10553.81	213733	146.27
2013	6551.20		4349.03	66.4	10786.45	234425	142.43
2014	6537.74		4404.22	67.4	10942.86	254604	138.62
2015	6525.47		4447.98	68.2	11102.81	274346	136.26
2016	6520.50		4457.64	68.4	7401.97	298740	131.81
2017	6518.86		4474.67	68.6	7580.58	314728	128.99
2018	6523.55		4495.13	68.9	7706.20	280018	122.39
2019	6034.18		4482.16	74.3	7830.73	297151	
2020	6011.34		4470.03	74.4	7965.74	306385	
2021	5968.72		4373.77	73.3	8096.81	319960	

注:1.年末常用耕地面积不包括25°以上坡地。从2011年起，不再统计常用耕地面积。
2.2012年有效灌溉面积为全国第一次水利普查数据(下同)。
3.因统计口径变化，2018年起小型拖拉机不在统计。
4.2019年耕地面积为国土三调数据。

1-1-3续2　历年农业基本生产条件

年 份	三、农业机械化情况（续）						四、农业现代化项目水平	
	4.大中型拖拉机配套农具（台）	5.小型拖拉机配套农具（万台）	6.农用排灌电动机（万台）	7.农用排灌柴油机（万台）	8.联合收获机（台）	9.农用水泵（万台）	1.机耕地面积（千公顷）	机耕地面积占总播种面积比重（%）
1952	156						2.05	0.03
1957	4563		0.05	0.16			480.45	6.37
1962	16239		3.03	1.11			1321.67	19.01
1965	15365		6.96	1.13			1764.31	25.26
1970	13537		14.50	4.76			1485.02	21.68
1975	33078		31.82	41.09	237		2740.69	40.79
1978	76803	16.84	40.17	48.60	269	63.87	3863.28	57.88
1980	88589	11.11	46.46	47.09	397	65.28	3819.53	57.45
1985	53091	18.33	62.29	71.12	558	87.01	2792.11	42.28
1990	40962	56.01	75.26	109.00	1624	111.15	4249.63	64.82
1995	45809	89.69	97.45	125.67	12265	134.87	4595.89	70.52
1996	51395	102.08	115.34	130.43	16277	148.88	4765.60	73.33
1997	59013	113.21	122.14	136.34	25006	165.65	4924.14	75.83
1998	76953	130.30	126.05	136.27	32041	163.04	5056.51	77.98
1999	94202	136.69	126.92	136.64	37756	161.42	5141.02	79.35
2000	108349	156.69	131.23	138.23	41945	163.71	5072.60	78.45
2001	123114	163.99	128.01	135.14	43946	156.75	4916.85	76.24
2002	132318	167.61	130.43	131.83	45808	163.72	4874.29	79.58
2003	143412	170.63	133.60	119.46	50578	162.73	4740.87	79.13
2004	163534	182.54	136.61	128.44	53619	159.65	4707.93	78.46
2005	183516	191.63	139.46	125.84	56015	165.85	4745.47	79.24
2006	205530	227.69	139.87	124.33	60412	164.99	4768.88	81.07
2007	223486	200.55	142.62	123.12	63618	170.51	4860.07	60.63
2008	260496	198.96	145.24	117.94	68595	174.44	4914.24	59.28
2009	320043	199.45	146.93	115.00	72937	171.28	5251.56	63.49
2010	345268	201.04	148.18	113.21	79264	172.09	5317.10	64.37
2011	379647	199.38	148.76	109.36	85926	172.22	5332.02	64.41
2012	409718	195.46	149.88	105.28	101418	172.15	5401.96	64.60
2013	435351	191.04	152.41	100.75	115167	172.03	5408.02	64.26
2014	458201	183.74	153.62	97.03	127713	170.61	5432.65	64.25
2015	497756	180.39	154.46	94.27	137703	169.73	5475.26	64.74
2016	538025	173.39	152.91	88.47	147449	164.83	5473.05	64.64
2017	597906	168.78	147.36	75.35	155957	164.71	5480.01	65.38
2018					160464	155.23	5022.44	61.27
2019					167401	156.70	5434.56	66.82
2020					173404	156.37	5216.88	64.49
2021					178364	155.83	5276.31	65.16

注：因统计口径变化，大中型拖拉机配套农具、小型拖拉机配套农具、农用排灌电动机、农用排灌柴油机不再统计。

1-1-3续3 历年农业基本生产条件

年 份	四、农业现代化项目水平(续)							
	2.机械播种面积(千公顷)	机播面积占总播种面积比重(%)	3.机械收获面积(千公顷)	机收面积占总播种面积比重(%)	4.化肥施用量(折纯)(万吨)	5.农村用电量(亿千瓦小时)	6.旱涝保收面积(千公顷)	7.年末实有机电井(眼)
1952					0.48			5
1957					3.04	0.11		5786
1962					2.73	1.92		47382
1965					4.65	5.42	806.64	76557
1970					18.52	11.43	1566.41	217105
1975	365.95	3.87	86.14	0.91	36.94	20.12	1933.87	555211
1978	1699.25	18.13	141.74	1.51	65.32	23.84	2008.10	587389
1980	1725.62	19.14	237.32	2.63	74.74	30.77	2041.28	565650
1985	1161.85	13.42	313.37	3.62	110.36	40.93	2225.33	630762
1990	2201.65	25.06	1172.05	13.34	145.21	58.81	2681.20	735470
1995	2956.26	33.90	1881.15	21.57	220.68	118.51	3081.48	798012
1996	3351.66	37.78	2045.29	23.05	259.28	150.02	3176.99	814821
1997	3865.74	43.65	2323.93	26.24	262.44	161.32	3272.56	828334
1998	4306.06	47.33	2579.49	28.35	270.23	167.37	3389.74	889574
1999	4608.08	50.89	2693.47	29.75	272.41	172.91	3423.18	877442
2000	4550.57	50.43	2688.00	29.79	270.62	180.45	3428.17	880324
2001	4498.87	50.04	2570.34	28.59	273.38	184.07	3461.67	893224
2002	4712.83	52.74	2504.62	28.03	278.80	201.73	3372.52	909821
2003	4672.01	54.08	2312.39	26.77	283.31	216.77	3420.42	918432
2004	4778.86	54.96	2258.13	25.97	289.88	266.58	3455.84	918495
2005	5282.47	60.13	2480.45	28.23	303.39	337.05	3609.66	937207
2006	5354.98	61.45	2623.25	30.10	304.89	388.22	3638.66	943907
2007	5472.76	68.28	2682.37	33.47	311.87	430.14	3733.94	952795
2008	6018.41	72.60	2846.50	34.34	312.40	418.90	3751.87	961710
2009	6183.34	74.76	3147.03	38.05	316.17	486.05	3450.17	960346
2010	6274.51	75.96	3428.52	41.50	322.86	511.81	3568.32	964516
2011	6451.91	77.94	3715.28	44.88	326.28	559.22	3659.75	983695
2012	6592.46	78.84	4209.83	50.35	329.33	593.94	3678.54	906250
2013	6571.87	78.09	4680.15	55.61	331.04	616.37	3561.43	913808
2014	6623.45	78.34	4988.42	59.00	335.61	631.33	3548.63	922302
2015	6624.64	78.33	5192.38	61.39	335.49	611.82	3590.44	917192
2016	6669.38	78.77	5397.25	63.74	331.79	600.78	3597.60	914284
2017	6825.28	81.43	5533.93	66.02	321.98	615.16	3754.12	913585
2018	6763.35	82.51	5825.05	71.06	312.40	505.16	3597.78	986134
2019	6689.23	82.25	5839.28	71.80	297.27	501.57	3437.92	976058
2020	6731.55	83.21	5950.57	73.56	285.71	509.80	3499.77	1009896
2021	6892.14	85.12	5972.31	73.76	276.87	476.09	3503.61	1045256

注：1.从2009年开始，机耕面积按播种面积计算，机耕面积占耕地面积的比重为机耕面积占播种面积的比重。
2.2012年机电井数据为全国第一次水利普查数据。

1-1-4 历年受灾和成灾面积

单位：公顷

年 份	受灾面积	#旱 灾	水 灾	成灾面积	#旱 灾	水 灾	成灾率 (%)
1949	1127333	91333	956667	715333	26000	531333	63.5
1952	1394000	768667	173333	955333	238000	107333	68.5
1957	1165333	510667	157333	726000	168000	98000	62.3
1962	3198000	1596000	916000	2044667	843333	674000	63.9
1965	2697333	2352667	27333	1624000	1192667	19333	60.2
1970	662000	113333	136000	347333	96667	192667	52.5
1975	1971933	1576933	94933	1048000	865933	45200	53.1
1978	1474413	760440	311873	970187	504920	199367	65.8
1980	2721460	2386353	4547	1976447	1764400	2440	72.6
1985	2570013	847813	619420	1844233	592140	461700	71.8
1990	3095293	217653	244067	1783887	70807	176240	57.6
1995	2762177	289226	787140	1875069	151565	575190	67.9
1996	2507050	368585	1387067	1708628	216716	1028734	68.2
1997	4044083	3439195	16610	3063959	2684902	12137	75.8
1998	2444726	1030099	139899	1358898	562018	102401	55.6
1999	3617217	3048057	13925	2602177	2269793	10761	71.9
2000	3560282	2974700	114161	2541304	2210543	62783	71.4
2001	2924925	2224193	40795	2063339	1656829	32128	70.5
2002	3696377	2660998	19101	2617448	1959847	14979	70.8
2003	2622015	1316182	105837	1664419	938896	69388	63.5
2004	1543220	391253	110778	797522	198684	61610	51.7
2005	1721821	934146	108803	976022	596169	65277	56.7
2006	1774124	1046985	118614	899864	530335	67098	50.7
2007	1847462	1243650	102746	1170210	876055	84220	63.3
2008	1397714	735875	72775	825872	479858	51673	59.1
2009	1944331	1218240	67906	1301122	928342	31833	66.9
2010	1668172	844652	127120	1058292	640473	58048	63.4
2011	811365	497273	95774	479815	319801	53479	59.1
2012	1107557	338989	456026	758574	236924	310506	68.5
2013	752708	195702	226454	485081	118760	160609	64.4
2014	1164465	976120	17463	721840	599239	10605	62.0
2015	1794902	1104150	320992	976931	543319	239997	54.4
2016	1447833	216054	953218	560582	20601	371143	38.7
2017	803234	367400	58237	381442	146100	23055	47.5
2018	578825	44030	107816	361202	36056	60301	62.4
2019	318800	130500	174000	218700	97300	108700	68.6
2020	371983	19302	20130	261016	14394	15715	70.2
2021	390435		210766	218500		118580	56.0

注：2015年后数据为民政部门数，其他年份为统计部门数。

1-1-5　农村基层组织和从业人员

指　　标	单　位	2010年	2015年	2020年	2021年	2021年比上年增减(%)
一、农村基层组织情况						
乡个数	个	953	890	713	656	-8.0
镇个数	个	1007	1067	1230	1287	4.6
村民委员会个数	个	48953	48974	48709	48428	-0.6
二、乡村户数、人口、从业人员						
乡村户数	万户	1525.6	1579.0	1695.4	1693.9	-0.1
乡村人口数	万人	5570.2	5711.5	5843.9	5793.8	-0.9
乡村从业人员	万人	2976.5	3055.3	2997.9	2968.9	-1.0
#男从业人员	万人	1602.5	1650.1	1629.7	1612.2	-1.1
三、乡村从业人员按行业分						
农林牧渔业	万人	1458.3	1371.4	1317.6	1291.2	-2.0
工　业	万人	640.1	695.4			
建筑业	万人	342.1	365.9			
批发和零售业	万人	182.5	211.9			
交通运输、仓储和邮政业	万人	132.4	135.3			
住宿和餐饮业	万人	59.6	80.7			
其他非农行业	万人	161.5	194.7			

注：按照农林牧渔业统计报表制度，除农业从业人员外，其他从业人员不再统计。

1-1-6　农业主要资源

指　　标	单　位	2010年	2015年	2020年	2021年	2021年比上年增减(%)
一、年末耕地面积	**千公顷**	**6551.4**	**6525.5**	**6011.3**	**5968.7**	**-0.7**
#有效灌溉面积	千公顷	4520.9	4448.0	4470.0	4373.8	-2.2
二、森　林						
森林面积	千公顷	4875.3	5800.0	6600.7	6657.3	0.9
森林覆盖率	%	26.0	31.0	35.0	35.3	0.9
林木储蓄量	万立方米	12145.0	13975.0	17500.0	17900.0	2.3
三、草原面积	**千公顷**	**3692.9**	**2774.4**	**2844.0**	**1947.3**	**-31.5**
四、水文、水利						
水资源总量	亿立方米	138.9	135.1	146.3	376.6	157.4
水能资源可开发量	万千瓦	120.6	120.6	120.6	120.6	
淡水养殖面积	公　顷	74955	55781	35660	36109	1.3
海水养殖面积	公　顷	123810	117533	105341	104185	-1.1
海岸线长度	公　里	487	487	487	487	

注：1.2015年草原面积数据为二调数据,2021年草原面积依据三调数据。
　　2.2015年森林面积、森林覆盖率数据为预计数。

1-1-7 主要农用机械年末拥有量及增减

指　　标	单　位	2010年	2015年	2020年	2021年	2021年比上年增减(%)
一、农用机械总动力合计	**万千瓦**	**10151.30**	**11102.81**	**7965.74**	**7977.39**	**0.1**
柴油发动机动力	万千瓦	8011.62	8760.15	5668.90	5721.69	0.9
汽油发动机动力	万千瓦	121.57	146.03	142.53	140.51	-1.4
电动机动力	万千瓦	2018.11	2196.63	2154.31	2115.19	-1.8
其他机械动力	万千瓦					
二、主要农业机械与设备						
大中型拖拉机	万　台	17.27	27.43	30.64	31.58	3.1
小型拖拉机	万　台	150.50	136.26			
大中型拖拉机配套农具	万　台	34.53	49.78			
小型拖拉机配套农具	万　台	201.04	180.39			
农用排灌电动机	万　台	148.18	154.46			
农用排灌柴油机	万　台	113.21	94.27			
联合收获机	万　台	7.93	13.77	17.34	17.63	1.7
割晒机	台	39881	30374			
机动脱粒机	万　台	21.78	19.81	15.42	15.18	-1.6
农用运输车	万　辆	268.19	269.41			
节水灌溉机械	万　套	4.39	5.69	7.00	5.78	-17.4
农用水泵	万　台	172.09	169.73	156.37	152.09	0.1

注：1.根据《道路交通安全法》和《机动车运行安全技术条件》（GB7258-2012）的规定，取消了“农用运输车”的称谓，统一称为“低速载货汽车”，2016年起不再对“农用运输车”进行单独统计。
2.因统计口径变化，2018年起，大中型拖拉机配套农具、小型拖拉机配套农具、农用排灌电动机、农用排灌柴油机不再统计。

1-1-8 农业机械化、电气化及农田水利建设情况

指　　标	单　位	2010年	2015年	2020年	2021年	2021年比上年增减(%)
一、农业机械化情况						
机耕地面积	千公顷	5317.10	5475.26	5216.88	5276.31	1.1
机械播种面积	千公顷	6274.51	6624.64	6731.55	6892.14	2.4
机械收获面积	千公顷	3428.52	5192.38	5950.57	5972.31	0.4
二、农村电气化情况						
1.农村水电站处数	处	135	248	242	230	-5.0
装机容量	千　瓦	63222	395658	404703	403690	-0.3
发电量	万千瓦小时	11588	42078	56629	79424	40.3
2.农村用电量	亿千瓦小时	511.81	611.82	509.8	514.92	1.0
三、农田水利建设情况						
有效灌溉面积	千公顷	4520.87	4447.98	4470.03	4373.77	-2.2
旱涝保收面积	千公顷	3568.32	3598.52	3499.77	3503.61	0.1
年末机电井数	万　眼	96.45	91.72	100.99	104.53	3.5

1-1-9 农用化肥、农药、农膜和柴油使用量

指　　标	单　位	2010年	2015年	2020年	2021年	2021年比上年增减(%)
一、农用化肥施用量(折纯)	**万　吨**	**322.86**	**335.49**	**285.70**	**276.87**	**-3.09**
氮　肥	万　吨	153.07	147.95	100.61	96.06	-4.53
磷　肥	万　吨	47.31	46.36	22.28	22.03	-1.14
钾　肥	万　吨	26.84	28.05	20.99	20.01	-4.69
复合肥	万　吨	95.64	113.14	141.83	138.78	-2.15
二、农药使用量	**万　吨**	**8.46**	**8.33**	**5.43**	**5.27**	**-2.95**
三、农用塑料薄膜使用量	**万　吨**	**11.86**	**13.80**	**10.37**	**10.20**	**-1.64**
#地膜使用量	万　吨	6.40	6.57	4.97	4.94	-0.60
地膜覆盖面积	千公顷	1066.13	1068.55	767.56	752.26	-1.99
四、农用柴油使用量	**万　吨**	**298.47**	**293.19**	**140.53**	**134.48**	**-4.31**

注：2016年起农用柴油使用量不包含农用运输车的柴油使用量。

1-1-10 历年灌区、水库和节水灌溉情况

项　　目	单　位	1990年	1995年	2000年	2005年	2010年	2015年	2020年	2021年
年底万亩以上灌区	处	158	163	147	141	140	149	151	79
#五十万亩以上	处	4	4	5	5	5	6	6	7
三十至五十万亩	处	2	3	12	13	15	15	15	10
水库	座	1173	1169	1107	1096	1063	1065	1031	1018
#大型水库	座	17	17	18	18	19	23	24	24
中型水库	座	35	38	39	39	42	45	45	45
小型水库	座	1121	1114	1050	1039	1002	997	962	949
水利工程向农业年供水量	亿立方米	148.14	163.98	170.67	150.69	151.70	130.24	106.73	
易涝面积	千公顷	1865.29	1865.07	1865.07	1870.46	1870.70	1870.70	1870.70	1870.70
除涝面积	千公顷	1564.95	1616.47	1638.16	1642.67	1648.64	1641.14	1638.06	1610.13
占易涝面积比重	%	83.90	86.67	87.83	87.82	88.13	87.73	87.56	86.07
水土流失面积	千公顷	6878.20	6978.65	6978.64	7071.62	7125.49	7125.49	7125.49	4031.53
水土流失治理面积	千公顷	4020.70	4589.00	5407.14	5977.24	6290.31	5061.55	5934.37	6147.02
占流失面积比重	%	58.46	65.76	77.48	84.52	88.28	71.03	83.28	
堤防长度	公　里	17572.00	20106.00	20258.18	21115.67	21393.84	11728.36	12173.06	12432.45
堤防保护耕地面积	千公顷	3191.00	2977.12	3106.46	3343.98	3283.87	3794.26	3590.85	3298.16
节水灌溉面积	千公顷		1225.94	1978.75	2405.21	2698.83	3139.98	3648.92	
#喷滴灌	千公顷		47.46	371.74	366.61	241.92	193.37	276.73	

1-1-11 受灾情况

指　　标	单　位	2010年	2015年	2020年	2021年
一、受灾面积	**千公顷**	**1668.17**	**1794.90**	**371.98**	**390.43**
#旱　灾	千公顷	844.65	1104.15	19.30	
水　灾	千公顷	127.12	320.99	20.13	210.77
风雹灾	千公顷	149.83	347.77	189.95	156.76
霜冻灾	千公顷	252.98	10.68	142.13	17.95
病虫灾	千公顷	118.80	11.31	0.47	1.53
二、成灾面积	**千公顷**	**1058.29**	**976.93**	**261.02**	**218.50**
#旱　灾	千公顷	640.47	543.32	14.39	
水　灾	千公顷	58.05	240.00	15.71	118.58
风雹灾	千公顷	86.92	159.00	142.95	83.34
霜冻灾	千公顷	146.53	2.80	87.50	14.60
病虫灾	千公顷	35.32	6.25	0.46	0.84
三、绝收面积	**千公顷**		**170.85**	**69.53**	**68.92**
四、因灾损失情况					
成（受）灾人口	万　人	484.03	1701.80	286.94	330.40
死亡人口	人	7	16	4	8
倒塌房屋	间	2046	621	53	1030

注：2015年后数据为民政部门数，其他年份为统计部门数。

1-2-1 历年主要农作物播种面积

单位：千公顷

年 份	总播种面积	#粮食作物播种面积	#夏收粮食	谷 物	#小 麦	稻 谷	玉 米	豆 类	#大 豆	薯 类
1949	8471.0	7242.9	1621.5		1577.1	38.6	1246.3		632.1	350.2
1952	9071.4	7418.8	1634.1		1586.4	53.5	1129.0		548.9	456.9
1957	9707.9	7983.2	2474.9		2397.0	145.0	1473.7		813.6	481.2
1962	8470.3	7085.5	1795.8		1724.1	57.5	1216.6		535.5	768.1
1965	8615.1	7215.5	1978.7		1851.6	122.2	1457.6		480.0	673.6
1970	8998.8	7670.7	2278.4		2076.1	92.8	1735.6		410.7	694.6
1975	9448.1	8054.1	2954.9		2813.2	73.5	1895.9		241.1	630.3
1978	9370.9	7949.4	2979.2		2854.8	110.2	2236.2		260.0	608.5
1980	9013.9	7487.2	2703.8		2648.9	145.2	2340.9		261.2	473.6
1985	8656.5	6492.7	2367.5		2351.9	127.6	1749.5		300.7	473.9
1990	8786.7	6827.8	2515.0		2508.4	147.7	2040.8		403.5	433.7
1995	8720.1	6829.5	2515.3	5767.2	2500.6	128.7	2290.8	655.4	481.4	407.0
2000	9024.4	6918.7	2716.6	5879.1	2678.8	143.9	2478.6	592.2	423.7	447.4
2001	8990.8	6628.9	2629.6	5736.1	2579.8	94.1	2543.4	484.0	379.2	408.8
2002	8935.1	6484.4	2493.2	5625.8	2449.6	111.0	2577.4	452.1	331.3	406.5
2003	8638.5	5944.0	2232.9	5183.5	2192.9	75.6	2488.8	384.0	280.5	376.5
2004	8695.4	6003.4	2200.5	5322.9	2161.5	83.5	2630.6	359.7	274.3	320.8
2005	8785.5	6240.2	2415.4	5611.3	2377.1	87.7	2677.4	333.1	254.9	295.8
2006	8713.9	6271.7	2535.6	5752.2	2504.5	88.7	2799.9	270.0	210.9	249.5
2007	8248.2	6201.5	2441.0	5715.3	2420.2	84.0	2903.2	236.6	180.5	249.6
2008	8283.9	6201.0	2451.7	5714.1	2431.8	80.5	2885.4	236.6	180.4	250.3
2009	8266.9	6317.4	2418.5	5893.5	2397.8	83.4	3080.4	189.5	145.7	234.4
2010	8352.0	6441.3	2472.7	6055.9	2451.4	77.6	3191.0	160.4	124.5	225.0
2011	8422.2	6488.6	2455.3	6115.5	2435.0	80.3	3264.7	140.5	109.7	232.6
2012	8462.5	6553.6	2476.9	6197.8	2457.1	82.6	3323.2	127.8	98.5	228.0
2013	8443.8	6607.3	2450.3	6272.6	2432.0	82.9	3428.5	117.9	92.1	216.7
2014	8432.1	6678.6	2421.7	6361.8	2404.0	80.5	3542.1	110.1	86.6	206.7
2015	8482.2	6772.1	2413.5	6463.4	2394.2	79.9	3654.4	98.5	78.6	210.2
2016	8467.5	6791.4	2408.3	6490.6	2389.8	76.3	3696.1	89.1	68.7	211.8
2017	8381.7	6658.5	2400.5	6356.7	2373.4	75.0	3544.1	90.1	70.1	211.6
2018	8197.1	6538.7	2385.1	6196.5	2357.2	78.4	3437.7	116.0	87.6	226.2
2019	8132.7	6469.2	2346.7	6121.7	2322.5	78.2	3408.2	125.1	93.5	222.4
2020	8089.4	6388.8	2243.2	6036.0	2216.9	78.7	3417.1	122.1	89.5	230.7
2021	8097.2	6428.6	2270.8	6109.3	2246.6	78.4	3454.1	96.7	66.8	222.6

1-2-1续　历年主要农作物播种面积

单位：千公顷

年份	#棉花	#油料	#花生	芝麻	#麻类	#甜菜	#烟叶	#烤烟	#蔬菜播种面积	#瓜果类播种面积
1949	625.4	322.7	232.5	52.5	21.9		4.1	0.3		
1952	978.1	348.8	229.9	45.4	40.0		8.1	1.6		
1957	935.8	358.6	220.5	36.9	40.2		5.0	0.8		
1962	667.8	208.7	80.6	46.7	25.0	1.2	5.2	0.5		
1965	716.5	287.3	142.5	39.4	41.1	0.2	3.7	0.7		
1970	580.8	273.3	123.5	46.2	26.3	2.2	4.0	0.8		
1975	582.3	300.3	137.9	40.4	37.9	11.3	8.5	3.3	210.0	25.3
1978	576.6	300.2	133.1	32.1	30.2	15.2	11.8	6.3	225.4	26.0
1980	548.7	461.0	237.1	52.3	27.8	10.0	5.6	1.0	213.7	36.5
1985	850.3	749.8	331.6	123.3	24.6	11.5	11.5	3.3	263.2	82.7
1990	910.9	543.5	296.2	59.7	9.0	7.7	12.2	7.2	288.5	45.2
1995	700.5	604.5	371.7	46.4	4.9	11.9	5.5	3.7	408.9	53.0
2000	307.4	686.4	463.3	25.9	3.0	9.9	5.5	3.7	866.1	87.7
2001	418.5	631.7	494.5	26.1	2.6	9.3	4.1	2.9	925.8	109.7
2002	407.4	642.0	479.8	21.3	3.6	11.6	4.9	3.2	1028.9	104.1
2003	581.4	634.0	489.5	19.2	2.1	11.5	4.7	3.1	1068.5	111.8
2004	669.1	583.6	448.9	16.2	2.1	8.6	4.4	2.9	1082.2	109.3
2005	573.5	559.0	438.8	15.2	2.2	10.5	3.7	2.6	1104.8	105.4
2006	664.1	485.9	377.6	13.0	2.0	13.9	1.9	1.1	1066.7	103.1
2007	678.5	488.4	383.5	9.7	1.5	15.7	1.9	1.1	653.6	99.9
2008	679.4	496.5	384.3	7.4	0.4	15.7	2.6	2.3	670.3	92.8
2009	581.7	467.6	352.8	5.8	0.4	12.5	2.4	2.1	669.6	82.7
2010	558.9	428.5	336.4	4.4	0.3	14.1	2.2	1.9	693.2	83.3
2011	603.7	403.9	317.8	3.8	0.3	11.5	2.1	1.9	705.7	83.3
2012	547.3	404.5	311.4	3.1	0.3	12.2	2.1	2.0	734.0	84.1
2013	451.2	411.7	311.6	2.5	0.3	12.5	2.1	2.0	743.6	84.8
2014	375.5	390.9	287.6	2.1	0.3	11.1	1.7	1.6	754.7	85.6
2015	322.5	383.8	276.7	2.1	0.2	11.6	1.6	1.5	755.1	85.8
2016	230.7	383.1	270.6	1.5		12.1	1.4	1.4	751.6	70.3
2017	220.6	394.6	266.8	1.4		12.2	1.3	1.3	748.6	70.7
2018	210.4	367.9	258.1	1.6		18.1	1.4	1.3	787.6	73.9
2019	203.9	364.5	250.2	1.4		12.4	1.4	1.0	794.6	74.6
2020	189.2	355.4	246.1	1.7		12.6	1.0	0.6	803.5	74.9
2021	139.8	350.3	247.3	1.9		8.2	1.2	0.7	814.0	73.0

1-2-2 历年主要农作物产品产量

年份	粮食总产量(万吨)	#夏收粮食	谷物			豆类		薯类	棉花总产量(万吨)
				#小麦	稻谷	玉米		#大豆		
1949	469.5	90.2		86.4	3.1	86.1		30.7	47.5	10.8
1952	772.2	119.3		115.5	9.7	134.7		39.2	95.8	28.1
1957	819.1	167.0		161.7	22.5	207.8		70.7	106.5	30.1
1962	662.8	109.7		104.2	10.5	140.4		33.8	153.4	13.0
1965	964.5	206.0		192.0	27.1	250.7		34.5	159.1	26.1
1970	1272.5	256.5		228.0	36.4	368.1		53.1	210.7	25.3
1975	1543.4	487.4		460.0	36.7	421.1		27.5	199.2	18.3
1978	1687.9	655.2		631.4	54.3	516.6		32.3	163.8	11.7
1980	1522.5	387.9		378.8	83.1	663.2		29.7	125.2	24.7
1985	1966.6	748.2		744.3	78.0	678.9		38.5	144.5	62.9
1990	2276.9	929.8		927.7	91.6	829.2		53.5	138.6	57.1
1995	2739.0	1065.4	2507.0	1060.3	90.3	1183.4	94.3	78.6	137.7	37.1
2000	2551.1	1219.8	2355.6	1208.0	65.8	994.5	74.5	62.9	121.0	30.0
2001	2491.8	1140.6	2309.0	1122.7	47.2	1059.5	67.1	56.3	115.7	41.9
2002	2435.8	1114.2	2256.2	1099.5	55.7	1035.0	60.6	49.4	119.0	40.2
2003	2387.8	1035.4	2205.9	1018.8	41.1	1073.6	60.6	46.4	121.3	52.2
2004	2480.1	1069.0	2319.4	1053.2	47.3	1157.6	57.6	44.3	103.1	66.5
2005	2598.6	1166.0	2452.9	1150.3	51.6	1193.8	51.2	42.4	94.5	57.7
2006	2780.6	1203.4	2640.2	1189.7	51.2	1348.8	46.9	39.5	93.5	70.0
2007	2897.3	1205.3	2781.7	1197.6	57.0	1478.2	40.6	34.8	75.0	71.7
2008	2995.0	1237.8	2862.5	1229.8	54.8	1532.6	41.4	35.0	91.1	72.7
2009	3017.4	1248.9	2926.3	1241.8	56.3	1579.4	30.1	25.0	61.0	58.1
2010	3121.0	1255.1	3018.3	1246.6	52.8	1663.8	27.5	23.3	75.2	54.8
2011	3345.0	1305.5	3237.4	1296.9	58.2	1823.0	28.1	23.8	79.4	62.4
2012	3442.6	1373.5	3330.8	1363.9	47.9	1856.2	24.2	20.0	87.6	53.5
2013	3584.9	1428.5	3474.2	1419.0	56.1	1922.8	22.2	18.1	88.4	43.2
2014	3569.0	1453.1	3468.9	1444.3	51.0	1898.8	23.7	18.2	76.4	39.5
2015	3602.2	1492.6	3505.8	1482.8	51.2	1897.7	19.1	15.3	77.3	32.4
2016	3783.0	1491.8	3645.6	1480.2	51.2	2031.2	19.8	16.0	117.6	23.9
2017	3829.2	1520.8	3674.5	1504.1	50.4	2035.5	20.8	17.1	133.9	24.0
2018	3700.9	1466.5	3524.9	1450.7	52.5	1941.2	28.1	21.2	147.9	23.9
2019	3739.2	1476.6	3566.9	1462.6	48.7	1986.6	30.1	23.0	142.3	22.7
2020	3795.9	1453.9	3617.7	1439.3	48.9	2051.8	29.4	22.3	148.8	20.9
2021	3825.1	1482.7	3664.7	1469.1	49.6	2066.8	22.6	16.3	137.8	16.0

1-2-2续 历年主要农作物产品产量

年份	油料总产量(万吨)	#花生	芝麻	麻类总产量(吨)	#黄红麻	甜菜总产量(万吨)	烟叶(吨)	#烤烟	蔬菜总产量(万吨)	瓜果类总产量(万吨)
1949	26.36	23.25	1.37	9875		0.01	2455	125		
1952	30.99	25.87	2.00	31420		0.06	9040	1990		
1957	29.47	24.34	1.46	25870		0.05	3845	545		
1962	8.42	5.22	1.75	4825		0.32	2310	225		
1965	17.85	10.66	1.95	16785		0.11	2385	535		
1970	24.18	14.89	2.56	11610		2.15	3975	990		
1975	24.05	15.29	2.33	18630	10030	6.05	6715	2515	523.8	33.0
1978	24.50	17.37	1.26	16615	9130	8.31	10940	6385	550.7	29.7
1980	45.14	35.77	3.23	17785	9720	9.44	5900	1540	531.6	45.9
1985	86.92	58.01	5.14	59890	52305	19.89	20135	5440	921.2	173.1
1990	74.89	57.81	2.74	20148	18158	12.34	22090	11596	1157.0	110.6
1995	109.86	94.68	2.47	13996	13095	12.36	9427	6513	2148.4	186.6
1996	120.65	100.48	2.22	11575	10805	6.86	16334	9661	2581.8	221.9
1997	117.98	106.79	1.62	14294	12966	7.09	18872	13965	3033.8	215.1
1998	138.82	118.53	2.23	14257	13313	17.08	12488	8302	3587.8	313.6
1999	129.51	117.98	1.85	9042	8535	7.53	12082	7839	3815.4	310.0
2000	146.97	132.59	2.03	7951	7436	11.53	12429	7360	4454.0	341.9
2001	153.81	144.27	1.99	7231	6897	9.90	9356	4062	4892.6	405.0
2002	151.26	140.45	1.64	10271	10060	14.73	11083	5252	5477.2	420.8
2003	163.10	148.14	1.64	6214	5801	22.03	10693	4378	5903.4	473.8
2004	154.32	137.85	1.50	4329	778	20.99	10952	5135	6187.5	469.4
2005	152.73	140.33	1.46	7262	767	42.66	9759	4928	6467.6	479.4
2006	133.78	121.87	1.32	7328	810	56.82	4984	2286	6314.4	460.3
2007	135.24	128.00	0.97	3962	717	53.08	4223	2271	3916.1	453.4
2008	146.59	131.33	0.83	710	617	59.38	5321	3378	4068.4	433.5
2009	134.90	121.28	0.68	745	699	30.73	5399	3628	4100.5	392.4
2010	129.46	118.33	0.59	677	648	48.98	4926	3192	4306.3	400.6
2011	126.36	113.74	0.53	729	688	42.79	4812	3518	4507.9	407.2
2012	127.25	111.50	0.41	780	738	51.05	4626	3491	4692.7	416.4
2013	132.28	113.99	0.35	786	736	56.92	4714	3697	4823.8	433.7
2014	125.92	105.46	0.29	612	592	54.79	5088	4439	4965.1	448.8
2015	126.01	102.81	0.29	499	480	60.57	3424	2839	5022.2	455.3
2016	126.20	102.68	0.20	3		60.44	2318	2265	5038.9	390.2
2017	129.40	103.41	0.20	3		62.49	2231	2189	5058.5	395.4
2018	121.38	98.45	0.22	8		94.11	3321	3192	5154.5	391.0
2019	119.54	96.46	0.20	12		64.28	3468	2163	5093.1	387.1
2020	119.52	96.81	0.23	3		63.68	1888	1236	5198.2	393.0
2021	118.36	96.30	0.26	1		39.60	3032	2536	5284.2	386.6

1-2-3 历年主要农作物单位面积产量

单位：公斤/公顷

年 份	粮食播种面积单产	#小 麦	稻 谷	玉 米	大 豆	薯 类	棉花播种面积单产
1949	648	548	798	691	487	1355	173
1952	1041	728	1820	1193	714	2096	288
1957	1026	675	1552	1410	869	2214	321
1962	935	605	1818	1154	632	1997	195
1965	1337	1037	2220	1721	719	2362	364
1970	1659	1098	3926	2121	1293	3033	435
1975	1916	1635	4994	2222	1141	3161	314
1978	2123	2212	4928	2310	1245	2693	203
1980	2034	1430	5722	2833	1140	2640	451
1985	3029	3165	6113	3881	1283	3045	739
1990	3335	3698	6201	4063	1326	3196	627
1995	4011	4240	7019	5166	1654	3384	529
2000	3687	4509	4573	4012	1485	2705	976
2001	3759	4352	5021	4166	1486	2830	1002
2002	3756	4489	5019	4015	1492	2926	986
2003	4017	4646	5433	4314	1655	3223	898
2004	4131	4873	5659	4400	1616	3214	994
2005	4164	4839	5882	4459	1664	3193	1007
2006	4434	4750	5770	4817	1873	3747	1054
2007	4672	4948	6784	5092	1929	3005	1057
2008	4830	5057	6814	5312	1939	3641	1070
2009	4776	5179	6751	5127	1716	2604	999
2010	4845	5085	6805	5214	1873	3341	981
2011	5155	5326	7249	5584	2169	3415	1034
2012	5253	5551	5798	5586	2028	3844	977
2013	5426	5835	6768	5608	1962	4080	956
2014	5344	6008	6333	5361	2102	3697	1051
2015	5319	6193	6405	5193	1950	3676	1003
2016	5570	6194	6713	5495	2332	5551	1036
2017	5751	6338	6722	5743	2434	6327	1088
2018	5660	6155	6693	5647	2424	6537	1137
2019	5780	6297	6224	5829	2463	6396	1115
2020	5941	6492	6216	6005	2493	6450	1103
2021	5950	6539	6330	5984	2438	6191	1142

1-2-3续　历年主要农作物单位面积产量

单位：公斤/公顷

年　份	油料播种面积单　产	#花　生	麻类播种面积单　产	甜菜播种面积单　产	烟叶播种面积单　产	#烤　烟	蔬菜播种面积单　产	瓜果类播种面积单产
1949	817	721	452		601	391		
1952	888	742	785	14000	1115	1254		
1957	822	679	644	12250	776	717		
1962	403	250	193	2674	448	462		
1965	621	371	408	4800	647	819		
1970	885	545	442	9636	983	1248		
1975	801	509	492	5370	786	756	24938	13052
1978	816	1305	548	5468	930	1013	24435	11400
1980	979	1509	638	9398	1058	1478	24870	12518
1985	1159	1750	2438	17250	1755	1665	34995	20940
1990	1378	1951	2229	16027	1818	1606	40110	24479
1995	1817	2548	2843	10408	1729	1761	52547	35241
1996	2007	2686	2654	9527	2458	1951	48769	36913
1997	1957	2672	2565	9816	2123	2012	50618	39546
1998	2195	2787	2864	21465	2187	1931	53733	39274
1999	2039	2740	2689	9389	2052	1821	52870	39467
2000	2141	2862	2642	11695	2267	1976	51424	38996
2001	2435	2918	2739	10636	2265	1396	53377	36914
2002	2356	2927	2885	12654	2248	1636	53236	40420
2003	2573	3026	2988	19105	2256	1431	55250	42370
2004	2644	3071	2061	24291	2478	1771	57175	42941
2005	2732	3198	3317	40704	2635	1918	58542	45486
2006	2753	3227	3684	40769	2612	2169	59194	44663
2007	2769	3338	2717	33851	2213	2028	59915	45395
2008	2952	3417	1994	37851	2030	1449	60694	46695
2009	2885	3438	2105	24540	2224	1698	61240	47466
2010	3021	3517	2212	34813	2206	1659	62127	48105
2011	3129	3579	2202	37246	2339	1815	63879	48857
2012	3146	3581	2241	41911	2211	1725	63932	49547
2013	3213	3658	2382	45584	2253	1807	64870	51144
2014	3221	3667	2242	49574	3001	2692	65790	52420
2015	3283	3716	2160	52015	2183	1873	66512	53067
2016	3294	3794	2876	49784	1661	1639	67046	55543
2017	3279	3876	1379	51238	1656	1640	67575	55894
2018	3300	3815	1420	51914	2459	2479	65445	52939
2019	3280	3855	534	51761	2566	2228	64096	51872
2020	3363	3935	1098	50469	1873	1969	64697	52449
2021	3379	3894	703	48596	2603	2536	64916	52992

1-2-4 主要农作物播种面积增减

指　　标	播种面积(千公顷)					
	2010年	2015年	2017年	2020年	2021年	2021年比上年增减(%)
农作物总播种面积	**8352.0**	**8482.2**	**8381.7**	**8089.4**	**8097.2**	**0.1**
粮食作物	**6441.3**	**6772.1**	**6658.5**	**6388.8**	**6428.6**	**0.6**
#夏收粮食	2472.7	2413.5	2400.5	2243.2	2270.8	1.2
1.谷　物	6055.9	6463.4	6356.7	6036.0	6109.3	1.2
#稻　谷	77.6	79.9	75.0	78.7	78.4	-0.5
小　麦	2451.4	2394.2	2373.4	2216.9	2246.6	1.3
玉　米	3191.0	3654.4	3544.1	3417.1	3454.1	1.1
谷　子	161.6	158.4	127.2	129.5	124.1	-4.1
高　粱	16.8	12.2	2.4	20.7	28.1	35.3
2.豆　类	160.4	98.5	90.1	122.1	96.7	-20.8
#大　豆	124.5	78.6	70.1	89.5	66.8	-25.4
3.薯　类	225.0	210.2	211.6	230.7	222.6	-3.5
#马铃薯	141.7	161.7	162.8	156.9	148.8	-5.1

1-2-5 主要农作物播种面积构成

(以农作物总播种面积为100)　　　　单位：%

指　　标	2010年	2015年	2020年	2021年
农作物总播种面积	**100.00**	**100.00**	**100.00**	**100.00**
一、粮食作物	**77.12**	**79.84**	**78.98**	**79.39**
#夏收粮食	29.01	28.45	27.73	28.04
1.谷　物	72.51	76.20	74.62	75.45
#稻　谷	0.93	0.94	0.97	0.97
小　麦	29.35	29.23	27.41	27.75
玉　米	38.21	43.08	42.24	42.66
谷　子	1.93	1.87	1.60	1.53
高　粱	0.20	0.14	0.03	0.35
2.豆　类	1.92	1.16	1.51	1.19
#大　豆	1.49	0.93	1.11	0.82
3.薯　类	2.69	2.48	2.85	2.75
#马铃薯	1.70	1.91	1.94	1.84
二、油　料	**5.13**	**4.53**	**4.39**	**4.33**
#花　生	4.03	3.26	3.04	3.05
油菜籽	0.27	0.21	0.39	0.40
芝　麻	0.05	0.02	0.02	0.02
胡麻籽	0.48	0.37	0.35	0.31
葵花籽	0.28	0.63	0.58	0.52
三、棉　花	**6.69**	**3.80**	**2.34**	**1.73**
四、麻　类				
#黄红麻				
五、甜　菜	**0.17**	**0.14**	**0.16**	**0.10**
六、烟　叶	**0.03**	**0.02**	**0.01**	**0.01**
#烤　烟	0.02	0.02	0.01	0.01
七、药　材	**0.34**	**0.73**	**1.43**	**1.60**
八、蔬　菜	**8.30**	**8.90**	**9.93**	**10.05**
九、瓜果类	**1.00**	**1.01**	**0.93**	**0.90**
十、其他农作物	**1.22**	**1.03**	**1.83**	**0.19**
#青饲料	0.77	0.66	1.22	0.03

1-2-6 主要农作物产品产量增减

指标	总产量（万吨）				
	2010年	2015年	2020年	2021年	2021年比上年增减(%)
一、粮食作物	**3120.99**	**3602.19**	**3795.89**	**3825.09**	**0.8**
#夏收粮食	1255.10	1492.61	1453.91	1482.68	2.0
1.谷　物	3018.29	3505.81	3617.71	3664.70	1.3
#稻　谷	52.82	51.18	48.93	49.60	1.4
小　麦	1246.60	1482.79	1439.30	1469.13	2.1
玉　米	1663.79	1897.74	2051.82	2066.77	0.7
谷　子	41.00	51.69	42.75	40.38	-5.5
高　粱	4.72	3.94	8.24	11.32	37.4
2.豆　类	27.53	19.09	29.39	22.58	-23.2
#大　豆	23.31	15.33	22.31	16.28	-27.0
3.薯　类	75.18	77.29	148.79	137.81	-7.4
#马铃薯	40.51	52.61	103.12	93.58	-9.3
二、油　料	**129.46**	**126.01**	**119.52**	**118.36**	**-1.0**
#花　生	118.33	102.81	96.81	96.30	-0.5
油菜籽	2.95	3.06	5.65	6.01	6.4
芝　麻	0.59	0.29	0.26	0.26	
胡麻籽	2.63	2.97	3.20	2.98	-6.9
葵花籽	3.66	15.12	13.34	12.19	-8.6
三、棉　花	**54.80**	**32.35**	**20.86**	**15.97**	**-23.4**
四、麻　类	**0.07**	**0.05**			
#黄红麻	0.06	0.05			
五、甜　菜	**48.98**	**60.57**	**63.68**	**39.60**	**-37.8**
六、烟　叶	**0.49**	**0.34**	**0.19**	**0.30**	**57.9**
#烤　烟	0.32	0.28	0.12	0.18	50.0
七、蔬　菜	**4306.31**	**5022.23**	**5198.21**	**5284.21**	**1.7**
八、瓜果类	**400.64**	**455.31**	**392.98**	**386.60**	**-1.6**

1−2−7 主要农作物播种面积单产增减

指标	每公顷产量(公斤)				
	2010年	2015年	2020年	2021年	2021年比上年增减(%)
一、粮食作物	**4845**	**5319**	**5941**	**5950**	**0.1**
#夏收粮食	5076	6184	6481	6529	0.7
1.谷　物	4984	5424	5994	5999	0.1
#稻　谷	6805	6405	6216	6330	1.8
小　麦	5085	6193	6492	6539	0.7
玉　米	5214	5193	6005	5984	-0.4
谷　子	2538	3262	3301	3253	-1.5
高　粱	2803	3217	3972	4033	1.5
2.豆　类	1716	1938	2407	2335	-3.0
#大　豆	1873	1950	2493	2335	-6.4
3.薯　类	3341	3676	6450	6191	-4.0
#马铃薯	2858	3254	6572	6287	-4.3
二、油　料	**3021**	**3283**	**3363**	**3379**	**0.5**
#花　生	3517	3716	3935	3894	-1.0
油菜籽	1312	1683	1776	1878	5.7
芝　麻	1341	1381	1485	1407	-5.3
胡麻籽	662	945	1145	1172	2.4
葵花籽	1577	2822	2852	2940	3.1
三、棉　花	**981**	**1003**	**1103**	**1142**	**3.6**
四、麻　类	**2212**	**2160**	**1095**	**657**	**-40.0**
#黄红麻	2258	2212	1885	1500	-20.4
五、甜　菜	**34813**	**52015**	**50471**	**48593**	**-3.7**
六、烟　叶	**2206**	**2183**	**1873**	**2603**	**39.0**
#烤　烟	1659	1873	1970	2535	28.7
七、蔬　菜	**62127**	**66512**	**64697**	**64916**	**0.3**
八、瓜果类	**48105**	**53067**	**52449**	**52991**	**1.0**

1-2-8 历年水果及食用坚果产量

单位：吨

年 份	食用坚果产 量	#核 桃	板 栗	园林水果产 量	#苹 果	梨
1949	12005	3947	4497	228090	1338	80849
1952	12989	3880	5692	351161	1897	61517
1957	22969	5962	12078	226090	3256	52619
1962	14030	4780	8701	319229	2503	79072
1965	37170	9519	19784	331610	6580	73089
1970	36635	7102	13667	523832	32743	188355
1975	31185	6257	15261	645190	75250	263840
1978	42932	10688	22234	795113	172303	370708
1980	43625	11895	23340	801200	178060	359985
1985	51335	12391	23801	1601587	467727	738079
1990	50042	12254	26565	1754709	467647	763038
1995	65532	19099	28812	4319652	1255794	1686062
1996	87502	21742	39976	5031989	1566759	1977097
1997	102402	27905	43021	5561208	1751374	2113339
1998	92742	29441	42490	6296892	1930339	2388517
1999	97254	30365	43023	6437654	1871157	2509805
2000	90259	30102	34620	6773066	1806155	2551647
2001	83036	28761	50725	6697927	1845447	2445536
2002	89177	30613	55049	7485270	1965571	2662857
2003	110723	32746	71595	7969744	2002769	2820702
2004	132974	38401	84661	8769525	2142882	3131868
2005	164307	47032	107079	9184789	2202273	3246220
2006	189815	46044	134895	9685262	2357620	3334972
2007	231374	51456	167010	9713484	2362054	3347961
2008	243575	59725	162469	9678244	2366367	3288870
2009	304221	67339	204690	9730566	2355805	3329744
2010	269790	69955	167057	9329937	2201352	3300410
2011	317541	89721	197001	9577056	2244548	3400943
2012	374194	115476	228212	9750031	2267802	3572023
2013	394748	93688	263287	9317969	2212819	3433953
2014	428051	142041	251822	9410679	2246426	3503857
2015	490628	150959	296354	9486293	2261148	3559909
2016	521816	159170	314510	9428457	2172984	3325068
2017	565865	179177	339030	9699378	2281498	3424349
2018	562129	158423	374954	9569641	2200948	3296768
2019	532474	160489	324516	10043854	2216273	3632304
2020	570102	161295	368547	10313755	2397483	3501891
2021	643135	183428	399553	10584895	2490776	3665789

1-2-8续　历年水果及食用坚果产量

单位：吨

年 份	园林水果产量（续）					
	桃	葡　萄	红　枣	柿　子	杏	红　果
1949			82555			
1952			164183			
1957			73243			
1962			134948			
1965			126425			
1970			121811			
1975		10270	153100	64880		
1978	36309	5647	92855	75207		
1980	34585	7585	124400	55955		
1985	48082	25807	139912	102230	24561	16724
1990	178001	80921	122889	57405	25022	31175
1995	499684	293034	212812	153893	39577	107888
1996	538423	304721	215382	151833	56363	127609
1997	576184	361689	284032	188173	67924	136759
1998	649389	404436	359256	221166	70685	166754
1999	713701	447002	353051	241482	80511	123897
2000	735804	523601	441657	246119	120141	96121
2001	868119	580139	419954	225584	109040	117828
2002	1009618	758280	488031	257519	126981	120480
2003	1133773	803418	551313	291535	140877	123716
2004	1223842	840916	666445	323962	156907	156359
2005	1248910	863938	807577	333382	173335	161367
2006	1316853	878417	909161	345685	185692	191765
2007	1298950	905761	858355	371241	177447	242711
2008	1284671	907415	889867	363726	173589	243501
2009	1229754	923113	972562	348889	170851	264053
2010	1179372	903748	877147	350691	177144	215372
2011	1167064	904699	970749	347961	184757	228139
2012	1139624	954819	919029	350896	187205	238422
2013	1140820	902013	803771	291382	188728	236326
2014	1098516	975973	755500	322929	188097	250450
2015	1091282	1000043	751968	303676	189912	261204
2016	1180743	1095222	771358	319254	194319	258608
2017	1207222	1115727	772949	318444	196978	275096
2018	1269785	1134124	771250	303444	196109	273285
2019	1357115	1187912	780487	292995	195518	258209
2020	1444640	1246066	814770	302677	193671	276439
2021	1548255	1246906	728564	302000	172578	283459

1−2−9 园林水果及食用坚果生产

指　　标	单　位	2010年	2015年	2020年	2021年	2021年比上年增减(%)
一、园林水果产量	**吨**	**9329937**	**9486293**	**10313755**	10584895	**2.6**
#苹　果	吨	2201352	2261148	2397483	2490776	3.9
梨	吨	3300410	3559909	3501891	3665789	4.7
桃	吨	1179372	1091282	1444640	1548255	7.2
葡　萄	吨	903748	1000043	1246066	1246906	0.1
红　枣	吨	877147	751968	814770	728564	-10.6
柿　子	吨	350691	303676	302677	302000	-0.2
杏	吨	177144	189912	193671	172578	-10.9
红　果	吨	215372	261204	276439	283459	2.5
二、食用坚果产量	**吨**	**269790**	**490628**	**570102**	643135	**12.8**
#核　桃	吨	69955	150959	161295	183428	13.7
板　栗	吨	167057	296354	368547	399553	8.4
三、果园面积	**千公顷**	**811.4**	**594.1**	**521.6**	**472.5**	**-9.4**
#苹果园	千公顷	199.0	126.9	125.9	114.9	-8.7
梨　园	千公顷	155.6	131.0	143.9	115.4	-19.8
桃　园	千公顷	68.0	52.4	61.1	61.8	1.1
葡萄园	千公顷	52.9	45.4	43.7	42.3	-3.3

1−2−10 林　业　生　产

指　　标	单　位	2010年	2015年	2020年	2021年	2021年比上年增减(%)
一、营造林情况						
(一)人工造林面积	千公顷	138.37	284.08	242.00	121.90	-49.6
(二) 飞播造林面积	千公顷	76.60		36.73	24.00	-34.7
(三)当年新封山育林面积	千公顷	68.91	58.84	149.64	73.10	-51.1
(四)退化林修复面积	千公顷		11.69	13.31	77.50	482.3
(五)人工更新面积	千公顷	4.20	5.26	5.10	1.70	-66.7
(六)森林抚育面积	千公顷	263.75	444.49	300.88	272.10	-9.6
(七)当年零星四旁植树	万　株	10036.95	10786.14			
(八)当年新增育苗面积	千公顷	16.12	28.86			
二、商品材采伐量	万立方米	**71.34**	**80.45**			
#村及村以下木材采伐量	万立方米	44.20	48.29			
三、花椒产量	吨	**12271**	**10726**	**3801**	**3918**	**3.1**

注：森林抚育面积是指中、幼龄林抚育面积。

1-2-11　历年牲畜存栏头数

单位：万头

年 份	大牲畜年末存栏	#牛	马	驴	骡
1949	299.80	146.69	8.65	127.08	17.37
1952	369.92	189.15	12.19	148.91	19.64
1957	346.55	174.66	18.12	136.57	17.17
1962	258.13	142.40	19.48	83.10	13.13
1965	300.65	171.71	24.37	90.32	14.24
1970	366.55	198.52	41.01	102.12	24.66
1975	380.70	165.03	70.91	98.43	44.93
1978	354.70	134.60	79.81	83.07	56.95
1980	341.05	120.71	78.02	78.26	63.88
1985	446.50	155.10	71.95	142.57	76.88
1990	525.22	207.90	56.95	176.71	83.66
1995	870.88	579.34	48.68	167.69	75.17
1996	885.85	598.52	49.36	164.23	73.74
1997	860.33	582.96	49.54	158.17	69.66
1998	835.89	563.76	49.03	155.36	67.74
1999	811.94	543.33	48.21	153.61	66.79
2000	774.24	516.73	45.04	149.14	63.33
2001	730.17	487.72	43.31	138.92	60.22
2002	702.92	476.64	40.64	130.04	55.60
2003	685.06	477.87	36.83	121.05	49.31
2004	721.81	528.39	35.53	112.56	45.33
2005	762.63	584.92	33.13	104.11	40.47
2006	613.00	458.93	28.99	90.16	34.92
2007	571.85	448.21	22.78	74.05	26.81
2008	536.23	435.71	18.98	59.45	22.09
2009	491.90	410.19	15.52	48.55	17.64
2010	449.68	380.62	13.17	40.88	15.01
2011	431.71	371.33	11.63	36.25	12.50
2012	423.26	368.35	10.77	33.07	11.07
2013	400.17	351.69	9.65	29.32	9.49
2014	398.18	356.84	8.33	25.03	7.94
2015	395.85	360.31	7.13	21.78	6.60
2016	369.55	340.74	6.17	17.25	5.36
2017	387.87	359.50	5.86	17.35	5.12
2018	371.61	342.03	6.12	17.96	5.46
2019	376.97	350.11	6.27	16.11	4.41
2020	385.31	358.59	7.05	15.81	3.82
2021	395.05	370.42	7.40	13.81	3.35

1-2-11续　历年牲畜存栏头数

年 份	生猪存栏 (万头)	羊存栏 (万只)			活家禽存栏 (万只)
			山 羊	绵 羊	
1949	346.5	170.3	81.7	88.6	
1952	502.9	306.1	155.6	150.5	
1957	704.4	463.4	263.3	200.1	
1962	524.4	799.7	529.2	270.5	
1965	772.9	573.6	331.1	242.5	
1970	923.8	665.4	391.6	273.8	
1975	1622.8	659.0	382.9	276.1	
1978	1245.7	600.7	346.1	254.6	
1980	1293.4	814.9	461.4	353.5	4210.8
1985	1421.4	721.1	372.8	348.3	10233.0
1990	1494.2	1074.5	562.6	511.9	12838.2
1995	2052.8	1565.7	803.4	762.3	35670.5
1996	2061.2	1654.2	840.1	814.1	44078.6
1997	2097.8	1728.8	872.8	856.0	44971.5
1998	2069.6	1738.8	866.8	872.1	45153.6
1999	2029.2	1719.3	844.9	874.4	45066.2
2000	1959.6	1676.6	801.8	874.8	45515.9
2001	1904.2	1639.5	751.3	888.2	44432.9
2002	1909.9	1572.5	672.9	899.6	47707.8
2003	1926.2	1594.3	664.5	929.8	42212.7
2004	1964.3	1664.5	673.7	990.9	51602.9
2005	1977.5	1679.1	678.3	1000.8	41070.5
2006	1812.8	1552.6	634.9	917.8	37495.5
2007	1923.5	1580.6	784.0	796.7	39177.3
2008	2050.2	1610.8	748.0	862.8	38133.2
2009	2019.5	1556.1	548.2	1007.8	35111.3
2010	1910.7	1397.8	458.7	939.1	33345.5
2011	1968.1	1443.2	463.0	980.2	35990.5
2012	1945.4	1397.2	445.3	951.9	38946.8
2013	2052.9	1435.6	444.8	990.7	37677.8
2014	2052.0	1503.0	474.2	1028.8	39255.4
2015	2015.9	1425.1	467.6	957.5	38421.6
2016	1982.5	1359.8	461.3	898.4	39260.6
2017	1957.8	1228.1	401.4	826.7	39653.2
2018	1820.8	1179.6	365.2	814.3	38463.6
2019	1418.4	1194.9	364.3	830.6	39466.6
2020	1748.9	1270.3	365.0	905.3	39861.3
2021	1810.1	1316.0	345.4	970.7	37827.3

1-2-12 历年牲畜出栏及主要畜产品产量

年 份	年内出栏肉猪（万头）	年内牛出栏（万头）	年内羊出栏（万只）	活家禽出栏（万只）	肉类总产量（万吨）	#猪牛羊肉产量（万吨）	奶类产量（万吨）	#生牛奶产量（万吨）	绵羊毛产量（吨）	禽蛋产量（万吨）
1975	584.3		150.5				2.16	1.40	2649	
1978	570.5	4.0	135.7			41.7	2.46	1.82	3652	
1980	716.9	5.4	174.9			52.5	4.51	2.65	5134	
1985	1018.5	15.2	325.9		85.9	81.9	10.05	7.32	7511	33.44
1990	1395.5	45.0	644.4	5246.6	130.1	121.2	14.26	11.18	12634	51.28
1995	2409.6	333.3	1200.7	31457.4	310.7	258.8	38.92	32.55	17427	205.29
1996	2454.1	325.8	1392.0	40690.8	315.9	253.1	47.94	40.06	19284	266.63
1997	2564.5	329.0	1470.0	42762.5	332.7	262.5	54.72	46.74	21547	294.02
1998	2620.4	329.3	1491.3	42920.7	339.8	268.1	65.89	55.81	23172	305.61
1999	2666.6	320.7	1493.2	43913.3	343.7	270.5	78.81	68.35	25715	317.76
2000	2675.2	326.3	1511.5	44471.3	342.4	270.0	96.21	84.20	27788	329.35
2001	2699.4	315.5	1502.7	45073.9	347.7	269.7	119.26	107.38	27475	335.53
2002	2757.1	321.2	1609.6	45671.3	356.6	277.1	148.89	136.89	28657	346.88
2003	2853.0	329.5	1591.6	46542.5	365.8	285.3	207.61	197.90	30004	358.56
2004	2991.0	403.2	1615.8	47033.9	378.8	298.7	276.95	266.46	31678	367.24
2005	3145.0	360.4	1695.5	48690.1	395.6	314.2	348.64	340.35	36466	385.18
2006	3246.7	348.8	1726.4	48743.0	406.2	323.5	384.39	375.01	33254	382.30
2007	2989.8	359.7	1785.6	52201.6	396.6	309.5	415.33	407.06	32051	397.16
2008	3286.9	354.1	1938.7	54094.5	422.3	333.3	430.41	419.60	30660	412.48
2009	3420.1	344.3	2047.2	52837.1	429.7	343.3	385.03	375.51	30232	355.12
2010	3335.8	361.2	2127.0	48327.2	420.7	340.9	375.06	365.74	29290	341.53
2011	3378.1	339.0	2031.0	51189.1	423.9	340.0	389.70	381.66	27748	342.91
2012	3576.7	340.3	2047.6	58564.5	450.7	356.4	399.80	391.20	27663	346.27
2013	3666.4	325.3	2076.9	59315.3	458.8	362.7	388.57	380.91	28105	350.44
2014	3897.8	320.6	2155.7	60491.7	481.1	383.6	414.03	405.67	27930	367.97
2015	3837.1	325.4	2216.1	59388.6	477.5	381.5	401.30	393.50	26851	379.69
2016	3742.6	331.9	2259.7	61875.3	472.1	375.3	373.01	366.35	23376	395.59
2017	3785.3	340.5	2168.9	60637.8	472.3	377.2	387.75	381.01	23158	383.72
2018	3709.6	345.6	2201.4	59728.2	466.7	373.3	391.13	384.81	20816	377.97
2019	3119.8	349.1	2234.5	66628.3	433.4	330.1	433.81	428.68	19096	385.90
2020	2907.6	335.2	2265.8	68730.4	419.2	313.8	488.30	483.40	16883	389.70
2021	3410.6	339.9	2440.1	71204.7	464.3	355.4	501.85	498.39	20709	389.56

1-2-13　历年猪、牛、羊、禽出栏率及胴体重

年份	猪出栏率(%)	牛出栏率(%)	羊出栏率(%)	家禽出栏率(%)	平均每头猪产肉(公斤)	平均每头牛产肉(公斤)	平均每只羊产肉(公斤)	平均每只家禽产肉(公斤)
1978	41.9	2.8	22.5					
1980	53.0	4.2	24.0					
1985	84.3	11.3	44.9		74.9	122.8	11.4	
1990	94.4	22.2	55.7	45.1	77.2	123.7	12.3	1.11
1995	134.4	71.7	98.5	105.3	77.8	163.8	14.0	1.41
1996	119.5	56.2	88.9	114.1	75.8	150.2	13.1	1.39
1997	124.4	55.0	88.9	97.0	75.2	153.7	13.0	1.36
1998	124.9	56.5	86.3	95.4	75.4	155.3	13.1	1.38
1999	128.8	56.9	85.9	97.3	75.5	154.5	13.1	1.38
2000	131.8	60.1	87.9	98.7	75.3	150.1	13.0	1.38
2001	137.8	61.0	89.6	99.0	75.3	148.6	13.0	1.41
2002	144.8	65.9	98.2	102.8	75.4	151.0	12.9	1.42
2003	149.4	69.1	101.2	97.6	75.3	151.4	12.9	1.42
2004	155.3	84.4	101.3	111.4	75.5	128.3	13.2	1.44
2005	160.1	68.2	101.9	94.4	75.7	149.3	13.2	1.38
2006	164.2	59.6	102.8	118.7	76.0	155.0	13.1	1.41
2007	164.9	78.4	115.0	139.2	76.1	160.5	13.6	1.45
2008	170.9	79.0	122.7	138.1	76.1	160.5	13.6	1.45
2009	166.8	79.0	127.1	138.6	76.1	160.5	13.6	1.46
2010	165.2	88.1	136.7	137.6	76.1	160.8	13.7	1.46
2011	176.8	89.1	145.3	153.5	76.2	160.7	13.9	1.47
2012	181.7	91.7	141.9	162.7	76.3	162.5	13.9	1.47
2013	188.5	88.3	148.6	152.3	76.8	160.8	13.8	1.48
2014	189.9	91.2	150.2	160.5	77.3	163.4	13.9	1.48
2015	187.0	91.2	147.4	151.3	77.4	163.4	14.0	1.49
2016	185.7	92.1	158.6	161.0	77.3	163.4	14.0	1.49
2017	190.9	99.9	159.5	154.4	77.0	163.3	13.9	1.49
2018	189.5	96.1	179.3	150.6	77.2	163.4	13.9	1.49
2019	171.3	102.1	189.4	173.2	77.5	163.9	13.9	1.49
2020	205.0	95.7	189.6	174.1	78.0	165.8	13.8	1.48
2021	195.0	94.8	192.1	178.6	77.9	164.2	13.9	1.48

1-2-14 主要牲畜出栏和畜产品产量及增减情况

指　标	单　位	2010年	2020年	2021年	2021年比上年增减(%)
一、牲畜出栏量					
1.大牲畜出栏	万头	392.0	351.8	357.7	1.7
#牛	万头	361.2	335.2	339.9	1.4
2.猪 出 栏	万头	3335.8	2907.6	3410.6	17.3
3.羊 出 栏	万只	2127.0	2265.8	2440.1	7.7
4.活家禽出栏	万只	48327.2	68730.4	71204.7	3.6
5.兔 出 栏	万只	1197.8	252.0	220.5	-12.5
二、肉类总产量	**万吨**	**420.7**	**420.5**	**464.3**	**10.4**
#猪　肉	万吨	253.8	226.9	265.7	17.1
牛　肉	万吨	58.1	55.6	55.8	0.5
羊　肉	万吨	29.1	31.3	33.9	8.2
禽　肉	万吨	70.4	102.0	105.6	3.5
兔　肉	万吨	2.1	0.4	0.4	-7.8
三、其他畜产品产量					
1.奶类产量	万吨	375.1	488.3	501.9	2.8
#生牛奶	万吨	365.7	483.4	498.4	3.1
2.山羊粗毛产量	吨	1952	1863	2012	8.0
3.绵羊毛产量	吨	29290	16883	20710	22.7
4.羊绒产量	吨	776	749	729	-2.7
5.天然蜂蜜产量	吨	11152	13130	12206	-7.0
6.禽蛋产量	万吨	341.5	389.7	389.6	
7.蚕茧产量	吨	1417	37	38	2.1

1-2-15 牲畜年末存栏头数及增减情况

指　标	单　位	2010年	2020年	2021年	2021年比上年增减(%)
一、大牲畜存栏头数	**万头**	**449.7**	**385.3**	**395.0**	**2.5**
#牛	万头	380.6	358.6	370.4	3.3
马	万头	13.2	7.0	7.4	5.0
驴	万头	40.9	15.8	13.8	-12.7
骡	万头	15.0	3.8	3.3	-12.3
二、猪	**万头**	**1910.7**	**1748.8**	**1810.1**	**3.5**
#能繁母猪	万头	190.6	187.0	184.0	-1.6
三、羊	**万只**	**1397.8**	**1270.3**	**1316.0**	**3.6**
1.山　羊	万只	458.7	365.0	345.4	-5.4
2.绵　羊	万只	939.1	905.3	970.7	7.2
四、家禽	**万只**	**33345.5**	**39861.3**	**37827.3**	**-5.1**
五、兔	**万只**	**628.5**	**94.3**	**83.2**	**-11.8**

1-2-16 历年水产品产量

单位：吨

年 份	水产品总产量	海水产品	#鱼	#虾蟹类	淡水产品	#鱼	#虾蟹类	远洋捕捞
1949	50184	30158	7081	12934	20026	19251	300	
1952	68915	53463	9988	30428	15452	14928	88	
1957	96142	68534	19763	37583	27608	26882	82	
1962	47030	32568	20632	11025	14462	14014	280	
1965	64290	45586	28688	13531	18704	18192	219	
1970	72091	64610	30816	29211	7481	6678	7	
1975	131128	121457	35029	52722	9671	9146	459	
1978	139017	128043	43988	63856	10974	10232	214	
1980	97610	86479	41902	38144	11131	9811	643	
1985	127495	104529	58578	39276	22966	21464	1489	
1990	218553	164880	61762	71295	53673	50912	2722	
1995	396070	210215	73868	62853	185855	178218	6330	
1996	506930	283038	81682	72035	223892	215806	5317	
1997	606110	338322	119981	69949	267788	255759	11192	
1998	693317	384917	156073	84556	308400	290273	14679	
1999	759566	423429	180402	84302	336137	316480	15356	
2000	809496	482032	187944	80707	327464	306535	15084	
2001	848887	514411	185570	92362	334476	312911	15942	
2002	870571	518440	181557	91831	352131	315759	19720	
2003	862715	489702	177773	90483	373013	340328	25936	
2004	928218	541332	190417	94519	386886	351315	26843	
2005	989461	571808	191613	95057	417653	386333	23696	
2006	871418	499047	155456	77803	372371	342458	22504	
2007	906437	524303	160388	75141	382134	353175	22909	
2008	966400	549250	164631	80317	417150	385537	25009	
2009	1004100	553884	151520	78503	450216	415983	26465	
2010	1063300	582600	151653	78882	480700	443331	27725	
2011	1067131	563281	145094	71757	503850	464896	28464	
2012	998232	634631	141882	81978	363601	319201	33498	
2013	1060219	682809	134634	77538	377410	328514	39094	
2014	1097300	731594	143783	74982	365706	323490	32328	
2015	1129198	756931	153972	77740	368267	327368	30960	4000
2016	1194099	759208	155961	76951	387300	346506	32652	47591
2017	1164600	763207	148731	76994	353193	313725	33197	48200
2018	1096152	702184	133366	77142	328487	293397	29931	65481
2019	990116	639734	116666	69987	294476	264516	27252	55906
2020	1003418	659744	101710	72563	293205	262861	27913	50469
2021	1081010	734054	113754	81791	297386	267265	28089	49570

1-2-17 水产品产量和养殖面积及增减情况

指　　标	单　位	2010年	2015年	2020年	2021年	2021年比上年增减(%)
一、水产品总产量	吨	**1063300**	**1129198**	**1003418**	**1081010**	**7.7**
1.海水产品产量	吨	582600	756931	659744	734054	11.3
海洋捕捞产量	吨	253292	250447	171612	190903	11.2
海水养殖产量	吨	329308	506484	488132	542151	11.1
按品种分：						
鱼　类	吨	151653	153972	101710	113754	11.8
虾蟹类	吨	78882	77740	72563	81791	12.7
贝　类	吨	308017	482177	400980	447938	11.7
其　他	吨	44048	43042	84494	90571	7.2
2.淡水产品产量	吨	480700	368267	293205	297386	1.4
淡水捕捞产量	吨	92247	57935	33584	35065	4.4
淡水养殖产量	吨	388453	310332	259621	262321	1.0
按品种分：						
鱼　类	吨	443331	327368	262861	267265	1.7
虾蟹类	吨	27725	30960	27913	28089	0.6
贝　类	吨	3886	3818	1	1	
其　他	吨	5758	6121	2430	2031	-16.4
3.远洋捕捞产量	吨		4000	50469	49570	-1.8
二、水产养殖面积	公顷	**198765**	**173314**	**141001**	**140294**	**-0.5**
1.海水养殖面积	公顷	123810	117533	105341	104185	-1.1
海上养殖	公顷	77046	65773	60368	60281	-0.1
滩涂养殖	公顷	27838	33584	17188	15406	-10.4
其他养殖	公顷	18926	18176	27785	28498	2.6
2.淡水养殖面积	公顷	74955	55781	35660	36109	1.3
池塘养殖	公顷	26995	22746	21756	21723	-0.2
湖泊养殖	公顷	4142	1656	1066	1061	-0.5
河沟养殖	公顷	1719	1217	624	659	5.6
水库养殖	公顷	41449	29883	11875	12387	4.3
其他养殖	公顷	650	279	339	279	-17.7

1-2-18 历年平均每人主要农产品产量

（按年平均人口计算）

年 份	人均耕地面积（亩/人）	人均常用耕地面积（亩/人）	粮食（公斤）	棉花（公斤）	油料（公斤）	蔬菜（公斤）	园林水果（公斤）
1949		3.53	152.14	3.51	8.54		7.39
1952		3.49	238.44	8.69	9.57		10.84
1957		3.08	225.70	8.28	8.12		6.23
1962		2.69	172.64	3.39	2.19		8.31
1965		2.56	238.63	6.45	4.42		8.20
1970		2.26	282.97	5.62	5.38		11.65
1975		2.05	315.78	3.74	4.92	107.11	13.20
1978		1.98	335.72	2.32	4.87	108.38	15.81
1980		1.93	296.42	4.81	8.79	103.50	15.60
1985		1.79	356.43	11.39	15.75	166.96	29.03
1990		1.60	378.23	9.48	12.44	192.19	29.15
1995		1.52	427.17	5.78	17.13	335.05	67.37
1996	1.60	1.50	431.80	4.00	18.68	399.65	77.89
1997	1.58	1.49	422.30	3.82	18.14	466.44	85.50
1998	1.57	1.48	445.62	4.13	21.20	548.01	96.18
1999	1.56	1.47	416.64	3.38	19.65	578.84	97.67
2000	1.54	1.45	383.97	4.52	22.12	670.38	101.94
2001	1.53	1.44	372.65	6.27	23.00	738.99	100.17
2002	1.49	1.36	362.63	5.98	22.52	815.54	111.44
2003	1.44	1.33	353.64	7.73	24.16	874.32	118.03
2004	1.42	1.32	365.30	9.80	22.73	911.39	129.17
2005	1.40	1.31	380.48	8.45	22.36	946.97	134.48
2006	1.37	1.28	404.49	10.19	19.46	918.55	140.89
2007	1.36	1.27	418.65	10.36	19.54	565.87	140.36
2008	1.36	1.27	429.94	10.43	21.04	584.03	138.94
2009	1.40	1.29	430.35	8.29	19.24	584.81	138.78
2010	1.38	1.26	438.71	7.70	18.20	605.33	131.15
2011	1.37		463.76	8.65	17.52	624.99	132.78
2012	1.36		475.04	7.38	17.56	647.54	134.54
2013	1.35		492.78	5.93	18.18	663.08	128.09
2014	1.34		488.55	5.40	17.24	679.67	128.82
2015	1.33		491.16	4.41	17.18	684.78	129.35
2016	1.33		513.99	3.25	17.15	684.62	128.10
2017	1.32		518.01	3.25	17.51	684.31	131.21
2018	1.32		498.92	3.23	16.36	694.89	129.01
2019	1.22		502.82	3.06	16.08	684.88	135.06
2020	1.21		509.16	2.80	16.03	697.26	138.34
2021	1.20		513.03	2.14	15.87	708.73	141.97

注：人均耕地面积、人均常用耕地面积、人均生猪存栏按年末人口计算。

1-2-18续　历年平均每人主要农产品产量

(按年平均人口计算)

年 份	生猪存栏(头)	肉类总产量(公斤)	#猪牛羊肉(公斤)	禽 蛋(公斤)	奶类产量(公斤)	#生牛奶(公斤)	水产品(公斤)
1949	0.11						1.63
1952	0.16						2.13
1957	0.19						2.65
1962	0.14						1.22
1965	0.19						1.59
1970	0.21						1.60
1975	0.33				0.44	0.29	2.68
1978	0.25		8.29		0.48	0.36	2.76
1980	0.25		13.45		0.88	0.52	1.90
1985	0.26	15.57	14.84	6.06	1.82	1.33	2.31
1990	0.25	21.61	20.13	8.52	2.37	1.86	3.64
1995	0.32	48.46	40.36	32.02	6.07	5.08	6.18
1996	0.32	48.90	39.18	41.27	7.42	6.20	7.85
1997	0.32	51.16	40.36	45.21	8.41	7.19	9.32
1998	0.32	51.90	40.96	46.68	10.06	8.53	10.59
1999	0.31	52.14	41.04	48.21	11.96	10.37	11.52
2000	0.29	51.53	40.64	49.57	14.48	12.67	12.18
2001	0.28	52.00	40.33	50.18	17.84	16.06	12.70
2002	0.28	53.10	41.26	51.64	22.17	20.38	12.96
2003	0.29	54.17	42.25	53.10	30.75	29.31	12.78
2004	0.29	55.79	44.00	54.09	40.79	39.25	13.67
2005	0.29	57.92	46.00	56.40	51.05	49.83	14.49
2006	0.26	59.09	47.06	55.61	55.92	54.55	12.68
2007	0.28	57.31	44.72	57.39	60.01	58.82	13.10
2008	0.29	60.63	47.84	59.21	61.79	60.24	13.87
2009	0.29	61.28	48.96	50.65	54.91	53.56	14.32
2010	0.27	59.14	47.93	48.01	52.72	51.41	14.95
2011	0.27	58.77	47.14	47.54	54.03	52.91	14.80
2012	0.27	62.19	49.18	47.78	55.17	53.98	13.77
2013	0.28	63.06	49.86	48.17	53.41	52.36	14.57
2014	0.28	65.86	52.52	50.37	56.68	55.53	15.02
2015	0.27	65.11	52.02	51.77	54.72	53.65	15.40
2016	0.27	64.15	50.99	53.75	50.68	49.78	16.22
2017	0.26	63.89	51.02	51.91	52.45	51.54	15.75
2018	0.25	62.92	50.33	50.95	52.73	51.88	14.78
2019	0.19	58.28	44.39	51.89	58.34	57.65	13.31
2020	0.23	56.23	42.09	52.27	65.50	64.84	13.46
2021	2.43	62.26	47.67	52.25	67.31	66.84	14.50

1-3-1 全省饲料工业情况

指　　标	单 位	2010年	2015年	2020年	2021年	2021年比上年增减(%)
一、饲料工业企业个数	个	**1209**	**820**	**1006**	**1106**	**0.10**
#国　有	个	6	10	11		-1.00
集　体	个	13	4	1	1	
私　营	个	795	402	164	137	-0.16
联　营	个	9	1			
股　份	个	309	226	789	920	0.17
港澳台	个	4	3	3	2	-0.33
外　商	个	12	6	9	7	-0.22
其　他	个	12	2	29	39	0.34
二、饲料工业企业职工人数	人	**30800**	**29959**	**43195**	**44583**	**0.03**
三、饲料工业企业营业收入	亿元	**301.68**	**363.88**	**419.00**	**468.29**	**0.12**
饲料工业企业总产值	亿元	315.75	407.07	443.00	509.75	0.15
四、饲料企业加工产品产量	万吨	**1086.36**	**1338.29**	**1360.17**	**1375.83**	**0.01**
1.配合饲料小计	万吨	913.30	1133.38	1179.40	1198.61	0.02
(1)猪　料	万吨	164.51	283.08	260.18	286.87	0.10
(2)蛋禽料	万吨	551.84	466.44	348.46	337.00	-0.03
(3)肉禽料	万吨	94.09	190.48	425.19	428.53	0.01
(4)水产料	万吨	41.23	60.85	35.43	30.09	-0.15
(5)精料补充料	万吨	53.83	89.04	86.96	100.73	0.16
(6)其　他	万吨	7.80	43.49	23.17	15.38	-0.34
2.浓缩饲料小计	万吨	160.00	192.79	105.50	96.19	-0.09
(1)猪　料	万吨	49.58	105.93	59.58	57.94	-0.03
(2)蛋禽料	万吨	81.59	52.86	10.60	8.20	-0.23
(3)肉禽料	万吨	13.62	2.26	5.80	0.66	-0.89
(4)水产料	万吨					
(5)反刍料	万吨	13.00	28.12	29.27	28.98	-0.01
(6)其　他	万吨	2.21	3.63	0.21	0.40	0.90
3.添加剂预混合饲料小计	万吨	13.06	12.13	33.79	38.05	0.13
(1)猪　料	万吨	4.50	3.76	8.56	9.18	0.07
(2)蛋禽料	万吨	6.03	3.17	12.09	11.81	-0.02
(3)肉禽料	万吨	0.94	1.67	0.87	0.73	-0.16
(4)水产料	万吨	0.15	0.22	0.28	0.30	0.07
(5)反刍料	万吨	0.90	1.42	10.34	13.65	0.32
(6)其　他	万吨	0.54	1.88	1.63	2.37	0.45

1-3-2 历年农林牧渔业总产值

(按不变价格计算)

单位：万元

年 份	农林牧渔业总产值	农 业	#种植业	林 业	牧 业	渔 业	农林牧渔服务业
			(按1957年不变价格计算)				
1949	180184	160414	143067	2259	15590	1921	
1952	276429	248413	229976	4128	21228	2660	
1957	307677	273043	254034	7008	24331	3295	
1962	226665	202497	185116	4001	18456	1711	
1965	316859	277629	255519	7067	30218	1945	
1970	394415	344471	316986	10970	36911	2063	
			(按1970年不变价格计算)				
1970	538644	465517	433677	16966	53518	2643	
1975	644961	534377	503486	18876	87040	4668	
1978	685638	578756	537142	21615	80213	5054	
1980	687381	567304	532420	18063	98200	3814	
1981	713639	577428	548941	15454	117673	3084	
			(按1980年不变价格计算)				
1981	965451	783410	752099	24911	151142	5988	
1985	1499092	1188118	1136301	48833	252570	9571	
1990	1809563	1358777	1262566	51454	374372	24960	
			(按1990年不变价格计算)				
1990	3866785	2700871	2543021	116894	909030	139990	
1995	5710110	3585601	3275738	133792	1801282	189435	
1996	6244990	3728188	3361601	137844	2145537	233421	
1997	6713897	3915014	3480571	145024	2373523	280336	
1998	7238692	4204617	3705008	148058	2577014	309003	
1999	7589684	4296375	3721825	152417	2799615	341277	
2000	8020111	4526321	3892416	149942	2972928	370920	
2001	8445318	4763377	4089170	183017	3112180	386744	
2002	8868986	4953650	4246754	202936	3312898	399502	
	10368416	5210064	5210064	204132	3952010	426910	575300
2003	11018504	5499430	5499430	228033	4231138	424484	635419
2004	11752370	5873088	5873088	213894	4511036	457731	696621
2005	24341854	12032927	12032927	387778	9957063	750095	1213991
2006	25095512	13338640	13338640	388189	9228634	810000	1330049
2007	25617141	14387805	14387805	502403	8499134	764337	1463462
2008	32335656	16996031	16996031	568762	12220756	909995	1640112
2009	36172789	18183875	18183875	624720	14433198	1072496	1858500
2010	37666607	20337909	20337909	403715	13818542	1424679	2018294
2011	44755491	26052575	26052575	531106	14602615	1449986	2119209
2012	47565183	25734034	25734034	656227	17204090	1616601	2354230
2013	50736286	28189038	28189038	888218	17303441	1771069	2584521
2014	55008012	30685436	30685436	1135920	18619140	1716349	2851166
2015	55168145	29740995	29740995	1236052	19285563	1799874	3105661
2016	54763719	28566779	28566779	1316884	19683308	1833512	3363236
2017	55091169	29077208	29077208	1600739	18851044	1868737	3693441
2018	55368662	29497815	29497815	1737071	18092112	1983195	4058469
2019	58172176	31394103	31394103	1955974	18209346	2087640	4525112
2020	62726357	32455380	32455380	2444525	20549176	2208095	5069181
2021	72210763	35377438	35377438	2621103	25971542	2618289	5622390

注：1. 1996-2006年数据按第二次全国农业普查数据进行了调整。
2. 2002年下边一行数和2003-2016年数据按新分类。
3. 从2005年起，农林牧渔业总产值使用可比价格计算。
4. 从2011年起，农林牧渔业总产值使用农普核定后数据。

1-3-3 历年农林牧渔业总产值指数

(上年=100)

年份	农林牧渔业总产值	农业	林业	牧业	渔业	农林牧渔服务业
1950	123.0	123.7	127.4	116.2	112.1	
1951	104.2	103.7	114.9	107.6	109.7	
1952	119.7	120.8	124.8	108.8	112.6	
1953	91.1	89.8	113.5	98.9	111.4	
1954	103.1	103.0	105.9	100.3	121.5	
1955	113.0	115.6	104.6	88.9	103.7	
1956	88.5	85.6	133.6	115.1	96.2	
1957	118.6	120.0	101.0	113.0	91.7	
1958	104.6	104.7	124.5	98.3	100.7	
1959	94.8	94.3	101.0	99.0	95.8	
1960	84.4	84.6	84.2	79.0	108.4	
1961	86.7	87.9	66.1	85.3	57.4	
1962	101.5	101.0	81.5	115.7	86.5	
1963	84.9	82.1	81.5	110.8	137.5	
1964	132.5	132.9	186.2	123.5	108.9	
1965	124.3	125.6	116.4	119.6	75.9	
1966	107.1	105.5	147.0	114.7	72.9	
1967	99.6	99.0	84.4	108.8	125.1	
1968	97.1	97.9	100.8	90.5	84.3	
1969	107.9	109.8	123.1	89.1	93.5	
1970	111.3	110.5	100.8	121.4	147.6	
1971	105.7	99.5	90.8	164.7	88.4	
1972	87.3	88.0	94.4	81.2	135.3	
1973	115.2	119.5	116.6	91.1	102.8	
1974	109.3	109.1	93.5	114.7	112.4	
1975	103.1	100.6	118.9	116.3	127.7	
1976	94.4	93.8	105.5	96.2	92.2	
1977	93.5	92.4	95.9	98.6	115.7	
1978	122.1	125.0	113.1	97.2	101.5	
1979	106.9	106.4	86.8	117.7	74.8	
1980	93.8	92.1	96.2	104.0	100.9	

1-3-3续　历年农林牧渔业总产值指数

(上年=100)

年 份	农林牧渔业总产值	农 业	林 业	牧 业	渔 业	农林牧渔服务业
1981	103.8	101.8	85.6	119.8	80.9	
1982	117.6	117.2	154.5	113.1	116.6	
1983	117.2	121.7	100.9	97.8	93.1	
1984	109.1	107.7	120.2	115.3	116.6	
1985	103.3	98.6	104.6	131.1	126.2	
1986	98.5	97.0	91.7	106.0	123.2	
1987	104.5	104.3	103.3	105.3	116.9	
1988	107.8	105.6	104.8	117.6	115.4	
1989	103.1	102.5	98.8	105.5	109.4	
1990	105.4	104.4	107.3	107.1	143.7	
1991	103.6	102.1	104.3	106.6	111.4	
1992	100.9	95.1	103.8	110.3	140.7	
1993	108.7	109.3	95.2	119.5	57.8	
1994	116.2	113.1	105.4	123.6	120.3	
1995	111.9	110.5	105.4	114.0	124.3	
1996	109.4	104.0	103.0	119.1	123.2	
1997	107.5	105.0	105.2	110.6	120.1	
1998	107.8	107.4	102.1	108.6	110.2	
1999	104.8	102.2	102.9	108.6	110.4	
2000	105.7	105.4	98.4	106.2	108.7	
2001	105.3	105.2	122.1	104.7	104.3	
2002	105.0	104.0	110.9	106.4	103.3	
2003	106.3	105.6	111.7	107.1	99.4	110.5
2004	106.7	106.8	93.8	106.6	107.8	109.6
2005	106.5	106.0	96.9	107.7	104.1	107.5
2006	105.5	106.0	96.7	104.9	102.0	108.8
2007	103.9	104.2	109.6	102.1	105.1	108.4
2008	105.1	103.7	108.6	106.6	106.9	107.8
2009	103.2	103.3	111.8	102.3	104.4	106.2
2010	103.5	103.8	101.8	102.4	105.8	106.5
2011	103.9	105.5	103.6	101.1	101.8	105.0
2012	104.1	103.6	105.5	104.7	104.1	105.0
2013	103.3	104.0	106.5	101.2	106.0	107.0
2014	104.1	103.1	108.9	105.1	103.2	107.0
2015	102.7	102.8	104.3	101.7	102.4	107.0
2016	103.5	101.3	97.8	106.8	101.2	107.4
2017	104.0	104.9	107.9	102.1	98.2	108.0
2018	103.0	102.1	99.0	104.4	101.3	108.1
2019	101.9	101.7	104.8	100.4	100.6	109.5
2020	103.5	104.2	105.7	101.0	103.9	108.5
2021	107.1	103.6	102.6	112.4	107.7	107.9

注：1.本表按可比价计算，2003−2014年数据不包括农民家庭兼营商品性工业，包括农林牧渔服务业。
2.从2011年起,农林牧渔业总产值指数使用农普核定后数据。

1−3−4 历年农林牧渔业总产值指数

(1952年=100)

年 份	农林牧渔业总产值	农 业	林 业	牧 业	渔 业	农林牧渔服务业
1949	65.2	64.6	54.7	73.4	72.2	
1952	100.0	100.0	100.0	100.0	100.0	
1957	111.3	109.9	169.8	114.6	123.9	
1962	82.0	81.5	96.9	86.9	64.3	
1965	114.6	111.8	171.2	142.3	73.1	
1970	142.7	138.7	265.7	173.9	77.6	
1975	170.8	159.2	295.7	282.8	137.0	
1978	181.6	172.4	338.6	260.6	148.3	
1980	182.1	169.0	282.9	319.0	111.9	
1985	293.5	260.9	474.5	638.9	144.6	
1990	354.3	298.3	500.0	947.0	377.2	
1995	523.2	396.1	572.3	1876.5	510.5	
1996	572.2	411.8	589.6	2235.1	629.0	
1997	615.2	432.4	620.3	2472.6	755.4	
1998	663.3	464.4	633.3	2684.6	832.7	
1999	695.4	474.6	651.9	2916.5	919.6	
2000	734.9	500.0	641.3	3097.0	999.5	
2001	773.9	526.2	782.8	3243.0	1042.1	
2002	812.8	547.2	868.0	3452.2	1076.5	
2003	864.3	577.5	969.7	3697.3	1070.4	110.5
2004	922.2	616.8	909.5	3941.3	1154.2	121.1
2005	982.1	653.8	881.3	4244.8	1201.5	130.2
2006	1036.1	693.0	852.3	4452.8	1225.5	141.6
2007	1076.5	722.1	934.1	4546.3	1288.0	153.5
2008	1131.4	748.8	1014.4	4846.4	1376.9	165.5
2009	1167.6	773.5	1134.1	4957.8	1437.5	175.8
2010	1208.5	802.9	1154.5	5076.8	1520.9	187.2
2011	1255.0	846.8	1196.3	5134.7	1548.0	196.6
2012	1306.1	877.0	1261.6	5374.0	1610.7	206.4
2013	1348.7	912.1	1343.7	5438.4	1707.4	220.9
2014	1404.2	940.8	1463.3	5713.2	1762.3	236.3
2015	1440.2	966.7	1526.7	5814.3	1803.4	252.9
2016	1491.0	998.6	1492.9	6209.5	1826.5	271.6
2017	1549.5	1046.2	1753.4	6111.7	1839.1	295.0
2018	1596.0	1068.1	1735.8	6380.6	1863.1	318.9
2019	1626.3	1086.3	1819.1	6406.1	1874.3	349.2
2020	1682.9	1131.9	1921.9	6467.6	1947.2	378.8
2021	1802.4	1173.2	1972.8	7272.5	2096.2	408.9

注:农林牧渔服务业指数以2002年为100。

1-3-5 历年农林牧渔业总产值

(按当年价格计算)

单位：亿元

年 份	农林牧渔业总产值	农 业	林 业	牧 业	渔 业	农林牧渔服务业
1949	20.31	18.08	0.25	1.76	0.22	
1952	29.70	26.69	0.44	2.28	0.29	
1957	30.77	27.31	0.70	2.43	0.33	
1962	31.26	27.93	0.55	2.55	0.24	
1965	45.49	39.86	1.01	4.34	0.28	
1970	59.69	51.59	1.88	5.93	0.29	
1975	72.73	60.26	2.13	9.82	0.53	
1978	75.86	64.03	2.39	8.87	0.56	
1980	97.79	79.86	3.10	14.00	0.83	
1985	167.33	128.65	6.15	31.16	1.37	
1990	357.63	254.77	9.58	83.38	9.90	
1995	1147.83	753.52	23.50	344.18	26.63	
1996	1298.04	801.26	24.80	437.59	34.39	
1997	1437.29	845.18	26.38	523.14	42.59	
1998	1505.91	885.88	27.37	547.57	45.09	
1999	1539.77	879.64	28.14	582.96	49.03	
2000	1544.65	846.72	25.37	613.68	58.88	
2001	1680.33	899.38	34.02	685.77	61.16	
2002	1728.85	918.62	37.49	706.82	65.92	
2003	1877.37	958.30	41.27	721.31	57.72	98.78
2004	2285.56	1135.75	40.02	924.78	72.08	112.93
2005	2379.17	1258.00	40.13	879.38	79.44	122.21
2006	2466.37	1380.45	45.85	832.32	72.75	135.00
2007	3075.77	1639.07	52.37	1146.99	85.14	152.20
2008	3505.23	1760.75	55.89	1410.82	102.77	175.00
2009	3640.93	1958.79	39.69	1350.10	108.38	183.99
2010	4309.42	2470.11	51.26	1443.76	142.47	201.83
2011	4570.27	2484.67	62.23	1643.80	155.36	224.21
2012	4912.42	2710.55	83.40	1709.84	167.08	241.54
2013	5284.43	2975.01	104.30	1772.37	166.28	266.46
2014	5373.76	2893.29	118.47	1895.90	175.85	290.25
2015	5291.68	2820.11	134.62	1842.65	181.12	313.18
2016	5299.66	2772.86	148.30	1846.23	190.30	341.97
2017	5373.38	2890.60	175.54	1735.82	195.86	375.55
2018	5707.00	3085.86	186.64	1813.82	207.49	413.19
2019	6061.46	3114.86	231.38	2035.42	212.54	467.26
2020	6742.49	3413.34	255.35	2309.72	243.22	520.86
2021	7018.67	3645.02	263.66	2239.50	298.02	572.47

注：1.本表按当年价格计算，2003—2018年数据按新分类、生产者价格计算，不包括农民家庭兼营商品性工业，包括农林牧渔服务业(下同)。
2.从2011年起,农林牧渔业总产值使用农普核定后数据。

1-3-6 历年农林牧渔业总产值构成

(按当年价格计算)　　单位：%

年份	农林牧渔业总产值	农业	林业	牧业	渔业	农林牧渔服务业
1949	100.00	89.03	1.25	8.65	1.07	
1952	100.00	89.87	1.49	7.68	0.96	
1957	100.00	88.74	2.28	7.91	1.07	
1962	100.00	89.34	1.77	8.14	0.75	
1965	100.00	87.62	2.23	9.54	0.61	
1970	100.00	86.42	3.15	9.94	0.49	
1975	100.00	82.85	2.93	13.50	0.72	
1978	100.00	84.41	3.15	11.70	0.74	
1980	100.00	81.66	3.17	14.32	0.85	
1985	100.00	76.88	3.68	18.62	0.82	
1990	100.00	71.24	2.68	23.31	2.77	
1995	100.00	65.65	2.05	29.98	2.32	
1996	100.00	61.73	1.91	33.71	2.65	
1997	100.00	58.80	1.84	36.40	2.96	
1998	100.00	58.83	1.82	36.36	2.99	
1999	100.00	57.13	1.83	37.86	3.18	
2000	100.00	54.82	1.64	39.73	3.81	
2001	100.00	53.53	2.02	40.81	3.64	
2002	100.00	53.14	2.17	40.88	3.81	
2003	100.00	51.05	2.20	38.42	3.07	5.26
2004	100.00	49.69	1.75	40.46	3.16	4.94
2005	100.00	52.87	1.69	36.96	3.34	5.14
2006	100.00	55.97	1.86	33.75	2.95	5.47
2007	100.00	53.29	1.70	37.29	2.77	4.95
2008	100.00	50.23	1.60	40.25	2.93	4.99
2009	100.00	53.80	1.09	37.08	2.98	5.05
2010	100.00	57.32	1.19	33.50	3.31	4.68
2011	100.00	54.37	1.36	35.97	3.40	4.91
2012	100.00	55.18	1.70	34.81	3.40	4.92
2013	100.00	56.30	1.97	33.54	3.15	5.04
2014	100.00	53.84	2.20	35.28	3.27	5.40
2015	100.00	53.29	2.54	34.82	3.42	5.92
2016	100.00	52.32	2.80	34.84	3.59	6.45
2017	100.00	53.79	3.27	32.30	3.65	6.99
2018	100.00	54.07	3.27	31.78	3.64	7.24
2019	100.00	50.62	3.79	34.26	3.61	7.73
2020	100.00	50.62	3.79	34.26	3.61	7.73
2021	100.00	51.93	3.76	31.91	4.24	8.16

注：1.2003–2018年数据按新分类，不包括农民家庭兼营商品性工业，包括农林牧渔服务业(下同)。
2.从2011年起，农林牧渔业总产值构成使用农普核定后数据。

1—3—7 分项农林牧渔业产值及构成

(按当年价格计算)

指　　标	绝　对　数(亿元)		构　　成(%)	
	2020年	2021年	2020年	2021年
农林牧渔业总产值	**6742.49**	**7018.67**	**100.00**	**100.00**
一、农业产值	**3413.34**	**3645.02**	**50.62**	**51.93**
(一)谷物及其他作物	1130.66	1216.35	16.77	17.33
1.谷　物	803.13	903.90	11.91	12.88
2.薯　类	130.05	143.73	1.93	2.05
3.油　料	78.65	75.74	1.17	1.08
4.豆　类	16.98	13.81	0.25	0.20
5.棉　花	43.80	45.08	0.65	0.64
6.生　麻				
7.糖　类	4.46	2.97	0.07	0.04
8.烟　草	0.21	0.33		
9.其他农作物	53.38	30.78	0.79	0.44
(二)蔬菜、食用菌及花卉盆景园艺	1520.13	1626.64	22.55	23.18
1.蔬　菜	1333.80	1408.49	19.78	20.07
2.食用菌	149.10	177.70	2.21	2.53
3.花　卉	15.44	17.25	0.23	0.25
4.盆景园艺	21.80	23.20	0.32	0.33
(三)水果、食用坚果、饮料和香料	566.55	555.80	8.40	7.92
1.水　果	485.66	457.19	7.20	6.51
(1)园林水果	364.11	337.05	5.40	4.80
(2)瓜果类	121.55	120.14	1.80	1.71
2.食用坚果	76.10	92.51	1.13	1.32
3.香料原料	2.30	2.35	0.03	0.03
(四)中草药材	196.00	246.23	2.91	3.51
二、林业产值	**255.35**	263.66	**3.79**	**3.76**
(一)林木的培育和种植	196.01	175.41	2.91	2.50
1.育种育苗	3.56		0.05	
2.造　林	169.81	157.76	2.52	2.25
3.抚育和管理	22.63	17.07	0.34	0.24
(二)木材采运	7.27	9.86	0.11	0.14
(三)林产品	32.98	78.40	0.49	1.12
三、牧业产值	**2309.72**	**2239.50**	**34.26**	**31.91**
(一)牲畜饲养	746.53	822.49	11.07	11.72
1.牛的饲养	319.39	344.90	4.74	4.91
2.羊的饲养	247.90	280.06	3.68	3.99
3.其他牲畜饲养	3.05	3.05	0.05	0.04
4.奶产品	169.96	186.82	2.52	2.66
5.毛绒产品	6.23	6.66	0.09	0.09
(二)猪的饲养	1054.61	838.13	15.64	11.94
(三)家禽饲养	431.26	505.19	6.40	7.20
1.肉　禽	141.68	155.17	2.10	2.21
2.禽　蛋	289.58	350.01	4.29	4.99
(四)猎狩和捕捉动物				
(五)其他畜牧业	77.31	73.69	1.15	1.05
四、渔业产值	**243.22**	**298.02**	**3.61**	**4.24**
(一)海水产品	185.32	232.76	2.75	3.32
(二)淡水产品	57.90	65.27	0.86	0.93
五、农林牧渔服务业产值	**520.86**	**572.47**	**7.73**	**8.16**

注：本表按新分类、生产者价格计算，不包括农民家庭兼营商品性工业，包括农林牧渔服务业。

1—3—8 历年农林牧渔业增加值及指数

年份	农林牧渔业增加值(亿元)	指数(以上年为100)	年份	农林牧渔业增加值(亿元)	指数(以上年为100)	年份	农林牧渔业增加值(亿元)	指数(以上年为100)
1952	25.23		1976	45.86	91.9	2000	824.66	105.1
1953	24.10	88.3	1977	48.42	106.3	2001	913.94	105.3
1954	25.38	103.1	1978	52.20	110.4	2002	956.97	105.4
1955	28.18	111.6	1979	61.11	104.2	2003	1064.19	106.1
1956	25.01	88.0	1980	68.09	97.4	2004	1370.62	109.7
1957	26.11	111.3	1981	71.03	105.3	2005	1400.20	106.2
1958	27.89	103.9	1982	85.59	119.5	2006	1462.02	105.0
1959	27.00	94.7	1983	102.10	118.7	2007	1804.99	104.0
1960	23.43	82.1	1984	111.46	108.0	2008	2034.90	104.9
1961	23.99	79.8	1985	120.34	102.2	2009	2207.68	103.3
1962	24.07	102.3	1986	123.45	97.4	2010	2563.21	103.5
1963	19.84	83.6	1987	137.66	101.6	2011	2802.91	104.2
1964	27.15	138.1	1988	162.31	101.1	2012	3021.82	104.0
1965	37.20	128.4	1989	196.35	103.7	2013	3260.83	103.5
1966	40.12	107.2	1990	227.89	105.7	2014	3294.28	103.8
1967	40.06	100.0	1991	236.89	102.5	2015	3240.30	102.7
1968	40.35	97.3	1992	257.08	99.4	2016	3235.08	103.7
1969	44.11	108.5	1993	301.68	104.4	2017	3298.34	104.0
1970	46.41	103.0	1994	451.91	111.8	2018	3522.29	103.2
1971	44.06	95.4	1995	631.41	108.6	2019	3727.50	102.1
1972	38.35	87.9	1996	701.02	105.5	2020	4113.23	103.5
1973	43.16	111.7	1997	761.85	105.4	2021	4286.20	106.4
1974	45.62	105.6	1998	790.70	106.2			
1975	50.66	110.2	1999	806.07	104.3			

注：1.指数按可比价格计算。2003—2018年数据按新分类、生产者价格计算，不包括农民家庭兼营商品性工业，包括农林牧渔服务业(下同)。
2.从2011年起，农林牧渔业增加值及指数构成使用农普核定后数据。

1—3—9 农林牧渔业增加值、构成及占产值比重

指标	绝对数(万元)		构成(%)		中间消耗、增加值占产值比重(%)	
	2019年	2020年	2019年	2020年	2019年	2020年
一、农林牧渔业总产值	**60614633**	**67424925**	**100.00**	**100.00**	**100.00**	**100.00**
农业	31148609	34133419	51.39	50.62	100.00	100.00
林业	2313832	2553531	3.82	3.79	100.00	100.00
牧业	20354166	23097166	33.58	34.26	100.00	100.00
渔业	2125446	2432225	3.51	3.61	100.00	100.00
农林牧渔服务业	4672581	5208584	7.71	7.73	100.00	100.00
二、中间消耗	**23340313**	**26292653**	**100.00**	**100.00**	**38.51**	**39.00**
农业	9418909	10273332	40.35	39.07	30.24	30.10
林业	815928	1103571	3.50	4.20	35.26	43.22
牧业	9750422	11131541	41.78	42.34	47.90	48.19
渔业	773076	904407	3.31	3.44	36.37	37.18
农林牧渔服务业	2581977	2879803	11.06	10.95	55.26	55.29
三、农林牧渔业增加值	**37274968**	**41132272**	**100.00**	**100.00**	**61.49**	**61.00**
农业	21777960	23860087	58.43	58.01	69.76	69.90
林业	1313736	1449960	3.52	3.53	64.74	56.78
牧业	10757784	11965625	28.86	29.09	52.10	51.81
渔业	1334887	1527818	3.58	3.71	63.63	62.82
农林牧渔服务业	2090600	2328781	5.61	5.66	44.74	44.71

注：2017年农林牧渔增加值、构成及占产值比重使用农普核定后数据。

1−3−10 历年农林牧渔业商品产值

单位:亿元

年份	农林牧渔业商品产值	农业	林业	牧业	渔业
1987	110.57	73.75	1.98	31.04	3.80
1990	199.71	127.85	2.85	59.97	9.04
1991	212.78	130.15	4.19	68.23	10.21
1992	244.92	145.60	5.59	80.10	13.63
1993	301.39	179.77	7.24	102.89	11.49
1994	487.46	277.70	9.74	181.16	18.86
1995	714.11	417.00	10.26	262.08	24.77
1996	845.92	454.07	12.64	347.30	31.91
1997	950.42	483.49	13.46	414.27	39.20
1998	1013.48	521.77	13.85	436.96	40.90
1999	1060.90	535.14	13.76	468.12	43.88
2000	1084.35	531.08	11.66	489.55	52.06
2001	1203.96	583.44	17.55	547.45	55.52
2002	1262.29	615.29	18.46	568.43	60.11
2003	1399.47	644.27	18.81	684.34	52.05
2004	1728.80	759.15	20.75	885.06	63.84
2005	1934.80	862.26	23.86	976.03	72.65
2006	1817.08	993.23	29.89	726.78	67.18
2007	2312.00	1187.10	35.92	1010.60	78.38
2008	2605.73	1260.86	36.63	1215.56	92.67
2009	2764.35	1467.40	10.79	1184.59	101.57
2010	3304.70	1881.19	12.76	1275.55	135.20
2011	3524.22	1894.94	18.11	1467.42	143.74
2012	3811.90	2112.42	23.00	1532.02	144.46
2013	4093.65	2336.45	31.53	1592.65	133.02
2014	4158.32	2264.22	34.83	1708.21	151.06
2015	4092.33	2233.12	46.03	1652.86	160.32
2016	4180.32	2272.50	51.70	1680.99	175.13
2017	4234.16	2404.65	60.86	1580.64	188.01
2018	4517.35	2600.43	45.98	1671.43	199.50
2019	4799.93	2664.92	55.49	1873.54	205.98
2020	5379.94	2931.59	82.04	2130.71	235.59
2021	5650.20	3183.77	87.48	2090.06	288.90

注：从2011年起，农林牧渔业商品产值使用农普核定后数据(不含农林牧渔服务业)。

1-3-11 历年农林牧渔业商品率

单位：%

年份	农林牧渔业商品率	农业	林业	牧业	渔业
1987	55.10	50.56	28.99	71.09	88.58
1990	55.84	50.18	29.75	71.92	91.31
1991	56.34	50.20	33.84	71.92	91.98
1992	58.34	51.55	40.13	73.82	91.35
1993	58.95	52.18	47.32	73.97	92.89
1994	61.21	53.58	50.10	76.06	93.02
1995	62.21	55.34	43.66	76.15	93.02
1996	65.17	56.67	50.97	79.36	92.81
1997	66.13	57.21	51.01	79.19	92.06
1998	67.30	58.90	50.60	79.80	90.70
1999	68.90	60.84	48.90	80.30	89.50
2000	70.20	62.72	45.97	79.77	88.40
2001	71.64	64.87	51.59	79.81	90.76
2002	73.00	66.98	49.25	80.39	91.17
2003	74.52	67.23	45.59	83.40	90.19
2004	75.64	66.84	51.86	85.29	88.56
2005	77.33	68.54	59.46	86.80	91.45
2006	77.94	71.95	65.19	87.32	92.34
2007	79.08	72.42	68.59	88.11	92.06
2008	78.24	71.61	65.54	86.16	90.17
2009	79.97	74.91	27.20	87.74	93.72
2010	80.45	76.16	24.90	88.35	94.90
2011	81.09	76.27	29.11	89.27	92.52
2012	81.61	77.93	27.58	89.60	86.46
2013	81.58	78.54	30.23	89.86	80.00
2014	81.80	78.26	29.40	90.10	85.90
2015	82.20	79.19	34.19	89.70	88.52
2016	84.32	81.96	34.86	91.05	92.03
2017	84.72	83.19	34.67	91.06	95.99
2018	85.33	84.27	24.64	92.15	96.15
2019	85.80	85.55	23.98	92.05	96.91
2020	86.50	85.90	32.10	92.20	96.90
2021	87.70	87.30	33.20	93.30	96.90

1−3−12 历年农业劳动生产率、土地生产率、投入产出率

单位：元

年 份	每一农村农林牧渔业从业人员创造农林牧渔业总产值	每一农村农林牧渔业从业人员创造农林牧渔业增加值	每公顷耕地创造农林牧渔业总产值	每公顷耕地创造农林牧渔业增加值	农业投入产出率(%)
1978	510	351	1136	782	220.6
1980	629	438	1479	1024	229.3
1985	1031	741	2534	1822	256.1
1990	2041	1307	5455	3476	175.7
1995	6558	3627	17612	9687	122.2
1996	7738	4201	19974	10786	117.4
1997	8821	4699	22133	11731	112.8
1998	9202	4856	23223	12192	110.5
1999	9352	4921	23767	12440	109.8
2000	9298	4989	23889	12752	114.5
2001	10091	5488	26056	14170	119.2
2002	10424	5769	28225	15622	123.9
2003	11336	6425	31335	17760	130.8
2004	14019	8180	38089	22224	140.1
2005	15091	8880	39726	23376	143.0
2006	16090	9536	41927	24850	145.5
2007	20559	12063	52188	30622	142.0
2008	23706	13760	59396	34476	138.3
2009	24678	14961	55491	33642	154.0
2010	29408	17489	65778	39118	146.7
2011	31606	19381	69629	42696	158.5
2012	34425	21173	74903	46069	159.8
2013	37505	23139	80663	49766	161.1
2014	38577	23645	82196	50380	158.3
2015	38346	23476	81093	49648	157.9
2016	38684	23610	81278	49606	156.6
2017	39452	24213	82428	50588	158.9
2018	42133	25999	87483	53984	161.2
2019	45027	27689	100452	61772	159.7
2020	50780	30977	112163	68421	156.4
2021	53809	32861	117591	71811	156.9

注：1.按从业人员年平均人数计算。
2.从2011年起,农业劳动生产率、土地生产率、投入产出率使用农普核定后数据。

1-3-13 历年农村经济在国民经济中的地位

单位：%

年 份	农林牧渔业增加值占地区生产总值比重	乡村人口占总人口比重	农林牧渔业从业人员占全社会从业人员比重	农村消费品零售额占全社会消费品零售额比重
1952	62.31		87.44	63.71
1957	49.92	90.52	89.91	61.20
1962	49.39	91.54	79.21	63.85
1965	51.16	90.63	87.60	67.14
1970	44.52	91.35	89.92	64.65
1975	38.15	89.87	83.17	63.04
1978	28.52	88.79	69.95	64.20
1980	31.06	87.81	74.74	67.82
1985	30.33	86.41	64.14	61.45
1990	25.42	84.62	60.24	53.18
1995	23.38	83.89	52.75	48.87
1996	21.92	82.04	49.14	49.80
1997	20.86	81.44	48.74	51.16
1998	20.15	81.02	48.58	53.02
1999	19.38	80.69	49.76	53.72
2000	17.82	80.72	49.56	53.56
2001	18.05	80.39	49.17	52.92
2002	17.34	80.02	48.40	52.20
2003	16.80	79.52	48.19	51.13
2004	18.06	79.16	45.86	50.82
2005	15.96	79.15	43.84	53.18
2006	14.56	78.46	42.24	52.55
2007	14.85	78.59	40.42	52.10
2008	14.33	78.63	39.76	52.14
2009	14.42	78.63	39.00	52.28
2010	14.24	77.43	37.88	23.73
2011	13.11	77.34	36.33	23.35
2012	13.09	77.23	34.91	23.26
2013	13.44	77.19	33.57	23.16
2014	13.07	77.14	33.29	21.71
2015	12.27	76.92	32.95	22.06
2016	11.36	76.93	32.68	22.06
2017	10.76	76.29	32.20	22.53
2018	10.84	77.14	32.28	23.45
2019	10.66	77.20	31.82	21.58
2020	11.42	78.33	31.54	17.95
2021	10.61	77.79	31.06	15.02

注：1.本表为经普后对历史数据进行调整的数据。
2.从2010年起，社会消费品零售额按销售单位所在地分为城镇和农村。
3.从2011年起，农林牧渔业增加值占地区生产总值比重使用农普核定后数据。

1-3-14 历年平均每一乡村农林牧渔业从业人员生产的主要农产品

单位：公斤

年 份	粮 食	棉 花	油 料	猪牛羊肉	禽 蛋	水 产 品
1957	592.34	21.73	21.31			6.95
1962	431.95	9.47	6.12			3.42
1965	662.09	17.90	12.25			4.41
1970	778.02	15.46	14.78			4.41
1975	948.56	11.31	14.87			8.11
1978	1144.01	7.94	16.61	28.26		9.42
1980	933.24	15.15	27.67	34.05		5.98
1985	1199.86	38.35	53.03	49.97	20.44	7.78
1986	1200.19	31.23	37.71	56.06	21.83	9.47
1987	1181.89	38.55	42.40	58.66	22.68	11.04
1988	1229.81	35.07	39.73	65.98	26.77	12.57
1989	1212.90	31.43	32.83	65.67	26.24	12.25
1990	1278.86	32.06	42.06	68.07	28.80	12.28
1995	1596.69	21.60	64.04	150.86	119.67	23.09
1996	1719.96	15.93	74.39	156.08	164.40	31.26
1997	1695.17	15.35	72.81	162.00	181.46	37.41
1998	1783.49	16.52	84.86	163.92	186.82	42.38
1999	1674.67	13.57	78.98	164.95	193.77	46.32
2000	1531.76	18.02	88.25	162.13	197.75	48.61
2001	1496.61	25.18	92.38	161.96	201.52	50.99
2002	1474.45	24.33	91.56	167.76	209.98	52.70
2003	1438.22	31.44	98.24	171.84	215.97	51.96
2004	1549.63	41.57	96.42	186.66	229.46	58.00
2005	1673.53	37.17	98.36	202.33	248.06	63.72
2006	1837.75	46.28	88.42	213.79	252.67	57.59
2007	1958.91	48.88	91.44	209.25	268.53	61.29
2008	2026.06	49.56	99.16	225.45	279.04	65.38
2009	2049.19	39.68	91.61	233.15	241.17	68.19
2010	2140.11	29.31	88.78	233.79	234.19	72.91
2011	2333.97	31.54	88.17	237.27	239.26	74.46
2012	2424.64	29.03	89.62	251.01	243.88	70.31
2013	2565.71	27.73	94.67	259.60	250.82	75.88
2014	2568.92	26.63	90.64	276.14	264.86	78.98
2015	2626.71	17.43	91.89	278.19	276.87	82.34
2016	2762.75	17.45	92.17	274.06	288.90	83.73
2017	2826.63	17.74	95.52	278.41	283.25	82.41
2018	2732.64	17.67	89.62	275.60	279.08	80.94
2019	2794.63	17.00	89.35	246.70	288.42	74.00
2020	2836.97	15.59	89.33	234.51	291.26	74.99
2021	2926.51	12.37	91.67	275.25	301.71	83.72

注：按年末从业人数计算。

1-3-15　历年农业产业化经营情况

指　　标	单 位	1998年	2000年	2005年	2006年	2007年	2008年	2009年	2010年	2011年
农业产业化经营总量	亿元	618.5	795.1	1873.1	2171.8	2496.8	2996.4	3213.3	4062.9	4757.1
农业产业化经营率	%	28.4	36.1	49.4	51.8	53.6	55.3	56.8	58.6	60.0
龙头经营组织个数	个	582	604	1118	1172	1203	1230	1252	1465	1576
龙头经营组织销售额	亿元	209.1	306.7	907.3	1106.6	1332.2	1562.8	1614.2	2122.5	2424.0
龙头企业(集团)个数	个	411	471	908	954	989	1016	1030	1218	1307
龙头企业销售额	亿元	171.4	267.8	832.6	1018.2	1242.4	1460.7	1497.2	1963.6	2235.5
专业批发市场个数	个	115	103	123	127	125	127	120	129	129
专业批发市场销售额	亿元	32.6	35.3	66.3	76.0	77.6	91.1	105.4	140.9	167.0
中介服务组织个数	个	56	30	87	91	89	87	102	118	140
中介服务组织销售额	亿元	5.2	3.7	8.4	12.4	12.1	11.0	11.6	18.0	21.5
农产品生产(加工)基地个数	个	343	385	469	481	497	505	500	556	590
农产品生产(加工)基地销售产值	亿元	384.2	463.0	955.5	1056.3	1160.0	1417.8	1582.1	1927.1	2313.1
农产品生产(加工)基地联系农户	万户	431.1	512.2	681.6	749.0	753.0	758.3	747.9	798.8	818.3
种植业生产基地个数	个	191	227	261	263	272	274	271	309	322
种植业生产基地种植面积	千公顷	849.5	1036.5	1581.8	1705.9	1846.1	1883.6	1964.8	2152.5	2191.6
种植业生产基地销售产值	亿元	160.3	218.9	434.0	487.2	568.7	661.8	774.6	961.1	1118.3
种植业生产基地联系农户数	万户	309.4	363.7	465.1	499.4	497.0	499.4	493.8	535.4	544.4
养殖业生产基地个数	个	132	137	183	191	198	203	202	218	238
养殖业生产基地销售产值	亿元	111.4	131.8	316.5	365.6	388.5	512.1	540.5	643.3	840.5
养殖业生产基地联系农户数	万户	111.3	133.2	195.1	227.2	235.3	236.2	231.1	239.4	246.2
生产加工基地个数	个	20	21	25	27	27	28	27	29	30
生产加工基地销售产值	亿元	112.5	112.3	205.0	203.6	202.7	243.9	267.0	322.7	354.3
生产加工基地联系农户数	万户	10.4	15.3	21.5	22.4	20.8	22.7	22.9	24.0	27.7
农户参与度	%	30.8	36.0	47.1	51.8	51.5	51.3	49.9	52.4	53.2
参与农户增收比率	%	28.7	28.7	35.6	35.6	36.2	38.2	40.5	41.3	40.4
农民受益率	%	10.1	11.9	16.5	17.5	16.0	16.1	16.5	17.4	15.9

1-3-15续　历年农业产业化经营情况

指　　标	单 位	2012年	2013年	2014年	2015年	2016年	2017年	2018年	2019年	2020年	2021年
农业产业化经营总量	亿元	5394.3	6147.7	6666.1	6934.8	6297.9	6743.5	6737.4	6669.9	7133.6	7039.1
农业产业化经营率	%	61.5	63.0	64.2	65.6	64.7	66.6	65.9	67.1	64.7	63.1
龙头经营组织个数	个	1662	1834	1974	2181	2529	2575	2552	2951	3070	3411
龙头经营组织销售额	亿元	2719.1	3108.8	3448.0	3637.8	3776.2	4063.3	3885.3	4370.2	4646.2	5066.4
龙头企业(集团)个数	个	1338	1555	1703	1899	2212	2303	2297	2707	2843	3193
龙头企业销售额	亿元	2496.5	2861.9	3158.4	3296.7	3390.3	3622.0	3373.0	3821.5	4106.0	4527.9
专业批发市场个数	个	127	126	111	113	113	106	98	93	87	84
专业批发市场销售额	亿元	199.5	222.7	265.6	314.3	357.0	410.9	470.3	521.2	513.7	494.5
中介服务组织个数	个	147	153	160	169	204	166	157	151	140	134
中介服务组织销售额	亿元	23.1	24.2	23.9	26.8	28.9	30.4	41.9	27.6	26.6	44.0
农产品生产(加工)基地个数	个	633	671	688	699	724	742	715	564	545	371
农产品生产(加工)基地销售产值	亿元	2675.2	3038.9	3218.1	3297.0	2521.7	2680.2	2852.1	2299.7	2487.3	1972.7
农产品生产(加工)基地联系农户	万户	885.4	852.5	860.7	885.5	807.3	812.8	787.8	640.0	632.9	529.6
种植业生产基地个数	个	340	366	374	382	398	415	402	349	340	301
种植业生产基地种植面积	千公顷	2097.0	2457.4	2433.7	2373.7	1855.0	1885.5	1851.0	1685.3	1691.0	1706.5
种植业生产基地销售产值	亿元	1338.5	1552.7	1598.9	1646.4	1109.2	1161.6	1337.1	1332.2	1445.0	1428.4
种植业生产基地联系农户数	万户	591.0	583.3	582.4	605.3	558.2	565.4	559.6	509.7	495.6	460.8
养殖业生产基地个数	个	259	271	281	286	293	295	282	208	198	66
养殖业生产基地销售产值	亿元	903.2	980.5	1059.1	1090.1	759.1	832.2	878.5	783.3	889.8	448.2
养殖业生产基地联系农户数	万户	260.8	239.2	251.8	252.8	215.0	213.1	192.5	124.2	131.9	65.7
生产加工基地个数	个	34	34	33	31	33	32	31	7	7	371
生产加工基地销售产值	亿元	433.4	505.8	560.2	560.5	653.4	686.4	636.5	184.2	152.6	1972.7
生产加工基地联系农户数	万户	33.6	30.0	26.5	27.3	34.1	34.4	35.7	6.1	5.3	529.6
农户参与度	%	57.1	54.5	54.6	56.1	50.8	50.5	47.5	38.0	37.3	31.3
参与农户增收比率	%	43.4	41.1	40.0	43.0	41.1	40.7	40.1	40.6	41.8	46.2
农民受益率	%	29.0	16.2	14.7	15.7	11.9	11.5	10.5	8.0	8.0	6.1

1-3-16 历年城乡居民人均消费水平对比

单位：元

年 份	居民消费水平			
	居民消费水平	城镇居民	农村居民	城乡消费水平对比（农村居民=1）
1978	165	402	137	2.93
1980	199	460	164	2.80
1981	223	481	187	2.57
1982	236	507	198	2.56
1983	258	513	221	2.32
1984	301	569	261	2.18
1985	366	672	319	2.11
1986	413	773	356	2.17
1987	494	917	423	2.17
1988	664	1300	557	2.33
1989	722	1557	583	2.67
1990	783	1592	605	2.63
1991	847	1839	675	2.72
1992	950	2182	729	2.99
1993	1044	2393	797	3.00
1994	1276	2909	968	3.01
1995	1598	3220	1238	2.60
1996	1782	3240	1439	2.25
1997	1987	3478	1580	2.20
1998	2035	3534	1596	2.21
1999	2144	3639	1661	2.19
2000	2324	4150	1696	2.45
2001	2523	4581	1755	2.61
2002	2826	5296	1822	2.91
2003	2993	5548	1868	2.97
2004	3354	5896	2005	2.94
2005	3728	6337	2212	2.87
2006	4295	7231	2478	2.92
2007	5041	8431	2826	2.98
2008	5739	9493	3121	3.04
2009	6357	10510	3247	3.24
2010	7077	11649	3467	3.36
2011	8291	13184	4280	3.08
2012	9300	14353	4980	2.88
2013	9886	14759	5510	2.68
2014	10431	15085	6015	2.51
2015	11387	15851	6830	2.32
2016	12794	17067	8019	2.13
2017	14083	18175	9120	1.99
2018	15432	19354	10330	1.87
2019	16927	20719	11679	1.80
2020	16922	20301	11974	1.70
2021				

注：1.居民消费水平2000年以后数据为按经济普查口径调整后数据。
2.本表数据来源于国民经济核算资料，与城乡住户抽样调查数据的指标口径不同。

1-4-1 农村居民家庭基本情况

指标	单位	2000年	2005年	2010年	2015年	2018年	2019年	2020年	2021年
一、调查户数	**户**	**4200**	**4200**	**4200**					
二、调查户人口									
户均常住人口	人	4.11	3.92	3.70	3.40	3.40	3.27	3.44	3.08
户均整半劳动力	人	2.74	2.81	2.76	2.42	2.24	2.15	2.29	2.15
整半劳动力占常住人口比重	%	66.62	71.67	74.47	71.34	65.66	65.83	66.66	69.82
平均每个劳动力负担人口	人	1.50	1.40	1.34	1.40	1.52	1.52	1.50	1.43
三、劳动力就业情况									
整半劳动力	人	11503	11801	11583					
各业劳动力比重	%	100.00	100.00	100.00	100.00	100.00	100.00	100.00	100.00
1.第一产业	%	71.86	63.90	58.22	52.61	48.77	49.33	45.94	40.77
2.第二产业	%		16.90	22.75	26.90	27.28	26.41	27.19	29.74
(1)采矿业	%		0.74	0.77	1.01	0.77	0.61	0.44	0.61
(2)制造业	%	8.50	10.48	14.37	16.64	12.85	13.68	15.11	18.40
(3)电力、热力、燃气及水生产和供应业	%		0.26	0.56	0.61	1.49	0.82	0.94	0.96
(4)建筑业	%	4.02	5.42	7.05	8.64	12.18	11.30	10.71	9.77
3.第三产业	%		19.20	19.03	20.49	23.95	24.26	26.87	29.49
(1)批发和零售业	%	4.51	4.97	5.01	5.48	4.57	5.57	5.76	7.08
(2)交通运输、仓储和邮政业	%	1.88	2.64	3.03	3.78	5.24	4.72	5.32	5.56
(3)住宿和餐饮业	%		1.30	1.51	1.38	2.53	2.41	1.95	2.69
(4)信息传输、软件和信息技术服务业	%				0.22	0.53	0.25	0.26	0.44
(5)金融业	%				0.25	0.20	0.24	0.35	0.44
(6)房地产业	%				0.08	0.11	0.15	0.13	0.20
(7)租赁和商务服务业	%				0.18	0.40	0.18	0.32	0.26
(8)科学研究和技术服务业	%				0.08	0.06	0.05	0.05	0.06
(9)水利、环境和公共设施管理业	%				0.15	0.30	0.29	0.29	0.36
(10)居民服务、修理和其他服务业	%	1.85	3.24	4.06	5.15	6.04	5.36	7.72	6.63
(11)教育	%		1.19	1.00	1.17	1.10	1.60	1.16	1.65
(12)卫生和社会工作	%		0.62	0.66	0.67	1.08	1.29	0.96	0.88
(13)文化、体育和娱乐业	%		0.23	0.39	0.27	0.37	0.62	0.20	0.22
(14)公共管理、社会保障和社会组织	%		4.99	3.37	1.64	1.43	1.52	2.41	3.01
(15)国际组织	%								

1-4-2 农村居民家庭劳动力文化程度

指标	单位	2000年	2005年	2010年	2015年	2018年	2019年	2020年	2021年
平均每百个劳动力中									
#未上过学	人	2.68	2.80	1.55	2.54	1.97	2.54	2.51	2.47
小学	人	25.00	19.21	17.52	20.49	21.89	22.38	22.33	21.98
初中	人	57.99	59.73	59.74	58.69	57.11	56.44	57.12	56.44
高中	人	13.84	17.13	19.17	14.78	15.02	14.05	13.39	14.07
大专及以上	人	0.49	1.12	2.02	3.51	4.01	4.59	4.65	5.04

1-4-3 农村居民家庭平均每百户年末拥有生产性固定资产数量

指标	单位	2000年	2005年	2010年	2015年	2018年	2019年	2020年	2021年
生产性用房及建筑物	平方米	1179.10	1965.17	2203.59	1179.08	1818.47	2255.34	2403.70	4054.66
大中型农用拖拉机	台	2.03	2.48	2.92	2.46	2.23	2.59	3.61	2.19
小型农用拖拉机	台	34.49	36.43	32.13	36.68	22.97	24.07	21.75	17.90
农用排灌动力机械	台		32.04	26.59	8.25	6.71	7.21	5.59	4.21
收割机	台		2.07	1.76	0.64	2.38	0.91	0.64	0.72
脱粒机	台	6.30	2.17	2.73	2.68	5.78	1.37	2.95	0.97
役畜	头	25.04	11.95	8.32	3.30	2.81	2.83		
产品畜	头	19.88	60.95	40.26	60.96	71.36	114.07	83.91	78.86

1-4-4 农村居民家庭平均每户年末拥有生产性固定资产原值

单位：元

指标	2000年	2005年	2010年	2015年	2018年	2019年	2020年	2021年
平均每户生产性固定资产原值	**6328.32**	**9335.54**	**11455.36**	**15252.44**	**19778.62**	**22915.47**	**27806.59**	**20296.46**
1.农业		4646.31	5683.50	6287.34	6982.48	6558.81	7215.43	5634.67
2.林业	4132.77	9.05	11.27	59.15	8.80	9.34	17.10	13.85
3.牧业		1449.07	1417.95	1534.27	1618.89	2164.68	2745.44	3803.67
4.渔业				6.93			4.91	
5.农林牧渔服务业				53.04	35.52	11.84	187.61	144.79
6.采矿业		14.88	26.19		8.32		55.02	14.24
7.制造业	586.06	1070.92	1354.51	1587.37	3485.59	1919.18	2021.54	2054.39
8.电力、热力、燃气及水生产和供应业			4.76		81.98	53.36	33.48	44.18
9.建筑业	31.57	38.33	158.33	238.89	630.89	697.47	5925.92	445.73
10.批发和零售业		457.83	727.00	2362.73	2023.86	3208.80	2276.78	3236.18
11.交通运输、仓储和邮政业		1356.43	1585.74	2232.68	3831.84	7083.19	5885.13	3937.74
12.住宿和餐饮业		70.19	101.55	217.22	358.58	308.00	494.45	276.25
13.房地产业	1577.92							
14.租赁和商务服务业				108.53	129.36	182.36	110.59	21.32
15.居民服务、修理和其他服务业		123.43	206.44	487.58	471.69	429.02	705.35	429.63
16.其他行业		99.10	178.12	76.71	110.84	289.43	127.84	239.82

1-4-5 农村居民住房情况

指　　标	单位	2000年	2005年	2010年	2015年	2018年	2019年	2020年	2021年
年末拥有房屋面积	**平方米／人**	**22.87**	**28.35**	**32.48**	**37.66**	**39.67**	**38.90**		
现住房面积	平方米／人	22.87	28.35	32.23	36.52	38.66	38.87	39.19	39.91
#钢筋混凝土	平方米／人	2.98	6.11	7.53	2.88	3.45	4.02	4.21	5.28
砖混材料	平方米／人	18.35	21.10	23.57	18.25	22.61	21.96	26.08	23.44
砖瓦砖木	平方米／人				14.58	11.73	12.18	8.77	11.17
竹草土坯	平方米／人				0.68	0.39	0.25	0.03	0.02
其　　他	平方米／人				0.13	0.49	0.48	0.10	

1-4-6 历年农村居民人均可支配收入及指数

单位：元/人

年　份	一、收入合计	从集体得到的收入	从经济联合体得到的收入	家庭经营纯收入	其他非生产性收入	二、指数	
						以上年为100	以1978年为100
1954	63	3		49	11		
1957	64	49		2	14		
1962	90	55		25	11		
1965	88	55		20	13		
1966	88	56		20	12		
1977	83	60		17	7		
1978	114	84		20	10	137.2	100.0
1979	136	98		24	14	119.3	119.3
1980	176	105		45	26	129.1	154.1
1985	385	35	9	305	36	111.7	337.7
1986	408	40	11	319	37	105.8	357.4
1987	444	44	12	357	33	109.0	389.6
1988	547	50	13	445	39	123.0	479.2
1989	589	58	14	472	45	107.8	516.7
1990	622	55	12	507	48	105.5	545.0
1991	657	69	8	524	56	105.7	576.3
1992	682	78	9	530	65	103.8	598.4

1-4-6续　历年农村居民人均可支配收入及指数

单位：元/人

年　份	一、可支配收　入	1.工资性收入	2.经营净收入	3.财产净收入	4.转移净收入	二、指　数 以上年为100	以1978年为100
1993	804	220	550	6	27	117.8	704.7
1994	1107	294	753	32	29	137.8	970.8
1995	1669	441	1150	41	37	150.7	1463.0
1996	2055	575	1391	49	40	123.1	1801.6
1997	2286	762	1449	36	39	111.2	2004.2
1998	2405	787	1520	42	56	105.2	2108.8
1999	2442	896	1432	53	60	101.5	2140.5
2000	2479	949	1418	52	60	101.5	2173.3
2001	2604	978	1501	76	48	105.0	2282.7
2002	2685	1044	1506	78	58	103.1	2354.2
2003	2853	1072	1645	76	61	106.3	2501.6
2004	3171	1111	1888	79	93	111.1	2780.2
2005	3482	1294	1989	94	106	109.8	3052.5
2006	3802	1515	2040	108	140	109.2	3333.2
2007	4293	1754	2250	116	174	112.9	3764.2
2008	4795	1980	2416	119	281	111.7	4204.3
2009	5150	2251	2440	124	334	107.4	4514.9
2010	5958	2653	2730	182	392	115.7	5223.5
2011	7120	3424	3006	206	483	119.5	6242.1
2012	8081	4005	3255	218	603	113.5	7085.2
2013	9188	4453	3166	166	1403	112.6	7979.9
2014	10186	5133	3435	204	1413	110.9	8847.1
2015	11051	5812	3685	234	1320	108.5	9597.8
2016	11919	6263	3970	257	1429	107.9	10352.4
2017	12881	6841	4228	274	1538	108.1	11187.6
2018	14031	7454	4612	299	1667	108.9	12186.4
2019	15373	8120	5099	323	1831	109.6	13352.1
2020	16467	8598	5517	352	2000	107.1	14302.3
2021	18179	9497	6017	390	2275	110.4	15789.1

注：2013年以前农村居民为人均纯收入，以后为新口径人均可支配收入，指数为可比。

1-4-7　农村居民人均可支配收入

单位：元/人

指　　标	2000年	2005年	2010年	2015年	2019年	2020年	2021年
可支配收入	**2479**	**3482**	**5958**	**11051**	**15373**	**16467**	**18179**
一、工资性收入	**949**	**1294**	**2653**	**5812**	**8120**	**8598**	**9497**
二、经营净收入	**1418**	**1989**	**2730**	**3685**	**5099**	**5517**	**6017**
（一）按产业划分							
1.第一产业	914	1456	2053	2144	2617	2888	3166
2.第二产业	113	155	214	276	551	593	723
3.第三产业	390	378	463	1265	1931	2037	2127
三、财产性净收入	**52**	**94**	**182**	**234**	**323**	**352**	**390**
四、转移净收入	**60**	**106**	**392**	**1320**	**1831**	**2000**	**2275**

注：2013年以前农村居民为人均纯收入，以后为新口径人均可支配收入。

1-4-8 历年农村居民人均消费支出及构成

单位：元

年份	合计	一、生活消费品支出						二、非商品支出
		小计	食品	衣着	燃料	用品及支出	住房	
1954	57	55	39	6	4	3	3	1
1957	58	56	38	8	4	4	3	2
1962	81	76	44	7	10	10	5	4
1965	77	73	52	8	6	4	4	3
1978	95	93	63	14	7	6	3	2
1980	142	139	80	20	8	17	14	3
1985	298	290	149	32	16	43	50	8
1986	333	324	162	35	19	48	61	9
1987	365	356	180	38	18	54	65	10
1988	446	425	209	45	22	68	81	21
1989	495	470	238	48	28	70	86	25
1990	486	457	249	47	28	65	69	29
1991	558	516	268	58	29	82	79	42
1992	579	530	298	56	29	79	69	49
构成(%)								
1954	100.00	97.50	68.75	11.36	7.72	4.96	4.71	2.50
1957	100.00	97.04	64.93	13.24	7.44	6.87	4.56	2.96
1962	100.00	94.73	54.10	8.92	12.67	12.64	6.40	5.27
1965	100.00	95.95	67.58	10.33	7.97	5.36	4.71	4.05
1978	100.00	97.82	66.27	14.68	7.68	6.27	2.92	2.18
1980	100.00	97.76	56.06	13.88	5.81	11.85	10.16	2.24
1985	100.00	97.46	50.03	10.83	5.54	14.39	16.67	2.54
1986	100.00	97.37	48.51	10.60	5.73	14.30	18.23	2.63
1987	100.00	97.33	49.36	10.49	4.87	14.82	17.80	2.67
1988	100.00	95.34	46.95	10.06	4.99	15.17	18.17	4.66
1989	100.00	94.86	48.12	9.65	5.56	14.11	17.42	5.14
1990	100.00	94.06	51.19	9.59	5.72	13.31	14.24	5.94
1991	100.00	92.42	47.94	10.46	5.13	14.74	14.15	7.58
1992	100.00	91.54	51.52	9.67	4.93	13.56	11.86	8.46
1993	697	407	52	97	36	11	41	44
1994	779	442	65	109	43	19	57	33
1995	1104	627	90	165	58	33	73	41

1-4-8续 历年农村居民人均消费支出及构成

单位：元

年份	合计	食品烟酒	衣着	居住	生活用品及服务	交通通信	教育文化娱乐	医疗保健	其他用品和服务
1996	1399	730	134	210	78	58	107	60	22
1997	1395	701	124	221	79	57	126	61	26
1998	1299	617	112	212	77	60	130	64	26
1999	1338	585	106	262	81	72	136	69	27
2000	1365	539	105	322	65	85	131	78	40
2001	1430	568	106	329	67	99	139	81	40
2002	1476	575	109	319	69	110	157	99	39
2003	1600	639	115	311	72	150	186	102	25
2004	1835	780	127	341	80	183	116	177	31
2005	2166	888	156	399	101	222	226	135	39
2006	2495	916	168	532	116	286	265	166	47
2007	2787	1026	186	628	140	318	243	188	57
2008	3126	1193	204	696	152	347	250	219	65
2009	3350	1196	218	797	170	351	264	289	66
2010	3845	1351	251	840	219	465	296	344	79
2011	4711	1580	334	1090	317	520	315	435	120
2012	5364	1817	397	1137	350	604	358	544	157
2013	7377	2205	522	1628	470	932	649	795	176
2014	8248	2421	582	1858	508	1147	759	789	185
2015	9023	2578	625	2014	527	1298	870	921	188
2016	9798	2745	650	2207	597	1511	953	928	206
2017	10536	2817	684	2381	668	1689	1014	1073	209
2018	11383	3003	722	2542	774	1737	1171	1202	232
2019	12372	3298	793	2689	796	1827	1367	1334	269
2020	12644	3687	811	2711	783	1893	1155	1380	225
2021	15391	4703	1024	2812	930	2336	1541	1746	299
构成(%)									
1993	100.00	58.39	7.50	13.86	5.16	1.63	5.90	6.32	1.24
1994	100.00	56.69	8.37	14.00	5.50	2.40	7.33	4.26	1.45
1995	100.00	56.82	8.12	14.98	5.27	3.03	6.61	3.71	1.46
1996	100.00	52.18	9.55	15.05	5.57	4.14	7.63	4.29	1.59
1997	100.00	50.28	8.88	15.88	5.64	4.05	9.03	4.40	1.84
1998	100.00	47.51	8.60	16.33	5.93	4.65	10.05	4.96	1.97
1999	100.00	43.68	7.94	19.55	6.07	5.41	10.17	5.13	2.05
2000	100.00	39.50	7.68	23.59	4.79	6.19	9.57	5.73	2.95
2001	100.00	39.72	7.43	23.04	4.66	6.91	9.74	5.69	2.81
2002	100.00	38.92	7.39	21.61	4.65	7.48	10.63	6.71	2.61
2003	100.00	39.94	7.19	19.47	4.48	9.34	11.65	6.35	1.58
2004	100.00	42.51	6.92	18.58	4.38	9.95	6.32	9.62	1.71
2005	100.00	41.02	7.18	18.42	4.69	10.25	10.43	6.22	1.79
2006	100.00	36.69	6.73	21.31	4.64	11.45	10.64	6.67	1.88
2007	100.00	36.81	6.66	22.53	5.04	11.42	8.73	6.75	2.06
2008	100.00	38.17	6.52	22.27	4.86	11.09	8.00	7.02	2.07
2009	100.00	35.69	6.50	23.78	5.09	10.48	7.87	8.64	1.96
2010	100.00	35.15	6.53	21.84	5.69	12.09	7.70	8.95	2.05
2011	100.00	33.53	7.09	23.14	6.73	11.04	6.69	9.23	2.55
2012	100.00	33.53	7.09	23.14	6.73	11.04	6.69	9.23	2.55
2013	100.00	29.89	7.07	22.07	6.38	12.63	8.79	10.78	2.38
2014	100.00	29.36	7.05	22.53	6.16	13.90	9.20	9.56	2.24
2015	100.00	28.57	6.93	22.32	5.85	14.39	9.65	10.20	2.09
2016	100.00	28.02	6.64	22.52	6.09	15.42	9.72	9.47	2.11
2017	100.00	26.74	6.50	22.60	6.34	16.03	9.63	10.18	1.98
2018	100.00	26.38	6.35	22.33	6.80	15.26	10.29	10.56	2.04
2019	100.00	26.66	6.41	21.73	6.43	14.76	11.05	10.78	2.17
2020	100.00	29.16	6.41	21.44	6.19	14.97	9.13	10.91	1.78
2021	100.00	30.56	6.65	18.27	6.04	15.18	10.01	11.34	1.94

注：2013年以前为生活消费支出，之后为消费支出。

1-4-9 农村居民家庭人均主要食品消费量

指　　标	单 位	2000年	2005年	2010年	2015年	2018年	2019年	2020年	2021年
一、粮食(原粮)	公斤	215.88	200.84	181.69	145.41	138.63	157.55	166.08	189.28
（一）谷物	公斤	211.00	196.52	178.60	137.58	128.52	144.38	151.27	171.54
1.小麦	公斤	153.10	139.80	122.09	93.32	87.32	106.44	109.49	124.82
2.稻谷	公斤	14.63	17.47	21.10	24.85	24.91	23.15	27.72	31.11
（二）薯类	公斤	2.76	1.52	1.23	2.15	3.22	4.37	4.50	4.70
（三）豆类	公斤	2.12	2.81	1.86	5.68	6.90	8.79	10.31	13.04
二、蔬菜及菜制品	公斤	61.45	57.70	55.38	82.41	83.69	83.35	91.80	115.74
#鲜菜	公斤	61.23		54.69	80.61	81.35	80.47	88.59	111.39
三、肉禽及其制品	公斤	8.06	10.54	10.95	18.58	22.84	21.01	21.67	33.07
#猪肉	公斤	6.63	7.15	7.12	11.26	14.16	12.18	10.77	18.87
牛肉	公斤	0.35	0.47	0.34	0.44	0.50	0.51	0.72	0.71
羊肉	公斤	0.19	0.37	0.38	0.83	0.67	0.75	0.85	1.08
禽类	公斤	0.37	0.75	1.02	2.93	3.87	4.25	5.89	7.41
四、蛋类及蛋制品	公斤	5.09	6.27	7.26	11.49	11.81	14.28	16.10	19.28
五、奶和奶制品	公斤	0.22	2.40	3.48	7.55	7.47	8.39	8.92	12.34
六、水产品	公斤	1.79	2.48	2.52	3.41	4.17	4.81	5.20	6.70
七、油脂类	公斤	5.91	6.75	8.33	11.87	7.65	7.36	8.11	10.03
#植物油	公斤	5.32	6.28	8.12	11.73	7.36	7.13	7.89	9.71
八、食糖	公斤	0.59	0.77	0.66	1.10	1.14	1.29	1.43	1.74
九、鲜瓜果	公斤	16.74	16.57	21.11	41.51	49.88	57.41	59.87	71.66
十、坚果类	公斤	0.60	1.11	1.11	3.24	4.06	4.61	4.79	6.46
十一、茶叶	公斤		0.13	0.12	0.10	0.07	0.10	0.11	0.14
十二、酒	公斤	6.50	9.16	8.84	11.97	10.49	11.82	11.39	15.07

1-4-10 农村居民家庭平均每百户年末耐用消费品拥有量

指　　标	单 位	2000年	2005年	2010年	2015年	2018年	2019年	2020年	2021年
家用汽车	辆				23.61	37.62	38.49	40.79	43.80
摩托车	辆	34.33	58.17	61.43	66.43	48.83	39.89	43.04	32.49
助力车	辆			40.50	91.11	103.73	112.35	118.88	117.79
洗衣机	台	58.86	74.17	86.33	96.72	99.39	100.29	105.94	100.68
电冰箱	台				90.12	98.56	97.21	103.74	101.27
微波炉	台				15.77	18.50	16.81	17.48	21.05
彩色电视机	台	64.76	102.14	116.55	120.81	115.17	112.11	112.80	110.79
#接入有线电视网	台		23.64	42.14	51.63	40.18			
空　调	台				55.25	80.97	83.01	88.66	97.70
热水器	台				56.37	65.29	67.56	71.02	64.77
#太阳能热水器	台				49.79	56.22			
消毒碗柜	台				0.29				
洗碗机	台				0.57	0.25	1.39	0.34	0.61
抽油烟机	台	1.86	3.81	8.05	17.21	27.71	31.73	34.09	42.94
固定电话	部	31.17	76.74	61.45	33.21	8.72	5.21	4.91	4.84
移动电话	部				226.22	244.54	246.35	250.89	246.07
#接入互联网	部				68.85	167.71	182.45	223.95	211.41
计算机	台				37.82	37.46	39.12	36.11	34.32
#接入互联网	台				29.20	30.01	31.85	29.79	28.61
摄像机	台	0.24	0.43	0.69	0.72				
照相机	台	4.17	3.50	4.24	4.54	3.95	1.99	2.54	2.05
中高档乐器	架	0.19	0.17	0.38	0.46	0.88	0.44	0.58	1.16
健身器材	部				0.64	0.82	1.04	1.39	1.55
组合音响	套	8.12	11.74		2.59				

1-4-11 历年城乡居民可支配收入与消费支出及恩格尔系数

单位：元，%

年份	可支配收入				消费支出		恩格尔系数	
	全体居民	城镇居民	农村居民	城乡收入水平对比(农村居民=1)	城镇居民	农村居民	城镇居民	农村居民
1978		276	114	2.42	402	137		66.27
1980		401	176	2.28	460	164	60.08	56.06
1985		631	385	1.64	672	319	49.96	50.03
1986		766	408	1.88	773	356	50.24	48.51
1987		855	444	1.92	917	423	51.67	49.36
1988		1080	547	1.98	1300	557	46.50	46.95
1989		1257	589	2.13	1557	583	52.00	48.12
1990		1397	622	2.25	1592	605	51.16	51.19
1991		1489	657	2.27	1839	675	51.34	47.94
1992		1763	682	2.58	2182	729	49.51	51.52
1993		2201	804	2.74	2496	831	46.31	58.39
1994		3008	1107	2.72	3009	1001	47.29	56.69
1995		3992	1669	2.39	3397	1306	46.22	56.82
1996		4430	2055	2.16	3499	1554	44.78	52.18
1997		4959	2286	2.17	3765	1711	41.95	50.28
1998		5085	2405	2.11	3833	1731	40.02	47.51
1999		5365	2442	2.20	3950	1803	37.70	43.68
2000		5661	2479	2.28	4523	1848	34.39	39.50
2001		5985	2604	2.30	4991	1912	35.35	39.72
2002		6679	2685	2.49	5776	1987	35.42	38.92
2003		7239	2853	2.54	6063	2042	35.16	39.94
2004		7951	3171	2.51	7096	2167	36.82	42.51
2005		9107	3482	2.62	7851	2426	34.56	41.02
2006		10305	3802	2.71	8971	2714	33.94	36.69
2007		11690	4293	2.72	10031	3067	33.88	36.81
2008		13441	4795	2.80	10835	3515	34.73	38.17
2009		14718	5150	2.86	12195	3606	33.59	35.69
2010		16263	5958	2.73	13619	3867	32.32	35.15
2011		18292	7120	2.57	15331	4893	33.80	33.53
2012		20543	8081	2.54	16554	5766	33.60	33.53
2013	15190	22227	9188	2.42	14970	7377	26.88	29.89
2014	16647	24141	10186	2.37	16204	8248	26.17	29.36
2015	18118	26152	11051	2.37	17587	9023	26.05	28.57
2016	19725	28249	11919	2.37	19106	9798	26.13	28.02
2017	21484	30548	12881	2.37	20600	10536	24.60	26.74
2018	23446	32977	14031	2.35	22127	11383	25.11	26.38
2019	25665	35738	15373	2.32	23483	12372	25.65	26.66
2020	27136	37286	16467	2.26	23167	12644	26.91	29.16
2021	29383	39791	18179	2.19	24192	15391	26.96	30.56

注：1.1996年以前城镇居民为人均生活费收入，1996—2012年为可支配收入，2013年为新口径可支配收入，指数为可比。
2.2013年以前农村居民为人均纯收入，以后为新口径人均可支配收入，指数为可比（下同）。

1-5-1 种植业成本收益与劳动生产率

指　　标	单位	三种粮食平均		小　麦		玉　米	
		2020年	2021年	2020年	2021年	2020年	2021年
一、每亩							
主产品产量	公斤	558.19	559.01	470.92	500.14	503.85	496.54
产值合计	元	1400.46	1502.03	1114.37	1275.90	1140.09	1302.89
主产品产值	元	1375.99	1472.66	1088.91	1250.44	1111.00	1272.76
副产品产值	元	24.47	29.37	25.46	25.46	29.09	30.13
总成本	元	1310.48	1370.13	1114.29	1145.54	958.04	1007.89
生产成本	元	956.86	994.12	919.59	945.68	758.31	800.69
物质与服务费用	元	514.79	534.55	518.56	534.20	368.41	374.80
人工成本	元	442.07	459.57	401.03	411.48	389.90	425.89
家庭用工折价	元	396.95	414.90	401.03	411.48	385.05	424.35
雇工费用	元	45.12	44.67			4.85	1.54
土地成本	元	353.62	376.01	194.70	199.86	199.73	207.20
流转地租金	元	49.43	92.10	5.15	5.49	4.07	4.23
自营地折租	元	304.19	283.91	189.55	194.37	195.66	202.97
净利润	元	89.98	131.90	0.08	130.36	182.05	295.00
现金成本	元	609.34	671.32	523.71	539.69	377.33	380.57
现金收益	元	791.12	830.71	590.66	736.21	762.76	922.32
成本利润率	%	6.87	9.63	0.01	11.38	19.00	29.27
二、每50公斤主产品							
平均出售价格	元	123.25	131.72	115.62	125.01	110.25	128.16
总成本	元	115.33	120.15	115.61	112.24	92.65	99.14
生产成本	元	84.21	87.18	95.41	92.66	73.33	78.76
净利润	元	7.92	11.57	0.01	12.77	17.60	29.02
现金成本	元	53.63	58.87	54.34	52.88	36.49	37.44
现金收益	元	69.62	72.85	61.28	72.13	73.76	90.72
附：							
每亩用工数量	日	4.97	4.88	4.72	4.57	4.58	4.73
每亩主产品已出售数量	公斤	464.58	476.23	384.49	435.93	409.10	378.44
每亩主产品已出售产值	元	1144.54	1254.91	885.20	1084.51	892.37	967.78
商品率	%	92.22	94.04	83.40	89.08	97.76	97.94
商品已出售率	%	83.23	85.19	81.65	87.16	81.19	76.22
每亩补贴收入	元	69.48	74.71	50.97	52.05	61.01	61.83

注：1. “三种粮食平均”为粳稻、小麦、玉米简单平均。
2. “每亩主产品已出售数量”和“每亩主产品已出售产值”截至当年年底（下同）。

1-5-1续1 种植业成本收益与劳动生产率

指标	单位	粳稻		谷子		大豆	
		2020年	2021年	2020年	2021年	2020年	2021年
一、每亩							
主产品产量	公斤	699.80	680.35	279.99	287.90	191.80	197.12
产值合计	元	1946.93	1927.31	1542.06	1516.79	1020.79	1128.00
主产品产值	元	1928.06	1894.79	1510.29	1485.80	1020.79	1128.00
副产品产值	元	18.87	32.52	31.77	30.99		
总成本	元	1858.82	1955.62	1008.39	1068.03	848.73	888.95
生产成本	元	1192.39	1234.65	861.01	919.62	639.52	674.89
物质与服务费用	元	657.44	694.67	211.66	258.18	276.91	303.46
人工成本	元	534.95	539.98	649.35	661.44	362.61	371.43
家庭用工折价	元	404.43	407.52	642.26	651.96	362.61	371.43
雇工费用	元	130.52	132.46	7.09	9.48		
土地成本	元	666.43	720.97	147.38	148.41	209.21	214.06
流转地租金	元	139.06	266.58	4.51	0.83		
自营地折租	元	527.37	454.39	142.87	147.58	209.21	214.06
净利润	元	88.11	-28.31	533.67	448.76	172.06	239.05
现金成本	元	927.02	1093.71	223.26	268.49	276.91	303.46
现金收益	元	1019.91	833.60	1318.80	1248.30	743.88	824.54
成本利润率	%	4.74	-1.45	52.92	42.02	20.27	26.89
二、每50公斤主产品							
平均出售价格	元	137.76	139.25	269.70	258.04	266.11	286.12
总成本	元	131.53	141.30	176.36	181.70	221.26	225.48
生产成本	元	84.37	89.20	150.59	156.45	166.72	171.19
净利润	元	6.23	-2.05	93.34	76.34	44.85	60.64
现金成本	元	65.59	79.02	39.05	45.68	72.19	76.97
现金收益	元	72.17	60.23	230.65	212.36	193.92	209.15
附:							
每亩用工数量	日	5.61	5.34	7.60	7.30	4.27	4.13
每亩主产品已出售数量	公斤	600.16	614.32	253.15	157.69	153.98	171.99
每亩主产品已出售产值	元	1656.04	1712.45	1364.79	760.28	822.78	983.12
商品率	%	95.50	95.11	93.37	92.94	91.61	94.19
商品已出售率	%	85.76	90.29	90.41	54.77	80.28	87.25
每亩补贴收入	元	96.46	110.26	85.08	84.24	47.13	47.03

1−5−1续2　种植业成本收益与劳动生产率

指　　标	单位	花　生		棉　花	
		2020年	2021年	2020年	2021年
一、每亩					
主产品产量	公斤	302.03	306.13	90.30	90.26
产值合计	元	2074.00	2101.77	1637.87	2226.25
主产品产值	元	2060.56	2086.19	1320.57	1812.51
副产品产值	元	13.44	15.58	317.30	413.74
总成本	元	1575.85	1472.14	2552.75	2701.28
生产成本	元	1279.63	1213.73	2269.70	2413.84
物质与服务费用	元	530.41	531.70	431.03	418.53
人工成本	元	749.22	682.03	1838.67	1995.31
家庭用工折价	元	719.10	666.18	1832.77	1982.34
雇工费用	元	30.12	15.85	5.90	12.97
土地成本	元	296.22	258.41	283.05	287.44
流转地租金	元	8.42	9.20	18.54	19.71
自营地折租	元	287.80	249.21	264.51	267.73
净利润	元	498.15	629.63	-914.88	-475.03
现金成本	元	568.95	556.75	455.47	451.21
现金收益	元	1505.05	1545.02	1182.40	1775.04
成本利润率	%	31.61	42.77	-35.84	-17.59
二、每50公斤主产品					
平均出售价格	元	341.12	340.74	731.21	1004.05
总成本	元	259.19	238.66	1139.65	1218.29
生产成本	元	210.47	196.77	1013.28	1088.65
净利润	元	81.93	102.08	-408.44	-214.24
现金成本	元	93.58	90.26	203.34	203.50
现金收益	元	247.54	250.48	527.87	800.55
附：					
每亩用工数量	日	8.79	7.56	21.64	22.21
每亩主产品已出售数量	公斤	266.83	272.23	89.34	89.85
每亩主产品已出售产值	元	1827.21	1851.71	1307.36	1803.84
商品率	%	90.93	91.41	99.89	99.93
商品已出售率	%	88.35	88.93	98.94	99.55
每亩补贴收入	元	65.45	69.52	249.63	256.73

1-5-1续3　种植业成本收益与劳动生产率

指　　标	单位	苹　果		鸭　梨	
		2020年	2021年	2020年	2021年
一、每亩					
主产品产量	公斤	1875.02	2279.96	3703.19	3364.08
产值合计	元	5766.43	5272.09	8663.98	6180.70
主产品产值	元	5751.69	5255.64	8663.98	6180.70
副产品产值	元	14.74	16.45		
总成本	元	3746.63	4113.45	4762.31	4947.90
生产成本	元	3478.11	3837.29	4154.25	4334.78
物质与服务费用	元	1070.73	1121.12	1680.75	1781.23
人工成本	元	2407.38	2716.17	2473.50	2553.55
家庭用工折价	元	1846.29	2075.31	1826.99	1868.40
雇工费用	元	561.10	640.86	646.51	685.15
土地成本	元	268.52	276.16	608.06	613.12
流转地租金	元	5.81	1.60	37.27	36.53
自营地折租	元	262.71	274.56	570.79	576.59
净利润	元	2019.80	1158.64	3901.67	1232.81
现金成本	元	1637.64	1763.58	2364.53	2502.91
现金收益	元	4128.79	3508.51	6299.45	3677.79
成本利润率	%	53.91	28.17	81.93	24.92
二、每50公斤主产品					
平均出售价格	元	153.38	115.26	116.98	91.86
总成本	元	99.66	89.93	64.30	73.54
生产成本	元	92.51	83.89	56.09	64.43
净利润	元	53.72	25.33	52.68	18.32
现金成本	元	43.56	38.56	31.93	37.20
现金收益	元	109.82	76.70	85.05	54.66
附：					
每亩用工数量	日	28.22	29.48	27.51	26.99
每亩主产品已出售数量	公斤	1471.15	2067.73	3581.71	3234.06
每亩主产品已出售产值	元	4411.31	4761.71	8395.29	5912.73
商品率	%	99.10	98.77	96.78	96.15
商品已出售率	%	78.46	90.69	96.72	96.14
每亩补贴收入	元	64.60	65.13	48.26	49.98

1-5-2 种植业物质费用和劳动用工

指　　标	单位	三种粮食平均		小　麦		玉　米	
		2020年	2021年	2020年	2021年	2020年	2021年
一、每亩物质与服务费用	**元**	**514.79**	**534.55**	**518.56**	**534.20**	**368.41**	**374.80**
(一)直接费用	元	507.26	526.87	508.87	524.71	361.41	367.31
1.种子费	元	53.70	53.13	75.51	75.92	45.99	48.23
2.化肥费	元	151.24	165.30	162.36	170.60	120.23	137.10
3.农家肥费	元	17.55	17.28	31.40	30.77	21.26	21.08
4.农药费	元	33.51	33.36	19.69	22.87	19.37	19.74
5.农膜费	元	2.89	2.78			0.38	0.68
6.租赁作业费	元	242.36	248.89	215.99	220.59	149.92	136.20
机械作业费	元	152.45	152.35	140.29	142.30	118.49	111.94
排灌费	元	89.91	96.54	75.70	78.29	31.43	24.26
#水费	元	40.56	41.33				
畜力费	元						
7.燃料动力费	元						
8.技术服务费	元						
9.工具材料费	元	3.22	3.21	2.08	2.12	2.34	2.35
10.修理维护费	元	2.79	2.92	1.84	1.84	1.92	1.93
11.其他直接费用	元						
(二)间接费用	元	7.53	7.68	9.69	9.49	7.00	7.49
1.固定资产折旧	元	5.17	5.12	4.98	4.71	4.62	4.59
2.保险费	元	2.36	2.56	4.71	4.78	2.38	2.90
3.管理费	元						
4.财务费	元						
5.销售费	元						
二、每亩人工成本	**元**	**442.07**	**459.57**	**401.03**	**411.48**	**389.90**	**425.89**
1.家庭用工折价	元	396.95	414.90	401.03	411.48	385.05	424.35
家庭用工天数	日	4.67	4.61	4.72	4.57	4.53	4.72
劳动日工价	元	85.00	90.00	85.00	90.00	85.00	90.00
2.雇工费用	元	45.12	44.67			4.85	1.54
雇工天数	日	0.30	0.27			0.05	0.01
雇工工价	元	150.40	165.44	88.59	93.00	96.98	153.60
附：							
1.每亩种子用量	公斤	8.19	8.01	17.53	17.33	2.21	2.28
2.每亩化肥用量(折纯)	公斤	27.65	26.94	31.78	31.70	21.46	21.41
3.每亩农膜用量	公斤	0.20	0.20			0.03	0.06

注：“三种粮食平均”为粳稻、小麦、玉米简单平均。

1-5-2续1　种植业物质费用和劳动用工

指　　标	单位	粳　稻		谷　子		大　豆	
		2020年	2021年	2020年	2021年	2020年	2021年
一、每亩物质与服务费用	**元**	**657.44**	**694.67**	**211.66**	**258.18**	**276.91**	**303.46**
(一)直接费用	元	651.53	688.62	207.49	253.97	273.14	299.99
1.种子费	元	39.61	35.25	14.64	15.14	45.96	51.27
2.化肥费	元	171.12	188.19	82.89	131.18	91.16	108.66
3.农家肥费	元			27.42	13.23		9.20
4.农药费	元	61.47	57.47	13.50	14.80	16.89	18.89
5.农膜费	元	8.30	7.67				
6.租赁作业费	元	361.18	389.87	64.73	75.86	113.79	105.71
机械作业费	元	198.57	202.80	60.60	73.09	81.54	84.96
排灌费	元	162.61	187.07	3.00	2.77	32.25	20.75
#水费	元	121.67	123.98				
畜力费	元			1.13			
7.燃料动力费	元						
8.技术服务费	元						
9.工具材料费	元	5.24	5.17	2.76	2.45	3.02	3.34
10.修理维护费	元	4.61	5.00	1.55	1.31	2.32	2.92
11.其他直接费用	元						
(二)间接费用	元	5.91	6.05	4.17	4.21	3.77	3.47
1.固定资产折旧	元	5.91	6.05	4.17	4.21	3.77	3.47
2.保险费	元						
3.管理费	元						
4.财务费	元						
5.销售费	元						
二、每亩人工成本	**元**	**534.95**	**539.98**	**649.35**	**661.44**	**362.61**	**371.43**
1.家庭用工折价	元	404.43	407.52	642.26	651.96	362.61	371.43
家庭用工天数	日	4.76	4.53	7.56	7.24	4.27	4.13
劳动日工价	元	85.00	90.00	85.00	90.00	85.00	90.00
2.雇工费用	元	130.52	132.46	7.09	9.48		
雇工天数	日	0.85	0.81	0.04	0.06		
雇工工价	元	153.55	163.53	177.35	158.00	98.11	94.26
附：							
1.每亩种子用量	公斤	4.82	4.42	0.66	0.66	5.50	5.35
2.每亩化肥用量(折纯)	公斤	29.67	27.72	16.01	20.97	16.46	14.70
3.每亩农膜用量	公斤	0.57	0.53				

1-5-2续2　种植业物质费用和劳动用工

指　　标	单位	花　生		棉　花	
		2020年	2021年	2020年	2021年
一、每亩物质与服务费用	**元**	**530.41**	**531.70**	**431.03**	**418.53**
(一)直接费用	元	526.05	527.42	424.60	412.92
1.种子费	元	217.88	220.56	50.97	51.16
2.化肥费	元	116.84	120.37	131.91	146.26
3.农家肥费	元	5.20	4.73		
4.农药费	元	26.67	29.33	87.67	82.33
5.农膜费	元	21.76	20.97	24.77	25.03
6.租赁作业费	元	133.91	127.15	122.60	104.18
机械作业费	元	104.49	101.46	63.74	64.09
排灌费	元	29.42	25.69	58.86	40.09
#水费	元				
畜力费	元				
7.燃料动力费	元				
8.技术服务费	元				
9.工具材料费	元	1.87	2.20	3.51	2.28
10.修理维护费	元	1.92	2.11	3.17	1.68
11.其他直接费用	元				
(二)间接费用	元	4.36	4.28	6.43	5.61
1.固定资产折旧	元	4.36	4.28	6.43	5.61
2.保险费	元				
3.管理费	元				
4.财务费	元				
5.销售费	元				
二、每亩人工成本	**元**	**749.22**	**682.03**	**1838.67**	**1995.31**
1.家庭用工折价	元	719.10	666.18	1832.77	1982.34
家庭用工天数	日	8.46	7.40	21.56	22.03
劳动日工价	元	85.00	90.00	85.00	90.00
2.雇工费用	元	30.12	15.85	5.90	12.97
雇工天数	日	0.33	0.16	0.08	0.18
雇工工价	元	91.27	99.04	73.74	72.04
附：					
1.每亩种子用量	公斤	19.00	18.49		
2.每亩化肥用量(折纯)	公斤	18.55	18.40	22.61	22.81
3.每亩农膜用量	公斤	1.71	1.58	2.18	2.17

1-5-2续3 种植业物质费用和劳动用工

指标	单位	苹果		鸭梨	
		2020年	2021年	2020年	2021年
一、每亩物质与服务费用	**元**	**1070.73**	**1121.12**	**1680.75**	**1781.23**
(一)直接费用	元	1051.08	1104.41	1635.95	1742.35
1.种子费	元				
2.化肥费	元	380.00	419.48	397.39	443.67
3.农家肥费	元	156.59	114.52	171.84	163.98
4.农药费	元	220.42	265.06	376.04	376.97
5.农膜费	元				
6.租赁作业费	元	183.09	154.27	240.40	254.33
机械作业费	元	69.02	69.56	62.33	67.64
排灌费	元	114.07	84.71	178.07	186.69
#水费	元	36.03		54.64	57.00
畜力费	元				
7.燃料动力费	元			43.42	45.69
8.技术服务费	元				
9.工具材料费	元	92.98	131.22	391.59	441.34
10.修理维护费	元	18.00	19.86	15.27	16.37
11.其他直接费用	元				
(二)间接费用	元	19.65	16.71	44.80	38.88
1.固定资产折旧	元	18.37	16.71	29.97	23.54
2.保险费	元				
3.管理费	元			0.40	0.43
4.财务费	元				
5.销售费	元	1.28		14.43	14.91
二、每亩人工成本	**元**	**2407.38**	**2716.17**	**2473.50**	**2553.55**
1.家庭用工折价	元	1846.29	2075.31	1826.99	1868.40
家庭用工天数	日	21.72	23.06	21.49	20.76
劳动日工价	元	85.00	90.00	85.00	90.00
2.雇工费用	元	561.10	640.86	646.51	685.15
雇工天数	日	6.50	6.42	6.02	6.23
雇工工价	元	86.32	99.82	107.39	109.98
附:					
1.每亩种子用量	公斤				
2.每亩化肥用量(折纯)	公斤	68.72	61.34	62.67	59.18
3.每亩农膜用量	公斤				

1-5-3 种植业主要品种中间消耗(2021年)

指 标	单位	小 麦	玉 米	棉 花	马铃薯	大 豆
一、调查县数	**个**					
调查单位数	个					
调查面积	亩	6386.05	9051.41	389.50	4375.20	112.97
二、每亩面积产量	**公斤**					
三、每亩中间消耗合计	**元**	**515.81**	**334.40**	**431.79**	**1176.16**	**166.94**
(一)物质消耗	元	363.25	234.75	372.42	1083.04	136.65
#种 子	元	78.26	47.75	47.61	453.06	47.09
占中耗比重(%)						
肥 料	元	184.20	137.15	159.11	437.86	66.68
占中耗比重(%)						
燃 料	元	1.47	1.27	15.34	35.69	3.30
农 膜	元		0.77	35.91	8.15	3.12
农 药	元	21.25	21.20	84.14	82.76	14.48
占中耗比重(%)						
水电合计		77.33	24.63	30.31	26.05	1.98
占中耗比重(%)						
水 费	元	0.59	0.07		0.40	
电 费	元	76.73	24.56	30.31	25.65	1.98
棚架材料费	元					
小农具	元	0.64	1.96			
其 它	元	0.11	0.02		39.47	
(二)生产服务支出	元	152.56	99.65	59.38	93.12	30.30
#修理费	元					
外雇运输费	元	1.06	1.44		27.24	
外雇排灌费	元	5.87	2.25			
外雇机械作业费	元	143.95	94.88	59.38	65.88	30.30
技术咨询费	元	0.01	0.01			
上交管理费	元					
其它费	元	0.92	0.55			

1-5-4 养殖业主要品种中间消耗(2021年)

指　　标	单 位	生 猪	活 牛	牛 奶	鸡 蛋	肉 鸡	活 羊
一、调查县数	**个**						
调查单位数	个						
调查数量	头(只)	9092	1099			699667	6403
二、平均每头(只)毛重	**公斤**						
三、每头(只)、公斤中间消耗合计	**元**	**1628.02**	**8198.86**		**6.83**	**15.71**	**496.48**
(一)物质消耗	元	1604.73	8141.37		6.76	15.52	487.51
#种　子	元	230.44	4357.14			2.78	231.14
占中耗比例(%)							
饲料、饲草	元	1343.27	3701.43		6.55	11.82	249.03
占中耗比例(%)							
燃　料	元	1.68	2.35		0.02	0.19	
养殖用药	元	15.56	32.49		0.08	0.49	2.79
水　费	元	1.53	1.07		0.01	0.01	0.37
电　费	元	11.42	46.03		0.10	0.18	4.01
小农具	元	0.25	0.86			0.05	0.14
其　它	元	0.58					0.04
(二)生产服务支出	元	23.29	57.49		0.07	0.19	8.97
#修理费	元						
外雇运输费	元		9.74				0.34
配种费	元	1.03	36.36				
防疫费	元	20.43	11.38		0.07	0.19	8.63
技术咨询费	元						
上交管理费	元						
其它费	元	0.23					

1-6-1 历年社会消费品零售总额和商品市场情况

年 份	社会消费品零售总额（亿元）	#农 村	亿元以上商品交易市场个数（个）	亿元以上商品市场成交额（万元）
1949	8.3			
1952	15.8			
1957	26.6			
1962	26.3			
1965	26.6			
1970	32.3			
1975	47.6			
1978	60.3	40.4		
1980	81.2	54.7		
1985	169.7	105.3		
1990	308.0	163.8		
1995	816.5	399.0		
1996	965.5	480.8		
1997	1112.9	569.4		
1998	1223.5	648.7		
1999	1320.4	709.3		
2000	1440.1	771.2		
2001	1564.4	827.9		
2002	1707.1	890.4		
2003	1862.1	952.1		
2004	2180.8	1159.4		
2005	2478.7	1318.2		
2006	2827.5	1485.8		
2007	3289.3	1713.8		
2008	3993.4	2082.2		
2009	4545.3	2376.3		
2010	5297.5	1257.1		
2011	6143.3	1434.5	278	44305944
2012	6971.4	1621.7	268	47739831
2013	7807.2	1808.0	253	48745310
2014	8644.2	1876.8	244	51930114
2015	9367.5	2066.1	235	53656163
2016	10191.4	2248.3	224	55507063
2017	11138.5	2509.1	217	59180279
2018	11973.9	2557.9	200	58483147
2019	12985.5	2802.1	190	59824318
2020	12705.0	2280.1	178	53999579
2021	13509.9	2028.7	168	59060540

注：自2010年起社会消费品零售总额按销售单位所在地分为城镇和乡村；根据第四次全国经济普查结果对1993年以来的社会消费品零售总额进行了修订。

1-6-2 历年各种物价总指数

(上年=100)

年 份	全省居民消费价格总指数	城市居民消费价格总指数	农村居民消费价格总指数	全省零售物价总指数	城市零售物价总指数	农村零售物价总指数	农产品生产价格总指数	农业生产资料价格指数
1952		101.2		102.8	101.2	102.8	102.6	111.3
1957		101.2		101.3	101.6	100.6	102.1	99.5
1962		100.1		100.4	100.1	101.8	92.2	100.9
1965		96.5		97.1	96.6	97.6	98.2	96.2
1970		99.7		99.6	99.7	99.5	99.7	99.7
1975		100.0		100.0	100.0	100.0	100.6	99.8
1978		100.2		99.8	100.2	99.8	106.1	99.0
1980		107.2		105.3	107.5	103.7	114.2	101.2
1985	106.8	108.9	105.7	106.8	109.2	105.5	112.2	104.9
1990	100.6	101.2	99.9	99.9	99.9	100.0	102.8	103.5
1995	115.2	116.1	114.8	115.8	115.2	116.6	128.5	120.9
1996	107.1	107.6	106.8	106.2	106.0	106.3	99.1	108.0
1997	103.5	103.7	103.4	102.1	102.0	102.1	93.3	104.3
1998	98.4	98.7	98.1	97.7	97.9	97.3	90.1	98.7
1999	98.1	98.7	97.6	97.8	98.0	97.7	86.0	97.5
2000	99.7	100.5	99.1	99.1	99.2	98.9	93.0	101.5
2001	100.5	100.4	100.6	99.8	99.4	100.2	103.3	100.2
2002	99.0	98.6	99.5	99.2	98.8	99.6	98.0	100.4
2003	102.2	102.3	102.0	100.2	100.1	100.4	107.5	99.8
2004	104.3	103.7	104.8	103.2	102.3	104.0	110.1	106.7
2005	101.8	101.4	102.2	101.1	101.0	101.2	102.5	106.8
2006	101.7	101.7	101.7	101.5	101.6	101.5	100.2	101.6
2007	104.7	104.3	105.1	104.1	103.5	104.6	116.2	106.9
2008	106.2	105.2	108.1	106.7	105.4	107.9	109.0	118.6
2009	99.3	98.8	100.3	99.0	98.9	99.1	99.7	100.6
2010	103.1	102.8	103.6	103.1	102.7	103.5	115.1	104.4
2011	105.7	105.3	106.5	105.0	104.7	106.0	110.9	112.6
2012	102.6	102.7	102.5	102.2	102.1	102.3	100.7	108.2
2013	103.0	102.7	103.5	102.2	102.1	102.5	105.1	101.1
2014	101.7	101.7	101.8	101.0	101.0	101.1	100.2	99.1
2015	100.9	101.1	100.5	100.2	100.3	100.0	97.5	99.8
2016	101.5	101.5	101.5	101.2	101.1	101.3	96.4	100.0
2017	101.7	101.9	101.4	101.4	101.2	102.2		101.0
2018	102.4	102.5	102.4	102.2	102.1	102.6		103.2
2019	103.0	102.8	103.2	101.8	101.7	102.2		103.1
2020	102.1	102.0	102.2	101.4	101.3	101.7		104.3
2021	101.0	100.9	101.2	101.9	102.0	101.7		

1-6-3　历年各种物价总指数

(1952年=100)

年 份	全省居民消费价格总指数	城市居民消费价格总指数	农村居民消费价格总指数	全省零售物价总指数	城市零售物价总指数	农村零售物价总指数
1957		105.5		106.3	106.3	106.0
1962		117.9		116.8	118.6	114.2
1965		95.1		101.0	93.8	106.7
1970		95.2		100.1	94.4	104.9
1975		95.8		98.3	95.0	101.6
1978		96.7		98.4	96.1	101.6
1980		105.4		105.1	105.0	106.5
1985	109.5	125.8	107.9	122.0	125.1	121.3
1990	175.6	200.1	175.5	194.2	197.1	195.2
1995	309.8	387.7	285.7	326.3	357.1	312.4
1996	331.8	417.2	305.1	346.5	378.5	332.1
1997	343.4	432.6	315.5	353.8	386.1	339.1
1998	337.9	427.0	309.5	345.7	378.0	329.9
1999	331.5	421.4	302.1	338.1	370.4	322.3
2000	330.5	423.5	299.4	335.1	367.4	318.8
2001	332.2	425.2	301.2	334.4	365.2	319.4
2002	328.9	419.2	299.7	331.7	360.8	318.1
2003	336.1	428.8	305.7	332.4	361.2	319.4
2004	350.6	444.7	320.4	343.0	369.5	332.2
2005	356.9	450.9	327.4	346.8	373.2	336.2
2006	363.0	458.6	333.0	352.0	379.2	341.2
2007	380.0	490.9	349.9	375.7	399.6	368.1
2008	403.5	516.4	378.4	401.0	421.3	397.3
2009	400.8	510.3	379.7	396.9	416.5	393.7
2010	413.1	524.7	393.4	409.2	427.7	407.4
2011	436.7	552.5	418.9	429.7	447.9	431.6
2012	448.1	567.3	429.4	439.0	457.4	441.5
2013	461.4	582.7	444.3	448.6	466.9	452.7
2014	469.3	592.6	452.1	453.1	471.4	457.8
2015	473.6	598.9	454.3	454.1	472.8	457.9
2016	480.8	607.9	461.1	459.6	478.0	463.8
2017	489.1	619.3	467.8	466.1	483.6	474.1
2018	501.1	634.6	479.2	476.3	493.6	486.3
2019	516.1	652.4	494.5	484.9	502.0	497.0
2020	526.9	665.4	505.4	491.7	508.5	505.4
2021	532.1	671.4	511.4	501.1	518.5	513.9

注：1.从1994年开始，“零售物价总指数”中不再包括“农业生产资料”。
　　2.表中全省和农村居民消费价格总指数是以1983年为100。

1-6-4 居民消费价格分类指数

(上年=100)

指　　标	全　省		城　市		农　村	
	2020年	2021年	2020年	2021年	2020年	2021年
居民消费价格总指数	102.1	101.0	102.0	100.9	102.2	101.2
一、食品烟酒	107.1	100.9	106.7	101.0	107.7	100.6
二、衣着	99.7	99.3	100.1	99.6	98.8	98.7
三、居住	99.1	100.2	99.2	100.0	98.8	100.9
四、生活用品及服务	99.9	99.7	100.1	99.6	99.5	99.8
五、交通和通信	96.9	104.5	96.8	104.5	97.2	104.6
六、教育文化和娱乐	102.0	101.2	102.0	101.1	102.1	101.6
七、医疗保健	102.1	100.3	102.2	100.1	101.8	101.0
八、其他用品和服务	104.5	99.3	104.3	99.3	105.0	99.5

1-6-5 商品零售价格分类指数

(上年=100)

指　　标	全　省		城　市		农　村	
	2020年	2021年	2020年	2021年	2020年	2021年
商品零售价格指数	101.4	101.9	101.3	102.0	101.7	101.7
一、食品	107.7	101.0	107.4	101.1	108.8	100.4
二、饮料、烟酒	101.5	100.9	101.8	100.9	100.5	101.0
三、服装、鞋帽	100.0	99.5	100.3	99.7	99.0	98.9
四、纺织品	100.2	99.9	100.3	99.9	99.8	99.9
五、家用电器及音像器材	98.1	100.2	97.9	100.3	98.8	100.2
六、文化办公用品	98.1	100.7	98.0	100.7	98.6	100.7
七、日用品	100.8	99.6	101.2	99.6	99.6	99.8
八、体育娱乐用品	100.0	100.3	99.8	100.3	100.6	100.2
九、交通、通信用品	98.7	102.2	98.7	102.3	98.9	101.9
十、家具	98.6	100.7	98.4	100.9	99.5	100.2
十一、化妆品	102.7	97.8	103.3	97.7	100.7	98.0
十二、金银饰品	115.3	100.2	116.3	99.7	112.0	102.1
十三、中西药品及医疗保健用品	102.6	100.5	102.1	100.6	103.8	100.0
十四、书报杂志及电子出版物	101.0	100.8	101.1	100.8	100.6	100.8
十五、燃料	92.3	117.6	91.7	117.5	93.9	117.8
十六、建筑材料及五金电料	102.0	100.3	102.1	100.3	101.9	100.4

1-6-6 农业生产资料价格分类指数

(上年=100)

年 份	农业生产资料价格指数	一、农用手工工具	二、饲料	三、产品畜	四、半机械化农具	五、机械化农具
1995	120.9	115.1	144.8	123.6	108.9	115.8
1996	108.0	113.5	110.6	97.5	106.9	105.7
1997	104.3	115.8	92.2	143.8	102.5	100.0
1998	98.7	101.2	98.1	95.8	100.2	99.1
1999	97.5	99.3	101.7	82.6	99.9	96.6
2000	101.5	98.8	96.2	113.5	99.1	97.7
2001	100.2	101.2	104.7	104.2	99.0	98.6
2002	100.4	103.0	99.6	103.4	98.2	98.3
2003	99.8	99.8	101.6	101.3	94.8	97.8
2004	106.7	99.6	110.7	124.4	99.7	99.1
2005	106.8	100.5	99.2	106.2	99.9	101.3
2006	101.6	100.8	100.0	83.2	99.9	100.5
2007	106.9	100.1	107.6	140.6	100.4	101.0
2008	118.6	112.2	120.7	135.6	106.2	107.2
2009	100.6	104.9	100.5	89.1	100.8	102.2
2010	104.4	105.0	108.2	105.0	99.9	101.8
2011	112.6	105.1	108.4	153.6	108.2	111.1
2012	108.2	105.4	106.5	110.9	107.3	106.7
2013	101.1	100.2	104.0	102.1	101.0	101.0
2014	99.1	99.6	104.3	95.0	98.6	100.8
2015	99.8	100.0	99.3	104.4	100.0	100.4
2016	100.0	99.9	96.0	133.5	100.3	100.6
2017	101.0	100.7	99.6	101.0	102.0	100.2
2018	103.2	100.8	103.6	89.6	101.7	100.7
2019	103.1	100.6	100.0	137.4	101.0	100.2
2020	104.3	101.8	105.3	142.9	103.5	100.2
2021						

注：按现行统计制度，从2021年起不再统计。

1-6-6续　农业生产资料价格分类指数

(上年=100)

年 份	六、化学肥料	七、农药及农药械	八、农用机油	九、其他农业生产资料	十、农业生产服　　务
1995	129.5	119.1	103.8	119.0	
1996	109.9	112.0	107.0	109.2	
1997	92.3	97.5	119.0	99.4	
1998	94.4	96.0	99.7	102.2	
1999	96.6	98.1	101.8	98.5	
2000	95.0	97.7	120.3	97.8	
2001	100.3	96.9	99.7	99.4	
2002	101.6	97.8	98.4	108.0	
2003	100.8	98.5	109.7	85.9	
2004	106.4	102.9	110.8	106.6	
2005	112.0	101.2	116.6	108.6	
2006	101.0	100.4	115.1	107.7	110.4
2007	101.6	100.6	105.1	104.5	108.2
2008	121.2	104.3	116.9	110.9	115.7
2009	101.2	100.7	90.2	100.0	111.2
2010	100.2	97.6	115.2	108.0	103.1
2011	111.8	105.0	113.4	113.0	107.4
2012	108.5	107.3	106.2	111.1	110.0
2013	95.3	103.2	100.8	102.8	104.8
2014	91.6	101.7	98.6	102.8	101.2
2015	101.4	99.6	86.4	99.1	100.5
2016	98.3	98.6	98.4	99.4	100.3
2017	102.4	100.9	107.8	100.5	100.1
2018	108.4	105.2	111.2	101.8	100.2
2019	101.8	103.8	94.7	100.3	102.8
2020	98.6	101.6	87.6	99.3	101.1
2021					

1-6-7 主要农产品生产价格及指数

指 标	单 位	2021年生产价格	生产价格指数(以上年为100)	
			2020年	2021年
农产品生产价格指数			**111.52**	**108.09**
一、农业产品			**112.45**	**111.02**
(一)谷 物	元/公斤		106.02	119.87
稻 谷	元/公斤			
小 麦	元/公斤	2.48	103.07	105.19
玉 米	元/公斤	2.60	108.15	130.50
谷 子	元/公斤			
高 粱	元/公斤			
(二)薯 类	元/公斤		129.53	107.09
马铃薯	元/公斤	1.42	129.53	107.09
(三)油 料	元/公斤		133.33	102.71
花 生	元/公斤	6.75	133.33	102.71
油菜籽	元/公斤			
葵花籽	元/公斤			
芝 麻	元/公斤			
(四)豆 类	元/公斤		113.65	122.63
大 豆	元/公斤	5.15	113.65	122.63
绿 豆	元/公斤			
(五)棉 花	元/公斤		101.40	130.07
籽 棉	元/公斤	8.41	101.40	130.07
(六)蔬菜及食用菌	元/公斤		126.00	102.32
1.蔬 菜	元/公斤		126.00	103.12
叶菜类蔬菜	元/公斤		178.44	131.25
芹 菜	元/公斤		273.68	
油 菜	元/公斤	3.78		105.85
菠 菜	元/公斤	5.52		138.00
白菜类蔬菜	元/公斤		143.45	98.95
大白菜	元/公斤	1.23	143.45	98.95
甘蓝类蔬菜	元/公斤		192.44	93.47
结球甘蓝	元/公斤	1.58	192.44	93.47
花椰菜	元/公斤			
根茎类蔬菜	元/公斤		114.99	101.25
白萝卜	元/公斤	1.12	114.99	101.25
胡萝卜	元/公斤			
瓜菜类蔬菜	元/公斤		105.95	93.23
黄 瓜	元/公斤	3.54	105.54	94.03
冬 瓜	元/公斤			
西葫芦	元/公斤	2.75	110.18	85.03
豆类蔬菜	元/公斤		121.72	122.21
四季豆	元/公斤	5.69	121.72	122.21

1-6-7续1 主要农产品生产价格及指数

指　　标	单　位	2020年生产价格	生产价格指数(以上年为100) 2020年	2021年
茄果类蔬菜	元/公斤		109.19	88.05
茄　子	元/公斤	2.81	109.76	86.03
青　椒	元/公斤		106.88	
西红柿	元/公斤	3.05	109.44	89.22
葱蒜类蔬菜	元/公斤		101.96	128.38
大　葱	元/公斤	2.46	106.72	153.30
蒜　薹	元/公斤			
蒜　头	元/公斤	11.57	97.63	117.86
韭　菜	元/公斤	3.30	98.20	103.68
2.食用菌	元/公斤		111.42	84.90
平　菇	元/公斤	4.79	111.46	80.30
香　菇	元/公斤	8.51	111.33	95.68
其他食用菌	元/公斤	4.12		
(七)水果及坚果	元/公斤		111.80	88.44
1.水果（园林水果）	元/公斤		113.21	87.68
苹　果	元/公斤		96.09	85.76
红富士苹果	元/公斤	4.35	96.09	85.76
梨	元/公斤		133.48	67.82
雪花梨	元/公斤		123.37	
鸭　梨	元/公斤	2.18	144.74	63.67
葡　萄	元/公斤			
巨峰葡萄	元/公斤			
玫瑰香葡萄	元/公斤			
瓜类水果	元/公斤			
西　瓜	元/公斤			
伊利沙白瓜	元/公斤			
其他水果	元/公斤		100.61	112.26
枣	元/公斤	3.69	100.61	112.26
柿　子	元/公斤			
桃	元/公斤			
杏	元/公斤			
草　莓	元/公斤			
2.食用坚果	元/公斤		81.22	104.89
核　桃	元/公斤	17.65	90.87	102.80
栗　子	元/公斤		75.02	106.24
板　栗	元/公斤	10.72	75.02	106.24
(八)香料原料	元/公斤		70.94	100.00
调味香料	元/公斤		70.94	100.00
花　椒	元/公斤	60.00	70.94	100.00

1−6−7续2　主要农产品生产价格及指数

指　　标	单　位	2021年生产价格	生产价格指数(以上年为100)	
			2020年	2021年
二、林业产品			**94.88**	**108.61**
(一)育种和育苗			94.88	108.61
苗木类	元/株		94.88	108.61
针叶乔木苗类	元/株		93.21	105.96
阔叶乔木苗类	元/株	750.50	93.21	125.00
(二)木材采伐产品	元/立方米			
1.原　木	元/立方米			
非针叶原木	元/立方米			
杨树原木	元/立方米			
2.薪　材	元/立方米			
三、饲养动物及其产品	**元/公斤**		**110.88**	**100.95**
(一)活牲畜	元/公斤		138.40	76.84
猪	元/公斤	20.18	154.38	63.54
牛	元/公斤	33.00	107.80	103.33
羊	元/公斤	30.54	108.45	101.03
(二)活家禽	元/公斤		81.09	108.02
活　鸡	元/公斤	8.30	81.09	108.02
(三)畜禽产品	元/公斤		81.16	130.82
1.生　奶	元/公斤	3.72	102.63	109.14
2.禽　蛋	元/公斤		74.49	137.26
鸡　蛋	元/公斤	8.44	74.49	137.26
鸭　蛋	元/公斤			
3.动物毛类	元/公斤		96.20	131.11
绵羊毛	元/公斤	4.57	96.20	131.11
四、渔业产品	**元/公斤**		**106.14**	**132.06**
(一)海水养殖产品	元/公斤			
1.海水养殖虾	元/公斤			
海水养殖中国对虾	元/公斤			
其他海水养殖海虾	元/公斤			
2.海水养殖蟹	元/公斤			
海水养殖梭子蟹	元/公斤			
3.海水养殖贝类	元/公斤			
海水养殖扇贝	元/公斤			
海水养殖蛤	元/公斤			
(二)淡水养殖产品	元/公斤		106.14	132.06
养殖淡水鱼	元/公斤		106.14	132.06
养殖淡水鲤鱼	元/公斤	16.13	107.78	129.52
养殖淡水草鱼	元/公斤	18.63	101.19	139.77
养殖淡水鲢鱼	元/公斤			
养殖淡水鲫鱼	元/公斤			

1-7-1 石家庄海关出口农副产品及加工品数量

指　　标	单 位	2010年	2015年	2020年	2021年
肉及杂碎	吨	6597	12573	11697	12433
牛　肉	吨	138	50		
冻　鸡	吨	347	3914		
水海产品	吨	22056	46610	26044	29141
活　鱼	吨	237	394		
冻鱼、冻鱼片	吨	792	1267		
鲜、冻对虾	吨	30			
冻虾仁	吨	214	82		
粮　食	吨	69037	69730	50835	48678
谷物及谷物粉	吨	3104	3668		
玉　米	吨	2	25		
淀粉块茎及薯类	吨		620		
豆　类	吨		65442		
蔬　菜	吨	93736	115996	149421	147025
鲜或冷藏蔬菜	吨	43518	55648	47195	49357
干的食用菌类	吨	126	128		
鲜、干水果及坚果	吨	122492	120179	192661	206148
橘、橙	吨	275			
苹　果	吨	3832	894	540	1663
梨	吨	100362	105220		
乳　品	吨		133		
果蔬汁	吨	9309	15232	17454	19881
食用油籽	吨	11522	3975		
大　豆	吨	936	2779		
花生、花生仁	吨	7306	762		
食用植物油(包括棕榈油)	吨	3038	1495		
豆　油	吨	54	137		
烘焙花生	吨	1445	4081		
天然蜂蜜	吨	792	102		
茶　叶	吨		101		
辣椒干	吨	1726	1675		
猪肉罐头	吨		1		
番茄酱	吨	56	28012		
蘑菇罐头	吨	1669	1420		
啤　酒	升		20909	938	267
肠　衣	吨	3947	6800		
填充用羽毛；羽绒	吨	6	5		
药　材	吨	5726	3304	3533	3254
锯　材	立方米	660	12（吨）		
山羊绒	吨	1014	1628		

注：2020年11月以后海关制度调整，部分数据不再公布。

1-7-2 石家庄海关出口农副产品及加工品金额

单位：万美元

指 标	2010年	2015年	2020年	2021年	2021年比上年增减(%)
农产品	122770.7	165557.3	164841.6	189171.3	14.8
肉及杂碎	10494.3	13867.0	14311.0	18204.4	27.2
牛 肉	73.4	55.0			
冻 鸡	69.7	1282.4			
水海产品	12073.6	45255.0	18356.9	22860.7	24.5
活 鱼	255.1	611.8			
冻鱼、冻鱼片	364.2	899.4			
鲜、冻对虾	13.5				
冻虾仁	127.4	62.0			
粮 食	6733.6	8406.0	5942.4	7740.5	27.3
谷物及谷物粉	161.1	315.3			
玉 米	0.2	2.3			
淀粉块茎及薯类		84.8			
豆 类		8006.0			
蔬 菜	8312.9	11050.7	15221.8	16557.1	9.6
鲜或冷藏蔬菜	2645.1	3340.9	2555.0	2750.8	9.8
干的食用菌类	139.1	96.7			
鲜、干水果及坚果	9301.6	12935.1	18365.1	20437.5	11.3
橘、橙	12.5				
苹 果	307.9	89.7	60.3	245.7	307.3
梨	4934.2	8296.3			
乳品		15.5			
果蔬汁	892.6	1854.7	1716.7	1968.5	14.7
食用油籽	1323.3	560.8			
大 豆	84.5	385.0			
花生、花生仁	872.0	119.3			
食用植物油(包括棕榈油)	362.4	137.6			
豆 油	7.0	16.5			
花生油					
烘焙花生	225.0	897.8			
天然蜂蜜	129.4	18.6			
茶 叶		329.8			
辣椒干	560.7	609.5			
猪肉罐头		1.8			
番茄酱	4.3	2925.7			
蘑菇罐头	238.2	315.6			
啤 酒		1.5	73.7	32.1	-56.4
肠 衣	9407.3	11535.5			
填充用羽毛；羽绒	13.9	4.1			
药 材	2182.0	1774.4	2265.2	2245.4	-0.9
锯 材	53.5	4.9			
山羊绒	6734.6	11264.4			

注：2020年11月以后海关制度调整，部分数据不再公布。

1−7−3　石家庄海关进口农副产品及加工品数量

指　　标	单位	2010年	2015年	2020年	2021年
冻　鱼	吨	571	64	3237	996
鲜、干水果及坚果	吨	57441	1914	11927	9294
香　蕉	吨	56136			
乳　品	吨		4565	8355	17051
粮　食	吨	3089461	3969551	7493751	7469754
谷物及谷物粉	吨	80383	171152		
小　麦	吨	8732	12595	12927	14834
大　麦	吨	71651	136665	246782	225170
稻谷和大米	吨		513	1883	3537
大　豆	吨	3002514	3763921	7126641	7128132
食用植物油	吨	84432	40269	10654	54855
豆油	吨		2913	544	2006
花生油	吨				
橄榄油	吨	11	54		
棕榈油	吨	74722	35502	6800	15287
菜籽油和芥子油	吨			303	686
食　糖	吨	2856	4354	111750	209640
酒　类	千升	46247	33690	13641	23615
啤　酒	千升	93	518	798	683
葡萄酒	千升	46152	33170	10197	17863
饲料用鱼粉	吨	2	185		
豆饼、豆粕	吨		50917		
天然橡胶(包括胶乳)	吨	6695	60086	59405	64603
合成橡胶(包括胶乳)	吨	19981	24035		
原　木	立方米	37863	29970（吨）	701138	931634
锯　材	立方米	125657	10543（吨）	60620	24398
纸　浆	吨	55648	269964	502241	567284
羊　毛	吨	3778	2368	6676	11530
棉　花	吨	68685	4793	17394	9351
肥　料	吨		139043	52952	34983
矿物肥料及化肥	吨		139043		
氯化钾	吨		139042	52951	34980

注：2020年11月以后海关制度调整，部分数据不再公布。

1-7-4 石家庄海关进口农副产品及加工品金额

单位：万美元

指 标	2010年	2015年	2020年	2021年	2021年比上年增减(%)
农产品	216221.1	257531.0	426874.3	586481.0	37.2
冻 鱼	60.6	6.9	621.2	167.1	-73.1
鲜、干水果及坚果	2826.0	807.0	1706.7	2302.8	34.9
香蕉（包括芭蕉）	2440.4				
乳 品		1789.4	3770.0	6020.4	56.7
粮 食	138385.0	163379.9	300021.1	417874.7	38.6
谷物及谷物粉	1799.5	5028.5			
小 麦	217.8	373.3	392.1	467.8	19.3
大 麦	1581.8	3924.0	6287.6	6842.0	8.8
稻谷和大米		34.2	120.2	159.8	32.9
大 豆	136362.9	157186.6	288144.1	403673.8	39.6
食用植物油	7101.0	2712.3	1034.6	8055.0	219.5
豆油		257.6	40.8	254.7	524.2
花生油					
橄榄油	9.2	29.5			
棕榈油	6242.3	2193.3	410.2	1456.9	255.1
菜籽油和芥子油			80.0	139.7	74.6
食 糖	203.7	181.7	3896.2	7949.1	104.0
酒 类	3784.3	2141.1	2628.4	4729.7	79.4
啤 酒	6.6	26.0	58.4	52.6	-10.0
葡萄酒	3775.4	2113.2	2000.7	3371.0	68.6
饲料用鱼粉	1.9	15.8			
豆饼、豆粕		3327.2			
天然橡胶(包括胶乳)	1684.1	6236.5	7425.5	13208.7	77.6
合成橡胶(包括胶乳)	3250.8	2998.1			
原 木	436.3	637.8	11182.2	19520.7	74.6
锯 材	2515.0	791.1	2828.7	1130.8	-60.0
纸 浆	7988.9	20267.1	29315.4	46324.2	58.0
羊 毛	611.2	585.4	1095.5	2364.8	115.9
棉 花	14339.3	1001.2	2960.8	1671.9	-43.5
肥 料	0.5	4410.9	1188.4	810.7	-31.8
#矿物肥料及化肥		4410.9			
#氯化钾		4410.4	1187.4	810.3	-31.8

注：2020年11月以后海关制度调整，部分数据不再公布。

1-8-1 农垦系统国有农牧场基本情况

指 标	单位	2005年	2010年	2015年	2018年	2020	2021	2021年比上年增减(%)
一、农场数	**个**	**30**	**32**	**33**	**33**	**32**	**32**	
二、农场人口及职工								
总人口	人	397033	422544	459210	420874	422761	427664	1.2
职工人数	人	85212	71138	66068	57425	62519	61524	-1.6
三、土地总面积	**公顷**	**352607**	**354669**	**393149**	**384934**	**347088**	**366832**	**5.7**
耕地面积	公顷	80297	89095	97763	95797	98236	100815	2.6
牧草地面积	公顷	70062	77909	94430	95075	84803	84898	0.1
#已利用	公顷	52126	51891	63911				
林地面积	公顷	89785	83774	79527	74111	74544	74629	0.1
水面面积	公顷	48663	36939	26702	29876	30568	30706	0.5
#养殖面积	公顷	15156	13042	18277		19577	18968	-3.1
园地面积	公顷	2913	1964	1589	2029	3512	3459	-1.5
四、农用机械总动力	**千瓦**	**508748**	**898694**	**1194250**	**1085079**	**990964**	**997262**	**0.6**
大中型农用拖拉机	台	1046	2586	4749	4274	3901	3993	2.4
小型及手扶拖拉机	台	17147	22672	23186	16068	15480	14981	-3.2
联合收割机	台	202	348	806	762	767	774	0.9
农用化肥施用量	吨	21559	24185	33443	64838	60378	60880	0.8
农业生产用电量	千瓦小时	69732	99125	206115	207857	48751093	48970693	0.5
五、生产总值	**万元**	**681963**	**2287295**	**4556503**	**5311558**	**5424190**	**5833506**	**7.5**
#第一产业增加值	万元	174177	322098	478212	577772	750562	769911	2.6
第二产业增加值	万元	324760	1383855	2350858	2718426	2887200	3238696	12.2
第三产业增加值	万元	183026	581342	1727433	2015360	1786428	1824900	2.2
人均生产总值	元/人	17300	54034	99225	127233	128304	136404	6.3
农林牧渔业总产值(现价)	万元	335053	621483	889766	1115189	1425159	1497562	5.1

注：2020年起，农业生产用电量调整为全口径。

1-8-1续　农垦系统国有农牧场基本情况

指　　标	单位	2005年	2010年	2015年	2018年	2020	2021	2021年比上年增减(%)
六、农作物总播种面积	**公顷**	**87903**	**99098**	**100743**	**86205**	**89352**	90628	**1.4**
1.粮　食	公顷	59393	64341	78239	70175	72528	76977	6.1
#谷　物	公顷	54083	59771	68009	59844	62579	66354	6.0
#小　麦	公顷	15975	17504	16114	12023	8973	12135	35.2
稻　谷	公顷	17962	18145	24062	27506	27767	27449	-1.1
2.棉　花	公顷	21454	19881	7657	2891	825	108	-86.9
3.油　料	公顷	920	2015	1262	2517	2590	2232	-13.8
七、主要农产品产量								
1.粮　食	吨	339161	415799	532361	570494	643985	683653	6.2
#谷　物	吨	324412	389171	401920	350480	450232	408389	-9.3
#小　麦	吨	54400	75643	75169	58663	49592	55623	12.2
稻　谷	吨	174670	179027	211730	178162	222919	227127	1.9
2.棉　花	吨	25133	32481	9410	3134	1999	202	-89.9
3.油　料	吨	983	2626	1324	3427	3519	3008	-14.5
4.鲜　果	吨	21762	16037	24292	16323	35096	40920	16.6
八、林业生产情况								
当年造林面积	公顷	8011	3110	4227	7457	2622	2019	-23.0
林木采伐量	立方米	2758	3636	1621	1149			
九、畜牧业渔业生产								
年末大牲畜存栏	头	82832	137400	202800	174400	182457	195641	7.2
#牛	头	80991	135800	199400	172421	177394	196071	10.5
年末猪存栏	头	199849	273700	328300	366153	255498	296931	16.2
年末羊存栏	只	102147	54000	128000	80109	63085	65529	3.9
#山羊	只	8373	4300	3600	3898	2652	2777	4.7
年末家禽存栏	万只	167.15	219.06	285.81	415.74	314.53	299.05	-4.9
畜产品产量								
肉类总产量	吨	42800	56021	61005	71772	62025	71479	15.2
牛奶产量	吨	208148	473614	538743	558699	652233	655248	0.5
禽蛋产量	吨	7801	10027	12438	19044	6783	12798	88.7
水产品产量	吨	68933	78115	136907	154640	170767	174142	2.0
#养殖产量	吨	61000	71562	115135	135379	154555	160333	3.7

1-8-2 主要农牧场经济指标

指　　标	单位	柏各庄农　场	芦　台农　场	汉　沽农　场	中捷友谊农场	南大港农　场	大曹庄农　场	察　北农　场	沽　源农　场	御道口牧　场
一、2010年数量	**人**									
总人口	人	142617	40420	44766	40400	43944	43001	20951	7886	4012
耕地面积	公顷	26703	7716	5640	5551	6345	5502	6718	7959	2120
农作物总播种面积	公顷	22858	7668	5492	10417	9682	11005	6718	7786	2120
粮食总产量	吨	192113	15513	6537	26928	27878	73347	9308	12083	3218
#小麦	吨	1154			8925	8361	36986			
稻谷	吨	169356	8603	96						
水产品产量	吨	66870	630	5811	3005	1410				
#养殖	吨	60628	630	5530	3005	1380				
农业总产值	万元	263071	37898	58937	35355	30122	39666	82546	40938	6350
二、2015年数量										
总人口	人	165102	41487	44690	46891	46933	46364	20697	8092	4035
耕地面积	公顷	28457	7676	6092	6375	6345	5502	9713	8529	2120
农作物总播种面积	公顷	25165	8469	7089	6594	8750	10581	7655	7866	2120
粮食总产量	吨	200100	37065	14711	13622	13692	75862	10473	98137	8652
#小麦	吨	416	1468		5870	5206	39181	160		
稻谷	吨	187219	22436	1211						
水产品产量	吨	127186		4970	3040	1540				
#养殖	吨	108754		4690	3040	1520				
农业总产值	万元	405007	49329	81605	38372	38655	51695	133473	66281	9864
三、2020年数量										
总人口	人	168388	44895	42371	54437	49138	1521	20345	6813	4417
耕地面积	公顷	27040	8929	7952	6375	10180	1043	11545	8773	2120
农作物总播种面积	公顷	24299	7675	6994	1743	7025	2007	10828	13485	2120
粮食总产量	吨	182334	64895	52599	5963	29480	15206	30860	178039	15615
#小麦	吨	630	2437	13024	1550	5752	7528		34	
稻谷	吨	158240	55196	9467						
水产品产量	吨	162277		4315	3419	620				
#养殖	吨	146284		4230	3419	600				
农业总产值	万元									
四、2021年数量										
总人口	人	170940	43395	42027	58658	49338	1518	20237	6808	4683
耕地面积	公顷	30147	8076	7952	6375	10540	1004	11545	8773	2120
农作物总播种面积	公顷	24470	7669	6832	3201	8280	2035	9811	13029	2120
粮食总产量	吨	195451	72512	42467	12470	38616	868	40544	191700	15615
#小麦	吨	779	3651	14308	5824	11512	462	250	35	
稻谷	吨	161005	61866	4256						
水产品产量	吨	163223	2266	4490	3366	640				
#养殖	吨	149652	2266	4400	3366	620				
农业总产值	万元									

1-8-2续　主要农牧场经济指标

指　　标	单 位	柏各庄农场	芦台农场	汉沽农场	中捷友谊农场	南大港农场	大曹庄农场	察北农场	沽源农场	御道口牧场
一、2010年数量										
生产总值(现价)	万元	746476	225453	188313	603278	195000	83016	115225	88933	8590
第一产业增加值	万元	142260	24010	32436	16909	15935	18353	36000	20807	3190
第二产业增加值	万元	309639	156188	92934	506221	122825	49480	64300	62710	1161
第三产业增加值	万元	294577	45255	62943	80148	56240	15183	14925	5416	4239
人均生产总值	元/人									
工业总产值(现价)	万元	542918	524400	303419	1586419	481300	60440	156443	186800	
职工人数	人	33519	4079	3283	7588	7002	2185	1214	2632	1040
利润总额	万元	93871	18323	5372	10280	29065	14121	23602	37487	
外贸出口总额	万元	8568	53837	7423	4500	1710				
二、2015年数量										
生产总值(现价)	万元	1018727	386437	302586	1301002	850000	158194	252000	170179	57987
第一产业增加值	万元	200535	31162	50295	19092	29000	26056	65000	36531	5576
第二产业增加值	万元	377184	279474	144042	584910	495000	101273	170000	115339	43198
第三产业增加值	万元	441008	75801	108249	697000	326000	30865	17000	18309	9213
人均生产总值	元/人	61703	93147	67707	277452	181109	34120	121757	210305	143710
工业总产值(现价)	万元	1147712	1232828	462221	2372126	1421543	221868	482636	445886	62944
职工人数	人	33000	3218	2576	3620	7369	988	1150	2301	818
利润总额	万元	62035	32900	8187	18500	51977	61870	30517	58500	2187
外贸出口总额	万元	18420	94658	19866	5262	1781	2978		229	
三、2020年数量										
生产总值(现价)	万元	1962930	697132	323981	824016	1145077	934	156461	144758	74954
第一产业增加值	万元	359683	60282	47047	32861	35888	643	83582	89581	14456
第二产业增加值	万元	810329	539681	136729	621727	598207	291	40980	25444	51898
第三产业增加值	万元	792918	97169	140205	169428	510982		31899	29733	8600
人均生产总值	元/人	116571	155280	76463	151371	233032	6143	76904	212473	169693
工业总产值(现价)	万元	655413	2256739	423937	2334335	2005244	2590	302803	124528	64890
职工人数	人	27794	2289	2352	11511	8109	85	1057	2736	889
利润总额	万元	-1325	1111	637	-1816	2	77	543	3946	1111
外贸出口总额	万元	7831	180227	21411	35815	42		4132		
四、2021年数量										
生产总值(现价)	万元	2055253	833021	358564	920117	1144368	726	179039	143456	103000
第一产业增加值	万元	377387	32432	45034	53033	36426	482	90269	88341	19957
第二产业增加值	万元	841691	692866	166846	712594	607180	244	54000	24869	74723
第三产业增加值	万元	836175	107723	146684	154490	500762		34770	30246	8320
人均生产总值	元/人	120232	191962	85318	156861	231945	4780	88471	210717	219945
工业总产值(现价)	万元	706395	2636901	534392	2396724	2035967	3027	366032	125247	99347
职工人数	人	27792	2198	2236	11394	7947	93	1102	2816	750
利润总额	万元	-674	1529	-65	6334	2	159	67	2521	1402
外贸出口总额	万元	16013	200600	21449	33245	45		5746		

1-9-1 历年财政收支情况

单位：亿元

年 份	地方公共财政预算收入	比上年增长 (%)	公共财政预算支出	比上年增长 (%)
1952			1.88	68.7
1957			5.07	-19.2
1962			5.88	-46.8
1965			9.65	-19.6
1970			12.13	24.4
1975			20.92	5.9
1978			32.44	2.9
1980			28.36	-17.1
1985			41.66	16.2
1990			87.29	12.9
1991			91.14	4.4
1992			101.19	11.0
1993			142.26	40.6
1994	95.22		160.84	13.1
1995	119.95	26.0	191.18	18.9
1996	151.78	26.5	231.90	21.3
1997	183.31	20.8	270.46	16.6
1998	206.76	12.8	301.55	11.5
1999	223.28	8.0	350.80	16.3
2000	248.76	11.4	415.54	18.5
2001	283.50	14.0	514.18	23.7
2002	302.31	14.8	576.59	12.1
2003	335.83	15.3	646.74	12.2
2004	407.83	43.9	785.56	21.5
2005	515.70	26.5	979.16	24.6
2006	620.53	20.3	1180.36	20.5
2007	789.12	27.2	1506.65	27.6
2008	947.59	20.1	1881.67	24.9
2009	1067.12	12.6	2347.59	24.8
2010	1331.85	24.8	2820.24	20.1
2011	1737.77	30.5	3537.39	25.4
2012	2084.28	19.9	4079.45	15.3
2013	2295.62	10.1	4409.58	8.1
2014	2446.62	6.6	4677.30	6.1
2015	2649.18	8.3	5632.19	20.4
2016	2849.87	7.6	6049.53	7.4
2017	3233.83	13.5	6639.18	9.7
2018	3513.86	8.7	7726.21	16.5
2019	3738.99	6.4	8309.04	7.5
2020	3826.46	2.3	9022.79	8.6
2021	4167.62	8.9	8848.21	-1.9

1−9−2 农村集体和农村居民个人固定资产投资额

年 份	全社会固定资产投资总额(万元)	#农村集体单位固定资产投资	占全社会固定资产投资比重(%)	#农村居民个人固定资产投资	占全社会固定资产投资比重(%)
"七五"时期	**8643259**	**1131570**	**13.1**	**2228365**	**25.8**
1986	1312984	132659	10.1	359822	27.4
1987	1520053	192059	12.6	398281	26.2
1988	2108484	375802	17.8	499057	23.7
1989	1929602	277289	14.4	541861	28.1
1990	1772136	153761	8.7	429344	24.2
"八五"时期	**27649417**	**5766951**	**20.9**	**4210837**	**15.2**
1991	2404473	250938	10.4	766958	31.9
1992	3357908	632424	18.8	546134	16.3
1993	5401987	1168929	21.6	630000	11.7
1994	7091874	1533235	21.6	939969	13.3
1995	9393175	2181425	23.2	1327776	14.1
"九五"时期	**79546083**	**20242326**	**25.4**	**8938514**	**11.2**
1996	11876934	3264185	27.5	1435517	12.1
1997	14699903	3987635	27.1	1905761	13.0
1998	16511500	4172899	25.3	1924263	11.7
1999	17985435	4380020	24.4	1756132	9.8
2000	18472311	4437587	24.0	1916841	10.4
"十五"时期	**139663377**	**25790810**	**18.5**	**10671746**	**7.6**
2001	19418957	4507361	23.2	2086309	10.7
2002	20466852	4680000	22.9	2050000	10.0
2003	25158590	5057295	20.1	1994491	7.9
2004	32516504	5601372	17.2	2166461	6.7
2005	42102474	5944782	14.1	2374485	5.6
"十一五"时期	**486474443**	**57526969**	**11.8**	**18654705**	**3.8**
2006	55009984	7734309	14.1	2935796	5.3
2007	68846817	8723906	12.7	3219779	4.7
2008	88665605	10071465	11.4	3956398	4.5
2009	123118505	13998564	11.4	3934497	3.2
2010	150833532	16998725	11.3	4608235	3.1
"十二五"时期					
2011	163893254	16972913	10.4	6090686	3.7
2012	196612832	24055135	12.2	5566535	2.8
2013	231942296	33229695	14.3	5644603	2.4
2015	294482706	62069003	21.1	5425323	1.8
"十三五"时期					
2016年	317500152	80823028	25.5	4099479	1.3
2017年	334068022	90804817	27.2	3945707	1.2
2018年			23.1		1.7
2019年			22.8		1.5
2020年			19.4		1.3
2021年					1.3

注：2006−2010年，农村集体与农村个人分组为农村非农户与农村农户分组，2011年及以后为农村建设项目投资。

1-9-3 农业基本建设投资

年 份	基本建设投资(亿元)	#农业(包括水利业)基本建设投资	#水利基本建设投资	农业基本建设投资占基本建设投资比重(%)	水利基本建设投资占农业基本建设投资比重(%)
"一五"时期	**19.21**	**2.32**		**12.1**	
"二五"时期	**53.01**	**11.70**		**22.1**	
1963—1965年	14.10	4.54		32.2	
"三五"时期	**29.19**	**9.20**		**31.5**	
"四五"时期	**68.05**	**11.69**		**17.2**	
"五五"时期	**124.40**	**16.33**		**13.1**	
"六五"时期	**133.84**	**9.13**		**6.8**	
"七五"时期	**275.14**	**6.33**		**2.3**	
"八五"时期	**871.96**	**25.37**		**2.9**	
"九五"时期	**2617.63**	**123.03**	**68.34**	**4.7**	**55.5**
"十五"时期					
2001	591.87	43.93	16.60	7.4	37.8
2002	597.24	36.64	14.76	6.1	40.3
2003	845.84	42.01	16.69	5.0	39.7
2004	1308.96	61.96	25.77	4.7	41.6
	城镇投资	农林牧渔业投资	水利管理业投资	农林牧渔业占城镇投资比重(%)	水利管理业占城镇投资比重(%)
2005	3378.32	61.21	33.00	1.8	1.0
"十一五"时期	**41029.28**	**943.19**	**393.01**	**2.3**	**1.0**
2006	4433.99	83.71	57.32	1.9	1.3
2007	5690.31	116.26	55.01	2.0	1.0
2008	7463.77	188.41	60.14	2.5	0.8
2009	10518.54	244.43	112.43	2.3	1.1
2010	12922.66	310.38	108.11	2.4	0.8
	固定资产投资	农林牧渔业投资	水利管理业投资	农林牧渔业占固定资产投资比重(%)	水利管理业占固定资产投资比重(%)
"十二五"时期					
2011	15780.26	590.36	84.87	3.7	0.5
2012	19104.63	651.84	171.68	3.4	0.9
2013	22629.77	794.72	205.38	3.5	0.9
2014	26147.20	1120.95	298.04	4.3	1.1
2015	28905.74	1510.11	324.83	5.2	1.1
"十三五"时期					
2016	31340.07	1686.58	269.33	5.4	0.90
2017	33012.23	1796.19	259.89	5.4	0.79
2018				4.3	0.50
2019				3.8	0.90
2020				3.4	1.50
2021				3.5	1.8

1-10-1 普通中学和普通小学基本情况

指　标	单 位	合　计				#农　村			
		2010年	2015年	2020年	2021年	2010年	2015年	2020年	2021年
一、普通中学									
学校数	所	3264	2956	3292	3254	1456	857	2415	2396
学生数	万人	348.76	351.92	495.38	473.78	74.89	45.09	325.98	310.28
二、普通小学									
学校数	所	13563	12126	11460	11604	11084	7368	9718	9864
学生数	万人	511.59	596.24	663.60	684.35	309.80	238.91	449.75	477.71

注：农村数据为教育事业统计中，镇区与乡村数据之和。

1-10-2 乡镇卫生院、床位、卫生人员和村卫生室及人员数

指　标	单位	2010年	2015年	2018年	2020年	2021年
一、乡（镇）情况						
1、乡镇卫生院	个	1962	1960	2006	1996	1970
#中心卫生院	个	641	641	640	641	641
乡卫生院	个	1321	1319	1366	1355	1329
2、乡镇卫生院床位	张	57097	64853	71831	70168	69928
#中心卫生院	张	25349	28387	31122	30262	30215
乡卫生院	张	31748	36466	40709	39906	39713
3、乡镇卫生院卫生机构人员	人	53966	55793	56291	59353	60641
#中心卫生院	人	26112	24759	24165	24883	25483
乡卫生院	人	27854	31034	32126	34470	35158
乡镇卫生院卫生技术人员	人	44902	45867	46266	49813	51531
#中心卫生院	人	21623	20380	19929	20898	21692
乡卫生院	人	23279	25487	26337	28915	29839
二、村情况						
1、村卫生室个数	个	66356	60492	59047	60183	59968
#村办	个	28575	28399	28491	29837	30380
2、乡村医生和卫生员数	人	86986	82355	72779	60690	54254
#乡村医生	人	84080	77733	69341	59705	53766

1-10-3 农村文化机构和农村老年福利机构情况

指　标	单位	2015年	2020年	2021年
一、乡镇文化站	**个**	**1985**	**1990**	**1985**
二、农村养老服务机构	**—**			
机构数	个	431	303	305
工作人员数	人	5983	5528	5733
床位数	张	73780	54758	53526
年末收养人数	人	33337	23752	23375
三、农村最低保障资金	**万元**	**302394.2**	**657358.1**	**547662.5**

2-1-1 各市总户数、总人口

名称	年末总户数(万户)		年末常住人口(万人)		城镇人口(万人)		城镇化率(%)	
	2020年	2021年	2020年	2021年	2020年	2021年	2020年	2021年
全　省	**2513.82**	**2533.60**	**7463.84**	**7448.00**	**4481.65**	**4554.00**	**60.07**	**61.14**
石家庄市（包含辛集市）	312.52	312.53	1124.15	1120.47	788.88	796.52	70.18	71.09
石家庄市（不含辛集市）	290.53	290.56	1064.71	1060.97	752.07	759.18	70.64	71.56
辛集市	21.99	21.97	59.44	59.50	36.81	37.34	61.92	62.76
唐 山 市	230.78	233.64	771.85	769.70	496.44	503.54	64.32	65.42
秦皇岛市	118.49	120.12	313.98	313.43	200.85	203.57	63.97	64.95
邯 郸 市	275.16	277.52	941.49	936.69	548.59	558.13	58.27	59.59
邢 台 市	252.30	257.57	710.85	708.79	384.56	387.99	54.10	54.74
保 定 市（包含定州市、雄安新区）	426.63	429.20	1154.63	1152.45	642.65	656.94	55.66	57.00
保 定 市（不含定州市、雄安新区）	346.76	344.09	924.39	919.52	528.15	537.42	57.14	58.45
定州市	37.68	38.57	109.45	108.80	57.67	58.50	52.69	53.77
张家口市	194.40	194.42	411.86	409.93	272.23	275.15	66.10	67.12
承 德 市	141.27	141.59	335.15	333.63	189.62	192.40	56.58	57.67
沧 州 市	246.20	243.83	730.22	730.40	373.42	381.89	51.14	52.29
廊 坊 市	154.65	159.49	548.59	553.82	355.69	363.91	64.84	65.71
衡 水 市	161.44	163.70	421.08	418.69	230.49	233.67	54.74	55.81

注：年末总户数为公安年报数，年末常住人口数为人口变动情况抽样调查推算数。

2-1-2 各市人口出生、死亡、自然增长率

单位：‰

名称	出生率		死亡率		自然增长率	
	2020年	2021年	2020年	2021年	2020年	2021年
全　省	**8.16**	**7.15**	**5.66**	**7.58**	**2.50**	**-0.43**
石家庄市（包含辛集市）	8.59	7.73	5.65	7.51	2.94	0.22
石家庄市（不含辛集市）	8.69	7.83	5.57	7.46	3.12	0.37
辛集市	6.71	6.08	6.97	8.49	-0.26	-2.41
唐 山 市	7.13	6.41	6.90	8.79	0.23	-2.38
秦皇岛市	6.63	6.26	6.06	8.10	0.57	-1.84
邯 郸 市	9.01	7.89	4.98	6.90	4.03	0.99
邢 台 市	9.19	7.63	5.45	7.37	3.74	0.26
保 定 市（包含定州市、雄安新区）	8.17	6.96	5.61	7.53	2.56	-0.57
保 定 市（不含定州市、雄安新区）	8.64	6.94	5.51	7.48	3.13	-0.54
定州市	7.84	6.35	6.56	8.28	1.28	-1.93
张家口市	7.02	6.15	6.83	8.96	0.19	-2.81
承 德 市	8.00	7.05	6.83	8.91	1.17	-1.86
沧 州 市	8.35	7.68	5.20	7.09	3.15	0.59
廊 坊 市	8.32	7.01	4.38	6.15	3.94	0.86
衡 水 市	7.06	6.11	5.52	7.62	1.54	-1.51

注：2020年数据为第七次全国人口普查汇总数据，2021年数据为人口变动情况抽样调查推算数。

2-1-3　各市农村基层组织情况

单位：个

名　　称	乡镇个数		乡个数		镇个数		村委会个数	
	2020年	2021年	2020年	2021年	2020年	2021年	2020年	2021年
全　　省	**2253**	**1943**	**713**	**656**	**1230**	**1287**	**48709**	**48428**
石家庄市（包含辛集市）	276	216	84	83	132	133	4283	4175
石家庄市（不含辛集市）	261	201	77	76	124	125	3939	3831
辛集市	15	15	7	7	8	8	344	344
唐 山 市	231	177	31	24	146	153	5313	5313
秦皇岛市	97	74	23	23	51	51	2265	2265
邯 郸 市	242	212	84	77	128	135	5192	5089
邢 台 市	198	171	60	54	111	117	4893	4868
保 定 市（包含定州市、雄安新区）	340	309	124	109	185	200	6186	6170
保 定 市（不含定州市、雄安新区）	286	259	110	95	149	164	5159	5143
定州市	25	21	5	5	16	16	470	470
张家口市	232	209	109	106	100	103	4172	4173
承 德 市	217	203	88	82	115	121	2459	2459
沧 州 市	194	168	65	57	103	111	5757	5727
廊 坊 市	108	90	15	11	75	79	3203	3203
衡 水 市	118	114	30	30	84	84	4986	4986

2-1-4　各市农村基础设施

单位：个

名　　称	自来水受益村数		通有线电视村数		通宽带村数		通公共交通村数	
	2020年	2021年	2020年	2021年	2020年	2021年	2020年	2021年
全　　省	**46998**		**46673**		**48644**		**42282**	
石家庄市（包含辛集市）	4221		3999		4342		4180	
石家庄市（不含辛集市）	3877		3655		3998		3836	
辛集市	344		344		344		344	
唐 山 市	5178		5229		5399		4170	
秦皇岛市	1718		2120		2256		1945	
邯 郸 市	5178		5137		5253		5071	
邢 台 市	4876		4704		4868		4530	
保 定 市（包含定州市、雄安新区）	5983		5538		6186		5649	
保 定 市（不含定州市、雄安新区）	4909		4492		5112		4660	
定州市	470		470		470		433	
张家口市	3991		3853		4058		3361	
承 德 市	2021		2386		2450		1482	
沧 州 市	5668		5667		5668		5317	
廊 坊 市	3175		3051		3175		2713	
衡 水 市	4989		4989		4989		3864	

注：2021年起，以上指标不再统计

2-1-5　各市乡村户数、人口和劳动力资源

单位：户、人

名　　称	乡村户数		乡村人口		1.男		2.女	
	2020年	2021年	2020年	2021年	2020年	2021年	2020年	2021年
全　　省	**16954211**	**16939158**	**58439295**	**57937629**	**30214057**	**29947520**	**28225238**	**27990109**
石家庄市（包含辛集市）	1992815	1985946	7357288	7296451	3761622	3728646	3595666	3567805
石家庄市（不含辛集市）	1820448	1817459	6810419	6757285	3482706	3453237	3327713	3304048
辛集市	172367	168487	546869	539166	278916	275409	267953	263757
唐山市	1596582	1594156	5483918	5461145	2785523	2774233	2698395	2686912
秦皇岛市	747765	748803	2060466	2012773	1056650	1031689	1003816	981084
邯郸市	1948581	1958971	7977872	8000178	4192638	4198304	3785234	3801874
邢台市	1685166	1700634	6291689	6269742	3251566	3238713	3040123	3031029
保定市（包含定州市、雄安新区）	2985430	2962197	10065202	9898562	5201358	5114616	4863844	4783946
保定市（不含定州市、雄安新区）	2295123	2279619	7796022	7658484	4026977	3955618	3769045	3702866
定州市	302221	304560	1114605	1116766	579477	579211	535128	537555
张家口市	1138090	1108998	2771983	2672137	1450664	1397896	1321319	1274241
承德市	1025515	1023895	3090796	3059052	1617389	1599952	1473407	1459100
沧州市	1714255	1711397	6142204	6093926	3190155	3167996	2952049	2925930
廊坊市	950456	959772	3469487	3470913	1793038	1796175	1676449	1674738
衡水市	1169556	1184389	3728390	3702750	1913454	1899300	1814936	1803450

2-1-5续　各市乡村户数、人口和劳动力资源

单位：人

名　　称	乡村劳动力资源数		1.男		2.女	
	2020年	2021年	2020年	2021年	2020年	2021年
全　　省	**34345613**	**34157263**	**18447641**	**18339284**	**15897972**	**15817979**
石家庄市（包含辛集市）	4262404	4243028	2259161	2250622	2003243	1992406
石家庄市（不含辛集市）	3923451	3909710	2081207	2075290	1842244	1834420
辛集市	338953	333318	177954	175332	160999	157986
唐山市	3373148	3365796	1787208	1783257	1585940	1582539
秦皇岛市	1283980	1262069	695879	684187	588101	577882
邯郸市	4566020	4598475	2465788	2477359	2100232	2121116
邢台市	3493828	3493661	1866210	1861883	1627618	1631778
保定市（包含定州市、雄安新区）	5963334	5891296	3213117	3169818	2750217	2721478
保定市（不含定州市、雄安新区）	4586349	4536582	2476634	2444990	2109715	2091592
定州市	721154	722413	381982	382389	339172	340024
张家口市	1712776	1646639	942879	911022	769897	735617
承德市	1888323	1869429	1046298	1037052	842025	832377
沧州市	3685554	3671787	1967455	1962690	1718099	1709097
廊坊市	2016514	2026379	1086339	1089705	930175	936674
衡水市	2099732	2088704	1117307	1111689	982425	977015

2-1-6　各市乡村从业人员

单位：人

名　称	乡村从业人员数		按性别分			
			男		女	
	2020年	2021年	2020年	2021年	2020年	2021年
全　省	**29978710**	**29688778**	**16297482**	**16122172**	**13681228**	**13566606**
石家庄市（包含辛集市）	3715457	3683714	1998401	1983076	1717056	1700638
石家庄市（不含辛集市）	3423384	3396914	1841736	1828875	1581648	1568039
辛集市	292073	286800	156665	154201	135408	132599
唐 山 市	2942649	2931379	1581174	1573618	1361475	1357761
秦皇岛市	1123335	1097551	615062	601478	508273	496073
邯 郸 市	4003641	3998801	2195461	2182613	1808180	1816188
邢 台 市	3074481	3063438	1648390	1639776	1426091	1423662
保 定 市（包含定州市、雄安新区）	5238790	5146651	2855126	2800095	2383664	2346556
保 定 市（不含定州市、雄安新区）	4064397	3989822	2215700	2169041	1848697	1820781
定州市	640082	639302	343837	343453	296245	295849
张家口市	1380275	1324073	777612	748359	602663	575714
承 德 市	1597363	1571170	900314	884332	697049	686838
沧 州 市	3259771	3237995	1761349	1751561	1498422	1486434
廊 坊 市	1740204	1746531	945809	946580	794395	799951
衡 水 市	1902744	1887475	1018784	1010684	883960	876791

2-1-7　各市农用机械年末拥有量

单位：千瓦

名　称	一、农用机械总动力		#柴油发动机动力		汽油发动机动力		电动机动力	
	2020年	2021年	2020年	2021年	2020年	2021年	2020年	2021年
全　省	**79657376**	**80968147**	**56689014**	**58045404**	**1425262**	**1417880**	**21543106**	**21504864**
石家庄市（包含辛集市）	13043786	13181421	8110379	8241548	121796	121595	4811614	4818278
石家庄市（不含辛集市）	11758276	11880485	7258025	7373768	90629	90428	4409625	4416289
辛集市	1285510	1300936	852354	867780	31167	31167	401989	401989
唐 山 市	8038088	8134038	4582258	4691219	105543	106836	3350288	3335983
秦皇岛市	1755338	1762930	1097995	1105626	37035	39483	620308	617821
邯 郸 市	10673279	10873300	7525453	7765830	174560	173960	2973269	2933510
邢 台 市	9243682	9364410	7020123	7126753	232236	231876	1991323	2005781
保 定 市（包含定州市、雄安新区）	8227924	8377687	6139227	6281574	55760	61338	2032937	2034775
保 定 市（不含定州市、雄安新区）	6273416	6412993	4659258	4780046	46964	52650	1567194	1580297
定州市	1041866	1084087	706984	749205	6086	6086	328796	328796
张家口市	2791822	2867338	2185497	2260189	68699	68801	537627	538348
承 德 市	2717926	2778229	2011302	2059183	45400	48298	661224	670748
沧 州 市	10573106	10744739	8805309	8978026	130301	132488	1637495	1634225
廊 坊 市	3933607	3978648	2421809	2488642	31142	31238	1480656	1458768
衡 水 市	8658818	8905405	6789662	7046814	422790	401966	1446365	1456626

2-1-7续1 各市农用机械年末拥有量

单位：台

名称	二、主要农业机械与设备					
	#大中型拖拉机		拖拉机配套农具		联合收获机	
	2020年	2021年	2020年	2021年	2020年	2021年
全　省	**306385**	**319960**	**2170910**	**2169548**	**173404**	**178364**
石家庄市（包含辛集市）	37801	39048	198428	198371	31959	32444
石家庄市（不含辛集市）	36183	37430	184406	184349	28829	29314
辛集市	1618	1618	14022	14022	3130	3130
唐山市	25734	26906	147269	148128	4893	5290
秦皇岛市	5443	5613	28964	28929	539	584
邯郸市	39731	40979	187673	187491	27383	28361
邢台市	40375	41673	338821	337510	24350	24857
保定市（包含定州市、雄安新区）	33914	35273	163244	161629	27520	28176
保定市（不含定州市、雄安新区）	27203	28217	124270	125613	20917	21359
定州市	3282	3531	10981	10616	3854	4079
张家口市	20166	21773	107814	105964	1614	1744
承德市	18836	19996	69327	70063	304	320
沧州市	34429	35623	520268	518324	22841	23611
廊坊市	15643	15961	107177	109587	7707	7792
衡水市	34313	37115	301925	303552	24294	25185

注：拖拉机配套农具统计口径发生变化，数据以新口径为准。

2-1-7续2 各市农用机械年末拥有量

名称	二、主要农业机械与设备(续)					
	机动脱粒机（台）		节水灌溉机械（套）		农用水泵（台）	
	2020年	2021年	2020年	2021年	2020年	2021年
全　省	**154204**	**152640**	**60106**	**59452**	**1563683**	**1558258**
石家庄市（包含辛集市）	22872	22779	5451	4696	189209	190208
石家庄市（不含辛集市）	22009	21916	5430	4675	166278	167277
辛集市	863	863	21	21	22931	22931
唐山市	9266	9239	11783	11761	226313	226267
秦皇岛市	5743	5650	5792	5809	67288	66194
邯郸市	27783	27823	3401	3463	237368	237053
邢台市	16058	15768	1778	1845	155588	154290
保定市（包含定州市、雄安新区）	13262	13255	1732	1736	219882	220455
保定市（不含定州市、雄安新区）	12152	12145	1556	1569	167552	167485
定州市			20	20	29466	31167
张家口市	12015	11984	8038	7962	25017	24565
承德市	16065	16079	5904	5955	56556	56712
沧州市	17734	16806	4946	4962	223065	220389
廊坊市	6995	6909	9251	9217	88554	86879
衡水市	6411	6348	2030	2046	74843	75246

2-1-8 各市农业机械化情况

单位：公顷

名称	机耕面积		机播面积		机收面积	
	2020年	2021年	2020年	2021年	2020年	2021年
全省	**5216875**	**5276311**	**6731545**	**6892136**	**5950570**	**5972310**
石家庄市（包含辛集市）	504904	504567	787268	805929	758614	772312
石家庄市（不含辛集市）	458317	457693	691876	710628	669632	678403
辛集市	46587	46874	95392	95301	88982	93909
唐山市	561676	573684	567239	588234	449442	460148
秦皇岛市	175753	177221	94106	95375	81844	82650
邯郸市	564291	571872	842126	851600	757545	691130
邢台市	557940	577091	899362	916806	760061	768356
保定市（包含定州市、雄安新区）	598953	592113	883499	901509	856080	851499
保定市（不含定州市、雄安新区）	459025	460301	671038	688818	651003	653273
定州市	92365	91380	131261	138919	124517	126593
张家口市	543138	562954	423021	430443	310409	318206
承德市	272078	283802	247096	254273	111088	111828
沧州市	567766	575911	914204	929070	884056	902035
廊坊市	306197	278232	263819	310536	255486	293537
衡水市	564179	578864	809805	808361	725945	720609

2-1-9 各市农村电气化情况

名称	1.农村水电站数（处）		装机容量（千瓦）		发电量（万千瓦时）		2.农村用电量（万千瓦时）	
	2020年	2021年	2020年	2021年	2020年	2021年	2020年	2021年
全省	**242**	**230**	**404703**	**403690**	**56629**	**79424**	**5097982**	**4760871**
石家庄市（包含辛集市）	56	51	112358	112929	17071	22833	666041	661153
石家庄市（不含辛集市）	56	51	112358	112929	17071	22833	635076	630424
辛集市							30965	30729
唐山市	15	10	33705	29405	6715	2884	502535	492918
秦皇岛市	4	4	26880	26880	4988	9790	83812	162277
邯郸市	70	68	66831	67941	5717	11251	425774	561991
邢台市	10	9	9109	9135	251	1398	349269	532729
保定市（包含定州市、雄安新区）	44	44	91910	91910	15527	22399	796736	852591
保定市（不含定州市、雄安新区）	44	44	91910	91910	15527	22399	579269	658178
定州市							72910	82841
张家口市	11	11	13490	13490	3010	3143	140102	208124
承德市	32	33	50420	52000	3350	5727	246762	161525
沧州市							868941	493857
廊坊市							684370	337556
衡水市							333641	296171

2-1-10　各市农用化肥、农药使用量

单位：吨

名　　称	一、农用化肥施用量(按实物量计算)					
	合　　计		1.氮　　肥		2.磷　　肥	
	2020年	2021年	2020年	2021年	2020年	2021年
全　　省	**7455873**	**7267183**	**2896579**	**2789217**	**1345139**	**1295583**
石家庄市（包含辛集市）	1104149	1084831	513518	502277	270009	264159
石家庄市（不含辛集市）	930328	911594	429285	418217	210167	204397
辛集市	173822	173238	84234	84060	59842	59762
唐 山 市	827372	814455	395601	390006	42273	41050
秦皇岛市	254904	243387	81088	77197	13419	12489
邯 郸 市	1097987	1070258	309145	291985	260532	251760
邢 台 市	741708	726875	218871	208823	140923	135038
保 定 市（包含定州市、雄安新区）	991352	956622	425658	406219	130373	122790
保 定 市（不含定州市、雄安新区）	727269	708766	298714	287234	86561	82045
定州市	208334	203688	103012	100653	37377	36565
张家口市	344475	344572	120904	114896	70978	68705
承 德 市	265298	259012	123584	118875	40634	39108
沧 州 市	694160	657481	293064	276349	130902	120987
廊 坊 市	305249	294581	106935	102056	31547	30701
衡 水 市	829220	815110	308212	300535	213550	208794

2-1-10续1　各市农用化肥、农药使用量

单位：吨

名　　称	一、农用化肥施用量(按实物量计算)（续）			
	3.钾　　肥		4.复合肥	
	2020年	2021年	2020年	2021年
全　　省	**426067**	**412507**	**2788089**	**2769877**
石家庄市（包含辛集市）	37014	36876	283608	281519
石家庄市（不含辛集市）	30457	30306	260419	258674
辛集市	6556	6571	23189	22845
唐 山 市	70120	68619	319378	314779
秦皇岛市	16185	15311	144212	138390
邯 郸 市	48974	46777	479336	479737
邢 台 市	39073	39835	342841	343179
保 定 市（包含定州市、雄安新区）	42525	40392	392796	387220
保 定 市（不含定州市、雄安新区）	34256	32984	307737	306503
定州市	5612	5457	62333	61013
张家口市	32543	33208	120051	127762
承 德 市	19070	18277	82010	82752
沧 州 市	52838	48097	217356	212048
廊 坊 市	19485	18479	147283	143345
衡 水 市	48241	46635	259218	259145

2-1-10续2　各市农用化肥、农药使用量

单位：吨

名　　称	二、农用化肥施用量(按折纯法计算)					
	合　　计		1.氮　　肥		2.磷　　肥	
	2020年	2021年	2020年	2021年	2020年	2021年
全　　省	**2857066**	**2768664**	**1006108**	**960563**	**222787**	**220250**
石家庄市（包含辛集市）	389783	381164	179592	173475	45207	45209
石家庄市（不含辛集市）	329862	321761	146705	140788	33427	33392
辛集市	59922	59403	32887	32687	11780	11817
唐 山 市	329514	324280	130818	128783	7194	6871
秦皇岛市	113519	108741	28461	27029	2063	2009
邯 郸 市	418131	398593	112358	102882	43383	43521
邢 台 市	299741	292753	78183	74509	22178	21793
保 定 市（包含定州市、雄安新区）	393016	377385	148105	140729	22586	21913
保 定 市（不含定州市、雄安新区）	290350	281522	101757	97319	14516	14500
定州市	80784	78214	38246	37161	6982	6666
张家口市	129184	129229	41401	39891	12353	12306
承 德 市	98140	95752	41226	39549	7061	7140
沧 州 市	263453	249245	103625	97167	20732	19635
廊 坊 市	126193	121334	37650	35746	5255	5304
衡 水 市	296392	290187	104690	100802	34775	34550

2-1-10续3　各市农用化肥、农药使用量

单位：吨

名　　称	二、农用化肥施用量(按折纯法计算)(续)				三、农药使用量	
	3.钾　肥		4.复合肥			
	2020年	2021年	2020年	2021年	2020年	2021年
全　　省	**209910**	**200053**	**1418261**	**1387799**	**54289**	**52691**
石家庄市（包含辛集市）	18326	17953	146659	144527	7813	7725
石家庄市（不含辛集市）	15081	14709	134649	132872	5963	5882
辛集市	3245	3244	12010	11655	1850	1843
唐 山 市	34816	33916	156686	154710	4250	4092
秦皇岛市	8018	7548	74977	72155	3499	3331
邯 郸 市	24493	23064	237897	229127	5128	5003
邢 台 市	19591	18787	179790	177664	7700	7543
保 定 市（包含定州市、雄安新区）	20752	19404	201572	195339	7998	7635
保 定 市（不含定州市、雄安新区）	16635	15766	157444	153937	6554	6283
定州市	2913	2759	32643	31629	1005	963
张家口市	15319	15385	60112	61647	2791	2788
承 德 市	9227	8725	40625	40338	1103	1085
沧 州 市	25987	23532	113109	108911	5357	5157
廊 坊 市	9542	8938	73747	71346	2201	2075
衡 水 市	23840	22801	133087	132035	6447	6258

2-1-11 各市农用薄膜及柴油使用量

名　　称	农用塑料薄膜使用量（吨）		#地膜使用量（吨）		地膜覆盖面积（公顷）		农用柴油使用量（吨）	
	2020年	2021年	2020年	2021年	2020年	2021年	2020年	2021年
全　　省	**103742**	**102039**	**49718**	**49383**	**767562**	**752263**	**1405257**	**89651106**
石家庄市（包含辛集市）	6116	5356	1910	1865	29759	28015	143501	9335127
石家庄市（不含辛集市）	5263	4898	1595	1586	23953	23092	109574	7190410
辛集市	854	457	315	280	5805	4923	33927	2144717
唐 山 市	10543	13066	5524	5195	90390	87724	78933	5252144
秦皇岛市	4135	3792	1692	1634	26737	26037	58503	2854691
邯 郸 市	10647	10258	5967	5944	102281	100358	141796	9185098
邢 台 市	11621	10868	7320	7227	130646	123913	210700	13581746
保 定 市（包含定州市、雄安新区）	7813	6936	3300	3239	47551	47316	162605	10386470
保 定 市（不含定州市、雄安新区）	6029	5480	2845	2917	42688	42849	143971	9195037
定州市	1511	1283	275	207	3161	3299	15228	998754
张家口市	9339	10054	7271	7594	93714	102535	37822	2437958
承 德 市	7817	7775	3307	3427	54391	55969	107165	7105046
沧 州 市	11296	10396	3408	3265	51224	46712	239360	15387764
廊 坊 市	7578	7093	3275	3312	39961	39575	24036	1493172
衡 水 市	16836	16445	6745	6680	100909	94109	200837	12631891

2-1-12 各市农田水利建设情况

名　　称	有效灌溉面积（公顷）		旱涝保收面积（公顷）		机电井年末数（眼）	
	2020年	2021年	2020年	2021年	2020年	2021年
全　　省	**4470028**	**4373770**	**3499769**	**3503613**	**1009896**	**1045256**
石家庄市（包含辛集市）	498014	347754	418595	415898	156298	158873
石家庄市（不含辛集市）	442524	292264	364176	361754	138734	141309
辛集市	55490	55490	54419	54144	17564	17564
唐 山 市	463980	464110	398000	397740	122316	115985
秦皇岛市	127810	145390	82719	84506	51752	82295
邯 郸 市	557330	556150	280201	288111	125483	126651
邢 台 市	594660	595170	504235	495787	102759	101857
保 定 市（包含定州市、雄安新区）	637814	633408	562747	555938	162093	177384
保 定 市（不含定州市、雄安新区）	499284	502724	426796	424792	109605	125298
定州市	85660	85660	85457	85624	31212	31263
张家口市	231843	272813	174138	180321	70980	69190
承 德 市	145423	141461	59397	60719	36290	35725
沧 州 市	504234	509314	398173	396815	53122	50595
廊 坊 市	227530	226810	193889	197477	49018	48440
衡 水 市	481390	481390	427674	430302	79785	78261

2-1-13　各市水库、供水和水保情况

名　　称	水库座数（座）		水利工程向农业年供水量（亿立方米）		已治理水土流失面积（千公顷）	
	2020年	2021年	2020年	2021年	2020年	2021年
全　　省	**1031**	**1018**	**106.73**		**5934.37**	**6147.02**
石家庄市（包含辛集市）	239	239	15.73		566.25	592.23
石家庄市（不含辛集市）	239	239	13.68		566.25	592.23
辛集市			2.05			
唐 山 市	127	121	12.25		267.90	278.18
秦皇岛市	270	269	4.48		293.48	300.89
邯 郸 市	70	67	12.20		308.45	323.33
邢 台 市	49	49	10.22		349.30	370.75
保 定 市（包含定州市、雄安新区）	94	93	16.67		675.21	693.76
保 定 市（不含定州市、雄安新区）	94	93	14.39		670.11	688.66
定州市			2.28		5.10	5.10
张家口市	84	83	5.47		1640.15	1694.39
承 德 市	95	94	4.32		1749.52	1809.36
沧 州 市	3	3	8.85			
廊 坊 市			5.06		29.26	29.26
衡 水 市			11.47		54.87	54.87

2-1-14　各市自然灾害情况

单位：公顷

名　　称	一、受灾面积		#旱　灾		水　灾		风 雹 灾	
	2020年	2021年	2020年	2021年	2020年	2021年	2020年	2021年
全　　省	**371983**	**390435**	**19302**		**20130**	**210766**	**189948**	**156760**
石家庄市（包含辛集市）	36757	12919			30	8481	9597	4437
石家庄市（不含辛集市）	21306	12801			30	8390	1680	4412
辛集市	15451	117				92	7917	26
唐 山 市	41	4586				2516	39	
秦皇岛市	7702	6133	5800		1249	5663	653	470
邯 郸 市	41182	89425			1741	74774	3964	13118
邢 台 市	72021	44291			8641	42329	24532	1928
保 定 市（包含定州市、雄安新区）	21594	20395			2021		17176	16899
保 定 市（不含定州市、雄安新区）	19298	6218			1043	3357	16058	2861
定州市	467	14177				139	467	14038
张家口市	89421	80000			3463	9412	53431	53626
承 德 市	38886	79580	13502		747	19053	23309	58216
沧 州 市	6140	25060				24836	6140	224
廊 坊 市	16770	94			933	94	15837	
衡 水 市	41470	27954			1304	20112	35270	7841

2-1-14续1 各市自然灾害情况

单位：公顷

名　称	一、受灾情况（续）				二、成灾面积		#旱灾	
	霜冻灾		病虫灾					
	2020年	2021年	2020年	2021年	2020年	2021年	2020年	2021年
全　省	**142130**	**17946**	**473**	**1530**	**261016**	**218500**	**14394**	
石家庄市（包含辛集市）	27105		26		26088	3121		
石家庄市（不含辛集市）	19570		26		19572	3118		
辛集市	7534				6516	3		
唐 山 市	1				41	1503		
秦皇岛市					7358	3220	5800	
邯 郸 市	35477	100		1326	17243	46325		
邢 台 市	38848	33			29245	31452		
保 定 市（包含定州市、雄安新区）	2396				13385	9314		
保 定 市（不含定州市、雄安新区）	2197				11584	2040		
定州市					467	7274		
张家口市	32130	16788	397	107	81547	50982		
承 德 市	1278	1025	50	96	30002	54146	8593	
沧 州 市					3149	4852		
廊 坊 市					16403	94		
衡 水 市	4896				36556	13491		

2-1-14续2 各市自然灾害情况

单位：公顷

名　称	二、成灾面积（续）							
	水灾		风雹灾		霜冻灾		病虫灾	
	2020年	2021年	2020年	2021年	2020年	2021年	2020年	2021年
全　省	**15715**	**118580**	**142952**	**83337**	**87498**	**14600**	**457**	**839**
石家庄市（包含辛集市）		2812	2975	309	23087		26	
石家庄市（不含辛集市）		2812	600	307	18946		26	
辛集市			2375	3	4141			
唐 山 市		1363	39		1			
秦皇岛市		2853	641	367				
邯 郸 市	1107	42264.03	576	3318	15561	10		675
邢 台 市	6253	31295	13553	124	9438	33		
保 定 市（包含定州市、雄安新区）	1608	304	10322	9010	1455			
保 定 市（不含定州市、雄安新区）	789	219	9539	1821	1256			
定州市		85	467	7189				
张家口市	3025	6877	46008	29931	32117	14007	397	101
承 德 市	625	12587	19704	40066	1046	549	34	63
沧 州 市		4640	3149	212				
廊 坊 市	877	94	15526					
衡 水 市	1304	13491	30459		4793			

2-1-14续3　各市自然灾害情况

名　　称	三、绝收面积（公顷）		四、因灾损失情况					
			受灾人口(人)		死亡人口(人)		倒塌房屋(间)	
	2020年	2021年	2020年	2021年	2020年	2021年	2020年	2021年
全　　省	**69530**	**68920**	**2869411**	**3304039**	**4**	**8**	**53**	**1030**
石家庄市（包含辛集市）	56	573	386234	117875			1	534
石家庄市（不含辛集市）	56	573	353629	117566			1	534
辛集市			32605	309				
唐 山 市	23	356	99	40567				4
秦皇岛市	1018	671	116370	82250			8	20
邯 郸 市	4630	27475	363168	1106806		1		326
邢 台 市	5792	16777	529970	587824		2	1	13
保 定 市（包含定州市、雄安新区）	3436	3966	259742	160769			16	
保 定 市（不含定州市、雄安新区）	3137	739	244551	123572		2	7	34
定州市	20	3228	328	37191				
雄安新区				6				
张家口市	36174	8854	352484	279429	4		27	36
承 德 市	5231	7121	351832	628593		3		61
沧 州 市	1	350	78668	106851				2
廊 坊 市	9638	94	124007	522				
衡 水 市	3532	2683	306837	192553				

2-1-15　各市耕地面积

单位：公顷

名　　称	2010年	2015年	2018年	2019年	2020年	2021年
全　　省	**6551425**	**6525468**	**6523552**	**6034175**	**6011338**	**5968723**
石家庄市（包含辛集市）	578836	582901	583064	492066	487914	483082
石家庄市（不含辛集市）	522978	527645	526650	437220	432938	429077
辛集市	55857	55256	56414	54846	54977	54005
唐 山 市	561622	555720	557942	500186	498129	496052
秦皇岛市	190531	188650	188171	172990	171859	170384
邯 郸 市	673208	664565	662957	606303	604486	598611
邢 台 市	700042	694044	693452	599233	598060	596753
保 定 市（包含定州市、雄安新区）	807597	802148	808897	680063	673571	659744
保 定 市（不含定州市、雄安新区）	721144	716272	722994	531383	528012	522226
定州市	86453	85876	85903	74307	74202	74214
张家口市	922483	931729	932927	973913	972940	976490
承 德 市	402336	400031	400461	413734	412883	413715
沧 州 市	788471	785034	776427	758271	756185	746200
廊 坊 市	357834	356014	353446	276598	275029	272541
衡 水 市	568465	564632	565807	560818	560281	555150

2-2-1 各市粮食作物播种面积和产量

单位：公顷、公斤/公顷、吨

名 称	农作物总播种面积		一、粮 食 作 物					
			播种面积		播种单产		总 产 量	
	2020年	2021年	2020年	2021年	2020年	2021年	2020年	2021年
全 省	**8089440**	**8097203**	**6388798**	**6428606**	**5941**	**5950**	**37958903**	**38250896**
石家庄市（包含辛集市）	896260	896936	758168	759051	6544	6566	4961200	4983944
石家庄市（不含辛集市）	786128	787265	664868	665458	6479	6498	4307798	4324218
辛集市	110132	109671	93300	93593	7003	7049	653402	659726
唐 山 市	721760	723191	486101	489562	5963	6002	2898397	2938106
秦皇岛市	196550	197217	128566	129672	5833	5861	749878	759976
邯 郸 市	984989	982146	776797	780834	6863	6877	5330769	5369999
邢 台 市	968015	961151	763513	770256	6355	6354	4852139	4894407
保 定 市（包含定州市、雄安新区）	1056443	1048949	869777	861879	6234	6264	5421801	5398526
保 定 市（不含定州市、雄安新区）	807875	808822	670347	671981	6140	6176	4116033	4150167
定州市	160827	160426	117210	117304	6803	6831	797372	801262
张家口市	655881	663364	449871	458996	4123	4055	1854625	1861014
承 德 市	397711	401535	283937	285227	5161	5142	1465320	1466609
沧 州 市	970454	982452	884478	899163	5177	5182	4578840	4659651
廊 坊 市	375356	372980	268937	270284	5507	5577	1481049	1507280
衡 水 市	866020	867282	718652	723682	6074	6096	4364886	4411384

注：2017年起，粮、棉全省总数为上报数之和(下同)。

2-2-1续1 各市粮食作物播种面积和产量

单位：公顷、公斤/公顷、吨

名 称	#夏 收 粮 食					
	播种面积		播种单产		总 产 量	
	2020年	2021年	2020年	2021年	2020年	2021年
全 省	**2243178**	**2270820**	**6481**	**6529**	**14539089**	**14826760**
石家庄市（包含辛集市）	330611	331453	6965	7025	2302678	2328430
石家庄市（不含辛集市）	283860	284413	6927	6989	1966211	1987836
辛集市	46751	47040	7197	7241	336467	340593
唐 山 市	119621	120759	5795	5859	693144	707564
秦皇岛市	13698	14538	6092	6235	83454	90654
邯 郸 市	348628	350223	6934	6991	2417261	2448496
邢 台 市	336255	342944	6758	6799	2272363	2331763
保 定 市（包含定州市、雄安新区）	371466	364972	6518	6577	2421197	2400549
保 定 市（不含定州市、雄安新区）	272759	274171	6476	6538	1766358	1792570
定州市	58351	58436	6776	6827	395393	398931
张家口市						
承 德 市						
沧 州 市	338026	352349	5589	5643	1889158	1988303
廊 坊 市	53876	60450	5925	5993	319201	362304
衡 水 市	330996	333133	6467	6510	2140632	2168698

2-2-1续2　各市粮食作物播种面积和产量

单位：公顷、公斤/公顷、吨

名　　称	#秋收粮食					
	播种面积		播种单产		总产量	
	2020年	2021年	2020年	2021年	2020年	2021年
全　省	**4145620**	**4157786**	**5649**	**5634**	**23419814**	**23424136**
石家庄市（包含辛集市）	427557	427598	6218	6210	2658521	2655515
石家庄市（不含辛集市）	381008	381046	6146	6132	2341586	2336382
辛集市	46549	46553	6809	6855	316935	319133
唐 山 市	366480	368803	6017	6048	2205252	2230543
秦皇岛市	114868	115134	5802	5813	666425	669322
邯 郸 市	428168	430611	6805	6785	2913507	2921503
邢 台 市	427259	427312	6038	5997	2579776	2562645
保 定 市（包含定州市、雄安新区）	498310	496908	6022	6033	3000604	2997976
保 定 市（不含定州市、雄安新区）	397588	397811	5910	5926	2349675	2357597
定州市	58859	58868	6830	6834	401980	402332
张家口市	449871	458996	4123	4055	1854625	1861014
承 德 市	283937	285227	5161	5142	1465320	1466609
沧 州 市	546452	546815	4922	4885	2689682	2671348
廊 坊 市	215061	209834	5402	5457	1161849	1144976
衡 水 市	387657	390549	5738	5742	2224254	2242686

2-2-1续3　各市粮食作物播种面积和产量

单位:公顷、公斤/公顷、吨

名　　称	(一) 谷物合计					
	播种面积		播种单产		总产量	
	2020年	2021年	2020年	2021年	2020年	2021年
全　省	**6035967**	**6109290**	**5994**	**5999**	**36177055**	**36647000**
石家庄市（包含辛集市）	703102	714371	6782	6746	4768354	4819129
石家庄市（不含辛集市）	612768	623448	6732	6686	4124879	4168234
辛集市	90334	90923	7123	7159	643475	650895
唐 山 市	467601	471359	5998	6044	2804676	2848776
秦皇岛市	103100	106191	5971	5993	615637	636354
邯 郸 市	762821	768021	6909	6917	5270151	5312465
邢 台 市	748677	755989	6393	6396	4786102	4834993
保 定 市（包含定州市、雄安新区）	838821	832243	6268	6300	5257869	5242824
保 定 市（不含定州市、雄安新区）	644352	647070	6176	6214	3979582	4021047
定州市	115106	115341	6836	6858	786844	790969
张家口市	354575	368165	3766	3731	1335380	1373569
承 德 市	222800	227363	4756	4885	1059598	1110661
沧 州 市	873272	891028	5195	5195	4536895	4628574
廊 坊 市	252805	258726	5604	5642	1416633	1459800
衡 水 市	708395	715834	6106	6119	4325759	4379856

2-2-1续4 各市粮食作物播种面积和产量

单位：公顷、公斤/公顷、吨

名称	1.稻谷					
	播种面积		播种单产		总产量	
	2020年	2021年	2020年	2021年	2020年	2021年
全省	**78720**	**78351**	**6216**	**6330**	**489331**	**496000**
石家庄市（包含辛集市）	15	15	5474	7358	82	109
石家庄市（不含辛集市）	15	15	5474	7358	82	109
辛集市						
唐山市	64316	63739	6188	6349	397994	404654
秦皇岛市	6043	6031	6290	6194	38007	37354
邯郸市	862	970	5496	5372	4736	5210
邢台市	468	27	5869	6965	2745	189
保定市（包含定州市、雄安新区）	770	830	6160	6065	4745	5035
保定市（不含定州市、雄安新区）	754	808	6143	6047	4634	4883
定州市						
张家口市	625	740	6898	6009	4315	4449
承德市	5323	5629	6481	6500	34500	36589
沧州市	120	253	7333	6553	880	1660
廊坊市	178	117	7449	6430	1328	751
衡水市						

2-2-1续5 各市粮食作物播种面积和产量

单位:公顷、公斤/公顷、吨

名称	2.小麦					
	播种面积		播种单产		总产量	
	2020年	2021年	2020年	2021年	2020年	2021年
全省	**2216923**	**2246580**	**6492**	**6539**	**14392980**	**14691300**
石家庄市（包含辛集市）	329454	330820	6970	7029	2296237	2325492
石家庄市（不含辛集市）	282703	283780	6932	6995	1959770	1984899
辛集市	46751	47040	7197	7241	336467	340593
唐山市	110681	112410	5817	5890	643846	662100
秦皇岛市	5287	6532	6757	6754	35725	44112
邯郸市	348518	350120	6934	6991	2416565	2447864
邢台市	335262	342306	6759	6801	2266034	2328022
保定市（包含定州市、雄安新区）	365566	359111	6532	6590	2387975	2366384
保定市（不含定州市、雄安新区）	267807	269071	6491	6552	1738199	1762899
定州市	57487	57733	6798	6837	390790	394740
张家口市						
承德市						
沧州市	338026	352349	5589	5643	1889158	1988303
廊坊市	53133	59800	5963	6026	316808	360325
衡水市	330996	333133	6467	6510	2140632	2168698

2-2-1续6　各市粮食作物播种面积和产量

单位：公顷、公斤/公顷、吨

名　　称	1.冬　小　麦					
	播种面积		播种单产		总　产　量	
	2020年	2021年	2020年	2021年	2020年	2021年
全　　省	**2203480**	**2233000**	**6501**	**6548**	**14325815**	**14621900**
石家庄市（包含辛集市）	329454	330820	6970	7029	2296237	2325492
石家庄市（不含辛集市）	282703	283780	6932	6995	1959770	1984899
辛集市	46751	47040	7197	7241	336467	340593
唐 山 市	97758	99686	5931	5995	579787	597635
秦皇岛市	4766	5707	6843	6896	32619	39350
邯 郸 市	348518	350120	6934	6991	2416565	2447864
邢 台 市	335262	342306	6759	6801	2266034	2328022
保 定 市（包含定州市、雄安新区）	365566	359080	6532	6590	2387975	2366210
保 定 市（不含定州市、雄安新区）	267807	269040	6491	6552	1738199	1762725
定州市	57487	57733	6798	6837	390790	394740
张家口市						
承 德 市						
沧 州 市	338026	352349	5589	5643	1889158	1988303
廊 坊 市	53133	59800	5963	6026	316808	360325
衡 水 市	330996	333133	6467	6510	2140632	2168698

2-2-1续7　各市粮食作物播种面积和产量

单位：公顷、公斤/公顷、吨

名　　称	2.春　小　麦					
	播种面积		播种单产		总　产　量	
	2020年	2021年	2020年	2021年	2020年	2021年
全　　省	**13443**	**13580**	**4996**	**5110**	**67165**	**69400**
石家庄市（包含辛集市）						
石家庄市（不含辛集市）						
辛集市						
唐 山 市	12923	12724	4957	5066	64059	64465
秦皇岛市	521	825	5965	5773	3106	4761
邯 郸 市						
邢 台 市						
保 定 市（包含定州市、雄安新区）						
保 定 市（不含定州市、雄安新区）		31		5674		174
定州市						
张家口市						
承 德 市						
沧 州 市						
廊 坊 市						
衡 水 市						

2-2-1续8 各市粮食作物播种面积和产量

单位：公顷、公斤/公顷、吨

名称	3.玉米					
	播种面积		播种单产		总产量	
	2020年	2021年	2020年	2021年	2020年	2021年
全省	**3417100**	**3454108**	**6005**	**5984**	**20518177**	**20667700**
石家庄市（包含辛集市）	359445	371627	6758	6616	2429311	2458718
石家庄市（不含辛集市）	317169	329000	6700	6539	2125046	2151167
辛集市	42277	42627	7197	7215	304265	307551
唐山市	289030	291687	6055	6069	1750003	1770249
秦皇岛市	83965	85887	6153	6170	516651	529881
邯郸市	386285	388600	7170	7122	2769836	2767786
邢台市	389857	391261	6252	6207	2437384	2428558
保定市（包含定州市、雄安新区）	465932	466078	6101	6117	2842437	2851202
保定市（不含定州市、雄安新区）	369495	371060	5996	6020	2215382	2233596
定州市	57464	57533	6879	6879	395313	395789
张家口市	187310	190420	5481	5508	1026618	1048833
承德市	167884	174333	5391	5491	905065	957350
沧州市	524529	528867	4976	4923	2610003	2603611
廊坊市	196228	196667	5534	5545	1085855	1090460
衡水市	366634	368681	5851	5862	2145014	2161052

2-2-1续9 各市粮食作物播种面积和产量

单位：公顷、公斤/公顷、吨

名称	4.谷子					
	播种面积		播种单产		总产量	
	2020年	2021年	2020年	2021年	2020年	2021年
全省	**129480**	**124145**	**3301**	**3253**	**427458**	**403800**
石家庄市（包含辛集市）	13885	11590	2971	2870	41247	33265
石家庄市（不含辛集市）	12579	10334	3061	2953	38504	30515
辛集市	1306	1256	2100	2190	2743	2751
唐山市	2657	2510	3376	3118	8969	7826
秦皇岛市	5629	5401	3289	3164	18513	17088
邯郸市	26644	27052	2903	3182	77344	86088
邢台市	22332	20622	3431	3392	76618	69958
保定市（包含定州市、雄安新区）	5976	5788	3384	3203	20224	18537
保定市（不含定州市、雄安新区）	5972	5786	3384	3203	20210	18529
定州市	4	2	3713	3755	14	9
张家口市	25197	26816	3399	3129	85655	83918
承德市	15145	15690	3909	3747	59204	58793
沧州市	5793	2604	3310	3316	19173	8637
廊坊市	1444	1070	3632	2641	5245	2827
衡水市	4778	5001	3195	3372	15266	16863

2-2-1续10　各市粮食作物播种面积和产量

单位：公顷、公斤/公顷、吨

名　　称	5.高　　粱					
	播种面积		播种单产		总　产　量	
	2020年	2021年	2020年	2021年	2020年	2021年
全　　省	**20740**	**28066**	**3972**	**4033**	**82388**	**113200**
石家庄市（包含辛集市）	113	297	4359	5071	492	1505
石家庄市（不含辛集市）	113	297	4359	5071	492	1505
辛集市						
唐 山 市	870	941	4266	3986	3712	3752
秦皇岛市	300	297	4115	4846	1235	1440
邯 郸 市	505	1279	3240	4312	1637	5516
邢 台 市	750	1771	4395	4664	3295	8259
保 定 市（包含定州市、雄安新区）	424	291	4687	4200	1989	1221
保 定 市（不含定州市、雄安新区）	173	200	3817	3482	660	695
定州市	151	72	4811	5993	728	431
张家口市	2263	3156	3649	4133	8255	13046
承 德 市	3032	2988	4063	4491	12321	13419
沧 州 市	4767	6955	3699	3791	17636	26363
廊 坊 市	1729	1072	4031	5070	6968	5437
衡 水 市	5987	9019	4150	3686	24847	33243

2-2-1续11　各市粮食作物播种面积和产量

单位：公顷、公斤/公顷、吨

名　　称	6.其他谷物					
	播种面积		播种单产		总　产　量	
	2020年	2021年	2020年	2021年	2020年	2021年
全　　省	**114540**	**127319**	**1522**	**1511**	**174311**	**192400**
石家庄市（包含辛集市）	1	2	1045	1300	1	3
石家庄市（不含辛集市）	1	2	1045	1300	1	3
辛集市						
唐 山 市						
秦皇岛市						
邯 郸 市						
邢 台 市						
保 定 市（包含定州市、雄安新区）		5		1854		9
保 定 市（不含定州市、雄安新区）		5		1854		9
定州市						
张家口市	98590	107626	1521	1510	149958	162498
承 德 市	15949	19686	1527	1518	24351	29891
沧 州 市						
廊 坊 市						
衡 水 市						

2-2-1续12　各市粮食作物播种面积和产量

单位：公顷、公斤/公顷、吨

名　　称	#大　　麦					
	播种面积		播种单产		总　产　量	
	2020年	2021年	2020年	2021年	2020年	2021年
全　　省		**120**		**1667**		**200**
石家庄市（包含辛集市）						
石家庄市（不含辛集市）						
辛集市						
唐 山 市						
秦皇岛市						
邯 郸 市						
邢 台 市						
保 定 市（包含定州市、雄安新区）						
保 定 市（不含定州市、雄安新区）						
定州市						
张家口市		120		1667		200
承 德 市						
沧 州 市						
廊 坊 市						
衡 水 市						

2-2-1续13　各市粮食作物播种面积和产量

单位：公顷、公斤/公顷、吨

名　　称	#燕　　麦（莜麦）					
	播种面积		播种单产		总　产　量	
	2020年	2021年	2020年	2021年	2020年	2021年
全　　省	109620	122335	1530	1520	167687	186000
石家庄市（包含辛集市）	0.1		1500		0.15	
石家庄市（不含辛集市）	0.1		1500		0.15	
辛集市						
唐 山 市						
秦皇岛市						
邯 郸 市						
邢 台 市						
保 定 市（包含定州市、雄安新区）						
保 定 市（不含定州市、雄安新区）						
定州市						
张家口市	93950	102877	1529	1520	143656	156391
承 德 市	15670	19458	1534	1522	24031	29609
沧 州 市						
廊 坊 市						
衡 水 市						

2-2-1续14 各市粮食作物播种面积和产量

单位：公顷、公斤/公顷、吨

名 称	#荞 麦					
	播种面积		播种单产		总 产 量	
	2020年	2021年	2020年	2021年	2020年	2021年
全 省	**4920**	**4864**	**1346**	**1275**	**6624**	**6200**
石家庄市（包含辛集市）	1	2	1000	1300	1	3
石家庄市（不含辛集市）	1	2	1000	1300	1	3
辛集市						
唐 山 市						
秦皇岛市						
邯 郸 市						
邢 台 市						
保 定 市（包含定州市、雄安新区）		5		1854		9
保 定 市（不含定州市、雄安新区）		5		1854		9
定州市						
张家口市	4640	4629	1358	1276	6303	5907
承 德 市	279	228	1148	1234	320	282
沧 州 市						
廊 坊 市						
衡 水 市						

2-2-1续15 各市粮食作物播种面积和产量

单位：公顷、公斤/公顷、吨

名 称	(二)豆 类 合 计					
	播种面积		播种单产		总 产 量	
	2020年	2021年	2020年	2021年	2020年	2021年
全 省	**122130**	**96711**	**2407**	**2335**	**293916**	**225800**
石家庄市（包含辛集市）	36970	27675	2435	2462	90009	68134
石家庄市（不含辛集市）	35223	26016	2481	2519	87388	65521
辛集市	1747	1659	1500	1575	2621	2613
唐 山 市	6214	6279	2911	2789	18090	17511
秦皇岛市	6467	5666	2859	2660	18488	15072
邯 郸 市	6043	4941	2328	2134	14069	10543
邢 台 市	7955	7247	2701	2388	21488	17307
保 定 市（包含定州市、雄安新区）	7019	5526	2627	2462	18440	13602
保 定 市（不含定州市、雄安新区）	6173	4664	2598	2414	16038	11259
定州市	524	514	2806	2764	1471	1420
张家口市	21657	18439	1867	1767	40424	32580
承 德 市	6354	5964	2456	2831	15607	16886
沧 州 市	7210	4808	2383	2286	17186	10992
廊 坊 市	9622	6145	2514	2295	24185	14101
衡 水 市	6619	4022	2407	2255	15931	9071

2-2-1续16　各市粮食作物播种面积和产量

单位：公顷、公斤/公顷、吨

名　称	#大　豆					
	播种面积		播种单产		总　产　量	
	2020年	2021年	2020年	2021年	2020年	2021年
全　省	**89480**	**66765**	**2493**	**2438**	**223118**	**162800**
石家庄市（包含辛集市）	36262	26954	2454	2490	88998	67117
石家庄市（不含辛集市）	34515	25295	2503	2550	86377	64504
辛集市	1747	1659	1500	1575	2621	2613
唐 山 市	3765	3628	2603	2364	9800	8576
秦皇岛市	4341	4030	2647	2432	11491	9800
邯 郸 市	4559	3753	2419	2208	11027	8286
邢 台 市	6412	5102	2802	2492	17970	12716
保 定 市（包含定州市、雄安新区）	5531	4353	2673	2438	14787	10613
保 定 市（不含定州市、雄安新区）	4718	3545	2645	2373	12482	8414
定州市	501	499	2808	2763	1406	1380
张家口市	4326	2690	1835	1706	7938	4591
承 德 市	4673	4558	2629	3027	12284	13798
沧 州 市	6597	4095	2408	2342	15883	9590
廊 坊 市	8438	5209	2485	2256	20966	11749
衡 水 市	4575	2393	2617	2494	11974	5966

2-2-1续17　各市粮食作物播种面积和产量

单位：公顷、公斤/公顷、吨

名　称	#绿　豆					
	播种面积		播种单产		总　产　量	
	2020年	2021年	2020年	2021年	2020年	2021年
全　省	**10320**	**8993**	**1696**	**1668**	**17505**	**15000**
石家庄市（包含辛集市）	325	313	1489	1552	484	486
石家庄市（不含辛集市）	325	313	1489	1552	484	486
辛集市						
唐 山 市	151	131	1910	1693	287	222
秦皇岛市	81	62	2011	2184	163	135
邯 郸 市	1295	1081	2059	1881	2666	2033
邢 台 市	1526	2123	2276	2141	3473	4545
保 定 市（包含定州市、雄安新区）	569	362	1726	2068	982	748
保 定 市（不含定州市、雄安新区）	567	361	1722	2066	976	745
定州市	2	1	2938	2606	5	3
张家口市	4710	3433	1291	1101	6083	3781
承 德 市	444	478	2203	2304	978	1100
沧 州 市	345	323	2340	2254	807	729
廊 坊 市	144	114	1640	1000	237	114
衡 水 市	730	573	1841	1931	1345	1106

2-2-1续18　各市粮食作物播种面积和产量

单位：公顷、公斤/公顷、吨

名　　称	#红　　小　　豆					
	播种面积		播种单产		总　产　量	
	2020年	2021年	2020年	2021年	2020年	2021年
全　　省	**4560**	**4583**	**1672**	**1636**	**7626**	**7500**
石家庄市（包含辛集市）	256	244	943	867	241	212
石家庄市（不含辛集市）	256	244	943	867	241	212
辛集市						
唐 山 市	226	228	2460	2063	555	471
秦皇岛市	243	216	1868	1903	454	411
邯 郸 市	149	68	1658	1741	247	119
邢 台 市	8	21	2109	2141	16	45
保 定 市（包含定州市、雄安新区）	215	235	2486	2218	534	522
保 定 市（不含定州市、雄安新区）	211	208	2483	2202	523	457
定州市			2625	2636	1	1
张家口市	1344	1607	1202	1315	1615	2114
承 德 市	501	399	1817	2108	910	841
沧 州 市	208	372	1746	1722	363	641
廊 坊 市	188	137	1506	945	283	130
衡 水 市	1224	1054	1968	1892	2409	1994

2-2-1续19　各市粮食作物播种面积和产量

单位：公顷、公斤/公顷、吨

名　　称	(三)薯　类　合　计					
	播种面积		播种单产		总　产　量	
	2020年	2021年	2020年	2021年	2020年	2021年
全　　省	**230702**	**222605**	**32248**	**30954**	**7439659**	**6890480**
石家庄市（包含辛集市）	18096	17005	28414	28427	514185	483407
石家庄市（不含辛集市）	16877	15994	28302	28280	477652	452318
辛集市	1219	1011	29970	30750	36533	31088
唐 山 市	12286	11924	30779	30115	378152	359097
秦皇岛市	19000	17815	30462	30466	578768	542754
邯 郸 市	7932	7872	29341	29847	232745	234954
邢 台 市	6882	7020	32366	29992	222746	210534
保 定 市（包含定州市、雄安新区）	23937	24111	30391	29468	727460	710501
保 定 市（不含定州市、雄安新区）	19823	20248	30372	29105	602067	589304
定州市	1579	1449	28672	30614	45285	44366
张家口市	73639	72393	32511	31417	2394103	2274323
承 德 市	54783	51899	35605	32666	1950571	1695308
沧 州 市	3996	3328	30978	30174	123795	100423
廊 坊 市	6511	5413	30895	30834	201155	166892
衡 水 市	3639	3826	31872	29349	115978	112287

2-2-1续20 各市粮食作物播种面积和产量

单位：公顷、公斤/公顷、吨

名 称	1.马 铃 薯					
	播种面积		播种单产		总 产 量	
	2020年	2021年	2020年	2021年	2020年	2021年
全 省	**156902**	**148836**	**32861**	**31437**	**5155944**	**4678980**
石家庄市（包含辛集市）	4488	3837	20637	23880	92620	91636
石家庄市（不含辛集市）	4488	3837	20637	23880	92620	91636
辛集市						
唐 山 市	7441	6628	29952	30080	222871	199375
秦皇岛市	6169	6295	32196	31918	198625	200930
邯 郸 市	1111	685	26383	27185	29302	18625
邢 台 市	1940	1410	32443	29646	62936	41813
保 定 市（包含定州市、雄安新区）	8125	8541	28582	28812	232240	246095
保 定 市（不含定州市、雄安新区）	7185	7787	28817	28731	207041	223717
定州市	864	702	26635	29833	23013	20952
张家口市	73455	72193	32523	31428	2388995	2268895
承 德 市	53180	48840	35717	32748	1899468	1599428
沧 州 市	170	103	33157	31130	5644	3194
廊 坊 市	330	61	20058	25103	6615	1535
衡 水 市	492	242	33828	30744	16628	7454

2-2-1续21 各市粮食作物播种面积和产量

单位：公顷、公斤/公顷、吨

名 称	2.甘 薯					
	播种面积		播种单产		总 产 量	
	2020年	2021年	2020年	2021年	2020年	2021年
全 省	**73800**	**73769**	**30945**	**29979**	**2283715**	**2211500**
石家庄市（包含辛集市）	13608	13168	30979	29752	421565	391770
石家庄市（不含辛集市）	12389	12157	31079	29669	385032	360682
辛集市	1219	1011	29970	30750	36533	31088
唐 山 市	4845	5296	32049	30157	155282	159721
秦皇岛市	12831	11520	29628	29672	380144	341825
邯 郸 市	6822	7187	29823	30101	203442	216328
邢 台 市	4942	5609	32336	30080	159810	168722
保 定 市（包含定州市、雄安新区）	15811	15569	31320	29829	495219	464406
保 定 市（不含定州市、雄安新区）	12638	12461	31256	29339	395026	365587
定州市	715	747	31131	31349	22272	23414
张家口市	183	200	27844	27141	5108	5428
承 德 市	1603	3059	31880	31343	51104	95880
沧 州 市	3826	3225	30881	30144	118151	97229
廊 坊 市	6181	5352	31473	30899	194540	165357
衡 水 市	3147	3584	31567	29254	99349	104833

2-2-2　各市油料播种面积和产量

单位：公顷、公斤/公顷、吨

名　称	油料作物					
	播种面积		播种单产		总产量	
	2020年	2021年	2020年	2021年	2020年	2021年
全　省	**355367**	**350256**	**3363**	**3379**	**1195178**	**1183555**
石家庄市（包含辛集市）	35745	34377	3328	3240	118966	111368
石家庄市（不含辛集市）	30286	29329	3157	3095	95608	90785
辛集市	5459	5048	4279	4078	23358	20583
唐山市	75746	75999	4220	4194	319650	318762
秦皇岛市	24584	24552	3739	3685	91921	90471
邯郸市	38248	41300	3533	3420	135111	141264
邢台市	41990	42792	3182	3246	133631	138920
保定市（包含定州市、雄安新区）	33319	31735	3948	4017	131535	127486
保定市（不含定州市、雄安新区）	27334	25521	3882	3946	106104	100701
定州市	5072	4890	4300	4318	21807	21116
张家口市	49517	40010	1502	1449	74399	57973
承德市	10256	11344	2370	2389	24306	27097
沧州市	11236	11752	3775	3685	42420	43308
廊坊市	10888	11447	2730	2767	29729	31668
衡水市	23840	24949	3922	3817	93510	95237

2-2-2续1　各市油料播种面积和产量

单位：公顷、公斤/公顷、吨

名　称	#花生					
	播种面积		播种单产		总产量	
	2020年	2021年	2020年	2021年	2020年	2021年
全　省	**246048**	**247288**	**3935**	**3894**	**968123**	**962994**
石家庄市（包含辛集市）	30388	28116	3468	3407	105383	95797
石家庄市（不含辛集市）	26203	24625	3256	3219	85324	79268
辛集市	4185	3491	4793	4735	20059	16529
唐山市	75550	75797	4225	4199	319191	318293
秦皇岛市	24286	24325	3750	3691	91068	89780
邯郸市	26476	26648	4173	4145	110491	110460
邢台市	23360	24224	3552	3490	82976	84543
保定市（包含定州市、雄安新区）	30468	28937	4005	4083	122038	118163
保定市（不含定州市、雄安新区）	24954	23294	3935	3994	98200	93033
定州市	4622	4454	4383	4416	20259	19670
张家口市	216	202	2511	1917	542	387
承德市	312	266	3304	3379	1031	899
沧州市	8410	8581	4183	4120	35183	35355
廊坊市	8727	10768	2861	2820	24967	30362
衡水市	17855	19425	4215	4065	75253	78954

2-2-2续2　各市油料播种面积和产量

单位：公顷、公斤/公顷、吨

名　　称	#油菜籽					
	播种面积		播种单产		总　产　量	
	2020年	2021年	2020年	2021年	2020年	2021年
全　　省	**31807**	**31990**	**1776**	**1878**	**56477**	**60079**
石家庄市（包含辛集市）	2117	2369	2430	2179	5145	5161
石家庄市（不含辛集市）	1551	1897	2469	2208	3829	4188
辛集市	566	472	2324	2062	1316	973
唐 山 市	3	3	2936	2869	9	9
秦皇岛市	10	4	2532	309	25	1
邯 郸 市	9436	12155	1940	1987	18304	24156
邢 台 市	6819	6159	1470	1850	10023	11393
保 定 市（包含定州市、雄安新区）	259	346	3073	2448	796	847
保 定 市（不含定州市、雄安新区）	257	218	3069	2959	789	645
定州市	2		3000		6	
张家口市	8652	5490	1373	1115	11876	6119
承 德 市	2040	1616	2236	2230	4562	3604
沧 州 市	843	1799	2232	2351	1881	4229
廊 坊 市	88	269	2467	2241	217	603
衡 水 市	1540	1782	2363	2221	3639	3957

2-2-2续3　各市油料播种面积和产量

单位：公顷、公斤/公顷、吨

名　　称	#芝麻					
	播种面积		播种单产		总　产　量	
	2020年	2021年	2020年	2021年	2020年	2021年
全　　省	**1749**	**1871**	**1485**	**1406**	**2597**	**2631**
石家庄市（包含辛集市）	77	96	935	4213	72	111
石家庄市（不含辛集市）	77	94	932	1117	72	105
辛集市		2	100	3096		6
唐 山 市	65	65	1636	1638	106	106
秦皇岛市	17	14	1420	1611	24	23
邯 郸 市	646	696	1536	1522	992	1059
邢 台 市	222	412	1772	1362	393	561
保 定 市（包含定州市、雄安新区）	34	27	1657	4061	58	38
保 定 市（不含定州市、雄安新区）	6	8	1552	1217	9	10
定州市	13	14	1605	1513	21	21
张家口市		24		188		5
承 德 市	32	35	1538	1558	49	55
沧 州 市	126	79	1808	1803	228	142
廊 坊 市	134	107	1003	1012	134	108
衡 水 市	395	315	1367	1344	540	423

2-2-2续4　各市油料播种面积和产量

单位：公顷、公斤/公顷、吨

名　　称	#胡　　麻　　籽					
	播种面积		播种单产		总　产　量	
	2020年	2021年	2020年	2021年	2020年	2021年
全　　省	**27978**	**25463**	**1145**	**1172**	**32040**	**29850**
石家庄市（包含辛集市）						
石家庄市（不含辛集市）						
辛集市						
唐 山 市						
秦皇岛市						
邯 郸 市						
邢 台 市						
保 定 市（包含定州市、雄安新区）			117			
保 定 市（不含定州市、雄安新区）			117			
定州市						
张家口市	26081	22269	1111	1079	28964	24023
承 德 市	1897	3193	1622	1825	3076	5827
沧 州 市						
廊 坊 市						
衡 水 市						

2-2-2续5　各市油料播种面积和产量

单位：公顷、公斤/公顷、吨

名　　称	#葵　　花　　籽					
	播种面积		播种单产		总　产　量	
	2020年	2021年	2020年	2021年	2020年	2021年
全　　省	**46756**	**42485**	**2852**	**2940**	**133356**	**124925**
石家庄市（包含辛集市）	3126	3761	2663	2729	8323	10264
石家庄市（不含辛集市）	2418	2679	2622	2683	6340	7189
辛集市	708	1082	2801	2842	1983	3075
唐 山 市	103	114	2786	2701	287	308
秦皇岛市	269	205	2981	3215	802	659
邯 郸 市	1467	1554	3246	3208	4762	4986
邢 台 市	11425	11693	3466	3533	39601	41317
保 定 市（包含定州市、雄安新区）	2554	2424	3380	3480	8633	8436
保 定 市（不含定州市、雄安新区）	2117	2001	3356	3504	7105	7011
定州市	435	422	3499	3377	1522	1425
张家口市	14545	11846	2264	2299	32932	27229
承 德 市	5735	5975	2616	2682	15003	16022
沧 州 市	1559	1217	2933	2799	4573	3407
廊 坊 市	1939	302	2275	1969	4411	595
衡 水 市	4034	3391	3478	3451	14029	11703

2-2-3 各市棉花播种面积和产量

单位：公顷、公斤/公顷、吨

名 称	棉花					
	播种面积		播种单产		总产量	
	2020年	2021年	2020年	2021年	2020年	2021年
全 省	**189200**	**139772**	**1102**	**1142**	**208593**	**159670**
石家庄市（包含辛集市）	512	226	916	889	469	201
石家庄市（不含辛集市）	294	213	792	875	233	186
辛集市	218	13	1084	1127	236	15
唐 山 市	9300	8001	1195	1100	11110	8803
秦皇岛市	8		1065	90	8	
邯 郸 市	45388	34652	1142	1179	51827	40845
邢 台 市	78836	59369	1096	1137	86372	67520
保 定 市（包含定州市、雄安新区）	521	46	1032	1022	537	47
保 定 市（不含定州市、雄安新区）	502	44	1029	1014	516	45
定州市						
张家口市						
承 德 市						
沧 州 市	12065	7441	1099	1097	13262	8160
廊 坊 市	2761	755	1033	946	2853	714
衡 水 市	39810	29283	1059	1140	42155	33380

2-2-4 各市生麻播种面积和产量

单位：公顷、公斤/公顷、吨

名 称	麻类合计					
	播种面积		播种单产		总产量	
	2020年	2021年	2020年	2021年	2020年	2021年
全 省	**3**	**2**	**1098**	**703**	**3**	**1**
石家庄市（包含辛集市）			704			
石家庄市（不含辛集市）			704			
辛集市						
唐 山 市						
秦皇岛市						
邯 郸 市	1		550		1	
邢 台 市						
保 定 市（包含定州市、雄安新区）	2	2	296	303	1	1
保 定 市（不含定州市、雄安新区）	2	2	296	303	1	1
定州市						
张家口市	1	1	1800	800	2	1
承 德 市						
沧 州 市						
廊 坊 市						
衡 水 市						

注：由于四舍五入问题全省数据不等于分市之和。

2-2-5 各市甜菜播种面积和产量

单位：公顷、公斤/公顷、吨

名　　称	甜　　菜					
	播种面积		播种单产		总　产　量	
	2020年	2021年	2020年	2021年	2020年	2021年
全　省	**12618**	**8149**	**50469**	**48596**	**636821**	**396007**
石家庄市（包含辛集市）						
石家庄市（不含辛集市）						
辛集市						
唐 山 市						
秦皇岛市						
邯 郸 市						
邢 台 市						
保 定 市（包含定州市、雄安新区）						
保 定 市（不含定州市、雄安新区）						
定州市						
张家口市	12309	7664	51141	49768	629490	381424
承 德 市	309	485	23726	30067	7331	14582
沧 州 市						
廊 坊 市						
衡 水 市						

2-2-6 各市烟叶播种面积和产量

单位：公顷、公斤/公顷、吨

名　　称	烟　叶　合　计					
	播种面积		播种单产		总　产　量	
	2020年	2021年	2020年	2021年	2020年	2021年
全　省	**1008**	**1165**	**1873**	**2603**	**1888**	**3032**
石家庄市（包含辛集市）	78	97	3670	3515	286	341
石家庄市（不含辛集市）	78	97	3670	3515	286	341
辛集市						
唐 山 市	59	59	2064	2038	122	120
秦皇岛市						
邯 郸 市						
邢 台 市						
保 定 市（包含定州市、雄安新区）	75	75	1233	1234	93	93
保 定 市（不含定州市、雄安新区）	75	75	1233	1234	93	93
定州市						
张家口市	787	925	1747	2663	1375	2463
承 德 市	9	9	1444	1706	13	15
沧 州 市						
廊 坊 市						
衡 水 市						

2-2-6续 各市烟叶播种面积和产量

单位：公顷、公斤/公顷、吨

名 称	#烤烟					
	播种面积		播种单产		总产量	
	2020年	2021年	2020年	2021年	2020年	2021年
全 省	**628**	**691**	**1969**	**2536**	**1236**	**1752**
石家庄市（包含辛集市）	78	86	3669	3718	286	320
石家庄市（不含辛集市）	78	86	3669	3718	286	320
辛集市						
唐山市						
秦皇岛市						
邯郸市						
邢台市						
保定市（包含定州市、雄安新区）	70	70	1224	1230	86	86
保定市（不含定州市、雄安新区）	70	70	1224	1230	86	86
定州市						
张家口市	480	535	1801	2515	865	1345
承德市				250		1
沧州市						
廊坊市						
衡水市						

2-2-7 各市药材及其他农作物播种面积和产量

名 称	药材				#甘草			
	播种面积（公顷）		药材产量（吨）		播种面积（公顷）		产量（吨）	
	2020年	2021年	2020年	2021年	2020年	2021年	2020年	2021年
全 省	**115827**	**129519**	**689989**	**800436**	**224**	**300**	**2019**	**1188**
石家庄市（包含辛集市）	8304	10167	62739	59893	1	8		
石家庄市（不含辛集市）	8267	10083	62118	58419	1	8		
辛集市	37	84	621	1474				
唐山市	1755	1381	8205	7187	12	69	245	216
秦皇岛市	4095	3751	83375	86617				
邯郸市	18383	18896	24810	28945				
邢台市	18838	21882	94089	104465		1		6
保定市（包含定州市、雄安新区）	23102	22432	188672	197781	83	70	381	202
保定市（不含定州市、雄安新区）	18942	18349	99273	113939	83	70	381	202
定州市	3950	4037	89399	83812				
张家口市	15433	25639	36348	84261	7	105	44	87
承德市	22763	21629	166419	208701	99	47	1299	677
沧州市	778	1010	8673	7459	22		49	
廊坊市	321	365	1052	1140				
衡水市	2055	2367	15606	13987				

2-2-7续　各市药材及其他农作物播种面积和产量

名　　称	枸杞				其他农作物播种面积（包括花卉种植面积）（公顷）		#青饲料	
	播种面积（公顷）		产量（吨）					
	2020年	2021年	2020年	2021年	2020年	2021年	2020年	2021年
全　　省	**666**	**708**	**4577**	**4757**	**148216**	**152770**	**98405**	**98734**
石家庄市（包含辛集市）	1	5	2	12	15090	12621	10363	11053
石家庄市（不含辛集市）	1	5	2	12	13558	11302	8832	9734
辛集市					1532	1319	1531	1319
唐 山 市	1		5		19583	18611	11477	10752
秦皇岛市	314	283	3606	3051	3357	2766	476	163
邯 郸 市					3064	1357	18	1
邢 台 市	9	7	12	5	3314	7606	2930	4441
保 定 市（包含定州市、雄安新区）	20		38		26654	28664	4526	4688
保 定 市（不含定州市、雄安新区）	20		38		10524	10727	2149	2260
定州市					15905	15575	2177	2228
张家口市	99	305	74	1216	46004	43822	45012	42357
承 德 市	180	102	749	464	13917	15013	10333	11887
沧 州 市	36		81		7049	8475	5940	6430
廊 坊 市					3442	3219	1022	914
衡 水 市	5	5	10	10	6741	10618	6309	6048

2-2-8　各市蔬菜播种面积和产量

单位：公顷、公斤/公顷、吨

名　　称	蔬菜(含食用菌)					
	播种面积		播种单产		总　产　量	
	2020年	2021年	2020年	2021年	2020年	2021年
全　　省	**803474**	**814010**	**64697**	**64916**	**51982140**	**52842082**
石家庄市（包含辛集市）	73425	75542	75981	74738	5578966	5645868
石家庄市（不含辛集市）	63953	66079	75561	74330	4832359	4911671
辛集市	9472	9463	78823	77586	746607	734197
唐 山 市	120939	121528	77826	77971	9412247	9475655
秦皇岛市	34759	35309	70448	69903	2448693	2468220
邯 郸 市	98111	100380	56380	57027	5531458	5724348
邢 台 市	55792	54021	57154	57017	3188753	3080102
保 定 市（包含定州市、雄安新区）	87145	87929	62423	63773	5439863	5607453
保 定 市（不含定州市、雄安新区）	65686	67256	61860	63681	4063316	4282938
定州市	18355	18303	67367	67845	1236522	1241763
张家口市	79841	84840	64497	62286	5149523	5284307
承 德 市	64702	65910	66708	69677	4316166	4592388
沧 州 市	45028	45238	66376	66692	2988781	3017019
廊 坊 市	79727	77707	63772	64322	5084365	4998238
衡 水 市	64004	65606	44424	44942	2843325	2948484

2-2-8续1　各市蔬菜播种面积和产量

单位：公顷、公斤/公顷、吨

名　称	1.叶　菜　类					
	播种面积		播种单产		总　产　量	
	2020年	2021年	2020年	2021年	2020年	2021年
全　省	**57502**	**59948**	**52802**	**53030**	**3036231**	**3179072**
石家庄市（包含辛集市）	8317	8508	58502	58523	486565	497914
石家庄市（不含辛集市）	7375	7582	58120	58316	428638	442152
辛集市	942	926	61494	60218	57927	55762
唐 山 市	7084	7321	62498	63341	442736	463721
秦皇岛市	2231	2253	50285	51288	112186	115552
邯 郸 市	10416	10984	57087	56821	594623	624121
邢 台 市	4706	4519	39957	34712	188037	156863
保 定 市（包含定州市、雄安新区）	5799	5612	50995	52456	295719	294383
保 定 市（不含定州市、雄安新区）	4299	4137	50266	51337	216092	212382
定州市	1403	1396	53220	56257	74667	78535
张家口市	3913	5519	68785	63529	269156	350615
承 德 市	3697	3728	37252	40020	137722	149193
沧 州 市	2627	2438	49504	50159	130048	122287
廊 坊 市	5112	5067	46327	48382	236825	245154
衡 水 市	3601	3999	39603	39827	142612	159270

2-2-8续2　各市蔬菜播种面积和产量

单位：公顷、公斤/公顷、吨

名　称	#芹　菜					
	播种面积		播种单产		总　产　量	
	2020年	2021年	2020年	2021年	2020年	2021年
全　省	**18319**	**18793**	**67577**	**69423**	**1237936**	**1304658**
石家庄市（包含辛集市）	1294	1177	77402	82325	100158	96897
石家庄市（不含辛集市）	1205	1087	77310	82800	93158	90004
辛集市	89	90	78646	76592	7000	6893
唐 山 市	2988	3168	74573	75984	222824	240719
秦皇岛市	756	752	67210	68459	50811	51481
邯 郸 市	3424	3359	78502	78638	268790	264144
邢 台 市	516	276	51961	44492	26812	12280
保 定 市（包含定州市、雄安新区）	1691	1668	55332	56425	93566	94117
保 定 市（不含定州市、雄安新区）	1363	1349	53625	55010	73091	74209
定州市	294	285	60946	63690	17918	18152
张家口市	2782	3599	80989	79497	225311	286108
承 德 市	1236	1218	43691	47454	54002	57799
沧 州 市	1027	990	59323	61062	60925	60451
廊 坊 市	1845	1823	53280	56775	98302	103501
衡 水 市	761	764	47880	48640	36436	37161

2-2-8续3 各市蔬菜播种面积和产量

单位：公顷、公斤/公顷、吨

名　　称	#油　菜					
	播种面积		播种单产		总　产　量	
	2020年	2021年	2020年	2021年	2020年	2021年
全　　省	**9639**	**10475**	**42642**	**41776**	**411028**	**437599**
石家庄市（包含辛集市）	1690	1800	50673	50157	85637	90283
石家庄市（不含辛集市）	1517	1622	50869	50405	77168	81757
辛集市	173	178	48955	47900	8469	8526
唐　山　市	1180	1140	47971	48733	56605	55556
秦皇岛市	589	587	35596	37907	20966	22252
邯　郸　市	1563	1717	41342	41841	64617	71841
邢　台　市	212	366	32533	27982	6897	10242
保　定　市（包含定州市、雄安新区）	794	744	43359	44000	34427	32736
保　定　市（不含定州市、雄安新区）	586	551	42283	42920	24778	23649
定州市	183	172	48426	48960	8862	8421
张家口市	397	788	50622	32547	20097	25647
承　德　市	924	961	33345	36825	30811	35389
沧　州　市	543	419	40299	40600	21883	17011
廊　坊　市	1284	1256	39579	40729	50819	51156
衡　水　市	463	698	39457	36514	18269	25487

2-2-8续4 各市蔬菜播种面积和产量

单位：公顷、公斤/公顷、吨

名　　称	#菠　菜					
	播种面积		播种单产		总　产　量	
	2020年	2021年	2020年	2021年	2020年	2021年
全　　省	**29544**	**30680**	**46956**	**46832**	**1387267**	**1436815**
石家庄市（包含辛集市）	5333	5531	56398	56180	300770	310734
石家庄市（不含辛集市）	4653	4873	55515	55488	258312	270391
辛集市	680	658	62438	61312	42458	40343
唐　山　市	2916	3013	56004	55574	163307	167446
秦皇岛市	886	914	45609	45754	40409	41819
邯　郸　市	5429	5908	48115	48770	261216	288136
邢　台　市	3978	3877	38795	34651	154328	134341
保　定　市（包含定州市、雄安新区）	3314	3200	50611	52353	167726	167530
保　定　市（不含定州市、雄安新区）	2350	2237	50308	51195	118223	114524
定州市	926	939	51714	55338	47887	51962
张家口市	734	1132	32355	34329	23748	38860
承　德　市	1537	1549	34424	36156	52909	56005
沧　州　市	1057	1029	44693	43561	47240	44825
廊　坊　市	1983	1988	44228	45521	87704	90497
衡　水　市	2377	2537	36983	38085	87907	96622

2-2-8续5　各市蔬菜播种面积和产量

单位：公顷、公斤/公顷、吨

名　称	2.白　菜　类					
	播种面积		播种单产		总　产　量	
	2020年	2021年	2020年	2021年	2020年	2021年
全　省	**186341**	**184844**	**73812**	**73472**	**13754191**	**13580945**
石家庄市（包含辛集市）	17796	17697	81693	81137	1453811	1435883
石家庄市（不含辛集市）	15958	15808	81782	81350	1305078	1285980
辛集市	1838	1889	80921	79356	148733	149903
唐 山 市	33073	33062	86863	85900	2872823	2840027
秦皇岛市	11417	11192	81934	80614	935442	902231
邯 郸 市	16509	17233	68114	67697	1124491	1166616
邢 台 市	14552	13363	66056	63410	961245	847347
保 定 市（包含定州市、雄安新区）	22782	23202	75421	75290	1718240	1746876
保 定 市（不含定州市、雄安新区）	16292	16808	73994	74696	1205507	1255488
定州市	5800	5789	79495	79574	461068	460654
张家口市	16570	16391	73113	73641	1211485	1207049
承 德 市	21827	21274	63614	64573	1388507	1373728
沧 州 市	10555	10876	72132	71217	761359	774551
廊 坊 市	12184	11386	67902	68163	827315	776104
衡 水 市	9075	9168	55038	55686	499472	510533

2-2-8续6　各市蔬菜播种面积和产量

单位：公顷、公斤/公顷、吨

名　称	#大　白　菜					
	播种面积		播种单产		总　产　量	
	2020年	2021年	2020年	2021年	2020年	2021年
全　省	**186341**	**184844**	**73812**	**73472**	**13754191**	**13580945**
石家庄市（包含辛集市）	17796	17697	81693	81137	1453811	1435883
石家庄市（不含辛集市）	15958	15808	81782	81350	1305078	1285980
辛集市	1838	1889	80921	79356	148733	149903
唐 山 市	33073	33062	86863	85900	2872823	2840027
秦皇岛市	11417	11192	81934	80614	935442	902231
邯 郸 市	16509	17233	68114	67697	1124491	1166616
邢 台 市	14552	13363	66056	63410	961245	847347
保 定 市（包含定州市、雄安新区）	22782	23202	75421	75290	1718240	1746876
保 定 市（不含定州市、雄安新区）	16292	16808	73994	74696	1205507	1255488
定州市	5800	5789	79495	79574	461068	460654
张家口市	16570	16391	73113	73641	1211485	1207049
承 德 市	21827	21274	63614	64573	1388507	1373728
沧 州 市	10555	10876	72132	71217	761359	774551
廊 坊 市	12184	11386	67902	68163	827315	776104
衡 水 市	9075	9168	55038	55686	499472	510533

2-2-8续7　各市蔬菜播种面积和产量

单位：公顷、公斤/公顷、吨

名　　称	3.甘　蓝　类					
	播种面积		播种单产		总　产　量	
	2020年	2021年	2020年	2021年	2020年	2021年
全　　省	**44059**	**45412**	**64295**	**65532**	**2832761**	**2975957**
石家庄市（包含辛集市）	3270	3219	70274	70256	229795	226155
石家庄市（不含辛集市）	2081	2061	69425	69505	144474	143250
辛集市	1189	1158	71759	71593	85321	82905
唐 山 市	6707	6624	76588	76989	513676	509974
秦皇岛市	3795	3700	70979	70151	269366	259560
邯 郸 市	6111	6499	55137	55636	336940	361577
邢 台 市	1074	1928	56680	54769	60875	105594
保 定 市（包含定州市、雄安新区）	3069	3252	64587	64662	198219	210280
保 定 市（不含定州市、雄安新区）	1677	1872	60182	59886	100925	112106
定州市	1365	1350	70118	71654	95711	96732
张家口市	12818	12741	62953	67266	806935	857032
承 德 市	3382	3738	58904	62183	199212	232439
沧 州 市	409	349	58675	56555	23998	19738
廊 坊 市	2382	2264	57572	58683	137137	132859
衡 水 市	1043	1098	54274	55327	56608	60749

2-2-8续8　各市蔬菜播种面积和产量

单位：公顷、公斤/公顷、吨

名　　称	#卷心（圆白）菜					
	播种面积		播种单产		总　产　量	
	2020年	2021年	2020年	2021年	2020年	2021年
全　　省	**44059**	**45412**	**64295**	**65532**	**2832761**	**2975957**
石家庄市（包含辛集市）	3270	3219	70274	70256	229795	226155
石家庄市（不含辛集市）	2081	2061	69425	69505	144474	143250
辛集市	1189	1158	71759	71593	85321	82905
唐 山 市	6707	6624	76588	76989	513676	509974
秦皇岛市	3795	3700	70979	70151	269366	259560
邯 郸 市	6111	6499	55137	55636	336940	361577
邢 台 市	1074	1928	56680	54769	60875	105594
保 定 市（包含定州市、雄安新区）	3069	3252	64587	64662	198219	210280
保 定 市（不含定州市、雄安新区）	1677	1872	60182	59886	100925	112106
定州市	1365	1350	70118	71654	95711	96732
张家口市	12818	12741	62953	67266	806935	857032
承 德 市	3382	3738	58904	62183	199212	232439
沧 州 市	409	349	58675	56555	23998	19738
廊 坊 市	2382	2264	57572	58683	137137	132859
衡 水 市	1043	1098	54274	55327	56608	60749

2-2-8续9　各市蔬菜播种面积和产量

单位：公顷、公斤/公顷、吨

名　　称	4.根　茎　类					
	播种面积		播种单产		总　产　量	
	2020年	2021年	2020年	2021年	2020年	2021年
全　　省	**59577**	**61744**	**64871**	**64894**	**3864818**	**4006834**
石家庄市（包含辛集市）	5728	7557	62409	60799	357476	459456
石家庄市（不含辛集市）	5333	7136	62666	60947	334199	434918
辛集市	395	421	58929	58285	23277	24538
唐 山 市	8507	8761	80454	78329	684418	686238
秦皇岛市	2696	3190	61826	63055	166683	201144
邯 郸 市	4987	5350	61126	60915	304836	325896
邢 台 市	4415	3552	48629	54296	214699	192861
保 定 市（包含定州市、雄安新区）	4825	5301	65419	69007	315647	365805
保 定 市（不含定州市、雄安新区）	4175	4676	65812	69246	274767	323794
定州市	640	619	62975	67354	40304	41692
张家口市	6874	6975	74318	68705	510859	479215
承 德 市	9438	9221	59476	61365	561334	565848
沧 州 市	1525	1472	48005	47518	73208	69946
廊 坊 市	8674	8378	66638	66560	578016	557640
衡 水 市	1906	1989	51230	51678	97644	102788

2-2-8续10　各市蔬菜播种面积和产量

单位：公顷、公斤/公顷、吨

名　　称	#白　萝　卜					
	播种面积		播种单产		总　产　量	
	2020年	2021年	2020年	2021年	2020年	2021年
全　　省	**30657**	**31035**	**66295**	**66868**	**2032415**	**2075250**
石家庄市（包含辛集市）	2882	2928	71430	71847	205862	210368
石家庄市（不含辛集市）	2836	2864	71709	72178	203368	206717
辛集市	46	64	54223	57041	2494	3651
唐 山 市	3517	3536	78480	77207	276012	273005
秦皇岛市	1125	1096	62110	63536	69873	69636
邯 郸 市	4233	4531	62395	62850	264117	284772
邢 台 市	2323	2086	54545	53811	126707	112250
保 定 市（包含定州市、雄安新区）	4017	4473	67532	71617	271278	320341
保 定 市（不含定州市、雄安新区）	3524	3997	67911	71762	239319	286834
定州市	490	470	64781	70646	31743	33204
张家口市	4697	4697	74262	72049	348807	338413
承 德 市	2545	2591	58332	61122	148455	158368
沧 州 市	1270	1132	50145	50327	63684	56970
廊 坊 市	2562	2430	70379	70418	180312	171117
衡 水 市	1486	1536	52024	52090	77308	80011

2-2-8续11　各市蔬菜播种面积和产量

单位：公顷、公斤/公顷、吨

名　　称	#胡　萝　卜					
	播种面积		播种单产		总　产　量	
	2020年	2021年	2020年	2021年	2020年	2021年
全　　省	**21949**	**21110**	**60600**	**61237**	**1330110**	**1292722**
石家庄市（包含辛集市）	1463	1563	60142	60700	87988	94874
石家庄市（不含辛集市）	1114	1206	60328	61349	67205	73987
辛集市	349	357	59551	58506	20783	20887
唐 山 市	483	464	64558	64552	31182	29952
秦皇岛市	577	591	67797	69271	39119	40939
邯 郸 市	737	769	54250	50522	39982	38852
邢 台 市	2060	1352	42053	56477	86630	76357
保 定 市（包含定州市、雄安新区）	778	757	55306	56480	43028	42755
保 定 市（不含定州市、雄安新区）	648	642	54562	55669	35356	35739
定州市	123	115	59448	60866	7312	7000
张家口市	2177	2277	74438	61812	162051	140746
承 德 市	6892	6630	59903	61460	412848	407478
沧 州 市	253	336	37146	37946	9398	12750
廊 坊 市	6111	5947	65072	64986	397653	386471
衡 水 市	417	425	48515	50703	20231	21549

2-2-8续12　各市蔬菜播种面积和产量

单位：公顷、公斤/公顷、吨

名　　称	#生　　姜					
	播种面积		播种单产		总　产　量	
	2020年	2021年	2020年	2021年	2020年	2021年
全　　省	**6971**	**9599**	**72055**	**66555**	**502293**	**638862**
石家庄市（包含辛集市）	1383	3066	46006	50298	63626	154214
石家庄市（不含辛集市）	1383	3066	46006	50298	63626	154214
辛集市						
唐 山 市	4507	4761	83697	80504	377224	383281
秦皇岛市	994	1503	58039	60259	57691	90569
邯 郸 市	17	50	43351	45447	737	2272
邢 台 市	32	114	42572	37314	1362	4254
保 定 市（包含定州市、雄安新区）	30	71	44700	38155	1341	2709
保 定 市（不含定州市、雄安新区）	3	37	30598	32990	92	1221
定州市	27	34	46252	43757	1249	1488
张家口市		1	1000	55500	1	56
承 德 市	1		30610	2000	31	2
沧 州 市	2	4	62950	56405	126	226
廊 坊 市	1	1	50525	52387	51	52
衡 水 市	3	28	34923	43871	105	1228

2-2-8续13　各市蔬菜播种面积和产量

单位：公顷、公斤/公顷、吨

名　称	5.瓜　菜　类					
	播种面积		播种单产		总　产　量	
	2020年	2021年	2020年	2021年	2020年	2021年
全　省	**85469**	**83989**	**73537**	**74559**	**6285139**	**6262144**
石家庄市（包含辛集市）	7464	7919	82934	82438	619019	652824
石家庄市（不含辛集市）	6681	7130	83172	82747	555673	589983
辛集市	783	789	80902	79646	63346	62841
唐 山 市	12867	12836	81348	81565	1046711	1046969
秦皇岛市	4011	4012	91317	89353	366274	358485
邯 郸 市	6731	6443	56378	59088	379481	380702
邢 台 市	4279	3732	57406	55708	245639	207904
保 定 市（包含定州市、雄安新区）	9228	9062	61912	64530	571323	584775
保 定 市（不含定州市、雄安新区）	8361	8273	62095	64403	519176	532809
定州市	689	703	63213	67349	43554	47346
张家口市	1500	1139	72973	64362	109459	73308
承 德 市	7117	7063	68024	70705	484126	499391
沧 州 市	11477	11441	89818	90273	1030844	1032815
廊 坊 市	14075	13662	75262	76777	1059309	1048925
衡 水 市	6722	6681	55482	56286	372952	376047

2-2-8续14　各市蔬菜播种面积和产量

单位：公顷、公斤/公顷、吨

名　称	#黄　瓜					
	播种面积		播种单产		总　产　量	
	2020年	2021年	2020年	2021年	2020年	2021年
全　省	**80829**	**79248**	**74771**	**75844**	**6043653**	**6010497**
石家庄市（包含辛集市）	6857	7235	85267	84534	584678	611601
石家庄市（不含辛集市）	6120	6496	85543	84855	523525	551220
辛集市	737	739	82976	81706	61153	60381
唐 山 市	12347	12339	82497	82578	1018585	1018930
秦皇岛市	3965	3958	92020	90120	364858	356694
邯 郸 市	5950	5749	58423	61257	347615	352167
邢 台 市	3447	2860	55422	53954	191041	154307
保 定 市（包含定州市、雄安新区）	8155	8007	63725	66455	519679	532102
保 定 市（不含定州市、雄安新区）	7324	7265	64032	66355	468973	482071
定州市	653	657	64494	69215	42115	45474
张家口市	1417	1096	75225	65733	106594	72043
承 德 市	6906	6839	68863	71666	475569	490125
沧 州 市	11401	11281	90179	90942	1028134	1025913
廊 坊 市	13857	13424	75321	76833	1043716	1031404
衡 水 市	6528	6459	55635	56543	363183	365212

2-2-8续15 各市蔬菜播种面积和产量

单位：公顷、公斤/公顷、吨

名称	#南瓜					
	播种面积		播种单产		总产量	
	2020年	2021年	2020年	2021年	2020年	2021年
全省	**2357**	**2398**	**40983**	**41660**	**96596**	**99902**
石家庄市（包含辛集市）	205	255	42327	42741	8677	10899
石家庄市（不含辛集市）	194	243	42583	42685	8261	10373
辛集市	11	12	37784	43834	416	526
唐山市	348	327	44837	47691	15603	15595
秦皇岛市	39	46	29266	31757	1141	1461
邯郸市	312	240	33709	30579	10517	7339
邢台市	113	152	40554	30560	4583	4645
保定市（包含定州市、雄安新区）	895	883	42379	43890	37929	38755
保定市（不含定州市、雄安新区）	870	850	42596	44215	37059	37583
定州市	25	33	34809	35386	870	1168
张家口市	68	36	36608	29532	2489	1063
承德市	142	149	42007	42449	5965	6325
沧州市	63	146	32826	44031	2068	6428
廊坊市	30	18	32729	33294	982	599
衡水市	143	146	46449	46528	6642	6793

2-2-8续16 各市蔬菜播种面积和产量

单位：公顷、公斤/公顷、吨

名称	6.豆类（菜用）					
	播种面积		播种单产		总产量	
	2020年	2021年	2020年	2021年	2020年	2021年
全省	**29042**	**28350**	**38687**	**38212**	**1123557**	**1083314**
石家庄市（包含辛集市）	1776	1697	39640	38922	70400	66050
石家庄市（不含辛集市）	1678	1602	40123	39468	67327	63228
辛集市	98	95	31357	29705	3073	2822
唐山市	4044	3845	43627	42451	176429	163225
秦皇岛市	1882	1860	38010	38574	71534	71748
邯郸市	2821	2731	34156	34432	96354	94034
邢台市	1503	1373	36133	35165	54308	48282
保定市（包含定州市、雄安新区）	5982	6086	41301	41455	247062	252297
保定市（不含定州市、雄安新区）	5035	5156	41452	41788	208710	215458
定州市	888	879	40649	39858	36096	35035
张家口市	4260	4189	35583	32764	151583	137250
承德市	1519	1538	30806	31785	46794	48886
沧州市	861	808	37718	36936	32475	29844
廊坊市	2888	2716	40079	40454	115747	109873
衡水市	1504	1506	40473	41052	60871	61825

2-2-8续17 各市蔬菜播种面积和产量

单位：公顷、公斤/公顷、吨

名 称	#豇 豆					
	播种面积		播种单产		总 产 量	
	2020年	2021年	2020年	2021年	2020年	2021年
全 省	**7776**	**7747**	**38916**	**38806**	**302615**	**300633**
石家庄市（包含辛集市）	623	612	41876	41221	26089	25227
石家庄市（不含辛集市）	623	611	41863	41265	26081	25213
辛集市		1	1500	14400	8	14
唐 山 市	129	122	40897	41089	5276	5013
秦皇岛市	202	218	37916	39240	7659	8554
邯 郸 市	1665	1693	34556	34406	57535	58250
邢 台 市	675	552	37106	35815	25047	19770
保 定 市（包含定州市、雄安新区）	1238	1308	44246	44044	54776	57610
保 定 市（不含定州市、雄安新区）	1106	1163	44542	44483	49264	51734
定州市	130	137	41890	41281	5446	5655
张家口市	163	295	28342	28149	4620	8304
承 德 市	119	121	28053	29816	3338	3608
沧 州 市	491	472	32384	32389	15901	15288
廊 坊 市	1336	1255	40994	41070	54768	51543
衡 水 市	1134	1098	41982	43229	47607	47466

2-2-8续18 各市蔬菜播种面积和产量

单位：公顷、公斤/公顷、吨

名 称	#四 季 豆					
	播种面积		播种单产		总 产 量	
	2020年	2021年	2020年	2021年	2020年	2021年
全 省	**21266**	**20603**	**38603**	**37989**	**820942**	**782681**
石家庄市（包含辛集市）	1153	1085	38431	37625	44311	40823
石家庄市（不含辛集市）	1055	991	39096	38360	41246	38015
辛集市	98	94	31279	29869	3065	2808
唐 山 市	3915	3723	43717	42496	171153	158212
秦皇岛市	1680	1642	38021	38486	63875	63194
邯 郸 市	1156	1038	33581	34474	38819	35784
邢 台 市	828	821	35339	34728	29261	28512
保 定 市（包含定州市、雄安新区）	4744	4778	40532	40747	192286	194687
保 定 市（不含定州市、雄安新区）	3929	3993	40582	41003	159446	163724
定州市	758	742	40435	39596	30650	29380
张家口市	4097	3894	35871	33114	146963	128946
承 德 市	1400	1417	31040	31953	43456	45278
沧 州 市	370	336	44796	43320	16574	14556
廊 坊 市	1552	1461	39290	39925	60979	58330
衡 水 市	370	408	35850	35195	13264	14359

2-2-8续19 各市蔬菜播种面积和产量

单位：公顷、公斤/公顷、吨

名称	7.茄果类					
	播种面积		播种单产		总产量	
	2020年	2021年	2020年	2021年	2020年	2021年
全省	**146500**	**142194**	**58149**	**59217**	**8518901**	**8420263**
石家庄市（包含辛集市）	11553	11154	71804	71911	829550	802090
石家庄市（不含辛集市）	9510	9048	71175	71585	676874	647701
辛集市	2043	2106	74731	73309	152676	154389
唐山市	22531	22106	72230	72541	1627413	1603594
秦皇岛市	2748	2816	65703	67445	180552	189925
邯郸市	19036	18176	56366	55515	1072980	1009038
邢台市	11754	10419	50460	53584	593111	558288
保定市（包含定州市、雄安新区）	16157	16032	57950	59293	936300	950588
保定市（不含定州市、雄安新区）	12313	12292	58863	60815	724780	747533
定州市	2963	2910	64316	64279	190567	187052
张家口市	5253	4823	60457	63067	317578	304170
承德市	9127	9021	44373	48586	404993	438298
沧州市	11444	11559	53977	54624	617716	631395
廊坊市	14228	14166	70208	70390	998913	997150
衡水市	22670	21921	41455	42686	939795	935728

2-2-8续20 各市蔬菜播种面积和产量

单位：公顷、公斤/公顷、吨

名称	#茄子					
	播种面积		播种单产		总产量	
	2020年	2021年	2020年	2021年	2020年	2021年
全省	**32999**	**32130**	**54518**	**54869**	**1799024**	**1762943**
石家庄市（包含辛集市）	3574	3505	64330	64085	229914	224617
石家庄市（不含辛集市）	2626	2524	62928	62790	165249	158481
辛集市	948	981	68212	67417	64665	66136
唐山市	3588	3516	68100	67542	244343	237478
秦皇岛市	533	554	48011	48261	25590	26736
邯郸市	4491	4300	57384	56577	257710	243279
邢台市	2157	1754	43929	42097	94754	73839
保定市（包含定州市、雄安新区）	4677	4636	58194	59772	272174	277101
保定市（不含定州市、雄安新区）	3712	3720	56867	58899	211090	219105
定州市	887	846	64161	64346	56911	54437
张家口市	752	721	51048	51553	38388	37169
承德市	2525	2477	40908	43318	103294	107300
沧州市	2864	2993	59401	59794	170123	178962
廊坊市	2102	2093	57956	56582	121823	118426
衡水市	5737	5582	41992	42643	240911	238036

2-2-8续21　各市蔬菜播种面积和产量

单位：公顷、公斤/公顷、吨

名　　称	#辣　　椒					
	播种面积		播种单产		总　产　量	
	2020年	2021年	2020年	2021年	2020年	2021年
全　　省	**42768**	**40474**	**44931**	**45542**	**1921630**	**1843250**
石家庄市（包含辛集市）	2209	1945	56522	57319	124856	111486
石家庄市（不含辛集市）	1951	1685	55611	56473	108497	95157
辛集市	258	260	63408	62802	16359	16329
唐 山 市	6123	6018	59738	59939	365779	360714
秦皇岛市	316	300	32497	34695	10269	10408
邯 郸 市	8241	7808	47954	46223	395191	360908
邢 台 市	4292	3355	40697	36646	174672	122947
保 定 市（包含定州市、雄安新区）	4069	4011	44076	108451	179345	174165
保 定 市（不含定州市、雄安新区）	2285	2241	47251	47613	107968	106701
定州市	1188	1152	56882	55928	67576	64429
张家口市	2295	2274	48800	56802	111997	129168
承 德 市	2007	2236	34808	41813	69859	93494
沧 州 市	3632	3548	37504	37289	136216	132302
廊 坊 市	1532	1446	52401	51195	80279	74028
衡 水 市	8052	7533	33925	36324	273167	273632

2-2-8续22　各市蔬菜播种面积和产量

单位：公顷、公斤/公顷、吨

名　　称	#西　红　柿					
	播种面积		播种单产		总　产　量	
	2020年	2021年	2020年	2021年	2020年	2021年
全　　省	**70733**	**69590**	**67836**	**69178**	**4798247**	**4814070**
石家庄市（包含辛集市）	5770	5704	82284	81695	474780	465987
石家庄市（不含辛集市）	4933	4839	81721	81435	403128	394063
辛集市	837	865	85605	83149	71652	71924
唐 山 市	12820	12572	79352	79972	1017291	1005402
秦皇岛市	1899	1962	76194	77870	144693	152781
邯 郸 市	6304	6068	66637	66719	420079	404851
邢 台 市	5305	5310	61015	68079	323685	361502
保 定 市（包含定州市、雄安新区）	7411	7385	65414	67613	484781	499322
保 定 市（不含定州市、雄安新区）	6316	6331	64237	66613	405722	421727
定州市	888	912	74415	74765	66080	68186
张家口市	2206	1828	75790	75401	167193	137833
承 德 市	4595	4308	50455	55131	231840	237504
沧 州 市	4948	5018	62930	63796	311377	320131
廊 坊 市	10594	10627	75213	75722	796811	804696
衡 水 市	8881	8806	47936	48156	425717	424060

2-2-8续23　各市蔬菜播种面积和产量

单位：公顷、公斤/公顷、吨

名　　称	8.葱　　蒜　　类					
	播种面积		播种单产		总　产　量	
	2020年	2021年	2020年	2021年	2020年	2021年
全　　省	**48473**	**49783**	**47512**	**47295**	**2303034**	**2354494**
石家庄市（包含辛集市）	4012	4691	60146	57463	241304	269561
石家庄市（不含辛集市）	3282	3965	59580	57256	195542	227021
辛集市	730	726	62688	58595	45762	42540
唐 山 市	5904	5990	67597	67388	399092	403655
秦皇岛市	1507	1466	47728	49212	71926	72145
邯 郸 市	16239	17081	39310	39655	638353	677351
邢 台 市	4551	4295	55690	49899	253445	214318
保 定 市（包含定州市、雄安新区）	4811	4850	51543	54718	247971	265383
保 定 市（不含定州市、雄安新区）	3742	3827	52635	55647	196962	212960
定州市	888	942	52003	51814	46179	48809
张家口市	2205	2238	34411	33784	75876	75608
承 德 市	1951	2089	36009	37716	70254	78788
沧 州 市	1634	1457	38246	38256	62494	55739
廊 坊 市	1980	1826	44808	45432	88720	82958
衡 水 市	3678	3800	41762	41839	153600	158988

2-2-8续24　各市蔬菜播种面积和产量

单位：公顷、公斤/公顷、吨

名　　称	#大　　葱					
	播种面积		播种单产		总　产　量	
	2020年	2021年	2020年	2021年	2020年	2021年
全　　省	**28947**	**29190**	**58417**	**58516**	**1691008**	**1708084**
石家庄市（包含辛集市）	3148	3533	65565	64463	206399	227749
石家庄市（不含辛集市）	2550	2975	64647	64020	164849	190458
辛集市	598	558	69481	66830	41550	37291
唐 山 市	5475	5572	71302	70919	390377	395162
秦皇岛市	1168	1134	45129	47387	52711	53737
邯 郸 市	4041	4061	61710	62136	249369	252334
邢 台 市	3684	3274	63867	60629	235285	198500
保 定 市（包含定州市、雄安新区）	3646	3781	56761	60072	206951	227133
保 定 市（不含定州市、雄安新区）	2912	3105	57074	59545	166198	184886
定州市	593	615	62385	63745	36994	39203
张家口市	1502	1570	37648	36134	56547	56730
承 德 市	1596	1763	38097	39873	60804	70296
沧 州 市	1121	949	41631	42331	46669	40172
廊 坊 市	1247	1181	53633	52946	66880	62530
衡 水 市	2318	2372	51344	52167	119016	123740

2-2-8续25 各市蔬菜播种面积和产量

单位：公顷、公斤/公顷、吨

名称	#蒜头					
	播种面积		播种单产		总产量	
	2020年	2021年	2020年	2021年	2020年	2021年
全省	**19526**	**20593**	**31344**	**31390**	**612026**	**646410**
石家庄市（包含辛集市）	864	1158	40399	36107	34905	41812
石家庄市（不含辛集市）	732	990	41930	36932	30693	36563
辛集市	132	168	31912	31242	4212	5249
唐山市	429	418	20314	20317	8715	8493
秦皇岛市	339	332	56681	55445	19215	18408
邯郸市	12198	13020	31889	32643	388984	425017
邢台市	867	1021	20946	15493	18160	15818
保定市（包含定州市、雄安新区）	1165	1069	35210	35781	41020	38250
保定市（不含定州市、雄安新区）	830	722	37065	38884	30764	28074
定州市	295	327	31136	29377	9185	9606
张家口市	703	668	27494	28261	19329	18878
承德市	355	326	26620	26049	9450	8492
沧州市	513	508	30847	30644	15825	15567
廊坊市	733	645	29795	31671	21840	20428
衡水市	1360	1428	25429	24683	34584	35248

2-2-8续26 各市蔬菜播种面积和产量

单位：公顷、公斤/公顷、吨

名称	9.水生菜类					
	播种面积		播种单产		总产量	
	2020年	2021年	2020年	2021年	2020年	2021年
全省	**871**	**960**	**31326**	**29740**	**27285**	**28550**
石家庄市（包含辛集市）	13	9	180798	48000	2350	432
石家庄市（不含辛集市）	13	9	180798	47466	2350	427
辛集市				2923		5
唐山市	67	73	55839	63455	3741	4632
秦皇岛市						
邯郸市	319	313	21618	23877	6896	7473
邢台市	46	103	26319	29016	1211	2989
保定市（包含定州市、雄安新区）	89	76	31169	30882	2774	2347
保定市（不含定州市、雄安新区）	89	76	31169	30882	2774	2347
定州市						
张家口市						
承德市	1		15004		15	
沧州市	7	10	37614	35617	263	356
廊坊市	328	375	30391	27385	9968	10269
衡水市	2	1	33189	50950	66	51

2-2-8续27　各市蔬菜播种面积和产量

单位：公顷、公斤/公顷、吨

名　　称	#莲　藕					
	播种面积		播种单产		总　产　量	
	2020年	2021年	2020年	2021年	2020年	2021年
全　　省	**871**	**960**	**31326**	**29740**	**27285**	**28550**
石家庄市（包含辛集市）	13	9	180798	48000	2350	432
石家庄市（不含辛集市）	13	9	180798	47466	2350	427
辛集市				2923		5
唐 山 市	67	73	55839	63455	3741	4632
秦皇岛市						
邯 郸 市	319	313	21618	23877	6896	7473
邢 台 市	46	103	26319	29016	1211	2989
保 定 市（包含定州市、雄安新区）	89	76	31169	30882	2774	2347
保 定 市（不含定州市、雄安新区）	89	76	31169	30882	2774	2347
定州市						
张家口市						
承 德 市	1		15004		15	
沧 州 市	7	10	37614	35617	263	356
廊 坊 市	328	375	30391	27385	9968	10269
衡 水 市	2	1	33189	50950	66	51

2-2-8续28　各市蔬菜播种面积和产量

单位：公顷、公斤/公顷、吨

名　　称	10.其　他　蔬　菜					
	播种面积		播种单产		总　产　量	
	2020年	2021年	2020年	2021年	2020年	2021年
全　　省	**145642**	**156784**	**58914**	**58341**	**8580369**	**9146858**
石家庄市（包含辛集市）	13499	13091	79720	77495	1076143	1014491
石家庄市（不含辛集市）	12045	11738	78044	75517	940041	886416
辛集市	1454	1353	93605	94660	136102	128075
唐 山 市	20155	20909	69841	72173	1407647	1509066
秦皇岛市	4471	4822	54594	55023	244091	265322
邯 郸 市	14942	15570	55845	57451	834430	894514
邢 台 市	8913	10738	50839	53249	453124	571792
保 定 市（包含定州市、雄安新区）	14401	14457	56423	57805	812546	835685
保 定 市（不含定州市、雄安新区）	9701	10141	53634	56198	520304	569899
定州市	3720	3714	66630	66046	247865	245293
张家口市	26448	30826	63943	58031	1691175	1788872
承 德 市	6644	8238	40074	46362	266252	381927
沧 州 市	4488	4826	56504	57231	253589	276198
廊 坊 市	17874	17868	57494	57798	1027644	1032736
衡 水 市	13804	15441	37216	37320	513728	576254

2-2-8续29 各市蔬菜播种面积和产量

单位：吨

名称	11.食用菌							
	合计		#香菇(干品)		黑木耳(干品)		蘑菇(鲜品)	
	2020年	2021年	2020年	2021年	2020年	2021年	2020年	2021年
全省	**1655856**	**1803650**	**208391**	**132944**	**12978**	**11518**	**1390478**	**1611222**
石家庄市（包含辛集市）	212551	221011	14134	21662	7103	7125	177594	179905
石家庄市（不含辛集市）	182161	190594	1534	9062	53	75	177594	179905
辛集市	30390	30417	12600	12600	7050	7050		
唐山市	237560	244556	370	357		1	236873	244155
秦皇岛市	30639	32108	1841	2381	314	288	27664	28581
邯郸市	142073	183025	8957	11163	68		127593	166042
邢台市	163062	173866	2356	910	713	9	158196	170027
保定市（包含定州市、雄安新区）	94058	99034	10340	7461	3051	2492	69797	80341
保定市（不含定州市、雄安新区）	93319	98162	10337	7461	3051	2492	69068	79472
定州市	510	616	3				500	613
张家口市	5417	11186	44	52	12	1	4861	8437
承德市	756959	823889	170094	88766	1717	1601	574900	718993
沧州市	2788	4151	146	185			2531	3966
廊坊市	4773	4571	109				4520	4571
衡水市	5975	6253		8	1	1	5950	6205

2-2-9 各市瓜果类播种面积和产量

单位：公顷、公斤/公顷、吨

名称	瓜果类合计					
	播种面积		播种单产		总产量	
	2020年	2021年	2020年	2021年	2020年	2021年
全省	**74927**	**72954**	**52449**	**52992**	**3929825**	**3865954**
石家庄市（包含辛集市）	4939	4855	48748	48734	240766	236602
石家庄市（不含辛集市）	4824	4703	48971	49307	236236	231891
辛集市	115	152	39391	30993	4530	4711
唐山市	8277	8052	57979	57524	479894	463183
秦皇岛市	1182	1167	41777	42208	49380	49257
邯郸市	4997	4728	48149	49838	240599	235635
邢台市	5731	5225	44017	42402	252262	221548
保定市（包含定州市、雄安新区）	15848	16188	53727	54390	851459	880461
保定市（不含定州市、雄安新区）	14464	14868	53926	55023	779980	818086
定州市	334	316	54701	53478	18270	16899
张家口市	2119	1468	40102	44616	84977	65496
承德市	1818	1917	38272	41134	69578	78853
沧州市	9819	9374	58174	60557	571207	567661
廊坊市	9280	9202	53202	51203	493717	471170
衡水市	10917	10778	54592	55306	595985	596088

2-2-9续1 各市瓜果类播种面积和产量

单位：公顷、公斤/公顷、吨

名　　称	#西　　瓜					
	播种面积		播种单产		总　产　量	
	2020年	2021年	2020年	2021年	2020年	2021年
全　　省	**44807**	**42864**	**56195**	**56899**	**2517933**	**2438924**
石家庄市（包含辛集市）	2326	2187	59625	60983	138687	133369
石家庄市（不含辛集市）	2309	2170	59647	61017	137724	132406
辛集市	17	17	56647	56647	963	963
唐 山 市	2563	2330	61457	63606	157515	148203
秦皇岛市	45	32	60400	66938	2718	2142
邯 郸 市	3783	3554	51671	54027	195472	192012
邢 台 市	4715	4266	45906	43271	216448	184594
保 定 市（包含定州市、雄安新区）	9793	10038	64427	65095	630935	653425
保 定 市（不含定州市、雄安新区）	8694	9054	65873	66932	572702	606006
定州市	113	94	63761	64223	7205	6037
张家口市	1441	983	45555	48692	65645	47864
承 德 市	758	812	48665	49691	36888	40349
沧 州 市	3353	2740	48354	49812	162130	136485
廊 坊 市	6729	6808	56508	54786	380244	372981
衡 水 市	9299	9112	57130	57891	531252	527499

2-2-9续2 各市瓜果类播种面积和产量

单位：公顷、公斤/公顷、吨

名　　称	#香　　瓜（甜瓜）					
	播种面积		播种单产		总　产　量	
	2020年	2021年	2020年	2021年	2020年	2021年
全　　省	**18901**	**19045**	**52280**	**530838**	**988146**	**1010981**
石家庄市（包含辛集市）	2040	2101	42160	421261	86007	88507
石家庄市（不含辛集市）	1995	2056	42210	421712	84208	86704
辛集市	45	45	39978	400667	1799	1803
唐 山 市	5237	5252	57922	564353	303337	296398
秦皇岛市	147	148	54197	523851	7967	7753
邯 郸 市	541	478	37697	360167	20394	17216
邢 台 市	755	654	33377	392064	25200	25641
保 定 市（包含定州市、雄安新区）	735	791	41430	414829	30451	32813
保 定 市（不含定州市、雄安新区）	660	668	41462	415868	27365	27780
定州市	39	26	46154	450385	1800	1171
张家口市	461	222	26944	256712	12421	5699
承 德 市	178	83	24483	304578	4358	2528
沧 州 市	6044	6324	64660	659976	390808	417369
廊 坊 市	1398	1543	37662	372106	52651	57416
衡 水 市	1362	1448	40053	411892	54552	59642

2-2-9续3 各市瓜果类播种面积和产量

单位：公顷、公斤/公顷、吨

名 称	#草 莓					
	播种面积		播种单产		总 产 量	
	2020年	2021年	2020年	2021年	2020年	2021年
全 省	**8724**	**8740**	**34869**	**35653**	**304201**	**311609**
石家庄市（包含辛集市）	367	399	26518	23739	9732	9472
石家庄市（不含辛集市）	325	316	26428	25481	8589	8052
辛集市	42	83	27214	17108	1143	1420
唐 山 市	466	454	39457	39154	18387	17776
秦皇岛市	977	980	38941	39888	38045	39090
邯 郸 市	665	684	36833	38015	24494	26002
邢 台 市	93	109	30398	28835	2827	3143
保 定 市（包含定州市、雄安新区）	5073	5096	34834	35517	176711	180993
保 定 市（不含定州市、雄安新区）	4961	4989	34991	35607	173592	177645
定州市	89	93	27955	33731	2488	3137
张家口市	163	154	29730	29779	4846	4586
承 德 市	672	648	33192	37207	22305	24110
沧 州 市	58	59	25121	28712	1457	1694
廊 坊 市	149	116	30591	33198	4558	3851
衡 水 市	41	41	20488	21756	840	892

2-2-10 各市特种农作物生产

名 称	1.花卉种植面积（公顷）		2.鲜切花（万枝）		3.盆栽观赏植物（盆）		4.香料（花椒）	
	2020年	2021年	2020年	2021年	2020年	2021年	2020年	2021年
全 省	**19920**	**17590**	**13169**	**13601**	**123673300**	**134809522**	**3801**	**3918**
石家庄市（包含辛集市）	492	243	171	793	4765845	6878917	397	574
石家庄市（不含辛集市）	492	243	171	790	4765845	6878917	397	574
辛集市				3				
唐 山 市	493	287	7480	6439	1573243	2152175	17	19
秦皇岛市	365	336	1418	1156	8612116	9763869	126	48
邯 郸 市	1609	503	445	2014	103046276	98752358	3009	3031
邢 台 市	241	237	388	457	315577	273991	10	1
保 定 市（包含定州市、雄安新区）	13003	13391	1366	1313	2474636	8817972	1	20
保 定 市（不含定州市、雄安新区）	1591	1473	1355	1270	1493285	8240743	1	17
定州市	11387	11896	11	42	771351	576029		1
张家口市	242	32	56	12		18000		
承 德 市	1488	687	334	126	1046481	1032503	240	226
沧 州 市	364	127	1014	924	716748	203733		
廊 坊 市	1388	1498	497	358	754004	6402034		
衡 水 市	234	251		9	368374	513970		

2-2-11　各市设施农业生产

名　　称	一、设施蔬菜生产				二、设施瓜果类生产			
	蔬菜种植面积(公顷)		蔬菜产量(吨)		瓜果类种植面积(公顷)		瓜果类产量(吨)	
	2020年	2021年	2020年	2021年	2020年	2021年	2020年	2021年
全　　省	**195202**	**198654**	**12465518**	**12905122**	**32482**	**35760**	**1794933**	**1992759**
石家庄市（包含辛集市）	17394	17580	1299830	1330103	3138	3017	146996	147193
石家庄市（不含辛集市）	14103	14384	1042104	1079963	3105	2984	145984	146181
辛集市	3291	3196	257726	250140	33	34	1012	1012
唐 山 市	36616	37397	2798285	2850718	5230	5216	310244	301739
秦皇岛市	9279	9179	677195	686916	1055	1042	43157	43203
邯 郸 市	25699	27534	1458426	1608801	1332	1305	61696	60047
邢 台 市	8541	8200	498049	521333	1100	1128	51182	49983
保 定 市（包含定州市、雄安新区）	14921	15660	906903	975783	9008	9682	501089	555052
保 定 市（不含定州市、雄安新区）	12823	13478	765453	829325	8895	9570	495352	548348
定州市	1899	1959	130555	136858	39	36	907	1259
张家口市	6466	6637	395415	402463	375	401	15008	16723
承 德 市	9306	9739	605069	640606	887	948	26920	32201
沧 州 市	17157	17101	1223147	1262288	4022	4946	272437	342180
廊 坊 市	24004	23236	1547809	1527229	1646	1543	87718	83960
衡 水 市	25818	26392	1055390	1098883	4688	6532	278486	360479

注：设施包括温室、大棚和中小棚。

2-2-11续　各市设施农业生产

名　　称	三、花卉苗木		四、食用菌		五、其他作物（公顷）	
	种植面积(公顷)		产　量(吨)			
	2020年	2021年	2020年	2021年	2020年	2021年
全　　省	**1024**	**1022**	**1568740**	**1797768**	**9457**	**9798**
石家庄市（包含辛集市）	51	41	192295	219756	66	74
石家庄市（不含辛集市）	51	41	176597	189339	66	74
辛集市			15698	30417		
唐 山 市	142	134	236572	244461	3380	3494
秦皇岛市	72	73	29227	32017	1772	1783
邯 郸 市	85	51	142073	183025	10	37
邢 台 市	48	48	122272	172687	320	420
保 定 市（包含定州市、雄安新区）	399	482	87257	98767	390	338
保 定 市（不含定州市、雄安新区）	46	73	86764	97911	390	322
定州市	350	409	267	600		16
张家口市	6	13	1397	8486	59	196
承 德 市	39	37	746000	823778	105	132
沧 州 市	17	24	2256	3966	97	98
廊 坊 市	163	118	3885	4571	84	55
衡 水 市	2	2	5507	6253	3174	3171

2-2-12　各市水果及食用坚果生产

单位：吨

名　　称	一、园林水果产量		1.苹　果		#红富士苹果		国光苹果	
	2020年	2021年	2020年	2021年	2020年	2021年	2020年	2021年
全　　省	**10313755**	**10584895**	**2397483**	**2490776**	**1612002**	**1670683**	**229295**	**234061**
石家庄市（包含辛集市）	2047762	2148146	197728	206880	159837	159679	4444	7636
石家庄市（不含辛集市）	1726785	1805988	144935	148088	115167	116019	3598	6876
辛集市	320977	342158	52793	58792	44670	43660	846	760
唐 山 市	813674	826211	187330	186220	151732	150731	8465	8274
秦皇岛市	689475	718890	350867	368916	276384	293605	45313	46115
邯 郸 市	650141	662498	151122	158609	95982	104835	6840	7107
邢 台 市	1062196	1024263	263555	254695	208476	204970	9227	7993
保 定 市（包含定州市、雄安新区）	1201176	1288522	129613	155058	99689	110620	4168	5357
保 定 市（不含定州市、雄安新区）	1135468	1219325	114163	142513	86597	100372	2601	3487
定州市	23657	24453	3539	3429	2922	3246	59	51
张家口市	229398	258124	33226	41243	24126	31316	6478	5981
承 德 市	1092333	1119701	679426	707732	277982	292426	132761	135118
沧 州 市	1023520	987378	49498	51050	42199	43112	4408	4453
廊 坊 市	434866	440223	33553	32566	22731	22075	986	1382
衡 水 市	1069213	1110942	321565	327806	252866	257314	6206	4646

2-2-12续1　各市水果及食用坚果生产

单位：吨

名　　称	一、园林水果产量(续1)							
	2.梨		#雪　花　梨		鸭　　梨		3.桃	
	2020年	2021年	2020年	2021年	2020年	2021年	2020年	2021年
全　　省	**3501891**	**3665789**	**608412**	**656518**	**1349804**	**1382513**	**1444640**	**1548255**
石家庄市（包含辛集市）	1445099	1528847	295740	318026	480789	502551	68903	85928
石家庄市（不含辛集市）	1229853	1298403	239993	261677	409665	422554	39988	54231
辛集市	215246	230444	55747	56349	71124	79997	28915	31697
唐 山 市	112677	120538	50647	57708	7387	7059	342146	347814
秦皇岛市	66910	68264	10909	10903	4506	4670	113126	121579
邯 郸 市	236628	245568	11999	15726	148578	152283	115844	121459
邢 台 市	292677	317882	58640	65743	49726	53261	61961	70164
保 定 市（包含定州市、雄安新区）	189139	200900	34266	34340	116618	114678	404778	428037
保 定 市（不含定州市、雄安新区）	172497	179784	21802	22320	114830	113929	378522	399975
定州市	3388	3113	849	1102	634	600	12204	12884
张家口市	8370	9636	5173	5027	2955	3700	5511	6586
承 德 市	121544	123297	13888	14117	2451	2701	11498	11220
沧 州 市	469427	478365	40680	44998	282433	282274	46648	55552
廊 坊 市	155666	159792	60175	62022	46342	48952	99786	100942
衡 水 市	403755	412698	26294	27907	208019	210386	174439	198973

2-2-12续2　各市水果及食用坚果生产

单位：吨

名　　称	一、园林水果产量(续2)					
	4.猕　猴　桃		5.葡　　萄		6.红　　枣	
	2020年	2021年	2020年	2021年	2020年	2021年
全　　省	**1314**	**2231**	**1246066**	**1246906**	**814770**	**728564**
石家庄市（包含辛集市）	737	1158	108793	106163	189200	181512
石家庄市（不含辛集市）	737	1158	86088	86222	189197	181410
辛集市			22705	19941	3	102
唐 山 市	311	342	104269	107880	7126	7125
秦皇岛市	56	205	121498	121509	1025	916
邯 郸 市	1	37	121147	111070	4693	4568
邢 台 市	123	54	208313	192243	100924	89431
保 定 市（包含定州市、雄安新区）	37	414	112705	125860	76784	68109
保 定 市（不含定州市、雄安新区）	37	248	107592	121274	76537	67996
定州市		166	2829	2880	23	24
张家口市			151670	158921	5740	5815
承 德 市	18	4	5718	6045	5114	4970
沧 州 市	31	6	28799	28158	411088	354865
廊 坊 市		10	122206	126510	9755	8160
衡 水 市			160948	162548	3320	3093

2-2-12续3　各市水果及食用坚果生产

单位：吨

名　　称	一、园林水果产量(续3)					
	7.柿　　子		8.杏		9.红　　果	
	2020年	2021年	2020年	2021年	2020年	2021年
全　　省	**302677**	**302000**	**193671**	**172578**	**276439**	**283459**
石家庄市（包含辛集市）	5081	5376	12312	11191	2041	2082
石家庄市（不含辛集市）	5080	5375	11026	10033	2031	2078
辛集市	1	1	1286	1158	10	4
唐 山 市	22353	18432	13998	13492	13627	13986
秦皇岛市	541	489	6762	6966	9099	9594
邯 郸 市	10851	10853	1634	1614	27	93
邢 台 市	17369	11654	91605	63216	22539	23936
保 定 市（包含定州市、雄安新区）	234096	250933	34345	38116	1390	1577
保 定 市（不含定州市、雄安新区）	233585	250445	34095	37775	1382	1551
定州市	511	488	37	69	6	2
张家口市		1	4807	10526	1054	1327
承 德 市	9289	3424	16686	14818	224376	228391
沧 州 市	303	422	2104	2320	904	883
廊 坊 市	2716	348	7347	7531	111	115
衡 水 市	78	68	2073	2789	1272	1473

2-2-12续4　各市水果及食用坚果生产

单位：吨

名　称	一、园林水果产量(续4)		二、食用坚果产量			
	10.其　他		合　计		#核　桃	
	2020年	2021年	2020年	2021年	2020年	2021年
全　省	**134803**	**144338**	**570102**	**643135**	**161295**	**183428**
石家庄市（包含辛集市）	17867	19008	52169	76275	46050	54830
石家庄市（不含辛集市）	17849	18989	52151	76265	46032	54820
辛集市	18	19	18	10	18	10
唐 山 市	9838	10382	124143	131334	21535	23080
秦皇岛市	19590	20451	63380	76166	11774	11865
邯 郸 市	8193	8625	25015	35835	21862	32676
邢 台 市	3131	987	52401	60214	25773	28045
保 定 市（包含定州市、雄安新区）	18291	19519	23393	21743	19960	18667
保 定 市（不含定州市、雄安新区）	17058	17765	21591	19595	18159	16519
定州市	1121	1398	1308	917	1308	917
张家口市	19020	24069	21436	27134	670	524
承 德 市	18664	19798	206700	213080	12204	12389
沧 州 市	14718	15755	163	168	162	167
廊 坊 市	3726	4249	808	620	808	620
衡 水 市	1764	1495	496	565	496	565

2-2-12续5　各市水果及食用坚果生产

单位：吨

名　称	二、食用坚果产量(续)					
	板　栗		松　子		杏　扁	
	2020年	2021年	2020年	2021年	2020年	2021年
全　省	**368547**	**399553**	**139**	**154**	**40121**	60001
石家庄市（包含辛集市）	6119	6405				15040
石家庄市（不含辛集市）	6119	6405				15040
辛集市						
唐 山 市	102219	107860			389	394
秦皇岛市	51322	64025	93	3	191	274
邯 郸 市	3152	3160				
邢 台 市	26624	32120			4	48
保 定 市（包含定州市、雄安新区）	1419	1373	26	24	1987	1679
保 定 市（不含定州市、雄安新区）	1419	1373	26	24	1987	1679
定州市						
张家口市	1	1		104	20765	26505
承 德 市	177691	184609	20	22	16785	16060
沧 州 市	1					1
廊 坊 市						
衡 水 市						

2-2-12续6　各市水果及食用坚果生产

单位：公顷

名　　称	三、年末果园面积					
	合　　计		#苹果园		梨　　园	
	2020年	2021年	2020年	2021年	2020年	2021年
全　　省	**521608**	**472485**	**125916**	**114904**	**143880**	**115434**
石家庄市（包含辛集市）	87689	60348	9226	9087	62412	35542
石家庄市（不含辛集市）	75300	48339	6965	6813	54594	27913
辛集市	12389	12009	2261	2274	7818	7629
唐 山 市	31613	31895	8479	8426	5289	5347
秦皇岛市	34896	35142	17634	17964	4778	4780
邯 郸 市	22510	21952	6072	5906	6982	6930
邢 台 市	49017	44728	10581	10021	12167	11771
保 定 市（包含定州市、雄安新区）	66088	65323	7503	7162	3877	3943
保 定 市（不含定州市、雄安新区）	63969	62494	7255	6851	3150	2986
定州市	727	754	97	92	88	85
张家口市	16468	16874	2682	2397	654	340
承 德 市	93220	83167	47910	39139	12116	11884
沧 州 市	59081	55047	3131	3092	15791	16092
廊 坊 市	26594	24803	2543	2326	7962	7377
衡 水 市	34434	33205	10155	9385	11852	11429

2-2-12续7　各市水果及食用坚果生产

单位：公顷

名　　称	三、年末果园面积(续)					
	桃　　园		猕猴桃园		葡　萄　园	
	2020年	2021年	2020年	2021年	2020年	2021年
全　　省	**61115**	**61751**	**149**	**243**	**43741**	**42253**
石家庄市（包含辛集市）	4178	4140	55	82	4179	4007
石家庄市（不含辛集市）	2897	2985	55	82	3272	3146
辛集市	1281	1155			908	861
唐 山 市	10606	10874	50	55	3063	3065
秦皇岛市	4365	4404	18	32	3455	3335
邯 郸 市	4119	4200	2	5	3455	3334
邢 台 市	4316	4504	3	6	7799	7135
保 定 市（包含定州市、雄安新区）	13961	14145	3	22	3847	3586
保 定 市（不含定州市、雄安新区）	13174	13009	3	11	3576	3312
定州市	334	350		7	152	140
张家口市	274	246			7123	7398
承 德 市	1198	1077	15	13	531	371
沧 州 市	2244	2326	1	3	922	922
廊 坊 市	8382	8353	1	25	5266	5023
衡 水 市	7471	7481			4103	4078

2–2–13 各市林业生产

单位：公顷

名称	一、人工造林面积		二、飞播造林面积		三、新封山（沙）育林面积	
	2020年	2021年	2020年	2021年	2020年	2021年
全省	**241999**	**121927**	**36732**	**24000**	**149635**	**73140**
石家庄市（包含辛集市）	19590	9737			28180	14844
石家庄市（不含辛集市）	18712	9400			28180	14844
辛集市	878	337				
唐山市	18111	13693			8333	3482
秦皇岛市	17020	6415	23332		7750	3332
邯郸市	26707	11537	13400	20000	6913	4733
邢台市	25615	10793			8686	9753
保定市（包含定州市、雄安新区）	40133	19082		4000	26666	7334
保定市（不含定州市、雄安新区）	31401	15945		4000	26666	7334
定州市	1400	733				
张家口市	30466	22466			26199	13335
承德市	25364	22403			36241	16327
沧州市	11909	1520				
廊坊市	12067	1447			667	
衡水市	15017	2834				

2–2–13续 各市林业生产

单位：公顷

名称	四、退化林修复面积		五、人工更新面积		六、森林抚育面积	
	2020年	2021年	2020年	2021年	2020年	2021年
全省	**13306**	**77519**	**5100**	**1659**	**300876**	**272106**
石家庄市（包含辛集市）	133	2906			36513	32635
石家庄市（不含辛集市）	133	2906			36513	32635
辛集市						
唐山市		67	538	450	9837	22982
秦皇岛市		953	964	192	6985	7600
邯郸市	874	3930	89		17884	19874
邢台市	766	1533	33	110	29242	15269
保定市（包含定州市、雄安新区）	1267	6667	680	116	30171	26851
保定市（不含定州市、雄安新区）	1267	6667	680	115	28671	25104
定州市				1	1500	1520
张家口市	5800	50602	3	782	42899	58334
承德市	4466	10861	1728		76489	54379
沧州市				2	3586	3770
廊坊市			945	7	22297	11880
衡水市			120		24973	18532

2−2−14　各市林业重点工程完成情况

单位：公顷

名　　称	林业重点工程完成情况合计		1.退耕还林工程		2.京津风沙源治理工程		3.三北及长江流域防护林建设工程合计	
	2020年	2021年	2020年	2021年	2020年	2021年	2020年	2021年
全　　省	**130958**	**166237**			**56379**	**95670**	**73220**	**69634**
石家庄市（包含辛集市）	6694	14465					6694	14465
石家庄市（不含辛集市）	6694	14465					6694	14465
辛集市								
唐 山 市	7533	5733					7533	5733
秦皇岛市	18191	8940					18191	8940
邯 郸 市	3067	8735					3067	8735
邢 台 市	5532	6599					5532	6599
保 定 市（包含定州市、雄安新区）	27845	24433					27845	24433
保 定 市（不含定州市、雄安新区）	20513	23167					20513	23167
定州市								
张家口市	24033	72467			24033	72467		
承 德 市	33705	24136			32346	23203		
沧 州 市	2057	300					2057	300
廊 坊 市	2101						2101	
衡 水 市	200	429					200	429

2−2−14续　各市林业重点工程完成情况

单位：公顷

名　　称	3.三北及长江流域防护林建设工程(续)						4.国家储备林建设工程	
	(1)三北防护林五期工程		(2)太行山绿化工程		(3)沿海防护林三期工程			
	2020年	2021年	2020年	2021年	2020年	2021年	2020年	2021年
全　　省	**45012**	**32584**	**19093**	**34031**	**9115**	**3019**	**1359**	**933**
石家庄市（包含辛集市）	1533	34	5161	14431				
石家庄市（不含辛集市）	1533	34	5161	14431				
辛集市								
唐 山 市	6266	5600			1267	133		
秦皇岛市	11400	6354			6791	2586		
邯 郸 市			3067	8735				
邢 台 市			5532	6599				
保 定 市（包含定州市、雄安新区）	22512	20167	5333	4266				
保 定 市（不含定州市、雄安新区）	15180	18901	5333	4266				
定州市								
张家口市								
承 德 市							1359	933
沧 州 市	1000				1057	300		
廊 坊 市	2101							
衡 水 市	200	429						

2−2−15　各市牲畜出栏

单位：百头

名　　称	一、大牲畜		牛		马	
	2020年	2021年	2020年	2021年	2020年	2021年
全　　省	**35179**	**35772**	**33522**	**33992**	**397**	**512**
石家庄市（包含辛集市）	5235	5361	5038	5071	70	117
石家庄市（不含辛集市）	4966	5081	4771	4803	68	112
辛集市	270	280	267	268	1	5
唐 山 市	4793	4802	4595	4612	31	49
秦皇岛市	1355	1397	1281	1316	8	12
邯 郸 市	2127	2150	2097	2119	2	3
邢 台 市	1962	1996	1883	1899	22	25
保 定 市（包含定州市、雄安新区）	3479	3416	3148	3124	53	51
保 定 市（不含定州市、雄安新区）	2850	2762	2569	2518	28	29
定州市	594	592.76	546	546	24	22
张家口市	3339	3492	3067	3222	37	43
承 德 市	7172	7457	6799	7123	159	149
沧 州 市	2057	2115	2015	2028	5	7
廊 坊 市	1555	1576	1520	1500	8	55
衡 水 市	2106	2009	2079	1979	1	2

注：猪、牛、羊、禽全省总数为畜禽监测数，因保留小数位不同，各市之和不等于总数(下同)。

2−2−15续1　各市牲畜出栏

单位：百头

名　　称	驴		骡		骆驼	
	2020年	2021年	2020年	2021年	2020年	2021年
全　　省	**1088**	**1120**	**169**	**146**	**2**	**2**
石家庄市（包含辛集市）	126	171	1	1		1
石家庄市（不含辛集市）	125	164	1	1		1
辛集市	1	7				
唐 山 市	151	125	15	16	1	1
秦皇岛市	62	65	4	4		
邯 郸 市	25	25	2	3		
邢 台 市	56	71	1	1		
保 定 市（包含定州市、雄安新区）	276	239	2	2		
保 定 市（不含定州市、雄安新区）	251	213	2	2		
定州市	24	25				
张家口市	182	184	51	43	1	
承 德 市	122	111	92	75		
沧 州 市	36	79	1			
廊 坊 市	26	21				
衡 水 市	26	29				

2-2-15续2　各市牲畜出栏

单位：百头、百只

名　　称	二、猪		三、羊		四、活　家　禽		五、家　兔	
	2020年	2021年	2020年	2021年	2020年	2021年	2020年	2021年
全　　省	**290762**	**341064**	**226584**	**244007**	**6873043**	**7120472**	**25204**	**22045**
石家庄市（包含辛集市）	42661	47798	13579	14609	913582	916061	2241	2077
石家庄市（不含辛集市）	35051	40294	11476	12488	796814	806224	1156	833
辛集市	7610	7504	2103	2121	116767	109837	1085	1244
唐 山 市	46825	53025	11105	11131	681391	712919	2332	1956
秦皇岛市	17668	20457	19831	20689	469680	477601	5562	4768
邯 郸 市	37190	43286	31517	32591	728473	752136	4493	3985
邢 台 市	21310	26291	13232	13808	609977	624159	2230	1508
保 定 市（包含定州市、雄安新区）	38006	45485	49309	60056	646550	700954	2509	2249
保 定 市（不含定州市、雄安新区）	31901	37543	45146	56053	538272	609015	2017	1796
定州市	6101	7938	3508	3573	77339	74252	468	447
张家口市	16685	20255	25819	28186	346435	351569	922	1390
承 德 市	16297	18241	15667	16025	785332	790324	3402	3071
沧 州 市	23626	30363	18528	19287	1052447	1120449	350	261
廊 坊 市	10293	11735	12801	12738	246663	258882	31	24
衡 水 市	20200	24128	15196	14886	392513	415419	1130	756

2-2-16　各市牲畜存栏

单位：百头

名　　称	一、大牲畜		牛		马	
	2020年	2021年	2020年	2021年	2020年	2021年
全　　省	**38531**	**39505**	**35859**	**37042**	**705**	**740**
石家庄市（包含辛集市）	4688	4685	4498	4501	52	64
石家庄市（不含辛集市）	4399	4381	4222	4216	43	53
辛集市	289	304	276	285	9	12
唐 山 市	5491	5606	5233	5368	40	46
秦皇岛市	1466	1523	1348	1400	9	18
邯 郸 市	2159	2146	2087	2076	5	5
邢 台 市	2200	2202	2130	2117	19	20
保 定 市（包含定州市、雄安新区）	3645	3815	3293	3511	48	45
保 定 市（不含定州市、雄安新区）	2791	2973	2510	2713	34	31
定州市	764	817	721	772	14	14
张家口市	5488	5691	4799	5120	148	160
承 德 市	7992	8235	7200	7478	362	359
沧 州 市	1827	1889	1772	1827	11	10
廊 坊 市	1351	1398	1309	1360	9	11
衡 水 市	2225	2314	2190	2286	2	2

2-2-16续1 各市牲畜存栏

单位：百头

名称	驴		骡		骆驼	
	2020年	2021年	2020年	2021年	2020年	2021年
全省	**1581**	**1381**	**382**	**335**	**5**	**8**
石家庄市（包含辛集市）	136	116	2	1		3
石家庄市（不含辛集市）	132	108	2	1		3
辛集市	5	8				
唐山市	192	167	24	23	2	2
秦皇岛市	103	99	7	6		
邯郸市	53	51	14	14		
邢台市	50	64	1			
保定市（包含定州市、雄安新区）	295	253	8	7		
保定市（不含定州市、雄安新区）	264	221	8	7		
定州市	29	30				
张家口市	412	301	127	108	3	2
承德市	233	225	198	174		
沧州市	43	52				
廊坊市	32	28	1			
衡水市	32	26				

2-2-16续2 各市牲畜存栏

单位：百头、百只

名称	二、猪存栏		#能繁母猪		三、羊存栏	
	2020年	2021年	2020年	2021年	2020年	2021年
全省	**174885**	**181006**	**18700**	**18401**	**127031**	**131604**
石家庄市（包含辛集市）	24026	24268	2534	2504	7764	8036
石家庄市（不含辛集市）	19616	20065	2068	2054	6622	6847
辛集市	4410	4203	466	450	1142	1189
唐山市	27858	28560	2961	2946	7011	7263
秦皇岛市	9432	9769	978	972	8903	9276
邯郸市	20229	20944	1952	1932	16758	17039
邢台市	14462	15129	1939	1916	7133	7365
保定市（包含定州市、雄安新区）	26156	27249	2664	2542	29005	30973
保定市（不含定州市、雄安新区）	21300	22023	2095	2062	27189	29352
定州市	4852	5223	569	480	1406	1574
张家口市	9997	10456	1329	1312	17293	17868
承德市	8935	9290	721	712	9494	9969
沧州市	15339	16020	1716	1689	10200	10208
廊坊市	5669	5914	467	461	6830	7057
衡水市	12784	13406	1439	1416	6639	6551

2-2-16续3　各市牲畜存栏

单位：百只

名　　称	四、活家禽存栏		五、家兔存栏	
	2020年	2021年	2020年	2021年
全　　省	**3986130**	**3782733**	**9430**	**8320**
石家庄市（包含辛集市）	792997	722065	1132	724
石家庄市（不含辛集市）	659310	600538	660	373
辛集市	133688	121527	473	351
唐 山 市	338614	314610	1017	947
秦皇岛市	149590	154616	1473	1243
邯 郸 市	751834	679862	1841	1653
邢 台 市	401553	342665	1205	871
保 定 市（包含定州市、雄安新区）	330784	384210	1189	1135
保 定 市（不含定州市、雄安新区）	268903	335984	1036	1003
定州市	55720	47326	136	120
张家口市	170206	154230	445	733
承 德 市	232771	219577	660	617
沧 州 市	401579	420579	106	84
廊 坊 市	152027	136258	30	17
衡 水 市	264174	254060	331	297

2-2-17　各市肉类产量

单位：吨

名　　称	肉类总产量		猪　肉		牛　　肉	
	2020年	2021年	2020年	2021年	2020年	2021年
全　　省	**4191748**	**4643178**	**2268870**	**2656847**	**555712**	**558250**
石家庄市（包含辛集市）	575139	598904	352913	382700	80554	80190
石家庄市（不含辛集市）	481384	506653	284999	315548	76089	75891
辛集市	93755	92252	67914	67152	4466	4299
唐 山 市	577366	603397	365873	397993	78965	79470
秦皇岛市	266511	286398	134653	151490	21526	21779
邯 郸 市	472031	521731	291810	338084	35548	35551
邢 台 市	297550	344484	161855	208470	30651	30854
保 定 市（包含定州市、雄安新区）	524403	632626	296690	360458	50493	50594
保 定 市（不含定州市、雄安新区）	354732	536963	246779	294941	41060	41056
定州市	76638	91291	49881	65485	8855	8558
张家口市	268640	313118	126928	163822	49180	50872
承 德 市	385066	396211	128836	141399	113727	115880
沧 州 市	408718	478519	182677	237822	31826	31289
廊 坊 市	157321	167112	77526	88457	27035	26806
衡 水 市	259002	300678	149109	186151	36206	34964

注：因保留小数位不同，全省数据与各市数据和不一致。

2-2-17续1　各市肉类产量

单位：吨

名　称	肉类总产量(续1)					
	羊肉		禽肉		马肉	
	2020年	2021年	2020年	2021年	2020年	2021年
全　省	**313198**	**338794**	**1020364**	**1056077**	**4403**	**6769**
石家庄市（包含辛集市）	18290	19002	120205	110968	736	2114
石家庄市（不含辛集市）	15216	15901	102154	93639	719	2059
辛集市	3074	3101	18051	17328	17	55
唐山市	16118	15726	113474	107276	351	634
秦皇岛市	27898	28626	71621	76461	104	144
邯郸市	42132	40870	101064	105791	20	32
邢台市	18039	18218	85583	85575	248	283
保定市（包含定州市、雄安新区）	70095	88708	102163	128703	583	598
保定市（不含定州市、雄安新区）	64324	83107	84734	114289	311	341
定州市	4733	4911	12597	11759	258	254
张家口市	34864	39905	54736	55636	383	491
承德市	22173	21972	115754	112790	1821	1764
沧州市	26055	27595	167647	180932	54	83
廊坊市	17486	17463	34930	33545	93	605
衡水市	20050	20709	53186	58400	9	19

2-2-17续2　各市肉类产量

单位：吨

名　称	肉类总产量(续2)					
	驴肉		骡肉		骆驼肉	
	2020年	2021年	2020年	2021年	2020年	2021年
全　省	**9620**	**11102**	**1895**	**1657**	**34**	**37**
石家庄市（包含辛集市）	1118	2144	10	13		21
石家庄市（不含辛集市）	1103	2077	10	13		19
辛集市	14	67				2
唐山市	1331	1110	174	173	14	12
秦皇岛市	553	583	48	50		
邯郸市	228	238	24	36		
邢台市	503	658	12	12		
保定市（包含定州市、雄安新区）	2461	2534	22	23		
保定市（不含定州市、雄安新区）	2236	2299	22	22		
定州市	211	225		1		
张家口市	1572	1664	542	473	20	4
承德市	1081	988	1054	872		
沧州市	311	693	7	3		
廊坊市	242	228	1	1		
衡水市	220	263		1		

2-2-17续3　各市肉类产量

单位：吨

名　称	肉类总产量(续3)			
	兔　肉		其他肉	
	2020年	2021年	2020年	2021年
全　省	**4319**	**3980**	**13334**	**9667**
石家庄市（包含辛集市）	356	379	957	1374
石家庄市（不含辛集市）	137	132	957	1373
辛集市	219	247		1
唐 山 市	431	393	634	608
秦皇岛市	959	879	9150	6386
邯 郸 市	805	715	400	414
邢 台 市	385	265	275	150
保 定 市（包含定州市、雄安新区）	432	418	1463	589
保 定 市（不含定州市、雄安新区）	324	317	1463	589
定州市	102	100		
张家口市	136	245	280	8
承 德 市	584	518	36	28
沧 州 市	57	37	83	64
廊 坊 市	7	5		
衡 水 市	166	126	56	45

2-2-18　各市畜产品产量

单位：吨

名　称	一、禽蛋产量		二、奶类产量		#生　牛　奶		三、山羊粗毛产量	
	2020年	2021年	2020年	2021年	2020年	2021年	2020年	2021年
全　省	**3897086**	**3895588**	**4882823**	**5018537**	**4834036**	**4983891**	**1858**	**2012**
石家庄市（包含辛集市）	857281	878595	826353	862617	825755	862577	84	108
石家庄市（不含辛集市）	697638	717519	768002	801831	767404	801791	84	108
辛集市	159643	161076	58352	60786	58352	60786		
唐 山 市	289605	264110	1133197	1134873	1091367	1105136	213	228
秦皇岛市	81159	83272	71388	73572	67318	69850	297	301
邯 郸 市	915216	926354	177176	190064	175023	189009	160	138
邢 台 市	441426	453151	331708	375454	331706	375454	90	67
保 定 市（包含定州市、雄安新区）	346275	335839	575995	593063	575978	593038	561	697
保 定 市（不含定州市、雄安新区）	275751	270553	369773	381595	369755	381570	561	695
定州市	68629	63769	200950	205929	200950	205929		2
张家口市	153597	139782	1024991	1041543	1024900	1041507	12	50
承 德 市	110514	101402	107112	95319	107086	95288	337	348
沧 州 市	325421	332785	132325	134450	132325	134450	80	53
廊 坊 市	128445	128427	152130	158378	152130	158378	7	3
衡 水 市	248147	251872	350447	359203	350447	359203	16	20

2−2−18续1　各市畜产品产量

单位：吨

名　称	山羊绒产量		四、绵羊毛产量		#细羊毛		半细羊毛	
	2020年	2021年	2020年	2021年	2020年	2021年	2020年	2021年
全　省	**749**	**729**	**16883**	**20709**	**3307**	**4303**	**11131**	**14174**
石家庄市（包含辛集市）	7	7	709	945	63	71	643	846
石家庄市（不含辛集市）	7	7	509	756	63	71	443	657
辛集市			200	189			200	189
唐 山 市	17	17	942	1001	182	239	554	527
秦皇岛市	110	107	2117	2145	73	146	2040	1996
邯 郸 市	78	61	616	900	115	190	418	624
邢 台 市	28	23	439	381	69	115	322	213
保 定 市（包含定州市、雄安新区）	300	272	5235	6691	970	872	4151	5461
保 定 市（不含定州市、雄安新区）	230	272	4915	6466	695	685	4106	5424
定州市			274	214	252	187	22	27
张家口市	35	71	2885	4720	710	1454	1564	3263
承 德 市	121	129	566	799	299	402	238	258
沧 州 市	36	21	711	543	458	283	254	258
廊 坊 市			1501	1652	168	339	105	71
衡 水 市	17	22	1162	931	200	192	843	656

2−2−18续2　各市畜产品产量

单位：吨

名　称	五、天然蜂蜜产量		六、蚕茧产量		#桑蚕茧		柞蚕茧	
	2020年	2021年	2020年	2021年	2020年	2021年	2020年	2021年
全　省	**13130**	**12206**	**37**	**38**	**6**	**6**	**31**	**32**
石家庄市（包含辛集市）	3297	2970						
石家庄市（不含辛集市）	3289	2961						
辛集市	8	10						
唐 山 市	301	218						
秦皇岛市	1425	843	34	33	3	1	31	32
邯 郸 市	225	334		1		1		
邢 台 市	1624	1619	3	2	3	2		
保 定 市（包含定州市、雄安新区）	3345	3550		1		1		
保 定 市（不含定州市、雄安新区）	3313	3520		1		1		
定州市	28	26						
张家口市	186	129						
承 德 市	2550	2358						
沧 州 市	28	13						
廊 坊 市								
衡 水 市	149	173						

2–2–19　各市畜牧养殖小区情况

单位：个

名　　称	养殖小区个数		养猪小区		养鸡小区		#养蛋鸡小区	
	2020年	2021年	2020年	2021年	2020年	2021年	2020年	2021年
全　　省	**300**	**234**	**36**	**36**	**101**	**123**	**87**	**27**
石家庄市（包含辛集市）	105	5	5	1	5		46	
石家庄市（不含辛集市）	104	4	4		5		46	
辛集市	1	1	1	1				
唐 山 市	11	7	5	5	4	2	2	2
秦皇岛市								
邯 郸 市		43		2		37	4	1
邢 台 市	41	11			33	4	2	2
保 定 市（包含定州市、雄安新区）	46	68	22	24	23	43	20	20
保 定 市（不含定州市、雄安新区）	4	6		2	3	3		
定州市	42	62	22	22	20	40	20	20
张家口市	32	33	4	4				
承 德 市	36	36			13	13	7	1
沧 州 市	29	31			23	24		1
廊 坊 市								
衡 水 市							6	

2–2–19续1　各市畜牧养殖小区情况

单位：个

名　　称	养牛小区		#养奶牛小区		养羊小区		#养绵羊小区	
	2020年	2021年	2020年	2021年	2020年	2021年	2020年	2021年
全　　省	**152**	**65**	**148**	**62**	**5**	**5**	**3**	**3**
石家庄市（包含辛集市）	95	4	94	4				
石家庄市（不含辛集市）	95	4	94	4				
辛集市								
唐 山 市	2		2					
秦皇岛市								
邯 郸 市		4		4				
邢 台 市	4	4	1	1	3	3	3	3
保 定 市（包含定州市、雄安新区）	1	1	1	1				
保 定 市（不含定州市、雄安新区）	1	1	1	1				
定州市								
张家口市	28	29	28	29				
承 德 市	21	21	21	21	2	2		
沧 州 市	1	2	1	2				
廊 坊 市								
衡 水 市								

2-2-19续2　各市畜牧养殖小区情况

单位：万头、万只

名　　称	猪存栏		活鸡存栏		肉牛存栏	
	2020年	2021年	2020年	2021年	2020年	2021年
全　　省	**15.93**	**10.72**	**1184.90**	**500.82**	**0.58**	**0.43**
石家庄市（包含辛集市）	5.15	0.37	310.00		0.13	
石家庄市（不含辛集市）	4.70		310.00		0.13	
辛集市	0.45	0.37				
唐 山 市	2.08	2.22	23.70	15.00		
秦皇岛市						
邯 郸 市		2.61		54.80		
邢 台 市	4.27	1.20	424.10	8.15	0.45	0.43
保 定 市（包含定州市、雄安新区）	3.05	3.24	114.78	95.17		
保 定 市（不含定州市、雄安新区）			80.00	60.00		
定州市	3.05	3.24	34.78	35.17		
张家口市	1.38	1.08				
承 德 市			234.12	224.50		
沧 州 市			78.20	103.20		
廊 坊 市						
衡 水 市						

2-2-19续3　各市畜牧养殖小区情况

单位：万头、万只

名　　称	奶牛存栏		羊存栏		猪出栏	
	2020年	2021年	2020年	2021年	2020年	2021年
全　　省	**21.15**	**17.07**	**8.08**	**8.50**	**30.38**	**17.34**
石家庄市（包含辛集市）	9.25	6.60			10.85	0.66
石家庄市（不含辛集市）	9.25	6.60			9.40	
辛集市					1.45	0.66
唐 山 市	1.14	0.02			2.32	3.52
秦皇岛市						
邯 郸 市		0.24				3.91
邢 台 市	0.30	0.30	6.40	6.50	8.10	
保 定 市（包含定州市、雄安新区）	0.16	0.16			6.83	7.29
保 定 市（不含定州市、雄安新区）	0.16	0.16				
定州市					6.83	7.29
张家口市	9.21	8.21	1.68	2.00	2.28	1.96
承 德 市	1.05	1.54				
沧 州 市						
廊 坊 市	0.04					
衡 水 市						

2-2-19续4 各市畜牧养殖小区情况

单位：万只、万头

名 称	肉牛出栏		羊出栏		活鸡出栏	
	2020年	2021年	2020年	2021年	2020年	2021年
全 省	**0.59**	**0.47**	**8.60**	**8.86**	**3198.06**	**2069.46**
石家庄市（包含辛集市）	0.50				440.00	
石家庄市（不含辛集市）	0.50				440.00	
辛集市						
唐 山 市					60.00	9.00
秦皇岛市						
邯 郸 市		0.37				73.20
邢 台 市	0.09	0.10	7.34	7.36	734.00	125.00
保 定 市（包含定州市、雄安新区）					384.26	380.26
保 定 市（不含定州市、雄安新区）					360.00	355.00
定州市					24.26	25.26
张家口市			1.26	1.50		
承 德 市					1203.30	1103.50
沧 州 市					376.50	378.50
廊 坊 市						
衡 水 市						

2-2-19续5 各市畜牧养殖小区情况

单位：吨

名 称	肉产量		蛋产量		奶产量	
	2020年	2021年	2020年	2021年	2020年	2021年
全 省	**38232**	**21098**	**46832**	**14871**	**909114**	**742553**
石家庄市（包含辛集市）	20836	584	40300		400102	280255
石家庄市（不含辛集市）	19604		40300		400102	280255
辛集市	1232	584				
唐 山 市	2744	2082	1617	1711	390	10
秦皇岛市						
邯 郸 市		329		4145		18690
邢 台 市						
保 定 市（包含定州市、雄安新区）	5486	5846	4236	4284	6580	6570
保 定 市（不含定州市、雄安新区）					6580	6570
定州市	5486	5846	4236	4284		
张家口市	152	189			450329	385016
承 德 市	1842	2047	679	720	50290	52012
沧 州 市	7172	10021		4012		
廊 坊 市					1423	
衡 水 市						

2-2-20　各市特种畜禽饲养存栏情况

单位：头、只

名　　称	貂		鹿		狐　狸	
	2020年	2021年	2020年	2021年	2020年	2021年
全　　省	**339568**	**646246**	**19069**	**18607**	**927539**	**1003962**
石家庄市（包含辛集市）	97600	55646	270	295	54672	41419
石家庄市（不含辛集市）	70700	41386		80	51852	36184
辛集市	26900	14260	270	215	2820	5235
唐 山 市	127984	430014	290	336	148554	143057
秦皇岛市	23665	83096	650	795	512503	618804
邯 郸 市	6500	6200	260	320	7090	6580
邢 台 市	2500	1900			800	600
保 定 市（包含定州市、雄安新区）	24340	21660	392	56	10530	9600
保 定 市（不含定州市、雄安新区）	24340	21660	392	56	10530	9600
定州市						
张家口市	557				20360	1950
承 德 市	860	980	16950	16755	5000	5000
沧 州 市	13062	6850	120	50	153530	144098
廊 坊 市			137			15034
衡 水 市	42500	39900			14500	17820

2-2-20续1　各市特种畜禽饲养存栏情况

单位：头、只

名　　称	貉		肉　鸽		雉(山)鸡	
	2020年	2021年	2020年	2021年	2020年	2021年
全　　省	**2126689**	**1678269**	**1470689**	**2530111**	**23733**	**4666**
石家庄市（包含辛集市）	66542	21864	591857	691710		
石家庄市（不含辛集市）	60082	18559	391350	473240		
辛集市	6460	3305	200507	218470		
唐 山 市	610622	557524	47980	40380		
秦皇岛市	1247802	899539		5000	2000	3000
邯 郸 市	3900	3700	105690	86420		
邢 台 市	1300	1200	178060	98700		
保 定 市（包含定州市、雄安新区）	17010	15676	111744	1207386	20155	
保 定 市（不含定州市、雄安新区）	17010	15676	59110	1154100	20155	
定州市			52634	53286		
张家口市	8400	2500				
承 德 市	2415	1500				
沧 州 市	162498	165325	97310	92315	1570	1575
廊 坊 市		1	13248	8000	8	91
衡 水 市	6200	9440	324800	300200		

2-2-20续2　各市特种畜禽饲养存栏情况

单位：头、只

名　称	鹌　鹑		鸵　鸟		獭　兔	
	2020年	2021年	2020年	2021年	2020年	2021年
全　省	**7096050**	**6559132**	**13768**	**49640**	**1264087**	**1109953**
石家庄市（包含辛集市）	4742000	5281000	5584	6542	7170	11810
石家庄市（不含辛集市）	4742000	5281000	4534	5189		
辛集市			1050	1353	7170	11810
唐 山 市	32000	31000			56622	33649
秦皇岛市	1555400	606300			5000	3000
邯 郸 市			1505	1742	544080	545560
邢 台 市	187650	180500			183075	169945
保 定 市（包含定州市、雄安新区）	521000	459532	6500	6856	209359	112571
保 定 市（不含定州市、雄安新区）	343000	293000	6500	6856	205997	109150
定州市	178000	166532			3362	3421
张家口市	40000		90	90	41462	41300
承 德 市					27180	24500
沧 州 市		800			35259	33238
廊 坊 市	18000		89	34410		
衡 水 市					154880	134380

2-2-20续3　各市特种畜禽饲养存栏情况

单位：头、只

名　称	肉　犬		鹧　鸪		乌骨鸡	
	2020年	2021年	2020年	2021年	2020年	2021年
全　省	**149516**	**107265**	**10000**	**10000**	**29000**	**13000**
石家庄市（包含辛集市）						
石家庄市（不含辛集市）						
辛集市						
唐 山 市						
秦皇岛市	600	400			20000	10000
邯 郸 市	30552	30550				
邢 台 市	270	260			6000	
保 定 市（包含定州市、雄安新区）	27920	25500	10000	10000		
保 定 市（不含定州市、雄安新区）	27920	25500	10000	10000		
定州市						
张家口市	40					
承 德 市					3000	3000
沧 州 市	22802	22355				
廊 坊 市	34332					
衡 水 市	33000	28200				

2-2-21　各市特种畜禽饲养出栏情况

单位：头、只

名　　称	貂		鹿		狐　狸	
	2020年	2021年	2020年	2021年	2020年	2021年
全　　省	**1365132**	**1346235**	**6336**	**6680**	**1538995**	**2833013**
石家庄市（包含辛集市）	270800	196547	40	40	163690	123701
石家庄市（不含辛集市）	202700	117197			155900	108441
辛集市	68100	79350	40	40	7790	15260
唐 山 市	519985	715128	320	313	594979	478546
秦皇岛市	100586	184284	166	150	34639	1636364
邯 郸 市	5500	5300	30	50	11362	10960
邢 台 市	7230	5380			10300	1500
保 定 市（包含定州市、雄安新区）	245750	57700	43	270	103450	28550
保 定 市（不含定州市、雄安新区）	245750	57700	43	270	103450	28550
定州市						
张家口市		400			700	22610
承 德 市			5710	5842	3200	3200
沧 州 市	45281	19496	27	15	568675	472732
廊 坊 市						
衡 水 市	170000	162000			48000	54850

2-2-21续1　各市特种畜禽饲养出栏情况

单位：头、只

名　　称	貉		肉　鸽		雉(山)鸡	
	2020年	2021年	2020年	2021年	2020年	2021年
全　　省	**9123786**	**7572394**	**5636239**	**5751109**	**16126**	**3920**
石家庄市（包含辛集市）	146070	53275	1407054	1405040		
石家庄市（不含辛集市）	136980	43290	747540	951790		
辛集市	9090	9985	659514	453250		
唐 山 市	2767516	3171002	67000	86000		
秦皇岛市	5515072	3781859		8000	400	1500
邯 郸 市	4000	4200	207020	197300		
邢 台 市	3540	3380	232560	229660		
保 定 市（包含定州市、雄安新区）	107000	40210	3015056	3177952	13310	
保 定 市（不含定州市、雄安新区）	107000	40210	2941645	3103900	13310	
定州市			73411	74052		
张家口市	7900	12800				
承 德 市	2100	900				
沧 州 市	545588	467768	158549	132427	2416	2420
廊 坊 市						
衡 水 市	25000	37000	549000	514730		

2-2-21续2　各市特种畜禽饲养出栏情况

单位：头、只

名　　称	鹌　　鹑		鸵　　鸟		獭　　兔	
	2020年	2021年	2020年	2021年	2020年	2021年
全　　省	**5182991**	**4725380**	**9528**	**11127**	**3582518**	**2970782**
石家庄市（包含辛集市）	3894500	4120000	3158	3959	16480	26700
石家庄市（不含辛集市）	3894500	4120000	2768	2934		
辛集市			390	1025	16480	26700
唐 山 市	29000	26000			146906	79101
秦皇岛市	750041	201262			8000	6000
邯 郸 市			2100	2798	1343561	1364680
邢 台 市	73000	87000			281240	237405
保 定 市（包含定州市、雄安新区）	396450	291018	4270	4370	763752	470367
保 定 市（不含定州市、雄安新区）	253250	160750	4270	4370	754795	461250
定州市	143200	130268			8957	9117
张家口市	40000				155301	162242
承 德 市					91650	88260
沧 州 市		100			373128	245347
廊 坊 市						
衡 水 市					402500	290680

2-2-21续3　各市特种畜禽饲养出栏情况

单位：头、只

名　　称	肉　　犬		鹧　　鸪		乌 骨 鸡	
	2020年	2021年	2020年	2021年	2020年	2021年
全　　省	**72650**	**63226**	**2000**	**2000**	**14200**	**12050**
石家庄市（包含辛集市）						
石家庄市（不含辛集市）						
辛集市						
唐 山 市						
秦皇岛市	600	400			8000	10000
邯 郸 市	22478	22470				
邢 台 市	357	345			4200	
保 定 市（包含定州市、雄安新区）	25320	23100	2000	2000		
保 定 市（不含定州市、雄安新区）	25320	23100	2000	2000		
定州市						
张家口市	29					
承 德 市					2000	2050
沧 州 市	9366	4151				
廊 坊 市						
衡 水 市	14500	12760				

2-2-22 各市水产品产量

单位：吨

名称	水产品产量		(一)海水产品产量		鱼类		虾蟹类	
	2020年	2021年	2020年	2021年	2020年	2021年	2020年	2021年
全省	**1003418**	**1081010**	**659744**	**734054**	**101710**	**113754**	**72563**	**81791**
石家庄市（包含辛集市）	17481	17626						
石家庄市（不含辛集市）	17463	17597						
辛集市	18	29						
唐山市	533363	555379	317031	335860	33242	33637	48226	51987
秦皇岛市	272961	315596	262996	307118	7930	13796	8838	11967
邯郸市	21986	21592						
邢台市	5568	7614						
保定市（包含定州市、雄安新区）	14146	15748		668		437		13
保定市（不含定州市、雄安新区）	14146	15202						
定州市								
张家口市	8632	8757						
承德市	3773	3621						
沧州市	99631	108777	77343	88041	58602	63889	15137	17507
廊坊市	20089	19949	2374	2367	1933	1995	362	317
衡水市	5788	6351						

2-2-22续1 各市水产品产量

单位：吨

名称	(一)海水产品产量（续）				按生产方式分			
	贝类		其他海水产品		海洋捕捞产品产量		海水养殖产品产量	
	2020年	2021年	2020年	2021年	2020年	2021年	2020年	2021年
全省	**400980**	**447938**	**84494**	**90571**	**171612**	**190903**	**488132**	**543151**
石家庄市（包含辛集市）								
石家庄市（不含辛集市）								
辛集市								
唐山市	166827	177285	68736	72951	85510	88787	231521	247073
秦皇岛市	232673	269111	13555	12244	18291	27642	244705	279476
邯郸市								
邢台市								
保定市（包含定州市、雄安新区）				218		668		
保定市（不含定州市、雄安新区）								
定州市								
张家口市								
承德市								
沧州市	1480	1542	2124	5103	65437	71439	11906	16602
廊坊市			79	55	2374	2367		
衡水市								

2-2-22续2　各市水产品产量

单位：吨

名　　称	(二)淡水产品产量		鱼　　类		虾 蟹 类		贝　　类	
	2020年	2021年	2020年	2021年	2020年	2021年	2020年	2021年
全　　省	**293205**	**297386**	**262861**	**267265**	**27913**	**28089**	**1**	**1**
石家庄市（包含辛集市）	17481	17626	16361	16521	523	523		
石家庄市（不含辛集市）	17463	17597	16343	16492	523	523		
辛集市	18	29	18	29				
唐 山 市	177832	179669	153529	155647	24003	23687		
秦皇岛市	5190	5258	5028	5135	158	119		
邯 郸 市	21986	21592	21664	21440	321	151	1	1
邢 台 市	5568	7614	5517	7547	7	12		
保 定 市（包含定州市、雄安新区）	14146	15080	12633	13968	28	57		
保 定 市（不含定州市、雄安新区）	14146	15020	12633	13926	28	39		
定州市								
张家口市	8632	8757	7850	8000	782	757		
承 德 市	3773	3621	3773	3621				
沧 州 市	15094	14236	13449	12316	1645	1920		
廊 坊 市	17715	17582	17544	17423	171	159		
衡 水 市	5788	6351	5513	5647	275	704		

2-2-22续3　各市水产品产量

单位：吨

名　　称	(二)淡水产品产量（续）		按 生 产 方 式 分			
	其　他　类		淡水捕捞产品产量		淡水养殖产品产量	
	2020年	2021年	2020年	2021年	2020年	2021年
全　　省	**2430**	**2031**	**33584**	**35065**	**259621**	**262321**
石家庄市（包含辛集市）	597	582	8721	8846	8760	8780
石家庄市（不含辛集市）	597	582	8721	8846	8742	8751
辛集市					18	29
唐 山 市	300	335	2760	3304	175072	176365
秦皇岛市	4	4	1032	731	4158	4527
邯 郸 市			5668	5915	16318	15677
邢 台 市	44	55	1012	1129	4556	6485
保 定 市（包含定州市、雄安新区）	1485	1055	5461	5964	8685	9116
保 定 市（不含定州市、雄安新区）	1485	1055	5461	5904	8685	9116
定州市						
张家口市			4816	4842	3816	3915
承 德 市			1176	1167	2597	2454
沧 州 市			832	820	14262	13416
廊 坊 市			360	377	17355	17205
衡 水 市			1746	1970	4042	4381

2-2-23 各市水产养殖面积

名称	远洋捕捞产量（吨）		水产养殖面积（公顷）		(一)海水养殖面积（公顷）	
	2020年	2021年	2020年	2021年	2020年	2021年
全省	**50469**	**49570**	**141001**	**140294**	**105341**	**104185**
石家庄市（包含辛集市）			905	903		
石家庄市（不含辛集市）			894	892		
辛集市			11	11		
唐山市	38500	39850	75213	75888	61306	62015
秦皇岛市	4775	3220	40496	39568	34314	32465
邯郸市			1707	1708		
邢台市			1400	1554		
保定市（包含定州市、雄安新区）			995	771		
保定市（不含定州市、雄安新区）			995	771		
定州市						
张家口市			3308	3311		
承德市			1602	1609		
沧州市	7194	6500	12713	12523	9721	9705
廊坊市			2008	1810		
衡水市			654	649		

2-2-23续1 各市水产养殖面积

单位：公顷

名称	(一）海水养殖面积（续）					
	1.海上养殖		2.滩涂养殖		3.其他	
	2020年	2021年	2020年	2021年	2020年	2021年
全省	**60368**	**60281**	**17188**	**15406**	**27785**	**28498**
石家庄市（包含辛集市）						
石家庄市（不含辛集市）						
辛集市						
唐山市	30510	31970	12429	10976	18367	19069
秦皇岛市	29858	28311	4329	4000	127	154
邯郸市						
邢台市						
保定市（包含定州市、雄安新区）						
保定市（不含定州市、雄安新区）						
定州市						
张家口市						
承德市						
沧州市			430	430	9291	9275
廊坊市						
衡水市						

2-2-23续2 各市水产养殖面积

单位：公顷

名 称	(二)淡水养殖面积		1.池塘养殖		2.湖泊养殖	
	2020年	2021年	2020年	2021年	2020年	2021年
全 省	**35660**	**36109**	**21756**	**21723**	**1066**	**1061**
石家庄市（包含辛集市）	905	903	546	544		
石家庄市（不含辛集市）	894	892	535	533		
辛集市	11	11	11	11		
唐 山 市	13907	13873	12780	12786	170	170
秦皇岛市	6182	7103	389	605		
邯 郸 市	1707	1708	954	953	146	146
邢 台 市	1400	1554	534	654		
保 定 市（包含定州市、雄安新区）	995	771	294	280		
保 定 市（不含定州市、雄安新区）	995	771	294	280		
定州市						
张家口市	3308	3311	316	322	709	704
承 德 市	1602	1609	314	321	41	41
沧 州 市	2992	2818	2967	2799		
廊 坊 市	2008	1810	2008	1810		
衡 水 市	654	649	654	649		

2-2-23续3 各市水产养殖面积

单位：公顷

名 称	(二）淡水养殖面积（续）					
	3.河沟养殖		4.水库养殖		5.其他养殖	
	2020年	2021年	2020年	2021年	2020年	2021年
全 省	**624**	**659**	**11875**	**12387**	**339**	**279**
石家庄市（包含辛集市）			359	359		
石家庄市（不含辛集市）			359	359		
辛集市						
唐 山 市	149	149	668	668	140	100
秦皇岛市	150	196	5643	6302		
邯 郸 市	280	275	321	330	6	4
邢 台 市	10	10	852	882	4	8
保 定 市（包含定州市、雄安新区）	10	10	502	314	189	167
保 定 市（不含定州市、雄安新区）	10	10	502	314	189	167
定州市						
张家口市			2283	2285		
承 德 市			1247	1247		
沧 州 市	25	19				
廊 坊 市						
衡 水 市						

2-2-24 各市水产品加工企业情况

名 称	加工企业个数（个）		加工能力（吨/年）		水产冷库（座）	
	2020年	2021年	2020年	2021年	2020年	2021年
全 省	**223**	**222**	**316658**	**325348**	**236**	**233**
石家庄市（包含辛集市）	1	1	1500	1500	3	3
石家庄市（不含辛集市）	1	1	1500	1500	3	3
辛集市						
唐 山 市	122	123	87828	93828	143	146
秦皇岛市	31	28	188090	190980	31	24
邯 郸 市	10	10	7500	7500		
邢 台 市						
保 定 市（包含定州市、雄安新区）						
保 定 市（不含定州市、雄安新区）						
定州市						
张家口市	1	2	1000	800		
承 德 市	3	3	20000	20000	6	7
沧 州 市	55	55	10740	10740	53	53
廊 坊 市						
衡 水 市						

2-2-24续 各市水产品加工企业情况

名 称	冻结能力（吨/日）		水产加工产量（吨）		#冷冻水产品	
	2020年	2021年	2020年	2021年	2020年	2021年
全 省	**6703**	**6853**	**98451**	**98542**	**70494**	**70687**
石家庄市（包含辛集市）	18	18	770	770	570	570
石家庄市（不含辛集市）	18	18	770	770	570	570
辛集市						
唐 山 市	2748	3058	35570	37063	34158	35656
秦皇岛市	710	545	31365	31208	28833	28708
邯 郸 市			6620	6688		
邢 台 市						
保 定 市（包含定州市、雄安新区）						
保 定 市（不含定州市、雄安新区）						
定州市						
张家口市			1000	270	1000	270
承 德 市	120	125	20	20	20	20
沧 州 市	3107	3107	23106	22523	5913	5463
廊 坊 市						
衡 水 市						

2-2-25　各市主要人均指标(2021年)

单位 ：公斤

名　　称	粮食产量	棉花产量	油料产量	蔬菜产量	园林水果产　　量	肉类产量
全　　省	**513.03**	**2.14**	**15.87**	**708.73**	**141.97**	**62.28**
石家庄市（包含辛集市）	444.08	0.02	9.92	503.06	191.40	53.36
石家庄市（不含辛集市）	406.86	0.02	8.54	462.13	169.92	47.67
辛集市	1109.34	0.03	34.61	1234.57	575.35	155.12
唐 山 市	381.19	1.14	41.36	1229.37	107.19	78.28
秦皇岛市	242.26		28.84	786.80	229.16	91.30
邯 郸 市	571.83	4.35	15.04	609.56	70.55	55.56
邢 台 市	689.53	9.51	19.57	433.93	144.30	48.53
保 定 市（包含定州市、雄安雄安）	468.00	0.00	11.05	486.11	111.70	54.84
保 定 市（不含定州市、雄安雄安）	450.15	0.00	10.92	464.55	132.25	58.24
定州市	734.26		19.35	1137.93	22.41	83.66
张家口市	452.92		14.11	1286.05	62.82	76.20
承 德 市	438.59		8.10	1373.36	334.85	118.49
沧 州 市	638.04	1.12	5.93	413.11	135.20	65.52
廊 坊 市	273.45	0.13	5.75	906.78	79.87	30.32
衡 水 市	1050.62	7.95	22.68	702.21	264.58	71.61

2-3-1　2021年各市农林牧渔业总产值(可比价)

单位：万元

名　　称	农林牧渔业总　产　值	一、农业产值	(一)谷 物 及其他作物	(二)蔬菜、食用菌及花卉盆景园艺产品	(三)水果、食用坚果、饮料和香料
全　　省	**72210763**	**35377438**	**11708634**	**15640755**	**5789606**
石家庄市（包含辛集市）	8653576	3983003	1263043	1642301	908493
石家庄市（不含辛集市）	7623573	3477567	1102443	1422672	787312
辛集市	1030003	505436	160600	219629	121181
唐 山 市	10459790	4703466	1032942	2932773	717341
秦皇岛市	4628565	1721389	405110	596357	474470
邯 郸 市	7551654	3714462	1367416	1871920	391902
邢 台 市	5695901	3384608	1393198	977754	535912
保 定 市（包含定州市、雄安新区）	8901514	4595574	1394062	1797626	863879
保 定 市（不含定州市、雄安新区）	7209430	3628607	1009607	1467497	821113
定州市	1425587	756887	220500	309914	16943
张家口市	5219046	2805981	775085	1533762	284296
承 德 市	5624415	3220665	449100	1474429	699196
沧 州 市	7068288	2620813	1110112	934686	554589
廊 坊 市	3575388	2469278	392419	1788782	284778
衡 水 市	4744612	2711426	1114673	991106	565775

注：有关产值、商品产值、中间消耗、增加值，全省总数为省计算数，分市为上报数，各市之和不等于总数(下同)。

2-3-1续1　2021年各市农林牧渔业总产值(可比价)

单位：万元

名　称	一、农业产值（续）(四)中草药材	二、林业产值	(一)林木的培育和种植	(二)竹木采运	(三)林产品
全　省	**2238444**	**2621103**	**1792689**	**95704**	**732710**
石家庄市（包含辛集市）	169166	172776	123885	1499	47392
石家庄市（不含辛集市）	165140	169029	120138	1499	47392
辛集市	4026	3747	3747		
唐 山 市	20410	112693	93243	9416	10034
秦皇岛市	245452	114425	43688	3768	66969
邯 郸 市	83224	199252	151763	770	46719
邢 台 市	477744	132096	125918	6170	8
保 定 市（包含定州市、雄安新区）	540007	318396	148068	4279	166049
保 定 市（不含定州市、雄安新区）	330390	196680	135861	3692	57127
定州市	209530	107507	3342	26	104139
张家口市	212838	176719	114183	998	61538
承 德 市	597940	426078	214975	23898	187205
沧 州 市	21426	46864	6958	1415	38491
廊 坊 市	3299	17282	10174	4024	3084
衡 水 市	39872	46278	18179	7741	20358

2-3-1续2　2021年各市农林牧渔业总产值(可比价)

单位：万元

名　称	三、牧业产值	(一)牲畜饲养	(二)猪的饲养	(三)家禽饲养	(四)猎狩和捕捉动物
全　省	**25971542**	**7953765**	**12698975**	**4551232**	
石家庄市（包含辛集市）	3779561	1059362	1686851	839532	
石家庄市（不含辛集市）	3290593	986566	1415482	696504	
辛集市	488968	72796	271369	143028	
唐 山 市	3666901	994175	1839836	350571	
秦皇岛市	1831111	385459	684834	148634	
邯 郸 市	3025658	629465	1513249	869194	
邢 台 市	1873652	471572	912561	466778	
保 定 市（包含定州市、雄安新区）	3502192	1196131	1581842	392660	
保 定 市（不含定州市、雄安新区）	2952738	997155	1298117	328521	
定州市	531402	185704	283578	59530	
张家口市	2054843	1159704	705930	166034	
承 德 市	1851827	932455	616112	217712	
沧 州 市	2241410	491560	1063889	488769	
廊 坊 市	927917	346787	421466	156107	
衡 水 市	1624497	483015	858370	272287	

2－3－1续3　2021年各市农林牧渔业总产值(可比价)

单位：万元

名　　称	三、牧业产值（续）	四、渔业产值			五、农林牧渔服务业
	(五)其他畜牧业		(一)海水产品	(二)淡水产品	
全　　省	**767570**	**2618289**	**2030278**	**588011**	**5622390**
石家庄市（包含辛集市）	193816	32056		32056	686180
石家庄市（不含辛集市）	192041	32012		32012	654372
辛集市	1775	44		44	31808
唐 山 市	482319	1587866	1204146	383720	388864
秦皇岛市	612184	530889	522136	8753	430751
邯 郸 市	13750	33933		33933	578349
邢 台 市	22741	12075		12075	293470
保 定 市（包含定州市、雄安新区）	331559	25504		25504	459848
保 定 市（不含定州市、雄安新区）	328945	25504		25504	405901
定州市	2590				29791
张家口市	23175	16740		16740	164763
承 德 市	85548	5593		5593	120252
沧 州 市	197192	526039	497197	28842	1633162
廊 坊 市	3557	37980	10861	27119	122931
衡 水 市	10825	12515		12515	349896

2－3－2　各市农林牧渔业总产值(现价)

单位：万元

名　　称	农林牧渔业总产值		一、农业产值		(一)谷物及其他作物		1.谷　物	
	2020年	2021年	2020年	2021年	2020年	2021年	2020年	2021年
全　　省	**67424925**	**70186745**	**34133419**	**36450209**	**11306623**	**12163514**	**8031341**	**9039005**
石家庄市（包含辛集市）	8101134	8220638	3806860	3987346	1202614	1420430	922976	1124597
石家庄市（不含辛集市）	7108825	7310816	3314431	3524740	1041554	1244427	789036	974303
辛集市	992309	909822	492429	462606	161060	176003	133940	150294
唐 山 市	9764508	9968206	4519873	4743669	1062367	1122919	584477	710394
秦皇岛市	4306181	4444470	1648476	1796288	413345	446562	121644	153784
邯 郸 市	7015005	7332817	3548976	3879024	1351616	1596242	1022817	1237983
邢 台 市	5453575	5797801	3351199	3732402	1415229	1637944	947001	1137359
保 定 市（包含定州市、雄安新区）	8333046	8800415	4406847	4938478	1380832	1651153	1034320	1199898
保 定 市（不含定州市、雄安新区）	6670166	7048051	3439308	3825330	1030101	1201997	758373	916208
定州市	1360555	1444807	759905	863507	200313	244303	159710	180686
张家口市	4849303	5055676	2599366	2835968	808330	930085	362298	434304
承 德 市	5177659	5763655	2933604	3530095	461675	568749	197968	258317
沧 州 市	6562315	6971409	2609670	2807217	1108164	1322322	883252	1070260
廊 坊 市	3427960	3336989	2364450	2356302	368450	429518	256834	334655
衡 水 市	4434238	4494669	2583678	2739997	1081730	1282215	833293	1011954

2−3−2续1　各市农林牧渔业总产值(现价)

单位：万元

名　　称	1.谷物（续）						2.薯　类	
	#小　麦		稻　谷		玉　米			
	2020年	2021年	2020年	2021年	2020年	2021年	2020年	2021年
全　　省	**3425534**	**3702208**	**181052**	**188480**	**3960009**	**4650233**	**1300475**	**1437348**
石家庄市（包含辛集市）	495539	561088	30	41	408123	545098	113709	139774
石家庄市（不含辛集市）	415460	481465	30	41	357006	476914	104942	129825
辛集市	80079	79623			51117	68184	8767	9949
唐 山 市	136496	157232	147256	153770	294002	392465	74804	93319
秦皇岛市	7812	10778	14064	14196	86797	117473	127994	151765
邯 郸 市	512312	585432	1752	1979	465332	613618	54618	72788
邢 台 市	481741	543525	1016	72	409480	538411	47308	61803
保 定 市（包含定州市、雄安新区）	516404	558358	1767	1906	500497	628614	175211	262776
保 定 市（不含定州市、雄安新区）	368514	411839	1714	1856	372920	491691	136489	155834
定州市	93008	92764			66413	87746	9488	11911
张家口市			1037	1698	172472	232527	289274	360766
承 德 市			12765	13904	152219	212245	226173	272194
沧 州 市	419266	471660		631	438481	577221	29330	31595
廊 坊 市	67164	88020	491	285	182424	241755	47432	53145
衡 水 市	453815	508666			360361	479105	25704	34672

2−3−2续2　各市农林牧渔业总产值(现价)

单位：万元

名　　称	薯类（续）		3.油　料					
	#马铃薯				#花　生		油菜籽	
	2020年	2021年	2020年	2021年	2020年	2021年	2020年	2021年
全　　省	**683871**	**729668**	**786538**	**757427**	**661228**	**624983**	**37351**	**42289**
石家庄市（包含辛集市）	12441	14409	75045	73883	68623	62091	3027	3434
石家庄市（不含辛集市）	12441	14409	58969	60156	54923	51364	2237	2840
辛集市			16076	13727	13700	10727	790	594
唐 山 市	37537	42211	218310	206902	218006	206572	5	5
秦皇岛市	36859	42381	62996	59001	62199	58268	16	1
邯 郸 市	5850	3564	93973	94280	75467	71690	14350	17442
邢 台 市	8951	7813	87010	89398	56623	54866	6751	8339
保 定 市（包含定州市、雄安新区）	40757	43488	86234	81347	81626	76719	556	543
保 定 市（不含定州市、雄安新区）	36209	38799	69430	64427	65345	60410	551	420
定州市	4143	4418	14320	13246	13837	12766	4	
张家口市	285360	353444	49738	43970	251	251	7025	3733
承 德 市	211716	241513	13417	11681	704	581	2737	2198
沧 州 市	1129	481	31332	28854	24029	22944	1528	2849
廊 坊 市	742	232	19284	20480	17052	19705	131	368
衡 水 市	1862	1125	61676	60991	51397	51241	2174	2870

2-3-2续3 各市农林牧渔业总产值(现价)

单位：万元

名 称	4.豆 类		#大 豆		5.棉 花		6.生 麻	
	2020年	2021年	2020年	2021年	2020年	2021年	2020年	2021年
全 省	**169820**	**138091**	**1133445**	**83842**	**438031**	**450772**	**2**	**1**
石家庄市（包含辛集市）	45938	35494	45253	34565	482	255		
石家庄市（不含辛集市）	44607	34148	43922	33219	317	241		
辛集市	1331	1346	1331	1346	165	14		
唐 山 市	10835	10876	4979	4417	23332	24876		
秦皇岛市	9766	8179	5837	5048	17			
邯 郸 市	8326	6515	5602	4268	109051	115428	1	
邢 台 市	12295	11142	9129	6549	181298	190445		
保 定 市（包含定州市、雄安新区）	13628	7979	10293	5467	274	52	1	1
保 定 市（不含定州市、雄安新区）	12401	6713	9123	4334	258	45	1	1
定州市	750	734	714	711				
张家口市	29434	30122	4028	2581			1	1
承 德 市	8741	10107	6240	7105				
沧 州 市	9213	6368	8066	4936	28122	23064		
廊 坊 市	12912	7672	10652	6050	5992	2018		
衡 水 市	9567	6275	6083	3073	88529	94334		

2-3-2续4 各市农林牧渔业总产值(现价)

单位：万元

名 称	7.糖 料		8.烟 草		9.其他农作物		#饲料作物	
	2020年	2021年	2020年	2021年	2020年	2021年	2020年	2021年
全 省	**44577**	**29701**	**2077**	**3335**	**533762**	**307835**	**50187**	**50354**
石家庄市（包含辛集市）			305	374	44159	46053	4253	14050
石家庄市（不含辛集市）			305	374	43378	45380	3472	13377
辛集市					781	673	781	673
唐 山 市			134	132	150475	76420	5853	5442
秦皇岛市					90928	73833	209	76
邯 郸 市					62830	69248		
邢 台 市					140317	147797	2329	2264
保 定 市（包含定州市、雄安新区）			102	102	71062	98998	2013	2417
保 定 市（不含定州市、雄安新区）			102	102	53047	58667	903	1281
定州市					16045	37726	1110	1136
张家口市	43979	28607	1513	2709	32093	29606	22824	17920
承 德 市	513	1094	14	16	14849	15340	11467	3809
沧 州 市					126915	162181	476	1054
廊 坊 市					25996	11548	526	214
衡 水 市					62961	73989	3218	3086

2—3—2续5　各市农林牧渔业总产值(现价)

单位：万元

名　　称	(二)蔬菜、食用菌及花卉盆景园艺产品		1.蔬　菜		2.食用菌		3.花　卉	
	2020年	2021年	2020年	2021年	2020年	2021年	2020年	2021年
全　　省	**15201288**	**16266386**	**13337956**	**14084907**	**1490986**	**1777002**	**154355**	**172485**
石家庄市（包含辛集市）	1591416	1661674	1382420	1386717	175700	217836	5231	9019
石家庄市（不含辛集市）	1375520	1462180	1194268	1217555	147956	187512	5231	9011
辛集市	215896	199494	188152	169162	27744	30324		8
唐 山 市	2749510	2923480	2519120	2665988	208464	236144	18405	16955
秦皇岛市	549195	644314	508795	600576	28585	31057	11815	12681
邯 郸 市	1760280	1815696	1521010	1524193	120287	178007	105281	108862
邢 台 市	953839	1057029	811501	883230	138593	167973	1325	1526
保 定 市（包含定州市、雄安新区）	1702102	1800931	1429533	1495520	93641	98526	5380	11727
保 定 市（不含定州市、雄安新区）	1351306	1447532	1143673	1200832	92996	97665	4361	11035
定州市	318744	332696	254233	274243	432	605	807	690
张家口市	1462665	1356339	1457522	1334812	5031	11011	112	41
承 德 市	1328885	1626677	651569	816546	673687	802009	1767	1392
沧 州 市	919847	945195	895617	915769	2537	3973	2793	2214
廊 坊 市	1706513	1668164	1632944	1586447	4389	4473	1841	7428
衡 水 市	915247	901542	908272	894012	5304	6056	1671	1474

2—3—2续6　各市农林牧渔业总产值(现价)

单位：万元

名　　称	4.盆景园艺		(三)水果、食用坚果、饮料和香料		1.水　果		(1)园林水果	
	2020年	2021年	2020年	2021年	2020年	2021年	2020年	2021年
全　　省	**217991**	**231991**	**5665485**	**5558021**	**4856585**	**4571875**	**3641135**	**3370455**
石家庄市（包含辛集市）	28065	48102	839933	720283	765699	610742	695867	543967
石家庄市（不含辛集市）	28065	48102	726255	637562	652046	528036	584096	463231
辛集市			113678	82721	113653	82706	111771	80736
唐 山 市	3521	4393	684706	674936	521083	503228	347204	340693
秦皇岛市			426124	443890	342984	342139	307859	305932
邯 郸 市	13702	4634	365467	376000	308490	302791	241999	238968
邢 台 市	2420	4300	539531	552898	452617	440905	398702	394437
保 定 市（包含定州市、雄安新区）	173548	195158	814284	857522	774824	819872	473325	504216
保 定 市（不含定州市、雄安新区）	110276	138000	771771	813522	735045	779364	448000	478652
定州市	63272	57158	17349	20010	15386	18608	10611	11790
张家口市		10475	237222	312306	179923	235716	163154	216576
承 德 市	1862	6730	669998	679407	415344	401380	395781	371259
沧 州 市	18900	23239	556750	516250	556028	515159	371964	331770
廊 坊 市	67339	69816	286436	255003	282665	252322	156326	142627
衡 水 市			542110	512638	541387	511785	408250	382835

2-3-2续7 各市农林牧渔业总产值(现价)

单位：万元

名称	(1)园林水果（续）				(2) 瓜 果 类		2.食用坚果	
	#苹 果		梨					
	2020年	2021年	2020年	2021年	2020年	2021年	2020年	2021年
全 省	**989843**	**948452**	**903468**	**729158**	**1215450**	**1201419**	**760984**	**925124**
石家庄市（包含辛集市）	78248	75343	396482	279459	69832	66775	69510	105732
石家庄市（不含辛集市）	56854	53507	343888	240967	67950	64805	69485	105717
辛集市	21394	21836	52594	38492	1882	1970	25	15
唐 山 市	74841	68297	29187	21891	173879	162535	163526	171611
秦皇岛市	142769	137089	17029	11971	35125	36207	82379	101462
邯 郸 市	63362	60154	58505	40817	66491	63823	36030	52648
邢 台 市	102815	91768	71080	51154	53915	46468	72466	85938
保 定 市（包含定州市、雄安新区）	51895	56870	46135	32703	301499	315656	38857	35213
保 定 市（不含定州市、雄安新区）	45781	52230	41918	29163	287045	300712	36123	31733
定州市	1427	1272	837	519	4775	6818	1963	1390
张家口市	13605	15346	2098	1647	16769	19140	57269	68237
承 德 市	262543	256306	30633	22494	19563	30121	249035	272575
沧 州 市	20660	19327	114899	110755	184064	183389	272	292
廊 坊 市	13398	11948	40055	28482	126339	109695	1371	1081
衡 水 市	128822	120330	100780	70051	133137	128950	723	853

2-3-2续8 各市农林牧渔业总产值(现价)

单位：万元

名称	2.食用坚果（续）				3.香料原料（花椒）		(四)中草药材	
	核 桃		板 栗					
	2020年	2021年	2020年	2021年	2020年	2021年	2020年	2021年
全 省	**234857**	**281840**	**446141**	**507692**	**22973**	**23537**	**1960022**	**2462288**
石家庄市（包含辛集市）	62653	80302	6856	7383	404	3449	172897	184959
石家庄市（不含辛集市）	62628	80287	6856	7383	404	3449	171102	180571
辛集市	25	15					1795	4388
唐 山 市	31440	35225	131555	135841	97	97	23290	22334
秦皇岛市	16751	17576	64903	82978	761	289	259812	261522
邯 郸 市	32571	49080	3457	3566	18187	18188	71613	91086
邢 台 市	39121	44591	33335	41290	108		442600	484531
保 定 市（包含定州市、雄安新区）	29831	29466	1632	1625	151	108	509629	628872
保 定 市（不含定州市、雄安新区）	27097	25986	1632	1625	151	96	286130	362279
定州市	1963	1390				12	223499	266498
张家口市	961	784	1	1		8142	91149	237238
承 德 市	18994	20248	208338	224788	1450	1362	473046	655262
沧 州 市	271	288					24909	23450
廊 坊 市	1371	1081					3051	3617
衡 水 市	723	853					44591	43602

2-3-2续9　各市农林牧渔业总产值(现价)

单位：万元

名　　称	二、林业产值		(一)林木的培育和种植		1.育种育苗		2.造　林	
	2020年	2021年	2020年	2021年	2020年	2021年	2020年	2021年
全　　省	**2553531**	**2636632**	**1960051**	**1754056**	**35595**		**1698109**	**1577638**
石家庄市（包含辛集市）	230857	175334	194887	126132			179292	103326
石家庄市（不含辛集市）	227605	171539	191636	122337			176041	99531
辛集市	3252	3795	3251	3795			3251	3795
唐 山 市	116146	114370	103222	94619			97765	84681
秦皇岛市	162158	115914	116341	44337	8297		96584	40605
邯 郸 市	234163	192018	205985	143875			198753	135571
邢 台 市	176512	134083	171776	127720			162753	117787
保 定 市（包含定州市、雄安新区）	504864	324355	316170	151696	69387		220320	141230
保 定 市（不含定州市、雄安新区）	327048	201396	282430	139313	69387		189720	130028
定州市	123871	108591	8086	3393			5250	2785
张家口市	257649	179223	232702	115979	62256		144231	92507
承 德 市	430805	439913	267408	220088			220619	187654
沧 州 市	89328	47466	57334	7063			56011	5714
廊 坊 市	64975	17624	57016	10366			47374	5541
衡 水 市	87103	45019	77971	18502			57991	11131

2-3-2续10　各市农林牧渔业总产值(现价)

单位：万元

名　　称	3.抚育和管理		(二)木材采运		#村及村以下木材采运		(三)林产品	
	2020年	2021年	2020年	2021年	2020年	2021年	2020年	2021年
全　　省	**119466**	**170722**	**72680**	**98575**	**72680**	**98575**	**520800**	**784000**
石家庄市（包含辛集市）	13345	14188	210	1543	210	1543	35760	47659
石家庄市（不含辛集市）	13345	14188	209	1543	209	1543	35760	47659
辛集市			1		1			
唐 山 市	5457	9653	11322	9701	11322	9701	1602	10050
秦皇岛市	3690	3118	3616	3879	3616	3879	42201	67698
邯 郸 市	7232	8304	1106	793	1106	793	27072	47350
邢 台 市	9023	9581	4729	6355	4729	6355	7	8
保 定 市（包含定州市、雄安新区）	13923	10114	6972	4409	6657	4409	181722	168250
保 定 市（不含定州市、雄安新区）	13033	8933	5218	3804	5086	3804	39400	58279
定州市	2836	608	134	27	134	27	115651	105171
张家口市	19435	23469	2149	1030	2047	1030	22798	62214
承 德 市	46879	26162	27211	27220	27113	27220	136186	192605
沧 州 市	1323	1349	1346	1457	1320	1457	30648	38946
廊 坊 市	9642	4825	4160	4144	4160	4144	3799	3114
衡 水 市	19980	7349	9132	7980	9132	7980		18537

2-3-2续11 各市农林牧渔业总产值(现价)

单位：万元

名 称	三、牧业产值		(一)牲畜饲养		1.牛的饲养		2.羊的饲养	
	2020年	2021年	2020年	2021年	2020年	2021年	2020年	2021年
全 省	**23097166**	**22394999**	**7465321**	**8224941**	**3193918**	**3449009**	**2478960**	**2800602**
石家庄市（包含辛集市）	3411221	3323399	994542	1093990	469513	485056	151760	164797
石家庄市（不含辛集市）	2943418	2912409	925278	1019630	444125	459429	129124	140819
辛集市	467803	410990	69264	74360	25388	25627	22636	23978
唐 山 市	3459081	2968166	957577	991009	433511	441023	117867	125243
秦皇岛市	1651645	1528334	362759	404243	118833	130682	204071	233420
邯 郸 市	2694701	2633654	604203	653122	197153	202853	333522	368094
邢 台 市	1637862	1618797	446381	484921	176933	181362	140654	155141
保 定 市（包含定州市、雄安新区）	2978227	3041362	1077240	1258374	299121	298482	523386	677444
保 定 市（不含定州市、雄安新区）	2510852	2579959	883466	1055637	243805	240351	478356	631583
定州市	448074	442472	181831	188695	52214	52144	38196	39903
张家口市	1836451	1853504	1064527	1196531	290978	307296	274276	317271
承 德 市	1693729	1664786	848491	923371	636356	675732	154556	179059
沧 州 市	1886555	1925203	471201	510448	189928	194302	194359	217596
廊 坊 市	844586	796368	336407	355002	141808	143386	135645	142673
衡 水 市	1427400	1339525	484305	492218	196882	189112	161365	167801

2-3-2续12 各市农林牧渔业总产值(现价)

单位：万元

名 称	3.其他牲畜饲养		4.奶 产 品		#生牛奶		5.毛绒产品	
	2020年	2021年	2020年	2021年	2020年	2021年	2020年	2021年
全 省	**30500**	**30500**	**1699628**	**1868188**	**1679630**	**1847677**	**62314**	**66641**
石家庄市（包含辛集市）	71335	114216	286912	311486	286909	311468	1911	2367
石家庄市（不含辛集市）	70835	111666	266760	289594	266757	289576	1323	2054
辛集市	500	2550	20152	21892	20152	21892	588	313
唐 山 市	9556	12596	391603	407656	380812	399103	4674	2731
秦皇岛市	4523	3777	24987	26745	23356	25215	8369	9019
邯 郸 市	1174	10692	62294	67566	61229	67561	9845	2338
邢 台 市	10476	13092	115246	134333	115246	134333	2282	333
保 定 市（包含定州市、雄安新区）	20358	25324	199747	212780	199739	212774	21146	23255
保 定 市（不含定州市、雄安新区）	11688	15302	128507	137127	128499	137121	21110	22835
定州市	8520	9940	69410	73658	69410	73658	9	400
张家口市	88913	126425	360152	375164	356091	375135	25500	21585
承 德 市	13196	6032	35647	34384	35645	34382	7981	11452
沧 州 市	19137	30967	45861	48548	45861	48548	2846	1998
廊 坊 市	4051	8849	52772	57340	52772	57340	2131	2754
衡 水 市	2358	2983	121226	129313	121226	129313	2474	3009

2−3−2续13　各市农林牧渔业总产值(现价)

单位：万元

名　　称	5.毛绒玩具（续）				(二)猪的饲养		(三)家禽饲养	
	#羊　毛		山羊绒					
	2020年	2021年	2020年	2021年	2020年	2021年	2020年	2021年
全　　省	**36885**	**40139**	**25429**	**26502**	**10546126**	**8381324**	**4312620**	**5051868**
石家庄市（包含辛集市）	1629	1569	282	798	1452938	1111427	791475	921230
石家庄市（不含辛集市）	1041	1256	282	798	1193361	934814	653206	762988
辛集市	588	313			259577	176613	138269	158242
唐 山 市	3949	2017	725	714	1582217	1129723	355513	381871
秦皇岛市	4097	4651	4272	4368	588337	440984	145148	162493
邯 郸 市	5129	1414	4716	924	1260773	982754	819975	983838
邢 台 市	1113	249	1169	84	725711	591641	445964	519366
保 定 市（包含定州市、雄安新区）	8954	13169	12192	10086	1285581	1006864	385332	432719
保 定 市（不含定州市、雄安新区）	8918	12749	12192	10086	1084875	825024	315357	358507
定州市	9	400			200571	181755	62787	69432
张家口市	14021	6801	11479	14784	569913	446994	174639	186762
承 德 市	2980	2874	5001	8578	544619	414925	217910	240607
沧 州 市	1274	822	1572	1176	805773	679191	460425	534948
廊 坊 市	2131	2754			350567	264505	149027	173232
衡 水 市	1748	2127	726	882	677255	534071	261161	302243

2−3−2续14　各市农林牧渔业总产值(现价)

单位：万元

名　　称	(三) 家禽饲养（续）				(四)狩猎和捕捉动物		(五)其他畜牧业	
	#肉　禽		禽　蛋					
	2020年	2021年	2020年	2021年	2020年	2021年	2020年	2021年
全　　省	**1416821**	**1551718**	**2895799**	**3500149**			**773100**	**736868**
石家庄市（包含辛集市）	185306	190686	606169	730544	670		171596	196752
石家庄市（不含辛集市）	158560	166828	494646	596160	670		170903	194977
辛集市	26746	23858	111523	134384			693	1775
唐 山 市	135162	151503	220351	230368			563774	465563
秦皇岛市	85372	95199	59776	67294			555401	520614
邯 郸 市	149942	161337	670033	822501			9750	13940
邢 台 市	125485	132844	320479	386522			19806	22869
保 定 市（包含定州市、雄安新区）	132306	147358	253026	285361	6000		224074	343405
保 定 市（不含定州市、雄安新区）	111633	128648	203724	229859	6000		221154	340791
定州市	14846	15232	47941	54200			2885	2590
张家口市	68200	70317	106439	116445	1000		26372	23217
承 德 市	142578	158000	75332	82607	100		82609	85883
沧 州 市	225276	249383	235149	285565		103	149156	200513
廊 坊 市	56801	64238	92226	108994			8585	3629
衡 水 市	80256	87541	180905	214702			4679	10993

2-3-2续15　各市农林牧渔业总产值(现价)

单位：万元

名　　称	(五）其它畜牧业（续）				四、渔业产值			
	#蚕　茧		家　兔				(一)海水产品	
	2020年	2021年	2020年	2021年	2020年	2021年	2020年	2021年
全　　省	**106**	**106**	**14655**	**14655**	**2432225**	**2980243**	**1853203**	**2327551**
石家庄市（包含辛集市）			645	3034	31879	36303		
石家庄市（不含辛集市）			102	2412	31853	36249		
辛集市			543	622	26	54		
唐 山 市			1171	938	1299692	1747167	917652	1329476
秦皇岛市	99	105	2782	2511	447794	564653	438928	554544
邯 郸 市		3	2097	1844	34445	40119		
邢 台 市	9	3	1208	379	9070	14143		
保 定 市（包含定州市、雄安新区）		3	1030	1017	26270	28459		
保 定 市（不含定州市、雄安新区）		3	1013	954	26270	28459		
定州市			5	60				
张家口市			441	679	16062	18980		
承 德 市			1549	1378	5774	6655		
沧 州 市			568	26	462068	529338	433012	496399
廊 坊 市			15	12	38605	44530	11345	11948
衡 水 市			564	378	10264	14215		

2-3-2续16　各市农林牧渔业总产值(现价)

单位：万元

名　　称	(一)海水产品（续1）							
	#养　殖		1.鱼　类		2.虾 蟹 类		3.贝　类	
	2020年	2021年	2020年	2021年	2020年	2021年	2020年	2021年
全　　省	**1203527**	**1966815**	**552107**	**621578**	**788146**	**1104832**	**321586**	**354720**
石家庄市（包含辛集市）								
石家庄市（不含辛集市）								
辛集市								
唐 山 市	580902	786351	123416	130459	515804	696500	128092	138417
秦皇岛市	352721	424244	29288	53604	97876	166913	188559	215114
邯 郸 市								
邢 台 市								
保 定 市（包含定州市、雄安新区）								
保 定 市（不含定州市、雄安新区）								
定州市								
张家口市								
承 德 市								
沧 州 市	68100	107861	245916	242029	170444	240359	1116	1193
廊 坊 市			7187	7853	4025	4073		
衡 水 市								

2–3–2续17 各市农林牧渔业总产值(现价)

单位：万元

名　　称	(一) 海水产品 (续2)		(二)淡水产品					
	4.其 他 类				#养　殖		1.鱼　类	
	2020年	2021年	2020年	2021年	2020年	2021年	2020年	2021年
全　　省	**190981**	**246421**	**579022**	**652693**	**481192**	**411895**	**424547**	**489521**
石家庄市（包含辛集市）			31879	36303	10401	8741	26390	30687
石家庄市（不含辛集市）			31853	36249	10401	8741	26364	30633
辛集市			26	54			26	54
唐 山 市	150292	364100	382040	417691	334889	393336	254359	285179
秦皇岛市	123205	118913	8866	10109	6562	8485	8006	9443
邯 郸 市			34445	40119	21489	27446	32851	39136
邢 台 市			9070	14143	6473	11561	8810	13836
保 定 市（包含定州市、雄安新区）			26270	28459	14130	16527	22060	25560
保 定 市（不含定州市、雄安新区）			26270	28459	14130	16527	22060	25560
定州市								
张家口市			16062	18980	3391	14620	12648	14740
承 德 市			5774	6655	2687	4381	5774	6655
沧 州 市	15536	12818	29056	32939	26688	30561	20734	22611
廊 坊 市	133	22	27260	32582	23868	30721	26425	31647
衡 水 市			10264	14215	6504	8377	8795	10386

2–3–2续18 各市农林牧渔业总产值(现价)

单位：万元

名　　称	(二) 淡水产品 (续)						五、农林牧渔服务业	
	2.虾蟹类		3.贝　类		4.其他类			
	2020年	2021年	2020年	2021年	2020年	2021年	2020年	2021年
全　　省	**144701**	**153766**			**9773**	**9405**	**5208584**	**5724661**
石家庄市（包含辛集市）	2492	2813			2997	2803	620317	698256
石家庄市（不含辛集市）	2492	2813			2997	2803	591518	665879
辛集市							28799	32377
唐 山 市	125118	129532			2563	2980	369716	394834
秦皇岛市	850	656			10	10	396108	439281
邯 郸 市	1594	983					502720	588002
邢 台 市	19	66			241	241	278932	298376
保 定 市（包含定州市、雄安新区）	139	175			4071	2724	416838	467761
保 定 市（不含定州市、雄安新区）	139	175			4071	2724	366688	412907
定州市							28705	30237
张家口市	3360	4114			54	126	139775	168001
承 德 市							113747	122206
沧 州 市	8311	10268		14	11	46	1514694	1662185
廊 坊 市	835	935					115344	122165
衡 水 市	1469	3829					325793	355913

2-3-3　各市农林牧渔业总产值及构成(2021年)

单位：万元

名　　称	农林牧渔业总产值	农　业	林　业	牧　业	渔　业	农林牧渔服务业
全　　省	**70186745**	**36450209**	**2636632**	**22394999**	**2980243**	**5724661**
石家庄市（包含辛集市）	8220638	3987346	175334	3323399	36303	698256
石家庄市（不含辛集市）	7310816	3524740	171539	2912409	36249	665879
辛集市	909822	462606	3795	410990	54	32377
唐 山 市	9968206	4743669	114370	2968166	1747167	394834
秦皇岛市	4444470	1796288	115914	1528334	564653	439281
邯 郸 市	7332817	3879024	192018	2633654	40119	588002
邢 台 市	5797801	3732402	134083	1618797	14143	298376
保 定 市（包含定州市、雄安新区）	8800415	4938478	324355	3041362	28459	467761
保 定 市（不含定州市、雄安新区）	7048051	3825330	201396	2579959	28459	412907
定州市	1444807	863507	108591	442472		30237
张家口市	5055676	2835968	179223	1853504	18980	168001
承 德 市	5763655	3530095	439913	1664786	6655	122206
沧 州 市	6971409	2807217	47466	1925203	529338	1662185
廊 坊 市	3336989	2356302	17624	796368	44530	122165
衡 水 市	4494669	2739997	45019	1339525	14215	355913

2-3-3续　各市农林牧渔业总产值及构成(2021年)

名　　称	农林牧渔业总产值构成(%)				
	农　业	林　业	牧　业	渔　业	农林牧渔服务业
全　　省	**51.93**	**3.76**	**31.91**	**4.25**	**8.16**
石家庄市（包含辛集市）	48.50	2.13	40.43	0.44	8.49
石家庄市（不含辛集市）	48.21	2.35	39.84	0.50	9.11
辛集市	50.85	0.42	45.17	0.01	3.56
唐 山 市	47.59	1.15	29.78	17.53	3.96
秦皇岛市	40.42	2.61	34.39	12.70	9.88
邯 郸 市	52.90	2.62	35.92	0.55	8.02
邢 台 市	64.38	2.31	27.92	0.24	5.15
保 定 市（包含定州市、雄安新区）	56.12	3.69	34.56	0.32	5.32
保 定 市（不含定州市、雄安新区）	54.28	2.86	36.61	0.40	5.86
定州市	59.77	7.52	30.62		2.09
张家口市	56.09	3.54	36.66	0.38	3.32
承 德 市	61.25	7.63	28.88	0.12	2.12
沧 州 市	40.27	0.68	27.62	7.59	23.84
廊 坊 市	70.61	0.53	23.86	1.33	3.66
衡 水 市	60.96	1.00	29.80	0.32	7.92

2-3-4 各市农林牧渔业总产值指数(2021年)

(上年=100)

名称	农林牧渔业总产值	农业	林业	牧业	渔业	农林牧渔服务业
全省	**107.10**	**103.64**	**102.65**	**112.45**	**107.65**	**107.94**
石家庄市(包含辛集市)	106.82	104.63	74.84	110.80	100.56	110.62
石家庄市(不含辛集市)	103.90	104.97	109.99	101.43	105.29	107.21
辛集市	103.03	99.93	1124.69	106.29	60.98	103.46
唐山市	102.95	104.90	80.23	101.65	101.28	104.57
秦皇岛市	103.93	105.47	98.87	99.82	115.03	106.58
邯郸市	103.89	107.41	107.47	97.87	106.15	109.60
邢台市	104.57	105.77	134.39	99.22	104.76	105.94
保定市(包含定州市、雄安新区)	106.82	104.28	63.07	100.00	117.29	110.32
保定市(不含定州市、雄安新区)	103.85	105.22	121.25	98.89	95.81	111.18
定州市	102.93	96.83	167.41	101.99	100.00	101.94
张家口市	104.03	104.63	100.17	102.86	94.21	117.93
承德市	105.44	106.54	124.80	99.18	92.86	107.08
沧州市	103.87	104.95	80.38	102.33	108.91	104.04
廊坊市	100.06	103.29	63.53	95.03	92.46	101.93
衡水市	103.70	106.47	77.48	100.36	107.26	104.06

2-3-5 各市农林牧渔业商品产值

单位：万元

名称	农林牧渔业商品产值		一、农业商品产值		(一)谷物及其他作物		1.谷物	
	2020年	2021年	2020年	2021年	2020年	2021年	2020年	2021年
全省	**53799390**	**56501987**	**29315933**	**31837699**	**8647187**	**9545907**	**6023506**	**6939244**
石家庄市(包含辛集市)	5856691	6034861	2847604	3148023	815258	1036037	647527	836707
石家庄市(不含辛集市)	5116415	5289748	2500263	2758607	698670	880796	538378	704135
辛集市	740276	745113	347341	389416	116588	155241	109149	132572
唐山市	8796365	8998044	4221634	4451839	883450	946782	493960	605329
秦皇岛市	3484250	3592806	1446878	1566537	313251	333171	82632	106024
邯郸市	5625461	5855769	3046508	3325795	1116144	1317937	854928	1039860
邢台市	4472885	4766611	2876820	3200602	1082383	1250794	732817	889370
保定市(包含定州市、雄安新区)	6578114	7055189	3633068	4160621	948778	1181654	700051	843611
保定市(不含定州市、雄安新区)	5198824	5559695	2805272	3201655	673722	825295	480795	615498
定州市	1197348	1272518	664424	753148	160449	188661	134822	152654
张家口市	3996802	4545917	2319202	2649492	710365	852827	320097	395647
承德市	4444164	4970196	2669924	3227788	386585	484283	154611	204730
沧州市	4322897	4561799	2163062	2332910	780641	934774	607025	765190
廊坊市	2901349	2835985	2104759	2073619	271127	315527	187018	242634
衡水市	3650848	3682551	2248873	2354319	803827	949639	594152	729810

2-3-5续1　各市农林牧渔业商品产值

单位：万元

名　　称	2.薯　类		3.油　料		4.豆　类		5.棉　花	
	2020年	2021年	2020年	2021年	2020年	2021年	2020年	2021年
全　　省	**1077964**	**1229076**	**627814**	**623665**	**127870**	**130710**	**417050**	**426701**
石家庄市（包含辛集市）	73721	92819	32206	49631	31662	24231	217	117
石家庄市（不含辛集市）	67671	84045	31624	37523	30930	23044	142	110
辛集市	6050	8774	582	12108	732	1187	75	7
唐 山 市	62053	78778	188923	179027	8920	9116	22424	24362
秦皇岛市	111939	131664	45847	42719	5752	4821	12	
邯 郸 市	42810	55368	84213	84021	6278	4629	104533	110351
邢 台 市	35701	45866	73366	76165	9876	8980	171903	177916
保 定 市（包含定州市、雄安新区）	135036	217605	65966	62101	8767	6196	227	43
保 定 市（不含定州市、雄安新区）	100920	121340	54256	50202	7776	5180	212	36
定州市	8065	9752	9930	9180	634	621		
张家口市	253338	338422	43198	39559	27024	27940		
承 德 市	207666	256327	11395	10131	6016	6942		
沧 州 市	22377	24597	26764	24938	6312	4149	27500	22874
廊 坊 市	37849	40791	14921	16214	9791	5515	5241	1809
衡 水 市	21810	29928	51011	50191	8596	5806	84090	88923

2-3-5续2　各市农林牧渔业商品产值

单位：万元

名　　称	6.生　麻		7.糖　类		8.烟　草		9.其他农作物	
	2020年	2021年	2020年	2021年	2020年	2021年	2020年	2021年
全　　省	**1**		**44047**	**28322**	**2059**	**3218**	**326876**	**164969**
石家庄市（包含辛集市）					305	372	29620	32160
石家庄市（不含辛集市）					305	372	29620	31567
辛集市								593
唐 山 市					133	132	107037	50038
秦皇岛市							67069	47943
邯 郸 市	1						23381	23708
邢 台 市							58720	52497
保 定 市（包含定州市、雄安新区）					100	3	38631	52095
保 定 市（不含定州市、雄安新区）					100	3	29663	33036
定州市							6998	16454
张家口市	1	1	43505	28024	1513	2709	21689	20525
承 德 市			458	298			6439	5855
沧 州 市							90663	93026
廊 坊 市							16307	8564
衡 水 市							44168	44981

2-3-5续3 各市农林牧渔业商品产值

单位：万元

名称	(二)蔬菜、食用菌及花卉盆景园艺		1.蔬菜		2.食用菌		3.花卉	
	2020年	2021年	2020年	2021年	2020年	2021年	2020年	2021年
全省	**13598585**	**14751013**	**11889454**	**12715854**	**1394817**	**1669494**	**147594**	**167034**
石家庄市（包含辛集市）	1171897	1313867	1007240	1068409	160505	197833	4152	8025
石家庄市（不含辛集市）	1035985	1154535	894530	935739	137303	171171	4152	8025
辛集市	135912	159332	112710	132670	23202	26662		
唐山市	2655863	2830761	2443751	2594507	192314	218002	18027	16534
秦皇岛市	482653	562856	442879	519789	28528	31011	11246	12056
邯郸市	1534818	1583814	1328980	1335981	99269	140194	101917	106705
邢台市	869820	969226	738485	804968	131066	158432	269	1526
保定市（包含定州市、雄安新区）	1429975	1549928	1198756	1271209	72091	90872	5248	11619
保定市（不含定州市、雄安新区）	1137207	1251848	961369	1023224	71480	90053	4259	10927
定州市	265034	280229	210018	230356	428	599	807	690
张家口市	1314455	1282223	1309706	1266178	4647	10707	102	38
承德市	1217929	1489430	553368	694491	662197	789693	1765	1340
沧州市	848332	891132	829092	866149	2233	3776	2691	2181
廊坊市	1574356	1526643	1507027	1452874	4226	4340	1721	6338
衡水市	876726	865811	869828	858373	5227	5964	1671	1474

2-3-5续4 各市农林牧渔业商品产值

单位：万元

名称	4.盆景园艺		(三)水果、食用坚果、饮料和香料		1.水果		(1) 园林水果	
	2020年	2021年	2020年	2021年	2020年	2021年	2020年	2021年
全省	**166720**	**198631**	**5185796**	**5155807**	**4430807**	**4222418**	**3305422**	**3089359**
石家庄市（包含辛集市）		39600	726279	629316	658036	527211	597598	469168
石家庄市（不含辛集市）		39600	633016	558331	564797	456238	505959	399843
辛集市			93263	70985	93239	70973	91639	69325
唐山市	1771	1718	659263	652188	499604	483539	329113	324248
秦皇岛市			393958	411785	315003	314502	281709	280140
邯郸市	4652	934	325472	337166	269100	264552	210554	208267
邢台市		4300	507390	523046	424338	414776	376070	372751
保定市（包含定州市、雄安新区）	153880	176228	749166	803660	713151	769229	436324	467470
保定市（不含定州市、雄安新区）	100099	127644	712692	765693	679263	734384	414962	445836
定州市	53781	48584	15443	17761	13486	16370	9219	10178
张家口市		5300	203935	291084	159591	221041	144989	203775
承德市	599	3906	599079	612398	362937	355096	344914	326824
沧州市	14316	19026	509915	484138	509725	483643	341210	310110
廊坊市	61382	63091	256320	227943	253411	226112	139420	126900
衡水市			524077	496066	523414	495306	393245	368765

2-3-5续5　各市农林牧渔业商品产值

单位：万元

名　　称	(2) 瓜 果 类		2.食用坚果		3.香料原料(花椒)		(四)中 药 材	
	2020年	2021年	2020年	2021年	2020年	2021年	2020年	2021年
全　　省	**1125385**	**1133058**	**710302**	**874889**	**22482**	**23020**	**1884365**	**2384972**
石家庄市（包含辛集市）	60438	58043	63682	98741	241	3004	134170	168803
石家庄市（不含辛集市）	58838	56395	63658	98729	241	3004	132592	164945
辛集市	1600	1648	24	12			1578	3858
唐 山 市	170491	159291	159586	168564	73	85	23058	22108
秦皇岛市	33294	34362	78248	97054	707	229	257016	258725
邯 郸 市	58546	56285	35575	52136	18157	18158	70074	86878
邢 台 市	48268	42025	70170	82455	102		417227	457536
保 定 市（包含定州市、雄安新区）	276827	301759	35531	32136	127	96	505149	625379
保 定 市（不含定州市、雄安新区）	264301	288548	32945	29020	127	90	281651	358819
定州市	4267	6192	1957	1385		6	223498	266497
张家口市	14602	17266	44314	61702		8130	90447	223358
承 德 市	18023	28272	230824	252291	1299	1236	466331	641677
沧 州 市	168515	173533	190	181			24174	22866
廊 坊 市	113991	99212	1309	1031	1600		2956	3506
衡 水 市	130169	126541	663	760			44243	42803

2-3-5续6　各市农林牧渔业商品产值

单位：万元

名　　称	二、林业商品产值		(一)林木的培育和种植		(二)木材采运		(三)林 产 品	
	2020年	2021年	2020年	2021年	2020年	2021年	2020年	2021年
全　　省	**820393**	**874753**	**397694**	**285034**	**61836**	**84666**	**360862**	**505053**
石家庄市（包含辛集市）	54243	39353	52464	37564	209	1217	1570	572
石家庄市（不含辛集市）	54243	36018	52464	34229	209	1217	1570	572
辛集市		3335		3335				
唐 山 市	14203	18587	3186	8063	9652	9118	1365	1406
秦皇岛市	42731	36545	2415		3035	3421	37281	33124
邯 郸 市	12517	28280	3462		455	588	8600	27692
邢 台 市	26505	3283	22070		4435	3283		
保 定 市（包含定州市、雄安新区）	170570	125601	39669	1054	4501	3660	126400	120887
保 定 市（不含定州市、雄安新区）	76870	41165	39669	1054	3104	3163	34097	36948
定州市	92303	83939					92303	83939
张家口市	140503	98659	124714	35802	1598	974	14191	61883
承 德 市	241028	244830	92330	86956	24229	24785	124469	133089
沧 州 市	39974	29668	22545	2841	1003	1091	16426	25736
廊 坊 市	9332	6007	2539		3271	3307	3522	2700
衡 水 市	8827	23166			8827	7403		15763

2-3-5续7　各市农林牧渔业商品产值

单位：万元

名　　称	三、牧业商品产值		(一)牲畜饲养		1.牛的饲养		2.羊的饲养	
	2020年	2021年	2020年	2021年	2020年	2021年	2020年	2021年
全　　省	**21307131**	**20900571**	**6859836**	**7762522**	**2949264**	**3262762**	**2219165**	**2605680**
石家庄市（包含辛集市）	2925019	2813107	830942	906517	427608	444497	115524	136354
石家庄市（不含辛集市）	2532109	2460795	778097	843938	404887	421561	101711	114900
辛集市	392910	352312	52845	62579	22721	22936	13813	21454
唐 山 市	3289824	2816752	911919	952599	411455	417118	109865	119164
秦皇岛市	1552664	1437480	342311	383228	113329	124437	195930	224049
邯 郸 市	2533118	2462707	554551	598877	177299	186276	312652	349250
邢 台 市	1560569	1548695	427372	466277	169875	176443	136316	150107
保 定 市（包含定州市、雄安新区）	2749271	2741547	1008163	1161661	282775	278855	482005	624681
保 定 市（不含定州市、雄安新区）	2291477	2289455	816992	961825	228071	221677	438051	579739
定州市	440621	435431	180778	187621	51982	51915	38196	39903
张家口市	1521401	1779019	886009	1147853	238505	302613	197131	312002
承 德 市	1527950	1491628	786825	847876	590125	643133	142090	154725
沧 州 市	1689853	1705742	412426	464653	173283	180249	177030	203017
廊 坊 市	750635	715264	310609	326168	135916	138228	121657	127929
衡 水 市	1383218	1291149	463809	470547	189427	182021	150570	156003

2-3-5续8　各市农林牧渔业商品产值

单位：万元

名　　称	3.其他牲畜饲养		4.奶　类		5.毛 绒 类		(二)猪的饲养	
	2020年	2021年	2020年	2021年	2020年	2021年	2020年	2021年
全　　省	**17083**	**16802**	**1617026**	**1807285**	**57298**	**63902**	**9878556**	**7918674**
石家庄市（包含辛集市）	13476	21304	266304	296732	1390	2230	1319679	1018557
石家庄市（不含辛集市）	13476	21304	250474	278799	909	1974	1091276	860469
辛集市			15830	17933	481	256	228403	158088
唐 山 市	4033	12234	384101	401877	2465	2206	1537525	1103122
秦皇岛市	1532	1027	22597	24146	8323	8969	563044	421593
邯 郸 市	921	1000	54336	59771	9304	2076	1219555	952227
邢 台 市	5821	9383	112670	129399	2270	325	703193	576139
保 定 市（包含定州市、雄安新区）	18165	16858	192514	206179	19626	22222	1188611	913751
保 定 市（不含定州市、雄安新区）	9750	7215	121527	130795	19593	21804	993322	736801
定州市	8265	9643	69248	73489	9	400	195166	176872
张家口市	68049	100271	336526	371850	25271	21301	478162	439373
承 德 市	12052	5472	34663	32947	7695	10873	513461	391697
沧 州 市	7401	18469	43428	45783	1434	1987	741363	621808
廊 坊 市	3615	7126	47686	50561	1735	2324	293867	222764
衡 水 市	2193	2383	119148	127135	2471	3005	661924	521982

2-3-5续9 各市农林牧渔业商品产值

单位：万元

名 称	(三)家禽饲养		1.肉 禽		2.禽 蛋		(四)狩猎和捕捉动物	
	2020年	2021年	2020年	2021年	2020年	2021年	2020年	2021年
全 省	**3934642**	**4662082**	**1301492**	**1453495**	**2633150**	**3208587**		
石家庄市（包含辛集市）	688507	810080	162369	168391	526138	641689		
石家庄市（不含辛集市）	577306	678964	140391	148811	436915	530153		
辛集市	111201	131116	21978	19580	89223	111536		
唐 山 市	341564	369193	131525	148096	210039	221097		
秦皇岛市	132856	149090	80579	90068	52277	59022		
邯 郸 市	755663	907825	138720	150692	616943	757133		
邢 台 市	419158	490284	118571	126288	300587	363996		
保 定 市（包含定州市、雄安新区）	349596	396940	123437	138014	226159	258926		
保 定 市（不含定州市、雄安新区）	281093	324141	103601	119966	177492	204175		
定州市	61877	68434	14458	14821	47419	53613		
张家口市	146144	180970	48854	69607	97290	111363	900	
承 德 市	191096	216359	130572	143748	60524	72611		
沧 州 市	422447	492823	208967	233460	213480	259363		81
廊 坊 市	137737	162852	52459	59378	85278	103474		
衡 水 市	253304	289979	77778	85156	175526	204823		

2-3-5续10 各市农林牧渔业商品产值

单位：万元

名 称	(五)其他畜牧业		四、渔业商品产值		(一)海水产品		(二)淡水产品	
	2020年	2021年	2020年	2021年	2020年	2021年	2020年	2021年
全 省	**634097**	**557293**	**2355933**	**2888964**	**1790750**	**2250043**	**565183**	**638921**
石家庄市（包含辛集市）	85991	77953	29725	34378			29725	34378
石家庄市（不含辛集市）	85530	77424	29700	34328			29700	34328
辛集市	461	529	25	50			25	50
唐 山 市	498816	391838	1270704	1710866	891865	1295604	378839	415262
秦皇岛市	514453	483569	441977	552244	433721	542875	8256	9369
邯 郸 市	3349	3778	33318	38987			33318	38987
邢 台 市	10846	15995	8991	14031			8991	14031
保 定 市（包含定州市、雄安新区）	202901	269195	25205	27420			25205	27420
保 定 市（不含定州市、雄安新区）	200070	266688	25205	27420			25205	27420
定州市	2800	2504						
张家口市	10186	10823	15696	18747			15696	18747
承 德 市	36568	35696	5262	5950			5262	5950
沧 州 市	113617	126377	430008	493479	403571	463036	26437	30443
廊 坊 市	8422	3480	36623	41095	11173	11182	25450	29913
衡 水 市	4181	8641	9930	13917			9930	13917

2-3-6　各市农林牧渔业中间消耗

单位：万元

名　　称	农林牧渔业中间消耗		(一)农业中间消耗		1.农业物质消耗		(1)用　种　量	
	2019年	2020年	2019年	2020年	2019年	2020年	2019年	2020年
全　　省	**21847064**	**26294836**	**9439897**	**10274159**	**7459778**	**8135505**	**1026900**	**1076900**
石家庄市（包含辛集市）	2485114	2795152	814585	881124	574897	673863	93094	108668
石家庄市（不含辛集市）	2130797	2395150	682659	682625	494159	552383	82282	92400
辛集市	354317	400002	131926	198499	80738	121480	10812	16268
唐 山 市	3239854	3659451	1152773	1281009	871791	965276	132143	149123
秦皇岛市	1526185	1748815	460738	506382	381790	420521	43957	49341
邯 郸 市	2712180	3015310	1109473	1246568	937095	1057907	144268	163277
邢 台 市	1978332	2197986	1011842	1065727	765203	808560	124607	131037
保 定 市（包含定州市、雄安新区）	2863885	3222016	1322974	1416860	980348	1054915	147869	160188
保 定 市（不含定州市、雄安新区）	2263124	2577904	997414	1079342	736717	800044	111040	121934
定州市	466113	541950	238741	277584	180255	209582	26498	30809
张家口市	1883042	2093109	979348	1090280	668019	865413	212508	268034
承 德 市	1533659	1759491	667980	750094	578401	660359	81387	90774
沧 州 市	2497002	2713355	750309	773614	574905	592247	105532	105111
廊 坊 市	1117902	1160082	642793	680023	485214	510280	82432	87744
衡 水 市	1770432	1932912	905640	968798	727170	774201	115054	125011

注：各市农林牧渔业中间消耗数据为快报数。

2-3-6续1　各市农林牧渔业中间消耗

单位：万元

名　　称	1.农业物质消耗(续1)							
	(2)役畜用饲料、饲草		(3)肥　料		(4)燃　料		(5)农　药	
	2019年	2020年	2019年	2020年	2019年	2020年	2019年	2020年
全　　省	**39882**	**38882**	**3474839**	**3774839**	**477567**	**537567**	**735093**	**729823**
石家庄市（包含辛集市）	6886	8509	215493	245104	63194	75871	52244	66660
石家庄市（不含辛集市）	3297	3109	195481	214994	50242	56383	40232	48587
辛集市	3589	5400	20012	30110	12952	19488	12012	18073
唐 山 市	3398	3715	383957	422768	46957	51763	67940	75210
秦皇岛市	4003	4808	174831	191135	34257	38721	42886	47294
邯 郸 市	3820	4297	427821	482773	52562	60107	59637	67343
邢 台 市	2058	2132	318197	334948	46078	48544	60932	64168
保 定 市（包含定州市、雄安新区）	4177	5071	425339	444802	52836	59505	69906	74627
保 定 市（不含定州市、雄安新区）	3297	4122	317778	331993	39943	46005	50071	53923
定州市	722	840	80438	93525	9550	11104	14563	16932
张家口市	61018	67734	155695	211758	50183	60060	33197	42023
承 德 市	4040	4833	262803	292256	27216	33076	48351	54337
沧 州 市	6356	7836	207184	214775	34939	36350	46266	47175
廊 坊 市	1670	1587	216695	228684	23491	24422	35054	36409
衡 水 市	7280	1597	352987	380990	39156	41229	54780	57008

2-3-6续2　各市农林牧渔业中间消耗

单位：万元

名　称	1.农业物质消耗(续2)							
	(6)农用塑料薄膜		(7)用 电 量		(8)小农具购置		(9)办公用品购置	
	2019年	2020年	2019年	2020年	2019年	2020年	2019年	2020年
全　省	**452842**	**512842**	**839258**	**939258**	**66271**	**76271**	**4656**	**6656**
石家庄市（包含辛集市）	22062	26641	95804	112009	3523	4781	1731	2323
石家庄市（不含辛集市）	18843	21793	80717	89309	2654	3476	1519	2005
辛集市	3219	4848	15087	22700	869	1305	212	318
唐 山 市	39832	44200	136535	148828	5110	5711	2228	2502
秦皇岛市	11672	12951	32188	33838	1939	2124	1055	1214
邯 郸 市	38468	44458	99958	114747	26250	28832	6468	8682
邢 台 市	42123	44754	113989	120091	8086	8670	3327	3613
保 定 市（包含定州市、雄安新区）	44745	51578	152066	159193	7911	11992	2535	4488
保 定 市（不含定州市、雄安新区）	32747	39102	116296	121299	4896	9325	1959	3870
定州市	8599	9998	27684	32188	954	1109	467	543
张家口市	25738	32023	38254	53252	15743	18189	7339	8338
承 德 市	27918	33289	37507	45446	4278	5388	172	214
沧 州 市	37705	39738	94249	97956	5637	5978	1606	1203
廊 坊 市	21431	21998	73414	76031	2692	2834	1505	1598
衡 水 市	40773	43258	73153	77999	6976	7348	3964	4069

2-3-6续3　各市农林牧渔业中间消耗

单位：万元

名　称	(10)其　他		2.生产服务支出		(二)林业中间消耗		1.物质消耗	
	2019年	2020年	2019年	2020年	2019年	2020年	2019年	2020年
全　省	**342467**	**442467**	**1980119**	**2138654**	**662305**	**1103700**	**474029**	**838852**
石家庄市（包含辛集市）	20866	23297	175080	207261	50700	73309	38312	52356
石家庄市（不含辛集市）	18892	20327	123892	130242	50620	71998	38272	51506
辛集市	1974	2970	51188	77019	80	1311	40	850
唐 山 市	53691	61456	280982	315733	43916	23949	34735	19793
秦皇岛市	35002	39095	78948	85861	57587	56754	50220	50884
邯 郸 市	77843	83391	172378	188661	83244	101932	63877	77236
邢 台 市	45806	50603	246639	257167	59768	109586	48273	85911
保 定 市（包含定州市、雄安新区）	72964	83471	342626	361945	115541	180607	91946	141359
保 定 市（不含定州市、雄安新区）	58690	68471	260697	279298	89224	137457	70343	105642
定州市	10780	12534	58486	68002	18564	21584	15101	17558
张家口市	68344	104002	203417	224867	96105	93875	44515	70729
承 德 市	84729	100746	89579	89735	90812	159268	68692	119882
沧 州 市	35431	36125	175404	181367	35352	23583	29595	19479
廊 坊 市	26830	28973	157579	169743	30411	3611	25260	2971
衡 水 市	33047	35692	178470	194597	43979	37043	36134	30322

2–3–6续4　各市农林牧渔业中间消耗

单位：万元

名　称	1.林业物质消耗(续1)							
	(1)用种量		(2)肥料		(3)燃料		(4)农药	
	2019年	2020年	2019年	2020年	2019年	2020年	2019年	2020年
全　省	**376499**	**676499**	**35209**	**44209**	**15970**	**27970**	**17309**	**16809**
石家庄市（包含辛集市）	14065	19620	8888	12858	2970	3588	3009	5426
石家庄市（不含辛集市）	14065	19507	8888	12678	2970	3452	3009	5215
辛集市		113		180		136		211
唐山市	19571	11169	9541	5264	1009	622	3320	1926
秦皇岛市	30197	29707	14287	15025	1117	1139	1561	2009
邯郸市	36666	44709	15844	18093	2278	2893	4397	5584
邢台市	25843	46639	11361	19843	1828	3571	4121	7334
保定市（包含定州市、雄安新区）	53968	81906	22804	34648	3038	5075	7256	10691
保定市（不含定州市、雄安新区）	41094	60054	17473	26463	2338	3678	5643	8653
定州市	9049	10521	3716	4321	435	506	1227	1427
张家口市	28440	43911	5198	10184	1219	2890	2916	3185
承德市	24707	42948	11695	20666	4113	7327	11590	20741
沧州市	20299	13555	4194	1987	676	714	743	584
廊坊市	15535	1669	6149	744	735	120	2034	286
衡水市	23009	18720	7429	6701	1281	1171	1913	1666

2–3–6续5　各市农林牧渔业中间消耗

单位：万元

名　称	1.林业物质消耗(续2)							
	(5)用电量		(6)小农机具购置		(7)办公用品购置		(8)其他	
	2019年	2020年	2019年	2020年	2019年	2020年	2019年	2020年
全　省	**18159**	**30159**	**1546**	**3546**	**547**	**1447**	**8789**	**38213**
石家庄市（包含辛集市）	4207	3851	2285	4718	323	414	2565	1881
石家庄市（不含辛集市）	4207	3693	2285	4701	323	402	2525	1858
辛集市		158		17		12	40	23
唐山市	668	459	154	90	110	67	362	196
秦皇岛市	1268	1298	340	301	251	222	1199	1183
邯郸市	1876	2247	824	1045	600	939	1392	1726
邢台市	1627	2768	795	1232	1025	1437	1673	3087
保定市（包含定州市、雄安新区）	2095	3307	712	1821	108	127	1965	3784
保定市（不含定州市、雄安新区）	1718	2822	502	699	107	126	1468	3147
定州市	248	288	58	67			368	428
张家口市	1463	3029	485	2309	656	964	4138	4257
承德市	1532	2569	167	221	46	78	14842	25332
沧州市	902	984	719	139	890	116	1172	1400
廊坊市	410	84	93	20	23	8	281	40
衡水市	1046	889	501	419	246	220	709	536

2-3-6续6　各市农林牧渔业中间消耗

单位：万元

名　　称	2.生产服务支出		(三)牧业中间消耗		1.牧业物质消耗		(1)用种量	
	2019年	2020年	2019年	2020年	2019年	2020年	2019年	2020年
全　　省	**188276**	**264848**	**8697295**	**11132427**	**8364212**	**10682339**	**1240201**	**1690201**
石家庄市（包含辛集市）	12169	20953	1323231	1530328	1179426	1390089	151862	185388
石家庄市（不含辛集市）	12129	20492	1115255	1341755	989602	1217989	130150	165703
辛集市	40	461	207976	188573	189824	172100	21712	19685
唐 山 市	9181	4156	1421226	1730992	1351764	1641726	223314	270424
秦皇岛市	7367	5870	701777	783678	665602	741219	136623	154471
邯 郸 市	19367	24696	1257135	1380633	1167695	1264750	234497	258813
邢 台 市	11495	23675	769665	878582	722846	820377	131930	151850
保 定 市（包含定州市、雄安新区）	23595	39248	1217504	1391523	1142704	1311084	182020	212188
保 定 市（不含定州市、雄安新区）	18881	31815	994039	1157107	929970	1087886	148379	177054
定州市	3463	4026	193813	225347	184510	214530	29008	33728
张家口市	27631	23146	749179	841139	525948	772483	52184	78117
承 德 市	22120	39386	716585	789165	671196	696249	138725	140454
沧 州 市	5757	4104	798635	945442	743798	881881	106416	128484
廊 坊 市	5151	640	366622	399941	348526	379973	55343	60408
衡 水 市	7845	6721	647193	746209	602456	693955	113464	133871

2-3-6续7　各市农林牧渔业中间消耗

单位：万元

名　　称	1.牧业物质消耗(续1)					
	(2)饲料、饲草		(3)燃　料		(4)用 电 量	
	2019年	2020年	2019年	2020年	2019年	2020年
全　　省	**6736364**	**8536364**	**187110**	**209110**	**101643**	**116643**
石家庄市（包含辛集市）	887785	1050877	28916	32883	50854	54343
石家庄市（不含辛集市）	741889	918604	19592	24428	43979	48110
辛集市	145896	132273	9324	8455	6875	6233
唐 山 市	1041739	1267287	11063	13171	31828	38020
秦皇岛市	474182	521548	6542	7491	11676	14407
邯 郸 市	827316	887827	12923	14052	32378	35869
邢 台 市	534519	604694	7372	8400	19447	22007
保 定 市（包含定州市、雄安新区）	879165	1001138	10237	13020	26383	31469
保 定 市（不含定州市、雄安新区）	713658	827371	8447	11144	21603	26344
定州市	143659	167031	1552	1805	4263	4957
张家口市	395516	578590	10302	23409	16285	22696
承 德 市	468993	486964	8280	8079	6056	6083
沧 州 市	594972	704625	7827	9680	12444	14045
廊 坊 市	272219	296545	2645	3009	7010	7763
衡 水 市	445734	511320	7332	8515	8766	9857

2-3-6续8　各市农林牧渔业中间消耗

单位：万元

名　称	1.牧业物质消耗(续2)				2.生产服务支出	
	(5)畜牧用药品		(6)其　他			
	2019年	2020年	2019年	2020年	2019年	2020年
全　省	**58104**	**74233**	**40788**	**55788**	**333083**	**450088**
石家庄市（包含辛集市）	50213	55492	9796	11106	116555	140239
石家庄市（不含辛集市）	45231	50973	8761	10171	98403	123766
辛集市	4982	4519	1035	935	18152	16473
唐 山 市	30591	37097	13229	15727	69462	89266
秦皇岛市	21534	26340	15045	16962	36175	42459
邯 郸 市	36475	38694	24106	29495	89440	115883
邢 台 市	20900	23020	8678	10406	46819	58205
保 定 市（包含定州市、雄安新区）	27010	32638	17889	20631	74800	80439
保 定 市（不含定州市、雄安新区）	22194	27703	15689	18270	64069	69221
定州市	4056	4716	1972	2293	9303	10817
张家口市	30704	36115	20957	33556	84021	68656
承 德 市	11274	15233	37868	39436	45389	92916
沧 州 市	9643	11265	12496	13782	54837	63561
廊 坊 市	8540	9309	2769	2939	18096	19968
衡 水 市	17227	19168	9933	11224	44737	52254

2-3-6续9　各市农林牧渔业中间消耗

单位：万元

名　称	(四)渔业中间消耗		1.渔业物质消耗		(1)饲　料		(2)燃　料	
	2019年	2020年	2019年	2020年	2019年	2020年	2019年	2020年
全　省	**758546**	**904666**	**559556**	**690956**	**363683**	**450083**	**50264**	**62664**
石家庄市（包含辛集市）	13865	13365	11786	11872	7284	7449	923	913
石家庄市（不含辛集市）	13849	13355	11775	11866	7279	7447	921	912
辛集市	16	10	11	6	5	2	2	1
唐 山 市	431228	424426	356808	350233	215388	226629	25525	26404
秦皇岛市	144052	232179	108023	157155	21432	58889	66277	59504
邯 郸 市	16311	16549	13694	13890	8399	8637	1791	1763
邢 台 市	4024	4082	3117	3152	2382	2378	167	189
保 定 市（包含定州市、雄安新区）	15338	13506	12729	10969	8341	6959	973	788
保 定 市（不含定州市、雄安新区）	13795	13506	11202	10969	7036	6959	820	788
定州市								
张家口市	7639	6869	5399	5651	2861	2777	216	230
承 德 市	2676	1658	2378	1512	1685	1003	115	109
沧 州 市	128882	155471	109449	132619	81280	97531	11448	6799
廊 坊 市	17063	14417	13779	11602	9035	7605	988	866
衡 水 市	4835	5466	3839	4346	2357	2594	304	344

2-3-6续10　各市农林牧渔业中间消耗

单位：万元

名　　称	1.渔业物质消耗(续1)						2.生产服务支出	
	(3)用 电 量		(4)办公用品购置		(5)其　他			
	2019年	2020年	2019年	2020年	2019年	2020年	2019年	2020年
全　　省	**10132**	**19132**	**931**	**1531**	**134546**	**157546**	**198990**	**213710**
石家庄市（包含辛集市）	677	750	65	50	2837	2710	2079	1493
石家庄市（不含辛集市）	675	749	64	49	2836	2709	2074	1489
辛集市	2	1	1	1	1	1	5	4
唐 山 市	15612	15448	132	113	100151	81639	74420	74193
秦皇岛市	1551	7286	224	274	18539	31202	36029	75024
邯 郸 市	585	584	192	283	2727	2623	2617	2659
邢 台 市	143	151	68	62	357	372	907	930
保 定 市（包含定州市、雄安新区）	1176	924	49	28	2190	2270	2609	2537
保 定 市（不含定州市、雄安新区）	1110	924	49	28	2187	2270	2593	2537
定州市								
张家口市	776	816	112	162	1434	1666	1484	1218
承 德 市	83	65	72	110	423	225	298	146
沧 州 市	1424	1514	4213	4273	11084	22502	19433	22852
廊 坊 市	662	575	16	14	3078	2542	3284	2815
衡 水 市	162	188	130	109	886	1111	996	1120

2-3-6续11　各市农林牧渔业中间消耗

单位：万元

名　　称	(五)农林牧渔服务业中间消耗		1.物质消耗		2.生产服务支出	
	2019年	2020年	2019年	2020年	2019年	2020年
全　　省	**2289022**	**2879884**	**1201441**	**1461441**	**1087580**	**1418443**
石家庄市（包含辛集市）	282733	297026	184239	206983	82016	90043
石家庄市（不含辛集市）	268414	285417	171488	196651	80448	88766
辛集市	14319	11609	12751	10332	1568	1277
唐 山 市	190711	199075	85272	94781	105439	104294
秦皇岛市	162031	169822	95977	100154	66054	69668
邯 郸 市	246017	269628	178777	196633	67240	72995
邢 台 市	133033	140009	98149	102911	34884	37098
保 定 市（包含定州市、雄安新区）	192528	219520	85997	97794	106531	121726
保 定 市（不含定州市、雄安新区）	168652	190492	75228	84934	93424	105558
定州市	14995	17435	6399	7440	8596	9995
张家口市	50771	60946	23016	36279	15214	24667
承 德 市	55606	59306	33667	36622	21939	22684
沧 州 市	783824	815245	559741	582261	224083	232984
廊 坊 市	61013	62090	23292	23766	37721	38324
衡 水 市	168785	175396	103754	107785	65031	67611

2—3—7 各市农林牧渔业增加值

单位：万元

名　　称	农林牧渔业增加值		1.农　业		2.林　业	
	2019年	2020年	2019年	2020年	2019年	2020年
全　　省	**37274968**	**41132272**	**21777960**	**23860087**	**1313736**	**1449960**
石家庄市（包含辛集市）	4774340	5306414	2748535	3024218	140349	153947
石家庄市（不含辛集市）	4244122	4714075	2401372	2638956	140186	153766
辛集市	530218	592339	347163	385262	163	180
唐 山 市	5464797	6105057	3001710	3238864	83387	92197
秦皇岛市	2261274	2557367	1040443	1142093	94260	105404
邯 郸 市	3621929	3999695	2109718	2302407	121439	132231
邢 台 市	2957945	3255589	2088553	2285472	61516	66926
保 定 市（包含定州市、雄安新区）	4359332	4914992	2587100	2891467	219655	245193
保 定 市（不含定州市、雄安新区）	3648743	4096344	2127544	2363900	166195	184180
定州市	710589	818648	459556	527567	53460	61013
张家口市	2500168	2756341	1405602	1531098	154329	167765
承 德 市	3027330	3418168	1943258	2183510	243042	271537
沧 州 市	3553609	3849166	1717310	1801252	66531	70881
廊 坊 市	2172985	2267877	1623315	1684427	59466	61363
衡 水 市	2301578	2501460	1511388	1631279	59070	63444

2—3—7续 各市农林牧渔业增加值

单位：万元

名　　称	3.牧　业		4.渔　业		5.农林牧渔服务业	
	2019年	2020年	2019年	2020年	2019年	2020年
全　　省	**10757784**	**11965625**	**1334887**	**1527818**	**2090600**	**2328781**
石家庄市（包含辛集市）	1591095	1789535	14972	18531	279389	320183
石家庄市（不含辛集市）	1420923	1596728	14947	18500	266694	306125
辛集市	170172	192807	25	31	12695	14058
唐 山 市	1525605	1728088	701569	875267	152526	170641
秦皇岛市	757652	867968	170883	215615	198036	226288
邯 郸 市	1177980	1314067	14566	17896	198226	233094
邢 台 市	681231	759280	4063	4988	122582	138923
保 定 市（包含定州市、雄安新区）	1377223	1569903	12052	15071	163302	193359
保 定 市（不含定州市、雄安新区）	1191935	1353259	12052	15071	151017	179934
定州市	185288	216643			12285	13425
张家口市	869228	968034	8651	10611	62358	78833
承 德 市	790293	904564	3265	4116	47472	54442
沧 州 市	863355	942324	278859	335229	627554	699479
廊 坊 市	420604	444644	20775	24189	48825	53254
衡 水 市	591862	651250	4196	5085	135062	150401
雄安新区	31925	25942	1343	1202	7109	9903

2-3-8 各市农林牧渔业增加值构成(2020年)

名　　称	农林牧渔业增加值构成（以增加值为100）					
	合　计	农　业	林　业	牧　业	渔　业	农林牧渔服务业
全　　省	**100.00**	**58.01**	**3.53**	**29.09**	**3.71**	**5.66**
石家庄市（包含辛集市）	100.00	56.99	2.90	33.72	0.35	6.03
石家庄市（不含辛集市）	100.00	55.98	3.26	33.87	0.39	6.49
辛集市	100.00	65.04	0.03	32.55	0.01	2.37
唐 山 市	100.00	53.05	1.51	28.31	14.34	2.80
秦皇岛市	100.00	44.66	4.12	33.94	8.43	8.85
邯 郸 市	100.00	57.56	3.31	32.85	0.45	5.83
邢 台 市	100.00	70.20	2.06	23.32	0.15	4.27
保 定 市（包含定州市、雄安新区）	100.00	58.83	4.99	31.94	0.31	3.93
保 定 市（不含定州市、雄安新区）	100.00	57.71	4.50	33.04	0.37	4.39
定州市	100.00	64.44	7.45	26.46		1.64
张家口市	100.00	55.55	6.09	35.12	0.38	2.86
承 德 市	100.00	63.88	7.94	26.46	0.12	1.59
沧 州 市	100.00	46.80	1.84	24.48	8.71	18.17
廊 坊 市	100.00	74.27	2.71	19.61	1.07	2.35
衡 水 市	100.00	65.21	2.54	26.03	0.20	6.01

2-3-9 各市农林牧渔业增加值指数(2020年)

(上年=100)

名　　称	农林牧渔业增加值	农　业	林　业	牧　业	渔　业	农林牧渔服务业
全　　省	**103.5**	**103.0**	**102.7**	**103.7**	**102.7**	**108.5**
石家庄市（包含辛集市）	104.0	99.4	87.3	111.8	115.8	113.2
石家庄市（不含辛集市）	104.1	99.4	87.3	111.8	115.8	113.4
辛集市	103.1	99.1	86.8	111.2	115.1	109.5
唐 山 市	103.1	96.4	86.8	111.2	115.1	110.6
秦皇岛市	104.2	96.2	87.2	111.7	115.7	112.8
邯 郸 市	104.1	99.2	87.2	111.7	115.7	115.9
邢 台 市	104.8	101.8	88.1	112.8	116.9	112.0
保 定 市（包含定州市、雄安新区）	102.4	98.3	87.0	110.8	98.4	116.6
保 定 市（不含定州市、雄安新区）	104.0	99.6	87.3	111.8	115.8	117.6
定州市	103.0	101.7	86.8	111.1	115.1	107.8
张家口市	104.1	101.3	87.4	111.9	115.9	124.7
承 德 市	105.4	103.2	88.9	113.8	117.8	113.3
沧 州 市	104.5	102.0	87.3	111.8	115.7	110.0
廊 坊 市	100.2	96.6	84.4	108.0	111.9	107.8
衡 水 市	103.9	101.2	87.3	111.9	115.8	110.1

2-3-10 各市农林牧渔业中间消耗、增加值占总产值的比重

(2020年)

单位：%

名称	农林牧渔业		1.农业		2.林业	
	中间消耗	增加值	中间消耗	增加值	中间消耗	增加值
全省	**39.00**	**61.00**	**30.53**	**69.47**	**41.61**	**58.39**
石家庄市（包含辛集市）	34.50	65.50	23.15	76.85	31.76	68.24
石家庄市（不含辛集市）	33.69	66.31	20.60	79.40	31.63	68.37
辛集市	40.31	59.69	40.31	59.69	40.31	59.69
唐山市	37.48	62.52	28.34	71.66	20.62	79.38
秦皇岛市	40.61	59.39	30.72	69.28	35.00	65.00
邯郸市	42.98	57.02	35.12	64.88	43.53	56.47
邢台市	40.30	59.70	31.80	68.20	62.08	37.92
保定市（包含定州市、雄安新区）	38.67	58.98	32.15	67.85	35.77	64.23
保定市（不含定州市、雄安新区）	38.65	61.41	31.38	68.62	42.03	57.97
定州市	39.83	60.17	36.53	63.47	17.42	82.58
张家口市	43.16	56.84	41.94	58.06	36.44	63.56
承德市	33.98	66.02	25.57	74.43	36.97	63.03
沧州市	41.35	58.66	29.64	70.36	26.40	73.60
廊坊市	33.84	66.16	28.76	71.24	5.56	94.44
衡水市	43.59	56.41	37.50	62.50	42.53	57.47

2-3-10续 各市农林牧渔业中间消耗、增加值占总产值的比重

(2020年)

单位：%

名称	3.牧业		4.渔业		5.农林牧渔服务业	
	中间消耗	增加值	中间消耗	增加值	中间消耗	增加值
全省	**47.60**	**52.40**	**38.58**	**61.42**	**55.34**	**44.66**
石家庄市（包含辛集市）	44.86	55.14	41.92	58.08	47.88	52.12
石家庄市（不含辛集市）	45.58	54.42	41.93	58.07	48.25	51.75
辛集市	40.31	59.69	38.46	61.54	40.31	59.69
唐山市	50.04	49.96	32.66	67.34	53.85	46.15
秦皇岛市	47.45	52.55	51.85	48.15	42.87	57.13
邯郸市	51.24	48.76	48.04	51.96	53.63	46.37
邢台市	53.64	46.36	45.01	54.99	50.19	49.81
保定市（包含定州市、雄安新区）	46.72	53.28	51.41	48.59	52.66	47.34
保定市（不含定州市、雄安新区）	46.08	53.92	51.41	48.59	51.95	48.05
定州市	50.29	49.71			60.74	39.26
张家口市	45.80	54.20	42.77	57.23	43.60	56.40
承德市	46.59	53.41	28.71	71.29	52.14	47.86
沧州市	50.11	49.89	33.65	66.35	53.82	46.18
廊坊市	47.35	52.65	37.34	62.66	53.83	46.17
衡水市	52.28	47.72	53.25	46.75	53.84	46.16

2-3-11 各市农业劳动生产率、投入产出率(2021年)

单位：元

名　　称	每一农村农林牧渔业从业人员创造农林牧渔业总产值	每一农村农林牧渔业从业人员创造农林牧渔业增加值	农业投入产出率(%)
全　省	**53809**	**32861**	**156.9**
石家庄市（包含辛集市）	57486	37789	191.9
石家庄市（不含辛集市）	54668	36312	197.8
辛集市	98123	59101	151.5
唐 山 市	85223	53400	167.8
秦皇岛市	64814	38558	146.9
邯 郸 市	42936	24499	132.9
邢 台 市	43568	26001	148.0
保 定 市（包含定州市、雄安新区）	36461	22385	159.0
保 定 市（不含定州市、雄安新区）	34957	21471	159.2
定州市	72915	43856	150.9
张家口市	56981	32414	131.9
承 德 市	62422	41101	192.8
沧 州 市	68968	40443	141.8
廊 坊 市	51586	34303	198.5
衡 水 市	53660	30348	130.2

注：按从业人员年平均人数计算。

2-3-12 各市农村经济比重(2021年)

名　　称	年末常住人口(万人)	乡村人口(万人)	乡村人口比重(%)	社会消费品零售总额(亿元)	乡村零售额(亿元)	乡村零售额比重(%)
全　省	**7448.00**	**5793.76**	**77.79**	**13509.87**	**2028.74**	**15.02**
石家庄市（包含辛集市）	1120.47	729.65	65.12	2501.24	336.95	13.47
石家庄市（不含辛集市）	1060.97	675.73	63.69	2392.48	302.81	12.66
辛集市	59.50	53.92	90.62	108.76	34.13	31.38
唐 山 市	769.70	546.11	70.95	2143.23	376.15	17.55
秦皇岛市	313.43	201.28	64.22	592.46	117.31	19.80
邯 郸 市	936.69	800.02	85.41	1275.97	156.96	12.30
邢 台 市	708.79	626.97	88.46	1025.88	135.77	13.23
保 定 市（包含定州市、雄安新区）	1152.45	989.86	85.89	1700.34	257.75	15.16
保 定 市（不含定州市、雄安新区）	919.52	765.85	83.29	1490.50	223.83	15.02
定州市	108.80	111.68	102.64	107.47	15.62	14.54
张家口市	409.93	267.21	65.19	640.74	61.84	9.65
承 德 市	333.63	305.91	91.69	500.94	88.38	17.64
沧 州 市	730.40	609.39	83.43	1114.68	124.79	11.20
廊 坊 市	553.82	347.09	62.67	1403.08	226.55	16.15
衡 水 市	418.69	370.28	88.44	611.31	146.30	23.93

注：根据国家统计局反馈数据对全省2020年乡村社会消费品零售总额进行了修订。

2-4-1　各市粮食购销情况

单位：吨

名　　称	销　售		#省外销售	
	2020年	2021年	2020年	2021年
全　　省	**34710200**	**39420171**	**10872008**	**12468568**
石家庄市（包含辛集市）	5950254	6119629	1663292	1625776
石家庄市（不含辛集市）	5612314	5826256	1483846	1510276
辛集市	337940	293373	179446	115500
唐 山 市	2392350	2696551	902234	1043528
秦皇岛市	4905624	4666542	2375591	2316674
邯 郸 市	3526430	4357542	610323	823334
邢 台 市	6073283	7435271	95523	184267
保 定 市（包含定州市、雄安新区）	1790973	2102417	39933	37051
保 定 市（不含定州市、雄安新区）	742888	891981	39933	29641
定州市	219607	253530		7410
张家口市	410209	338015	40964	24936
承 德 市	865900	1404699	349672	627163
沧 州 市	1293051	1599810	220863	230603
廊 坊 市	4987079	6167295	3887334	4972657
衡 水 市	2515048	2532401	686279	582579

注:以上数据为入统全省粮食企业数据。

2-4-1续　各市粮食购销情况

单位：吨

名　　称	从生产者购进		#省外购进	
	2020年	2021年	2020年	2021年
全　　省	**25473526**	**25100780**	**2648741**	**2245583**
石家庄市（包含辛集市）	5032334	4358509	545942	293738
石家庄市（不含辛集市）	4098982	3510851	239230	134481
辛集市	933352	847658	306712	159257
唐 山 市	1676645	1707278	107489	283085
秦皇岛市	2708605	2320911	1855663	1604139
邯 郸 市	2418419	2789975	9523	8513
邢 台 市	8159364	8287648	80856	23543
保 定 市（包含定州市、雄安新区）	1526107	1565551	20629	668
保 定 市（不含定州市、雄安新区）	729116	622212	13812	566
定州市	262541	299495	5367	
张家口市	310996	254602	1775	250
承 德 市	360712	333598	1825	500
沧 州 市	1387759	1465631	12181	21279
廊 坊 市	374714	415451	5378	3040
衡 水 市	1517872	1601627	7481	6827

注:以上数据为入统全省粮食企业数据。

2-4-2 各市日照、降水和气温情况

名　　称	日照(小时)		降水(毫米)		平均气温(℃)	
	2020年	2021年	2020年	2021年	2020年	2021年
全　　省	**2541.7**	**2282.3**	**557.5**	**861.2**	**12.6**	**12.9**
石家庄市（包含辛集市）	2432.9	2154.2	549.9	862.7	14.2	14.6
石家庄市（不含辛集市）	2425.2	2161.3	551.4	861.5	14.2	14.6
辛集市	2554.9	2041.7	525.7	882.3	14.7	14.9
唐 山 市	2624.7	2347.9	588.4	1086.6	12.6	12.4
秦皇岛市	2541.1	2266.5	578.4	962.3	11.6	11.7
邯 郸 市	2250.3	2176.5	580.1	1078.5	14.5	14.9
邢 台 市	2350.9	2211.3	586.6	975.1	14.2	14.6
保 定 市（包含定州市、雄安新区）	2462.1	2218.0	576.6	771.0	13.0	13.2
保 定 市（不含定州市、雄安新区）	2474.1	2170.7	584.6	789.4	12.9	13.1
定州市	2245.6	2180.0	433.5	788.1	13.6	14.0
张家口市	3008.7	2567.5	461.2	419.0	6.9	7.5
承 德 市	2973.9	2381.0	628.1	851.1	8.1	8.3
沧 州 市	2438.6	2264.7	578.2	886.2	13.8	13.9
廊 坊 市	2874.7	2357.8	511.9	812.9	13.0	12.9
衡 水 市	2393.9	2312.9	493.6	830.1	13.9	14.1

注：全省数据取自142个气象台站的平均值。

2-4-3 各市乡（镇）卫生院、床位数、卫生人员情况

名　　称	乡（镇）卫生院（个）		床位数（张）		卫生人员数（人）	
	2020年	2021年	2020年	2021年	2020年	2021年
全　　省	**1996**	**1970**	**70168**	**69928**	**59353**	**60641**
石家庄市（包含辛集市）	232	219	8576	8252	7192	7102
石家庄市（不含辛集市）	217	204	7958	7624	6745	6667
辛集市	15	15	618	628	447	435
唐 山 市	193	190	6165	6084	6519	7100
秦皇岛市	75	75	2682	2737	2415	2161
邯 郸 市	214	214	13267	13366	8717	9056
邢 台 市	183	173	6946	7065	6053	6401
保 定 市（包含定州市、雄安新区）	312	315	8769	8619	8577	8832
保 定 市（不含定州市、雄安新区）	261	260	7256	6744	7004	7069
定州市	22	22	1016	1260	827	861
张家口市	210	210	4691	4723	3677	4006
承 德 市	203	203	5968	6271	4134	4125
沧 州 市	170	167	5368	5299	5106	5103
廊 坊 市	90	90	4383	4331	3600	3503
衡 水 市	114	114	3353	3181	3363	3252

2-5-1　各市主要经济指标排序

名　　称	农用机械总动力(千瓦)				农村用电量（万千瓦时）			
	2020年	位次	2021年	位次	2020年	位次	2021年	位次
全　　省	**79657376**		**79773925**		**5097982**		**4760892**	
石家庄市（包含辛集市）	13043786	1	13177561	1	666041	4	661153	2
唐 山 市	8038088	7	7947302	7	502535	5	492918	6
秦皇岛市	1755338	11	1762930	11	83812	11	162277	10
邯 郸 市	10673279	2	10299982	3	425774	6	561991	3
邢 台 市	9243682	4	9227196	4	349269	7	532729	4
保 定 市（包含定州市、雄安新区）	8227924	6	8370878	6	796736	2	852591	1
张家口市	2791822	9	2807227	9	140102	10	208124	9
承 德 市	2717926	10	2778229	10	246762	9	161525	11
沧 州 市	10573106	3	10571222	2	868941	1	493857	5
廊 坊 市	3933607	8	3978648	8	684370	3	337556	7
衡 水 市	8658818	5	8852750	5	333641	8	296171	8

注：各市数据均包含省直管县(下同)。

2-5-1续1　各市主要经济指标排序

名　　称	有效灌溉面积(公顷)				粮食总产量（吨）			
	2020年	位次	2021年	位次	2020年	位次	2021年	位次
全　　省	**4470028**		**4373770**		**37958903**		**38250896**	
石家庄市（包含辛集市）	498014	5	347754	7	4961200	3	4983944	3
唐 山 市	463980	7	464110	6	2898397	7	2938106	7
秦皇岛市	127810	11	145390	10	749878	11	759976	11
邯 郸 市	557330	3	556150	3	5330769	2	5369999	2
邢 台 市	594660	2	595170	2	4852139	4	4894407	4
保 定 市（包含定州市、雄安新区）	637814	1	633408	1	5421801	1	5398526	1
张家口市	231843	8	272813	8	1854625	8	1861014	8
承 德 市	145423	10	141461	11	1465320	10	1466609	10
沧 州 市	504234	4	509314	4	4578840	5	4659651	5
廊 坊 市	227530	9	226810	9	1481049	9	1507280	9
衡 水 市	481390	6	481390	5	4364886	6	4411384	6

2-5-1续2 各市主要经济指标排序

单位：吨

名称	棉花总产量				油料总产量			
	2020年	位次	2021年	位次	2020年	位次	2021年	位次
全省	**208593**		**159670**		**1195178**		**1183555**	
石家庄市（包含辛集市）	469	8	201	7	118966	5	111368	5
唐山市	11110	5	8803	4	319650	1	318762	1
秦皇岛市	8	9			91921	7	90471	7
邯郸市	51827	2	40845	2	135111	2	141264	2
邢台市	86372	1	67520	1	133631	3	138920	3
保定市（包含定州市、雄安新区）	537	7	47	8	131535	4	127486	4
张家口市					74399	8	57973	8
承德市					24306	11	27097	11
沧州市	13262	4	8160	5	42420	9	43308	9
廊坊市	2853	6	714	6	29729	10	31668	10
衡水市	42155	3	33380	3	93510	6	95237	6

2-5-1续3 各市主要经济指标排序

单位：吨

名称	蔬菜产量				园林水果产量			
	2020年	位次	2021年	位次	2020年	位次	2021年	位次
全省	**51982140**		**52842082**		**10313755**		**10584895**	
石家庄市（包含辛集市）	5578966	2	5645868	3	2047762	1	2148146	1
唐山市	9412247	1	9475655	1	813674	7	826211	7
秦皇岛市	2448693	11	2468220	11	689475	8	718890	8
邯郸市	5531458	3	5724348	2	650141	9	662498	9
邢台市	3188753	8	3080102	8	1062196	5	1024263	5
保定市（包含定州市、雄安新区）	5439863	4	5607453	4	1201176	2	1288522	2
张家口市	5149523	5	5284307	5	229398	11	258124	11
承德市	4316166	7	4592388	7	1092333	3	1119701	3
沧州市	2988781	9	3017019	9	1023520	6	987378	6
廊坊市	5084365	6	4998238	6	434866	10	440223	10
衡水市	2843325	10	2948484	10	1069213	4	1110942	4

2-5-1续4　各市主要经济指标排序

单位：吨

名　　称	肉类总产量				禽蛋产量			
	2020年	位次	2021年	位次	2020年	位次	2021年	位次
全　　省	**4191748**		**4643178**		**3897086**		**3895588**	
石家庄市（包含辛集市）	575139	2	598904	3	857281	2	878595	2
唐 山 市	577366	1	603397	2	289605	6	264110	6
秦皇岛市	266511	9	286398	10	81159	11	83272	11
邯 郸 市	472031	4	521731	4	915216	1	926354	1
邢 台 市	297550	7	344484	7	441426	3	453151	3
保 定 市（包含定州市、雄安新区）	524403	3	632626	1	346275	4	335839	4
张家口市	268640	8	313118	8	153597	8	139782	8
承 德 市	385066	6	396211	6	110514	10	101402	10
沧 州 市	408718	5	478519	5	325421	5	332785	5
廊 坊 市	157321	11	167112	11	128445	9	128427	9
衡 水 市	259002	10	300678	9	248147	7	251872	7

2-5-1续5　各市主要经济指标排序

单位：吨

名　　称	奶类产量				水产品产量			
	2020年	位次	2021年	位次	2020年	位次	2021年	位次
全　　省	**4882823**		**5018537**		**1003418**		**1081010**	
石家庄市（包含辛集市）	826353	3	862617	3	17481	6	17626	6
唐 山 市	1133197	1	1134873	1	533363	1	555379	1
秦皇岛市	71388	11	73572	11	272961	2	315596	2
邯 郸 市	177176	7	190064	7	21986	4	21592	4
邢 台 市	331708	6	375454	5	5568	10	7614	9
保 定 市（包含定州市、雄安新区）	575995	4	593063	4	14146	7	15748	7
张家口市	1024991	2	1041543	2	8632	8	8757	8
承 德 市	107112	10	95319	10	3773	11	3621	11
沧 州 市	132325	9	134450	9	99631	3	108777	3
廊 坊 市	152130	8	158378	8	20089	5	19949	5
衡 水 市	350447	5	359203	6	5788	9	6351	10

2-6-1　各市农业产业化龙头经营组织发展情况

名　　称	一、龙头经营组织总数(个)		(一)按组织类型分(个)					
			1.龙头企业带动型		#销售额2千万元以上		#销售额1亿元以上	
	2020年	2021年	2020年	2021年	2020年	2021年	2020年	2021年
全　省	**3070**	**3411**	**2843**	**3193**	**2023**	**2237**	**675**	**741**
石家庄市（包含辛集市）	434	437	419	424	319	345	110	106
石家庄市（不含辛集市）	402	405	387	392	291	315	99	94
辛集市	32	32	32	32	28	30	11	12
唐 山 市	357	358	328	331	224	232	73	78
秦皇岛市	191	201	155	167	82	100	26	37
邯 郸 市	348	436	333	422	277	319	97	111
邢 台 市	265	267	255	259	220	220	86	79
保 定 市（包含定州市、雄安新区）	448	608	424	579	272	357	90	129
保 定 市（不含定州市、雄安新区）	402	550	386	529	244	316	78	118
定州市	28	46	27	45	24	37	11	10
张家口市	177	185	143	153	95	99	28	30
承 德 市	219	216	207	205	129	129	31	30
沧 州 市	331	356	298	325	212	221	77	77
廊 坊 市	103	107	94	100	59	57	16	18
衡 水 市	197	240	187	228	134	158	41	46

注：龙头企业、专业市场的统计标准为年销售额500万元以上，中介服务组织年服务收入50万元以上(下同)。

2-6-1续1　各市农业产业化龙头经营组织发展情况

名　　称	(一)按组织类型分(个)(续1)					
	2.专业市场带动型		#成交额5千万元以上		#成交额1亿元以上	
	2020年	2021年	2020年	2021年	2020年	2021年
全　省	**87**	**84**	**83**	**78**	**76**	**72**
石家庄市（包含辛集市）	9	9	7	7	6	5
石家庄市（不含辛集市）	9	9	7	7	6	5
辛集市						
唐 山 市	8	6	7	6	6	5
秦皇岛市	5	5	4	4	4	4
邯 郸 市	11	10	11	10	10	9
邢 台 市	6	5	6	4	5	4
保 定 市（包含定州市、雄安新区）	12	14	12	13	10	12
保 定 市（不含定州市、雄安新区）	10	12	10	11	9	11
定州市	1	1	1	1		
张家口市	5	5	5	5	5	5
承 德 市	3	3	3	3	3	3
沧 州 市	19	18	19	17	18	16
廊 坊 市	2	2	2	2	2	2
衡 水 市	7	7	7	7	7	7

2-6-1续2　各市农业产业化龙头经营组织发展情况

名　称	(一)按组织类型分(个)(续2)					
	2.中介服务组织带动型		#专业合作经济组织		#服务收入1000万元以上的专业合作组织	
	2020年	2021年	2020年	2021年	2020年	2021年
全　省	**140**	**134**	**126**	**120**	**50**	**48**
石家庄市（包含辛集市）	6	4	4	4		
石家庄市（不含辛集市）	6	4	4	4		
辛集市						
唐 山 市	21	21	20	20	12	13
秦皇岛市	31	29	31	29	11	11
邯 郸 市	4	4	4	4	2	2
邢 台 市	4	3	3	2	3	2
保 定 市（包含定州市、雄安新区）	12	15	11	13	6	5
保 定 市（不含定州市、雄安新区）	6	9	5	7	4	4
定州市						
张家口市	29	27	29	27	5	7
承 德 市	9	8	2	1	2	1
沧 州 市	14	13	12	10	5	4
廊 坊 市	7	5	7	5	4	3
衡 水 市	3	5	3	5		

2-6-1续3　各市农业产业化龙头经营组织发展情况

名　称	(二)按利益联结方式分(个)							
	1.合同关系		#订单关系		年订单额（万元）		年履约订单额（万元）	
	2020年	2021年	2020年	2021年	2020年	2021年	2020年	2021年
全　省	**1969**	**2102**	**1527**	**1607**	**20646592**	**26964724**	**19557039**	**23440489**
石家庄市（包含辛集市）	261	264	201	198	2591710	2644362	2424646	2173745
石家庄市（不含辛集市）	242	245	185	182	1901931	2197175	1817829	1798841
辛集市	19	19	16	16	689779	447187	606817	374904
唐 山 市	265	268	223	221	2672940	2872764	2569316	2818775
秦皇岛市	129	129	107	98	1627890	1671833	1555396	1620729
邯 郸 市	289	312	262	290	2717200	3108734	2576815	2866728
邢 台 市	177	182	106	111	1631731	3120420	1610898	3022083
保 定 市（包含定州市、雄安新区）	193	252	141	177	2529956	5311608	2099818	2914433
保 定 市（不含定州市、雄安新区）	165	222	123	156	2141627	4914488	1738606	2524265
定州市	23	26	18	21	379833	390834	359512	388169
张家口市	117	125	104	112	1050773	1237377	1035396	1243734
承 德 市	162	150	127	117	855767	955958	818694	928079
沧 州 市	179	192	122	129	2711747	3338911	2627820	3237881
廊 坊 市	78	82	55	58	1327923	1548511	1311405	1536254
衡 水 市	119	146	79	96	928956	1154246	926835	1078049

2-6-1续4　各市农业产业化龙头经营组织发展情况

名　称	(二)按利益联结方式分(个)(续)					
	2.实行利润返还		3.股份分红		4.其他	
	2020年	2021年	2020年	2021年	2020年	2021年
全　省	**57**	**70**	**143**	**174**	**900**	**1065**
石家庄市（包含辛集市）	11	10	16	19	146	144
石家庄市（不含辛集市）	10	10	14	17	136	133
辛集市	1		2	2	10	11
唐 山 市	5	6	2	2	85	82
秦皇岛市	5	5	8	10	49	57
邯 郸 市	6	6	5	9	48	109
邢 台 市	2	1	9	7	77	77
保 定 市（包含定州市、雄安新区）	8	17	46	59	201	280
保 定 市（不含定州市、雄安新区）	7	14	45	58	185	256
定州市		2			5	18
张家口市	6	4	17	20	37	36
承 德 市	3	4	13	15	41	47
沧 州 市	5	9	13	14	134	141
廊 坊 市	1		2	2	22	23
衡 水 市	5	8	12	17	61	69

2-6-1续5　各市农业产业化龙头经营组织发展情况

名　称	二、龙头经营组织按产业类型分(个)							
	合　计		(一) 种植业		1.粮食		2.饲料	
	2020年	2021年	2020年	2021年	2020年	2021年	2020年	2021年
全　省	**3070**	**3411**	**1498**	**1699**	**385**	**445**	**168**	**172**
石家庄市（包含辛集市）	434	437	232	243	68	72	40	38
石家庄市（不含辛集市）	402	405	217	226	65	69	39	35
辛集市	32	32	15	17	3	3	1	3
唐 山 市	357	358	181	175	42	39	37	37
秦皇岛市	191	201	87	82	30	24	5	5
邯 郸 市	348	436	183	232	41	53	14	16
邢 台 市	265	267	133	127	35	33	19	18
保 定 市（包含定州市、雄安新区）	448	608	189	294	38	59	9	16
保 定 市（不含定州市、雄安新区）	402	550	165	266	31	50	5	11
定州市	28	46	12	19	4	6	2	3
张家口市	177	185	96	106	34	47	5	5
承 德 市	219	216	100	97	17	15	2	2
沧 州 市	273	356	162	179	47	58	25	24
廊 坊 市	103	107	42	44	8	6	3	2
衡 水 市	197	240	93	120	25	39	9	9

2-6-1续6　各市农业产业化龙头经营组织发展情况

名　　称	二、龙头经营组织按产业类型分(个)(续1)							
	3.油料		4.糖料		5.水果		6.蔬菜及食用菌	
	2020年	2021年	2020年	2021年	2020年	2021年	2020年	2021年
全　　省	**55**	**61**	**4**	**2**	**322**		**401**	**451**
石家庄市（包含辛集市）	9	12			72		39	44
石家庄市（不含辛集市）	5	8			64		38	43
辛集市	4	4			8		1	1
唐 山 市	4	4			52		45	45
秦皇岛市	4	5	1	1	12		24	24
邯 郸 市	13	16			33		56	74
邢 台 市	5	4			20		33	33
保 定 市（包含定州市、雄安新区）	5	5	1		39		53	76
保 定 市（不含定州市、雄安新区）	5	5	1		37		46	67
定州市					1		3	6
张家口市	5	2	1	1	5		37	37
承 德 市	1	2			23		41	42
沧 州 市	2	3			39		29	30
廊 坊 市	3	3			3		24	24
衡 水 市	4	5	1		24		20	22

2-6-1续7　各市农业产业化龙头经营组织发展情况

名　　称	二、龙头经营组织按产业类型分(个)(续2)							
	7.棉麻丝		8.中药材		9.花卉		10.其他种植业	
	2020年	2021年	2020年	2021年	2020年	2021年	2020年	2021年
全　　省	**37**	**42**	**76**	**112**	**19**	**17**	**89**	**87**
石家庄市（包含辛集市）	4	4	7	11	4	3	8	5
石家庄市（不含辛集市）	4	4	6	10	4	3	8	5
辛集市			1	1				
唐 山 市			7	8	2	1	4	4
秦皇岛市	1	1	6	6	1	1	3	1
邯 郸 市	4	10	7	9	4	7	19	15
邢 台 市	6	5	9	11	2	1	6	5
保 定 市（包含定州市、雄安新区）	3	3	26	50	3	3	18	25
保 定 市（不含定州市、雄安新区）	3	3	26	49	2	2	15	23
定州市					1	1	1	2
张家口市				2	1		9	8
承 德 市			9	8			8	9
沧 州 市	16	16	1	1	2	1	5	6
廊 坊 市							2	2
衡 水 市	3	3	4	6			7	7

2-6-1续8 各市农业产业化龙头经营组织发展情况

名 称	二、龙头经营组织按产业类型分(个)(续3)							
	(二)畜牧业		1.猪		2.牛		3.羊	
	2020年	2021年	2020年	2021年	2020年	2021年	2020年	2021年
全 省	**954**	**1016**	**288**	**305**	**143**	**162**	**51**	**57**
石家庄市(包含辛集市)	128	122	44	41	18	19	4	3
石家庄市(不含辛集市)	113	110	37	35	16	18	4	3
辛集市	15	12	7	6	2	1		
唐 山 市	88	89	19	17	16	16		
秦皇岛市	48	51	13	15	4	5	5	7
邯 郸 市	115	121	43	44	15	19	8	7
邢 台 市	81	83	24	24	6	8	3	3
保 定 市(包含定州市、雄安新区)	167	209	42	55	23	28	14	17
保 定 市(不含定州市、雄安新区)	150	183	39	50	22	26	12	14
定州市	14	25	3	5	1	2		3
张家口市	59	62	20	21	10	12	5	6
承 德 市	53	48	16	16	14	13	4	4
沧 州 市	108	110	33	34	14	14	1	4
廊 坊 市	38	38	13	11	10	10		
衡 水 市	69	83	21	27	13	18	7	6

2-6-1续9 各市农业产业化龙头经营组织发展情况

名 称	二、龙头经营组织按产业类型分(个)(续4)							
	4.禽肉		5.蛋类		6.奶类		7.皮毛类	
	2020年	2021年	2020年	2021年	2020年	2021年	2020年	2021年
全 省	**121**	**134**	**99**	**109**	**161**	**154**	**20**	**20**
石家庄市(包含辛集市)	14	15	8	10	27	22	2	2
石家庄市(不含辛集市)	13	14	7	9	24	20	2	2
辛集市	1	1	1	1	3	2		
唐 山 市	14	16	6	7	29	30		
秦皇岛市	10	8	8	7	2	3	3	3
邯 郸 市	11	13	19	18	10	8		1
邢 台 市	11	11	8	8	11	12	8	7
保 定 市(包含定州市、雄安新区)	18	31	24	26	32	36	1	1
保 定 市(不含定州市、雄安新区)	18	31	21	22	26	25	1	1
定州市			3	4	6	11		
张家口市	3	3	5	5	12	11		
承 德 市	2	2	5	5	7	6		
沧 州 市	31	28	9	11	6	4	4	4
廊 坊 市	2	2	2	3	11	10		
衡 水 市	5	5	5	9	14	12	2	2

2-6-1续10　各市农业产业化龙头经营组织发展情况

名　　称	二、龙头经营组织按产业类型分(个)（续5）							
	8.其他畜牧业		（三）水产业		（四）林业		（五）其他	
	2020年	2021年	2020年	2021年	2020年	2021年	2020年	2021年
全　　省	**71**	**75**	**79**	**83**	**156**	**160**	**383**	**453**
石家庄市（包含辛集市）	11	10	1	1	15	15	58	56
石家庄市（不含辛集市）	10	9	1	1	15	14	56	54
辛集市	1	1				1	2	2
唐 山 市	4	3	32	33	27	33	29	28
秦皇岛市	3	3	26	26	15	14	15	28
邯 郸 市	9	11	2	4	19	21	29	58
邢 台 市	10	10			15	12	36	45
保 定 市（包含定州市、雄安新区）	13	15	4	5	11	11	77	89
保 定 市（不含定州市、雄安新区）	11	14	4	5	10	11	73	85
定州市	1						2	2
张家口市	4	4			5	4	17	13
承 德 市	5	2	1		17	16	48	55
沧 州 市	10	11	3	14		13		40
廊 坊 市		2			12	13	11	12
衡 水 市	2	4			8	8	27	29

2-6-1续11　各市农业产业化龙头经营组织发展情况

名　　称	三、龙头经营组织规模									
	（一）从业人员合计（人）		1.龙头企业		2.专业市场		3.中介服务组织		#专业合作经济组织	
	2020年	2021年	2020年	2021年	2020年	2021年	2020年	2021年	2020年	2021年
全　　省	**483331**	**478744**	**384488**	**393401**	**92319**	**79282**	**6524**	**6061**	**5624**	**5029**
石家庄市（包含辛集市）	74174	66011	54825	53190	19170	12676	179	145	152	145
石家庄市（不含辛集市）	70861	62614	51512	49793	19170	12676	179	145	152	145
辛集市	3313	3397	3313	3397						
唐 山 市	48045	45629	43559	42173	3134	2066	1352	1390	1159	1197
秦皇岛市	25473	25855	20387	20456	4083	4517	1003	882	1003	882
邯 郸 市	64243	67320	50920	57051	13166	10114	157	155	157	155
邢 台 市	52102	51485	49458	48901	2450	2401	194	183	119	63
保 定 市（包含定州市、雄安新区）	74199	87524	47394	57358	26275	29553	530	613	526	573
保 定 市（不含定州市、雄安新区）	69797	82729	43217	52818	26241	29521	339	390	335	350
定州市	3342	4019	3334	4011	8	8				
张家口市	21512	23009	16002	17918	4241	4068	1269	1023	1269	1023
承 德 市	26680	23459	25906	22854	115	107	659	498	271	150
沧 州 市	39830	37646	35406	32059	3643	4873	781	714	568	383
廊 坊 市	14365	13825	14005	13468	35	35	325	322	325	322
衡 水 市	42708	36981	26626	27973	16007	8872	75	136	75	136

2-6-1续12　各市农业产业化龙头经营组织发展情况

名　　称	三、龙头经营组织规模(续1)							
	(二) 固定资产净值合计 (万元)		1.龙头企业		2.专业市场		3.中介服务组织	
	2020年	2021年	2020年	2021年	2020年	2021年	2020年	2021年
全　　省	**14133852**	**15513867**	**13421022**	**14601665**	**590254**	**791115**	**122576**	**121087**
石家庄市（包含辛集市）	2030343	2079263	2010220	2060567	18238	18019	1885	677
石家庄市（不含辛集市）	1919412	1889138	1899289	1870442	18238	18019	1885	677
辛集市	110931	190125	110931	190125				
唐 山 市	1507036	1294228	1426652	1231265	62930	44512	17454	18451
秦皇岛市	836160	1040267	789979	960067	25034	62183	21147	18017
邯 郸 市	1543193	1770013	1458480	1681146	83975	88114	738	753
邢 台 市	2126605	2300320	2113236	2268042	12392	11400	977	20878
保 定 市（包含定州市、雄安新区）	1813137	2315157	1585911	1899898	213284	402689	13942	12570
保 定 市（不含定州市、雄安新区）	1599932	2070988	1378966	1661430	212152	401554	8814	8004
定州市	186551	226469	185524	225439	1027	1030		
张家口市	913872	927199	880208	893894	20203	19313	13461	13992
承 德 市	839975	876753	806480	862428	3564	3749	29931	10576
沧 州 市	1199988	1249095	1044885	1104851	141046	131807	14057	12437
廊 坊 市	439058	469948	429558	460990	978	850	8522	8108
衡 水 市	884485	1191624	875413	1178517	8610	8479	462	4628

2-6-1续13　各市农业产业化龙头经营组织发展情况

名　　称	三、龙头经营组织规模(续2)							
	(三) 带动农户合计 (户)		#订单带动农户		1.龙头企业带动农户		#订单带动农户	
	2020年	2021年	2020年	2021年	2020年	2021年	2020年	2021年
全　　省	**20522097**	**18694801**	**8845164**	**9000526**	**18778567**	**17240420**	**8434709**	**8692583**
石家庄市（包含辛集市）	6552034	4796168	2440839	1561281	6481759	4730567	2421281	1544320
石家庄市（不含辛集市）	5925653	4086485	1922334	970181	5855378	4020884	1902776	953220
辛集市	626381	709683	518505	591100	626381	709683	518505	591100
唐 山 市	1419157	1374946	641591	679575	1187974	1147587	621422	656441
秦皇岛市	1387861	1282627	535326	494769	1027635	965469	502987	460224
邯 郸 市	2762098	3061981	1679895	2003574	2504998	2812752	1635355	1908478
邢 台 市	2787822	2847974	683939	1546315	2663802	2727249	681341	1536205
保 定 市（包含定州市、雄安新区）	1509810	1595919	565646	784639	1243797	1506812	498116	771571
保 定 市（不含定州市、雄安新区）	1185056	1137681	475254	593276	928741	1057573	408054	580538
定州市	131691	270642	88232	190983	126253	265193	88232	190983
张家口市	663894	596709	396504	319355	603615	542586	385227	315461
承 德 市	763964	807872	481702	472691	639482	688683	417532	412976
沧 州 市	1129492	886171	543117	418226	963265	753604	434173	408197
廊 坊 市	561772	397036	465249	292882	548351	383413	463372	291294
衡 水 市	984193	1047398	411356	427219	913889	981698	373903	387416

2-6-1续14　各市农业产业化龙头经营组织发展情况

名　　称	三、龙头经营组织规模(续3)							
	2.专业市场带动农户		#订单带动农户		3.中介服务组织带动农户		#订单带动农户	
	2020年	2021年	2020年	2021年	2020年	2021年	2020年	2021年
全　　省	**1513925**	**1223499**	**303302**	**195058**	**229605**	**230882**	**107153**	**112885**
石家庄市（包含辛集市）	50280	50288	9185	9081	19995	15313	10373	7880
石家庄市（不含辛集市）	50280	50288	9185	9081	19995	15313	10373	7880
辛集市								
唐 山 市	199012	189510	11442	13535	32171	37849	8727	9599
秦皇岛市	315141	270146	18442	18550	45085	47012	13897	15995
邯 郸 市	246438	238527	41398	91899	10662	10702	3142	3197
邢 台 市	112475	111015	1400	1500	11545	9710	1198	8610
保 定 市（包含定州市、雄安新区）	260767	83220	66894	11877	5246	5887	636	1191
保 定 市（不含定州市、雄安新区）	254599	77071	66894	11877	1716	3037	306	861
定州市	5438	5449						
张家口市	48449	47954	2112	1750	11830	6169	9165	2144
承 德 市	47290	47457	12790	12857	77192	71732	51380	46858
沧 州 市	157966	125487	107483	8902	8261	7080	1461	1127
廊 坊 市	11100	11600			2321	2023	1877	1588
衡 水 市	65007	48295	32156	25107	5297	17405	5297	14696

2-6-1续15　各市农业产业化龙头经营组织发展情况

名　　称	四、龙头经营组织效益							
	(一）销售总额（万元）		1.龙头企业		2.专业市场		3.中介服务组织	
	2020年	2021年	2020年	2021年	2020年	2021年	2020年	2021年
全　　省	**46462364**	**50663664**	**41060262**	**45278602**	**5136405**	**4944827**	**265697**	**440235**
石家庄市（包含辛集市）	6521460	6412538	6434517	6311283	84194	100574	2749	681
石家庄市（不含辛集市）	5741748	5753949	5654805	5652694	84194	100574	2749	681
辛集市	779712	658589	779712	658589				
唐 山 市	4328097	4688706	4189540	4566945	97936	83983	40621	37778
秦皇岛市	3219260	3745116	3165680	3687482	6744	6673	46836	50961
邯 郸 市	4528042	5522214	4288941	5280736	229057	231392	10044	10086
邢 台 市	6490672	6820185	6255706	6472950	199651	126430	35315	220805
保 定 市（包含定州市、雄安新区）	6343668	8546814	4488040	6259010	1827627	2263043	28001	24761
保 定 市（不含定州市、雄安新区）	5524042	7607701	3694505	5343428	1816006	2251644	13531	12629
定州市	605233	717750	602718	715227	2515	2523		
张家口市	1859626	2080955	1764110	1982593	81578	84606	13938	13756
承 德 市	1890065	1921739	1807170	1844719	42274	42730	40621	34290
沧 州 市	6262614	5422932	3966453	3606221	2266393	1790516	29768	26195
廊 坊 市	1898259	2182771	1847315	2142369	35145	23370	15799	17032
衡 水 市	3120601	3319694	2852790	3124294	265806	191510	2005	3890

2-6-1续16 各市农业产业化龙头经营组织发展情况

名 称	四、龙头经营组织效益（续1）							
	（二）净利润（万元）		1.龙头企业		2.专业市场		3.中介服务组织	
	2020年	2021年	2020年	2021年	2020年	2021年	2020年	2021年
全 省	**6167897**	**5450852**	**2865773**	**2259870**	**3286691**	**3148616**	**15433**	**42366**
石家庄市（包含辛集市）	361293	316127	321088	267651	39812	48377	393	99
石家庄市（不含辛集市）	354622	337577	314417	289101	39812	48377	393	99
辛集市	6671	-21450	6671	-21450				
唐 山 市	283874	251335	239716	213174	40178	33958	3980	4203
秦皇岛市	142518	79531	137655	74872	2633	2287	2230	2372
邯 郸 市	484584	481022	338039	351017	146012	129482	533	523
邢 台 市	673018	270132	558917	201428	112435	37456	1666	31248
保 定 市（包含定州市、雄安新区）	1609178	1870571	290597	314416	1313976	1554000	4605	2155
保 定 市（不含定州市、雄安新区）	1551100	1803396	243160	257594	1304153	1544368	3787	1434
定州市	33389	43005	31399	41009	1990	1996		
张家口市	213752	174494	171519	129321	40341	43456	1892	1717
承 德 市	196402	158572	168586	130394	31383	31853	-3567	-3675
沧 州 市	1443615	1177487	112148	77110	1329466	1098420	2001	1957
廊 坊 市	134235	144064	128528	138780	4852	4609	855	675
衡 水 市	625428	527517	398980	361707	225603	164718	845	1092

2-6-1续17 各市农业产业化龙头经营组织发展情况

名 称	四、龙头经营组织效益（续2）							
	（三）上交税金（万元）		1.龙头企业		2.专业市场		3.中介服务组织	
	2020年	2021年	2020年	2021年	2020年	2021年	2020年	2021年
全 省	**1053769**	**1305279**	**825038**	**1050892**	**226290**	**251521**	**2441**	**2866**
石家庄市（包含辛集市）	170344	197959	162929	190448	7400	7511	15	
石家庄市（不含辛集市）	167516	195170	160101	187659	7400	7511	15	
辛集市	2828	2789	2828	2789				
唐 山 市	53146	51222	49480	41919	3640	9289	26	14
秦皇岛市	46932	127330	46282	126493	591	755	59	82
邯 郸 市	50342	68466	42712	60927	7435	7334	195	205
邢 台 市	62854	49875	56248	47261	6456	1974	150	640
保 定 市（包含定州市、雄安新区）	239284	300224	82720	106462	156511	193737	53	25
保 定 市（不含定州市、雄安新区）	232230	292376	76142	99078	156038	193275	50	23
定州市	5927	6617	5927	6617				
张家口市	31547	28606	31237	28292	301	302	9	12
承 德 市	66739	69053	63701	66058	1104	1109	1934	1886
沧 州 市	46195	67821	22867	49731	23328	18090		
廊 坊 市	153077	223924	152985	223922	92			2
衡 水 市	133309	120799	113877	109379	19432	11420		

2-6-1续18　各市农业产业化龙头经营组织发展情况

名　　称	四、龙头经营组织效益（续3）					
	（四）龙头企业出口创汇（万美元）		（五）龙头企业主要农产品原料采购值（万元）		（六）专业市场成交额（万元）	
	2020年	2021年	2020年	2021年	2020年	2021年
全　　省	**132275**	**168631**	**21429943**	**25581833**	**31930556**	**32047457**
石家庄市（包含辛集市）	24326	38524	2252892	2769281	943508	1214338
石家庄市（不含辛集市）	23266	36886	1877024	2267757	943508	1214338
辛集市	1060	1638	375868	501524		
唐 山 市	16959	21012	2430864	2679276	587705	569641
秦皇岛市	33235	37308	1642169	2501838	2085809	2241733
邯 郸 市	21762	31524	2737535	3103222	2649878	2446687
邢 台 市	8915	4073	3670762	4520745	596694	357169
保 定 市（包含定州市、雄安新区）	6490	8582	2545066	3594681	12564308	15636884
保 定 市（不含定州市、雄安新区）	6490	8579	1969664	2918134	12514605	15588151
定州市		3	399405	492797	9868	9898
张家口市	3594	5641	876689	1013761	720525	812740
承 德 市	5783	8434	892981	893123	454657	449203
沧 州 市	9978	11528	1818064	1781831	10036894	7402013
廊 坊 市	266	83	1183710	1356496	180562	166581
衡 水 市	967	1922	1379211	1367579	1110016	750468

2-6-1续19　各市农业产业化龙头经营组织发展发展情况

名　　称	五、龙头经营组织按重点级别分(个)							
	1.国家重点龙头		2.省级重点龙头		3.市级重点龙头		4.县级重点龙头	
	2020年	2021年	2020年	2021年	2020年	2021年	2020年	2021年
全　　省	**58**	**64**	**656**	**772**	**1652**	**1850**	**703**	**715**
石家庄市（包含辛集市）	8	7	82	98	197	195	147	137
石家庄市（不含辛集市）	8	7	69	83	197	195	128	120
辛集市			13	15			19	17
唐 山 市	6	7	71	77	150	136	130	138
秦皇岛市	6	6	41	48	131	135	13	12
邯 郸 市	7	10	81	104	211	274	49	39
邢 台 市	7	8	52	57	161	162	44	39
保 定 市（包含定州市、雄安新区）	1	3	76	108	184	269	187	228
保 定 市（不含定州市、雄安新区）	1	3	61	88	169	234	171	225
定州市			11	17	7	29	10	
张家口市	4	4	40	54	98	95	35	32
承 德 市	6	5	61	69	147	137	5	5
沧 州 市	7	6	53	61	216	245	55	44
廊 坊 市	3	4	36	34	56	61	8	8
衡 水 市	3	4	63	62	101	141	30	33

2-6-1续20　各市农业产业化龙头经营组织发展发展情况

名　　称	六、龙头经营组织按上市情况分（个）					
	1.境内上市		2.境外上市		3.未上市	
	2020年	2021年	2020年	2021年	2020年	2021年
全　省	**70**	**70**	**19**	**18**	**2981**	**3323**
石家庄市（包含辛集市）	7	11	4	3	423	423
石家庄市（不含辛集市）	6	11	4	3	392	391
辛集市	1				31	32
唐 山 市	10	7	3	1	344	350
秦皇岛市	5	3	5	5	181	193
邯 郸 市	10	9	1	2	337	425
邢 台 市	4	3	2	2	259	262
保 定 市（包含定州市、雄安新区）	5	3	2	2	441	603
保 定 市（不含定州市、雄安新区）	4	2	2	2	396	546
定州市	1	1			27	45
张家口市	5	7		1	172	177
承 德 市	4	4			215	212
沧 州 市	9	12			322	344
廊 坊 市	3	2	1	1	99	104
衡 水 市	8	9	1	1	188	230

2-6-1续21　各市农业产业化龙头经营组织发展发展情况

名　　称	七、龙头经营组织按产品辐射范围分（个）					
	1.本省内		2.跨省区		3.国　外	
	2020年	2021年	2020年	2021年	2020年	2021年
全　省	**968**	**1073**	**1933**	**2160**	**169**	**178**
石家庄市（包含辛集市）	183	179	230	237	21	21
石家庄市（不含辛集市）	170	172	214	215	18	18
辛集市	13	7	16	22	3	3
唐 山 市	121	118	207	208	29	32
秦皇岛市	60	56	102	115	29	30
邯 郸 市	73	92	264	333	11	11
邢 台 市	97	98	163	162	5	7
保 定 市（包含定州市、雄安新区）	140	206	287	381	21	21
保 定 市（不含定州市、雄安新区）	115	179	266	351	21	20
定州市	17	23	11	22		1
张家口市	52	56	109	112	16	17
承 德 市	56	51	149	151	14	14
沧 州 市	100	109	212	231	19	16
廊 坊 市	23	23	79	82	1	2
衡 水 市	63	85	131	148	3	7

2-6-2 各市农产品生产(加工)基地发展情况

名称	一、农产品生产(加工)基地个数(个)		(一)按基地类型分(个)					
			1.种植业生产基地(包括林果)		2.养殖业生产基地(包括水产)		3.农产品加工基地	
	2020年	2021年	2020年	2021年	2020年	2021年	2020年	2021年
全省	**545**	**371**	**340**	**301**	**198**	**66**	**7**	**4**
石家庄市(包含辛集市)	56	32	28	26	28	6		
石家庄市(不含辛集市)	53	29	26	24	27	5		
辛集市	3	3	2	2	1	1		
唐山市	60	24	26	16	32	8	2	
秦皇岛市	40	27	23	23	16	4	1	
邯郸市	68	46	41	41	27	5		
邢台市	56	37	38	34	16	1	2	2
保定市(包含定州市、雄安新区)	88	70	69	55	18	14	1	1
保定市(不含定州市、雄安新区)	85	66	67	52	17	13	1	1
定州市	3	4	2	3	1	1		
张家口市	31	31	19	19	12	12		
承德市	48	40	33	32	15	8		
沧州市	41	24	20	17	21	7		
廊坊市	20	15	20	15				
衡水市	37	25	23	23	13	1	1	1

注:农产品生产基地的统计标准为销售产值500万元以上或种植面积5000亩以上,加工基地的统计标准为销售产值2000万元以上且基地内不够企业标准的个体加工户达1000户以上,商品率90%以上(下同)。

2-6-2续1 各市农产品生产(加工)基地发展情况

名称	(二)农产品生产(加工)基地按基地带动的龙头经营组织类型分(个)							
	1.龙头企业带动型		2.专业市场带动型		3.中介服务组织带动型		4.无龙头带动	
	2020年	2021年	2020年	2021年	2020年	2021年	2020年	2021年
全省	**256**	**172**	**53**	**39**	**26**	**16**	**210**	**144**
石家庄市(包含辛集市)	12	7	3	1	2	1	39	23
石家庄市(不含辛集市)	12	7	2		2	1	37	21
辛集市			1	1			2	2
唐山市	36	17	8	4	3	1	13	2
秦皇岛市	28	16	3	3	1	1	8	7
邯郸市	47	29	12	8	1	1	8	8
邢台市	25	16	4	4	6	5	21	12
保定市(包含定州市、雄安新区)	23	25	6	6	8	3	51	36
保定市(不含定州市、雄安新区)	21	22	5	5	8	3	51	36
定州市	2	3	1	1				
张家口市	14	13			2	3	15	15
承德市	33	29	3	1	2	1	10	9
沧州市	18	7	7	6			16	11
廊坊市	3	3	2	1	1		14	11
衡水市	17	10	5	5			15	10

2-6-2续2　各市农产品生产(加工)基地发展情况

名　　称	(三) 农产品生产(加工)基地按产业类型分(个)							
	1.粮　食		2.饲　料		3.油　料		4.糖　料	
	2020年	2021年	2020年	2021年	2020年	2021年	2020年	2021年
全　　省	**31**	**26**		**1**	**12**	**10**	**1**	**1**
石家庄市(包含辛集市)	4	3			1	1	1	1
石家庄市(不含辛集市)	4	3			1	1	1	1
辛集市								
唐 山 市	4	2			2	1		
秦皇岛市	6	5			1	1		
邯 郸 市	4	4			1	1		
邢 台 市	2	2			2	2		
保 定 市(包含定州市、雄安新区)	4	4			3	2		
保 定 市(不含定州市、雄安新区)	4	3			3	2		
定州市		1						
张家口市	3	3						
承 德 市	3	3						
沧 州 市					1	1		
廊 坊 市	1							
衡 水 市				1	1	1		

2-6-2续3　各市农产品生产(加工)基地发展情况

名　　称	(三) 农产品生产(加工)基地按产业类型分(个)(续1)							
	5.水　果		6.蔬菜及食用菌		7.棉麻丝		8.中药材	
	2020年	2021年	2020年	2021年	2020年	2021年	2020年	2021年
全　　省	**102**	**83**	**112**	**107**	**14**	**13**	**13**	**11**
石家庄市(包含辛集市)	10	9	8	8			1	1
石家庄市(不含辛集市)	9	8	7	7			1	1
辛集市	1	1	1	1				
唐 山 市	6	1	10	10				
秦皇岛市	7	7	5	5			1	1
邯 郸 市	7	7	17	17	3	3	1	1
邢 台 市	13	12	8	9	5	4	3	2
保 定 市(包含定州市、雄安新区)	25	17	18	16			4	3
保 定 市(不含定州市、雄安新区)	25	17	17	15			4	3
定州市			1	1				
张家口市	2	2	10	10				
承 德 市	7	7	12	12			3	3
沧 州 市	8	6	7	6	3	3		
廊 坊 市	9	7	8	6				
衡 水 市	8	8	9	8	3	3		

2−6−2续4　各市农产品生产(加工)基地发展情况

名　称	（三）农产品生产（加工）基地按产业类型分（个）（续2）							
	9.花　卉		10.其他种植业		11.猪		12.牛	
	2020年	2021年	2020年	2021年	2020年	2021年	2020年	2021年
全　省	**6**	**6**	**5**	**3**	**60**	**16**	**10**	**5**
石家庄市（包含辛集市）			1		10			
石家庄市（不含辛集市）			1		10			
辛集市								
唐 山 市					8		1	1
秦皇岛市					4			
邯 郸 市	2	2	1	1	11	3	1	
邢 台 市					5			
保 定 市（包含定州市、雄安新区）	3	3	1		7	5	1	1
保 定 市（不含定州市、雄安新区）	2	2	1		6	4	1	1
定州市	1	1			1	1		
张家口市			1	1	3	4		
承 德 市					4	3	4	3
沧 州 市			1	1	2		1	
廊 坊 市	1	1						
衡 水 市					6	1	2	

2−6−2续5　各市农产品生产(加工)基地发展情况

名　称	（三）农产品生产（加工）基地按产业类型分（个）（续3）							
	13.羊		14.禽　肉		15.蛋　类		16.奶　类	
	2020年	2021年	2020年	2021年	2020年	2021年	2020年	2021年
全　省	**15**	**7**	**23**	**2**	**48**	**10**	**20**	**15**
石家庄市（包含辛集市）					12	1	6	5
石家庄市（不含辛集市）					11		6	5
辛集市					1	1		
唐 山 市	1		2		3		6	3
秦皇岛市	3	1	4		1		1	
邯 郸 市	2	1	2		10			
邢 台 市	1		3		6		1	1
保 定 市（包含定州市、雄安新区）	3	3	1		4	3	1	1
保 定 市（不含定州市、雄安新区）	3	3	1		4	3	1	1
定州市								
张家口市	2	2			4	4	2	2
承 德 市	3		2	1	1		1	1
沧 州 市			6	1	5	2	2	2
廊 坊 市								
衡 水 市			3		2			

2−6−2续6　各市农产品生产(加工)基地发展情况

名　　称	(三) 农产品生产 (加工) 基地按产业类型分 (个) (续4)							
	17.皮毛类		18.其他畜牧业		19.水产业		20.林　业	
	2020年	2021年	2020年	2021年	2020年	2021年	2020年	2021年
全　　省	**5**	**3**			**16**	**9**	**40**	**35**
石家庄市(包含辛集市)							2	3
石家庄市(不含辛集市)							2	3
辛集市								
唐 山 市	1				9	4	5	2
秦皇岛市	1	1			2	2	4	4
邯 郸 市					1	1	5	5
邢 台 市	1	1					4	3
保 定 市(包含定州市、雄安新区)							9	7
保 定 市(不含定州市、雄安新区)							9	7
定州市								
张家口市							2	2
承 德 市							7	7
沧 州 市	1				4	2		
廊 坊 市							1	1
衡 水 市	1	1					1	1

2−6−2续7　各市农产品生产(加工)基地发展情况

名　　称	二、农产品生产(加工)基地规模效益							
	农产品生产(加工)基地产值(万元)		农产品生产(加工)基地销售产值(万元)		基地销售产值按产业类型分 (万元)			
					1.粮　食		2.饲　料	
	2020年	2021年	2020年	2021年	2020年	2021年	2020年	2021年
全　　省	**25696292**	**20619737**	**24873409**	**19727388**	**814678**	**817592**		**5769**
石家庄市(包含辛集市)	1641475	1178786	1606844	1162805	84848	73214		
石家庄市(不含辛集市)	1286447	849758	1251816	833777	84848	73214		
辛集市	355028	329028	355028	329028				
唐 山 市	5138188	3770309	5048520	3690796	126891	138356		
秦皇岛市	1988579	1673711	1955152	1602455	111684	121154		
邯 郸 市	2789511	2006962	2656393	1895623	89174	86088		
邢 台 市	2008325	1265315	1942221	1216082	41915	42686		
保 定 市(包含定州市、雄安新区)	3088449	3098224	2981373	2964164	36028	38742		
保 定 市(不含定州市、雄安新区)	2766259	2697992	2663377	2569556	36028	36294		
定州市	322190	400232	317996	394608		2448		
张家口市	1049434	967947	1003039	914265	83112	83276		
承 德 市	3049551	3160072	2942327	2992445	239847	234076		
沧 州 市	1701912	1195302	1630368	1150841				
廊 坊 市	975144	834866	922924	778101	1179			
衡 水 市	2265724	1468243	2184248	1359811				5769

2-6-2续8　各市农产品生产(加工)基地发展情况

名　　称	二、农产品生产(加工)基地规模效益（续1）							
	基地销售产值按产业类型分（万元）（续1）							
	3.油　料		4.糖　料		5.水　果		6.蔬菜及食用菌	
	2020年	2021年	2020年	2021年	2020年	2021年	2020年	2021年
全　　省	**154139**	**183673**	**39099**	**39098**	**2680348**	**2293072**	**8379371**	**8485346**
石家庄市（包含辛集市）	4992	7133	39099	39098	312243	301029	437583	433441
石家庄市（不含辛集市）	4992	7133	39099	39098	226643	225429	295655	299513
辛集市					85600	75600	141928	133928
唐 山 市	57031	36878			320777	215390	2051922	2101881
秦皇岛市	8217	7512			186417	166613	306778	354855
邯 郸 市	43568	44448			107865	100066	1072487	1090569
邢 台 市	12523	13803			235728	183462	294104	288128
保 定 市（包含定州市、雄安新区）	16757	15856			467422	422964	766327	808965
保 定 市（不含定州市、雄安新区）	16757	15856			467422	422964	651605	653184
定州市							114722	155781
张家口市					76232	66032	392973	378637
承 德 市					270984	250917	1048289	1210437
沧 州 市	530	47912			309682	281514	544583	543375
廊 坊 市					70880	50206	814004	694072
衡 水 市	10521	10131			322118	254879	650321	580986

2-6-2续9　各市农产品生产(加工)基地发展情况

名　　称	二、农产品生产(加工)基地规模效益（续2）							
	基地销售产值按产业类型分（万元）（续2）							
	7.棉麻丝		8.中药材		9.花　卉		10.其他种植业	
	2020年	2021年	2020年	2021年	2020年	2021年	2020年	2021年
全　　省	**295499**	**292555**	**1067892**	**1063396**	**270094**	**320621**	**46566**	**11695**
石家庄市（包含辛集市）			4356	4047			3521	
石家庄市（不含辛集市）			4356	4047			3521	
辛集市								
唐 山 市								
秦皇岛市			220000	228718				
邯 郸 市	76812	68904	24696	32234	78824	116696	1710	1696
邢 台 市	151343	159744	320646	205439				
保 定 市（包含定州市、雄安新区）			217247	236936	156499	172152	9878	
保 定 市（不含定州市、雄安新区）			217247	236936	17150	13767	9878	
定州市					139349	158385		
张家口市							6677	6999
承 德 市			280947	356022				
沧 州 市	21309	18712					24780	3000
廊 坊 市					34771	31773		
衡 水 市	46035	45195						

2-6-2续10 各市农产品生产(加工)基地发展情况

名　　称	二、农产品生产(加工)基地规模效益（续3）							
	基地销售产值按产业类型分（万元）（续3）							
	11.猪		12.牛		13.羊		14.肉　禽	
	2020年	2021年	2020年	2021年	2020年	2021年	2020年	2021年
全　　省	**4009498**	**982154**	**652579**	**567083**	**609983**	**523873**	**240243**	**71125**
石家庄市（包含辛集市）	296416							
石家庄市（不含辛集市）	296416							
辛集市								
唐 山 市	1064344		54854	45741	20526		20869	
秦皇岛市	382134				127142	38680	39399	
邯 郸 市	717872	261545	6105		36438	27573	15184	
邢 台 市	200034				20807		38583	
保 定 市（包含定州市、雄安新区）		259180	53725	59100	282503	366210	2514	
保 定 市（不含定州市、雄安新区）		181186	53725	59100	282503	366210	2514	
定州市		77994						
张家口市	543083	189004			89717	91410		
承 德 市	306756	167709	496386	462242	32850		46502	48000
沧 州 市	146639		7511				54819	23125
廊 坊 市								
衡 水 市	352220	104716	33998				22373	

2-6-2续11 各市农产品生产(加工)基地发展情况

名　　称	二、农产品生产(加工)基地规模效益（续4）							
	基地销售产值按产业类型分（万元）（续4）							
	15.蛋　类		16.奶　类		17.皮毛类		18.其他畜牧业	
	2020年	2021年	2020年	2021年	2020年	2021年	2020年	2021年
全　　省	**1085836**	**298179**	**486367**	**467333**	**1390921**	**727402**	**650201**	**546346**
石家庄市（包含辛集市）	246710	119500	145717	140015				
石家庄市（不含辛集市）	119210		145717	140015				
辛集市	127500	119500						
唐 山 市	83825		246555	224796	91060		37144	
秦皇岛市	14646		760		240289	240205		
邯 郸 市	335955						100296	98725
邢 台 市	114355		18665	25243	348460	149580	402793	426602
保 定 市（包含定州市、雄安新区）	58429	49540	34806	42810			402793	426602
保 定 市（不含定州市、雄安新区）	58429	49540	34806	42810				
定州市								
张家口市	54214	82874	11464	10201			92808	2430
承 德 市	11700		22000	17700			1235	
沧 州 市	114186	46265	6400	6568	34581			
廊 坊 市								
衡 水 市	51816				676531	337617	15925	18589

2-6-2续12　各市农产品生产(加工)基地发展情况

名　称	二、农产品生产(加工)基地规模效益（续5）							
	基地销售产值按产业类型分（万元）（续5）				农产品生产(加工)基地上交税金(万元)		1.种植业生产基地种植面积(公顷)	
	19.水产业		20.林　业					
	2020年	2021年	2020年	2021年	2020年	2021年	2020年	2021年
全　省	**1373475**	**1321501**	**626620**	**709575**	**40391**	**28565**	**1691037**	**1706536**
石家庄市（包含辛集市）			31359	45328	3508	2948	105253	104520
石家庄市（不含辛集市）			31359	45328	3508	2948	91093	90320
辛集市							14160	14200
唐 山 市	744973	764413	127749	163341	55		271701	251348
秦皇岛市	260994	374988	56692	69730	871		146684	142156
邯 郸 市	2160	1730	47543	64074	640	328	220273	215433
邢 台 市			44762	49272	642	192	179242	149014
保 定 市（包含定州市、雄安新区）			62458	65107	3689	3656	158481	165643
保 定 市（不含定州市、雄安新区）			62458	65107	3689	3656	137037	140108
定州市							21444	25535
张家口市			2821	3402		2	110664	88779
承 德 市			248756	245342	1091	942	250739	238339
沧 州 市	365348	180370			6602	6461	96887	85779
廊 坊 市			2090	2050	129		57086	53927
衡 水 市			2390	1929	23164	14036	94027	211598

2-6-2续13　各市农产品生产(加工)基地发展情况

单位：万元

名　称	二、农产品生产(加工)基地规模效益(续6)					
	种植业产值		种植业销售产值		种植业上交税金	
	2020年	2021年	2020年	2021年	2020年	2021年
全　省	**14949447**	**14967954**	**14449848**	**14284053**	**14577**	**13898**
石家庄市（包含辛集市）	931202	917385	918001	903290	2746	2897
石家庄市（不含辛集市）	703674	707857	690473	693762	2746	2897
辛集市	227528	209528	227528	209528		
唐 山 市	2737690	2725873	2679240	2655846		
秦皇岛市	904641	965572	887008	948582	255	
邯 郸 市	1632396	1708515	1542679	1604775	220	328
邢 台 市	1134926	980348	1102594	942534	185	120
保 定 市（包含定州市、雄安新区）	1830324	1898804	1765835	1801364	1347	1266
保 定 市（不含定州市、雄安新区）	1572705	1576940	1511764	1484750	1347	1266
定州市	257619	321864	254071	316614		
张家口市	610704	569297	593315	540776		2
承 德 市	2163911	2441288	2090058	2296794	1015	864
沧 州 市	945512	931978	900884	894513	6467	6461
廊 坊 市	975144	834866	922924	778101	129	
衡 水 市	1082997	994028	1047310	917478	2213	1960

2–6–2续14　各市农产品生产(加工)基地发展情况

名　　称	二、农产品生产(加工)基地规模效益(续7)					
	2.养殖业生产基地牲畜饲养量（百头）		禽类饲养量（百只）		水产养殖面积（公顷）	
	2020年	2021年	2020年	2021年	2020年	2021年
全　　省	**318757**	**177390**	**3822877**	**2851431**	**98463**	**89820**
石家庄市（包含辛集市）	24616	28521	408333	240000		
石家庄市（不含辛集市）	24616	28521	188333			
辛集市			220000	240000		
唐 山 市	58994	2167	330217		50615	46067
秦皇岛市	36223	4933	297682		30619	32442
邯 郸 市	46173	23102	707345		52	48
邢 台 市	16623	206	561342			
保 定 市（包含定州市、雄安新区）	60791	65693	89579	1909948		
保 定 市（不含定州市、雄安新区）	56380	60158	89579	1909948		
定州市	4411	5535				
张家口市	18803	21548	96893	115287		
承 德 市	32345	23066	414406	368800		
沧 州 市	7017	85	620403	217396	17177	11263
廊 坊 市						
衡 水 市	17172	8069	296677			

2–6–2续15　各市农产品生产(加工)基地发展情况

单位：万元

名　　称	二、农产品生产(加工)基地规模效益(续8)					
	2.养殖业生产基地养殖业产值		养殖业销售产值		养殖业上交税金	
	2020年	2021年	2020年	2021年	2020年	2021年
全　　省	**9154506**	**4653650**	**8898036**	**4482403**	**4097**	**998**
石家庄市（包含辛集市）	710273	261401	688843	259515	762	51
石家庄市（不含辛集市）	582773	141901	561343	140015	762	51
辛集市	127500	119500	127500	119500		
唐 山 市	2361268	1044436	2330903	1034950	55	
秦皇岛市	1081088	708139	1065364	653873	604	
邯 郸 市	1157115	298447	1113714	290848	420	
邢 台 市	405484	27696	392444	25243	386	
保 定 市（包含定州市、雄安新区）	890111	816722	854884	787790	879	869
保 定 市（不含定州市、雄安新区）	825540	738354	790959	709796	879	869
定州市	64571	78368	63925	77994		
张家口市	438730	398650	409724	373489		
承 德 市	885640	718784	852269	695651	76	78
沧 州 市	756400	263324	729484	256328	135	
廊 坊 市						
衡 水 市	468397	116051	460407	104716	780	

2-6-2续16　各市农产品生产(加工)基地发展情况

单位：万元

名　　称	二、农产品生产(加工)基地规模效益(续9)					
	3.农产品加工基地加工业产值		加工业销售产值		加工业上交税金	
	2020年	2021年	2020年	2021年	2020年	2021年
全　　省	**1592339**	**998133**	**1525525**	**960932**	**21717**	**13669**
石家庄市（包含辛集市）						
石家庄市（不含辛集市）						
辛集市						
唐 山 市	39230		38377			
秦皇岛市	2850		2780		12	
邯 郸 市						
邢 台 市	467915	257271	447183	248305	71	72
保 定 市（包含定州市、雄安新区）	368014	382698	360654	375010	1463	1521
保 定 市（不含定州市、雄安新区）	368014	382698	360654	375010	1463	1521
定州市						
张家口市						
承 德 市						
沧 州 市						
廊 坊 市						
衡 水 市	714330	358164	676531	337617	20171	12076

2-6-2续17　各市农产品生产(加工)基地发展情况

名　　称	三、农产品生产(加工)基地带动农户数(户)		#订单带动农户数		1.种植业生产基地带动农户数		#订单带动农户数	
	2020年	2021年	2020年	2021年	2020年	2021年	2020年	2021年
全　　省	**6328550**	**5296402**	**980871**	**960591**	**4956269**	**4607615**	**789621**	**877447**
石家庄市（包含辛集市）	505348	488188	23585	19467	293680	297258	21607	19385
石家庄市（不含辛集市）	183738	166578	23585	19467	161070	164648	21607	19385
辛集市	321610	321610			132610	132610		
唐 山 市	897615	570029	95046	66419	743300	536003	65994	52049
秦皇岛市	493378	434886	40659	40539	419565	415806	37808	37739
邯 郸 市	946995	751965	379065	317548	742136	727001	316146	315022
邢 台 市	706653	621101	24457	83919	589695	603746	23653	82469
保 定 市（包含定州市、雄安新区）	814075	701560	84029	76250	689219	622271	76606	69598
保 定 市（不含定州市、雄安新区）	732380	609378	84029	72750	607944	530877	76606	66098
定州市	81695	92182		3500	81275	91394		3500
张家口市	415743	404764	78871	133868	262576	251915	57742	114011
承 德 市	722815	677511	87955	94739	539837	540346	60525	70047
沧 州 市	402460	322162	86653	62719	325337	306482	72446	61869
廊 坊 市	104860	122576	156	255	104860	122576	156	255
衡 水 市	318608	201660	80395	64868	246064	184211	56938	55003

2-6-2续18　各市农产品生产(加工)基地发展情况

名　　称	三、农产品生产(加工)基地带动农户数(户)(续1)					
	2.养殖业生产基地带动农户数		#订单带动农户数		3.农产品加工基地带动农户数	
	2020年	2021年	2020年	2021年	2020年	2021年
全　　省	**1319209**	**656700**	**174777**	**73279**	**53072**	**32087**
石家庄市（包含辛集市）	211668	190930	1978	82		
石家庄市（不含辛集市）	22668	1930	1978	82		
辛集市	189000	189000				
唐 山 市	147429	34026	29052	14370	6886	
秦皇岛市	69613	19080	2851	2800	4200	
邯 郸 市	204859	24964	62919	2526		
邢 台 市	104043	5128	804	1450	12915	12227
保 定 市（包含定州市、雄安新区）	118989	73189	7423	6652	5867	6100
保 定 市（不含定州市、雄安新区）	118569	72401	7423	6652	5867	6100
定州市	420	788				
张家口市	153167	152849	21129	19857		
承 德 市	182978	137165	27430	24692		
沧 州 市	77123	15680	14207	850		
廊 坊 市						
衡 水 市	49340	3689	6984		23204	13760

2-6-2续19　各市农产品生产(加工)基地发展情况

名　　称	三、农产品生产(加工)基地带动农户数(户)(续2)		四、基地带动农户的户均纯收入(元)		#从产业化中经营中得到的户均纯收入	
	#农产品加工基地订单带动农户数					
	2020年	2021年	2020年	2021年	2020年	2021年
全　　省	**16473**	**9865**	**29167**	**28544**	**12177**	**12159**
石家庄市（包含辛集市）			58539	58176	29857	26327
石家庄市（不含辛集市）			38745	38382	20476	16946
辛集市			19794	19794	9381	9381
唐 山 市			41607	43018	18182	20487
秦皇岛市			20736	22096	6904	7310
邯 郸 市			33417	33867	8906	8225
邢 台 市			25889	26475	11443	10550
保 定 市（包含定州市、雄安新区）			40485	44008	21359	23231
保 定 市（不含定州市、雄安新区）			26648	29984	11147	13129
定州市			13837	14024	10212	10102
张家口市			16928	15829	5849	7025
承 德 市			24018	22366	11562	11606
沧 州 市			31215	31054	15902	16432
廊 坊 市			30954	28795	14148	11423
衡 水 市	16473	9865	39958	38276	19994	22978

2–6–3 各市农业产业化统计监测情况

名称	农业产业化总量(万元)		产业化经营率(%)		农副产品转化率(%)		农副产品加工增值率(%)	
	2020年	2021年	2020年	2021年	2020年	2021年	2020年	2021年
全　省	**71335773**	**70391052**	**64.7**	**60.6**	**37.5**	**29.1**	**91.6**	**77.0**
石家庄市（包含辛集市）	1134740	7575343	65.1	59.1	36.9	29.8	107.4	89.2
石家庄市（不含辛集市）	6993564	6587726	57.1	51.8	19.2	11.4	201.3	149.3
辛集市	1134740	987617	65.1	66.5	36.9	37.5	107.4	31.3
唐山市	9376617	8379502	66.4	60.3	51.3	38.6	72.4	70.5
秦皇岛市	5174412	5347571	72.6	69.4	49.9	40.0	92.8	47.4
邯郸市	7188435	7417837	65.1	61.1	40.8	25.9	56.7	70.2
邢台市	8432893	8036267	69.6	67.0	28.9	17.6	70.4	43.2
保定市（包含定州市、雄安新区）	9110648	11510978	67.0	67.1	36.3	33.1	85.7	80.2
保定市（不含定州市、雄安新区）	8187419	10177257	67.2	72.6	36.5	33.1	87.6	83.1
定州市	923229	1112358	47.7	55.7	23.9	27.9	50.9	45.1
张家口市	2862665	2995220	43.6	45.4	21.3	18.7	101.2	95.6
承德市	4832392	4914184	69.5	66.4	58.1	53.0	102.4	106.6
沧州市	7892982	6573773	69.8	64.1	32.3	21.7	118.2	102.4
廊坊市	2821183	2960872	54.1	54.9	27.9	23.3	56.1	57.9
衡水市	5304849	4679505	67.1	64.0	36.7	24.7	106.8	128.5

2–6–3续 各市农业产业化统计监测情况

名称	农副产品商品率(%)		农民人均纯收入增长率(%)		农户参与度(%)		参与农户增收比率(%)		农民受益率(%)	
	2020年	2021年	2020年	2021年	2020年	2021年	2020年	2021年	2020年	2021年
全　省	**95.0**	**96.2**	**7.1**	**10.4**	**37.3**	**31.3**	**41.8**	**42.6**	**8.0**	**6.1**
石家庄市（包含辛集市）	91.9	78.3	6.9	10.3	27.0	9.3	73.8	65.8	3.3	2.3
石家庄市（不含辛集市）	86.3	72.4	6.9	10.2	10.1	9.2	52.9	44.2	3.3	2.2
辛集市	79.2	84.9		10.6	186.6	190.9	47.4	47.4		24.8
唐山市	93.6	94.0	7.1	10.4	56.2	35.8	43.7	47.6	14.9	9.4
秦皇岛市	99.2	89.7	7.0	10.6	66.0	58.1	33.3	33.1	10.3	8.9
邯郸市	93.6	79.9	7.6	11.3	48.6	38.4	26.7	24.3	6.2	4.1
邢台市	91.4	86.7	8.3	10.0	41.9	36.5	44.2	39.9	8.6	6.4
保定市（包含定州市、雄安新区）										
保定市（不含定州市、雄安新区）	87.6	83.8	8.1	12.3	31.9	26.7	41.8	43.8	6.2	5.5
定州市	91.9	90.0			27.0	30.3	73.8	72.0		
张家口市	87.5	93.0	9.2	12.8	36.5	36.5	34.6	44.4	6.2	6.7
承德市	89.8	88.1	9.0	12.6	70.5	66.2	48.1	51.9	20.5	17.3
沧州市	122.4	85.9	7.1	10.3	23.5	18.8	50.9	52.9	6.6	5.0
廊坊市	90.7	85.0	6.8	10.2	11.0	12.8	45.7	39.7	2.2	1.9
衡水市	96.5	89.0	8.5	12.0	27.2	17.0	50.0	60.0	11.3	7.4

3-1 县(市、区)国民经济主要指标(2021)(1-1)

县(市、区)	一、基本情况						
	行政区域面积(平方公里)	乡个数(个)	镇个数(个)	村民委员会个数(个)	#自来水受益村数	#通有线电视村数	#通宽带村数
石家庄市							
长安区	138		4				
桥西区	69			2			
新华区	92						
井陉矿区	70	1	2				
裕华区	61		2				
藁城区	836	1	13	164			
鹿泉区	603	3	9	180			
栾城区	326	3	5	163			
井陉县	1381	7	10	321			
正定县	487	3	5	154			
行唐县	1025	11	4	322			
灵寿县	1056	9	6	279			
高邑县	222		5	107			
深泽县	296	2	4	125			
赞皇县	1210	7	4	211			
无极县	524	5	6	213			
平山县	2648	11	12	717			
元氏县	675	7	8	208			
赵　县	674	2	9	281			
晋州市	619	1	9	224			
新乐市	525	3	8	160			
唐山市							
路南区	111		2	55			
路北区	180		1	79			
古冶区	248	3	2	122			
开平区	255		6	143			
丰南区	1288	2	15	482			
丰润区	1210	3	19	515			
曹妃甸区	1569		5	11			
滦南县	1223		16	589			
乐亭县	1022	2	12	530			
迁西县	1461	3	14	417			
玉田县	1170	3	17	750			
遵化市	1514	8	17	648			
迁安市	1227		17	465			
滦州市	1027		10	504			
秦皇岛市							
海港区	800		8	285			
山海关区	194	1	3	120			
北戴河区	112		3	73			
抚宁区	968	1	6	397			
青龙满族自治县	3510	13	11	396			
昌黎县	1212	5	11	446			

3-1 县(市、区)国民经济主要指标(2021)(1-2)

县(市、区)	一、基本情况						
	行政区域面积(平方公里)	乡个数(个)	镇个数(个)	村民委员会个数(个)	#自来水受益村数	#通有线电视村数	#通宽带村数
卢龙县	956	3	9	548			
邯郸市							
邯山区	430	5	5	174			
丛台区	193	6	3	166			
复兴区	250	3	2	94			
峰峰矿区	341	1	9	157			
肥乡区	503		9	255			
永年区	761	8	9	342			
临漳县	742	4	10	429			
成安县	481	3	6	239			
大名县	1053	8	12	609			
涉　县	1499	8	8	308			
磁　县	695	5	6	244			
邱　县	449	2	5	217			
鸡泽县	336	1	6	168			
广平县	314		7	99			
馆陶县	456	4	4	269			
魏　县	864	6	15	479			
曲周县	677	4	6	338			
武安市	1818	9	13	502			
邢台市							
襄都区	164	1	6	123			
信都区	1942	6	11	530			
任泽区	431	3	5	134			
南和区	405	3	5	209			
临城县	797	3	5	209			
内丘县	788	4	5	301			
柏乡县	268	2	4	121			
隆尧县	749	5	7	276			
宁晋县	1111	2	14	322			
巨鹿县	631	2	8	246			
新河县	366	4	2	169			
广宗县	504	4	4	196			
平乡县	406	2	4	227			
威　县	1012	4	12	519			
清河县	501		6	305			
临西县	542	2	7	299			
南宫市	861	5	6	440			
沙河市	859	2	6	242			
保定市							
竞秀区	119	5	1	84			
莲池区	178	6	1	119			
满城区	658	6	6	204			
清苑区	867	8	10	266			

3-1 县(市、区)国民经济主要指标(2021)(1-3)

县(市、区)	一、基本情况						
	行政区域面积(平方公里)	乡个数(个)	镇个数(个)	村民委员会个数(个)	#自来水受益村数	#通有线电视村数	#通宽带村数
徐水区	723	4	10	304			
涞水县	1662	3	12	284			
阜平县	2496	5	8	209			
定兴县	714	6	10	258			
唐　县	1414	9	11	345			
高阳县	441	1	7	165			
容城县	311						
涞源县	2431	7	10	283			
望都县	358	1	7	142			
安新县	781						
易　县	2535	18	9	469			
曲阳县	1076	7	11	367			
蠡　县	653	2	11	232			
顺平县	712	3	7	237			
博野县	331		7	133			
雄　县	677						
涿州市	751	1	10	402			
安国市	486	3	6	198			
高碑店市	620		10	442			
张家口市							
桥东区	374	1	3	57			
桥西区	119		4	49			
宣化区	2014	4	10	313			
下花园区	315	4		46			
万全区	1147	7	4	170			
崇礼区	2324	8	2	211			
张北县	3854	11	7	384			
康保县	3365	8	7	326			
沽源县	3363	10	4	233			
尚义县	2601	7	7	172			
蔚　县	3198	11	11	546			
阳原县	1839	9	5	301			
怀安县	1698	7	4	273			
怀来县	1801	6	11	279			
涿鹿县	2802	3	14	373			
赤城县	5273	9	9	440			
承德市							
双桥区	362		7	91			
双滦区	452		6	63			
鹰手营子矿区	149		4	15			
承德县	3648	11	12	378			
兴隆县	3117	5	15	289			
滦平县	2993	6	13	199			
隆化县	5474	10	14	357			

3-1 县(市、区)国民经济主要指标(2021)(1-4)

县(市、区)	一、基本情况						
	行政区域面积(平方公里)	乡个数(个)	镇个数(个)	村民委员会个数(个)	#自来水受益村数	#通有线电视村数	#通宽带村数
丰宁满族自治县	8739	15	11	309			
宽城满族自治县	1936	8	10	205			
围场满族蒙古族自治县	9037	23	14	312			
平泉市	3294	4	15	241			
沧州市							
新华区	89	1		23			
运河区	118		2	65			
沧　县	1520	12	7	519			
青　县	992	2	8	345			
东光县	710	1	8	447			
海兴县	868	3	4	197			
盐山县	795	3	9	450			
肃宁县	516	1	8	254			
南皮县	790	2	7	312			
吴桥县	582	5	5	473			
献　县	1173	8	10	500			
孟村回族自治县	387	2	4	126			
泊头市	1009	3	9	657			
任丘市	872	4	11	413			
黄骅市	1718	3	8	331			
河间市	1322	7	11	615			
廊坊市							
安次区	578		8	288			
广阳区	331		4	169			
固安县	703	2	7	419			
永清县	761	5	5	386			
香河县	448		9	300			
大城县	897		10	394			
文安县	1037	1	12	383			
大厂回族自治县	176		5	106			
霸州市	802	3	9	363			
三河市	634		10	395			
衡水市							
桃城区	383	3	3	358			
冀州区	878	4	7	412			
枣强县	905	2	9	553			
武邑县	801	2	7	545			
武强县	443	1	5	230			
饶阳县	572		7	197			
安平县	496	3	5	230			
故城县	941	2	11	538			
景　县	1188	5	11	848			
阜城县	695	4	6	610			
深州市	1245	4	13	465			
定州市	1284	5	16	470			
辛集市	951	7	8	344			
雄安新区	1769	9	20	557			

3-1 县(市、区)国民经济主要指标(2021)(2-1)

县(市、区)	二、人口与就业				
	户籍人口(万人)	乡村总户数(户)	乡村人口(万人)	年末乡村从业人员(人)	#农林牧渔业从业人员(人)
石家庄市					
长安区	68.3	28955	10.7	37676	13539
桥西区	67.2	11719	3.9	13790	133
新华区	50.9	14848	5.8	24283	2187
井陉矿区	8.6	14002	5.2	20637	2868
裕华区	49.2	6207	2.9	13787	1063
藁城区	86.6	195966	75.5	400237	129309
鹿泉区	45.2	98628	39.0	175057	60093
栾城区	36.5	90374	35.4	180474	42827
井陉县	32.8	90722	29.8	143437	58842
正定县	51.7	102293	42.9	211432	76343
行唐县	45.6	117627	37.0	184998	97412
灵寿县	35.1	77067	28.4	149768	71052
高邑县	20.3	47520	18.4	100832	59132
深泽县	25.4	61470	21.0	118602	39811
赞皇县	28.0	76270	23.2	135487	49532
无极县	53.5	135907	48.2	245952	111475
平山县	49.9	137119	45.8	224362	137101
元氏县	44.6	96803	41.0	194112	108987
赵　县	61.8	143495	56.9	282365	120862
晋州市	57.3	134875	51.5	264217	74820
新乐市	51.7	102737	40.3	215186	53739
唐山市					
路南区	27.3	20708	6.5	32708	9632
路北区	67.5	32697	11.8	65206	24865
古冶区	32.3	37958	11.9	59792	25305
开平区	24.8	57242	17.5	78696	19022
丰南区	53.6	121486	45.6	243604	92873
丰润区	79.8	176783	61.9	330373	169178
曹妃甸区	21.6	44337	14.5	79972	34438
滦南县	56.4	154819	52.3	293870	192443
乐亭县	43.7	120512	37.6	221151	98651
迁西县	39.3	93446	32.2	180039	79525
玉田县	70.1	167531	60.9	336497	95961
遵化市	74.9	195210	67.9	334350	110482
迁安市	77.6	169799	57.9	297406	52646
滦州市	56.7	144142	49.5	279209	109410
秦皇岛市					
海港区	75.9	73606	19.6	98688	40823
山海关区	12.7	19077	5.6	30522	20922
北戴河区	9.9	25538	6.3	35283	11954
抚宁区	33.8	112396	29.3	153715	99822
青龙满族自治县	55.8	154881	47.4	260809	175030
昌黎县	51.7	186339	45.5	263603	160837

3−1 县(市、区)国民经济主要指标(2021)(2−2)

县(市、区)	二、人口与就业				
	户籍人口（万人）	乡村总户数（户）	乡村人口（万人）	年末乡村从业人员（人）	农林牧渔业从业人员（人）
卢龙县	40.8	125438	35.0	198838	132949
邯郸市					
邯山区	50.6	43521	18.4	91967	29846
丛台区	58.1	35564	15.6	60516	21549
复兴区	30.8	15856	7.0	34022	11778
峰峰矿区	46.5	52378	20.3	86794	27550
肥乡区	41.4	80105	36.0	196101	53046
永年区	97.6	182831	74.3	390331	151819
临漳县	75.4	151744	66.0	398280	269784
成安县	46.4	86536	34.9	190486	68034
大名县	92.8	163647	70.4	357117	175748
涉　县	43.4	102035	31.4	148539	59616
磁　县	49.3	98050	38.6	182315	47140
邱　县	25.7	55199	21.5	112384	67748
鸡泽县	34.2	70783	31.1	144907	22836
广平县	31.3	61741	26.5	142579	58736
馆陶县	36.0	76005	29.6	146462	78585
魏　县	104.5	256382	103.0	408808	188061
曲周县	53.7	103373	47.7	254262	120112
武安市	85.0	197956	75.5	385809	147697
邢台市					
襄都区	35.2	31502	10.7	53272	11907
信都区	76.2	128051	37.1	182338	67411
任泽区	39.4	59999	24.6	125368	48545
南和区	40.1	90284	36.3	178842	80407
临城县	22.0	57950	19.4	83334	46922
内丘县	29.7	67101	25.3	133812	54783
柏乡县	20.5	48155	18.7	91258	36279
隆尧县	57.2	124214	49.6	254078	112192
宁晋县	86.5	200093	73.3	340187	184302
巨鹿县	43.3	109730	35.4	186865	123848
新河县	17.4	44522	13.7	64146	39860
广宗县	33.4	76560	29.0	151039	53091
平乡县	36.8	65745	27.7	137311	32337
威　县	64.2	167082	60.4	301874	151640
清河县	44.7	92669	37.8	169122	30851
临西县	39.0	93469	35.2	171190	68661
南宫市	50.3	120271	44.0	206210	87968
沙河市	46.5	99455	37.8	168470	70598
保定市					
竞秀区	43.6	31206	12.2	62807	15838
莲池区	63.7	49142	17.7	83801	24894
满城区	40.8	94884	34.7	186275	111260
清苑区	69.1	174694	64.2	354307	175115

3-1 县(市、区)国民经济主要指标(2021)(2-3)

县(市、区)	二、人口与就业				
	户籍人口（万人）	乡村总户数（户）	乡村人口（万人）	年末乡村从业人员（人）	农林牧渔业从业人员（人）
徐水区	64.0	192675	58.5	310295	145061
涞水县	36.0	100672	31.1	174107	105953
阜平县	22.8	67656	19.6	70722	37495
定兴县	60.6	172187	56.1	317403	133700
唐　县	59.0	152414	53.3	267416	123621
高阳县	32.2	91212	28.2	158527	57810
容城县	28.8				
涞源县	28.3	60601	16.8	83806	44952
望都县	27.0	65707	21.7	120391	72606
安新县	51.9				
易　县	57.5	163512	51.5	234485	122497
曲阳县	65.5	182830	59.7	261577	137789
蠡　县	54.0	132812	51.1	283087	142450
顺平县	30.9	89986	28.2	150805	97820
博野县	26.8	92647	25.1	126921	69243
雄　县	50.3				
涿州市	69.8	127901	47.9	261675	139743
安国市	40.4	95221	34.3	196234	111142
高碑店市	56.8	121922	46.6	248199	109726
张家口市					
桥东区	25.6	22214	5.2	26430	18971
桥西区	20.6	7432	2.1	8379	1444
宣化区	51.4	73749	17.7	92112	62233
下花园区	6.4	13188	2.6	13698	7115
万全区	22.2	48943	11.9	59462	41584
崇礼区	13.0	19419	4.0	21292	12149
张北县	35.6	103981	25.3	111665	73205
康保县	26.2	97298	22.7	112471	59808
沽源县	22.0	78597	17.8	95318	70407
尚义县	18.3	38994	8.8	44498	30592
蔚　县	49.1	130874	34.9	135780	98824
阳原县	26.5	77956	20.4	104369	62974
怀安县	23.3	59776	14.6	82806	60092
怀来县	36.8	84221	21.2	122058	72817
涿鹿县	34.7	91516	21.7	121118	83621
赤城县	28.6	104791	23.1	106850	78572
承德市					
双桥区	31.5	25966	7.4	32079	8963
双滦区	14.9	26786	8.4	37605	15453
鹰手营子矿区	6.0	5332	1.7	7567	2679
承德县	42.5	129060	39.0	205662	114603
兴隆县	32.3	97395	27.2	147420	93074
滦平县	32.8	100597	29.4	151553	71496
隆化县	44.4	125275	39.7	214603	125218

3-1 县(市、区)国民经济主要指标(2021)(2-4)

县(市、区)	二、人口与就业				
	户籍人口（万人）	乡村总户数（户）	乡村人口（万人）	年末乡村从业人员（人）	农林牧渔业从业人员（人）
丰宁满族自治县	40.4	128010	35.2	170718	120746
宽城满族自治县	26.0	68582	22.9	121768	49167
围场满族蒙古族自治县	53.1	167560	47.6	239552	175918
平泉市	47.3	131642	41.3	213208	125333
沧州市					
新华区	18.9	11446	3.9	14922	4726
运河区	38.4	23978	9.0	39192	17981
沧　县	73.1	182032	69.8	380261	75967
青　县	43.6	103846	37.2	212292	53129
东光县	38.0	94237	34.1	171280	57893
海兴县	23.3	61572	19.5	106964	63962
盐山县	49.0	121155	43.4	212032	129139
肃宁县	36.8	94658	31.6	194829	50603
南皮县	39.3	93502	34.7	190404	95735
吴桥县	27.2	76756	23.9	137941	49553
献　县	65.6	153726	57.2	287474	130993
孟村回族自治县	22.9	52546	18.8	94828	35388
泊头市	62.3	150139	48.0	259306	60854
任丘市	81.3	162532	57.7	277719	61975
黄骅市	48.4	103053	38.9	201362	29778
河间市	90.0	206264	74.3	432121	76907
廊坊市					
安次区	38.2	77314	27.1	143244	74353
广阳区	43.4	31399	13.3	61064	27344
固安县	55.4	107050	40.1	175823	125372
永清县	41.5	85680	32.8	175872	92857
香河县	39.3	86862	29.7	152276	43007
大城县	54.0	127205	46.2	261641	77197
文安县	56.0	140196	48.9	244989	79152
大厂回族自治县	16.0	40745	10.4	44215	9150
霸州市	65.9	139475	55.0	274666	45488
三河市	76.9	113306	38.4	187267	59002
衡水市					
桃城区	58.0	56437	16.5	79692	18455
冀州区	33.8	98547	28.1	140199	67747
枣强县	39.7	114335	34.6	173144	85306
武邑县	31.1	70939	26.7	138822	74903
武强县	20.7	60356	18.8	100531	48832
饶阳县	28.5	78288	26.2	150054	54221
安平县	33.3	90305	30.4	150483	45677
故城县	51.7	140273	45.3	220562	108821
景　县	53.2	135399	48.7	246652	120154
阜城县	34.5	107183	31.8	164920	66852
深州市	54.7	192406	51.1	265612	119280
定州市	122.8	304560	111.7	639302	198157
辛集市	62.9	168487	53.9	286800	92127
雄安新区	131.0	378018	112.3	517527	192653

3-1 县(市、区)国民经济主要指标(2021)(3-1)

县(市、区)	三、综合经济（续1）					
	农林牧渔业增加值（万元）	农业增加值（万元）	林业增加值（万元）	牧业增加值（万元）	渔业增加值（万元）	农林牧渔服务业增加值（万元）
石家庄市						
长安区						
桥西区						
新华区						
井陉矿区						
裕华区						
藁城区						
鹿泉区						
栾城区	199169	116517	170	43066		39416
井陉县						
正定县						
行唐县						
灵寿县						
高邑县						
深泽县						
赞皇县						
无极县						
平山县						
元氏县						
赵　县						
晋州市						
新乐市						
唐山市						
路南区	19106	10872	611	7604		19
路北区	40441	36461	12	3730		238
古冶区	114593	64777	1332	42970	3422	2092
开平区	50962	19427	2434	25193	2293	1615
丰南区	574716	351370	3289	66629	127207	26221
丰润区	388732	223798	7800	135313	4363	17458
曹妃甸区	449915	88923	2380	79813	248755	30044
滦南县	989546	513224	2209	269089	170589	34435
乐亭县	941286	582480	2285	111151	238747	6623
迁西县	258368	160680	16957	63063	10250	7418
玉田县	711972	510291	6933	176853	4670	13225
遵化市	574457	383672	12622	164978	941	12244
迁安市	343571	178053	6983	143507	398	14630
滦州市	512288	286958	6391	209393	526	9020
秦皇岛市						
海港区						
山海关区	101393	61580	199	22623	14091	2900
北戴河区						
抚宁区	429564	169512	14751	184059	961	60281
青龙满族自治县	536534	336355	37558	127356	2060	33205
昌黎县						

3-1 县(市、区)国民经济主要指标(2021)(3-2)

县(市、区)	三、综合经济（续1）					
	农林牧渔业增加值（万元）	农业增加值（万元）	林业增加值（万元）	牧业增加值（万元）	渔业增加值（万元）	农林牧渔服务业增加值（万元）
卢龙县						
邯郸市						
邯山区						
丛台区						
复兴区						
峰峰矿区						
肥乡区						
永年区						
临漳县	275190	157083	879	101444		15784
成安县	350362	204073	796	89941	6	55546
大名县						
涉　县						
磁　县						
邱　县						
鸡泽县						
广平县						
馆陶县						
魏　县						
曲周县						
武安市						
邢台市						
襄都区	16240	10114	207	5339	366	214
信都区	143941	105280	12957	23320	1215	1169
任泽区	168083	134099	857	28811		4316
南和区	278558	227008	3080	38841	190	9439
临城县	100886	55619	6271	35810	2403	783
内丘县	147550	98398	8430	39261	29	1432
柏乡县	124846	93197	950	29950		749
隆尧县	285983	210779	1808	65334	20	8042
宁晋县	353227	255561	2467	76679	13	18507
巨鹿县	355457	311426	2252	40938	104	737
新河县	141982	72312	1916	57436	794	9524
广宗县	151692	104245	1203	39884	27	6333
平乡县	191630	152614	2090	31354	46	5526
威　县	344874	214172	4159	118033	217	8293
清河县	117420	61319	3349	15542	217	36993
临西县	201902	137115	1497	39966	143	23181
南宫市	239203	181290	6284	47760	287	3582
沙河市	83116	34709	4744	35314	1065	7284
保定市						
竞秀区						
莲池区						
满城区						
清苑区						

3-1 县(市、区)国民经济主要指标(2021)(3-3)

县(市、区)	三、综合经济（续1）					
	农林牧渔业增加值（万元）	农业增加值（万元）	林业增加值（万元）	牧业增加值（万元）	渔业增加值（万元）	农林牧渔服务业增加值（万元）
徐水区						
涞水县						
阜平县						
定兴县						
唐　县						
高阳县						
容城县						
涞源县						
望都县						
安新县						
易　县						
曲阳县						
蠡　县						
顺平县						
博野县						
雄　县						
涿州市						
安国市						
高碑店市						
张家口市						
桥东区	15918	5300	145	10173		300
桥西区	2087	270	30	1629		158
宣化区	152368	73011	6767	67024	610	4956
下花园区	33012	15166	2786	13000		2060
万全区	138032	46377	1181	78290	8	12176
崇礼区	67272	46576	11216	9209	5	266
张北县			2698	92512	220	1650
康保县			2414	97201	35	500
沽源县			1499	63867	1199	900
尚义县			19842	29761	227	6452
蔚　县			9873	75845	440	4600
阳原县			1551	89442	282	7050
怀安县			3598	38579	387	2007
怀来县			3184	74297	6434	6072
涿鹿县			9929	44048	147	3139
赤城县			28211	101688	815	18114
承德市						
双桥区			860	1821	36	86
双滦区			1013	6573	557	5289
鹰手营子矿区						
承德县						
兴隆县			11941	43074	347	7097
滦平县						
隆化县			35504	246149	616	6413

3-1 县(市、区)国民经济主要指标(2021)(3-4)

县(市、区)	三、综合经济（续1）					
	农林牧渔业增加值（万元）	农业增加值（万元）	林业增加值（万元）	牧业增加值（万元）	渔业增加值（万元）	农林牧渔服务业增加值（万元）
丰宁满族自治县						
宽城满族自治县	226281	142070	22533	53636	404	7638
围场满族蒙古族自治县	756398	457695	91745	202589	146	4223
平泉市	525510	441078	14932	67050	265	2185
沧州市						
新华区						
运河区						
沧　县						
青　县						
东光县						
海兴县						
盐山县						
肃宁县						
南皮县						
吴桥县						
献　县						
孟村回族自治县						
泊头市						
任丘市						
黄骅市						
河间市						
廊坊市						
安次区						
广阳区						
固安县						
永清县						
香河县						
大城县						
文安县						
大厂回族自治县						
霸州市						
三河市						
衡水市						
桃城区						
冀州区						
枣强县						
武邑县						
武强县						
饶阳县						
安平县						
故城县						
景　县						
阜城县						
深州市						
定州市						
辛集市	532288	264053	1744	250848	14	15629
雄安新区	67863	55078	3036	3278		6471

3–1 县(市、区)国民经济主要指标(2021)(4–1)

县(市、区)	三、综合经济(续2)			四、农业	
	地方一般公共预算收入（万元）	一般公共预算支出（万元）	年末居民储蓄存款余额（万元）	(一) 农用机械总动力（千瓦）	大中型拖拉机（台）
石家庄市					
长安区	593687	447418		14692	22
桥西区	915635	550057		441	5
新华区	396764	356507		3778	33
井陉矿区	53668	124912	708172	4848	20
裕华区	471573	304029		1441	
藁城区	400000	535378	4601200	1629359	4056
鹿泉区	362668	551407	3777417	475766	1324
栾城区	190097	290984	2493919	613945	2249
井陉县	104885	242555	1881260	364157	107
正定县	480355	704248	5683367	808068	2287
行唐县	79410	355138	2276173	993011	2314
灵寿县	77345	297780	1863110	512049	2038
高邑县	65232	178843	1118426	492914	980
深泽县	60499	183874	1668748	251746	1100
赞皇县	55537	227276	1360062	562285	8678
无极县	91630	335283	2858572	673636	1768
平山县	229451	449008	2822527	707255	1700
元氏县	135500	300052	2386325	777421	2719
赵　县	88040	313226	2268467	708820	1085
晋州市	122388	379590	3761502	470131	1743
新乐市	122586	339712	2603844	1810861	3123
唐山市					
路南区	262571	217671		77372	164
路北区	513913	446385		39451	192
古冶区	159812	242940	3596306	78826	581
开平区	140033	217836	2041887	82702	414
丰南区	492013	709867	5342630	595139	2983
丰润区	345095	477329	7615833	830093	3410
曹妃甸区	860297	1034850	2966959	581604	1093
滦南县	162036	403962	3762014	989114	4504
乐亭县	200260	396527	4023858	770455	2206
迁西县	176781	369249	3357923	214753	414
玉田县	145361	442126	5657729	747847	2721
遵化市	184838	468821	5940966	1029542	2384
迁安市	660205	799976	8767557	1125006	1608
滦州市	254670	450263	3867182	611506	2744
秦皇岛市					
海港区	574214	455398	20057312	37486	77
山海关区	73396	94670		42393	84
北戴河区	75560	146471	1189387	21178	63
抚宁区	79653	180583	2684518	211696	609
青龙满族自治县	60822	267587	2063485	127563	132
昌黎县	203339	368186	5555755	731207	3622

3−1 县(市、区)国民经济主要指标(2021)(4−2)

县(市、区)	三、综合经济(续2)			四、农业	
	地方一般公共预算收入（万元）	一般公共预算支出（万元）	年末居民储蓄存款余额（万元）	(一) 农用机械总动力（千瓦）	大中型拖拉机（台）
卢龙县	72179	264622	2388806	591407	1026
邯郸市					
邯山区	157137	244316		106999	746
丛台区	328198	244244		111155	221
复兴区	139985	161792		114333	41
峰峰矿区	207718	440139		111835	407
肥乡区	101449	273795	1454704	660728	3550
永年区	190703	385501	4441417	741190	2584
临漳县	75881	364823	2181346	759998	4192
成安县	129666	285688	1504750	734778	2472
大名县	66383	374859	2804418	818697	3880
涉　县	159497	312522	2797116	385160	258
磁　县	96649	306502	2565612	715680	4987
邱　县	68856	220345	1093617	308024	1461
鸡泽县	65782	220655	1317638	317914	822
广平县	87410	253265	1173525	345534	2178
馆陶县	73229	254735	1419241	597421	3258
魏　县	130451	531449	2887957	806371	4040
曲周县	72083	292970	1983532	847781	3585
武安市	550359	788852	7334763	1816386	1654
邢台市					
襄都区	162364	192456		56895	440
信都区	324519	473680		388160	1956
任泽区	50200	214755	1429312	588349	2322
南和区	65349	231950	1618784	508000	1916
临城县	40537	184215	1325924	283104	2117
内丘县	66398	208966	1591809	305055	1035
柏乡县	27360	139958	849043	426403	1941
隆尧县	74002	284459	2169458	1116887	5203
宁晋县	156976	507579	3954014	1216586	3193
巨鹿县	61041	259697	1945933	510142	5192
新河县	28532	154804	1014468	338300	2210
广宗县	44989	213951	1067748	252212	1047
平乡县	53961	273983	1528604	319400	850
威　县	77156	294239	2353690	717200	3059
清河县	115701	284607	3002978	446578	2030
临西县	60122	212301	1481580	605470	2701
南宫市	60923	255453	2624005	804332	3185
沙河市	150718	293291	3378534	344123	890
保定市					
竞秀区	190002	228522		49359	404
莲池区	359588	302483		27644	173
满城区	82941	220428	2421986	328429	1297
清苑区	93368	343585	3078252	580397	3743

3-1 县(市、区)国民经济主要指标(2021)(4-3)

县(市、区)	三、综合经济(续2)			四、农业	
	地方一般公共预算收入(万元)	一般公共预算支出(万元)	年末居民储蓄存款余额(万元)	(一)农用机械总动力(千瓦)	大中型拖拉机(台)
徐水区	259888	399561	3475512	522743	2020
涞水县	81474	242016	1862625	199477	821
阜平县	58717	323536	1294548	88914	74
定兴县	100295	359993	2338250	528030	2495
唐　县	63165	347001	2834288	303378	1549
高阳县	93615	282770	2149189	234463	1769
容城县	43177	312767	4029150		
涞源县	86936	307833	1247893	92483	626
望都县	48821	182581	1570187	348106	1604
安新县	22869	457977	2861671		
易　县	89010	372353	2771547	229028	698
曲阳县	80114	377578	2853463	537897	1243
蠡　县	72881	273226	2270726	512806	2525
顺平县	60286	241665	1471049	296176	1116
博野县	35003	163287	1241694	298460	1270
雄　县	61297	522863	3382109		
涿州市	342072	662714	5295498	301219	1313
安国市	100264	293356	2645819	605587	1891
高碑店市	183511	391286	5167140	321588	1563
张家口市					
桥东区	48518	97183		12039	85
桥西区	48338	103629		7543	1
宣化区	185605	457608	3848678	113501	1030
下花园区	37684	78207	362185	11290	41
万全区	58413	169503	663088	133010	912
崇礼区	76168	216036	1364046	84886	718
张北县	100030	388563	1906356	394038	3574
康保县	45686	319247	724881	293375	1340
沽源县	44828	261288	912280	485411	4198
尚义县	33178	252585	749025	162630	1372
蔚　县	65719	299290	2574157	306217	2411
阳原县	48344	235473	1340682	144534	1241
怀安县	58981	169450	1319059	90166	439
怀来县	189366	370650	2482000	188888	1024
涿鹿县	74804	302783	1872623	192916	1069
赤城县	80296	295895	1509533	129976	1359
承德市					
双桥区	152678	139465	8397263	22093	116
双滦区	121792	106011	1504059	63196	146
鹰手营子矿区	29316	65995	485429	34459	33
承德县	79000	299736	2131542	169629	1294
兴隆县	62972	242969	2049697	78345	145
滦平县	125156	301616	1863282	317623	719
隆化县	69058	405091	1983430	324024	2004

3-1 县(市、区)国民经济主要指标(2021)(4-4)

县(市、区)	三、综合经济(续2)			四、农业	
	地方一般公共预算收入（万元）	一般公共预算支出（万元）	年末居民储蓄存款余额（万元）	(一) 农用机械总动力（千瓦）	大中型拖拉机（台）
丰宁满族自治县	84054	513258	1996826	530545	3869
宽城满族自治县	134121	276996	2522661	99179	295
围场满族蒙古族自治县	68507	475981	2313883	784043	10031
平泉市	72290	346996	2941142	355093	1344
沧州市					
新华区	86507	112160		18136	131
运河区	183682	162551		65996	301
沧　县	150215	421906		1141000	2740
青　县	115498	301719	2872952	592900	2082
东光县	80003	299568	2630822	565028	1546
海兴县	57714	179329	1014417	401786	1328
盐山县	77387	317902	1951197	542999	1950
肃宁县	129009	310310	2241001	732690	1720
南皮县	62514	296362	2028327	1014800	3460
吴桥县	47699	212000	1662927	525568	2902
献　县	85358	322109	3393146	976498	3189
孟村回族自治县	49169	164899	1230079	297589	1457
泊头市	108282	363694	4122703	1198947	2745
任丘市	413567	515812	6929453	559035	1443
黄骅市	224666	493800	3891616	915351	2301
河间市	150451	425196	5031034	1022900	5610
廊坊市					
安次区	234466	415309		159057	1109
广阳区	293060	264281		120994	883
固安县	600623	667934	3998963	497398	2310
永清县	169985	379980	2538714	464710	2148
香河县	323966	559678	4157086	190651	989
大城县	137615	341868	3957046	517975	2503
文安县	174080	390812	4031500	715231	1701
大厂回族自治县	347359	440907	1783210	147319	680
霸州市	287428	496032	6655500	762468	2285
三河市	619942	962163	8338670	402845	1353
衡水市					
桃城区	148074	251723	9609853	364612	2399
冀州区	86353	254934	2737265	802416	3962
枣强县	104072	320509	3062851	574196	2794
武邑县	61401	229608	1929984	699127	5523
武强县	48606	183428	1319520	611090	834
饶阳县	45013	202215	1667909	602792	1371
安平县	101810	290716	2946738	403862	1607
故城县	107018	357597	2784800	1239665	3771
景　县	110200	339708	3735672	1155220	7170
阜城县	63001	242332	2208133	696270	3975
深州市	113938	355621	2806391	1703500	3000
定州市	281290	677796	6709430	1084087	3531
辛集市	273014	564685	5105015	1300936	1618
雄安新区	127343	1293607	10272930	880607	3525

3-1 县(市、区)国民经济主要指标(2021)(5-1)

县(市、区)	四、农业(续1)						
	机耕面积(公顷)	机播面积(公顷)	机收面积(公顷)	化肥使用量(按折纯法计算)	农药使用量(吨)	地膜使用量(吨)	农村用电量(万千瓦时)
石家庄市							
长安区	1615	2355	2538	1002	10		6435
桥西区	27	52	52	33		1	1883
新华区	842	836	836	150	4	3	2231
井陉矿区	376	232	232	196	12		4320
裕华区	75	104	104				792
藁城区	35085	67841	67923	24982	310	55	32878
鹿泉区	14500	24008	21936	12179	502	52	42975
栾城区	16017	32017	31659	14125	206	21	16181
井陉县	18147	15198	13171	8942	109	36	11173
正定县	31706	51848	50756	34154	305	217	23480
行唐县	38059	59250	57695	16232	231	96	14880
灵寿县	18575	32184	32143	18311	78	29	11352
高邑县	11665	23090	23090	8744	173	136	9580
深泽县	17469	32637	31957	15757	194	36	28499
赞皇县	14600	21000	19000	11174	306	140	68518
无极县	35953	57896	54627	28634	567	131	51778
平山县	19882	21994	20414	15790	137	93	15726
元氏县	32185	61909	58710	10090	268	21	9919
赵　县	74448	74321	73655	42610	1065	12	34046
晋州市	29600	60185	52693	34386	945	51	199551
新乐市	41683	66500	60083	22868	451	457	36037
唐山市							
路南区	2980	3770	2586	2864	52	49	8470
路北区	5030	3315	3058	1580	10	11	2440
古冶区	7678	7740	5561	3253	78	88	7478
开平区	6673	7239	7021	2181	12	87	17795
丰南区	49658	54046	38123	27281	445	695	31204
丰润区	55552	66791	51935	36433	375	112	45860
曹妃甸区	24180	24225	23560	10675	423	46	31682
滦南县	96150	85551	76740	37998	477	1087	21325
乐亭县	59400	42737	34257	62231	888	598	16816
迁西县	16316	6184	749	11929	64	60	15208
玉田县	93534	115267	89048	45286	349	853	141978
遵化市	44924	51468	37885	26508	228	394	60474
迁安市	39000	38730	19111	11002	87	385	39834
滦州市	46863	54115	44632	36478	393	600	24320
秦皇岛市							
海港区	6936	2610	1530	4236	70	20	10746
山海关区	3777	1851	557	1390	21	100	702
北戴河区	1714	881	746	1552	46	29	12035
抚宁区	27290	6685	3005	18645	771	294	9540
青龙满族自治县	24998	8565	13	7768	475	11	18538
昌黎县	69656	56133	54119	49795	1433	950	20141

3-1 县(市、区)国民经济主要指标(2021)(5-2)

县(市、区)	四、农业（续1）						
	机耕面积（公顷）	机播面积（公顷）	机收面积（公顷）	化肥使用量(按折纯法计算)	农药使用量（吨）	地膜使用量（吨）	农村用电量（万千瓦时）
卢龙县	42850	18650	22680	24249	448	216	12156
邯郸市							
邯山区	8357	13734	8160	7682	76	8	12413
丛台区	3980	8682	8682	1010	9		4957
复兴区	1651	2521	1531	546	15		3118
峰峰矿区	5960	7629	4532	4269	60	2	11648
肥乡区	43608	53261	48200	39445	381	765	18104
永年区	42012	71399	69700	35899	581	298	32870
临漳县	40956	80959	67790	42598	516	119	15761
成安县	39279	50193	41691	39523	142	1123	38157
大名县	88020	117563	95258	40443	634	920	25050
涉　县	22790	10910	7450	6281	205	15	11475
磁　县	18021	32379	30746	12511	73	63	29998
邱　县	27485	41578	38100	18318	295	880	5265
鸡泽县	25765	31810	31249	17564	149	35	29762
广平县	17657	32099	31396	13087	458	300	14407
馆陶县	28402	51380	43960	20820	228	210	13181
魏　县	52000	87514	67858	26641	423	179	18420
曲周县	42375	71631	34982	44862	389	497	38284
武安市	33220	47833	38333	12537	105	50	67220
邢台市							
襄都区	3529	5585	5585	3320	62	25	7705
信都区	8063	21814	16484	7946	432	34	21228
任泽区	33002	57820	54320	14065	365	205	19796
南和区	32000	56514	54000	15603	546	498	23455
临城县	22830	27662	24061	7209	118	8	6079
内丘县	34962	43656	37734	7674	173	13	11983
柏乡县	18837	30974	30689	11505	98	43	7768
隆尧县	52345	92700	88065	38815	654	96	48659
宁晋县	63595	128842	122796	39839	1279	137	37622
巨鹿县	36000	50673	47858	13909	381	467	22138
新河县	20664	38033	32847	5713	405	195	11650
广宗县	30056	34120	25365	10545	588	1285	12707
平乡县	30050	46500	36800	16825	110	369	29121
威　县	59150	65670	28117	31278	689	1966	14303
清河县	22061	43462	40245	13827	292	13	24422
临西县	31600	60658	54803	25832	276	469	12021
南宫市	59297	79737	37524	18417	967	1401	24907
沙河市	10029	23284	22042	8793	108	2	20217
保定市							
竞秀区	2065	4546	4546	2549	143	25	13488
莲池区	2047	4567	4567	1408	89	6	9148
满城区	16850	27950	27950	11394	503	232	26262
清苑区	50920	74190	69200	42833	829	736	41363

3-1 县(市、区)国民经济主要指标(2021)(5-3)

县(市、区)	四、农业（续1）						
	机耕面积（公顷）	机播面积（公顷）	机收面积（公顷）	化肥使用量(按折纯法计算)	农药使用量（吨）	地膜使用量（吨）	农村用电量（万千瓦时）
徐水区	34727	56570	55483	26410	349	63	53024
涞水县	20055	21790	17838	7115	147	137	21836
阜平县	15000	500	500	1497	80	39	7915
定兴县	44720	69836	69436	27172	433	183	44084
唐　县	19192	28683	26089	16333	175	27	35938
高阳县	14378	31843	30245	9564	286	216	60857
容城县							
涞源县	13126	14098	6985	3956	24	7	7996
望都县	24502	38539	37546	16639	257	196	11941
安新县							
易　县	25390	29319	26042	11659	568	76	24516
曲阳县	22140	28687	27085	11522	501	16	15610
蠡　县	31450	55027	53120	14487	203	192	66045
顺平县	11038	21720	20570	12574	507	213	36179
博野县	13900	24450	26570	8933	434	13	20186
雄　县							
涿州市	30103	52530	50530	21617	367	294	55120
安国市	38367	51667	47480	22263	245	24	8485
高碑店市	28731	50706	49891	11433	142	223	31657
张家口市							
桥东区	5693	1700	966	1652	25	39	4092
桥西区	200	55		38		1	931
宣化区	25054	22392	4140	8876	157	769	11687
下花园区	2277			420	52	7	2063
万全区	17600	14285	2930	4540	74	519	26623
崇礼区	8000	1300	1034	1500	25	121	1873
张北县	79001	64264	53301	8813	140	806	3499
康保县	99559	93643	89006	6019	79	613	3729
沽源县	84229	77200	72650	16541	81	1608	5638
尚义县	35100	21114	20981	5785	185	301	3583
蔚　县	54213	52007	21185	11949	160	1596	13454
阳原县	35012	12800	12667	9460	202	180	6709
怀安县	29000	17000	7000	13380	160	391	16583
怀来县	17867	13333	8660	14653	478	93	15313
涿鹿县	20180	10005	4685	20317	818	72	11723
赤城县	28294	11442	2621	3448	88	189	6791
承德市							
双桥区	1100	1035		434	3	4	3316
双滦区	2396	1990		679	4	17	3446
鹰手营子矿区	208	251		80	4	2	884
承德县	27978	22900	1500	9431	131	11	54795
兴隆县	6700	4500		6258	140	14	14934
滦平县	21610	16900	2111	7851	144	82	38162
隆化县	38168	27947	5290	16428	67	78	13651

3-1 县(市、区)国民经济主要指标(2021)(5-4)

县(市、区)	四、农业（续1）						
	机耕面积（公顷）	机播面积（公顷）	机收面积（公顷）	化肥使用量(按折纯法计算)	农药使用量（吨）	地膜使用量（吨）	农村用电量（万千瓦时）
丰宁满族自治县	68032	62820	28730	9538	74	216	11192
宽城满族自治县	10460	7300		5102	52	5	81305
围场满族蒙古族自治县	81300	72990	68000	21132	386	2680	13776
平泉市	24150	33960	6197	18300	75	318	19028
沧州市							
新华区	243	401	400	101	13		2166
运河区	932	2186	2285	855	22	4	2125
沧　县	52140	90314	89882	25602	907	6	102573
青　县	57113	60400	52375	18259	203	552	35099
东光县	36666	64419	60869	17779	756	696	32169
海兴县	29294	41469	40772	6835	150	11	13864
盐山县	31375	67475	67226	11526	180	18	14991
肃宁县	19130	43811	43765	15736	504	174	43056
南皮县	43000	82100	76000	16701	217	554	19498
吴桥县	29485	55979	54496	21062	226	251	16889
献　县	52161	81020	79948	20173	183	313	45950
孟村回族自治县	17689	33415	31425	6402	326	5	137871
泊头市	32892	69555	68697	30608	632	40	142608
任丘市	35357	55480	54870	15108	146	82	86186
黄骅市	84699	86972	85798	11973	283	12	65124
河间市	47398	85093	83818	30398	395	532	139187
廊坊市							
安次区	16371	29659	27740	5234	85	469	13575
广阳区	7200	7150	7050	3720	72	48	11000
固安县	45950	51000	45000	24110	893	865	27732
永清县	48000	44478	43958	23707	228	768	17311
香河县	15134	17642	13465	16678	153	131	23278
大城县	52240	52090	51071	16027	196	257	84648
文安县	47617	56116	55350	13524	131	337	111769
大厂回族自治县	1775	2176	1861	420	34	2	13077
霸州市	23870	28630	26470	8667	138	413	289592
三河市	19962	21482	21459	9247	146	21	102539
衡水市							
桃城区	27012	27012	24307	8146	210	201	37539
冀州区	79833	79833	64288	23812	829	885	33817
枣强县	53940	91863	72511	21663	601	997	26499
武邑县	36921	63200	65840	14970	382	452	14605
武强县	42633	42633	41690	6954	58	81	19056
饶阳县	62194	62194	62000	17201	89	963	20645
安平县	38955	38955	33187	17005	223	51	28453
故城县	51895	78293	63987	34130	753	1657	22145
景　县	65876	127146	113530	44795	578	180	21947
阜城县	42384	69118	56250	19923	636	935	24229
深州市	62207	113100	110003	76945	1829	276	66002
定州市	91380	138919	126593	78214	963	207	81212
辛集市	46874	95301	93909	59403	1843	280	31118
雄安新区	40432	73772	71633	17649	390	116	119134

3-1 县(市、区)国民经济主要指标(2021)(6-1)

县(市、区)	四、农业(续2)					
	(二)农作物总播种面积(公顷)	粮食播种面积(公顷)	#稻谷播种面积(公顷)	小麦播种面积(公顷)	玉米播种面积(公顷)	大豆播种面积(公顷)
石家庄市						
长安区	2602	2509		1427	927	152
桥西区	160	52		27	24	
新华区	1266	842		339	477	20
井陉矿区	508	235		5	227	
裕华区	146	104		52	52	
藁城区	76383	67481		32305	29082	5065
鹿泉区	29882	23681		9599	10431	2463
栾城区	32997	32057		14858	14356	2140
井陉县	19940	15307	1	753	11179	954
正定县	54577	41516	4	17957	19248	2975
行唐县	62851	53599	4	21617	29562	255
灵寿县	36810	32567	4	11036	18085	260
高邑县	29397	23594		11460	11424	49
深泽县	33674	30178		13001	16171	188
赞皇县	25737	18063		4627	11066	58
无极县	65644	54224		26617	20891	5705
平山县	29887	23324	1	2612	17619	403
元氏县	63909	60575		25630	31039	640
赵　县	76567	74728		38621	35702	31
晋州市	60184	53670		24666	24358	2638
新乐市	66760	52315		24240	25125	804
唐山市						
路南区	3801	2664	31	792	1461	3
路北区	5421	2811		467	2344	
古冶区	8285	4173	197	670	3294	2
开平区	8424	5624		1025	4478	1
丰南区	70030	37534	8713	8742	19733	140
丰润区	76356	60761	6	21190	38968	120
曹妃甸区	24470	23450	20855	116	1891	
滦南县	118134	68205	14899	19872	31553	95
乐亭县	68381	42342	5348	8210	26714	341
迁西县	18494	12473	73		9035	888
玉田县	117267	86633	284	32166	48958	206
遵化市	56535	41878	923	6545	33770	172
迁安市	51584	34608	233	847	30099	641
滦州市	66639	40564	659	7238	30124	1010
秦皇岛市						
海港区	7459	4717	17		3770	177
山海关区	3810	579	13		73	109
北戴河区	1824	828	257	20	343	134
抚宁区	28392	14025	940	92	10015	307
青龙满族自治县	32410	22675	102		10654	1192
昌黎县	76672	51340	2780	5919	33919	879

3-1　县(市、区)国民经济主要指标(2021)(6-2)

县(市、区)	四、农业（续2）					
	（二）农作物总播种面积（公顷）	粮食播种面积（公顷）	#稻谷播种面积（公顷）	小麦播种面积（公顷）	玉米播种面积（公顷）	大豆播种面积（公顷）
卢龙县	43625	33464	907	501	20330	1130
邯郸市						
邯山区	15513	14293		6494	3983	170
丛台区	8729	8564		2949	5566	50
复兴区	2924	2009		258	1273	37
峰峰矿区	9489	8952		2668	5072	216
肥乡区	66888	48140		24097	23068	288
永年区	87733	70685		32359	36890	134
临漳县	87094	79562		37142	41082	124
成安县	60009	42645		22025	19064	224
大名县	131309	98404		55254	43059	71
涉　县	31106	12672	583	468	8442	682
磁　县	36800	35219		12285	19590	316
邱　县	41408	29835		14334	14203	59
鸡泽县	40060	31775		17260	14296	15
广平县	37842	31815		14943	15846	173
馆陶县	51397	42934		19654	22613	132
魏　县	91537	80827		39765	39735	364
曲周县	71502	58089		28125	29349	161
武安市	58272	50218		6389	24973	448
邢台市						
襄都区	5709	3573		936	2056	12
信都区	28809	20060		2594	15251	238
任泽区	58260	51512		25015	24898	263
南和区	57668	48698		23192	24323	51
临城县	31660	26949		8830	16549	89
内丘县	48449	36301		16831	18855	218
柏乡县	344666	30481		14106	15796	252
隆尧县	93642	83617	20	40892	40655	642
宁晋县	135179	127941		62045	65498	398
巨鹿县	56305	40022		18248	19388	118
新河县	37742	34315		16000	17370	1
广宗县	34120	20380		7878	8169	288
平乡县	51423	39268	7	17624	19108	267
威　县	65773	28863		15435	9495	784
清河县	43390	40558		17547	22064	512
临西县	61231	56013		25866	28793	248
南宫市	71996	41279		18600	22107	572
沙河市	26571	24246		6227	16511	155
保定市						
竞秀区	4938	4547		2065	2481	1
莲池区	5182	4573		2048	2525	
满城区	29871	24169		9687	13973	67
清苑区	90719	70017		31063	37801	201

3-1 县(市、区)国民经济主要指标(2021)(6-3)

县(市、区)	四、农业（续2）					
	(二）农作物总播种面积（公顷）	粮食播种面积（公顷）	#稻谷播种面积（公顷）	小麦播种面积（公顷）	玉米播种面积（公顷）	大豆播种面积（公顷）
徐水区	60131	55583		27620	27243	335
涞水县	30095	23505	6	5908	14922	441
阜平县	11046	9630			3641	480
定兴县	81733	68392		32025	33450	405
唐　县	29432	26339	39	8686	15766	86
高阳县	32779	31273		13753	16981	30
容城县	14260	13021		6507	6400	11
涞源县	18642	17189			15985	168
望都县	42786	37733		19761	17852	28
安新县	41002	39987	19	19933	19467	2
易　县	39743	33926		7442	23187	154
曲阳县	36399	31782		8627	19136	204
蠡　县	60048	48779		18838	28541	315
顺平县	30221	21721	107	9930	10618	27
博野县	26336	24060		10581	13222	19
雄　县	21450	19586	3	5867	11618	295
涿州市	57485	47601	655	19416	26426	391
安国市	58094	38972		19460	19067	133
高碑店市	53625	50663		21534	27401	46
张家口市						
桥东区	5987	5841			5377	4
桥西区	266	243	2		220	
宣化区	32324	28757	24		22031	143
下花园区	2192	1695			1108	52
万全区	19613	17365	101		9459	71
崇礼区	10403	5351			504	22
张北县	88503	47488				404
康保县	109970	59778				95
沽源县	99082	61905				
尚义县	42656	18066		1684	1645	91
蔚　县	60936	54785	272		40127	33
阳原县	41479	39521			25166	1108
怀安县	30161	25564	160		18822	183
怀来县	21575	19078	87		17727	183
涿鹿县	27330	25719	95		22441	63
赤城县	43790	32278			21892	306
承德市						
双桥区	1517	1137			1031	9
双滦区	3753	3066			2780	38
鹰手营子矿区	821	440			284	17
承德县	38290	31767	420		28259	650
兴隆县	6670	5467			5100	112
滦平县	34591	17147	489		14146	447
隆化县	62432	34269	4615		24311	1137

3−1 县(市、区)国民经济主要指标(2021)(6−4)

县(市、区)	四、农业（续2）					
	（二）农作物总播种面积（公顷）	粮食播种面积（公顷）	#稻谷播种面积（公顷）	小麦播种面积（公顷）	玉米播种面积（公顷）	大豆播种面积（公顷）
丰宁满族自治县	82297	58702			26269	321
宽城满族自治县	15262	11846	66		8792	377
围场满族蒙古族自治县	106146	78919			26935	748
平泉市	45627	39933	39		34490	907
沧州市						
新华区	401	401		235	166	
运河区	2251	2187		597	1575	5
沧　县	94207	92333	253	32526	57134	90
青　县	69654	51497		11109	39008	463
东光县	67643	62000		30115	30230	407
海兴县	42350	41333		12059	28708	178
盐山县	67935	67333		29707	37432	54
肃宁县	50420	43667		18894	24681	31
南皮县	82110	75447		35979	38985	71
吴桥县	60665	55000		26774	26563	222
献　县	88161	76000		28581	46071	273
孟村回族自治县	33415	32667		15344	16785	58
泊头市	69924	68077		26841	41165	13
任丘市	60968	56333		20920	31739	1718
黄骅市	86972	83005		33805	47670	316
河间市	90603	83333		26206	55695	175
廊坊市						
安次区	30981	25233		344	22784	641
广阳区	8114	5921		751	4778	196
固安县	65149	37777		15293	20667	633
永清县	58476	27844		3327	23652	593
香河县	20797	11744		4591	7029	90
大城县	61498	52405		5542	44012	1148
文安县	61952	57412	17	16526	39036	309
大厂回族自治县	2392	1891		818	1073	
霸州市	35904	29365	100	5436	20740	1093
三河市	27542	20573		7159	12792	506
衡水市						
桃城区	31348	26679		12041	14036	79
冀州区	84280	70561		35066	33583	46
枣强县	91837	77964		37468	37895	417
武邑县	76421	59180		25378	31279	83
武强县	46352	41793		17557	23846	10
饶阳县	62194	37095		15137	19913	68
安平县	49676	38081		14046	23303	33
故城县	95709	69637		32588	33998	1356
景　县	127146	122977		56683	61270	94
阜城县	69118	57576		28067	26734	206
深州市	117832	107146		51484	55623	
定州市	160426	117304		57733	57533	499
辛集市	108116	93593		47040	42627	1659
雄安新区	76712	72594		32307	37485	308

3-1 县(市、区)国民经济主要指标(2021)(7-1)

县(市、区)	油料播种面积(公顷)	棉花播种面积(公顷)	糖料播种面积(公顷)	蔬菜播种面积(公顷)	粮食总产量(吨)	稻谷产量(吨)
石家庄市						
长安区	38	1		54	14212	
桥西区				108	286	
新华区	20			404	5209	
井陉矿区	136			113	1267	
裕华区				42	659	
藁城区	529			8373	487626	
鹿泉区	865	9		5327	134620	
栾城区	16			924	222695	
井陉县	1337	59		1761	52319	11
正定县	1963	1		7313	284526	29
行唐县	4188	2		5062	353332	30
灵寿县	1741	32		2470	167868	31
高邑县	157			5646	165548	
深泽县	642			2854	213224	
赞皇县	4536	9		1747	72409	
无极县	2575			7725	353504	
平山县	3163	22		2319	117479	8
元氏县	1620	79		1634	368320	
赵　县	56			1295	568866	
晋州市	1694			4815	349705	
新乐市	4046			5765	359285	
唐山市						
路南区	397			658	16441	163
路北区	247			2185	18285	
古冶区	1678			2321	23551	1421
开平区	1749			1014	31957	
丰南区	8668	7801		15678	226052	51578
丰润区	6622	12		8547	372721	39
曹妃甸区	73	3		838	178215	161005
滦南县	15995	15		21006	399489	86347
乐亭县	2338			17988	258786	35968
迁西县	2321			1474	69434	389
玉田县	721	65		26987	508657	1361
遵化市	9986			4622	235944	5036
迁安市	9499			7417	189737	1446
滦州市	14936			9684	262573	3209
秦皇岛市						
海港区	1378			1293	23786	102
山海关区	658			2574	3055	72
北戴河区	146			754	5066	1631
抚宁区	4294			7770	77051	5804
青龙满族自治县	1055			5352	110797	508
昌黎县	10497			13530	314945	17524

3-1 县(市、区)国民经济主要指标(2021)(7-2)

县(市、区)	油料播种面积（公顷）	棉花播种面积（公顷）	糖料播种面积（公顷）	蔬菜播种面积（公顷）	粮食总产量（吨）	稻谷产量（吨）
卢龙县	6129			3626	211155	5612
邯郸市						
邯山区	824	10		382	89023	
丛台区	84	33		49	40795	
复兴区	483	30		2	9572	
峰峰矿区	357	3		125	42226	
肥乡区	1151	4186		12198	351686	
永年区	836	404		15766	527159	
临漳县	1311	124		6019	609375	
成安县	1450	7770		6953	311760	
大名县	19197	14		13099	702898	
涉　县	494			1250	54802	2901
磁　县	226	19		1336	211234	
邱　县	852	8622		2040	199303	
鸡泽县	41	442		7756	218853	
广平县	1038	1336		3653	231006	
馆陶县	1760	521		6044	306685	
魏　县	2464	574		7671	585113	159
曲周县	550	8645		4218	404834	
武安市	2176	1628		2498	249248	
邢台市						
襄都区	1798			339	19333	
信都区	2845	40		1614	97018	
任泽区	1019	1		5042	366156	
南和区	676	1		7134	338859	
临城县	2256	4		1452	147306	
内丘县	5621			1207	204375	
柏乡县	584	33		3434	220729	
隆尧县	1639	538		6318	593857	150
宁晋县	1090	55		6092	925845	
巨鹿县	4416	91		3781	217253	
新河县	2056	731		557	184892	
广宗县	3803	4831		2376	110487	
平乡县	5862	78		4324	264045	40
威　县	1828	28679		1447	158938	
清河县	586	1377		869	270047	
临西县	2315	1861		1043	365227	
南宫市	3368	21017		6332	228340	
沙河市	1599	32		580	107517	
保定市						
竞秀区	14			377	30259	
莲池区	88			521	30265	
满城区	438			3174	149627	
清苑区	1484			8676	475547	

3-1 县(市、区)国民经济主要指标(2021)(7-3)

县(市、区)	油料播种面积(公顷)	棉花播种面积(公顷)	糖料播种面积(公顷)	蔬菜播种面积(公顷)	粮食总产量(吨)	稻谷产量(吨)
徐水区	559			3961	363609	
涞水县	2732	2		3070	122328	21
阜平县	294			1122	45088	
定兴县	3692			9138	450231	
唐　县	990	11		1589	159851	229
高阳县	532	19		955	190533	
容城县	70			957	88515	
涞源县	17			425	56454	
望都县	321			2050	275604	
安新县	1	2		1011	238724	131
易　县	2063	2		3242	190077	
曲阳县	2935	10		1509	153885	
蠡　县	2203	1		8030	284570	
顺平县	289			6018	123589	451
博野县	508			1768	153391	
雄　县	1252			402	119857	23
涿州市	2389			6521	281568	4183
安国市	2789			3318	265755	
高碑店市	1185			1777	338875	
张家口市						
桥东区				146	36503	
桥西区				23	1030	7
宣化区	400			2349	170234	182
下花园区	89			408	8571	
万全区	97		1	1482	101302	909
崇礼区	793		5	4254	16192	
张北县	10449		1581	14487	144301	
康保县	15545		2522	6896	131416	
沽源县	2854		520	21118	226718	
尚义县	3887		1454	9760	49569	
蔚　县	340			3688	221332	886
阳原县	821			794	136011	
怀安县	2154		15	2296	119166	1307
怀来县	468			1842	108351	398
涿鹿县	356			1255	172420	760
赤城县	996		106	9873	136176	
承德市						
双桥区	2			253	5471	
双滦区	5			476	16352	
鹰手营子矿区	27			354	2400	
承德县				4859	191478	2583
兴隆县	27			1177	22456	
滦平县	348			8335	84442	2715
隆化县	1564			17085	212300	30688

3-1 县(市、区)国民经济主要指标(2021)(7-4)

县(市、区)	油料播种面积(公顷)	棉花播种面积(公顷)	糖料播种面积(公顷)	蔬菜播种面积(公顷)	粮食总产量(吨)	稻谷产量(吨)
丰宁满族自治县	4829		361	10386	178200	
宽城满族自治县	433			2157	58100	429
围场满族蒙古族自治县	3853		124	14805	455408	
平泉市	105			5589	230600	174
沧州市						
新华区					1801	
运河区				64	8026	
沧　县	334			1540	427071	1660
青　县	721	14		12645	220094	
东光县	751	3363		1371	381302	
海兴县	378	32		606	146106	
盐山县	275	16		274	253701	
肃宁县	203	12		6468	261100	
南皮县	450	2170		3525	433024	
吴桥县	1051	1377		3238	396023	
献　县	2501	147		6355	410095	
孟村回族自治县	253			432	148105	
泊头市	557	77		1080	392601	
任丘市	350	62		2717	338951	
黄骅市	644	10		1580	304621	
河间市	3250	161		2897	505096	
廊坊市						
安次区	1494			3369	127127	
广阳区	298			1895	32468	
固安县	767			23311	219397	
永清县	3296	473		24445	152104	
香河县	5			8876	72892	
大城县	2412	69		4623	272608	
文安县	864	36		1690	308641	106
大厂回族自治县				501	12677	
霸州市	2277	175		2518	175672	645
三河市	35	2		6480	132977	
衡水市						
桃城区	1181	234		2512	183911	
冀州区	2510	9109		1787	406850	
枣强县	2427	7733		2394	479728	
武邑县	3435	1675		10077	353430	
武强县	1235	1		1416	259397	
饶阳县	3167	1		20325	216572	
安平县	951			6068	220694	
故城县	2699	8308		10315	409781	
景　县	382	1142		2256	780458	
阜城县	466	1045		4564	324481	
深州市	6343	11		3753	681958	
定州市	4890			18303	801262	
辛集市	5048	13		9463	659726	
雄安新区	1323			2370	447096	

3-1　县(市、区)国民经济主要指标(2021)(8-1)

县(市、区)	四、农　业(续4)					
	小麦产量(吨)	玉米产量(吨)	大豆产量(吨)	油料产量(吨)	棉花产量(吨)	糖料产量(吨)
石家庄市						
长安区	8637	5128	431	111	1	
桥西区	155	131				
新华区	2085	3059	26	44		
井陉矿区	30	1220		86		
裕华区	324	335				
藁城区	242577	224544	14423	2091		
鹿泉区	61206	63462	5131	2619	8	
栾城区	109163	102429	8127	58		
井陉县	4093	42355	921	2303	37	
正定县	131524	137815	7454	8803	1	
行唐县	141164	201322	695	15610	2	
灵寿县	59513	94256	461	3724	29	
高邑县	83908	77594	119	411		
深泽县	93627	114247	434	2369		
赞皇县	22718	44591	64	10617	9	
无极县	188488	142441	17483	11359		
平山县	17071	90184	743	8525	22	
元氏县	171119	180830	894	4585	77	
赵　县	290008	276799	101	205		
晋州市	173229	163204	4102	5693		
新乐市	168601	176311	1388	11557		
唐山市						
路南区	5158	8838	9	1487		
路北区	2527	15758		1179		
古冶区	3970	18098	6	5872		
开平区	5763	25514	2	7340		
丰南区	48349	124915	262	36907	8593	
丰润区	132922	237095	329	30691	13	
曹妃甸区	779	12123		354	3	
滦南县	117608	186893	268	69316	16	
乐亭县	50462	163742	922	11325		
迁西县		55892	2004	8819		
玉田县	183272	294357	452	2872	73	
遵化市	35537	192593	467	42925		
迁安市	4480	171058	1566	32342		
滦州市	42232	205182	2267	64418		
秦皇岛市						
海港区		20479	349	3791		
山海关区		519	300	2252		
北戴河区	106	2454	373	704		
抚宁区	552	56617	782	13146		
青龙满族自治县		87322	2934	4119		
昌黎县	40151	213745	1704	43221		

3-1 县(市、区)国民经济主要指标(2021)(8-2)

县(市、区)	四、农 业(续4)					
	小麦产量(吨)	玉米产量(吨)	大豆产量(吨)	油料产量(吨)	棉花产量(吨)	糖料产量(吨)
卢龙县	3303	141440	3078	21867		
邯郸市						
邯山区	42606	43917	413	625	11	
丛台区	17213	23530	51	247	32	
复兴区	1628	6419	68	883	34	
峰峰矿区	12573	25884	451	505	3	
肥乡区	172414	176301	639	4524	5111	
永年区	236826	286250	408	2397	458	
临漳县	275501	327092	306	3803	145	
成安县	159968	145723	526	6069	9199	
大名县	385481	317248	110	83707	19	
涉 县	2271	37248	1318	1059		
磁 县	73434	123564	769	542	16	
邱 县	92001	101627	108	2413	10518	
鸡泽县	117722	100612	45	142	469	
广平县	106785	120034	352	4318	1409	
馆陶县	142363	162127	318	4981	577	
魏 县	284401	295734	721	5815	632	
曲周县	197604	205195	505	1459	9959	
武安市	37926	146540	932	5006	1926	
邢台市						
襄都区	5954	11286	28	3573		
信都区	13646	79875	394	6697	33	
任泽区	184715	174111	824	3485	1	
南和区	164205	169416	137	2752	1	
临城县	55499	87612	165	6005	3	
内丘县	102400	99943	512	17211		
柏乡县	103971	114450	834	2166	29	
隆尧县	301597	282713	2128	7146	601	
宁晋县	463319	461434	1092	3696	34	
巨鹿县	110900	99333	269	14367	101	
新河县	92906	88592	3	6113	711	
广宗县	51296	41698	864	12928	4468	
平乡县	118624	134777	561	22125	91	
威 县	93007	50744	1491	6925	33926	
清河县	125670	141686	933	1752	1524	
临西县	166699	192228	546	3583	1903	
南宫市	112357	114319	1665	14550	23949	
沙河市	35088	68923	264	2947	18	
保定市						
竞秀区	13413	16843	2	56		
莲池区	14499	15766		248		
满城区	63997	83128	171	1486		
清苑区	210565	258012	645	6074		

3-1 县(市、区)国民经济主要指标(2021)(8-3)

县(市、区)	四、农业(续4)					
	小麦产量(吨)	玉米产量(吨)	大豆产量(吨)	油料产量(吨)	棉花产量(吨)	糖料产量(吨)
徐水区	185965	174868	531	2341		
涞水县	36270	75659	1025	10647	2	
阜平县		16242	736	1075		
定兴县	211973	218274	1518	16783		
唐　县	53745	98554	182	3428	11	
高阳县	81432	105875	75	2105	20	
容城县	43328	44563	38	287		
涞源县		52958	422	35		
望都县	138957	135911	89	1358		
安新县	127464	107339	6	0		
易　县	47184	129609	250	7737	1	
曲阳县	55064	81322	624	8745	10	
蠡　县	121950	156475	582	8146	1	
顺平县	59533	59090	58	1032		
博野县	67040	84660	56	2325		
雄　县	37954	69915	775	5382		
涿州市	121086	151834	945	8982		
安国市	132289	131270	356	13631		
高碑店市	144584	181887	102	4468		
张家口市						
桥东区		35142	12			
桥西区		947				
宣化区		146989	258	592		
下花园区		6439	96	160		
万全区		70378	236	200		65
崇礼区		3461	47	1028		123
张北县			1024	12584		109456
康保县			132	24872		137495
沽源县				2551		27816
尚义县	2088	8610	223	5553		85448
蔚　县		182823	42	529		
阳原县		108884	1025	1604		
怀安县		97321	350	3819		1110
怀来县		105080	239	551		
涿鹿县		164058	113	790		
赤城县		95057	886	1701		4193
承德市						
双桥区		4999	35	5		
双滦区		15350	78	15		
鹰手营子矿区		1692	48	77		
承德县		174716	2137	275		
兴隆县		20841	331	104		
滦平县		70668	1510	711		
隆化县		157010	3736	6091		

3-1 县(市、区)国民经济主要指标(2021)(8-4)

县(市、区)	四、农　业(续4)					
	小麦产量(吨)	玉米产量(吨)	大豆产量(吨)	油料产量(吨)	棉花产量(吨)	糖料产量(吨)
丰宁满族自治县		111279	844	9940		9904
宽城满族自治县		46876	992	1209		
围场满族蒙古族自治县		136223	2236	8239		4678
平泉市		210201	1785	297		
沧州市						
新华区	947	854				
运河区	2533	5419	14			
沧　县	169459	246895	309	1245		
青　县	58139	157429	855	2171	17	
东光县	198725	176490	1178	1760	3316	
海兴县	39616	104719	316	929	20	
盐山县	135709	117380	92	518	16	
肃宁县	123349	137408	78	764	15	
南皮县	226093	205388	173	1727	2644	
吴桥县	197532	191986	606	4485	1618	
献　县	171784	233065	555	10852	154	
孟村回族自治县	68004	78218	162	744		
泊头市	167031	225367	26	1339	94	
任丘市	137576	187610	4265	1094	69	
黄骅市	113256	185759	527	1939	7	
河间市	170077	328571	429	13385	192	
廊坊市						
安次区	2091	116602	729	3142		
广阳区	4429	26559	629	874		
固安县	96736	114208	2066	2044		
永清县	19761	129267	1501	8948	407	
香河县	29583	42912	245	13		
大城县	30402	233813	2515	7001	255	
文安县	95401	203860	804	2237	39	
大厂回族自治县	5166	7511				
霸州市	31557	129162	2207	7274	179	
三河市	45126	85924	1053	136	2	
衡水市						
桃城区	84403	97418	188	4316	234	
冀州区	218937	180947	116	8655	9507	
枣强县	235891	234521	1048	10388	9489	
武邑县	161212	183167	188	11533	1707	
武强县	113705	143646	22	3402	1	
饶阳县	95896	110219	174	10170	1	
安平县	89925	126987	86	3473		
故城县	213663	188638	3395	11001	10209	
景　县	384317	376718	224	1445	1165	
阜城县	169128	144645	524	1221	1025	
深州市	353074	328650		29169	13	
定州市	394740	395789	1380	21116		
辛集市	340593	307551	2613	20584	15	
雄安新区	208746	221817	819	5669		

3-1 县(市、区)国民经济主要指标(2021)(9-1)

县(市、区)	四、农　业(续5)					
	蔬菜产量(吨)	园林水果产量(吨)	食用坚果产量(吨)	肉类总产量(吨)	#猪牛羊肉产量(吨)	禽蛋产量(吨)
石家庄市						
长安区	2606	7190	1385	139	106	209
桥西区	5128					
新华区	16044	966	98	11	11	9
井陉矿区	3494	3127	62	930	918	112
裕华区	2177		120	39	39	
藁城区	571071	100730	993	71285	57068	114968
鹿泉区	407291	17632	1571	6606	4566	17814
栾城区	70979	8241	2836	7343	6150	9133
井陉县	83424	18545	2220	13765	10634	26390
正定县	610792	9378	371	61672	47715	88998
行唐县	281407	123239	3976	37218	26260	72674
灵寿县	228541	6309	7142	39903	37466	16431
高邑县	447988	3651	146	9068	7397	10940
深泽县	212001	90420	546	18568	16498	18986
赞皇县	126862	121820	42980	21959	18779	29111
无极县	595000	7537	271	42980	27883	79723
平山县	121399	18532	5884	21874	18304	25292
元氏县	112609	4185	4539	31620	23813	40819
赵　县	86942	601459	18	13852	10651	29561
晋州市	348131	653162	711	44037	40732	55872
新乐市	401683	5706	166	56469	49416	59177
唐山市						
路南区	34437	56	3	2516	2316	838
路北区	128658	1327		2496	910	473
古冶区	228106	8784	31	11862	10406	10244
开平区	54817	1361	280	8079	7482	2372
丰南区	1187770	12805	83	46688	41033	11109
丰润区	633325	36457	3507	63350	53376	34886
曹妃甸区	53074	23661		23097	21593	6039
滦南县	1549989	45412	105	87210	69428	46059
乐亭县	1410837	350859	45	28334	15059	6543
迁西县	115212	39742	73565	18175	15373	11187
玉田县	2143848	42949	503	86155	77189	60016
遵化市	511440	136301	42682	89521	81139	30546
迁安市	525707	67763	9977	63243	55568	20282
滦州市	825413	37746	540	39485	28193	14570
秦皇岛市						
海港区	51790	18379	5769	10049	4933	5256
山海关区	173147	24413	82	7397	4795	4104
北戴河区	46537	4511	8	1769	952	166
抚宁区	505448	144488	14415	77559	54233	15584
青龙满族自治县	320782	245866	49311	53689	26042	11858
昌黎县	1065244	111802	127	60628	50758	22013

3-1 县(市、区)国民经济主要指标(2021)(9-2)

县(市、区)	四、农 业 (续5)					
	蔬菜产量（吨）	园林水果产量（吨）	食用坚果产量（吨）	肉类总产量（吨）	#猪牛羊肉产量（吨）	禽蛋产量（吨）
卢龙县	277112	157379	6296	74273	59220	17341
邯郸市						
邯山区	20001	7932	120	4615	2464	3037
丛台区	1660	1815	372	1692	982	2219
复兴区	114	531	178	656	613	207
峰峰矿区	5155	2172	40	19531	14783	7732
肥乡区	777714	60588	1	29982	24450	41197
永年区	1106609	23986	112	38763	26980	129053
临漳县	303369	24881	30	38678	26467	32000
成安县	469409	75488	209	25852	21760	43292
大名县	510286	16908	86	63730	55594	70511
涉 县	71619	17243	16077	15815	10483	35127
磁 县	63211	3444	2986	29408	22737	54442
邱 县	81039	43617	22	18360	12231	40141
鸡泽县	427363	28342		19535	13447	43394
广平县	198314	16011	3	9560	6657	21506
馆陶县	344385	18145		48417	36113	158781
魏 县	549368	267264	310	26756	23578	62691
曲周县	189810	25629	1383	29535	20968	130442
武安市	122969	20773	13898	88162	84900	22589
邢台市						
襄都区	9540	866	276	1384	931	3394
信都区	85545	137831	30388	10355	8566	9872
任泽区	312142	9952	99	11623	7906	30892
南和区	494378	5839	221	17139	12505	39936
临城县	70579	16602	8002	13894	9759	30839
内丘县	73799	46323	8362	22481	18654	18411
柏乡县	203874	73013	239	11353	7582	33892
隆尧县	452907	28137	1066	28228	17911	54307
宁晋县	302781	180103	10	29544	26461	32229
巨鹿县	194162	69676	1	19297	12402	17251
新河县	34760	123458		32557	31016	7407
广宗县	103288	17061	34	22789	19091	8087
平乡县	196857	16251	3510	12261	8374	22101
威 县	71222	212762	31	43363	22486	49656
清河县	39738	28210		11867	7080	3866
临西县	110716	14148	18	21802	17724	25470
南宫市	287359	31120	30	22475	18405	21404
沙河市	23934	12355	7605	12960	8808	40031
保定市						
竞秀区	20481	8712	15	509	509	
莲池区	29404	1037	1			
满城区	195450	211079	41	24212	20749	23864
清苑区	591369	53148	28	30228	16356	44550

3-1 县(市、区)国民经济主要指标(2021)(9-3)

县(市、区)	四、农　业(续5)					
	蔬菜产量(吨)	园林水果产量(吨)	食用坚果产量(吨)	肉类总产量(吨)	#猪牛羊肉产量(吨)	禽蛋产量(吨)
徐水区	308799	19303	249	39148	28816	21348
涞水县	211713	32611	2473	20600	15394	2839
阜平县	55768	65087	5409	8799	7339	4450
定兴县	648630	26805	33	59100	44051	30544
唐　县	68846	39615	3647	77690	72795	16131
高阳县	47081	7713	30	8410	7764	4311
容城县	46965	968	907	1330	1183	340
涞源县	20791	3165	3959	32804	12027	11617
望都县	125278	15892	137	13896	7456	9138
安新县	21397	15567	23	2593	71	117
易　县	211302	127131	2190	66976	60533	23434
曲阳县	83576	134250	737	32276	26615	13396
蠡　县	473116	27042	15	8363	6756	10727
顺平县	325402	361144	318	10840	9465	5108
博野县	99490	32911	37	19378	15498	8565
雄　县	14140	28208	301	450	450	
涿州市	374383	21177	44	34050	24689	16057
安国市	197007	10744		17725	16166	11275
高碑店市	95960	11033	232	31749	26063	13091
张家口市						
桥东区	4370	968	483	3370	2875	3090
桥西区	1011			132	126	42
宣化区	138950	2920	1504	29911	26918	12502
下花园区	23189	803	3264	4891	3036	7140
万全区	74863	3618	559	23072	21930	6912
崇礼区	235602	743	12	2713	2491	1614
张北县	871088			25991	25838	1433
康保县	432659			36353	22433	3814
沽源县	1531525			16856	16571	936
尚义县	695852	4		12669	3577	888
蔚　县	147424	150	1871	23644	19653	33028
阳原县	51143	5538	1625	23814	16709	30720
怀安县	120182	1097	874	12564	12308	1586
怀来县	75084	159036	5960	31319	16224	14823
涿鹿县	48802	79409	10757	18203	14077	14505
赤城县	541474	2	143	32899	32183	4749
承德市						
双桥区	12962	577	2	768	730	481
双滦区	47667	1772	116	2154	2069	1202
鹰手营子矿区	17314	1015	490	979	840	769
承德县	175050	336640	2900	78299	28531	17920
兴隆县	49273	291963	145340	12004	11015	779
滦平县	641749	38693	1260	83309	39414	10676
隆化县	807513	48596	242	88785	86810	10940

3-1 县(市、区)国民经济主要指标(2021)(9-4)

县(市、区)	四、农　业 (续5)					
	蔬菜产量（吨）	园林水果产量（吨）	食用坚果产量（吨）	肉类总产量（吨）	#猪牛羊肉产量（吨）	禽蛋产量（吨）
丰宁满族自治县	578305	5557	223	50138	44507	12184
宽城满族自治县	167474	48499	47112	17905	15619	8738
围场满族蒙古族自治县	984731	228099	13877	52372	46901	23188
平泉市	742884	117812	1487	16815	14729	10729
沧州市						
新华区		9		311	266	308
运河区	3702	1036		908	743	1569
沧　县	86599	174974		45492	32807	45227
青　县	992478	16519		24847	17957	15022
东光县	68756	7913	6	18486	15243	12953
海兴县	24106	6990		47450	27165	14340
盐山县	3700	1720		13136	12636	1994
肃宁县	474544	60343	16	30088	11452	63260
南皮县	300567	62700		41145	24459	9944
吴桥县	129413	18825	14	20877	14041	14773
献　县	353900	72707	57	48434	36098	51984
孟村回族自治县	22339	11627		39957	8831	6693
泊头市	51763	386875		22743	17519	42336
任丘市	159496	19510	55	19919	8840	7158
黄骅市	73573	75082	1	51065	33991	16700
河间市	165454	66868	20	26477	13665	23708
廊坊市						
安次区	176541	46859	28	10027	6461	10442
广阳区	96397	5036		5132	3101	1344
固安县	1388165	74102	3	11596	10085	6143
永清县	1958522	223284	26	42647	38677	11214
香河县	494605	5502	145	9800	6358	45161
大城县	250707	29160	11	25181	14725	23663
文安县	95322	9516	27	13755	8277	7877
大厂回族自治县	21925	958	12	12627	11738	3105
霸州市	134469	8579	22	14633	11220	7932
三河市	380562	37227	346	23569	21457	11269
衡水市						
桃城区	184774	18702		11454	9876	6642
冀州区	53707	56450	114	15672	14187	17906
枣强县	108672	38223	35	16702	15209	4934
武邑县	660483	42465	70	25344	19199	17371
武强县	64090	4542	2	16775	10903	14449
饶阳县	828812	221491	205	17475	13453	28164
安平县	104981	21710	37	59420	57939	11991
故城县	409427	9760		41324	25858	29470
景　县	86328	19516	55	24391	19605	17163
阜城县	290350	44109	2	16685	14219	24864
深州市	150178	628225	45	51710	38696	73233
定州市	1241147	24453	917	91291	78954	63769
辛集市	734197	342158	10	90670	74606	164275
雄安新区	82502	44743	1231	4373	1704	

3-1　县(市、区)国民经济主要指标(2021)(10-1)

县(市、区)	四、农业(续6)					
	奶类总产量(吨)	年内猪出栏(百头)	年内牛出栏(百头)	年内羊出栏(百只)	年末猪存栏(百头)	年末牛存栏(百头)
石家庄市						
长安区	3946	2	3	34	5	10
桥西区						
新华区				9		
井陉矿区		132		17	95	1
裕华区	151		1	8		1
藁城区	48211	5333	528	1487	3065	422
鹿泉区	42799	531	45	175	223	110
栾城区	13947	491	136	411	263	173
井陉县		1085	139	621	810	80
正定县	69629	4426	482	449	2965	472
行唐县	273255	1946	778	1153	778	907
灵寿县	52389	3440	195	625	2199	355
高邑县	4110	1043	19	162	301	21
深泽县	12607	2061	75	953	654	48
赞皇县		1043	788	657	396	232
无极县	83123	2726	538	1399	676	412
平山县	5746	2272	75	1006	936	104
元氏县	22528	1819	578	1555	331	230
赵　县	10510	1421	40	433	625	76
晋州市	15098	4710	97	917	2700	82
新乐市	142049	5571	221	325	2950	399
唐山市						
路南区	5278	420	18	29	105	29
路北区	2110	115	10	79	55	12
古冶区	55013	1635	88	316	647	136
开平区	7780	799	164	227	164	81
丰南区	59253	4674	119	294	3328	327
丰润区	45963	4823	291	1536	2812	372
曹妃甸区	193	3629	7	17	1352	7
滦南县	485042	7453	654	898	4500	1288
乐亭县	27082	2465	123	928	985	176
迁西县	9737	2344	154	1630	565	100
玉田县	138581	6579	865	1031	3822	1111
遵化市	11979	7870	706	1814	5336	432
迁安市	59347	4634	632	1353	2925	441
滦州市	160169	3344	712	848	977	630
秦皇岛市						
海港区	1861	584	26	634	395	60
山海关区	3223	640	28	176	337	41
北戴河区		101	3	148	67	5
抚宁区	7780	5949	259	3417	2503	249
青龙满族自治县	182	2723	105	4645	1219	64
昌黎县	35710	4624	474	5060	2502	545

3-1 县(市、区)国民经济主要指标(2021)(10-2)

县(市、区)	四、农业(续6)					
	奶类总产量（吨）	年内猪出栏（百头）	年内牛出栏（百头）	年内羊出栏（百只）	年末猪存栏（百头）	年末牛存栏（百头）
秦皇岛市卢龙县	22320	5309	410	6443	2318	368
邯郸市						
邯山区	23099	229	18	213	122	62
丛台区	106	105	1	104	91	2
复兴区	385	73	1	33	61	5
峰峰矿区	6213	1886	20	181	861	22
肥乡区	27859	2389	154	2621	915	183
永年区	24871	2618	225	2824	1142	182
临漳县	10133	2357	257	3596	885	124
成安县	17527	1834	197	4158	850	107
大名县	16136	6163	270	2816	3350	354
涉　县		1310	12	756	539	19
磁　县	10486	2509	91	1193	1143	108
邱　县	989	725	104	3983	348	101
鸡泽县	26445	1183	87	2371	515	92
广平县	931	685	19	832	419	21
馆陶县	6327	4321	94	1104	1807	110
魏　县	1483	2448	94	2865	1427	102
曲周县	6649	2235	169	1200	1009	82
武安市	4694	9252	156	491	5010	270
邢台市						
襄都区	298	100	4	73	58	11
信都区	1543	864	30	822	441	37
任　县		846	9	618	387	18
南和县	8268	1533	40	136	1190	50
临城县		825	203	428	506	89
内丘县	837	2251	72	302	926	44
柏乡县	3176	886	20	99	329	30
隆尧县	4349	1886	62	1433	597	77
宁晋县	103041	2675	335	660	1738	470
巨鹿县	4817	1090	166	1094	635	122
新河县	1938	3723	74	248	2427	69
广宗县		1967	124	902	2576	111
平乡县	2648	691	121	692	301	51
威　县	232570	1843	245	2038	616	670
清河县	3749	792	24	234	389	37
临西县	1361	1569	204	1289	512	123
南宫市		1634	88	2176	899	24
沙河市	5548	885	68	533	438	62
保定市						
竞秀区		78			136	
莲池区	3000					25
满城区	25737	2510	39	515	1033	131
清苑区	79583	1826	110	610	950	311

3-1 县(市、区)国民经济主要指标(2021)(10-3)

县(市、区)	四、农业(续6)					
	奶类总产量(吨)	年内猪出栏(百头)	年内牛出栏(百头)	年内羊出栏(百只)	年末猪存栏(百头)	年末牛存栏(百头)
徐水区	127384	2738	285	567	2221	394
涞水县	6793	1630	99	1372	565	77
阜平县	5250	670	55	484	837	123
定兴县	12676	5064	116	1765	3970	142
唐　县	5532	2504	141	34361	1391	209
高阳县	5710	908	49	299	527	51
涞源县		1297	48	457	1083	122
望都县	31981	765	57	514	319	98
易　县	11068	5220	859	2757	2845	383
曲阳县	25106	1493	249	7532	1035	265
蠡　县	5413	613	101	349	478	66
顺平县	2482	1039	70	595	619	74
博野县	11000	1825	26	634	809	85
涿州市	18509	2728	73	1702	1151	83
安国市	1917	1820	38	559	657	12
高碑店市	2454	2816	103	932	1397	61
张家口市						
桥东区	7368	320	7	116	312	25
桥西区	1001	51	1	59	10	12
宣化区	32445	2836	151	1827	1307	169
下花园区	4518	341	3	179	200	13
万全区	93481	1927	225	1663	745	327
崇礼区	5324	160	63	158	113	50
张北县	133120	1863	372	2183	1909	947
康保县	50049	954	371	6289	303	429
沽源县	39363	475	638	2057	308	404
尚义县	177	386	139	2165	209	191
蔚　县	20058	1289	328	2716	507	234
阳原县	8897	1745	122	3143	839	144
怀安县	24698	1207	38	1675	548	184
怀来县	42058	1568	120	1204	858	162
涿鹿县	16746	1549	40	506	953	80
赤城县	2707	2963	432	1887	1114	490
承德市						
双桥区		89	1	42	69	4
双滦区	143	247	4	97	366	28
鹰手营子矿区		99	3	79	46	1
承德县	2177	2362	529	1530	981	362
兴隆县		1250	38	836	564	21
滦平县	8005	4412	198	1368	1701	186
隆化县	3645	3374	2502	3696	1571	2515
丰宁满族自治县	52012	2040	1580	2884	1504	1273
宽城满族自治县		1642	58	1486	624	50
围场满族蒙古族自治县	28390	1708	1853	2604	1301	2571

3-1 县(市、区)国民经济主要指标(2021)(10-4)

县(市、区)	四、农业(续6)					
	奶类总产量（吨）	年内猪出栏（百头）	年内牛出栏（百头）	年内羊出栏（百只）	年末猪存栏（百头）	年末牛存栏（百头）
平泉市	916	963	356	1374	505	461
沧州市						
新华区		29	2	13	32	2
运河区	134	88	1	25	54	6
沧　县	8426	3161	172	2854	1460	153
青　县	24521	1401	196	2487	960	192
东光县		1271	218	1207	618	48
海兴县	1556	3306	49	281	2065	52
盐山县		3494	111	1526	1191	80
肃宁县	2794	1201	42	825	770	54
南皮县		2393	322	712	1262	256
吴桥县		1385	75	1225	410	61
献　县	5038	3901	263	1496	2134	259
孟村回族自治县		415	246	1183	254	154
泊头市	4696	1872	79	1387	980	76
任丘市	4303	831	49	538	620	87
黄骅市	2375	4007	116	2005	2333	50
河间市	1763	1351	57	1444	750	66
廊坊市		11735	1500	12738	5914	1360
安次区	6434	750	17	519	387	45
广阳区	19360	274	42	205	161	99
固安县	8429	1133	16	797	476	30
永清县	25526	3948	203	4943	1770	256
香河县	10665	410	115	778	257	69
大城县	569	1609	57	814	701	48
文安县	41543	767	80	1319	556	172
大厂回族自治县		365	400	412	102	111
霸州市	2316	1184	30	933	587	31
三河市	43536	1295	531	1629	917	497
衡水市						
桃城区	5547	776	145	1003	300	71
冀州区	9633	1572	42	589	1663	56
枣强县	12316	1328	163	1292	483	101
武邑县	11997	1278	447	1717	818	372
武强县	212927	935	147	621	503	369
饶阳县	14745	1515	72	641	844	103
安平县	11033	7008	29	267	4065	49
故城县	64376	1742	405	3776	648	695
景　县	4318	2217	76	879	1125	52
阜城县	5445	1403	74	1972	719	74
深州市	6808	4146	351	1709	2123	329
定州市	205929	7938	546	3573	5223	772
辛集市	63384	7504	268	2121	4203	285
雄安新区		4	60	430	3	25

3-1 县(市、区)国民经济主要指标(2021)(11-1)

县(市、区)	四、农 业（续7）					
	年末羊存栏（百只）	水产品产量（吨）	农业产业化经营率（%）	（三）农林牧渔业总产值（现价）（万元）	农业产值	林业产值
石家庄市						
长安区	96		21.8	14722	8702	
桥西区			98.7	1495	1217	
新华区	11		83.1	6989	5793	
井陉矿区	26	6	25.7	6301	2719	137
裕华区	20		98.9	1182	877	
藁城区	600		56.5	768914	350482	815
鹿泉区	140	5300	81.0	302513	182504	15609
栾城区	305		56.1	321552	165152	262
井陉县	381	370	6.7	198784	66288	34374
正定县	221		69.7	585302	259055	1412
行唐县	1104	805	37.7	759537	283720	5627
灵寿县	339	5350	31.1	499933	285219	20155
高邑县	69		24.8	252018	191276	278
深泽县	409	105	25.8	297389	154482	715
赞皇县	346		33.9	376838	178232	13267
无极县	487	1	39.6	608617	289045	765
平山县	733	5500	41.0	354062	100206	64720
元氏县	486	160	54.0	372663	135794	11244
赵　县	298		59.4	414631	288272	378
晋州市	470		44.4	507852	288240	480
新乐市	246		46.7	600543	256556	753
唐山市						
路南区	18		28.6	30740	15447	876
路北区	60		7.4	57295	49456	23
古冶区	132	3990	37.8	180032	86485	1903
开平区	92	2682	44.9	83890	27714	3982
丰南区	381	56232	66.1	880234	459331	4934
丰润区	1140	5080	50.1	638722	311230	13685
曹妃甸区	24	163223	58.6	803079	114646	3596
滦南县	501		60.7	1594609	711912	3452
乐亭县	784	135200	63.0	1354773	789565	3234
迁西县	682	11800	61.0	371570	202430	21022
玉田县	870	4150	58.5	1154756	734920	12555
遵化市	978	1200	61.9	836590	481385	21402
迁安市	782	383	39.0	554851	240288	12743
滦州市	683	760	61.0	819160	429640	9751
秦皇岛市						
海港区	389	1422	73.2	142486	64383	2800
山海关区	134	3120	78.3	154283	81351	331
北戴河区	79	445	22.4	35255	20486	318
抚宁区	1520	1047	65.7	713706	253472	17295
青龙满族自治县	1899	1680	55.7	896874	518768	62996
昌黎县	2436	112455	64.0	1388580	488052	18578

3-1 县(市、区)国民经济主要指标(2021)(11-2)

县(市、区)	四、农　业 (续7)					
	年末羊存栏（百只）	水产品产量（吨）	农业产业化经营率（%）	(三) 农林牧渔业总产值（现价）（万元）	农业产值	林业产值
卢龙县	2586	2003	37.1	712439	344977	12248
邯郸市						
邯山区	208		67.5	53979	31107	569
丛台区	103		92.2	23444	13013	2334
复兴区	51		75.4	13161	3778	1874
峰峰矿区	70	1670	46.4	98599	15908	11627
肥乡区	1273	16	53.1	616680	369717	18204
永年区	1766	6160	50.6	749942	464495	1139
临漳县	1146		52.9	475579	260266	1350
成安县	1782	5	56.4	597313	311277	853
大名县	1348	105	73.6	677706	346587	1091
涉　县	472	3264	54.8	233644	109408	38812
磁　县	923	4710	19.1	263563	85473	30156
邱　县	1686	53	70.9	337122	135264	31744
鸡泽县	1460	26	64.2	300248	152127	924
广平县	436	22	56.9	201199	150482	1125
馆陶县	812	25	47.3	503368	205428	950
魏　县	2238	60	57.3	728335	463555	1160
曲周县	337	3120	61.0	556900	296763	1564
武安市	273	610	57.0	493557	190287	44811
邢台市						
襄都区	65	370	36.2	23270	11322	350
信都区	579	1227	47.8	229457	150937	25270
临城县	328		55.3	288032	216639	3364
内丘县	86	184	74.9	456246	341802	5410
柏乡县	406	2600	60.1	181233	87849	11075
隆尧县	152	46	44.1	250629	147469	21043
任　县	86		69.2	213531	147779	2051
南和县	413	20	66.9	486373	328709	4373
宁晋县	527	6	69.4	612104	399003	4870
巨鹿县	418	116	28.6	569532	478251	4721
新河县	257	723	40.8	240420	120468	3192
广宗县	665	30	51.8	260421	160391	2406
平乡县	315	50	56.1	304195	223744	4410
威　县	778	252	62.0	551953	281561	8514
清河县	245	240	106.0	210199	99231	5472
临西县	516	178	58.4	347687	199452	4574
南宫市	1104	310	57.2	398233	276095	12443
沙河市	384	1201	81.4	149072	50084	9136
保定市						
竞秀区			71.8	21768	17868	11
莲池区			86.2	22866	19761	33
满城区	394	2	68.7	466007	256584	6096
清苑区	470		66.3	593799	428957	580

3-1 县(市、区)国民经济主要指标(2021)(11-3)

县(市、区)	四、农　业 (续7)					
	年末羊存栏(百只)	水产品产量(吨)	农业产业化经营率(%)	(三)农林牧渔业总产值(现价)(万元)	农业产值	林业产值
徐水区	458	34	57.4	414863	185642	3431
涞水县	960	176	53.7	310445	158131	52600
阜平县	731	5712	59.6	251166	154439	14519
定兴县	1225	60	75.8	632543	363914	528
唐　县	17340	1965	70.3	618771	101780	10231
高阳县	228	27	70.8	123350	68003	914
涞源县	426	411	61.3	149590	30643	44462
望都县	350		59.2	297443	197827	202
易　县	879	4237	63.7	527399	211820	31894
曲阳县	2810	2200	61.0	327561	111300	11322
蠡　县	321		50.5	415816	237207	267
顺平县	754	8	118.2	397196	332536	9471
博野县	234		42.1	276187	200602	12259
涿州市	825	153	67.8	437879	252818	1179
安国市	372		67.2	448040	336236	979
高碑店市	551	35	42.6	306515	153023	388
张家口市						
桥东区	142			27414	11538	267
桥西区	24		80.6	3617	493	53
宣化区	1068	610	45.1	261342	110079	10655
下花园区	113.88		29.8	57225	26903	4203
万全区	1031	4	37.0	245184	82176	2092
崇礼区	98	5	62.0	117446	81296	19577
张北县	2379	200	46.4	553203	391411	4494
康保县	2293	40	45.1	489987	298555	4616
沽源县	1447	848	45.1	566819	439424	2648
尚义县	1419	154	16.0	490134	389490	28345
蔚　县	1524	420	29.7	278044	119427	17213
阳原县	2288	292	24.7	241764	73021	2540
怀安县	1319	334	69.3	149540	79021	5692
怀来县	819	4850	31.2	381498	224098	5570
涿鹿县	432	140	65.0	240199	146634	14652
赤城县	965	860	9.8	481985	222092	49336
承德市						
双桥区	57	45	66.0	10243	4972	1622
双滦区	203	460	68.3	55387	33431	1510
鹰手营子矿区	39	32	55.5	16569	10282	1073
承德县	715	486	43.6	836689	569634	36065
兴隆县	412	330	57.4	381407	297689	18893
滦平县	596	410	65.4	641662	360167	49317
隆化县	1256	408	65.0	1010952	552589	56515
丰宁满族自治县	1937	440	57.8	626909	226025	90342
宽城满族自治县	1217	660	65.2	324044	190025	24938
围场满族蒙古族自治县	2236	120	57.7	1138811	683417	139007

3-1 县(市、区)国民经济主要指标(2021)(11-4)

县(市、区)	四、农 业(续7)					
	年末羊存栏(百只)	水产品产量(吨)	农业产业化经营率(%)	(三)农林牧渔业总产值(现价)(万元)	农业产值	林业产值
平泉市	1233	221	71.7	710445	596663	20065
沧州市						
新华区	7		98.0	2303	706	
运河区	15		80.5	7848	3682	
沧 县	1462	27	49.5	514990	239715	9147
青 县	709	285	65.1	698201	501065	10303
东光县	426	681	62.9	664373	147520	2788
海兴县	244	9545	53.1	255492	41322	487
盐山县	748	356	24.6	191461	67019	989
肃宁县	589		52.6	446706	248103	12764
南皮县	637	600	48.7	528225	209941	840
吴桥县	595	292	34.1	685934	180220	2837
献 县	1179	839	47.3	722640	324935	338
孟村回族自治县	827	133	54.2	148750	46426	789
泊头市	1025	469	54.9	362446	212995	4116
任丘市	431	2500	46.3	297688	180466	720
黄骅市	597	62730	24.7	625635	114457	530
河间市	627	55	44.3	494604	240046	514
廊坊市	7057	19949				
安次区	451	602	56.8	190932	124113	4250
广阳区	206	340	70.3	91619	59443	1250
固安县	434	226	53.5	645184	570595	663
永清县	2429	529	36.0	980461	767480	2416
香河县	640	2102	51.8	321643	229602	2815
大城县	440	619	8.0	296919	188812	1488
文安县	618	3614	29.1	219723	124286	1658
大厂回族自治县	82	790	41.3	77318	14633	355
霸州市	698	4797	49.8	185778	108820	1331
三河市	711	6330	80.5	321318	168359	1344
衡水市						
桃城区	398	620	32.7	179170	107612	2777
冀州区	291	1311	44.6	250438	165093	4547
枣强县	658	370	119.1	299588	203790	3256
武邑县	874	162	49.5	509680	349593	2109
武强县	411		61.1	249312	85591	1000
饶阳县	521		57.3	603008	476435	1047
安平县	274	82	69.3	325041	115620	2200
故城县	1034	1445	58.0	545035	293030	4621
景 县	418	98	37.9	389535	242530	11302
阜城县	561	33	30.0	388172	256214	4482
深州市	943	280	58.7	696440	415208	6794
定州市	1574			1444807	863507	108591
辛集市	1189	29		909822	462606	3795
雄安新区	48	728	41.5	307557	249641	14368

3-1 县(市、区)国民经济主要指标(2021)(12-1)

县(市、区)	四、农业（续7）			五、交通与通讯		
	牧业产值	渔业产值	农林牧渔服务业产值	公路里程（公里）	固定电话用户（户）	移动电话用户（户）
石家庄市						
长安区	2391		3629			
桥西区			278			
新华区	115		1081			
井陉矿区	3331	11	103	132	8020	112776
裕华区	283		22			
藁城区	361498		56119	1738	28798	732874
鹿泉区	67583	10701	26116	1012	29326	569200
栾城区	79220		76918	863	20145	573451
井陉县	76802	880	20440	1562	16991	283858
正定县	279649		45186	975	41752	597705
行唐县	389858	1484	78848	1644	12614	375710
灵寿县	169843	10699	14017	1297	12000	361000
高邑县	42264		18200	588	7147	231574
深泽县	102183	448	39561	510	7365	238300
赞皇县	152132		33207	1096	8460	240390
无极县	275293	8	43506	1103	14300	450358
平山县	124775	11705	52656	2946	14250	478098
元氏县	213606	303	11716	1051	15300	505400
赵　县	84890		41091	1130	15092	561979
晋州市	185182		33950	1069	15768	421329
新乐市	277161		66073	967	17791	555287
唐山市						
路南区	14372		45			
路北区	7258		558			
古冶区	79799	7284	4561	340	19293	445968
开平区	43759	4933	3502	401	32890	151198
丰南区	160312	198357	57300	1453	43554	730520
丰润区	266364	9383	38060	2108	66878	1093898
曹妃甸区	105046	514243	65548	1044	53020	479102
滦南县	534946	269014	75285	2200	26551	646430
乐亭县	206961	340513	14500	2224	39562	620539
迁西县	110393	21565	16160	1592	28854	431520
玉田县	368443	9936	28902	1704	50340	742865
遵化市	304917	2198	26688	2014	51000	708725
迁安市	269125	705	31990	2186	50985	885669
滦州市	358544	1386	19839	1733	42959	613157
秦皇岛市						
海港区	51089	9114	15100	622	160196	1440343
山海关区	46684	20712	5205	285		
北戴河区	7548	3254	3649	149	23455	132744
抚宁区	333245	1927	107767	1037	15900	471000
青龙满族自治县	251946	3464	59700	2607	20128	396850
昌黎县	510970	210405	160575	1992	31270	551258

3-1 县(市、区)国民经济主要指标(2021)(12-2)

县(市、区)	四、农业（续7）			五、交通与通讯		
	牧业产值	渔业产值	农林牧渔服务业产值	公路里程（公里）	固定电话用户（户）	移动电话用户（户）
卢龙县	308536	3708	42970	1549	9282	357929
邯郸市						
邯山区	21924		379			
丛台区	6530		1567	12		
复兴区	2394		5115	136		
峰峰矿区	62926	3029	5109	726	19523	523464
肥乡区	154208	28	74523	1313	3763	385200
永年区	258182	11332	14794	1072		
临漳县	179106		34857	1321	16312	
成安县	163661	10	121512	1101	8015	393222
大名县	271579	193	58256	1856	26477	696864
涉　县	75202	6167	4055	1598	75773	427395
磁　县	133146	8969	5819	1027	26761	723166
邱　县	112859	96	57159	938	6162	209393
鸡泽县	128123	47	19027	543	7200	305000
广平县	47766	40	1786	696	5500	156700
馆陶县	279591	46	17353	1097	3811	292657
魏　县	180807	110	82703	1597	11370	551710
曲周县	190556	5727	62290	1455	12189	414831
武安市	247952	1113	9394	1676	37000	932000
邢台市						
襄都区	7003	677	3918			
信都区	48309	2421	2520			
任泽区	58749		9280	957	11002	334703
南和区	88537	340	20157	905	16812	321604
临城县	75887	4762	1660	1038	11880	219372
内丘县	79033	84	3000	1226	15000	254000
柏乡县	62083		1618	762	6950	154650
隆尧县	136104	37	17150	1231	30000	484500
宁晋县	168791	18	39422	1797	32635	713796
巨鹿县	84753	212	1595	1532	11565	321206
新河县	95687	1322	19751	566	10949	142541
广宗县	83942	56	13626	1132	9240	212546
平乡县	65321	93	10627	1245	16623	341694
威　县	244816	462	16600	1804	8800	430116
清河县	35221	438	69837	1092	20482	374660
临西县	97516	325	45820	933	17480	273503
南宫市	101552	565	7578	1278	52147	361574
沙河市	76111	2219	11522	1647	36065	530101
保定市						
竞秀区	1809		2080	52	26618	139889
莲池区	1137		1935		11161	58737
满城区	164403	4	38920	988	27800	477038
清苑区	148286		15976	1297	28045	600761

3-1 县(市、区)国民经济主要指标(2021)(12-3)

县(市、区)	四、农业（续7）			五、交通与通讯		
	牧业产值	渔业产值	农林牧渔服务业产值	公路里程（公里）	固定电话用户（户）	移动电话用户（户）
徐水区	175862	128	49800	1549	43594	606444
涞水县	86642	322	12750	1422	18487	307290
阜平县	68142	10823	3243	1829	12054	193101
定兴县	192397	603	75101	902	24004	480689
唐　县	494017	3596	9147	1116	27637	493773
高阳县	33966	49	20418	644	27375	392255
容城县				276	23520	291884
涞源县	70787	748	2950	1129	14785	289939
望都县	83455		15959	615	16327	267540
安新县				640	27639	422104
易　县	267842	7796	8047	1840	31405	480065
曲阳县	183752	4032	17155	1577	32308	576091
蠡　县	156736		21606	913	25454	495922
顺平县	49423	14	5752	996	19283	277568
博野县	58595		4731	503	14570	235599
雄　县				898	18297	434490
涿州市	142770	281	40831	1127	61804	712312
安国市	92815		18010	791	27475	394808
高碑店市	106229	63	46812	1071	33330	536286
张家口市						
桥东区	15031		578			
桥西区	2719		352			
宣化区	129265	1124	10219	1304	34701	740198
下花园区	22211		3908	214	4067	75271
万全区	138721	15	22180	1104	4860	235657
崇礼区	16073	9	491	1037	8235	87354
张北县	154104	366	2828	3256	14040	316384
康保县	185794	73	949	3653	2106	137521
沽源县	120609	2298	1840	2428	2620	180800
尚义县	57365	282	14652	1380	5200	111400
蔚　县	132227	767	8410	2079	15525	429600
阳原县	153445	536	12222	1519	6237	201403
怀安县	61038	613	3176	1636	6512	182469
怀来县	129889	11241	10700	3159	40437	386000
涿鹿县	72565	231	6117	1594	14160	322000
赤城县	178801	1425	30331	1815	5312	216753
承德市						
双桥区	3377	82	190	641	58397	901170
双滦区	9801	845	9800	584	10104	227637
鹰手营子矿区	4938	59	217	161	6444	87098
承德县	212532	898	17560	3116	14599	365171
兴隆县	48727	608	15490	2766	10678	300553
滦平县	221357	754	10067	2304	8738	288674
隆化县	387076	752	14020	3012	12903	393100

3-1 县(市、区)国民经济主要指标(2021)(12-4)

县(市、区)	四、农业（续7）			五、交通与通讯		
	牧业产值	渔业产值	农林牧渔服务业产值	公路里程（公里）	固定电话用户（户）	移动电话用户（户）
丰宁满族自治县	287086	806	22650	4075	12057	357125
宽城满族自治县	90340	1204	17537	1530	9121	308138
围场满族蒙古族自治县	306953	221	9213	5882	18639	470684
平泉市	88534	409	4774	2621	14878	439405
沧州市						
新华区	1353		244	77		
运河区	4014		152	129		
沧　县	196513	50	69565	2103	24111	635339
青　县	128356	477	58000	1375	35622	519200
东光县	84090	1243	428732	1435	20543	372131
海兴县	119033	74370	20280	883	21300	236899
盐山县	115103	651	7699	1036	27347	472640
肃宁县	158117		27722	886	21998	374040
南皮县	122187	1106	194151	967	15662	399506
吴桥县	117982	535	384360	946	19671	215560
献　县	260966	1527	134874	2304	30900	538191
孟村回族自治县	99827	245	1463	686	18084	113897
泊头市	117140	885	27310	1529	28834	657248
任丘市	55692	4610	56200	1558	72993	955314
黄骅市	160078	299225	51345	1848	13702	642000
河间市	117886	100	136058	1515	47293	871272
廊坊市						
安次区	43457	1102	18010	914		
广阳区	23582	623	6721	564		
固安县	47224	412	26290	1571	21117	562344
永清县	191010	963	18592	1206	14730	703851
香河县	76923	3822	8481	1043	8700	522595
大城县	95118	1127	10374	1335	57200	530000
文安县	76373	9016	8390	1663	17902	719057
大厂回族自治县	59115	1447	1768	561	11777	194000
霸州市	51070	14557	10000	1302	38322	855890
三河市	126784	11461	13370	1363	38046	935793
衡水市						
桃城区	52050	1131	15600	843	125750	1183191
冀州区	66366	2612	11820	1413	47655	322985
枣强县	71366	676	20500	1810	36615	376855
武邑县	120568	299	37111	1386	20120	235735
武强县	139867		22854	786	14890	220236
饶阳县	82543		42983	657	7450	251468
安平县	177710	151	29360	781	36460	193683
故城县	197642	2669	47073	1352	42369	439989
景　县	92781	179	42743	1745	26105	460594
阜城县	89015	60	38401	1491	14640	291400
深州市	231033	513	42892	1684	34629	541000
定州市	442472		30237	1861	50382	1189760
辛集市	410990	54	32377	1313	19351	750000
雄安新区	18931		24617	1814	69456	1148478

3-1 县(市、区)国民经济主要指标(2021)(13-1)

县(市、区)	五、交通与通讯	六、教育、科技、卫生			
	互联网宽带接入用户（户）	普通中学专任教师数（人）	普通中学在校学生数（人）	小学专任教师数（人）	小学在校学生数（人）
石家庄市					
长安区		2795	32604	2808	78361
桥西区		3059	42163	3360	80215
新华区		2331	28697	2895	63610
井陉矿区	33287	280	3092	413	4516
裕华区		1799	23563	2530	56796
藁城区	197377	3462	39543	4395	73877
鹿泉区	139000	2194	23618	2367	42754
栾城区	200194	1322	17380	1954	32371
井陉县	55082	1033	13297	1551	15804
正定县	200569	2419	30291	2401	50084
行唐县	105762	1938	24207	2956	37049
灵寿县	91000	1440	19205	1998	27981
高邑县	59433	922	13949	1166	18392
深泽县	71400	614	8644	1035	16274
赞皇县	80469	1372	17617	1852	29244
无极县	126920	1637	26492	2565	43948
平山县	118775	2058	28510	2679	39840
元氏县	143400	1938	22590	2232	37353
赵　县	157155	2245	30143	2625	47430
晋州市	68790	1956	24009	2818	44993
新乐市	144555	2490	34948	2537	48923
唐山市					
路南区		916	11338	1121	20553
路北区		2135	25444	3098	55320
古冶区	126807	1201	7834	1437	14827
开平区	43463	1154	10611	1305	16353
丰南区	209985	2304	25339	2137	37853
丰润区	304524	3268	38869	3536	60908
曹妃甸区	148282	1305	11651	1232	18979
滦南县	179023	2597	29821	2261	31721
乐亭县	183244	2000	17882	1534	15548
迁西县	106652	1891	24621	2085	31236
玉田县	221985	2770	35483	2974	53149
遵化市	249624	3994	49484	3737	61014
迁安市	198768	3790	47311	4214	73876
滦州市	173217	2667	27642	2849	41397
秦皇岛市					
海港区	456453	2482	28024	3714	67164
山海关区		356	3042	627	8344
北戴河区	56727	389	2316	760	5533
抚宁区	111500	1675	14719	1823	18636
青龙满族自治县	91865	1761	17802	2528	35437
昌黎县	157868	2452	28859	2369	29977

3-1 县(市、区)国民经济主要指标(2021)(13-2)

县(市、区)	五、交通与通讯	六、教育、科技、卫生			
	互联网宽带接入用户（户）	普通中学专任教师数（人）	普通中学在校学生数（人）	小学专任教师数（人）	小学在校学生数（人）
卢龙县	251414	1989	17583	2151	20129
邯郸市					
邯山区		932	10684	3620	64091
丛台区		605	10570	1973	70865
复兴区		313	6644	1012	24951
峰峰矿区	124907	1799	21226	2212	37267
肥乡区	47197	2078	27030	2905	44358
永年区		4492	68187	6449	97218
临漳县		2676	49431	4733	80509
成安县	111069	2512	20642	2189	49926
大名县	157770	3696	58996	5210	82328
涉　县	122420	1732	26247	2063	38073
磁　县	199632	3067	46685	2999	52008
邱　县	57511	1450	22742	1980	29165
鸡泽县	76000	1910	29122	1632	39861
广平县	63400	1904	16907	1856	35763
馆陶县	67918	2225	29381	2349	37903
魏　县	114156	4594	62367	5749	102433
曲周县	94942	2280	30689	3610	65680
武安市	226000	4233	52484	5533	93689
邢台市					
襄都区		2169	27572	1658	40696
信都区		3475	46132	4563	75766
任泽区	99890	1178	13061	2198	36563
南和区	124418	2053	13090	2270	37287
临城县	68522	1512	18678	1320	21274
内丘县	73500	997	17566	1452	28289
柏乡县	46350	618	9191	980	16509
隆尧县	138000	1495	20242	3002	49733
宁晋县	222191	3335	48381	4955	86538
巨鹿县	119862	1475	24573	2827	40059
新河县	50206	502	6210	676	10088
广宗县	82426	702	13934	1249	29989
平乡县	111647	1154	16963	1935	35889
威　县	141906	2445	35828	3808	65254
清河县	82398	2366	35206	3141	56205
临西县	76850	1461	23051	2387	39839
南宫市	111783	2297	32741	2948	44816
沙河市	159432	2864	29791	2564	52614
保定市					
竞秀区	101448	1087	11564	1999	33126
莲池区	73029	2693	36265	3555	62139
满城区	126123	1957	26977	1662	34451
清苑区	168814	3067	39236	2956	55926

3−1 县(市、区)国民经济主要指标(2021)(13−3)

县(市、区)	五、交通与通讯	六、教育、科技、卫生			
	互联网宽带接入用户（户）	普通中学专任教师数（人）	普通中学在校学生数（人）	小学专任教师数（人）	小学在校学生数（人）
徐水区	185688	2716	42116	2757	52762
涞水县	116234	1456	19707	1853	23516
阜平县	64999	1348	10532	1698	17804
定兴县	154194	2310	40448	2503	43366
唐　县	134688	2795	37955	3101	49878
高阳县	126291	1317	23267	1787	30608
容城县	77982	1266	13504	1481	21675
涞源县	96532	1256	20315	1485	21228
望都县	84452	1033	12842	1305	18177
安新县	113553	1830	24562	2971	42951
易　县	146240	2660	34211	3304	37594
曲阳县	159983	3470	53401	3539	67227
蠡　县	138307	2212	31461	2960	46755
顺平县	79741	1049	13245	1717	20214
博野县	72984	1004	13751	986	18603
雄　县	120312	2397	21285	2491	48570
涿州市	249599	2671	30566	2973	49421
安国市	123985	1930	26304	1830	25909
高碑店市	190873	2070	26836	2821	45302
张家口市					
桥东区		695	7231	1170	20850
桥西区		656	7117	954	17681
宣化区	239455	2910	34071	2291	35104
下花园区	23891	270	2241	270	2345
万全区	74399	716	9860	857	13114
崇礼区	35881	374	2196	494	4552
张北县	94240	1781	27339	1260	21109
康保县	32653	614	4862	623	5016
沽源县	53600	610	6111	768	9743
尚义县	39200	399	3301	741	4366
蔚　县	146900	2205	15770	2433	35724
阳原县	72218	881	8592	1258	14490
怀安县	60125	564	8329	758	10582
怀来县	74136	1220	21463	1864	36201
涿鹿县	88667	1248	17960	1766	20589
赤城县	64773	1007	7091	855	12609
承德市					
双桥区	239264	668	8223	1198	26007
双滦区	80588	525	6959	930	14711
鹰手营子矿区	29061	213	2559	239	2891
承德县	100729	2213	26622	1646	26770
兴隆县	97912	1256	14729	1782	17473
滦平县	89320	1451	18414	1739	19768
隆化县	114200	1329	20479	2549	28020

3-1　县(市、区)国民经济主要指标(2021)(13-4)

县(市、区)	五、交通与通讯	六、教育、科技、卫生			
	互联网宽带接入用户（户）	普通中学专任教师数（人）	普通中学在校学生数（人）	小学专任教师数（人）	小学在校学生数（人）
丰宁满族自治县	115611	1750	27188	2321	27330
宽城满族自治县	78970	1098	14074	1793	23096
围场满族蒙古族自治县	136792	2155	36769	2581	39883
平泉市	128467	1808	28918	2157	27135
沧州市					
新华区		153	1510	1342	19395
运河区		603	7911	2765	50141
沧　县	160541	2328	39617	3324	69140
青　县	150200	1347	19567	2322	41130
东光县	96436	878	9994	2061	32183
海兴县	64889	854	12760	1380	19607
盐山县	84696	1960	29145	2719	50119
肃宁县	107486	2041	28309	2988	41463
南皮县	106541	1735	23863	2160	35264
吴桥县	68064	1030	12511	1482	16638
献　县	147524	3248	51134	3853	70614
孟村回族自治县	24968	834	12336	1477	23310
泊头市	173103	2325	43931	3192	58089
任丘市	286010	4097	54067	4993	95928
黄骅市	192000	2082	32364	2103	45610
河间市	235054	4349	57944	4205	89817
廊坊市					
安次区		1412	19023	2319	40544
广阳区		980	11708	2320	40390
固安县	201454	2599	31421	3880	60830
永清县	171481	1649	20042	2023	35831
香河县	176679	1969	23861	3025	40983
大城县	170600	2373	22632	3411	56689
文安县	201029	2710	33414	3548	60644
大厂回族自治县	77123	1063	9981	686	17211
霸州市	301795	2925	39264	3661	77506
三河市	395287	3673	49002	4861	82175
衡水市					
桃城区	319551	4791	61229	3108	57511
冀州区	63389	3117	33229	1237	22213
枣强县	80145	1943	28198	1634	32509
武邑县	62978	3357	38581	1363	20563
武强县	63362	1026	10268	1094	14134
饶阳县	69568	962	10197	1649	21102
安平县	119114	3615	36106	1736	31855
故城县	82999	2300	34324	2595	42947
景　县	208396	2512	33844	2406	40679
阜城县	72672	1803	22086	1718	26568
深州市	163000	1880	25079	1991	35637
定州市	335588	6115	80352	5196	90005
辛集市	191182	2463	32296	3012	47469
雄安新区	311847	5493	59351	6943	113196

3-1 县(市、区)国民经济主要指标(2021)(14-1)

县(市、区)	六、教育、科技、卫生		七、居民收入		八、城镇化率(%)
	医疗卫生机构床位数(床)	医疗卫生机构技术人员数(人)	城镇居民人均可支配收入(元)	农村居民人均可支配收入(元)	
石家庄市					
长安区	8263	14617	48057		100.0
桥西区	5760	14582	48969		100.0
新华区	7150	13537	48293		100.0
井陉矿区	657	736	39352	24237	88.6
裕华区	10673	10806	49525		100.0
藁城区	1937	2150	42629	24421	58.2
鹿泉区	2008	2960	41501	24571	75.0
栾城区	565	2073	38507	22453	68.7
井陉县	1292	2082	35814	17167	53.2
正定县	2628	3689	39132	23950	65.3
行唐县	1859	2761	35938	11906	42.1
灵寿县	1767	1789	35211	11388	46.4
高邑县	729	985	33649	18123	56.9
深泽县	1184	1227	34294	17256	45.7
赞皇县	1491	1665	32759	11090	38.9
无极县	2071	1775	35377	19517	
平山县	2018	1901	36813	12678	52.5
元氏县	2191	2566	34417	19188	0.3
赵　县	2428	2694	36607	19739	40.4
晋州市	1741	2743	40132	24364	47.5
新乐市	2248	2419	34472	21651	59.6
唐山市					
路南区	6969	8335	51680	23402	94.0
路北区	12951	16069	51234	26379	96.4
古冶区	2561	2284	44590	21945	87.4
开平区	1538	1631	43503	21698	74.8
丰南区	1690	2926	49160	22479	63.9
丰润区	4163	5140	47970	21784	59.4
曹妃甸区	1718	2553	47813	25404	84.9
滦南县	3119	3259	44626	19657	48.2
乐亭县	2305	2430	45022	23041	46.9
迁西县	2463	2973	46800	22282	55.5
玉田县	3210	4486	43023	22118	46.6
遵化市	3700	4794	46137	22065	56.9
迁安市	5256	6625	48373	29998	62.2
滦州市	2632	3866	48568	22667	54.8
秦皇岛市					
海港区	8664	12673	45968	25497	90.3
山海关区	900	1645	40366	25070	93.8
北戴河区	350	697	49294	25158	88.9
抚宁区	1603	2014	42302	19816	44.1
青龙满族自治县	2895	2386	40208	14442	32.3
昌黎县	2185	3093	38751	20979	49.1

3-1 县(市、区)国民经济主要指标(2021)(14-2)

县(市、区)	六、教育、科技、卫生		七、居民收入		八、城镇化率(%)
	医疗卫生机构床位数(床)	医疗卫生机构技术人员数(人)	城镇居民人均可支配收入(元)	农村居民人均可支配收入(元)	
卢龙县	1561	2024	39255	18110	39.7
邯郸市					
邯山区	10065	11759	46292	21427	85.4
丛台区	6704	8717	47454	20874	87.3
复兴区	1267	1863	47942	19441	93.3
峰峰矿区	3197	3710	33754	18287	77.0
肥乡区	1670	1736	33932	20643	52.6
永年区	4083	4064	38798	21518	53.3
临漳县	2613	2365	36630	20519	50.3
成安县	1947	2161	42741	20436	47.4
大名县	4150	4085	37619	18667	45.2
涉　县	2850	2462	28840	17416	64.0
磁　县	2763	2983	36655	19399	54.4
邱　县	1020	1143	26365	18730	54.3
鸡泽县	1527	1788	35476	20450	52.5
广平县	1407	1562	31467	18037	54.4
馆陶县	1672	1925	33101	18031	52.6
魏　县	4047	3361	36983	19128	49.9
曲周县	2116	2501	35044	20416	53.3
武安市	4124	4319	44909	20720	56.4
邢台市					
襄都区	6480	8016	37757		92.5
信都区	6079	9438	41786	20370	77.8
任泽区	1610	1644	33151	17245	4781.0
南和区	1577	1576	36369	19981	59.4
临城县	1143	1238	30950	12572	46.1
内丘县	1358	1659	33421	16525	45.4
柏乡县	1063	1226	31642	18038	46.5
隆尧县	2281	2585	33062	17057	44.8
宁晋县	4215	4625	33280	19337	46.3
巨鹿县	1979	2922	32296	11446	41.9
新河县	624	812	31064	11055	48.9
广宗县	948	1186	32121	12454	36.8
平乡县	1379	1571	32757	13776	55.2
威　县	2066	2090	30936	12209	40.0
清河县	2120	2693	35785	19980	60.8
临西县	1734	1583	33879	18919	43.7
南宫市	1613	1824	31839	17075	46.8
沙河市	2005	2439	38261	20594	62.3
保定市					
竞秀区	3033	5236	43965	28882	99.9
莲池区	14614	17965	44355	28127	96.3
满城区	1963	3067	38644	22918	55.8
清苑区	2228	3128	38375	23142	44.4

3-1 县(市、区)国民经济主要指标(2021)(14-3)

县(市、区)	六、教育、科技、卫生		七、居民收入		八、城镇化率(%)
	医疗卫生机构床位数(床)	医疗卫生机构技术人员数(人)	城镇居民人均可支配收入(元)	农村居民人均可支配收入(元)	
徐水区	3895	2848	39686	22923	48.3
涞水县	1134	1314	33024	14713	52.4
阜平县	967	1089	25754	12342	54.2
定兴县	2175	2227	39370	20631	46.8
唐　县	2945	3186	26505	11312	37.8
高阳县	1675	2241	33690	24186	48.4
容城县	970	1573	32268	21431	58.3
涞源县	2003	1914	32296	11516	65.2
望都县	1282	1656	32783	18748	53.1
安新县	1444	2603	33823	17894	42.0
易　县	3317	3102	30840	12780	42.2
曲阳县	2981	3742	28387	11456	42.5
蠡　县	1893	2447	32674	20947	48.4
顺平县	1495	1792	32732	10930	41.5
博野县	1332	1356	29686	17756	52.7
雄　县	1295	2448	37615	20482	50.3
涿州市	4243	5881	43336	23948	60.5
安国市	1641	2236	34068	23756	53.6
高碑店市	1938	3049	39133	22517	59.4
张家口市					
桥东区	2559	4592	44442		87.4
桥西区	5420	5710	41737		94.4
宣化区	2954	3735	39970	18380	76.9
下花园区	389	390	41381	17814	82.0
万全区	1001	985	37482	14474	71.2
崇礼区	437	481	40527	15097	56.0
张北县	1757	2016	35258	15264	70.1
康保县	682	978	32357	13985	50.2
沽源县	781	631	34178	14686	57.9
尚义县	664	765	30829	12913	54.2
蔚　县	2301	2860	37551	14327	
阳原县	962	1013	30112	13611	57.4
怀安县	811	948	33529	15182	53.0
怀来县	1359	1346	38493	23080	61.3
涿鹿县	1712	1547	39502	17703	53.9
赤城县	897	985	36071	14794	51.6
承德市					
双桥区	5365	7944	42085	17501	96.0
双滦区	1514	1453	42668	17583	83.7
鹰手营子矿区	520	530	32886	14274	93.8
承德县	2780	2033	34497	15214	44.0
兴隆县	1564	1820	33063	17057	50.4
滦平县	2150	2138	37759	14107	49.6
隆化县	2377	2173	32530	12679	41.9

3-1 县(市、区)国民经济主要指标(2021)(14-4)

县(市、区)	六、教育、科技、卫生		七、居民收入		八、城镇化率(%)
	医疗卫生机构床位数（床）	医疗卫生机构技术人员数（人）	城镇居民人均可支配收入（元）	农村居民人均可支配收入（元）	
丰宁满族自治县	2001	2196	29132	11620	46.9
宽城满族自治县	1464	1379	39463	17245	59.1
围场满族蒙古族自治县	2998	2813	30586	12552	42.5
平泉市	2370	2399	35857	17411	58.1
沧州市					
新华区	3482	4525	42503	18086	96.2
运河区	11301	12598	45483	20327	95.4
沧　县	3190	2714	41371	19387	22.5
青　县	1924	2159	41169	21431	54.6
东光县	1694	1811	41141	16550	51.0
海兴县	959	957	35955	11845	40.0
盐山县	1433	2236	36043	14224	47.2
肃宁县	1477	1777	40936	17739	51.0
南皮县	1426	2105	39856	14029	41.1
吴桥县	1084	1401	37299	17699	
献　县	1823	2464	37392	15227	37.5
孟村回族自治县	603	840	39747	15891	51.7
泊头市	2208	2470	40751	19010	47.0
任丘市	4547	5816	42353	21175	57.0
黄骅市	2934	3028	41439	20952	65.7
河间市	4153	3292	41589	19012	38.6
廊坊市					
安次区	1229	2031	45584	21182	65.5
广阳区	5642	9863	49101	20879	82.2
固安县	1493	2530	45201	20943	60.6
永清县	1172	1604	43563	20582	50.4
香河县	2230	3282	52041	23039	74.4
大城县	2061	2452	45434	19932	45.1
文安县	2692	2837	46260	21554	50.4
大厂回族自治县	723	923	49937	19597	66.2
霸州市	3168	5073	51295	21914	61.3
三河市	6292	8805	53160	24486	78.9
衡水市					
桃城区	7027	11032	42003	20784	89.3
冀州区	1097	1657	39817	19903	55.2
枣强县	1141	1620	36414	16345	56.0
武邑县	1293	1314	28764	12776	47.2
武强县	755	729	30367	12359	34.6
饶阳县	1392	1656	33441	12327	39.3
安平县	1403	1763	34761	20461	59.7
故城县	2248	2861	33376	16223	47.8
景　县	2144	1872	35783	20514	48.1
阜城县	1286	1097	34270	12511	45.0
深州市	1685	2323	32132	20186	42.2
定州市	6967	7194	40715	21138	53.8
辛集市	2675	4555	41882	22571	62.8
雄安新区	3709	6624	103706	59807	

3-2 县(市、区)棉花总产量排序(2021)

单位：吨

县(市、区)	棉花总产量	位次	县(市、区)	棉花总产量	位次	县(市、区)	棉花总产量	位次
威　县	33926	1	永清县	407	28	滦南县	16	55
南宫市	23949	2	大城县	255	29	磁　县	16	56
邱　县	10518	3	桃城区	234	30	盐山县	16	57
故城县	10209	4	河间市	192	31	肃宁县	15	58
曲周县	9959	5	霸州市	179	32	辛集市	15	59
冀州区	9507	6	献　县	154	33	丰润区	13	60
枣强县	9489	7	临漳县	145	34	深州市	13	61
成安县	9199	8	巨鹿县	101	35	邯山区	11	62
丰南区	8593	9	泊头市	94	36	唐　县	11	63
肥乡区	5111	10	平乡县	91	37	曲阳县	10	64
广宗县	4468	11	元氏县	77	38	赞皇县	9	65
东光县	3316	12	玉田县	73	39	鹿泉区	8	66
南皮县	2644	13	任丘市	69	40	黄骅市	7	67
武安市	1926	14	文安县	39	41	曹妃甸区	3	68
临西县	1903	15	井陉县	37	42	峰峰矿区	3	69
武邑县	1707	16	复兴区	34	43	临城县	3	70
吴桥县	1618	17	宁晋县	34	44	行唐县	2	71
清河县	1524	18	信都区	33	45	涞水县	2	72
广平县	1409	19	丛台区	32	46	三河市	2	73
景　县	1165	20	灵寿县	29	47	长安区	1	74
阜城县	1025	21	柏乡县	29	48	正定县	1	75
新河县	711	22	平山县	22	49	任泽区	1	76
魏　县	632	23	高阳县	20	50	南和区	1	77
隆尧县	601	24	海兴县	20	51	易　县	1	78
馆陶县	577	25	大名县	19	52	蠡　县	1	79
鸡泽县	469	26	沙河市	18	53	武强县	1	80
永年区	458	27	青　县	17	54	饶阳县	1	81

注：按照实际产量保留小数排序，存在部分县区四舍五入后产量相等，但位次不同的情况。

3-3 县(市、区)油料总产量排序(2021)

单位：吨

县(市、区)	油料总产量	位次	县(市、区)	油料总产量	位次	县(市、区)	油料总产量	位次
大名县	83707	1	清苑区	6074	54	路南区	1487	107
滦南县	69316	2	成安县	6069	55	满城区	1486	108
滦州市	64418	3	临城县	6005	56	曲周县	1459	109
昌黎县	43221	4	古冶区	5872	57	景　县	1445	110
遵化市	42925	5	魏　县	5815	58	望都县	1358	111
丰南区	36907	6	晋州市	5693	59	泊头市	1339	112
迁安市	32342	7	雄安新区	5669	60	沧　县	1245	113
丰润区	30691	8	尚义县	5553	61	阜城县	1221	114
深州市	29169	9	武安市	5006	62	宽城满族自治县	1209	115
康保县	24872	10	馆陶县	4981	63	路北区	1179	116
平乡县	22125	11	元氏县	4585	64	任丘市	1094	117
卢龙县	21867	12	肥乡区	4524	65	阜平县	1075	118
定州市	21116	13	吴桥县	4485	66	涉　县	1059	119
辛集市	20584	14	高碑店市	4468	67	顺平县	1032	120
内丘县	17211	15	广平县	4318	68	崇礼区	1028	121
定兴县	16783	16	桃城区	4316	69	海兴县	929	122
行唐县	15610	17	青龙满族自治县	4119	70	复兴区	883	123
南宫市	14550	18	怀安县	3819	71	广阳区	874	124
巨鹿县	14367	19	临漳县	3803	72	涿鹿县	790	125
安国市	13631	20	海港区	3791	73	肃宁县	764	126
河间市	13385	21	灵寿县	3724	74	孟村回族自治县	744	127
抚宁区	13146	22	宁晋县	3696	75	滦平县	711	128
广宗县	12928	23	临西县	3583	76	北戴河区	704	129
张北县	12584	24	襄都区	3573	77	邯山区	625	130
新乐市	11557	25	任泽区	3485	78	宣化区	592	131
武邑县	11533	26	安平县	3473	79	怀来县	551	132
无极县	11359	27	唐　县	3428	80	磁　县	542	133
乐亭县	11325	28	武强县	3402	81	蔚　县	529	134
故城县	11001	29	安次区	3142	82	盐山县	518	135
献　县	10852	30	沙河市	2947	83	峰峰矿区	505	136
涞水县	10647	31	玉田县	2872	84	高邑县	411	137
赞皇县	10617	32	南和区	2752	85	曹妃甸区	354	138
枣强县	10388	33	鹿泉区	2619	86	平泉市	297	139
饶阳县	10170	34	沽源县	2551	87	承德县	275	140
丰宁满族自治县	9940	35	邱　县	2413	88	莲池区	248	141
涿州市	8982	36	永年区	2397	89	丛台区	247	142
永清县	8948	37	深泽县	2369	90	赵　县	205	143
迁西县	8819	38	徐水区	2341	91	万全区	200	144
正定县	8803	39	博野县	2325	92	下花园区	160	145
曲阳县	8745	40	井陉县	2303	93	鸡泽县	142	146
冀州区	8655	41	山海关区	2252	94	三河市	136	147
平山县	8525	42	文安县	2237	95	长安区	111	148
围场满族蒙古族自治县	8239	43	青　县	2171	96	兴隆县	104	149
蠡　县	8146	44	柏乡县	2166	97	井陉矿区	86	150
易　县	7737	45	高阳县	2105	98	鹰手营子矿区	77	151
开平区	7340	46	藁城区	2091	99	栾城区	58	152
霸州市	7274	47	固安县	2044	100	竞秀区	56	153
隆尧县	7146	48	黄骅市	1939	101	新华区	44	154
大城县	7001	49	东光县	1760	102	涞源县	35	155
威　县	6925	50	清河县	1752	103	双滦区	15	156
信都区	6697	51	南皮县	1727	104	香河县	13	157
新河县	6113	52	赤城县	1701	105	双桥区	5	158
隆化县	6091	53	阳原县	1604	106			

3-4 县(市、区)蔬菜总产量排序(2021)

单位：吨

县(市、区)	蔬菜总产量	位次	县(市、区)	蔬菜总产量	位次	县(市、区)	蔬菜总产量	位次
玉田县	2143848	1	临漳县	303369	57	怀来县	75084	113
永清县	1958522	2	宁晋县	302781	58	万全区	74863	114
滦南县	1549989	3	南皮县	300567	59	内丘县	73799	115
沽源县	1531525	4	阜城县	290350	60	黄骅市	73573	116
乐亭县	1410837	5	南宫市	287359	61	涉　县	71619	117
固安县	1388165	6	行唐县	281407	62	威　县	71222	118
定州市	1241147	7	卢龙县	277112	63	栾城区	70979	119
丰南区	1187770	8	大城县	250707	64	临城县	70579	120
永年区	1106609	9	崇礼区	235602	65	唐　县	68846	121
昌黎县	1065244	10	灵寿县	228541	66	东光县	68756	122
青县	992478	11	古冶区	228106	67	武强县	64090	123
围场满族蒙古族自治县	984731	12	深泽县	212001	68	磁　县	63211	124
张北县	871088	13	涞水县	211713	69	阜平县	55768	125
饶阳县	828812	14	易　县	211302	70	开平区	54817	126
滦州市	825413	15	柏乡县	203874	71	冀州区	53707	127
隆化县	807513	16	广平县	198314	72	曹妃甸区	53074	128
肥乡区	777714	17	安国市	197007	73	海港区	51790	129
平泉市	742884	18	平乡县	196857	74	泊头市	51763	130
辛集市	734197	19	满城区	195450	75	阳原县	51143	131
尚义县	695852	20	巨鹿县	194162	76	兴隆县	49273	132
武邑县	660483	21	曲周县	189810	77	涿鹿县	48802	133
定兴县	648630	22	桃城区	184774	78	双滦区	47667	134
滦平县	641749	23	安次区	176541	79	高阳县	47081	135
丰润区	633325	24	承德县	175050	80	容城县	46965	136
正定县	610792	25	山海关区	173147	81	北戴河区	46537	137
无极县	595000	26	宽城满族自治县	167474	82	清河县	39738	138
清苑区	591369	27	河间市	165454	83	新河县	34760	139
丰宁满族自治县	578305	28	任丘市	159496	84	路南区	34437	140
藁城区	571071	29	深州市	150178	85	莲池区	29404	141
魏　县	549368	30	蔚　县	147424	86	海兴县	24106	142
赤城县	541474	31	宣化区	138950	87	沙河市	23934	143
迁安市	525707	32	霸州市	134469	88	下花园区	23189	144
遵化市	511440	33	吴桥县	129413	89	孟村回族自治县	22339	145
大名县	510286	34	路北区	128658	90	大厂回族自治县	21925	146
抚宁区	505448	35	赞皇县	126862	91	安新县	21397	147
香河县	494605	36	望都县	125278	92	涞源县	20791	148
南和区	494378	37	武安市	122969	93	竞秀区	20481	149
肃宁县	474544	38	平山县	121399	94	邯山区	20001	150
蠡　县	473116	39	怀安县	120182	95	鹰手营子矿区	17314	151
成安县	469409	40	迁西县	115212	96	新华区	16044	152
隆尧县	452907	41	元氏县	112609	97	雄　县	14140	153
高邑县	447988	42	临西县	110716	98	双桥区	12962	154
康保县	432659	43	枣强县	108672	99	襄都区	9540	155
鸡泽县	427363	44	安平县	104981	100	峰峰矿区	5155	156
故城县	409427	45	广宗县	103288	101	桥西区	5128	157
鹿泉区	407291	46	博野县	99490	102	桥东区	4370	158
新乐市	401683	47	广阳区	96397	103	运河区	3702	159
三河市	380562	48	高碑店市	95960	104	盐山县	3700	160
涿州市	374383	49	文安县	95322	105	井陉矿区	3494	161
献　县	353900	50	赵　县	86942	106	长安区	2606	162
晋州市	348131	51	沧　县	86599	107	裕华区	2177	163
馆陶县	344385	52	景　县	86328	108	丛台区	1660	164
顺平县	325402	53	信都区	85545	109	桥西区	1011	165
青龙满族自治县	320782	54	曲阳县	83576	110	复兴区	114	166
任泽区	312142	55	井陉县	83424	111			
徐水区	308799	56	邱　县	81039	112			

3−5 县(市、区)园林水果产量排序(2021)

单位：吨

县(市、区)	园林水果产 量	位次	县(市、区)	园林水果产 量	位次	县(市、区)	园林水果产 量	位次
晋州市	653162	1	玉田县	42949	55	故城县	9760	109
深州市	628225	2	武邑县	42465	56	文安县	9516	110
赵 县	601459	3	迁西县	39742	57	正定县	9378	111
泊头市	386875	4	唐 县	39615	58	古冶区	8784	112
顺平县	361144	5	滦平县	38693	59	竞秀区	8712	113
乐亭县	350859	6	枣强县	38223	60	霸州市	8579	114
辛集市	342158	7	滦州市	37746	61	栾城区	8241	115
承德县	336640	8	三河市	37227	62	邯山区	7932	116
兴隆县	291963	9	丰润区	36457	63	东光县	7913	117
魏 县	267264	10	博野县	32911	64	高阳县	7713	118
青龙满族自治县	245866	11	涞水县	32611	65	无极县	7537	119
围场满族蒙古族自治县	228099	12	南宫市	31120	66	长安区	7190	120
永清县	223284	13	大城县	29160	67	海兴县	6990	121
饶阳县	221491	14	鸡泽县	28342	68	灵寿县	6309	122
威 县	212762	15	清河县	28210	69	南和区	5839	123
满城区	211079	16	雄 县	28208	70	新乐市	5706	124
宁晋县	180103	17	隆尧县	28137	71	丰宁满族自治县	5557	125
沧 县	174974	18	蠡 县	27042	72	阳原县	5538	126
怀来县	159036	19	定兴县	26805	73	香河县	5502	127
卢龙县	157379	20	曲周县	25629	74	广阳区	5036	128
抚宁区	144488	21	临漳县	24881	75	武强县	4542	129
信都区	137831	22	定州市	24453	76	北戴河区	4511	130
遵化市	136301	23	山海关区	24413	77	元氏县	4185	131
曲阳县	134250	24	永年区	23986	78	高邑县	3651	132
易 县	127131	25	曹妃甸区	23661	79	万全区	3618	133
新河县	123458	26	安平县	21710	80	磁 县	3444	134
行唐县	123239	27	涿州市	21177	81	涞源县	3165	135
赞皇县	121820	28	武安市	20773	82	井陉矿区	3127	136
平泉市	117812	29	景 县	19516	83	宣化区	2920	137
昌黎县	111802	30	任丘市	19510	84	峰峰矿区	2172	138
藁城区	100730	31	徐水区	19303	85	丛台区	1815	139
深泽县	90420	32	吴桥县	18825	86	双滦区	1772	140
涿鹿县	79409	33	桃城区	18702	87	盐山县	1720	141
成安县	75488	34	井陉县	18545	88	开平区	1361	142
黄骅市	75082	35	平山县	18532	89	路北区	1327	143
固安县	74102	36	海港区	18379	90	怀安县	1097	144
柏乡县	73013	37	馆陶县	18145	91	莲池区	1037	145
献 县	72707	38	鹿泉区	17632	92	运河区	1036	146
巨鹿县	69676	39	涉 县	17243	93	鹰手营子矿区	1015	147
迁安市	67763	40	广宗县	17061	94	容城县	968	148
河间市	66868	41	大名县	16908	95	桥东区	968	149
阜平县	65087	42	临城县	16602	96	石家庄市新华区	966	150
南皮县	62700	43	青 县	16519	97	大厂回族自治县	958	151
肥乡区	60588	44	平乡县	16251	98	襄都区	866	152
肃宁县	60343	45	广平县	16011	99	下花园区	803	153
冀州区	56450	46	望都县	15892	100	崇礼区	743	154
清苑区	53148	47	安新县	15567	101	双桥区	577	155
隆化县	48596	48	临西县	14148	102	复兴区	531	156
宽城满族自治县	48499	49	丰南区	12805	103	蔚 县	150	157
安次区	46859	50	沙河市	12355	104	路南区	56	158
内丘县	46323	51	孟村回族自治县	11627	105	沧州市新华区	9	159
滦南县	45412	52	高碑店市	11033	106	尚义县	4	160
阜城县	44109	53	安国市	10744	107	赤城县	2	161
邱 县	43617	54	任泽区	9952	108			

3-6　县(市、区)水产品总产量排序(2021)

单位：吨

县(市、区)	水产品总产量	位次	县(市、区)	水产品总产量	位次	县(市、区)	水产品总产量	位次
曹妃甸区	163223	1	行唐县	805	44	临西县	178	87
乐亭县	135200	2	大厂回族自治县	790	45	涞水县	176	88
昌黎县	112455	3	滦州市	760	46	武邑县	162	89
黄骅市	62730	4	雄　县	728	47	元氏县	160	90
丰南区	56232	5	雄安新区	728	48	尚义县	154	91
迁西县	11800	6	新河县	723	49	涿州市	153	92
海兴县	9545	7	东光县	681	50	涿鹿县	140	93
三河市	6330	8	宽城满族自治县	660	51	孟村回族自治县	133	94
永年区	6160	9	桃城区	620	52	围场满族蒙古族自治县	120	95
阜平县	5712	10	大城县	619	53	巨鹿县	116	96
平山县	5500	11	武安市	610	54	深泽县	105	97
灵寿县	5350	12	宣化区	610	55	大名县	105	98
鹿泉区	5300	13	安次区	602	56	景　县	98	99
丰润区	5080	14	南皮县	600	57	安平县	82	100
怀来县	4850	15	永清县	529	58	魏　县	60	101
霸州市	4797	16	承德县	486	59	定兴县	60	102
磁　县	4710	17	泊头市	469	60	河间市	55	103
易　县	4237	18	双滦区	460	61	邱　县	53	104
玉田县	4150	19	北戴河区	445	62	平乡县	50	105
古冶区	3990	20	丰宁满族自治县	440	63	内丘县	46	106
文安县	3614	21	蔚　县	420	64	双桥区	45	107
涉　县	3264	22	涞源县	411	65	康保县	40	108
山海关区	3120	23	滦平县	410	66	高碑店市	35	109
曲周县	3120	24	隆化县	408	67	徐水区	34	110
开平区	2682	25	迁安市	383	68	阜城县	33	111
临城县	2600	26	井陉县	370	69	鹰手营子矿区	32	112
任丘市	2500	27	襄都区	370	70	广宗县	30	113
曲阳县	2200	28	枣强县	370	71	辛集市	29	114
香河县	2102	29	盐山县	356	72	高阳县	27	115
卢龙县	2003	30	广阳区	340	73	沧　县	27	116
唐　县	1965	31	怀安县	334	74	鸡泽县	26	117
青龙满族自治县	1680	32	兴隆县	330	75	馆陶县	25	118
峰峰矿区	1670	33	南宫市	310	76	广平县	22	119
故城县	1445	34	阳原县	292	77	隆尧县	20	120
海港区	1422	35	吴桥县	292	78	肥乡区	16	121
冀州区	1311	36	青　县	285	79	顺平县	8	122
信都区	1227	37	深州市	280	80	井陉矿区	6	123
沙河市	1201	38	威　县	252	81	宁晋县	6	124
遵化市	1200	39	清河县	240	82	成安县	5	125
抚宁区	1047	40	固安县	226	83	崇礼区	5	126
赤城县	860	41	平泉市	221	84	万全区	4	127
沽源县	848	42	张北县	200	85	满城区	2	128
献　县	839	43	南和区	184	86	无极县	1	129

注：按照取整数据进行排序，存在并列情况。

3−7 县(市、区)农林牧渔业总产值排序(2021)

单位：万元

县(市、区)	农林牧渔业总产值	位次	县(市、区)	农林牧渔业总产值	位次	县(市、区)	农林牧渔业总产值	位次
滦南县	1594609	1	馆陶县	503368	56	阜平县	251166	111
定州市	1444807	2	灵寿县	499933	57	内丘县	250629	112
昌黎县	1388580	3	河间市	494604	58	冀州区	250438	113
乐亭县	1354773	4	武安市	493557	59	武强县	249312	114
玉田县	1154756	5	尚义县	490134	60	万全区	245184	115
围场满族蒙古族自治县	1138811	6	康保县	489987	61	阳原县	241764	116
隆化县	1010952	7	隆尧县	486373	62	新河县	240420	117
永清县	980461	8	赤城县	481985	63	涿鹿县	240199	118
辛集市	909822	9	临漳县	475579	64	涉　县	233644	119
青龙满族自治县	896874	10	满城区	466007	65	信都区	229457	120
丰南区	880234	11	南和区	456246	66	文安县	219723	121
承德县	836689	12	安国市	448040	67	柏乡县	213531	122
遵化市	836590	13	肃宁县	446706	68	清河县	210199	123
滦州市	819160	14	涿州市	437879	69	广平县	201199	124
曹妃甸区	803079	15	蠡　县	415816	70	井陉县	198784	125
藁城区	768914	16	徐水区	414863	71	盐山县	191461	126
行唐县	759537	17	赵　县	414631	72	安次区	190932	127
永年区	749942	18	南宫市	398233	73	霸州市	185778	128
魏　县	728335	19	顺平县	397196	74	临城县	181233	129
献　县	722640	20	景县	389535	75	古冶区	180032	130
抚宁区	713706	21	阜城县	388172	76	桃城区	179170	131
卢龙县	712439	22	怀来县	381498	77	山海关区	154283	132
平泉市	710445	23	兴隆县	381407	78	涞源县	149590	133
青　县	698201	24	赞皇县	376838	79	怀安县	149540	134
深州市	696440	25	元氏县	372663	80	沙河市	149072	135
吴桥县	685934	26	迁西县	371570	81	孟村回族自治县	148750	136
大名县	677706	27	泊头市	362446	82	海港区	142486	137
东光县	664373	28	平山县	354062	83	高阳县	123350	138
固安县	645184	29	临西县	347687	84	崇礼区	117446	139
滦平县	641662	30	邱　县	337122	85	峰峰矿区	98599	140
丰润区	638722	31	曲阳县	327561	86	广阳区	91619	141
定兴县	632543	32	安平县	325041	87	开平区	83890	142
丰宁满族自治县	626909	33	宽城满族自治县	324044	88	大厂回族自治县	77318	143
黄骅市	625635	34	香河县	321643	89	路北区	57295	144
唐　县	618771	35	栾城区	321552	90	下花园区	57225	145
肥乡区	616680	36	三河市	321318	91	双滦区	55387	146
宁晋县	612104	37	涞水县	310445	92	邯山区	53979	147
无极县	608617	38	雄安新区	307557	93	北戴河区	35255	148
饶阳县	603008	39	高碑店市	306515	94	路南区	30740	149
新乐市	600543	40	平乡县	304195	95	桥东区	27414	150
成安县	597313	41	鹿泉区	302513	96	丛台区	23444	151
清苑区	593799	42	鸡泽县	300248	97	襄都区	23270	152
正定县	585302	43	枣强县	299588	98	莲池区	22866	153
巨鹿县	569532	44	任丘市	297688	99	竞秀区	21768	154
沽源县	566819	45	望都县	297443	100	鹰手营子矿区	16569	155
曲周县	556900	46	深泽县	297389	101	长安区	14722	156
迁安市	554851	47	大城县	296919	102	复兴区	13161	157
张北县	553203	48	任泽区	288032	103	双桥区	10243	158
威　县	551953	49	蔚　县	278044	104	运河区	7848	159
故城县	545035	50	博野县	276187	105	新华区	6989	160
南皮县	528225	51	磁　县	263563	106	井陉矿区	6301	161
易　县	527399	52	宣化区	261342	107	桥西区	3617	162
沧　县	514990	53	广宗县	260421	108	新华区	2303	163
武邑县	509680	54	海兴县	255492	109	桥西区	1495	164
晋州市	507852	55	高邑县	252018	110	裕华区	1182	165

3-8 县(市、区)农林牧渔业增加值排序(2021)

单位：万元

县(市、区)	农林牧渔业增加值	位次	县(市、区)	农林牧渔业增加值	位次	县(市、区)	农林牧渔业增加值	位次
滦南县	989577	1	赵　县	292811	58	阳原县	140681	115
乐亭县	941315	2	隆尧县	285990	59	磁　县	138903	116
定州市	869234	3	武邑县	284912	60	万全区	138035	117
昌黎县	828364	4	河间市	284592	61	文安县	137470	118
围场县	756417	5	顺平县	281633	62	海兴县	135675	119
玉田县	711994	6	南和区	278565	63	井陉县	132798	120
永清县	687226	7	满城区	278134	64	武强县	129258	121
隆化县	637061	8	肃宁县	277014	65	柏乡县	124849	122
丰南区	574733	9	临漳县	275197	66	广平县	122818	123
遵化市	574475	10	兴隆县	273084	67	安次区	121901	124
辛集市	547930	11	涿　州	264634	68	清河县	117423	125
承德县	537087	12	尚义县	262257	69	霸州市	117199	126
青龙满族自治县	536601	13	安　国	260755	70	古冶区	114597	127
平泉市	525523	14	迁西县	258376	71	盐山县	107997	128
滦州市	512305	15	康保县	256349	72	桃城区	102370	129
藁城区	504623	16	馆陶县	254214	73	山海关区	101393	130
行唐县	484809	17	赞皇县	252258	74	临城县	100889	131
青　县	478370	18	徐水区	245390	75	怀安县	94518	132
魏　县	451212	19	南宫市	239209	76	涞源县	91623	133
固安县	450415	20	元氏县	238543	77	雄　县	90288	134
曹妃甸区	449928	21	宽城县	226827	78	海港区	89037	135
永年区	439879	22	泊头市	224932	79	沙河市	83118	136
抚宁区	429564	23	阜城县	221721	80	孟村县	82218	137
卢龙县	427967	24	蠡　县	221524	81	高阳县	76248	138
献　县	416330	25	平山县	219514	82	安新县	73702	139
深州市	411275	26	怀来县	218102	83	崇礼区	67274	140
滦平县	402287	27	景　县	211563	84	广阳区	56509	141
唐　县	399108	28	香河县	211230	85	峰峰矿区	51863	142
新乐市	391794	29	鹿泉区	208384	86	开平区	50964	143
正定县	391050	30	临西县	201907	87	大厂县	47883	144
丰润区	388746	31	邱　县	200502	88	路北区	40442	145
黄骅市	386939	32	三河市	200037	89	容城县	40132	146
晋州市	385113	33	栾城区	199169	90	双滦区	37150	147
无极县	384746	34	曲阳县	196580	91	化工园区	35215	148
定兴县	376020	35	涞水县	193391	92	下花园区	33013	149
丰宁县	375449	36	平乡县	191635	93	邯山区	28956	150
饶阳县	365874	37	深泽县	191224	94	北戴河区	22025	151
清苑区	365118	38	望都县	186236	95	路南区	19108	152
吴桥县	362709	39	大城县	185782	96	襄都区	16240	153
巨鹿县	355466	40	高碑店	183954	97	桥东区	15918	154
宁晋县	353236	41	博野县	182516	98	竞秀区	14182	155
肥乡区	352573	42	高邑县	179097	99	莲池区	14149	156
成安县	350371	43	任丘市	179047	100	丛台区	13070	157
威　县	344883	44	鸡泽县	177075	101	鹰手营子矿区	10946	158
迁安市	343582	45	阜平县	171269	102	长安区	9538	159
东光县	343292	46	安平县	168494	103	复兴区	7435	160
灵寿县	341287	47	任泽区	168087	104	双桥区	6411	161
大名县	332417	48	枣强县	168047	105	石家庄市新华区	5034	162
张北县	332061	49	蔚　县	159265	106	运河区	4516	163
易　县	321227	50	宣化区	152372	107	矿　区	3857	164
沧　县	310764	51	广宗县	151696	108	高新区	3536	165
故城县	305922	52	内丘县	147554	109	张家口市桥西区	2087	166
沽源县	299852	53	涿鹿县	146831	110	沧州市新华区	1356	167
曲周县	299771	54	信都区	143945	111	石家庄市桥西区	1068	168
南皮县	298656	55	新河县	141986	112	裕华区	827	169
武安市	295060	56	涉　县	141780	113			
赤城县	293728	57	冀州区	141484	114			

3–9 县(市、区)农村居民人均可支配收入排序(2021)

单位：元

县(市、区)	农村居民人均可支配收入	位次	县(市、区)	农村居民人均可支配收入	位次	县(市、区)	农村居民人均可支配收入	位次
雄安新区	59807	1	肥乡区	20643	54	宽城满族自治县	17245	107
迁安市	29998	2	定兴县	20631	55	井陉县	17167	108
竞秀区	28882	3	沙河市	20594	56	南宫市	17075	109
莲池区	28127	4	永清县	20582	57	隆尧县	17057	110
路北区	26379	5	临漳县	20519	58	兴隆县	17057	111
海港区	25497	6	景　县	20514	59	东光县	16550	112
曹妃甸区	25404	7	安平县	20461	60	内丘县	16525	113
北戴河区	25158	8	鸡泽县	20450	61	枣强县	16345	114
山海关区	25070	9	成安县	20436	62	故城县	16223	115
鹿泉区	24571	10	曲周县	20416	63	孟村回族自治县	15891	116
三河市	24486	11	信都区	20370	64	张北县	15264	117
藁城区	24421	12	运河区	20327	65	献　县	15227	118
晋州市	24364	13	深州市	20186	66	承德县	15214	119
井陉矿区	24237	14	南和区	19981	67	怀安县	15182	120
高阳县	24186	15	清河县	19980	68	崇礼区	15097	121
正定县	23950	16	大城县	19932	69	赤城县	14794	122
涿州市	23948	17	冀州区	19903	70	涞水县	14713	123
安国市	23756	18	抚宁区	19816	71	沽源县	14686	124
路南区	23402	19	赵　县	19739	72	万全区	14474	125
清苑区	23142	20	滦南县	19657	73	青龙满族自治县	14442	126
怀来县	23080	21	大厂回族自治县	19597	74	蔚　县	14327	127
乐亭县	23041	22	无极县	19517	75	鹰手营子矿区	14274	128
香河县	23039	23	复兴区	19441	76	盐山县	14224	129
徐水区	22923	24	磁　县	19399	77	滦平县	14107	130
满城区	22918	25	沧　县	19387	78	南皮县	14029	131
滦州市	22667	26	宁晋县	19337	79	康保县	13985	132
辛集市	22571	27	元氏县	19188	80	平乡县	13776	133
高碑店市	22517	28	魏　县	19128	81	阳原县	13611	134
丰南区	22479	29	河间市	19012	82	尚义县	12913	135
栾城区	22453	30	泊头市	19010	83	易　县	12780	136
迁西县	22282	31	临西县	18919	84	武邑县	12776	137
玉田县	22118	32	望都县	18748	85	隆化县	12679	138
遵化市	22065	33	邱　县	18730	86	平山县	12678	139
古冶区	21945	34	大名县	18667	87	临城县	12572	140
霸州市	21914	35	宣化区	18380	88	围场满族蒙古族自治县	12552	141
丰润区	21784	36	峰峰矿区	18287	89	阜城县	12511	142
开平区	21698	37	高邑县	18123	90	广宗县	12454	143
新乐市	21651	38	卢龙县	18110	91	武强县	12359	144
文安县	21554	39	新华区	18086	92	阜平县	12342	145
永年区	21518	40	柏乡县	18038	93	饶阳县	12327	146
青　县	21431	41	广平县	18037	94	威　县	12209	147
邯山区	21427	42	馆陶县	18031	95	行唐县	11906	148
安次区	21182	43	下花园区	17814	96	海兴县	11845	149
任丘市	21175	44	博野县	17756	97	丰宁满族自治县	11620	150
定州市	21138	45	肃宁县	17739	98	涞源县	11516	151
昌黎县	20979	46	涿鹿县	17703	99	曲阳县	11456	152
黄骅市	20952	47	吴桥县	17699	100	巨鹿县	11446	153
蠡　县	20947	48	双滦区	17583	101	灵寿县	11388	154
固安县	20943	49	双桥区	17501	102	唐　县	11312	155
广阳区	20879	50	涉　县	17416	103	赞皇县	11090	156
丛台区	20874	51	平泉市	17411	104	新河县	11055	157
桃城区	20784	52	深泽县	17256	105	顺平县	10930	158
武安市	20720	53	任泽区	17245	106			

注：按照取整数据进行排序，存在并列情况。

4-1 乡镇经济主要指标(2021年)

乡镇名称	行政区域面积(公顷)	乡镇户籍人口(人)	一般公共预算收入(万元)	一般公共预算支出(万元)	粮食产量(吨)	现价农林牧渔业总产值(万元)
石家庄市长安区西兆通镇	3041	51878	837	837	5089	5291
石家庄市长安区南村镇	3661	45940	1006	1006	8506	8735
石家庄市长安区高营镇	1690	39333	1129	1129	139	32
石家庄市长安区桃园镇	1836	38231	331	331	477	664
石家庄市井陉矿区贾庄镇	3410	24657	3270	3270	568	4425
石家庄市井陉矿区凤山镇	1940	14941	2577	3065	392	1124
石家庄市井陉矿区横涧乡	1458	14927	2174	2174	308	837
石家庄市裕华区方村镇	1600	47312	2101	2170		
石家庄市藁城区廉州镇	8628	83590	21702	21702	33045	36290
石家庄市藁城区兴安镇	6479	57545	8707	8707	46676	73812
石家庄市藁城区贾市庄镇	5700	54308	5339	5339	1432	84077
石家庄市藁城区南营镇	5265	49132	5923	5923	56781	43892
石家庄市藁城区梅花镇	7445	68142	7622	7622	89946	57313
石家庄市藁城区岗上镇	4547	38653	7937	7937	19653	64712
石家庄市藁城区南董镇	4875	48342	2169	5694	20519	19828
石家庄市藁城区张家庄镇	4740	61671	6277	6277	46199	56185
石家庄市藁城区南孟镇	3974	50617	5783	5783	32399	48504
石家庄市藁城区增村镇	5724	67632	1363	1363	48758	98820
石家庄市藁城区常安镇	6630	60065	6203	6203	31918	111968
石家庄市藁城区西关镇	4982	47114	1500	1500	56152	52965
石家庄市藁城区九门回族乡	4660	49220	5601	5601	32672	37190
石家庄市鹿泉区获鹿镇	4832	72393	27464	27464	2683	7823
石家庄市鹿泉区铜冶镇	7270	67935	18418	16136	22066	79835
石家庄市鹿泉区寺家庄镇	3984	45819	2280	2278	17836	31929
石家庄市鹿泉区上庄镇	4872	52117	13673	13140	9345	18498
石家庄市鹿泉区李村镇	6500	39282	3217	3496	29667	33359
石家庄市鹿泉区宜安镇	6997	29934	5561	4248	9657	27098
石家庄市鹿泉区黄壁庄镇	3250	19149	1545	1549	8980	19098
石家庄市鹿泉区大河镇	6382	47943	4154	4475	19970	39931
石家庄市鹿泉区山尹村镇	2355	14160	4311	3890	8802	11866
石家庄市鹿泉区石井乡	4552	13918	1639	1221	1074	5564
石家庄市鹿泉区白鹿泉乡	4325	10935	2165	2183	982	10416
石家庄市鹿泉区上寨乡	3170	11095	1365	1365	1658	16237
石家庄市栾城区栾城镇	5139	56114	27963	15501	25124	55405
石家庄市栾城区冶河镇	4355	55132	4674	7962	26816	40569
石家庄市栾城区窦妪镇	5769	57095	19590	8838	38388	47338
石家庄市栾城区楼底镇	3036	49018	11415	8682	13563	28545
石家庄市栾城区南高乡	3675	29719	717	4562	30874	44552
石家庄市栾城区柳林屯乡	4840	46769	1919	6684	38783	45762
石家庄市栾城区西营乡	5745	49851	417	7615	49147	59373
石家庄市井陉县微水镇	9931	64651	4463	1825	5560	16966
石家庄市井陉县上安镇	5766	23512	1778	876		
石家庄市井陉县天长镇	10320	36664	1377	1081	5607	1156
石家庄市井陉县秀林镇	5728	26021	3848	1441	3078	13230
石家庄市井陉县南峪镇	8042	14441	168	727	2589	9940
石家庄市井陉县威州镇	7794	28443	1078	998	26989	2153
石家庄市井陉县小作镇	7675	18449	597	809	3153	14355
石家庄市井陉县南障城镇	10302	11249	601	874		
石家庄市井陉县苍岩山镇	11964	9799	122	692	1416	409

4−1续1 乡镇经济主要指标(2021年)

乡镇名称	行政区域面积(公顷)	乡镇户籍人口(人)	一般公共预算收入(万元)	一般公共预算支出(万元)	粮食产量(吨)	现价农林牧渔业总产值(万元)
石家庄市井陉县测鱼镇	16793	14413	168	706	11026	
石家庄市井陉县吴家窑乡	4760	15235	650	770	2594	4221
石家庄市井陉县北正乡	1840	10668	486	741	1590	2318
石家庄市井陉县于家乡	3433	6964	198	627	1206	346
石家庄市井陉县孙庄乡	5303	17023	615	716	11550	
石家庄市井陉县南陉乡	4624	8036	66	534	2142	9400
石家庄市井陉县辛庄乡	16293	9976	293	860	2250	10664
石家庄市井陉县南王庄乡	7880	10584	14	677	2901	10531
石家庄市正定县正定镇	8404	129371	19048	6112	23278	95508
石家庄市正定县新城铺镇	3768	41112	3912	3039	21716	37551
石家庄市正定县新安镇	4380	43525	1054	1782	34647	69555
石家庄市正定县南牛乡	4016	51637	4356	2042	33341	65491
石家庄市正定县南楼乡	8448	58399	2163	2163	61353	121257
石家庄市正定县西平乐乡	2531	24326	1290	1149	21748	44540
石家庄市正定县北早现乡						
石家庄市正定县曲阳桥乡						
石家庄市行唐县龙州镇	4235	45210	216	216	22735	48664
石家庄市行唐县南桥镇	6133	37112	1334	1298	35730	53748
石家庄市行唐县上碑镇	2543	17478	1009	1009	13594	38942
石家庄市行唐县口头镇	14590	26555	1841	796	6572	67222
石家庄市行唐县独羊岗乡	6100	43422	1400	1400	41651	84286
石家庄市行唐县安香乡	4284	32697	1353	1353	33941	42350
石家庄市行唐县只里乡	6278	44383	1487	1487	46861	51136
石家庄市行唐县市同乡	2805	24909	1059	1059	13527	32567
石家庄市行唐县翟营乡	7156	37940	1466	1466	53185	64810
石家庄市行唐县城寨乡	5999	22155	1220	1220	20917	52082
石家庄市行唐县上方乡	5245	27310	1203	1218	22073	54015
石家庄市行唐县玉亭乡	5786	23365	778	773	16503	45337
石家庄市行唐县北河乡	4169	7842	723	723	6062	31237
石家庄市行唐县上闫庄乡	5839	6656	846	978	2140	18825
石家庄市行唐县九口子乡	13295	16590	1211	1211	4738	43132
石家庄市灵寿县灵寿镇	4475	66469	1050	980	16590	72893
石家庄市灵寿县青同镇	5639	28389	633	633	21158	46215
石家庄市灵寿县塔上镇	4555	11910	663	663	12191	21739
石家庄市灵寿县陈庄镇	16081	22016	398	362	3658	30584
石家庄市灵寿县慈峪镇	9520	36305	789	787	9550	
石家庄市灵寿县岔头镇	8315	18490	1031	1031	4256	35255
石家庄市灵寿县三圣院乡	3039	27740	665	490	15549	32581
石家庄市灵寿县北洼乡	3312	23219	522	522	16599	48344
石家庄市灵寿县牛城乡	3887	24822	355	355	13524	29439
石家庄市灵寿县狗台乡	4484	24954	1180	1180		
石家庄市灵寿县南寨乡	2471	17197	921	921	11832	14931
石家庄市灵寿县南燕川乡	7133	13483	441	441	5643	26511
石家庄市灵寿县北谭庄乡	3838	11644	278	693	6571	16594
石家庄市灵寿县寨头乡	10796	13991	691	691	3128	19382
石家庄市灵寿县南营乡	13953	10027	6	6	2730	18475
石家庄市高邑县高邑镇	3763	54832	8907	8854	21547	35931
石家庄市高邑县大营镇	4623	35937	1235	1235	43932	84971
石家庄市高邑县富村镇	5488	41140	4865	4865	31549	36317

4-1续2　乡镇经济主要指标(2021年)

乡镇名称	行政区域面积(公顷)	乡镇户籍人口(人)	一般公共预算收入(万元)	一般公共预算支出(万元)	粮食产量(吨)	现价农林牧渔业总产值(万元)
石家庄市高邑县万城镇	4983	45991	4000	3124	39725	42849
石家庄市高邑县中韩乡						
石家庄市深泽县深泽镇	2814	46303	11674	3763	9985	22748
石家庄市深泽县铁杆镇	7324	41584	2802	1108	51636	62761
石家庄市深泽县赵八镇	3598	36503	3260	1589	34855	35119
石家庄市深泽县白庄乡	5770	45163	1726	1683	43683	83370
石家庄市深泽县留村乡	3831	34883	1435	1431	29815	32228
石家庄市深泽县桥头乡						
石家庄市赞皇县赞皇镇	6289	66627	6368	6368	72409	376838
石家庄市赞皇县院头镇	10712	24822	680	680	4924	24374
石家庄市赞皇县南邢郭镇	5157	26409	520	520	12382	29309
石家庄市赞皇县嶂石岩镇	9644	7350	490	524	1086	6141
石家庄市赞皇县西龙门乡	4362	29614	1586	1586	6082	62346
石家庄市赞皇县南清河乡	4821	24076	565	565	8544	29658
石家庄市赞皇县西阳泽乡	7507	29060	518	518	33016	
石家庄市赞皇县土门乡	4716	15572	522	522	2172	15480
石家庄市赞皇县黄北坪乡	9826	14321	722	722	3041	20716
石家庄市赞皇县许亭乡	14996	24089	1399	1399	4634	31922
石家庄市赞皇县张楞乡	5527	17800	507	507	6517	40151
石家庄市无极县无极镇	5168	55392	7608	5916	37763	60615
石家庄市无极县七汲镇	4840	44938	484	2419	34391	118044
石家庄市无极县张段固镇	4216	45931	6269	3075	36400	23238
石家庄市无极县北苏镇	5260	61054	1921	1869		
石家庄市无极县郭庄镇	4481	46016	536	1676	35110	40096
石家庄市无极县大陈镇	4126	34038	293	1619	25078	49446
石家庄市无极县高头回族乡	2944	36870	730	844	28938	53852
石家庄市无极县郝庄乡	5798	56826	2015	1728	28877	67936
石家庄市无极县东侯坊乡	4444	53132	1239	2038	18990	43175
石家庄市无极县里城道乡	5533	45321	2038	2664		35045
石家庄市无极县南流乡	3427	26939	56	722	24126	34074
石家庄市平山县平山镇	18575	121714	22655	8365	22226	64462
石家庄市平山县东回舍镇	7711	37993	1983	890	12516	19250
石家庄市平山县温塘镇	9658	23795	1168	2306	5603	26030
石家庄市平山县南甸镇	6413	26662	28772	6910	9353	19800
石家庄市平山县岗南镇	9629	33338	1364	2027	5873	18508
石家庄市平山县古月镇	13267	19156	73	872	2223	11268
石家庄市平山县下槐镇	13801	17350	36	679	2236	18214
石家庄市平山县孟家庄镇	10401	8282	15	613	1308	12304
石家庄市平山县小觉镇	17813	18334	365	836	3431	10477
石家庄市平山县蛟潭庄镇	14907	7685	8	630	1805	9102
石家庄市平山县西柏坡镇	2940	7370	262	3576	190	8566
石家庄市平山县下口镇	12075	8772	157	1087	1705	8650
石家庄市平山县西大吾乡	4178	23705	5353	3342	7566	22008
石家庄市平山县上三汲乡	4257	24698	14	770	9795	17724
石家庄市平山县两河乡	4643	22645	81	664	9512	13440
石家庄市平山县东王坡乡	12980	24040	130	1345	8430	17570
石家庄市平山县苏家庄乡	5888	9387	13	1044	1273	9399
石家庄市平山县宅北乡	10673	13397	40	669	2740	9288
石家庄市平山县北冶乡	20645	18250	82	673	2983	11222

4－1续3　乡镇经济主要指标(2021年)

乡镇名称	行政区域面积(公顷)	乡镇户籍人口(人)	一般公共预算收入(万元)	一般公共预算支出(万元)	粮食产量(吨)	现价农林牧渔业总产值(万元)
石家庄市平山县上观音堂乡	11022	5115	5	834	1092	6001
石家庄市平山县杨家桥乡	13778	9459	17	558	1341	6807
石家庄市平山县营里乡	23527	10992	4	529	3005	7630
石家庄市平山县合河口乡	16019	5846	5	2607	1732	7200
石家庄市元氏县槐阳镇	5604	57494	5322	5322		
石家庄市元氏县殷村镇	3931	33279	2629	2629		
石家庄市元氏县南佐镇	4297	17777	6	6		
石家庄市元氏县宋曹镇	3677	35219	907	907		
石家庄市元氏县南因镇	3753	37330	6	6		
石家庄市元氏县姬村镇	4205	29487	5	5	150	2
石家庄市元氏县北褚镇	5003	23906	55	55		
石家庄市元氏县马村镇	4267	36781	5	5	24800	21320
石家庄市元氏县东张乡	4523	40879	600	600		
石家庄市元氏县赵同乡	3804	29511	6	6		
石家庄市元氏县苏村乡	3643	16423	522	522		
石家庄市元氏县苏阳乡	4829	25289	5	5	18558	18141
石家庄市元氏县北正乡	5769	13720	520	520		
石家庄市元氏县前仙乡	4381	9906	456	456		
石家庄市元氏县黑水河乡	5844	14391	570	566		
石家庄市赵县赵州镇	7830	123778	5630	3139	66171	28797
石家庄市赵县范庄镇	8967	79572	676	1431	330	77585
石家庄市赵县北王里镇	6210	49562	2149	2575	70091	30192
石家庄市赵县新寨店镇	4722	32879	4946	3217	50915	22018
石家庄市赵县韩村镇	6437	52220	348	2321	82405	46985
石家庄市赵县南柏舍镇	5829	43408	2701	2099	65217	24491
石家庄市赵县沙河店镇	4677	36962	101	892	47104	20923
石家庄市赵县前大章乡	5946	46793	282	1626	72930	68945
石家庄市赵县谢庄乡	7673	78348	177	1136	7925	41912
石家庄市赵县高村乡	5717	44288	211	1116	66281	32550
石家庄市赵县王西章乡						
石家庄高新技术产业开发区宋营镇	2619	71506	9861	9697	2583	2134
石家庄高新技术产业开发区郄马镇	2503	35003	37111	37111	2492	
石家庄循环化工园区丘头镇	5421	54095	6418	6418	25955	53968
石家庄市晋州市晋州镇	8897	133512	9643	11351	56087	51886
石家庄市晋州市总十庄镇	6441	56442	2066	2066	29906	65876
石家庄市晋州市营里镇	4624	37454	1329	1329	18053	36038
石家庄市晋州市桃园镇	7688	59552	246	246	26123	61750
石家庄市晋州市东卓宿镇	5405	46752	1526	1526	37913	38860
石家庄市晋州市马于镇	5994	46450	2132	2132	28476	88323
石家庄市晋州市小樵镇	6373	64224	1718	1718	56839	46768
石家庄市晋州市槐树镇	6947	61722	2378	2378	55315	30282
石家庄市晋州市东里庄镇	6225	52698	2273	2222	31136	80582
石家庄市晋州市周家庄乡	1630	14347	2498	2498	9857	7487
石家庄市新乐市化皮镇	3095	23449	1224	1224	22270	42224
石家庄市新乐市承安镇	7932	79790	1937	1937	54261	66737
石家庄市新乐市正莫镇	4101	24119	998	998	15009	36610
石家庄市新乐市南大岳镇	2069	22960	1204	1204	18087	36283
石家庄市新乐市杜固镇	3152	33733	1455	1455	22374	38275
石家庄市新乐市邯邰镇	8356	78080	2019	2019	68750	89322

4-1续4　乡镇经济主要指标(2021年)

乡镇名称	行政区域面积(公顷)	乡镇户籍人口(人)	一般公共预算收入(万元)	一般公共预算支出(万元)	粮食产量(吨)	现价农林牧渔业总产值(万元)
石家庄市新乐市东王镇	3829	32485	1462	1462	25011	44152
石家庄市新乐市马头铺镇	4543	46708	2214	2214	36702	55310
石家庄市新乐市协神乡	4719	41469	1633	1633	39666	59552
石家庄市新乐市木村乡	2748	22390	1526	1526	15090	49871
石家庄市新乐市彭家庄回族乡	2969	22390	1295	1295	20778	41773
唐山市路南区稻地镇	5020	30062	4299	4296	14094	26806
唐山市路南区女织寨乡	2921	29667	1887	1888	2179	3904
唐山市路北区韩城镇	5603	53250	15133	17234	14767	28457
唐山市路北区果园乡						
唐山市古冶区范各庄镇	6380	55006	2295	1493	9456	48811
唐山市古冶区卑家店镇	5767	30581	1281	1281	5073	29735
唐山市古冶区王辇庄乡	7055	27664	1378	1378	4093	36334
唐山市古冶区习家套乡	1818	13727	978	978	3493	20232
唐山市古冶区大庄坨乡	1745	14419	5682	787	1464	44920
唐山市开平区开平镇	6568	56456	1952	1951	5009	15392
唐山市开平区栗园镇	3398	30175	1225	973	4460	12812
唐山市开平区郑庄子镇	2254	19187	1046	1044	3379	6751
唐山市开平区双桥镇	3170	15363	1230	1230	1914	3360
唐山市开平区洼里镇	3200	20557	1079	1111	6313	22842
唐山市开平区越河镇	5643	35642	1302	1302	10881	22734
唐山市丰南区小集镇	7733	36079	61801	3994	21474	44162
唐山市丰南区黄各庄镇	6856	49367	18264	4197	20094	59398
唐山市丰南区西葛镇	4810	25129	2296	2257	31395	27619
唐山市丰南区大新庄镇	13373	55869	2296	3498	42509	114134
唐山市丰南区钱营镇	11467	40535	3439	3439	23398	63917
唐山市丰南区唐坊镇	4871	18371	920	1940	4898	23882
唐山市丰南区王兰庄镇	8650	39965	2870	2842	11047	79281
唐山市丰南区柳树瓤镇	10906	30870	3156	2219	26133	44580
唐山市丰南区黑沿子镇	10731	25168	2759	2435	3002	184371
唐山市丰南区胥各庄镇	7417	79739	67317	10452	5540	11712
唐山市丰南区大齐各庄镇	3986	13931	1889	2177	11552	67025
唐山市丰南区岔河镇	4339	28101	2596	2651	13490	26436
唐山市丰南区南孙庄乡	9418	25950	288	3144	4111	64342
唐山市丰南区东田庄乡	7288	17540	1708	1796	2946	54740
唐山市丰南区尖字沽乡	4565	17769	1711	1788	6584	14636
唐山市丰润区丰润镇	9520	80575	30662	3446	34593	82452
唐山市丰润区任各庄镇	4994	29458	2050	2230	17760	14992
唐山市丰润区左家坞镇	8370	40033	1251	1251	25068	37234
唐山市丰润区泉河头镇	5380	26941	1535	1535	115135	18809
唐山市丰润区王官营镇	9386	39542	1726	1726	18028	22809
唐山市丰润区火石营镇	13180	28793	253	342	28458	36321
唐山市丰润区新军屯镇	4970	38039	2051	2051	43120	65006
唐山市丰润区小张各庄镇	2937	15941	1079	1079	16245	20087
唐山市丰润区丰登坞镇	6820	41003	1973	1973	36458	
唐山市丰润区李钊庄镇	6370	23679	1465	1465	30900	40910
唐山市丰润区白官屯镇	6605	45913	2188	2188	45906	51329
唐山市丰润区石各庄镇	4285	24852	1860	1860	21061	26454
唐山市丰润区沙流河镇	5630	35988	1795	1795	31476	29654
唐山市丰润区七树庄镇	2670	18827	1402	1402	20903	13856

4−1续5　乡镇经济主要指标(2021年)

乡镇名称	行政区域面积(公顷)	乡镇户籍人口(人)	一般公共预算收入(万元)	一般公共预算支出(万元)	粮食产量(吨)	现价农林牧渔业总产值(万元)
唐山市丰润区杨官林镇	5143	27554	1479	1479		56820
唐山市丰润区银城铺镇	5100	34793	2599	2599	4568	9784
唐山市丰润区常庄镇	2900	21140	1502	1502		
唐山市丰润区姜家营乡	3130	15343	5721	2202	4412	2674
唐山市丰润区欢喜庄乡	3730	15864	1189	1189	16652	27115
唐山市丰润区刘家营乡	2700	14573	1667	1667	4439	6389
唐山市曹妃甸区唐海镇	5928	48109	7016	7518	15356	39013
唐山市曹妃甸区滨海镇	12400	24311	2038	2038		
唐山市曹妃甸区柳赞镇	5490	14148	1201	1793	2803	137058
唐山市曹妃甸区一农场	5054	11982	1966		14984	44263
唐山市曹妃甸区三农场	4658	6711	2162	3126	12472	4903
唐山市曹妃甸区四农场	5359	7734	3238	3026	13050	6564
唐山市曹妃甸区五农场	3075	7094				
唐山市曹妃甸区六农场	2080	6478			8160	39029
唐山市曹妃甸区七农场	56	2843	549			
唐山市曹妃甸区八农场	8213	27766	2309	2309	32950	42500
唐山市曹妃甸区九农场	6400	15663	2058	3040	18767	72152
唐山市曹妃甸区十农场	4826	11952	1170		18860	38700
唐山市曹妃甸区十一农场	8253	7991	992	992	26356	53635
唐山市曹妃甸区八里滩养殖场	121		520	200		1221
唐山市曹妃甸区十里海养殖场	3233	1174	660	660		14478
唐山市滦南县倴城镇	9631	61701	18002	3501	26074	80923
唐山市滦南县宋道口镇	8744	49364	1945	1945	47973	155526
唐山市滦南县长凝镇	5368	33192	1716	1716	29061	49370
唐山市滦南县胡各庄镇	6752	34541	1653	1851	23404	89975
唐山市滦南县坨里镇	3756	18003	1153	1282	12936	43505
唐山市滦南县姚王庄镇	2681	16318	989	885	3590	1029755
唐山市滦南县司各庄镇	11947	41699	6470	4630		
唐山市滦南县安各庄镇	6985	24995	676	676	24445	79002
唐山市滦南县扒齿港镇	11601	38192	2203	2237	43384	141893
唐山市滦南县程庄镇	9193	51755	2397	2982	34727	139305
唐山市滦南县青坨营镇	8694	28268	1184	1247	25721	111976
唐山市滦南县柏各庄镇	9670	47787	1194	1194	33928	1748
唐山市滦南县南堡镇	2614	15720	668	972	635223	223351
唐山市滦南县方各庄镇	5342	29282	1417	1513	19833	47616
唐山市滦南县东黄坨镇	5120	17009	949	831	15752	54531
唐山市滦南县马城镇	3066	17149	665	414	10850	42309
唐山市乐亭县乐亭镇	7664	37328	1509	4124	24097	140545
唐山市乐亭县汤家河镇	6647	24713	2065	2954	18322	148115
唐山市乐亭县胡家坨镇	5096	20223	639	2698	19684	64815
唐山市乐亭县阎各庄镇	6819	33314	392	3644	22240	79694
唐山市乐亭县马头营镇	6030	23017	1396	2710	29121	70680
唐山市乐亭县新寨镇	3980	23799	259	2078	8681	68501
唐山市乐亭县汀流河镇	4924	25226	499	2391	18903	81758
唐山市乐亭县姜各庄镇	18401	48140	530	4190	33544	298577
唐山市乐亭县毛庄镇	7579	31208	918	3021	20295	92914
唐山市乐亭县中堡镇	8165	30121	291	1839	16537	102835
唐山市乐亭县庞各庄乡	3867	20292	413	2173	10857	63387
唐山市乐亭县大相各庄乡						

4-1续6 乡镇经济主要指标(2021年)

乡镇名称	行政区域面积(公顷)	乡镇户籍人口(人)	一般公共预算收入(万元)	一般公共预算支出(万元)	粮食产量(吨)	现价农林牧渔业总产值(万元)
唐山市乐亭县古河乡	6425	20857	335	2074	21154	61123
唐山市迁西县兴城镇	13889	57145	29979	2943	11681	45985
唐山市迁西县金厂峪镇	8600	17902	2057	1072	2270	15707
唐山市迁西县洒河桥镇	6713	20061	3695	1668	1276	27089
唐山市迁西县太平寨镇	12310	35994	1667	1105	5251	21010
唐山市迁西县罗家屯镇	6900	24380	1270	1541	6724	3400
唐山市迁西县东荒峪镇	6444	14854	642	642	3957	12685
唐山市迁西县新集镇	9700	26987	6291	1335	9052	25630
唐山市迁西县三屯营镇	10100	30064	29348	1900	4775	25096
唐山市迁西县滦阳镇	10498	19979	3822	3822	2080	28150
唐山市迁西县白庙子乡	6436	18454	1364	1364	4402	18850
唐山市迁西县上营乡	8600	12326	491	939	1433	16449
唐山市迁西县汉儿庄乡						
唐山市迁西县渔户寨乡	6798	11545	638	600	1505	15080
唐山市迁西县旧城乡	3675	10031	7035	1904	1290	12856
唐山市迁西县尹庄乡	5982	20169	700	700	3578	22231
唐山市迁西县东莲花院乡						
唐山市迁西县新庄子乡						
唐山市玉田县玉田镇	8033	72304	17469	2428	19686	89502
唐山市玉田县亮甲店镇	7470	39388	1562	1777	33031	106389
唐山市玉田县鸦鸿桥镇	6260	57052	2160	1939	22745	91235
唐山市玉田县窝洛沽镇	7770	52028	922	2162	44958	69212
唐山市玉田县石臼窝镇	10340	36812	765	1230	62365	105856
唐山市玉田县虹桥镇	5490	31432	2597	1475	23959	65686
唐山市玉田县散水头镇	5100	26982	1460	1093	26937	52067
唐山市玉田县林南仓镇	2900	22808	3093	1131	11586	25362
唐山市玉田县林西镇	6460	29951	2506	1303	35096	52630
唐山市玉田县杨家板桥镇	6560	27179	277	897	35431	58955
唐山市玉田县彩亭桥镇	2750	20038	2126	1201	10462	37011
唐山市玉田县孤树镇	4470	26454	2145	1033	17528	31557
唐山市玉田县大安镇镇	5700	30250	1238	1049	18709	58035
唐山市玉田县唐自头镇	5620	19757	239	1010	11358	28646
唐山市玉田县郭家屯镇	8390	35145	6586	1829	20965	58105
唐山市玉田县杨家套镇	4850	28728	2281	999	21918	57695
唐山市玉田县林头屯乡	3800	22097	356	932	15028	36416
唐山市玉田县潮洛窝乡	6020	22932	212	792	32317	58634
唐山市玉田县陈家铺乡						
唐山市玉田县郭家桥乡	4200	17774	395	881	24616	32593
芦台经济开发区海北镇	8613	27349	2147	2440	27150	44177
汉沽管理区汉丰镇	8826	24678	4002	4002	30569	51558
唐山高新技术产业开发区老庄子镇	3817	28278	2491	2556	11615	19846
唐山海港经济开发区王滩镇	18415	51846	4779	4779	39952	131311
唐山市遵化市遵化镇	3132	45681	2540	2040	120	24306
唐山市遵化市堡子店镇	6798	42044	3205	790	16883	44231
唐山市遵化市马兰峪镇	5205	25353	1650	1064	7235	17586
唐山市遵化市平安城镇	9570	52540	806	806	27778	109335
唐山市遵化市东新庄镇	6310	40441	1135	1135	26670	71417
唐山市遵化市新店子镇	9497	49011	2842	1836	18216	30012
唐山市遵化市党峪镇	8154	27304	1670	894	8751	33761

4-1续7　乡镇经济主要指标(2021年)

乡镇名称	行政区域面积(公顷)	乡镇户籍人口(人)	一般公共预算收入(万元)	一般公共预算支出(万元)	粮食产量(吨)	现价农林牧渔业总产值(万元)
唐山市遵化市地北头镇	6358	22358	902	810	11431	23018
唐山市遵化市东旧寨镇	7552	23768	867	867		33801
唐山市遵化市铁厂镇	7613	18531	160	160	5365	28978
唐山市遵化市苏家洼镇	6126	33415	4378	1178	9439	22381
唐山市遵化市建明镇	7220	33798	8291	112	7021	32598
唐山市遵化市石门镇	7267	33633	990	990	20226	39424
唐山市遵化市西留村乡	2922	27051	5446	1058	6396	17525
唐山市遵化市崔家庄乡						
唐山市遵化市兴旺寨乡	6450	22892	7610	1581	6915	21959
唐山市遵化市西下营满族乡	3396	11805	729	849	2136	10088
唐山市遵化市汤泉满族乡	2432	9794	1981	1334	2867	9505
唐山市遵化市东陵满族乡	7021	23952	877	877	5543	33654
唐山市遵化市刘备寨乡	6053	22406	187	187	8231	64572
唐山市遵化市团瓢庄乡	4439	29627	784	784	15712	48731
唐山市遵化市娘娘庄乡	7409	21298	340	250	4400	19746
唐山市遵化市西三里乡	2304	18972	486	486		9431
唐山市遵化市侯家寨乡	5853	14519	238	842	1399	8897
唐山市遵化市小厂乡	9287	16619	677	677	1312	13908
唐山市迁安市夏官营镇	7181	33861	1524	7688	13574	22668
唐山市迁安市杨各庄镇	7601	39864	953	5654	22033	43627
唐山市迁安市建昌营镇	8993	46801	855	8040	14071	60503
唐山市迁安市赵店子镇	3943	24395	25006	4967	7331	26813
唐山市迁安市野鸡坨镇	7527	39848	14911	7382	14647	38557
唐山市迁安市大崔庄镇	6612	27159	1251	4749	5968	22851
唐山市迁安市蔡园镇	5571	27330	17487	6993	4493	15736
唐山市迁安市马兰庄镇	4916	23631	19474	7017	2251	5130
唐山市迁安市沙河驿镇	4077	31049	23099	6024	7269	27894
唐山市迁安市木厂口镇	5879	25438	101181	6422	5584	23961
唐山市迁安市扣庄乡						
唐山市迁安市彭店子乡						
唐山市迁安市上射雁庄乡						
唐山市迁安市闫家店乡						
唐山市迁安市五重安乡						
唐山市迁安市大五里乡						
唐山市迁安市太平庄乡						
唐山市滦州市东安各庄镇	11673	64614	3224	5222	25313	73086
唐山市滦州市雷庄镇	7743	35956	1088	1088	15366	50367
唐山市滦州市茨榆坨镇	6125	26537	2161	2016	20275	96830
唐山市滦州市榛子镇	9588	55777	3852	3492	30688	76828
唐山市滦州市杨柳庄镇	8299	22753	2380	1934	15839	46335
唐山市滦州市油榨镇	8243	45962	544	2138	19583	46467
唐山市滦州市古马镇	6966	35006	2271	1904	20930	86338
唐山市滦州市小马庄镇	8562	36921	346	1637	33998	123859
唐山市滦州市九百户镇	8036	33436	1017	2305	19430	41718
唐山市滦州市王店子镇	5912	26549	1730	1730	16925	45204
秦皇岛市海港区东港镇	1834	15336	3989	4201	723	8652
秦皇岛市海港区海港镇	1287	17920	1569	1569	104	384
秦皇岛市海港区西港镇	2900	23565	1841	1858	488	5755
秦皇岛市海港区海阳镇	2448	21113	2422	2557	1848	12958

4-1续8 乡镇经济主要指标(2021年)

乡镇名称	行政区域面积(公顷)	乡镇户籍人口(人)	一般公共预算收入(万元)	一般公共预算支出(万元)	粮食产量(吨)	现价农林牧渔业总产值(万元)
秦皇岛市海港区北港镇	5443	18835	4002	4106	1589	7971
秦皇岛市海港区杜庄镇	9257	23897	4082	4566	3192	18887
秦皇岛市海港区石门寨镇	17734	46372	4471	4471	9925	45945
秦皇岛市海港区驻操营镇	23398	24601	3151	4529	5366	37505
秦皇岛市山海关区第一关镇	2200	12376	1243	1243	124	12815
秦皇岛市山海关区石河镇	6250	20935	1337	1475	974	86169
秦皇岛市山海关区孟姜镇	4153	18603	1722	1730	1957	37575
秦皇岛市北戴河区海滨镇	917	14095	1774	1969		4813
秦皇岛市北戴河区戴河镇	3714	30751	5826	6780	642	13471
秦皇岛市北戴河区牛头崖镇	3955	28190	5538	5732	4424	16971
秦皇岛市抚宁区抚宁镇	8105	38773	20676	20886	7568	88047
秦皇岛市抚宁区留守营镇	8971	48073	2241	2241	22903	99357
秦皇岛市抚宁区榆关镇	17102	44280	3155	3464	16434	88601
秦皇岛市抚宁区台营镇	15864	43683	2240	2334	8445	80482
秦皇岛市抚宁区大新寨镇	21357	36646	1329	2438	6275	54510
秦皇岛市抚宁区茶棚乡	11384	39328	1666	1706	8126	84920
秦皇岛市抚宁区深河乡						
秦皇岛市青龙满族自治县青龙镇	36100	79775	1783	2018	6514	50537
秦皇岛市青龙满族自治县祖山镇	31517	22981	1378	1378	6794	29140
秦皇岛市青龙满族自治县木头凳镇	18600	32573	20	980	8715	97006
秦皇岛市青龙满族自治县双山子镇	10400	23114	933	762	5206	62765
秦皇岛市青龙满族自治县马圈子镇	18900	25569	1183	1332	4920	34188
秦皇岛市青龙满族自治县肖营子镇	19500	44983	1984	2616	9860	94924
秦皇岛市青龙满族自治县大巫岚镇	16500	35319	1548	1416	7639	38208
秦皇岛市青龙满族自治县土门子镇	12000	26513	985	1061	6158	65359
秦皇岛市青龙满族自治县八道河镇	17200	31171	1024	1187	4271	32554
秦皇岛市青龙满族自治县隔河头镇	16712	27270	1139	1386	3910	36193
秦皇岛市青龙满族自治县娄杖子镇	11100	24303	880	880	5941	46483
秦皇岛市青龙满族自治县凤凰山乡	7800	11127	598	598	2317	14326
秦皇岛市青龙满族自治县龙王庙乡	12100	17265	829	829	6012	28482
秦皇岛市青龙满族自治县三星口乡	10400	14703	550	610	3773	27554
秦皇岛市青龙满族自治县干沟乡	8800	9758	606	636	2514	11369
秦皇岛市青龙满族自治县大石岭乡	11500	12449	819	819	2546	29695
秦皇岛市青龙满族自治县官场乡	18400	12729	624	600	1912	21065
秦皇岛市青龙满族自治县茨榆山乡	11000	19293	1530	1237	4373	47778
秦皇岛市青龙满族自治县平方子乡	7915	11708	701	774	2375	15001
秦皇岛市青龙满族自治县安子岭乡	14000	15519	777	862	3754	16409
秦皇岛市青龙满族自治县朱杖子乡	6400	15621	786	786	2813	14107
秦皇岛市青龙满族自治县草碾乡	8520	11150	772	772	3380	55535
秦皇岛市青龙满族自治县三拨子乡	8400	12318	752	837	1917	11719
秦皇岛市青龙满族自治县凉水河乡	11500	20488	963	963	3180	16477
秦皇岛市昌黎县昌黎镇	8713	116909	3925	4292	15352	46906
秦皇岛市昌黎县靖安镇	9027	42549	3078	3078	23445	181495
秦皇岛市昌黎县安山镇	8290	46744	2736	2772	25753	57044
秦皇岛市昌黎县龙家店镇	8260	43253	3148	3148	25070	27476
秦皇岛市昌黎县泥井镇	7301	26122	1537	1537	28168	49264
秦皇岛市昌黎县大蒲河镇	3500	11688	2148	2148	6264	42452
秦皇岛市昌黎县新集镇	9112	30710	2465	2465	29136	52434
秦皇岛市昌黎县刘台庄镇	5897	22969	2100	2102	28441	48863

4–1续9　乡镇经济主要指标(2021年)

乡镇名称	行政区域面积(公顷)	乡镇户籍人口(人)	一般公共预算收入(万元)	一般公共预算支出(万元)	粮食产量(吨)	现价农林牧渔业总产值(万元)
秦皇岛市昌黎县茹荷镇	4602	15885	1488	1488	14206	51529
秦皇岛市昌黎县朱各庄镇	5830	32156	1587	1587	14915	18283
秦皇岛市昌黎县荒佃庄镇	7122	28822	2679	2679	25577	36636
秦皇岛市昌黎县团林乡	1312	7214	1702	1702	3992	32529
秦皇岛市昌黎县葛条港乡	4170	21598	1973	1973	19209	31422
秦皇岛市昌黎县马坨店乡	10159	37335	2456	2456	43968	82117
秦皇岛市昌黎县两山乡	5046	19586	2287	2355	2621	54341
秦皇岛市昌黎县十里铺乡	3367	13325	2619	2619	941	25775
秦皇岛市卢龙县卢龙镇	11272	72984	1759	4540	23825	57166
秦皇岛市卢龙县潘庄镇	8294	24843	716	1242	15068	32671
秦皇岛市卢龙县燕河营镇	10756	33671	505	1466	21639	45955
秦皇岛市卢龙县双望镇	7921	29293	314	1782	20425	65665
秦皇岛市卢龙县刘田各庄镇	11095	42801	247	2504	22451	99014
秦皇岛市卢龙县石门镇	8850	42551	2873	6183	14459	47492
秦皇岛市卢龙县木井镇	6875	42238	581	2584	23208	113675
秦皇岛市卢龙县陈官屯镇	7409	26833	327	1336	14857	48222
秦皇岛市卢龙县蛤泊镇	5183	27776	432	1630	14702	89370
秦皇岛市卢龙县下寨乡	4631	21020	684	1644	14783	39539
秦皇岛市卢龙县刘家营乡	6194	16856	1574	1003	6354	26760
秦皇岛市卢龙县印庄乡	7102	27335	337	1522	19384	46910
经济技术开发区渤海乡	2100	17314	5016	5242		1719
邯郸市邯山区北张庄镇	3600	35264	1150	1177	8303	8738
邯郸市邯山区河沙镇镇	4814	47123	1512	1682	37777	22801
邯郸市邯山区马庄乡	811	23498	1963	1440		
邯郸市邯山区南堡乡	5774	60104	1753	1715		
邯郸市邯山区代召乡	4300	38774	212	215	22299	33448
邯郸市丛台区黄粱梦镇	5819	62458	4265	45205	8639	4185
邯郸市丛台区三陵乡	5532	30345	5501	5469		
邯郸市丛台区南吕固乡	2615	39876	4921	4921	26952	8500
邯郸市丛台区兼庄乡	2390	35935	1886	1886	830	
邯郸市复兴区户村镇	4027	34012	2343	2375		
邯郸市复兴区彭家寨乡	2172	44736	2184	1482		
邯郸市复兴区康庄乡	6000	30496	975	945	5075	10681
邯郸市峰峰矿区临水镇	887	43058	6455	6455		507
邯郸市峰峰矿区峰峰镇	4313	63170	971	971	3669	6989
邯郸市峰峰矿区新坡镇	2415	27531	1697	1697	4970	14495
邯郸市峰峰矿区大社镇	4113	37216	635	1390	9067	12835
邯郸市峰峰矿区和村镇	5248	49112	3993	3993	4556	21327
邯郸市峰峰矿区义井镇	5689	45632	3513	3513	4268	7781
邯郸市峰峰矿区彭城镇	3301	50329	950	950	3861	4338
邯郸市峰峰矿区界城镇	2715	23234	2245	2245	2306	14238
邯郸市峰峰矿区大峪镇	2010	14195	813	1063	1604	4965
邯郸市峰峰矿区西固义乡	2024	14140	427	367	7926	10431
邯郸市肥乡区肥乡镇	8062	91382	9154	9837	52483	90550
邯郸市肥乡区天台山镇	5928	45527	7314	7314	47420	77024
邯郸市肥乡区辛安镇镇	4505	37523	1216	1216	41926	65888
邯郸市肥乡区大寺上镇	4539	37747	1200	1200	35788	57144
邯郸市肥乡区东漳堡镇	5352	38984	1949	1738	31620	56432
邯郸市肥乡区毛演堡乡						

4-1续10 乡镇经济主要指标(2021年)

乡镇名称	行政区域面积(公顷)	乡镇户籍人口(人)	一般公共预算收入(万元)	一般公共预算支出(万元)	粮食产量(吨)	现价农林牧渔业总产值(万元)
邯郸市肥乡区元固乡	5569	47734	446	446	42841	65902
邯郸市肥乡区屯庄营乡						
邯郸市肥乡区旧店乡	5499	36707	7	7	35953	62353
邯郸市永年区临洺关镇	8208	163879	487	469	364967	22674
邯郸市永年区大北汪镇	4044	44559	352	817	9130	23352
邯郸市永年区张西堡镇	5057	53299	699	699	24429	76151
邯郸市永年区广府镇	4157	55381	359	359	16531	102319
邯郸市永年区永合会镇	7771	40278	110	110	14310	53679
邯郸市永年区刘营镇	3245	62515	1128	1122	32172	18792
邯郸市永年区西苏镇	4616	74494	294	294		
邯郸市永年区讲武镇	3782	55804	557	557		
邯郸市永年区东杨庄镇	3258	54324	653	653		
邯郸市永年区界河店乡	3222	36884	855	873		
邯郸市永年区刘汉乡	4647	53741	614	614		
邯郸市永年区正西乡	4371	45535	500	513		
邯郸市永年区曲陌乡	3692	45915	783	783	36487	23741
邯郸市永年区辛庄堡乡	4430	51212	615	542		
邯郸市永年区小龙马乡	4142	63005	509	509	41501	45989
邯郸市永年区西河庄乡	4583	39271	221	221	20021	86910
邯郸市永年区西阳城乡	2847	30941	445	445		
邯郸市临漳县临漳镇	5201	104654	710	655	35414	39512
邯郸市临漳县南东坊镇	2773	32686	500	500	26425	23029
邯郸市临漳县孙陶集镇	7353	69312	860	85	55381	
邯郸市临漳县柳园镇	7203	70719	1777	1777	65547	41884
邯郸市临漳县称勾集镇	5813	53266	865	949	51291	39186
邯郸市临漳县邺城镇	4876	39225	3360	3170	31757	38071
邯郸市临漳县章里集镇	4196	48753	61	55	41144	26554
邯郸市临漳县狄邱乡	3663	36361	251	162	34340	32014
邯郸市临漳县张村集乡	7586	65824	8	7	65832	48004
邯郸市临漳县西羊羔乡	3059	26077	404	67	23911	23911
邯郸市临漳县杜村集乡	5449	59985	966	966	39394	31732
邯郸市临漳县习文乡	5861	43418	292	76	36449	32060
邯郸市临漳县砖寨营乡	5639	53364	241	79	51026	32918
邯郸市临漳县柏鹤集乡	4939	49720	195	190	51399	32760
邯郸市成安县成安镇	5348	82238	67564	1900	91179	
邯郸市成安县商城镇	6938	70409	26182	806	47318	102004
邯郸市成安县漳河店镇	5065	42757	5266	29	32024	63341
邯郸市成安县李家疃镇	4921	49611	5499	633	45015	60535
邯郸市成安县北乡义镇	6425	49748	3295	590	54533	
邯郸市成安县辛义乡	5832	55019	3490	1114	39450	64544
邯郸市成安县柏寺营乡	3365	28131	3946	899	23508	40976
邯郸市成安县道东堡乡						
邯郸市成安县长巷乡	3527	31040	9192	1116	34823	
邯郸市大名县大名镇	4014	70820	429	429	23988	10890
邯郸市大名县杨桥镇	6297	52117	1650	1701	26688	
邯郸市大名县万堤镇	5160	38587	974	782	37903	8682
邯郸市大名县龙王庙镇	5299	60649	753	753	31241	328949
邯郸市大名县束馆镇	5412	43952	732	732	30622	42947
邯郸市大名县金滩镇	6077	57022	763	763		

4-1续11　乡镇经济主要指标(2021年)

乡镇名称	行政区域面积(公顷)	乡镇户籍人口(人)	一般公共预算收入(万元)	一般公共预算支出(万元)	粮食产量(吨)	现价农林牧渔业总产值(万元)
邯郸市大名县沙圪塔镇	5859	44390	559	559	49664	22221
邯郸市大名县大街镇	6526	47353	740	740	53007	29360
邯郸市大名县铺上镇	4614	36258	744	744	35560	23607
邯郸市大名县孙甘店镇	5868	44726	617	617	23393	65267
邯郸市大名县王村乡	4832	47565	1319	718	43237	26801
邯郸市大名县黄金堤乡	5406	42166	450	450	38266	39765
邯郸市大名县旧治乡	5850	52812	389	389	51703	27076
邯郸市大名县西未庄乡	4344	35288	600	600		
邯郸市大名县西付集乡	5403	51918	340	340	39214	23827
邯郸市大名县埝头乡	6396	54592	660	660	35110	34780
邯郸市大名县北峰乡	5133	38717	352	352	18752	22545
邯郸市大名县张铁集乡	6264	48187	460	460	24490	33369
邯郸市大名县红庙乡	4691	41179	460	460	29110	29699
邯郸市大名县营镇回族乡	1971	19587	349	349	8086	14047
邯郸市涉县河南店镇	7481	32104	531	531	4746	15845
邯郸市涉县索堡镇	9466	26241	1105	1382	3802	19048
邯郸市涉县西戌镇	4208	16730	521	577	1980	8620
邯郸市涉县井店镇	10871	44560	1646	1880	3410	17105
邯郸市涉县更乐镇	6611	23861	972	984	2103	11569
邯郸市涉县固新镇	15445	26165	771	771	3142	17159
邯郸市涉县西达镇	9066	17744	436	289	3339	7342
邯郸市涉县偏城镇	13607	15045	1403	1403	3660	24048
邯郸市涉县神头乡	6285	15459	408	408	1540	7741
邯郸市涉县辽城乡	11197	21310	1895	1895	3094	25077
邯郸市涉县偏店乡	4326	20189	1146	1602	3096	13749
邯郸市涉县龙虎乡	7628	24196	578	578	4439	11008
邯郸市涉县木井乡	5997	19535	547	547	4753	9315
邯郸市涉县关防乡	10509	17367	870	870	3483	9664
邯郸市涉县合漳乡	10752	22080	305	305	2653	9429
邯郸市涉县鹿头乡	10902	18466	1191	1338	3025	16926
邯郸市涉县涉城镇	5594	39825	506	1306	2541	9998
邯郸市磁县磁州镇	12332	183442	1111	757	60437	93371
邯郸市磁县讲武城镇	7495	59681	540	344	47660	32516
邯郸市磁县岳城镇	9535	41286	345	370	21799	22016
邯郸市磁县观台镇	4105	34428	322	306	10835	15840
邯郸市磁县白土镇	6689	24897	173	173	5340	14728
邯郸市磁县黄沙镇	2084	16620	385	385	3629	6718
邯郸市磁县路村营乡	3869	28793	450	450	10625	10987
邯郸市磁县时村营乡	4549	31048	1330	1325	26289	14895
邯郸市磁县陶泉乡	9677	20383	352	352	3870	21664
邯郸市磁县都党乡	3791	18827	348	348	5183	10992
邯郸市磁县北贾壁乡	7306	33694	362	362	10944	18325
邯郸市邱县新马头镇	11952	54596	1259	1084	67359	22895
邯郸市邱县邱城镇	5843	38764	1014	1014	31164	24274
邯郸市邱县梁二庄镇	6254	32269	2866	2754	46156	34859
邯郸市邱县香城固镇	6099	35181	283	283	11893	35553
邯郸市邱县古城营镇	7026	37985	52	52	41152	21609
邯郸市邱县南辛店乡	5284	28364	820	820	35792	16194
邯郸市邱县陈村回族乡	1122	7552	206	206	6524	22895

4-1续12 乡镇经济主要指标(2021年)

乡镇名称	行政区域面积(公顷)	乡镇户籍人口(人)	一般公共预算收入(万元)	一般公共预算支出(万元)	粮食产量(吨)	现价农林牧渔业总产值(万元)
邯郸市鸡泽县鸡泽镇	6283	63404	2765	2765	36604	42270
邯郸市鸡泽县小寨镇	6271	48309	2802	2802		
邯郸市鸡泽县双塔镇	3572	41868	146	146		
邯郸市鸡泽县曹庄镇	4746	46440	1604	1604		
邯郸市鸡泽县浮图店乡						
邯郸市鸡泽县吴官营乡						
邯郸市鸡泽县风正乡	2760	28615	3626	3625		
邯郸市广平县广平镇	4962	75693	2653	2653	29997	32375
邯郸市广平县平固店镇	5306	40613	1415	1415	34462	26544
邯郸市广平县胜营镇	4691	50610	16	6	34889	27031
邯郸市广平县南阳堡镇	3152	33690	473	473	29999	31642
邯郸市广平县十里铺镇	4510	45652	787	516	36507	31493
邯郸市广平县南韩镇	4897	35793	2197	2197	57813	26318
邯郸市广平县东张孟镇	3836	30256	2019	2019	26577	25796
邯郸市馆陶县馆陶镇	4825	72694	8862	8848		
邯郸市馆陶县房寨镇	4401	32542	341	341	32925	423160
邯郸市馆陶县柴堡镇	7447	52338	196	76		
邯郸市馆陶县魏僧寨镇	5598	39755	2575	2575		
邯郸市馆陶县寿山寺乡	6037	48690	1359	1359	3484	64959
邯郸市馆陶县王桥乡	5470	42172	299	296	39929	48027
邯郸市馆陶县南徐村乡	4251	32016	1000	1000		
邯郸市馆陶县路桥乡	7226	40024	5736	6011	3704956	
邯郸市魏县魏城镇	6365	134380	830	830		
邯郸市魏县德政镇	2365	27050	468	468	11363	17662
邯郸市魏县北皋镇	6937	82829	1005	1005	48716	12015
邯郸市魏县双井镇	4879	51193	5	5		
邯郸市魏县牙里镇	4835	68821	898	898	39029	
邯郸市魏县车往镇	4478	50098	850	580	37519	
邯郸市魏县回隆镇	4413	62393	3200	390	35965	52485
邯郸市魏县张二庄镇	6114	71356	454	454	44243	13273
邯郸市魏县东代固镇	2875	38529	580	580	3444	
邯郸市魏县院堡镇	2138	27106	735	697	14856	
邯郸市魏县棘针寨镇	2795	29678	625	510	14949	
邯郸市魏县南双庙镇	4423	51641	770	770	29032	6677
邯郸市魏县沙口集乡	6183	54906	899	390	39716	
邯郸市魏县野胡拐乡	2612	25640	521	521	12913	
邯郸市魏县仕望集乡						
邯郸市魏县前大磨乡	3712	38618	758	758	27436	14225
邯郸市魏县大辛庄乡	4576	36446	9	9	34298	2535623
邯郸市魏县大马村乡	2239	21977	176	73		
邯郸市魏县边马乡						
邯郸市魏县北台头乡	2691	31249	39	35		
邯郸市魏县泊口乡						
邯郸市曲周县曲周镇	7368	92576	4103	4106	32867	105294
邯郸市曲周县安寨镇	8738	69399	1713	1713	61565	66524
邯郸市曲周县侯村镇	9894	71929	1478	1478	84470	56660
邯郸市曲周县河南疃镇	7440	51688	207	3102	43376	48240
邯郸市曲周县第四疃镇	8455	47150	844	1526	40261	37885
邯郸市曲周县白寨镇	6556	63959	1021	3627	46469	82340

4−1续13　乡镇经济主要指标(2021年)

乡镇名称	行政区域面积(公顷)	乡镇户籍人口(人)	一般公共预算收入(万元)	一般公共预算支出(万元)	粮食产量(吨)	现价农林牧渔业总产值(万元)
邯郸市曲周县槐桥乡	5716	34970	1416	1416	31681	43286
邯郸市曲周县南里岳乡	5288	41586	182	1377	37255	38874
邯郸市曲周县大河道乡	3616	28614	1153	1153	19911	41081
邯郸市曲周县依庄乡	4598	35039	1638	1638	21674	28918
邯郸市邯郸经济技术开发区尚璧镇	2919	39782	1260	1260	3440	635
邯郸市邯郸经济技术开发区南沿村镇	3992	53381	815	814	11944	110912
邯郸市邯郸经济技术开发区小西堡乡	4518	42472	692	692	10712	120140
邯郸市邯郸经济技术开发区姚寨乡	5358	50378	869	869	28958	47085
邯郸市邯郸冀南新区高臾镇	4366	38626	1138	1138		
邯郸市邯郸冀南新区西光禄镇	1819	19848	721	721	15610	14650
邯郸市邯郸冀南新区林坛镇	5736	36141	628	628		
邯郸市邯郸冀南新区马头镇	1393	34525	751	751		
邯郸市邯郸冀南新区辛庄营乡	2384	29214	654	654		
邯郸市邯郸冀南新区花官营乡	3349	42819	834	834	21178	7658
邯郸市邯郸冀南新区台城乡	3556	31308	192	192	20400	32860
邯郸市邯郸冀南新区南城乡	5517	27953	420	420	30090	9027
邯郸市武安市武安镇	3210	104500	2092	2092	4816	1183
邯郸市武安市康二城镇	3368	15497	646	646	5884	4020
邯郸市武安市午汲镇	7208	45094	27173	27173	29454	29839
邯郸市武安市磁山镇	5354	33319	35859	35959		
邯郸市武安市伯延镇	4300	22674	1263	1263	12849	11574
邯郸市武安市淑村镇	6405	27485	665	665	10289	23215
邯郸市武安市大同镇	7400	49411	1815	1815	23337	
邯郸市武安市邑城镇	6620	45965	1271	1303	20431	45141
邯郸市武安市矿山镇	9966	47817	850	523		
邯郸市武安市贺进镇	10900	29162	1523	1523		
邯郸市武安市阳邑镇	10700	50717	1311	1311	835	10
邯郸市武安市徘徊镇	10361	30722	1191	1191		
邯郸市武安市冶陶镇	7500	24560	35	20		
邯郸市武安市上团城乡	5130	37569	85214	85214	6198	6712
邯郸市武安市北安庄乡	3200	18686	590	440	5600	99654125
邯郸市武安市北安乐乡	5000	34390	185	160	8550	980
邯郸市武安市西土山乡	7396	58591	652	652	19866	15864
邯郸市武安市西寺庄乡	6750	46224	1592	1592	15100	27610
邯郸市武安市活水乡	20990	28930	756	756	125	2356
邯郸市武安市石洞乡	7100	25698	452	452		
邯郸市武安市管陶乡	18800	21275	666	666	6666	20000
邯郸市武安市马家庄乡	8370	21202	759	759	8761	12895
邢台市襄都区东郭村镇	390	16290	797	797	33	675
邢台市襄都区祝村镇	4828	45535	2354	2288	7186	7727
邢台市襄都区晏家屯镇	4681	30430	4791	5017	11566	13219
邢台市襄都区大梁庄乡	898	17245	994	994	102	368
邢台市信都区南大郭镇	2500	34884	1648	1843	1897	2496
邢台市信都区李村镇	6500	39633	1441	1441	6272	10054
邢台市信都区南石门镇	10272	49637	23732	6315	12291	18055
邢台市信都区羊范镇	7856	31025	4335	2586	9623	8327
邢台市信都区皇寺镇	15500	37198	3623	3623	17476	23262
邢台市信都区会宁镇	10400	40003	1312	1312	18148	16178
邢台市信都区西黄村镇	14000	22578	2267	2267	5492	16777

4-1续14　乡镇经济主要指标(2021年)

乡镇名称	行政区域面积(公顷)	乡镇户籍人口(人)	一般公共预算收入(万元)	一般公共预算支出(万元)	粮食产量(吨)	现价农林牧渔业总产值(万元)
邢台市信都区路罗镇	14727	16885	1371	1821	2780	9225
邢台市信都区将军墓镇	12515	15772	1985	1985	1735	8563
邢台市信都区浆水镇	16300	26073	2651	2211	3440	36160
邢台市信都区宋家庄镇	16200	18167	1465	1472	2071	21367
邢台市信都区太子井乡	6500	13366	1065	1393	3601	6483
邢台市信都区龙泉寺乡	15157	14104	1313	1313	3204	9512
邢台市信都区北小庄乡	11436	10178	767	290	2004	16080
邢台市信都区城计头乡	8900	10386	1452	1452	1819	6393
邢台市信都区白岸乡	12100	10885	1350	1350	971	4314
邢台市信都区冀家村乡	8231	10254	851	692	874	1343
邢台市任泽区任城镇	5600	52776	4108	4089	36297	28977
邢台市任泽区邢家湾镇	5300	49382	3269	2644	50007	32762
邢台市任泽区辛店镇	3500	44622	1282	1377	31284	30556
邢台市任泽区天口镇	6296	52901	1567	1611	52780	33956
邢台市任泽区西固城乡	6300	46590	1370	1338	49210	48914
邢台市任泽区永福庄乡	4900	39185	2280	2280	53812	34755
邢台市任泽区大屯乡	6800	51754	3612	845	64498	49332
邢台市任泽区骆庄乡	4000	38777	1800	1900	28268	28780
邢台市南和区和阳镇	4514	53142	18650	2891	36612	61081
邢台市南和区贾宋镇	6786	58337	3376	2766	65619	79123
邢台市南和区郝桥镇	6110	70625	172	2184	56790	66828
邢台市南和区东三召乡	5800	56183	222	2194	53810	62955
邢台市南和区阎里乡	4515	43705	707	1230	34311	60900
邢台市南和区河郭乡						
邢台市南和区史召乡	3800	43393	338	1096	29783	43584
邢台市南和区三思乡						
邢台市临城县临城镇	12910	62350	5184	5191	36898	34726
邢台市临城县东镇镇	5296	26236	1349	1349	26630	18904
邢台市临城县西竖镇	8867	19864	1693	1704	7189	36509
邢台市临城县郝庄镇	9482	15801	1284	1356	4170	13457
邢台市临城县黑城乡						
邢台市临城县鸭鸽营乡	9071	33113	1181	1181	36918	26921
邢台市临城县石城乡	7333	11773	912	912	5886	13510
邢台市临城县赵庄乡	16369	19926	1190	1190	5412	13531
邢台市内丘县内丘镇	6520	64133	1597	1440	33131	22193
邢台市内丘县大孟村镇	7650	35802	1515	1490	34780	26078
邢台市内丘县金店镇	9920	70237	1366	1238	60020	39907
邢台市内丘县官庄镇	4857	33276	879	879	36649	24508
邢台市内丘县柳林镇	9160	24342	1026	1038	8552	27072
邢台市内丘县五郭店乡	7998	31792	1148	1106	25175	30865
邢台市内丘县南赛乡	9645	13638	922	921	3715	33799
邢台市内丘县獐獏乡	5660	7500	747	747	968	13416
邢台市内丘县侯家庄乡	17390	16358	906	487	1384	32791
邢台市柏乡县柏乡镇	5030	51644	1554	1554	43192	42165
邢台市柏乡县固城店镇	5238	41383	614	614	44168	41977
邢台市柏乡县西汪镇	3660	33637	1593	1593	29835	41842
邢台市柏乡县龙华镇	5460	39456	1585	1585	53475	42706
邢台市柏乡县王家庄乡	3320	19642	871	871	24859	21353
邢台市柏乡县内步乡	3290	19049	608	608	25200	23488

4-1续15　乡镇经济主要指标(2021年)

乡镇名称	行政区域面积(公顷)	乡镇户籍人口(人)	一般公共预算收入(万元)	一般公共预算支出(万元)	粮食产量(吨)	现价农林牧渔业总产值(万元)
邢台市隆尧县隆尧镇	8166	101837	24282	2462	49495	64078
邢台市隆尧县魏家庄镇	4192	36699	694	1371	28869	34678
邢台市隆尧县尹村镇	6764	54435	3254	1354	39061	42194
邢台市隆尧县山口镇	5467	40013	1255	1338	43718	42412
邢台市隆尧县莲子镇镇	7599	46904	4927	1602	57245	26937
邢台市隆尧县固城镇	6445	50059	692	1842	70955	35412
邢台市隆尧县东良镇	7738	61719	350	1671	35508	39358
邢台市隆尧县北楼乡	4008	35948	169	985	51619	52040
邢台市隆尧县双碑乡	3666	33659	326	995	26237	35909
邢台市隆尧县牛家桥乡	5069	28720	194	1008	38258	38299
邢台市隆尧县千户营乡	7851	40379	30	1149	68041	41608
邢台市隆尧县大张庄乡	6769	39989	65	1545	62875	27740
邢台市隆尧县柳行农场	799	2100			10505	3342
邢台市宁晋县凤凰镇	9263	94054	59527	22031	60816	59443
邢台市宁晋县河渠镇	7960	72709	2802	2802	81941	38988
邢台市宁晋县北河庄镇	5996	57095	2065	2065	64719	40113
邢台市宁晋县耿庄桥镇	13312	68530	1738	1738	231780	37160
邢台市宁晋县东汪镇	5860	39096	2626	2577	40990	35164
邢台市宁晋县贾家口镇	8616	60225	11133	6424	76138	41867
邢台市宁晋县四芝兰镇	8586	62056	1800	1800	64294	54744
邢台市宁晋县大陆村镇	6627	54261	2689	3091	67740	38472
邢台市宁晋县苏家庄镇	8667	70892	1980	2132	58247	62417
邢台市宁晋县换马店镇	5572	47918	767	2016	47792	39012
邢台市宁晋县唐邱镇	6015	53149	2329	2329	50559	41765
邢台市宁晋县侯口乡						
邢台市宁晋县纪昌庄乡	5931	29329	185	1410	48395	31178
邢台市宁晋县北鱼乡	2061	10150	527	527	21457	12240
邢台市宁晋县徐家河乡	3914	25106	1387	1104	41320	31612
邢台市宁晋县大曹庄乡						
邢台市巨鹿县巨鹿镇	8336	91830	5110	5123	22122	87295
邢台市巨鹿县王虎寨镇	4721	30934	888	950	20897	34126
邢台市巨鹿县西郭城镇	3718	15826	668	668	18162	22150
邢台市巨鹿县官亭镇	6390	41135	1837	1907	34993	33786
邢台市巨鹿县阎疃镇	6352	36058	1013	1020	19244	59733
邢台市巨鹿县小吕寨镇	3759	26390	851	733	9300	4659
邢台市巨鹿县苏家营镇	7989	46623	915	892	27804	46870
邢台市巨鹿县堤村乡	7310	54057	1445	1445	24329	56960
邢台市巨鹿县张王疃乡	7456	49373	1589	1728	19827	49718
邢台市巨鹿县观寨乡						
邢台市新河县新河镇	5706	35210	1855	1461	30855	16483
邢台市新河县寻寨镇	5456	28602	1166	1188	28460	24317
邢台市新河县白神首乡	4135	20030	1244	1244	27604	29287
邢台市新河县荆家庄乡	6664	27047	1056	1056	35030	37649
邢台市新河县西流乡	6689	28045	1240	1280	32086	46539
邢台市新河县仁让里乡	7665	26279	128	128	30854	86145
邢台市广宗县广宗镇	6480	56932	3453	3453	6417	23624
邢台市广宗县冯家寨镇	6813	46366	2040	2040	24091	36299
邢台市广宗县北塘疃镇	9219	56383	1197	1197	17426	37292
邢台市广宗县核桃园镇	6793	40707	794	794	23604	46083

4-1续16　乡镇经济主要指标(2021年)

乡镇名称	行政区域面积(公顷)	乡镇户籍人口(人)	一般公共预算收入(万元)	一般公共预算支出(万元)	粮食产量(吨)	现价农林牧渔业总产值(万元)
邢台市广宗县葫芦乡	4199	27855	598	794	8753	21877
邢台市广宗县大平台乡	7309	46755	1877	1877	20075	42983
邢台市广宗县件只乡	4890	32263	325	325	13109	25842
邢台市广宗县东召乡	3669	26313	629	629	16958	26420
邢台市平乡县平乡镇	5270	47217	2668	2665	38552	43255
邢台市平乡县河古庙镇	6370	49975	3350	3431	40301	43482
邢台市平乡县节固乡	5730	51191	3035	3038	46247	45283
邢台市平乡县油召乡	6550	58725	3252	3521	52997	57719
邢台市平乡县田付村乡	4940	36781	1947	1947	33426	33781
邢台市平乡县寻召乡	5290	42274	3329	3329	32876	44817
邢台市威县洺州镇	6836	76474	3169	1715	4432	37639
邢台市威县梨园屯镇	5540	37319	529	528	7235	33068
邢台市威县章台镇	6257	42296	1709	1709	11540	38699
邢台市威县侯贯镇	7082	39424	1733	1733	13061	27034
邢台市威县七级镇	6146	34301	1857	1857	13540	34054
邢台市威县贺营镇	6562	38341	1848	1848	4120	28408
邢台市威县方家营镇	5308	31753	1601	1601	3706	26097
邢台市威县常庄镇	5613	32099	1331	1331	6596	39995
邢台市威县第什营镇	8244	46954	1446	1446	12789	40170
邢台市威县贺钊镇	6937	40970	2163	2251	3959	29492
邢台市威县赵村镇	5853	34833	1652	1725	7163	43695
邢台市威县枣园乡	5546	43923	1568	1568	36364	28107
邢台市威县固献乡						
邢台市威县张家营乡	5290	29292	1126	1155	7837	32768
邢台市威县常屯乡	7586	38622	10	10	4208	36560
邢台市威县高公庄乡	5769	34390	1941	1952	11471	50711
邢台市清河县葛仙庄镇	12698	98950	4259	4259	21058	52478
邢台市清河县连庄镇	8220	67649	2404	2404	57197	40656
邢台市清河县油坊镇	7150	59581	2471	2471	47210	32422
邢台市清河县谢炉镇	7021	64200	2466	2466	45369	33780
邢台市清河县王官庄镇	7200	67943	3424	3424	41836	25563
邢台市清河县坝营镇	7771	52618	2093	2093	59451	25300
邢台市临西县临西镇	3350	44204	2968	1592	19229	21588
邢台市临西县河西镇	5300	45622	3211	3211	29811	27671
邢台市临西县下堡寺镇	6000	39624	1722	1822	41034	59280
邢台市临西县尖冢镇	6000	43668	1986	1960	43128	37481
邢台市临西县老官寨镇	7400	43513	3101	2179	60813	39679
邢台市临西县吕寨镇	5610	38930	4084	4132	40349	34008
邢台市临西县东枣园乡	4400	29257	1086	1086	26437	25552
邢台市临西县摇鞍镇乡	7700	46347	1977	1977	55640	42456
邢台市临西县大刘庄乡						
邢台市河北邢台经济开发区东汪镇	2080	30931	1253	1253	1260	1175
邢台市河北邢台经济开发区王快镇	2860	40413	1124	1825		
邢台市河北邢台经济开发区沙河城镇	2985	20077	1990	1990	24668	8220
邢台市河北邢台经济开发区留村镇	6930	59300	1584	1584	25015	18025
邢台市南宫市苏村镇	5060	24044	1302	1302	8757	16273
邢台市南宫市大高村镇	4620	22870	1453	1442	6170	27365
邢台市南宫市垂杨镇	7760	46937	2012	2012	13647	32163
邢台市南宫市明化镇	6950	37300	1390	1367	13501	44962

4-1续17 乡镇经济主要指标(2021年)

乡镇名称	行政区域面积(公顷)	乡镇户籍人口(人)	一般公共预算收入(万元)	一般公共预算支出(万元)	粮食产量(吨)	现价农林牧渔业总产值(万元)
邢台市南宫市段芦头镇	9290	61154	3220	3220	19350	28641
邢台市南宫市紫冢镇	8550	48229	1934	1934	17594	41592
邢台市南宫市大村乡	5870	27160	1218	1218	11832	26738
邢台市南宫市南便村乡	6080	33530	1510	1510	10151	26163
邢台市南宫市大屯乡	5640	23647	1306	1402	6599	25621
邢台市南宫市王道寨乡	5800	26062	1018	1018	5456	24762
邢台市南宫市薛吴村乡	6680	37139	1533	1556	6363	41274
邢台市沙河市新城镇	5244	49675	1250	1312	19721	11200
邢台市沙河市白塔镇	8400	50228	1800	1800	7605	21000
邢台市沙河市十里亭镇	6330	33838	1064	1064	8513	15907
邢台市沙河市綦村镇	10842	35878	1089	1089	5369	16632
邢台市沙河市册井乡	6066	31186	1106	1106	4596	11970
邢台市沙河市刘石岗乡	7550	27307	559	559	7389	10232
邢台市沙河市柴关乡	8310	18967	782	782	3276	10596
邢台市沙河市蝉房乡	15230	19644	1282	1282	3420	13808
保定市竞秀区颉庄乡	1135	21553	3556	3571	246	130
保定市竞秀区富昌乡	1412	25511	1401	1388	3213	1100
保定市竞秀区韩村乡	555	24337	1561	1561	259	80
保定市竞秀区南奇乡	2272	23835	2833	2655	6222	6900
保定市竞秀区江城乡						
保定市莲池区百楼镇	2707	25330	1380	1299	6856	2957
保定市莲池区韩庄乡	2317	64120	27514	27514	6099	907
保定市莲池区东金庄乡	1530	21600	1235	1118	412	5626
保定市莲池区杨庄乡	1272	13998	2550	2495	1038	4152
保定市莲池区南大园乡	1722	28505	101	101	12	1747
保定市莲池区焦庄乡	2980	34107	1192	1193	9570	6334
保定市莲池区五尧乡	2779	40378	1881	1881	6278	1143
保定市满城区满城镇	8542	85379	2496	2496	22548	118238
保定市满城区大册营镇	4740	39845	320	17	13251	36205
保定市满城区神星镇	7391	43720	1543	1543	10205	53490
保定市满城区南韩村镇	5933	47010	2148	2148	30359	90296
保定市满城区方顺桥镇	5199	45892	3471	3471	28070	43427
保定市满城区于家庄乡						
保定市满城区要庄乡	2816	25601	2164	2164	12939	30033
保定市满城区白龙乡	4939	18609	879	879	4021	18796
保定市满城区石井乡	5924	25319	1121	1121	4019	26481
保定市满城区坨南乡	6667	18396	818	818	2018	15287
保定市满城区刘家台乡	7862	6992	579	579	667	7768
保定市清苑区清苑镇	4690	45857	1773	1773	14776	16641
保定市清苑区冉庄镇	6440	39200	1081	1081	39592	36969
保定市清苑区阳城镇	6563	39312	1002	1120	53175	31370
保定市清苑区魏村镇	4529	41696	1257	1257	36413	17443
保定市清苑区温仁镇	6709	53106	1291	1291	23368	65697
保定市清苑区张登镇	5538	40369	1667	1667	8678	74134
保定市清苑区大庄镇	2900	26845	721	721	18168	12531
保定市清苑区臧村镇	4069	36157	500	578	28557	28765
保定市清苑区望亭镇	4687	43093	1020	1020	27023	28986
保定市清苑区白团乡	5060	37503	5692	5692	37626	12127
保定市清苑区北店乡	4502	28514	1306	1306	18090	32180

4-1续18　乡镇经济主要指标(2021年)

乡镇名称	行政区域面积（公顷）	乡镇户籍人口（人）	一般公共预算收入（万元）	一般公共预算支出（万元）	粮食产量（吨）	现价农林牧渔业总产值（万元）
保定市清苑区石桥乡	6635	46925	3441	3457	36946	59162
保定市清苑区李庄乡	4860	28256	643	643	39125	33193
保定市清苑区北王力乡	4499	26115	965	965	8187	27924
保定市清苑区东闾乡						
保定市清苑区何桥乡	3938	30444	1097	1097	32454	15751
保定市清苑区孙村乡	2200	19636	651	672	12418	12539
保定市清苑区阎庄乡	2233	22614	738	738	18755	12846
保定市徐水区安肃镇	8154	136050	69190	3419	42979	51828
保定市徐水区崔庄镇	7036	79098	1555	3649	40461	40666
保定市徐水区大因镇	5744	63990	808	4185	35221	39966
保定市徐水区遂城镇	6790	53970	2313	3028	42704	38046
保定市徐水区高林村镇	6577	47206	2380	4310	47388	55219
保定市徐水区大王店镇	7876	55225	26982	1816	24494	48896
保定市徐水区漕河镇	5287	40564	581	1940	15153	43082
保定市徐水区东史端镇	4236	39064	1817	2767	26539	18867
保定市徐水区留村镇	3733	31154	111	2553	21392	20482
保定市徐水区正村镇	3589	29891	461	1356	20573	24371
保定市徐水区户木乡	3589	26476	148	1637	24363	16724
保定市徐水区瀑河乡	2752	12712	1841	1920	6062	9704
保定市徐水区东釜山乡	3813	14434	274	1032	7528	3745
保定市徐水区义联庄乡	3122	9648	1140	753	3366	3267
保定市涞水县涞水镇	4906	38591	1094	1082	14207	32130
保定市涞水县永阳镇	6468	30279	1225	1225	13030	25143
保定市涞水县义安镇	5343	31508	1221	1221	20992	28134
保定市涞水县石亭镇	5694	37582	1109	1109	11839	17159
保定市涞水县赵各庄镇	25434	22008	1098	1098	2242	22365
保定市涞水县九龙镇	22377	16401	941	941	2081	17553
保定市涞水县三坡镇	21875	13456	758	758	1113	11851
保定市涞水县一渡镇	6472	10436	10	9	1758	7353
保定市涞水县明义镇	3327	21641	421	421	14475	22323
保定市涞水县王村镇	3443	21597	758	724	10900	16551
保定市涞水县娄村镇	16204	28867	870	870	9297	37109
保定市涞水县东文山乡						
保定市涞水县其中口乡	17760	6605	806	801	1226	5840
保定市涞水县龙门乡	21102	10395	685	685	1838	12032
保定市涞水县胡家庄乡	2516	15358	1010	1010	9783	43768
保定市阜平县阜平镇	29440	35334	896	896	4160	23717
保定市阜平县龙泉关镇	14872	8075	60	60	3988	22213
保定市阜平县平阳镇	18726	27490	200	200	3900	21723
保定市阜平县城南庄镇	27580	21962	1238	1238	3800	21166
保定市阜平县天生桥镇	16483	11264	506	506	3800	21166
保定市阜平县王林口镇	10550	20850	60	35	3720	20720
保定市阜平县台峪乡	11367	8568	405	405	2700	15039
保定市阜平县大台乡	17714	13373	665	665	2800	15051
保定市阜平县史家寨乡	26380	9256	10	6	2900	16158
保定市阜平县砂窝乡						
保定市阜平县吴王口乡	20423	6649	370	370	2900	16159
保定市阜平县夏庄乡	16942	5292	366	366	2800	15596
保定市阜平县北果元乡						

4-1续19　乡镇经济主要指标(2021年)

乡镇名称	行政区域面积(公顷)	乡镇户籍人口(人)	一般公共预算收入(万元)	一般公共预算支出(万元)	粮食产量(吨)	现价农林牧渔业总产值(万元)
保定市定兴县定兴镇	6587	100826	4486	4486	15335	12332
保定市定兴县固城镇	6724	56004	2120	2120	47375	61688
保定市定兴县贤寓镇	6722	47780	1383	1383	46856	75181
保定市定兴县北河镇	3329	24020	914	956	19267	25424
保定市定兴县天宫寺镇	4259	40442	551	714	30634	37965
保定市定兴县小朱庄镇	4486	36044	898	898	31290	28825
保定市定兴县姚村镇	3091	22232	966	966	25502	32735
保定市定兴县东落堡乡	3921	28691	1645	1645	24134	49737
保定市定兴县高里乡	8245	55378	2415	2415	47040	76536
保定市定兴县张家庄乡	2793	20752	300	300	21945	24311
保定市定兴县肖村乡	3751	27312	735	735	24260	48957
保定市定兴县柳卓乡	3156	27215	68	726	22503	29179
保定市定兴县杨村乡						
保定市定兴县北田乡	4879	41820	1299	1299	27719	55573
保定市定兴县北南蔡乡	2815	22268	741	741	20596	15778
保定市定兴县李郁庄乡	2777	20747	736	736	23918	22192
保定市唐县仁厚镇	5000	91059	2197	2197	17499	42557
保定市唐县王京镇	4600	54350	1230	1230	31835	21625
保定市唐县高昌镇	5500	35876	1251	2792	17211	41217
保定市唐县北罗镇	4100	54419	7	6	15271	67949
保定市唐县白合镇	11000	30953	1069	1069	5883	17449
保定市唐县军城镇	9700	22905	1310	1310	3162	11399
保定市唐县川里镇	10100	8789	633	723	1168	4452
保定市唐县长古城镇	4310	43996	1263	1263	21282	72453
保定市唐县罗庄镇	5400	40035	870	870	7255	42094
保定市唐县都亭乡	3400	25790	871	871	8777	76866
保定市唐县南店头乡	1780	24264	6	6	7428	76130
保定市唐县北店头乡						
保定市唐县雹水乡	2900	18590	738	738	3221	21188
保定市唐县大洋乡	5100	25075	858	858	2170	13347
保定市唐县迷城乡	5200	11651	702	702	1373	6561
保定市唐县齐家佐乡	11600	26018	906	906	6373	18208
保定市唐县羊角乡	9200	11952	778	781	1621	11109
保定市唐县石门乡	9215	9178	622	622	1124	7757
保定市唐县黄石口乡	11800	16813	239	239	2238	7333
保定市唐县倒马关乡	10300	4236	477	477	820	2973
保定市高阳县庞口镇	8609	48048	2858	2879	30580	25043
保定市高阳县西演镇	7202	50157	1361	1361	36189	26741
保定市高阳县邢家南镇	5047	36749	1479	1479	27651	10587
保定市高阳县晋庄镇	5422	36006	1518	1518	32268	14298
保定市高阳县小王果庄镇	4401	30316	1331	1331	23668	14746
保定市高阳县蒲口乡						
保定市高阳县庞家佐乡						
保定市涞源县涞源镇	6171	37965	1903	2144	5578	10665
保定市涞源县银坊镇	24308	14149	372	1464	1496	8314
保定市涞源县走马驿镇	21229	18207	1283	1390	2361	10876
保定市涞源县水堡镇	15429	7768	783	928	1413	5793
保定市涞源县王安镇	11805	15838	1508	1748	2745	13875
保定市涞源县杨家庄镇	17113	22749	1917	1236	1445	5956

4-1续20　乡镇经济主要指标(2021年)

乡镇名称	行政区域面积(公顷)	乡镇户籍人口(人)	一般公共预算收入(万元)	一般公共预算支出(万元)	粮食产量(吨)	现价农林牧渔业总产值(万元)
保定市涞源县白石山镇	15957	19991	1813	1970	4572	5490
保定市涞源县南屯镇	6677	9101	1860	1860	3786	5705
保定市涞源县南马庄乡	14240	10105	1079	1150	1121	5886
保定市涞源县北石佛乡						
保定市涞源县金家井乡	17739	14479	576	576	6344	10144
保定市涞源县留家庄乡	14098	7186	1522	1664	2398	3857
保定市涞源县上庄乡	20321	14763	550	450	4757	15833
保定市涞源县东团堡乡	21051	15162	2161	3089	3865	20511
保定市涞源县塔崖驿乡	8326	6642	993	1093	1225	6215
保定市涞源县乌龙沟乡	7336	6141	776	826	614	3101
保定市涞源县烟煤洞乡						
保定市望都县望都镇	3980	47579	1428	1428	26267	28232
保定市望都县固店镇	4994	31189	1637	1644	38733	43382
保定市望都县贾村镇	4016	30682	841	841	8008	40942
保定市望都县中韩庄镇	6610	30428	1159	1159	66239	41962
保定市望都县寺庄镇	4883	35530	1003	1003	43724	32642
保定市望都县赵庄镇	3413	27619	1230	1230	29458	34240
保定市望都县黑堡乡	3831	29604	47	47	31569	35041
保定市望都县高岭乡						
保定市易县易州镇	5787	59349	3120	3122	9882	20205
保定市易县梁格庄镇	13926	33683	1454	1454	2999	25759
保定市易县西陵镇	8355	17026	867	877	3345	18981
保定市易县裴山镇	8504	36179	1478	1478	15129	25279
保定市易县塘湖镇	11290	44108	1543	1777	16343	43490
保定市易县狼牙山镇	16980	17408	164	164	4806	33388
保定市易县良岗镇	16833	12390	263	642	1859	17010
保定市易县紫荆关镇	26003	20647	1381	1389	3265	17765
保定市易县高村镇	9191	38424	1751	1755	13863	38066
保定市易县桥头乡	5340	27608	591	591	19847	22308
保定市易县白马乡	6941	16667	832	832	5388	29922
保定市易县流井乡	11874	18030	408	408	6139	17797
保定市易县高陌乡	6719	47349	150	150	35009	43610
保定市易县大龙华乡	7423	13678	423	378	2090	6401
保定市易县安格庄乡	10306	11895	368	368	935	9793
保定市易县凌云册乡	6265	32142	1451	1451	25769	40388
保定市易县西山北乡	9201	23517	466	466	4278	33781
保定市易县尉都乡	4078	16575	149	149	8004	14930
保定市易县独乐乡	3322	10279	535	535	1942	23985
保定市易县七峪乡	4731	2684	468	471	912	3250
保定市易县富岗乡	7375	6010	550	550	412	4495
保定市易县坡仓乡	6924	6025	360	400	1071	6924
保定市易县牛岗乡	8204	5531	498	510	1080	6836
保定市易县桥家河乡	7913	4230	340	517	862	5886
保定市易县甘河净乡	6071	1496	432	432	577	3369
保定市易县蔡家峪乡	7001	2507	434	434	523	2035
保定市易县南城司乡	16942	14032	754	766	3748	11746
保定市曲阳县恒州镇	5361	50551	2111	2111	8947	30342
保定市曲阳县灵山镇	12120	73360	800	800	16145	25743
保定市曲阳县燕赵镇	4709	50501	1426	1426	29728	34302

4-1续21　乡镇经济主要指标(2021年)

乡镇名称	行政区域面积(公顷)	乡镇户籍人口(人)	一般公共预算收入(万元)	一般公共预算支出(万元)	粮食产量(吨)	现价农林牧渔业总产值(万元)
保定市曲阳县羊平镇	4846	46358	1131	1131	9496	14284
保定市曲阳县文德镇	4362	51600	920	920	20804	19442
保定市曲阳县晓林镇	6283	42730	1231	1231	9162	19864
保定市曲阳县邸村镇	3040	26840	674	674	16309	4688
保定市曲阳县齐村镇	7754	18144	937	937	1245	4549
保定市曲阳县孝墓镇	6802	33235	300	300	4207	9917
保定市曲阳县路庄子乡	3108	18738	801	801	3745	13346
保定市曲阳县下河乡	5930	35127	1046	1046	6629	80666
保定市曲阳县庄窠乡	2865	13281	696	696	2193	4015
保定市曲阳县东旺乡	6210	46420	1494	1494	9790	6479
保定市曲阳县产德乡						
保定市曲阳县党城乡	5723	26793	998	998	2301	7130
保定市曲阳县郎家庄乡	9598	26160	1682	1682	1754	17766
保定市曲阳县范家庄乡	5038	9651	739	739	491	12966
保定市曲阳县北台乡	6224	13187	651	651	1538	3810
保定市蠡县蠡吾镇	9958	106357	2775	2775	38122	58511
保定市蠡县留史镇	5964	57713	3284	5500	20299	29759
保定市蠡县大百尺镇	7427	61900	1696	1696	29930	31493
保定市蠡县辛兴镇	6255	51037	1754	1794	28604	30740
保定市蠡县北郭丹镇	2562	22058	1242	1270	12408	23285
保定市蠡县万安镇	2952	30393	11	11	12597	30087
保定市蠡县桑园镇	3689	29220	3502	3502	17397	24705
保定市蠡县南庄镇	7071	41088	1145	1145	34656	53658
保定市蠡县大曲堤镇	2865	25671	1200	1200	7420	26519
保定市蠡县鲍墟镇	5828	42520	926	926	26650	30730
保定市蠡县小陈乡						
保定市蠡县林堡乡	2725	21849	818	818	15152	24791
保定市蠡县北埝头乡	5031	25158	943	943	25622	26309
保定市顺平县蒲阳镇	6474	54883	2924	2924	30523	62055
保定市顺平县高于铺镇	6729	53084	2919	2919	34921	71204
保定市顺平县腰山镇	5224	37170	2362	2362	20529	51100
保定市顺平县蒲上镇	5901	32247	1800	1804	14752	38355
保定市顺平县神南镇	8981	12344	1459	1459	2274	12411
保定市顺平县白云乡	6361	29339	2194	2194	8925	50099
保定市顺平县河口乡	5837	17468	1061	1061	582	35471
保定市顺平县安阳乡						
保定市顺平县台鱼乡	5923	18172	393	393	1785	30403
保定市顺平县大悲乡	10821	20368	270	270	5133	18986
保定市博野县博野镇	7828	68278	52	52	26332	53478
保定市博野县小店镇	3092	32051	881	881	14966	30007
保定市博野县程委镇	7093	45059	1684	1753	36889	53210
保定市博野县东墟镇	2874	25671	1207	1246	19317	33200
保定市博野县北杨镇	2814	27567	898	898	15130	30464
保定市博野县城东镇	4096	32130	780	780	12435	30960
保定市博野县南小王镇	5295	37200	1411	1244	28322	44868
保定高新技术产业开发区贤台乡	2867	23907	8679	8679	1650	4282
保定高新技术产业开发区大马坊乡	1930	20495	1391	1391	720	160
保定市保定白沟新城白沟镇	5436	58918	50805	47137	6693	4405
保定市涿州市松林店镇	7154	63402	4808	4808	36896	40608

4-1续22　乡镇经济主要指标(2021年)

乡镇名称	行政区域面积(公顷)	乡镇户籍人口(人)	一般公共预算收入(万元)	一般公共预算支出(万元)	粮食产量(吨)	现价农林牧渔业总产值(万元)
保定市涿州市码头镇	5932	39009	15384	15384	19178	37216
保定市涿州市东城坊镇	10063	42830	2915	2915	36965	34662
保定市涿州市高官庄镇	4259	27808	2320	2302	19024	34880
保定市涿州市东仙坡镇	4485	35710	1845	1845	14899	14851
保定市涿州市百尺竿镇	5658	45413	1290	40	16499	22254
保定市涿州市义和庄镇	8120	40980	3024	3024	22822	106975
保定市涿州市刁窝镇	6811	40356	11076	11076	24904	44938
保定市涿州市林家屯镇	5042	37380	2632	2486	26242	35581
保定市涿州市豆庄镇	6381	38624	2752	2935	41199	36426
保定市涿州市孙家庄乡	2987	18581	1693	1693	10789	16377
保定市安国市伍仁桥镇	3784	34926	368	378	23044	41611
保定市安国市石佛镇	5508	36258	725	725	26683	59650
保定市安国市郑章镇	5354	39942	460	460	27041	39630
保定市安国市大五女镇	3457	25331	1024	1024	23335	33958
保定市安国市西佛落镇	3929	25070	10	10	24560	35944
保定市安国市西城镇	4213	30927	1436	1467	26385	40702
保定市安国市明官店乡	4382	35238	1038	1038	18044	46639
保定市安国市南娄底乡	5020	38516	1100	1100	32129	45258
保定市安国市北段村乡	3905	25901	598	495	26347	36101
保定市高碑店市方官镇	6386	52179	2219	2219	41327	37381
保定市高碑店市新城镇	7308	54461	8145	8145	44525	40273
保定市高碑店市泗庄镇	5625	39407	1713	1713	27547	24916
保定市高碑店市辛立庄镇	7099	45471	1770	1770	45830	41454
保定市高碑店市东马营镇	3965	33568	1797	1797	17504	15833
保定市高碑店市辛桥镇	7193	42362	1700	1700	48135	43538
保定市高碑店市肖官营镇	4448	30262	1763	1763	23647	21389
保定市高碑店市张六庄镇	6198	41279	6297	6297	37300	33738
保定市高碑店市梁家营镇	2896	29173	1867	1867	21009	19003
张家口市桥东区姚家庄镇	4874	14224	70	70		
张家口市桥东区大仓盖镇	11791	24432	2044	2322	14600	16037
张家口市桥东区东望山乡	18680	16873	2954	2976	18980	6897
张家口市桥西区东窑子镇	10408	21087	966	967	1030	2087
张家口市宣化区庞家堡镇	12803	21385	1961	2300	5541	
张家口市宣化区深井镇	33259	32320	2454	1134	38864	38416
张家口市宣化区崞村镇	27194	21538	2899	3048	14668	
张家口市宣化区洋河南镇	12121	32426	2244	2393	16099	27148
张家口市宣化区贾家营镇	16426	20537	1893	2115	20200	24868
张家口市宣化区顾家营镇	4750	13066	1379	1609	10850	13948
张家口市宣化区赵川镇	17561	31225	2871	2964	20564	34222
张家口市宣化区河子西乡	4900	18669	3321	3476	7388	14332
张家口市宣化区春光乡	3871	14298	3210	3347	1939	5831
张家口市宣化区侯家庙乡	5398	16189	1606	1728	5908	9495
张家口市宣化区李家堡乡	9634	11587	922	922	5748	10570
张家口市宣化区王家湾乡	23374	6857	1214	1204	5522	12096
张家口市宣化区塔儿村乡	16094	8377	1510	1589	6370	14571
张家口市宣化区江家屯乡						
张家口市下花园区花园乡	5199	10647	1465	1465	1129	18182
张家口市下花园区辛庄子乡	7626	4965	888	888	2972	12
张家口市下花园区定方水乡	11227	8395	2105	2605	5272	23386

4-1续23 乡镇经济主要指标(2021年)

乡镇名称	行政区域面积(公顷)	乡镇户籍人口(人)	一般公共预算收入(万元)	一般公共预算支出(万元)	粮食产量(吨)	现价农林牧渔业总产值(万元)
张家口市下花园区段家堡乡	6420	2041	845	846		
张家口市万全区孔家庄镇	6645	32786	1974	2081	22754	21196
张家口市万全区万全镇	7126	14576	2921	2921	7072	18483
张家口市万全区洗马林镇	13734	9507	1470	1192	5016	5541
张家口市万全区郭磊庄镇	6048	23281	1178	1178	20577	32531
张家口市万全区膳房堡乡	17622	11605	1722	1983	7240	20380
张家口市万全区北新屯乡	20062	9038	2188	2188	6320	15169
张家口市万全区宣平堡乡	7270	23814	2337	2448	6412	25954
张家口市万全区高庙堡乡	13328	12991	1163	1163	12180	16989
张家口市万全区旧堡乡	6466	10985	1280	1180	20577	26032
张家口市万全区安家堡乡	9972	24399	1962	2308	13262	21790
张家口市万全区北沙城乡	6118	18589	2000	1889		
张家口市崇礼区西湾子镇	22440	31236	2885	2885	500	6995
张家口市崇礼区高家营镇	34693	26459	2518	2790	9073	9010
张家口市崇礼区四台嘴乡	37488	13919	85837	86710	998	5331
张家口市崇礼区红旗营乡	17676	9348	1581	2134		
张家口市崇礼区石窑子乡	15262	7931	1119	1012	907	
张家口市崇礼区驿马图乡	35060	10273	1578	1653	2930	13506
张家口市崇礼区石嘴子乡	29905	9019	1268	1268	1552	6163
张家口市崇礼区狮子沟乡	12151	7602	1367	1367	3722	11505
张家口市崇礼区清三营乡	14066	5709	1075	1289	2053	7135
张家口市崇礼区白旗乡	15628	8138	2328	2083	979	8150
张家口市张北县张北镇	13777	20659	2083	2083	2678	63935
张家口市张北县公会镇	25958	15811	1149	1152	4223	17294
张家口市张北县二台镇	31682	25634	2025	2025	30561	74482
张家口市张北县大囫囵镇	28008	18232	1210	1209	13543	44223
张家口市张北县小二台镇	18729	16239	1166	1166	4853	31009
张家口市张北县油篓沟镇	22754	23920	1251	1251	9226	27527
张家口市张北县大河镇	22133	18593	833	1317	4294	6597
张家口市张北县台路沟乡	17232	11777	1364	1403	5264	9571
张家口市张北县馒头营乡	19540	15328	1253	1253	3841	74956
张家口市张北县二泉井乡	23251	19599	1554	1646	14151	28077
张家口市张北县单晶河乡	15924	14145	1062	1062	892	2430
张家口市张北县海流图乡	28302	20480	715	715	6610	16865
张家口市张北县两面井乡	19919	16998	412	412	8126	22034
张家口市张北县大西湾乡	21800	12397	778	778	1888	6649
张家口市张北县郝家营乡	16330	14600	2356	520	10291	30429
张家口市张北县白庙滩乡	22165	13180	1283	1317	7467	16888
张家口市张北县战海乡	17683	11522	1075	1075	8445	12047
张家口市张北县三号乡	19146	14957	956	923	7948	25888
张家口市康保县康保镇	32903	51197	7212	7212	10831	30128
张家口市康保县张纪镇	25918	19912	3213	3213	16833	36847
张家口市康保县土城子镇	19200	15441	1096	1096	4056	49808
张家口市康保县邓油坊镇	14467	15151	1107	1045		
张家口市康保县李家地镇	15000	13132	1400	1400	13048	19119
张家口市康保县照阳河镇	23404	12045	1239	1587		
张家口市康保县屯垦镇	41157	23308	2251	2379	14135	38363
张家口市康保县闫油坊乡	23300	17540	1796	1847	12128	105089
张家口市康保县丹清河乡	20301	15342	621	136	14429	36389

4-1续24 乡镇经济主要指标(2021年)

乡镇名称	行政区域面积(公顷)	乡镇户籍人口(人)	一般公共预算收入(万元)	一般公共预算支出(万元)	粮食产量(吨)	现价农林牧渔业总产值(万元)
张家口市康保县哈咇嘎乡	16770	11789	1420	1420	12039	30351
张家口市康保县二号卜乡	18790	16635	1525	1525	11262	24672
张家口市康保县芦家营乡	15949	11352	762	559	10247	
张家口市康保县忠义乡	10533	10727	90	99		
张家口市康保县处长地乡	14346	12375	1784	2029	20751	27748
张家口市康保县满德堂乡	29666	14929	976	903	10281	9522
张家口市沽源县平定堡镇	39600	47500	2589	1033	51527	107820
张家口市沽源县小厂镇	21811	14428	1453	1478	8398	28584
张家口市沽源县黄盖淖镇	17982	16324	2555	2035	11061	9581
张家口市沽源县九连城镇	32200	21490	1129	1129		
张家口市沽源县高山堡乡	17700	10522	1105	1107	18275	39724
张家口市沽源县小河子乡	34760	18842	1630	1284	20739	49702
张家口市沽源县二道渠乡	21800	10583	775	702	29465	66464
张家口市沽源县大二号回族乡	6300	3029	752	423		
张家口市沽源县闪电河乡	22700	13089	1226	1226	14177	44909
张家口市沽源县长梁乡	23000	13956	1794	1335	110587	50017
张家口市沽源县丰源店乡	28288	10421	1151	1530	8600	15430
张家口市沽源县西辛营乡	21300	15603	942	942	13774	37994
张家口市沽源县莲花滩乡	21900	7276	727	438	4323	8878
张家口市沽源县白土窑乡	25779	15954	773	773	10257	29307
张家口市尚义县南壕堑镇	24828	41619	4316	6421	10042	23455
张家口市尚义县大青沟镇	18187	19608	4557	4557		
张家口市尚义县八道沟镇	20015	14771	560	560	3878	6566
张家口市尚义县红土梁镇	29324	11471	2622	2934	4255	9952
张家口市尚义县小蒜沟镇	37284	10632	2545	2922	2452	4903
张家口市尚义县三工地镇	10792	8840	3088	3088		
张家口市尚义县满井镇	16490	13146	3670	4420	3144	10280
张家口市尚义县大营盘乡	25748	12616	553	553	389	233
张家口市尚义县大苏计乡	13854	10590	1922	2487	5130	30738
张家口市尚义县石井乡	13100	12263	1156	1156	12825	15142
张家口市尚义县七甲乡	7259	7067	319	319	6867	72279
张家口市尚义县套里庄乡	11461	8253	1731	2192	1897	10778
张家口市尚义县甲石河乡	14324	7465	352	371	3020	10267
张家口市尚义县下马圈乡	14587	4274	781	781	1837	1127
张家口市蔚县蔚州镇	3764	81623	4736	1650	4180	4090
张家口市蔚县代王城镇	6864	31771	1686	2413	19564	11156
张家口市蔚县西合营镇	14028	51260	2211	2950	21095	18533
张家口市蔚县吉家庄镇	13227	24339	2310	1597	12519	13343
张家口市蔚县白乐镇	6494	19843	1118	1326	11029	9100
张家口市蔚县暖泉镇	6261	17557	1252	1252	9877	11827
张家口市蔚县南留庄镇	7185	27519	1964	1984	9415	12319
张家口市蔚县北水泉镇	10710	12555	1039	1156	5576	10253
张家口市蔚县桃花镇	16215	20657	1620	2079	12361	22203
张家口市蔚县阳眷镇	13487	18407	1895	2283	5517	11616
张家口市蔚县宋家庄镇	39476	28129	1582	1781	22249	20950
张家口市蔚县下宫村乡	25327	24599	1491	1697	19725	20338
张家口市蔚县南杨庄乡	12220	15416	923	1134	14159	13334
张家口市蔚县柏树乡	20206	12450	1403	1298	5375	9506
张家口市蔚县常宁乡	5815	9871	840	1001	6808	7335

4-1续25　乡镇经济主要指标(2021年)

乡镇名称	行政区域面积(公顷)	乡镇户籍人口(人)	一般公共预算收入(万元)	一般公共预算支出(万元)	粮食产量(吨)	现价农林牧渔业总产值(万元)
张家口市蔚县涌泉庄乡	9951	24393	1283	1610	15353	12474
张家口市蔚县杨庄窠乡	11809	17100	1158	1744	9376	11873
张家口市蔚县南岭庄乡	8326	13435	984	1158	5117	9785
张家口市蔚县陈家洼乡	9691	8730	1001	1207	4071	8496
张家口市蔚县黄梅乡	7694	10136	1221	1138	4571	7541
张家口市蔚县白草村乡	12205	8580	1338	1406	3238	14568
张家口市蔚县草沟堡乡	47417	13271	1144	1467	156	16613
张家口市阳原县西城镇	10460	60924	2694	2766	6586	22309
张家口市阳原县东城镇	16742	17417	1882	1971	8310	11136
张家口市阳原县化稍营镇	9412	24961	1623	1873	6330	18714
张家口市阳原县揣骨疃镇	28100	25053	2803	2961	16888	115946
张家口市阳原县东井集镇	12800	31454	711	844	17401	17388
张家口市阳原县要家庄乡	10660	20575	1114	717	10653	12819
张家口市阳原县东坊城堡乡	11500	9828	872	872	6571	10303
张家口市阳原县井儿沟乡	12620	11278	845	869	10229	10392
张家口市阳原县三马坊乡	7770	9957	737	880	7417	21456
张家口市阳原县高墙乡	17962	15626	1588	1588	9558	25937
张家口市阳原县大田洼乡	8050	5249	1181	763	3219	5500
张家口市阳原县辛堡乡	11640	12775	928	928	10220	25925
张家口市阳原县马圈堡乡	10880	8330	1242	2052	6967	14631
张家口市阳原县浮图讲乡	15330	11248	2171	2171	15659	24005
张家口市怀安县柴沟堡镇	16383	72447	5175	4516	15017	
张家口市怀安县左卫镇	27179	38100	3696	3950	32265	30117
张家口市怀安县头百户镇	8381	15494	1422	1660	20350	13325
张家口市怀安县怀安城镇	20487	29475	2764	2764	42595	17120
张家口市怀安县渡口堡乡	20237	15995	1422	1569	21695	10599
张家口市怀安县第六屯乡	8361	9973	1425	1282	11985	2868
张家口市怀安县西湾堡乡	11622	8122	1127	1127	6103	
张家口市怀安县西沙城乡	8500	9933	971	1094	12126	
张家口市怀安县太平庄乡	16877	9075	1311	1299	10372	
张家口市怀安县王虎屯乡	17383	11751	1353	1642	15975	
张家口市怀安县第三堡乡	13751	12829	1399	1694		
张家口市怀来县沙城镇	5902	104828	19480	19583	5862	9073
张家口市怀来县北辛堡镇	7056	18226	1217	1252	4080	12678
张家口市怀来县新保安镇	6686	21892	1401	1571	6058	16374
张家口市怀来县东花园镇	13616	19344	1318	1322	13875	25548
张家口市怀来县官厅镇	17991	11546	1169	1169	7856	15249
张家口市怀来县桑园镇	12134	26870	2296	2149	2574	41783
张家口市怀来县存瑞镇	15125	28135	1277	1277	7348	51975
张家口市怀来县土木镇	9354	24698	1187	1187		
张家口市怀来县大黄庄镇	4617	18607	863	859		
张家口市怀来县西八里镇	3658	22181	1057	1170	17136	
张家口市怀来县小南辛堡镇	17236	18836	1008	1008	5273	12236
张家口市怀来县狼山乡	5790	12602	875	682	5209	1243
张家口市怀来县鸡鸣驿乡	4200	8867	806	985	6433	22219
张家口市怀来县东八里乡	2530	10706	788	837	6390	5109
张家口市怀来县瑞云观乡	11830	5941	1175	1175	117	5700
张家口市怀来县孙庄子乡	11131	4830	851	766	3372	5368
张家口市怀来县王家楼回族乡	13200	7956	946	1359	6539	17117

4-1续26　乡镇经济主要指标(2021年)

乡镇名称	行政区域面积(公顷)	乡镇户籍人口(人)	一般公共预算收入(万元)	一般公共预算支出(万元)	粮食产量(吨)	现价农林牧渔业总产值(万元)
张家口市涿鹿县涿鹿镇	7544	72707	5632	1126	7923	16543
张家口市涿鹿县张家堡镇	6737	23615	2063	2720	13343	9022
张家口市涿鹿县武家沟镇	23939	12888	2733	3323	9371	15615
张家口市涿鹿县五堡镇	6596	26561	2101	2101	11927	16744
张家口市涿鹿县保岱镇	10386	29614	2013	2451	26601	26161
张家口市涿鹿县矾山镇	15204	21759	3900	4247	12239	15832
张家口市涿鹿县大堡镇	25492	18039	3085	3608	34401	28368
张家口市涿鹿县河东镇	35141	10257	1557	1837	1236	5205
张家口市涿鹿县东小庄镇	6074	32266	2547	2547	28869	20621
张家口市涿鹿县辉耀镇	22932	11966	1778	1962	6461	8430
张家口市涿鹿县大河南镇	23081	10133	1365	1565	953	1034
张家口市涿鹿县温泉屯镇	7314	14211	1243	1499	1392	14461
张家口市涿鹿县蟒石口镇	29561	9199	1026	1026	523	2951
张家口市涿鹿县栾庄乡	13944	19034	1684	1845	7025	10600
张家口市涿鹿县黑山寺乡	6929	11130	1405	1526	5254	7370
张家口市涿鹿县卧佛寺乡	24289	10315	2534	2534	4685	7268
张家口市涿鹿县谢家堡乡	17586	6033	1078	1378	217	4413
张家口市赤城县赤城镇	24861	48033	20410	20410		
张家口市赤城县田家窑镇	19694	18852	1539	1643		
张家口市赤城县龙关镇	28395	27187	1046	1144	12680	
张家口市赤城县雕鹗镇	35372	15134	1704	639		
张家口市赤城县独石口镇	21725	6068	157	157		
张家口市赤城县白草镇	24395	11614	558	410	9164	
张家口市赤城县龙门所镇	23543	13583	1714	1752		
张家口市赤城县后城镇	36980	20261	10	10		
张家口市赤城县东卯镇	44254	22953	1529	1594		
张家口市赤城县炮梁乡	15567	7332	636	410	3961	
张家口市赤城县大海陀乡	26413	9821	1981	480	9097	19121
张家口市赤城县镇宁堡乡	32845	13501	1610	2071	10558	
张家口市赤城县马营乡	31522	10787	1550	1550	14798	11386
张家口市赤城县云州乡	52055	17853	2103	2103		
张家口市赤城县三道川乡	21425	8895	9	5		
张家口市赤城县东万口乡	28359	15696	1333	1498		
张家口市赤城县茨营子乡	24203	10269	1085	1085		
张家口市赤城县样田乡	19159	8581	1537	1673		
张家口经济开发区老鸦庄镇	3222	36494	1730	1011	3260	23432
张家口经济开发区沈家屯镇	4245	32663	2173	2227	21308	34140
张家口经济开发区姚家房镇	3677	29444	1641	1623	17307	15425
张家口经济开发区沙岭子镇	3385	21198	1599	1547	8851	7087
张家口市察北管理区沙沟镇	9600	7250	1619	1619		
张家口市察北管理区宇宙营乡	9734	6258	1085	1085	69010	22000
承德市双桥区水泉沟镇	4128	18797	995	1032	363	1070
承德市双桥区狮子沟镇	3038	25183	1059	969	188	257
承德市双桥区牛圈子沟镇	6200	39708	1123	1175	537	886
承德市双桥区大石庙镇	8230	22948	2016	2016	1635	3884
承德市双桥区双峰寺镇	12849	30904	1276	1111	2748	4146
承德市双滦区双塔山镇	8856	20030	1142	1142	1716	3622
承德市双滦区滦河镇	1525	8341	966	822	227	584
承德市双滦区大庙镇	9436	12698	693	693	1891	3159

4-1续27　乡镇经济主要指标(2021年)

乡镇名称	行政区域面积(公顷)	乡镇户籍人口(人)	一般公共预算收入(万元)	一般公共预算支出(万元)	粮食产量(吨)	现价农林牧渔业总产值(万元)
承德市双滦区偏桥子镇	5253	9984	1094	1094	2877	22559
承德市双滦区西地镇	10309	18678	1084	1078	7059	6071
承德市双滦区陈栅子乡	8795	14876	1000	1000	2583	19390
承德市鹰手营子矿区鹰手营子镇	4123	7101	1168	1168	1034	5604
承德市鹰手营子矿区北马圈子镇	2510	10011	698	698	182	3767
承德市鹰手营子矿区寿王坟镇	6037	11068	1177	1177	676	3675
承德市鹰手营子矿区汪家庄镇	2263	8528	645	645	508	2969
承德市承德县下板城镇	25364	72890	1800	2000	7573	28102
承德市承德县甲山镇	17117	21996	13500	1086	7800	17095
承德市承德县六沟镇	18040	33468	1420	1308	15149	22520
承德市承德县三沟镇	18033	22534	1041	1028	12305	31803
承德市承德县头沟镇	18514	27045	1315	1292	16758	43761
承德市承德县高寺台镇	13364	15177	893	893	5074	22968
承德市承德县鞍匠镇	18780	16887	855	855	6896	27961
承德市承德县三家镇	30329	23421	1159	955	14584	103082
承德市承德县磴上镇	24997	17559	586	586	12565	66429
承德市承德县上谷镇	12488	20630	632	632	12102	31343
承德市承德县新杖子镇	10029	13306	896	777	6316	23962
承德市承德县石灰窑镇	12868	22875	1040	1003	12876	23565
承德市承德县东小白旗乡	11693	9401	499	499	5041	16367
承德市承德县刘杖子乡	17587	11949	689	706	5746	109312
承德市承德县孟家院乡	10147	11472	82	15	4709	29893
承德市承德县大营子乡	17338	9828	435	435	4486	38317
承德市承德县八家乡	13741	9845	821	756	2899	29613
承德市承德县满杖子乡	11024	9007	646	683	4242	31126
承德市承德县五道河乡	15857	8891	560	427	5423	38239
承德市承德县岔沟乡	18367	16354	1083	1029	13848	27144
承德市承德县岗子满族乡	8120	8812	689	788	4165	11655
承德市承德县两家满族乡	10088	10720	712	808	4140	14140
承德市承德县仓子乡	10991	10481	865	813	8842	21113
承德市兴隆县兴隆镇	16654	71834	1148	1120	1700	22760
承德市兴隆县半壁山镇	13296	22011	748	748	1075	30611
承德市兴隆县挂兰峪镇	16815	13484	751	763	873	32647
承德市兴隆县青松岭镇	17487	14442	934	934	1070	19151
承德市兴隆县六道河镇	18215	18401	759	759	1183	23079
承德市兴隆县平安堡镇	8997	15173	798	798	1635	11433
承德市兴隆县北营房镇	9863	13707	675	675	1056	11570
承德市兴隆县孤山子镇	7720	11334	563	563	566	24869
承德市兴隆县蓝旗营镇	10081	14644	558	558	695	22800
承德市兴隆县雾灵山镇	14430	13595	724	724	1552	12332
承德市兴隆县李家营镇	15387	11258	562	562	1181	7211
承德市兴隆县大杖子镇	22847	17688	591	591	2060	36186
承德市兴隆县三道河镇	11958	16467	562	562	1165	22076
承德市兴隆县蘑菇峪镇	31375	17269	684	763	2026	17140
承德市兴隆县大水泉镇	21479	14260	574	574	1658	21462
承德市兴隆县南天门满族乡	9948	7310	500	500	1105	9139
承德市兴隆县八卦岭满族乡	9968	14836	574	618	675	27839
承德市兴隆县陡子峪乡	7554	6424	478	477	395	6135
承德市兴隆县上石洞乡	13029	3657	486	486	305	9264

4-1续28 乡镇经济主要指标(2021年)

乡镇名称	行政区域面积(公顷)	乡镇户籍人口(人)	一般公共预算收入(万元)	一般公共预算支出(万元)	粮食产量(吨)	现价农林牧渔业总产值(万元)
承德市兴隆县安子岭乡	7994	5537	479	479	481	13703
承德市滦平县滦平镇	14163	19450	1530	1459	4892	36996
承德市滦平县长山峪镇	20038	22705	1138	1166	3516	26954
承德市滦平县红旗镇	13499	16422	441	934	6077	44558
承德市滦平县金沟屯镇	21026	20620	1696	1455	6055	47125
承德市滦平县虎什哈镇	24221	22815	1233	1362	8146	70451
承德市滦平县巴克什营镇	18477	21095	1252	1252	3121	17764
承德市滦平县张百湾镇	21751	26380	898	1370	7090	72865
承德市滦平县付营子镇	21111	18925	760	979	4458	41013
承德市滦平县大屯镇	15850	21652	1046	1279	5419	41222
承德市滦平县火斗山镇	15815	15649	713	938	5172	28397
承德市滦平县平坊满族乡	6749	7439	930	958	3379	27961
承德市滦平县安纯沟门满族乡	15706	13204	885	1299	4351	34692
承德市滦平县小营满族乡	12901	15168	982	982	4663	29699
承德市滦平县西沟满族乡	15255	7794	1179	1136	5724	31121
承德市滦平县邓厂满族乡	7389	2619	716	568	1352	8165
承德市滦平县五道营子满族乡	12362	4823	728	658	2261	13578
承德市滦平县马营子满族乡	13850	9234	560	995	2453	21360
承德市滦平县付家店满族乡	7923	5488	676	677	1839	14535
承德市滦平县两间房乡	18949	17164	1479	1345	4241	31185
承德市隆化县隆化镇	25411	27618	2735	2735	4459	27765
承德市隆化县韩麻营镇	21667	23612	1140	1630	8259	28500
承德市隆化县中关镇	8295	11315	1976	1976	3526	22493
承德市隆化县七家镇	14610	14005	820	820	5060	31442
承德市隆化县汤头沟镇	26420	30068	1521	1521	15354	59383
承德市隆化县张三营镇	14279	24548	1887	1887	12193	58301
承德市隆化县唐三营镇	27824	28228	1195	1195	19560	48048
承德市隆化县蓝旗镇	26529	20315	1463	1463	10950	33344
承德市隆化县步古沟镇	36663	24893	1649	1649	14402	76986
承德市隆化县郭家屯镇	70271	24566	1487	1426	19397	117262
承德市隆化县荒地乡	28563	18290	1939	1939	10082	29858
承德市隆化县章吉营乡	15627	17937	2189	2077	11098	29389
承德市隆化县茅荆坝乡	30569	10850	1772	8389	2997	22472
承德市隆化县尹家营满族乡	8990	8632	1152	1152	5757	29187
承德市隆化县庙子沟蒙古族满族乡	9825	6864	763	763	4291	22083
承德市隆化县偏坡营满族乡	17888	13079	1081	680	9890	39117
承德市隆化县山湾乡	19097	10648	1200	1200	5736	43125
承德市隆化县八达营蒙古族乡	18879	13947	1037	1037	9146	50725
承德市隆化县太平庄满族乡	17132	11341	1779	1779	6739	16875
承德市隆化县旧屯满族乡	17405	8031	1336	1336	4916	16334
承德市隆化县西阿超满族蒙古族乡	18969	10630	677	677	2803	42663
承德市隆化县碱房乡	20397	7269	594	594	4057	29419
承德市隆化县韩家店乡	28286	14793	1197	1197	12472	94298
承德市隆化县湾沟门乡	20204	10512	910	910	7890	32710
承德市丰宁满族自治县大阁镇	45912	42753	3306	5616	4050	22937
承德市丰宁满族自治县大滩镇	62414	23220	2414	2414	17250	49452
承德市丰宁满族自治县鱼儿山镇	36132	15594	710	710	14690	40733
承德市丰宁满族自治县土城镇	34370	17830	1030	1520	11050	44519
承德市丰宁满族自治县黄旗镇	32170	15564	1693	1693	8750	29795

4-1续29　乡镇经济主要指标(2021年)

乡镇名称	行政区域面积(公顷)	乡镇户籍人口(人)	一般公共预算收入(万元)	一般公共预算支出(万元)	粮食产量(吨)	现价农林牧渔业总产值(万元)
承德市丰宁满族自治县凤山镇	36265	38819	1857	1857	14480	44547
承德市丰宁满族自治县波罗诺镇	16097	11686	863	863	5180	23464
承德市丰宁满族自治县黑山咀镇	29748	19519	607	607	9650	23107
承德市丰宁满族自治县天桥镇	15947	9542	721	721	3450	16344
承德市丰宁满族自治县胡麻营镇	26661	17323	645	645	5300	21134
承德市丰宁满族自治县万胜永乡	25679	4789	5100	20	4340	18106
承德市丰宁满族自治县四岔口乡	65644	7293	368	368	11815	20596
承德市丰宁满族自治县苏家店乡	48235	5919	6	6	3050	15991
承德市丰宁满族自治县外沟门乡	57864	6324	8	8	4130	16923
承德市丰宁满族自治县草原乡	20169	6793	750	650	9525	17802
承德市丰宁满族自治县窟窿山乡	27452	4084	830	830	2600	12404
承德市丰宁满族自治县小坝子乡	30946	5066	48	62	4200	24590
承德市丰宁满族自治县五道营乡	36350	9003	700	700	2520	32950
承德市丰宁满族自治县南关蒙古族乡	35451	19296	617	617	6600	26425
承德市丰宁满族自治县选将营乡	33145	13969	1195	1195	6850	18104
承德市丰宁满族自治县西官营乡	26041	12726	903	536	5490	16113
承德市丰宁满族自治县王营乡	13230	6316	675	675	2400	16863
承德市丰宁满族自治县北头营乡	19860	7252	481	481	3610	17614
承德市丰宁满族自治县石人沟乡	34707	16602	809	809	9600	24378
承德市丰宁满族自治县汤河乡	44485	9322	1105	1105	4120	15114
承德市丰宁满族自治县杨木栅子乡	18902	8253	1035	1035	3500	16801
承德市宽城满族自治县宽城镇	17250	62460	18470	1122	5315	26662
承德市宽城满族自治县龙须门镇	18621	24350	1054	973	9251	28091
承德市宽城满族自治县峪耳崖镇	14150	27358	613	613	5505	28453
承德市宽城满族自治县板城镇	16136	23617	683	683	6481	27145
承德市宽城满族自治县汤道河镇	23126	21407	234	544	7275	56350
承德市宽城满族自治县桲罗台镇	8079	9035	647	647	774	14540
承德市宽城满族自治县碾子峪镇	7849	17466	842	802	2486	19212
承德市宽城满族自治县亮甲台镇	6717	7737	1194	1167	3198	10457
承德市宽城满族自治县化皮溜子镇	5840	10110	279	432	1967	14329
承德市宽城满族自治县松岭镇	4844	6301	9012	668	1191	6497
承德市宽城满族自治县塌山乡	8268	6100	658	658	1282	12130
承德市宽城满族自治县孟子岭乡	9632	7515	396	653	1472	12347
承德市宽城满族自治县独石沟乡	4879	1598	502	492	80	2610
承德市宽城满族自治县铧尖乡	6274	7552	454	514	1319	11922
承德市宽城满族自治县东黄花川乡	4416	6196	935	435	1691	7337
承德市宽城满族自治县苇子沟乡	9592	7698	477	477	3381	13155
承德市宽城满族自治县大字沟乡	7174	5860	30	394	2324	9898
承德市宽城满族自治县大石柱子乡	9732	7841	296	563	3108	16197
围场满族蒙古族自治县围场镇	18779	74075	2348	2348	10928	2822
围场满族蒙古族自治县四合永镇	15269	26393	1665	1665	6702	15678
围场满族蒙古族自治县克勒沟镇	16804	20423	877	877	20349	49228
围场满族蒙古族自治县棋盘山镇	27519	23329	1038	747	34278	104599
围场满族蒙古族自治县半截塔镇	20782	12440	936	936	14980	28804
围场满族蒙古族自治县朝阳地镇	16289	19057	807	807	26997	78002
围场满族蒙古族自治县朝阳湾镇	18269	21379	932	932	24862	65657
围场满族蒙古族自治县腰站镇	20940	23913	1012	1012	16846	44598
围场满族蒙古族自治县龙头山镇	14856	12679	754	754	6063	9577
围场满族蒙古族自治县新拨镇	27274	16946	725	725	14228	39668

4-1续30　乡镇经济主要指标(2021年)

乡镇名称	行政区域面积(公顷)	乡镇户籍人口(人)	一般公共预算收入(万元)	一般公共预算支出(万元)	粮食产量(吨)	现价农林牧渔业总产值(万元)
围场满族蒙古族自治县御道口镇	24240	5634	925	925	21731	60887
围场满族蒙古族自治县城子镇	29561	12886	549	549	6745	12050
围场满族蒙古族自治县道坝子乡	19333	11077	725	725	9652	24235
围场满族蒙古族自治县黄土坎乡	24507	14373	722	722	9578	18944
围场满族蒙古族自治县四道沟乡	10901	8738	425	425	3673	5253
围场满族蒙古族自治县兰旗卡伦乡	20216	12334	761	761	7847	14626
围场满族蒙古族自治县银窝沟乡	20725	18419	900	900	18405	41381
围场满族蒙古族自治县新地乡	18052	21739	546	546	24281	67876
围场满族蒙古族自治县广发永乡	13261	11240	559	559	10213	26990
围场满族蒙古族自治县育太和乡	9405	8402	401	401	15111	42010
围场满族蒙古族自治县郭家湾乡	18381	10375	613	613	16316	42034
围场满族蒙古族自治县杨家湾乡	16753	12429	630	630	10277	26778
围场满族蒙古族自治县大唤起乡	12405	9866	632	632	5120	10636
围场满族蒙古族自治县哈里哈乡	23433	10982	3430	3430	5873	24437
围场满族蒙古族自治县张家湾乡	12878	5132	455	455	8931	5507
围场满族蒙古族自治县宝元栈乡	16984	10302	473	473	10478	30225
围场满族蒙古族自治县山湾子乡	22960	10309	694	694	14546	35097
围场满族蒙古族自治县三义永乡	24527	10165	510	510	19268	51447
围场满族蒙古族自治县姜家店乡	24244	8508	599	599	8337	20341
围场满族蒙古族自治县下伙房乡	17644	9060	578	578	4532	8861
围场满族蒙古族自治县燕格柏乡	29631	6420	464	494	4813	14783
围场满族蒙古族自治县牌楼乡	15169	10999	663	663	7441	29497
围场满族蒙古族自治县老窝铺乡	27666	3794	367	367	8697	14765
围场满族蒙古族自治县石桌子乡	16043	6678	555	555	3644	7116
围场满族蒙古族自治县大头山乡	17791	11779	551	684	7841	17532
围场满族蒙古族自治县南山嘴乡	17476	5137	563	563	4144	8496
围场满族蒙古族自治县西龙头乡	23678	5132	460	460	6046	9608
承德高新技术产业开发区冯营子镇	8328	28395	100	100	1578	3200
承德高新技术产业开发区上板城镇	19627	37730	2593	2593	7822	7272
平泉市平泉镇	22386	101365	3309	2014	13993	28799
平泉市黄土梁子镇	15340	20967	1224	1224	16565	50296
平泉市榆树林子镇	29872	30784	1607	1607	25028	143235
平泉市杨树岭镇	20476	32433	1652	1652	19515	35910
平泉市七沟镇	28119	27769	1440	1440	12921	36409
平泉市小寺沟镇	15067	24847	1471	1471	16508	15048
平泉市党坝镇	22243	26310	1559	1559	13343	17345
平泉市卧龙镇	23023	32894	1819	1819	10908	102514
平泉市南五十家子镇	9141	20161	1207	397	8131	17007
平泉市北五十家子镇	11556	13217	896	896	8245	43233
平泉市桲椤树镇	13833	20851	1182	1182	6191	40812
平泉市柳溪镇	22811	12736	960	960	6227	26133
平泉市平北镇	12536	17252	1020	1020	16557	22689
平泉市青河镇	15460	17925	1065	1065	9576	23501
平泉市台头山镇	19015	21282	150	1102	16021	25603
平泉市王土房乡	12803	6771	844	844	1884	5286
平泉市七家岱满族乡	11424	9540	624	642	5615	22775
平泉市茅兰沟满族蒙古族乡	16998	19218	784	773	5961	34160
平泉市道虎沟乡	7310	17050	1079	1079	751	17198
沧州市新华区小赵庄乡	4904	44000	15478	15408	1801	2303

4-1续31　乡镇经济主要指标(2021年)

乡镇名称	行政区域面积(公顷)	乡镇户籍人口(人)	一般公共预算收入(万元)	一般公共预算支出(万元)	粮食产量(吨)	现价农林牧渔业总产值(万元)
沧州市运河区小王庄镇	4243	32469	700	740	3247	3988
沧州市运河区南陈屯乡						
沧州市沧县旧州镇	6415	24859	6593	4426	26283	23216
沧州市沧县兴济镇	9428	49544	4327	4327	48458	27236
沧州市沧县杜生镇	5971	43593	2335	4585	10422	36589
沧州市沧县崔尔庄镇	11800	60122	2271	7077	23733	31111
沧州市沧县薛官屯乡	9300	24314	3096	3096	34303	18503
沧州市沧县捷地回族乡	3435	31265	1942	3216	14551	24741
沧州市沧县张官屯乡	8827	49953	4844	4844	15252	29412
沧州市沧县李天木回族乡						
沧州市沧县风化店乡	10275	45341	7502	5904	34234	31725
沧州市沧县姚官屯乡						
沧州市沧县杜林回族乡	6107	46363	6926	5232	11193	23015
沧州市沧县汪家铺乡	6099	37148	2188	4925	22806	30137
沧州市沧县刘家庙乡	6500	28509	3566	3153	27371	23989
沧州市沧县仵龙堂乡	7787	32665	5087	5087	30780	27124
沧州市沧县大官厅乡	6492	44020	1507	1507	13860	20066
沧州市沧县高川乡	5554	34493	952	2699	14261	27182
沧州市沧县黄递铺乡	3784	26709	2695	2695	12047	20623
沧州市沧县大褚村回族乡	4477	27433	2440	2440	15000	22914
沧州市沧县纸房头乡						
沧州市青县清州镇	11611	110438	4986	4997	1125	9102
沧州市青县金牛镇	14412	46302	3951	4134		
沧州市青县新兴镇	8752	38707	2521	2556		
沧州市青县流河镇	10635	37933	4095	4413	39714	9587
沧州市青县木门店镇	7887	31073	2413	2513		
沧州市青县马厂镇	14154	45119	2887	3055		
沧州市青县盘古镇	6582	31621	3166	3166		
沧州市青县上伍乡	6044	21875	2209	2432	17130	15766
沧州市青县曹寺乡						
沧州市青县陈嘴乡	4714	21358	1889	2025	15298	
沧州市青县青县农场	1414	4499	618	702	5052	3022
沧州市东光县东光镇	7158	74907	15024	15141	25446	119587
沧州市东光县连镇镇	8785	44879	4196	4196	41572	79725
沧州市东光县找王镇	5701	29431	3352	3352	31670	66437
沧州市东光县秦村镇	7190	31442	98	65	33094	66437
沧州市东光县灯明寺镇	8042	32775	2009	2009	57616	66437
沧州市东光县南霞口镇	9077	41463	1881	1881	26515	5833
沧州市东光县大单镇	8600	51475	6	6		
沧州市东光县龙王李镇	7863	39671	1683	1680	46890	66437
沧州市东光县于桥乡	8546	36047	2766	2238	54605	66437
沧州市海兴县苏基镇	11104	51795	48424	2258	24150	35560
沧州市海兴县辛集镇	4868	23485	1050	2210	9473	20439
沧州市海兴县高湾镇	7920	28042	788	1717	22111	30803
沧州市海兴县赵毛陶乡						
沧州市海兴县香坊乡	6520	20459	1505	1505	6192	46980
沧州市海兴县小山乡	23408	28000	1122	1257	21756	44276
沧州市海兴县张会亭乡	6340	31954	1696	1812	18448	30890
沧州市海兴县海兴县农场	4218	5144	482		6265	33701

4-1续32 乡镇经济主要指标(2021年)

乡镇名称	行政区域面积(公顷)	乡镇户籍人口(人)	一般公共预算收入(万元)	一般公共预算支出(万元)	粮食产量(吨)	现价农林牧渔业总产值(万元)
沧州市海兴县青先农场	1867	2371			793	522
沧州市盐山县盐山镇	9640	65109	5852	5852	17623	18154
沧州市盐山县望树镇	5380	31508	352	352	22559	15993
沧州市盐山县庆云镇	5600	45103	1330	1330	21787	15929
沧州市盐山县韩集镇	5270	43350	2392	2392	16370	16271
沧州市盐山县千童镇	3810	29041	1908	1908	13583	12516
沧州市盐山县圣佛镇	7770	49827	2944	2944	34054	8700
沧州市盐山县边务乡						
沧州市盐山县小营乡	5900	29723	2506	2506	22638	13769
沧州市盐山县杨集乡						
沧州市盐山县孟店乡	8520	46816	6	6		
沧州市盐山县常庄乡	3280	21762	14914	17720	13525	11216
沧州市盐山县小庄乡						
沧州市肃宁县肃宁镇	4969	70153	116600	281311	16970	16733
沧州市肃宁县梁家村镇	8164	52510	484	4685	31605	51754
沧州市肃宁县窝北镇	6087	37115	139	3409	34728	55157
沧州市肃宁县尚村镇	5457	37103	9264	4481	24232	34901
沧州市肃宁县万里镇	5594	38365	321	3444	29590	91213
沧州市肃宁县师素镇	6772	39913	673	3914	52631	49354
沧州市肃宁县河北留善寺镇	5130	36743	540	3127	22466	41688
沧州市肃宁县付家佐乡						
沧州市肃宁县邵庄乡	4383	25670	424	2305	20897	46271
沧州市南皮县南皮镇	6524	64125	14305	3510	31011	42258
沧州市南皮县冯家口镇	10095	46397	1123	1123	52908	60745
沧州市南皮县寨子镇	8571	58603	2225	2225	50958	75009
沧州市南皮县鲍官屯镇	9104	34969	311	311	48317	45956
沧州市南皮县王寺镇	9069	41094	1437	2045	56067	52822
沧州市南皮县乌马营镇	9657	28513	1823	1886	58738	35918
沧州市南皮县大浪淀乡	9981	32946	623	647	48375	47008
沧州市南皮县刘八里乡	5716	29170	110	110	35927	35919
沧州市南皮县潞灌乡						
沧州市吴桥县桑园镇	4562	47526	4421	2083	30216	44586
沧州市吴桥县铁城镇	7376	37540	367	2502	51166	102894
沧州市吴桥县于集镇	5714	24919	234	1842	42890	75315
沧州市吴桥县梁集镇	5334	20156	284	1652	30375	55685
沧州市吴桥县安陵镇	6771	23000	523	2131	30810	79568
沧州市吴桥县曹家洼乡	5140	21637	1928	1853	33662	38206
沧州市吴桥县宋门乡	6440	25810	1223	2795		
沧州市吴桥县杨家寺乡	5126	22073	108	108		
沧州市吴桥县沟店铺乡	6082	24259	405	1980	52355	71337
沧州市吴桥县何庄乡	5672	24522	283	2053	41622	69416
沧州市献县乐寿镇	9900	87276	2636	2636	26148	58757
沧州市献县淮镇镇	7200	46047	1391	1491	19547	65902
沧州市献县郭庄镇	5800	36681	1783	1783	22423	47833
沧州市献县河城街镇	8300	50383	9964	2709	25085	29731
沧州市献县韩村镇	11100	57458	1963	1963	31091	31557
沧州市献县陌南镇	8400	42462	1264	1264	24311	47428
沧州市献县陈庄镇	8600	36362	2590	2679	32115	31828
沧州市献县段村镇	6900	29870	1293	1293	42282	54568

4-1续33 乡镇经济主要指标(2021年)

乡镇名称	行政区域面积(公顷)	乡镇户籍人口(人)	一般公共预算收入(万元)	一般公共预算支出(万元)	粮食产量(吨)	现价农林牧渔业总产值(万元)
沧州市献县高官镇	4900	31548	999	999	13969	28118
沧州市献县商林乡	5100	29295	1360	1360	20060	43196
沧州市献县张村乡	6700	28400	1124	1171	23195	54563
沧州市献县临河乡	5400	32409	2085	1690	22427	53274
沧州市献县小平王乡	4900	20502	1037	1037	20801	35282
沧州市献县十五级乡						
沧州市献县垒头乡	4800	24345	2011	1836	20693	26908
沧州市献县南河头乡	3700	26940	1402	1402	13672	36972
沧州市献县西城乡	5800	27747	766	766	23461	16004
沧州市献县本斋回族乡	3000	16974	841	841	11765	22546
沧州市献县农场	300	767	27	27	1947	152
沧州市孟村回族自治县孟村镇	7600	43999	4849	4849	33264	30388
沧州市孟村回族自治县新县镇	6400	34902	1679	1679	32929	31356
沧州市孟村回族自治县辛店镇	4100	30107	20634	20634	12392	18208
沧州市孟村回族自治县高寨镇	6100	25817	1425	1425	15738	18317
沧州市孟村回族自治县宋庄子乡	5500	36262	1661	1661	34592	32270
沧州市孟村回族自治县牛进庄乡	8300	37075	3645	3645	19190	18211
沧州市沧州渤海新区新村回族乡	8300	17210	15228	15243		
沧州市沧州渤海新区国营中捷农场	26715	46046	95834	106840		
沧州市泊头市泊镇	5780	49240	23665	3246	19218	22987
沧州市泊头市交河镇	7904	44123	12224	3874	38443	26277
沧州市泊头市齐桥镇	10392	61349	2842	2842	28945	49295
沧州市泊头市寺门村镇	8158	35744	4826	1833	40329	22581
沧州市泊头市郝村镇	9278	40123	2700	1699	36696	28887
沧州市泊头市富镇镇	7818	37293	4064	1961	39391	29684
沧州市泊头市文庙镇	8466	41642	2319	2669	22074	26350
沧州市泊头市洼里王镇	7044	45458	3311	3311	19641	37574
沧州市泊头市王武庄乡	6942	34161	2580	1843	25503	32004
沧州市泊头市营子乡	9412	48373	1880	2293	34196	25517
沧州市泊头市四营乡						
沧州市泊头市西辛店乡	9629	43575	747	1667	45063	29727
沧州市任丘市出岸镇	5400	42891	3061	2386	18627	25304
沧州市任丘市石门桥镇	5990	50733	3912	3868	24861	19945
沧州市任丘市吕公堡镇	5170	46266	4204	2382	30481	21136
沧州市任丘市长丰镇	7862	52701	2812	2812		
沧州市任丘市梁召镇	7390	49887	5108	2656	43100	26197
沧州市任丘市辛中驿镇	5880	45469	4581	3893	30345	21434
沧州市任丘市麻家坞镇	7230	46985	5634	3043		
沧州市任丘市北辛庄镇	5023	36239	6500	4050	20823	19647
沧州市任丘市议论堡镇	7178	43888	3283	3283	25881	17861
沧州市任丘市青塔乡	5319	34648	2375	2375	17310	20540
沧州市任丘市北汉乡	5120	33711	2308	2707	18743	23517
沧州市任丘市于村乡	8292	48753	2825	2760	52304	20838
沧州市黄骅市黄骅镇	13410	48585	115554	6285	85891	11897
沧州市黄骅市南排河镇	26375	54366	6158	6021		310107
沧州市黄骅市吕桥镇	15000	43806	10170	10170	114930	26419
沧州市黄骅市旧城镇	14472	41264	8580	8580	180948	49733
沧州市黄骅市齐家务镇	16524	44639	4495	5465	180807	48205
沧州市黄骅市滕庄子镇	19794	45501	5798	5798	137358	48294

4-1续34　乡镇经济主要指标(2021年)

乡镇名称	行政区域面积(公顷)	乡镇户籍人口(人)	一般公共预算收入(万元)	一般公共预算支出(万元)	粮食产量(吨)	现价农林牧渔业总产值(万元)
沧州市黄骅市羊二庄回族乡						
沧州市黄骅市常郭乡						
沧州市黄骅市官庄乡	9517	32309	3048	3278	108558	16177
沧州市黄骅市羊三木回族乡	6259	9705	5784	3094	43997	5381
沧州市河间市米各庄镇	9358	68106	3587	3586	39779	27726
沧州市河间市景和镇	6602	30414	2858	2858	23405	22396
沧州市河间市卧佛堂镇	8077	55502	2093	2093	44195	29091
沧州市河间市束城镇	9039	58954	2984	2984	32160000	650000
沧州市河间市留古寺镇	6041	35937	31000	21000	35010	20207
沧州市河间市沙河桥镇	7767	47733	2736	2736	27155	25610
沧州市河间市诗经村镇	10217	63204	3670	3670	55263	33423
沧州市河间市尊祖庄镇	7729	43636	283	283	25262	20189
沧州市河间市兴村镇	8774	60498	3117	3117	34710	33136
沧州市河间市故仙乡						
沧州市河间市黎民居乡	9550	50439	1944	1944	27870	42878
沧州市河间市沙洼乡	5627	39036	1076	1076	11513	24031
沧州市河间市西九吉乡	5053	34596	2191	2191	12475	24398
沧州市河间市北石槽乡	4260	25976	1269	1269	24	
沧州市河间市时村乡	5547	33306	1777	1777	20823	17419
沧州市河间市行别营乡						
沧州市河间市龙华店乡	4795	29552	1684	1684	18107	16825
沧州市河间市果子洼回族乡	2714	24309	1818	1818	8237	20964
廊坊市安次区落垡镇	5963	26295	2469	2469	15742	14526
廊坊市安次区码头镇	10508	51529	3171	3171	19863	27258
廊坊市安次区葛渔城镇	8061	45298	3750	3750	18141	38832
廊坊市安次区东沽港镇	6441	38412	3133	3133	18570	23986
廊坊市安次区调河头镇	6223	28274	501	2386	16510	14936
廊坊市安次区杨税务乡						
廊坊市安次区仇庄乡	7264	32195	1968	3592	15220	21563
廊坊市安次区北史家务乡						
廊坊市广阳区南尖塔镇	2630	43030	1757	5873	1608	10078
廊坊市广阳区万庄镇	8842	77180	4303	7133	15821	29589
廊坊市广阳区九州镇	7968	63931	1968	9444	10111	38480
廊坊市广阳区北旺乡						
廊坊市固安县固安镇	16577	210527	49325	47385	31754	89663
廊坊市固安县宫村镇	7375	40636	49192	49192	8846	27459
廊坊市固安县柳泉镇	8710	52120	12680	13751	29869	58954
廊坊市固安县牛驼镇	6705	42499	7	7	26251	99945
廊坊市固安县马庄镇	5386	35880	931	195	25401	32274
廊坊市固安县东湾乡	7464	46743	4727	4727	26337	96805
廊坊市固安县彭村乡	4631	28938	460	465	19197	46790
廊坊市固安县渠沟乡	4988	35674	3574	1298	24500	62930
廊坊市固安县礼让店乡	3560	22931	5324	4952	16893	47356
廊坊市永清县永清镇	17620	96640	34655	34655	29457	272570
廊坊市永清县韩村镇	9060	32517	5747	4946	14445	37432
廊坊市永清县后奕镇	5210	27453	2587	1257	13000	61372
廊坊市永清县别古庄镇	9950	30960	6287	5287	15779	54313
廊坊市永清县里澜城镇	6793	29371	2522	2522	12841	39689
廊坊市永清县管家务回族乡	2947	12887	1788	1508	6923	28580

4-1续35　乡镇经济主要指标(2021年)

乡镇名称	行政区域面积(公顷)	乡镇户籍人口(人)	一般公共预算收入(万元)	一般公共预算支出(万元)	粮食产量(吨)	现价农林牧渔业总产值(万元)
廊坊市永清县曹家务乡	9057	31821	5101	5377	10744	79951
廊坊市永清县龙虎庄乡	5251	30808	1794	1794	14224	169276
廊坊市永清县刘街乡	5500	33240	4336	3745	17628	148223
廊坊市永清县三圣口乡	5952	32117	5775	5775	10068	45574
廊坊市香河县淑阳镇	5233	118559	64635	9887	3025	4603
廊坊市香河县蒋辛屯镇	3288	18546	33581	5386	2699	7505
廊坊市香河县渠口镇	6475	50538	3655	3836	14456	19434
廊坊市香河县安头屯镇	4583	27906	340	2354	9674	29559
廊坊市香河县安平镇	3352	39396	9970	50793	530	9026
廊坊市香河县刘宋镇	6289	34564	691	6231	17234	68892
廊坊市香河县五百户镇	6199	37838	1449	3248	11517	137289
廊坊市香河县钱旺镇	3651	27882	4660	4667	7634	7253
廊坊市香河县钳屯镇	3421	23790	2114	2436	3007	36597
廊坊市大城县平舒镇	6867	79000	9	6	20301	16976
廊坊市大城县旺村镇	14542	45850	3526	3526	44701	33378
廊坊市大城县大尚屯镇	13142	85093	2375	2375	37502	36100
廊坊市大城县南赵扶镇	10675	47857	2362	2362	31654	37000
廊坊市大城县留各庄镇	7945	52092	1806	1806	21501	34179
廊坊市大城县权村镇	6315	44181	2208	2208	20000	16270
廊坊市大城县里坦镇	6011	27500	1975	1975	16270	30842
廊坊市大城县广安镇	6853	45815	2802	2797	24500	27242
廊坊市大城县北魏镇	7311	52361	1738	1738	26201	29864
廊坊市大城县臧屯镇	10046	52997	4832	4832	20801	33102
廊坊市文安县文安镇	13315	93328	14320	3798	41418	26203
廊坊市文安县新镇镇	4815	35074	3333	3333	11918	14681
廊坊市文安县苏桥镇	8292	36800	1302	1302	28178	16427
廊坊市文安县大柳河镇	10499	42788	4216	4216	32101	19766
廊坊市文安县左各庄镇	4280	26965	12137	12137	7025	11378
廊坊市文安县滩里镇	6522	34189	2707	2707	12330	10317
廊坊市文安县史各庄镇	3875	27218	1708	1708	3326	10724
廊坊市文安县赵各庄镇	7926	52869	2705	2705	23640	23052
廊坊市文安县兴隆宫镇	5462	32780	55	55	15368	11255
廊坊市文安县大留镇镇	7083	45987	2152	2152	23101	15762
廊坊市文安县孙氏镇	14392	66598	3125	3125	56424	30614
廊坊市文安县德归镇	10203	21962	2408	2418	37066	14651
廊坊市文安县大围河回族满族乡	6198	35246	10	6	16746	14893
廊坊市大厂回族自治县大厂镇	4133	29342	42476	42476	3625	19083
廊坊市大厂回族自治县夏垫镇	4118	39088	9799	6201	4669	29472
廊坊市大厂回族自治县祁各庄镇	4748	22429	7252	7417	669	7212
廊坊市大厂回族自治县邵府镇	2218	11259	2116	2203	902	8023
廊坊市大厂回族自治县陈府镇	2376	12678	4202	4202	3793	13528
廊坊市霸州市霸州镇	8393	74964	3469	3466	18859	20399
廊坊市霸州市南孟镇	5197	37397	9273	3108	7852	19262
廊坊市霸州市信安镇	4158	32305	2442	2442	10337	12182
廊坊市霸州市堂二里镇	4638	35257	1772	1772	9885	13971
廊坊市霸州市煎茶铺镇	7613	45550	1839	1839	14926	19102
廊坊市霸州市胜芳镇	9701	99004	33814	15390	20582	10524
廊坊市霸州市杨芬港镇	8528	40020	1935	1935	20933	29886
廊坊市霸州市康仙庄镇	7789	51109	2312	2312	24616	22407

4-1续36 乡镇经济主要指标(2021年)

乡镇名称	行政区域面积(公顷)	乡镇户籍人口(人)	一般公共预算收入(万元)	一般公共预算支出(万元)	粮食产量(吨)	现价农林牧渔业总产值(万元)
廊坊市霸州市王庄子镇	5127	38550	4096	1627	19556	7100
廊坊市霸州市岔河集乡	8490	57698	30593	14662	10974	15442
廊坊市霸州市东杨庄乡	3021	24590	1265	1265	13100	4839
廊坊市霸州市东段乡	6367	46813	3366	3215	5548	5593
廊坊市三河市泃阳镇	6212	60314	24010	16343	13876	45634
廊坊市三河市李旗庄镇	4396	25795	3404	9136	11292	31651
廊坊市三河市杨庄镇	4829	28880	2248	14393	7873	25879
廊坊市三河市皇庄镇	6703	46526	1361	16760	25896	36598
廊坊市三河市新集镇	5973	48641	1289	14919	18660	20649
廊坊市三河市段甲岭镇	5541	23065	1439	8568	5569	24465
廊坊市三河市黄土庄镇	6516	36839	7927	11253	8343	43158
廊坊市三河市高楼镇	7382	47658	12965	10017	19199	22067
廊坊市三河市齐心庄镇	4391	23327	2896	8369	1330	38221
廊坊市三河市燕郊镇	11857	384849	336994	81151	8938	32997
衡水市桃城区郑家河沿镇	10759	57825	8126	8156	48917	40921
衡水市桃城区赵家圈镇	11551	37169	8346	8346	84602	49912
衡水市桃城区邓庄镇	9991	30923	10826	10920	48357	82125
衡水市桃城区何家庄乡	1091	32093	3787	3787	20	464
衡水市冀州区冀州镇	13416	95296	4398	4710	37339	21357
衡水市冀州区官道李镇	6402	19071	1417	1417	40072	25890
衡水市冀州区南午村镇	11681	37435	1448	1397	45079	49838
衡水市冀州区周村镇	7721	24852	2225	2225	37796	20210
衡水市冀州区码头李镇	9300	29924	2211	2211	34892	25248
衡水市冀州区西王镇	7344	31016	1476	1476	53674	23690
衡水市冀州区门家庄乡	6206	20857	1410	1410	42067	17103
衡水市冀州区徐家庄乡	8123	26875	2009	2087	29478	20310
衡水市冀州区北漳淮乡	5878	21380	1319	1319	22133	16888
衡水市冀州区小寨乡	11712	31513	2043	2289	64320	29904
衡水市枣强县枣强镇	19180	105146	5361	5361	97183	52103
衡水市枣强县恩察镇	3737	15551	1454	1454	24414	16390
衡水市枣强县大营镇	13574	76753	4463	4463	74143	40016
衡水市枣强县嘉会镇	3214	12568	1334	1803	18588	19207
衡水市枣强县马屯镇	11469	37697	370	403	64760	30007
衡水市枣强县肖张镇	3370	14318	363	351	10238	9861
衡水市枣强县张秀屯镇	9252	31693	2601	2577	42611	30025
衡水市枣强县新屯镇	7261	37200	4015	4015	51828	24254
衡水市枣强县唐林镇	6945	22673	1477	1745	30941	30658
衡水市枣强县王均乡	6399	22882	2287	2287	31108	21969
衡水市枣强县王常乡	6058	20459	1890	1561	33914	25098
衡水市武邑县武邑镇	12856	72376	10078	5287	54203	77655
衡水市武邑县清凉店镇	8979	30809	1289	2741	42481	63752
衡水市武邑县审坡镇	10502	35628	379	2567	42805	76977
衡水市武邑县赵桥镇	9765	36785	359	2086	37180	48553
衡水市武邑县韩庄镇	10520	38689	107	2087	42837	63377
衡水市武邑县肖桥头镇	7399	28111	569	1864	28733	46280
衡水市武邑县龙店镇	7478	27178	154	1797	37862	46462
衡水市武邑县圈头乡	5922	21532	336	1523	30408	43450
衡水市武邑县大紫塔乡	6415	19702	377	3028	36921	43174
衡水市武强县武强镇	9618	58298	2369	2369	43723	42954

4-1续37 乡镇经济主要指标(2021年)

乡镇名称	行政区域面积(公顷)	乡镇户籍人口(人)	一般公共预算收入(万元)	一般公共预算支出(万元)	粮食产量(吨)	现价农林牧渔业总产值(万元)
衡水市武强县街关镇	7540	30835	3454	3454	51721	43318
衡水市武强县周窝镇	5315	24384	2799	2799	36360	36178
衡水市武强县东孙庄镇	7506	32291	1908	1908	39215	49713
衡水市武强县豆村乡						
衡水市武强县北代乡	8090	30398	2190	2248	52232	38867
衡水市饶阳县饶阳镇	8901	43185	2810	2810	35535	73909
衡水市饶阳县大尹村镇	4707	23904	2145	3051	14291	101569
衡水市饶阳县五公镇	6614	35564	2383	2383	33253	87945
衡水市饶阳县大官亭镇	8687	42358	1994	2131	33669	88826
衡水市饶阳县王同岳镇	6413	29457	2790	2790	27928	62104
衡水市饶阳县留楚乡						
衡水市饶阳县东里满乡						
衡水市安平县安平镇	8183	85072	5623	5622	19888	33103
衡水市安平县马店镇	8174	54852	1550	1551	34325	36842
衡水市安平县南王庄镇	6145	34832	1409	1409	37272	51082
衡水市安平县大子文镇	5618	31848	1263	1263	28615	31828
衡水市安平县东黄城镇	4811	30599	2668	2668	18053	28364
衡水市安平县大何庄乡	5884	35641	1375	1375	27588	37139
衡水市安平县程油子乡	6305	36990	1233	1233	36824	31618
衡水市安平县西两洼乡	4427	23352	3967	3967	18129	75065
衡水市故城县郑口镇	12076	114482	9055	9055	64761	62829
衡水市故城县夏庄镇	8041	41177	1861	1861	43435	45524
衡水市故城县青罕镇	4750	29101	955	955	17664	33929
衡水市故城县故城镇	5275	27932	1959	1959	22096	39732
衡水市故城县武官寨镇	7657	40409	1820	1820	26026	39732
衡水市故城县饶阳店镇	8448	34745	1981	1981	30461	35022
衡水市故城县军屯镇	3046	18992	677	677	21919	26213
衡水市故城县建国镇	6717	52991	1974	1974	46608	58266
衡水市故城县西半屯镇	8119	44515	1825	1825	30995	46479
衡水市故城县房庄镇	10090	34761	3557	3557	40838	50657
衡水市故城县三朗镇	7410	27641	1579	1579	21273	38959
衡水市故城县辛庄乡	7174	28816	1192	1192	18699	36005
衡水市故城县里老乡	5331	20217	1128	1128	25005	31481
衡水市景县景州镇	8946	63677	8866	9061	48663	25380
衡水市景县龙华镇	7831	41746	7821	7958	53455	27178
衡水市景县广川镇	8024	31944	2510	2510	59407	31784
衡水市景县王瞳镇	6279	28279	2105	2105	38012	19724
衡水市景县洚河流镇	6297	27943	2351	2351	19026	19026
衡水市景县安陵镇	5687	23305	2260	2260	40284	19873
衡水市景县杜桥镇	8987	40096	2283	2283	55979	19474
衡水市景县王谦寺镇	7557	30200	2702	2702	44917	20014
衡水市景县北留智镇	7711	32030	3828	3828	54867	28093
衡水市景县留智庙镇	8368	39255	9085	9085	41916	29872
衡水市景县梁集镇	8235	37753	1750	1750	54526	24937
衡水市景县刘集乡	7314	27146	1831	1881	57947	28394
衡水市景县连镇乡	5943	23333	2025	2197	43356	33885
衡水市景县温城乡	6339	24661	2375	2375	50463	19692
衡水市景县后留名府乡	7501	28887	2170	2170	44495	21612
衡水市景县青兰乡	7793	30551	1756	1811	53092	20597

4–1续38 乡镇经济主要指标(2021年)

乡镇名称	行政区域面积(公顷)	乡镇户籍人口(人)	一般公共预算收入(万元)	一般公共预算支出(万元)	粮食产量(吨)	现价农林牧渔业总产值(万元)
衡水市阜城县阜城镇	7178	64965	13195	11960	51682	45842
衡水市阜城县古城镇	8748	44338	3384	3384	41546	48286
衡水市阜城县码头镇	9343	40987	2106	2106	36951	44871
衡水市阜城县霞口镇	6406	32737	1908	1908	31298	45558
衡水市阜城县崔家庙镇	8664	43992	2928	2928	40008	46994
衡水市阜城县漫河镇	6036	29043	2009	2023	26187	45073
衡水市阜城县建桥乡	4080	18384	1470	2910	23899	29571
衡水市阜城县蒋坊乡	4932	26708	1929	1965	23734	27712
衡水市阜城县大白乡	4272	20532	1400	1400	22343	24692
衡水市阜城县王集乡	5004	23694	2085	2085	26833	29573
衡水高新技术产业开发区大麻森乡	8073	32881	10297	10297	22149	14827
衡水市衡水滨湖新区魏家屯镇	4565	22636	1772	2875	23804	5290
衡水市衡水滨湖新区彭杜村乡	9142	40108	2101	2625	32317	7406
衡水市深州市唐奉镇	8373	40271	4326	4326	18001	91933
衡水市深州市深州镇	8301	79136	2481	2496	17706	64250
衡水市深州市辰时镇	9776	41350	2980	2980	35664	70379
衡水市深州市榆科镇	7334	26676	1321	1321	48029	44393
衡水市深州市魏家桥镇	7782	28396	2032	2032	56897	32479
衡水市深州市大堤镇	6743	22368	2024	2024	52513	20802
衡水市深州市前磨头镇	6223	21945	1148	787	40805	20454
衡水市深州市王家井镇	8740	32337	2422	2422	70691	24718
衡水市深州市护驾迟镇	7413	21789	1455	1455	59405	21457
衡水市深州市大屯镇	8193	23537	1917	1917	57998	32532
衡水市深州市高古庄镇	6973	20275	1432	1432	53354	23664
衡水市深州市兵曹乡	6215	33799	1866	1901	3896	37384
衡水市深州市穆村乡	4216	30378	2213	2213	892	44595
衡水市深州市东安庄乡	7200	40911	2657	2657	35250	52004
衡水市深州市北溪村乡						
衡水市深州市大冯营乡						
衡水市深州市乔屯乡	5943	18656	1569	1569	34587	14822
保定市定州市留早镇	8687	49319	1102	1102	78831	78534
保定市定州市清风店镇	5356	47667	1110	1110	36786	1030
保定市定州市庞村镇	4662	49737	1043	1043	31355	27051
保定市定州市砖路镇	5596	58765	1098	1098	43633	67758
保定市定州市明月店镇	4137	53513	1059	636	33629	38253
保定市定州市叮咛店镇	8316	61263	1174	1173		
保定市定州市东亭镇	4917	35824	911	911	19335	49299
保定市定州市大辛庄镇	4244	33077	1305	1305	2848	10000
保定市定州市东旺镇	4425	33423	902	902	24775	101213
保定市定州市高蓬镇	5615	48600	1036	1126	30612	960
保定市定州市邢邑镇	4839	38033	897	897	38926	45916
保定市定州市李亲顾镇	4972	45181	1115	1115	87362	67358
保定市定州市子位镇	6096	47191	753	753	57357	108569
保定市定州市开元镇	4397	53787	1164	1164	111443	987
保定市定州市周村镇	5036	52519	1027	1027	18780	43633
保定市定州市息冢镇	5544	43277	852	852	30174	55384
保定市定州市东留春乡	4962	32420	1025	1025	26006	35805
保定市定州市号头庄回族乡	5406	38972	789	790	43253	78289
保定市定州市杨家庄乡	3600	34568	980	980	23109	31996

4-1续39　乡镇经济主要指标(2021年)

乡镇名称	行政区域面积(公顷)	乡镇户籍人口(人)	一般公共预算收入(万元)	一般公共预算支出(万元)	粮食产量(吨)	现价农林牧渔业总产值(万元)
保定市定州市大鹿庄乡	6023	48765	1049	1049	20906	55002
保定市定州市西城乡	3488	27409	889	889		
石家庄市辛集市辛集镇	7554	149159	6539	6539	20285	38846
石家庄市辛集市旧城镇	5521	39556	1780	2586	33797	111253
石家庄市辛集市张古庄镇	4593	30911	1328	1000	36985	74420
石家庄市辛集市位伯镇	5156	40524	2306	2306	33091	46053
石家庄市辛集市新垒头镇	4001	29649	2515	2605	14550	51602
石家庄市辛集市新城镇	5555	21812	2217	2217	36391	43487
石家庄市辛集市南智邱镇	7634	37476	2379	2449	45738	46149
石家庄市辛集市王口镇	10367	36888	312	1941	100703	68161
石家庄市辛集市天宫营乡	5352	30020	161	161	45526	42717
石家庄市辛集市前营乡	5927	34759	1774	1774	32856	84776
石家庄市辛集市马庄乡	7482	25492	1770	1860	66004	61726
石家庄市辛集市和睦井乡	6711	33329	2198	2235	57133	68724
石家庄市辛集市田家庄乡	8530	52095	2094	2094	54696	67168
石家庄市辛集市中里厢乡	4232	19778	1057	1057	29585	58066
石家庄市辛集市小辛庄乡	4025	24384	1237	1237	26835	37206
保定市容城县容城镇	6219	70694	2620	3230	28336	17959
保定市容城县小里镇	2711	30222	1561	1561	19497	7716
保定市容城县南张镇	5401	52132	2155	2186	18432	12103
保定市容城县大河镇	3531	26418	2016	1871	1111	1931
保定市容城县晾马台镇	3428	28575	1514	1514	11893	6763
保定市容城县八于乡	2785	23764	2286	2286	125	2864
保定市容城县贾光乡	3058	28129	1972	1951	7916	7354
保定市容城县平王乡	3970	27797	2301	2300	1203	2460
保定市安新县安新镇	7138	51285	1493	1493	4229	1749
保定市安新县大王镇	7259	31025	1929	1929	12667	4610
保定市安新县三台镇	5625	35387	2162	2456	8461	4795
保定市安新县端村镇	7189	50387	2256	2274	18516	7658
保定市安新县赵北口镇	2167	27522	1302	1354	2434	1421
保定市安新县同口镇	8692	36108	1501	1483	42676	15056
保定市安新县刘李庄镇	6273	52978	2050	1826	17941	6175
保定市安新县安州镇	7751	41741	4776	4371	36166	13255
保定市安新县老河头镇	6289	46088	2079	1814	27370	13488
保定市安新县圈头乡	4485	30931	3069	2848	95	835
保定市安新县寨里乡	5796	39664	939	939	22029	8671
保定市安新县芦庄乡	4108	22030	1315	1317	20186	7642
保定市安新县龙化乡	5345	34485	1339	1368	25956	16432
保定市雄县雄州镇	9017	79866	18586	18586	28010	16072
保定市雄县昝岗镇	4500	32021	1450	1450	8984	19090
保定市雄县大营镇	6149	43558	2630	2630	10110	10345
保定市雄县龙湾镇	8079	54912	1674	1674	13364	25500
保定市雄县朱各庄镇	5105	39381	1310	1310	6415	13142
保定市雄县米家务镇	5763	41265	1816	1816	13825	19877
保定市雄县鄚州镇	5739	28641	4749	4749	12676	4120
保定市雄县苟各庄镇	6408	31420	5080	5080	11864	
保定市雄县北沙口乡	3741	25415	2164	2164	8081	6143
保定市雄县双堂乡	4120	24945	3169	3210	5726	7937
保定市雄县张岗乡	4872	34354	874	874	1653	15645
保定市雄县七间房乡	5220	30233	2376	2376	8712	2986

5-1 各省(市、自治区)农林牧渔业总产值和第一产业增加值及其位次

(按当年现行价格计算)

地 区	农林牧渔业总产值（亿元）				第一产业增加值（亿元）			
	2020年		2021年		2020年		2021年	
	数量	位次	数量	位次	数量	位次	数量	位次
全 国	**137782.2**		**147013.4**		**78030.9**		**83216.5**	
北 京	263.4	30	269.5	29	108.3	30	111.4	30
天 津	476.4	28	509.3	28	210.3	28	265.9	28
河 北	**6742.5**	**8**	**7018.7**	**8**	**3880.4**	**8**	**4030.4**	**9**
山 西	1935.8	24	2134.0	24	1166.6	24	1286.9	24
内蒙古	3472.4	20	3815.1	19	2028.8	19	2353.9	18
辽 宁	4582.6	14	4927.7	15	2284.8	15	2461.9	15
吉 林	2976.0	21	2972.3	21	1553.0	22	1553.8	22
黑龙江	6438.1	9	6460.0	10	3445.1	11	3463.4	11
上 海	279.8	29	268.9	30	107.7	31	96.1	31
江 苏	7952.6	4	8279.7	6	4537.6	5	4721.0	5
浙 江	3496.9	19	3579.2	20	2166.3	18	2211.7	20
安 徽	5680.9	12	6004.3	12	3185.0	12	3363.9	12
福 建	4901.1	13	5201.0	13	2730.8	13	2899.9	13
江 西	3820.7	18	3998.1	18	2243.8	17	2334.1	19
山 东	10190.6	1	11468.0	1	5364.4	2	6029.0	1
河 南	9956.4	2	10501.2	2	5354.0	3	5626.9	3
湖 北	7303.6	7	8296.4	5	4133.2	7	4635.2	6
湖 南	7512.0	6	7662.4	7	4240.7	6	4323.0	7
广 东	7901.9	5	8305.8	4	4732.7	4	4984.7	4
广 西	5913.3	11	6524.4	9	3645.9	9	4051.3	8
海 南	1821.0	25	2014.8	25	1136.0	25	1254.4	25
重 庆	2749.1	22	2935.6	22	1803.5	21	1921.9	21
四 川	9216.4	3	9383.3	3	5556.9	1	5662.0	2
贵 州	4358.6	15	4692.0	16	2539.9	14	2730.9	14
云 南	5920.5	10	6351.8	11	3611.8	10	3831.3	10
西 藏	233.5	31	255.3	31	150.3	29	164.1	29
陕 西	4056.6	17	4313.4	17	2267.7	16	2409.9	16
甘 肃	2103.6	23	2439.5	23	1188.1	23	1364.8	23
青 海	507.1	27	528.5	27	338.0	27	353.6	27
宁 夏	703.1	26	759.8	26	338.1	26	364.6	26
新 疆	4315.6	16	5143.1	14	1981.3	20	2359.1	17

注：2018年增加值根据四经普结果进行了修订。

5-2 各省（市、自治区）粮食、蔬菜产量及其位次

单位：万吨

地区	粮食产量				蔬菜产量			
	2020年		2021年		2020年		2021年	
	数量	位次	数量	位次	数量	位次	数量	位次
全　国	**66949.2**		**68284.7**		**74912.9**		**77548.8**	
北　京	30.5	31	37.8	31	137.9	30	165.6	29
天　津	228.2	26	249.9	26	266.5	27	239.0	28
河　北	**3795.9**	**6**	**3825.1**	**7**	**5198.2**	**4**	**5284.2**	**4**
山　西	1424.3	16	1421.2	16	861.2	22	976.3	22
内蒙古	3664.1	8	3840.3	6	1075.1	21	993.7	21
辽　宁	2338.8	12	2538.7	12	1960.0	14	1990.2	15
吉　林	3803.2	5	4039.2	5	464.9	26	490.5	26
黑龙江	7540.8	1	7867.7	1	674.3	23	725.4	23
上　海	91.4	30	94.0	30	252.9	28	248.6	27
江　苏	3729.1	7	3746.1	8	5728.1	3	5856.6	3
浙　江	605.7	23	620.9	23	1945.5	16	1933.6	16
安　徽	4019.2	4	4087.6	4	2330.9	12	2445.3	12
福　建	502.3	24	506.4	24	1630.2	19	1686.5	18
江　西	2163.9	13	2192.3	13	1642.7	18	1730.6	17
山　东	5446.8	3	5500.7	3	8434.7	1	8801.1	1
河　南	6825.8	2	6544.2	2	7612.4	2	7607.2	2
湖　北	2727.4	11	2764.3	11	4119.4	6	4299.8	6
湖　南	3015.1	10	3074.4	10	4110.1	7	4268.9	7
广　东	1267.6	19	1279.9	18	3706.8	9	3855.7	9
广　西	1370.0	17	1386.5	17	3830.8	8	4047.5	8
海　南	145.5	27	146.0	27	572.8	24	588.9	24
重　庆	1081.4	21	1092.8	22	2092.6	13	2184.3	13
四　川	3527.4	9	3582.1	9	4813.4	5	5039.1	5
贵　州	1057.6	22	1094.9	21	2990.9	10	3280.1	10
云　南	1895.9	14	1930.3	14	2507.9	11	2748.9	11
西　藏	102.9	29	106.2	29	84.3	31	89.5	31
陕　西	1274.8	18	1270.4	19	1957.7	15	2012.8	14
甘　肃	1202.2	20	1231.5	20	1478.5	20	1655.3	19
青　海	107.4	28	109.1	28	151.4	29	150.1	30
宁　夏	380.5	25	368.4	25	566.4	25	533.0	25
新　疆	1583.4	15	1735.8	15	1714.9	17	1620.4	20

5-3 各省（市、自治区）水果产量及其位次

单位：万吨

地 区	水果产量				#园林水果产量			
	2020年		2021年		2020年		2021年	
	数量	位次	数量	位次	数量	位次	数量	位次
全 国	**28692.4**		**29970.2**		**20379.2**		**21680.8**	
北 京	53.8	28	48.8	28	39.9	25	35.4	26
天 津	56.4	27	49.4	27	31.7	27	30.3	27
河 北	**1424.4**	**7**	**1445.1**	**7**	**1031.4**	**7**	**1058.5**	**7**
山 西	909.8	13	974.9	12	858.0	10	919.9	10
内蒙古	238.7	23	190.8	24	46.8	23	54.3	24
辽 宁	851.3	14	856.4	15	632.7	14	629.3	14
吉 林	146.6	26	164.1	26	26.5	28	29.0	28
黑龙江	170.1	25	184.3	25	37.4	26	44.2	25
上 海	43.9	29	32.6	29	25.9	29	17.3	29
江 苏	974.2	11	969.1	13	322.8	22	321.2	22
浙 江	755.3	17	722.6	19	474.3	18	466.8	19
安 徽	741.5	18	778.1	17	367.8	20	383.5	20
福 建	764.6	16	810.3	16	717.0	12	763.0	12
江 西	712.8	19	744.6	18	493.2	15	518.4	17
山 东	2938.9	1	3032.6	2	1829.8	2	1913.9	2
河 南	2563.4	3	2455.3	3	1001.8	8	995.8	9
湖 北	1066.8	10	1119.4	11	716.4	13	758.0	13
湖 南	1150.8	9	1193.6	9	743.4	11	766.9	11
广 东	1882.6	5	1957.8	5	1756.2	4	1826.7	4
广 西	2785.7	2	3121.1	1	2461.1	1	2798.1	1
海 南	495.6	22	525.7	22	349.8	21	367.8	21
重 庆	514.8	21	553.2	21	452.3	19	491.5	18
四 川	1221.3	8	1290.9	8	1083.6	6	1153.4	6
贵 州	548.1	20	653.7	20	478.6	17	583.4	15
云 南	961.6	12	1142.6	10	880.4	9	1041.8	8
西 藏	2.2	31	3.0	30	1.7	30	1.9	30
陕 西	2070.6	4	2141.1	4	1808.0	3	1896.5	3
甘 肃	779.0	15	883.8	14	481.1	16	539.1	16
青 海	2.9	30	3.0	31	1.5	31	1.5	31
宁 夏	204.5	24	262.8	23	46.8	24	77.6	23
新 疆	1660.4	6	1659.5	6	1181.3	5	1196.0	5

5-4 各省（市、自治区）肉类产量及其位次

单位：万吨

地区	肉类总产量				#猪牛羊肉产量			
	2020年		2021年		2020年		2021年	
	数量	位次	数量	位次	数量	位次	数量	位次
全国	**7748.4**				**5278.1**			
北京	3.5	31	4.4	31	2.1	31	3.3	31
天津	29.6	28	30.5	28	18.9	29	20.9	29
河北	**419.2**	**5**	**464.3**	**6**	**313.8**	**6**	**355.4**	**6**
山西	102.7	23	135.4	21	78.7	23	107.8	23
内蒙古	268.0	14	277.3	16	240.6	7	249.8	14
辽宁	378.2	10	435.4	10	221.4	9	277.1	8
吉林	237.4	17	274.6	17	148.9	17	190.9	16
黑龙江	253.2	16	300.4	14	205.6	11	250.4	13
上海	9.3	30	9.1	30	7.6	30	7.7	30
江苏	268.2	13	306.5	13	149.5	16	184.5	17
浙江	90.1	24	103.6	24	57.8	24	69.2	24
安徽	396.0	8	456.3	8	213.9	10	271.8	9
福建	259.4	15	286.5	15	108.5	20	129.2	20
江西	285.2	12	345.0	12	198.5	13	258.1	12
山东	728.0	1	819.3	1	364.7	4	450.2	4
河南	544.1	3	646.8	3	390.2	2	491.2	2
湖北	307.4	11	425.5	11	228.1	8	343.5	7
湖南	455.0	4	562.0	4	374.3	3	481.9	3
广东	401.0	7	457.4	7	198.6	12	269.6	10
广西	380.4	9	441.0	9	191.3	14	263.3	11
海南	58.4	25	66.9	25	24.4	28	33.8	26
重庆	161.2	20	196.6	20	123.0	19	156.6	19
四川	597.8	2	664.0	2	459.1	1	524.4	1
贵州	207.9	18	228.2	18	174.3	15	194.7	15
云南	417.4	6	488.1	5	353.3	5	423.5	5
西藏	28.3	29	27.4	29	27.8	27	27.0	28
陕西	107.1	22	128.0	23	96.1	22	116.7	22
甘肃	110.2	21	135.3	22	101.7	21	124.6	21
青海	37.0	26	40.0	26	36.3	25	39.5	25
宁夏	33.8	27	35.3	27	30.5	26	32.4	27
新疆	173.7	19	198.7	19	138.5	18	158.8	18

5-5 各省（市、自治区）牛奶和禽蛋产量及其位次

单位：万吨

地　区	牛奶产量				禽蛋产量			
	2020年		2021年		2020年		2021年	
	数量	位次	数量	位次	数量	位次	数量	位次
全　国	**3440.1**		**3682.7**		**3467.8**		**3408.8**	
北　京	24.2	21	25.8	21	9.7	27	9.4	27
天　津	50.1	15	51.8	15	20.8	24	19.2	25
河　北	**483.4**	**3**	**498.4**	**3**	**389.7**	**3**	**386.8**	**3**
山　西	117.0	9	135.1	9	108.8	12	112.3	10
内蒙古	611.5	1	673.2	1	60.4	15	61.6	15
辽　宁	136.7	8	138.9	8	331.9	4	325.3	4
吉　林	39.3	17	32.7	19	122.0	9	104.7	12
黑龙江	500.2	2	500.3	2	117.4	11	109.8	11
上　海	29.1	20	29.4	20	2.9	29	2.6	29
江　苏	63.0	13	64.9	14	231.9	5	230.3	5
浙　江	18.3	22	18.6	23	33.2	21	30.9	21
安　徽	37.6	18	47.6	17	184.2	7	177.1	7
福　建	16.9	23	19.4	22	53.7	16	55.9	16
江　西	9.1	27	8.3	27	61.2	14	62.6	14
山　东	241.4	4	288.3	4	480.9	1	455.4	1
河　南	210.0	6	212.1	6	449.4	2	446.4	2
湖　北	13.4	25	9.6	26	193.1	6	196.7	6
湖　南	5.6	28	5.7	28	118.8	10	117.9	9
广　东	15.1	24	17.2	24	44.6	18	43.7	18
广　西	11.2	26	13.1	25	26.7	22	27.1	23
海　南	0.3	31	0.1	31	4.8	28	5.0	28
重　庆	3.2	30	3.1	30	45.7	17	47.9	17
四　川	68.0	11	68.3	12	167.9	8	169.2	8
贵　州	5.3	29	4.9	29	26.2	23	27.7	22
云　南	67.3	12	68.4	11	41.7	19	41.7	19
西　藏	44.9	16	48.8	16	0.7	31	0.7	31
陕　西	108.7	10	104.6	10	64.2	13	63.4	13
甘　肃	57.5	14	66.6	13	19.8	25	22.3	24
青　海	36.6	19	35.4	18	1.4	30	1.4	30
宁　夏	215.3	5	280.5	5	13.9	26	12.9	26
新　疆	200.0	7	211.5	7	40.2	20	41.0	20

5-6 各省(市、自治区)农村居民人均可支配收入及位次

单位：元

地区	1990年		1995年		2000年		2005年		2010年		2015年		2020年		2021年	
	数量	位次	数量	位次	数量	位次	数量	位次	数量	位次	数量	位次	数量	位次	数量	位次
全国	**686**		**1578**		**2253**		**3255**		**5919**		**11422**		**17131**		**18931**	
北京	1297	2	3224	2	4605	2	7346	2	13262	2	20569	3	30126	3	33303	3
天津	1069	4	2406	6	3622	5	5580	4	10075	4	18482	4	25691	4	27955	4
河北	**622**	**19**	**1669**	**11**	**2479**	**9**	**3482**	**10**	**5958**	**12**	**11051**	**14**	**16467**	**14**	**18179**	**15**
山西	603	21	1208	21	1906	20	2891	18	4736	22	9454	23	13878	26	15308	26
内蒙古	607	20	1300	19	2038	16	2989	17	5530	16	10776	19	16567	13	18337	12
辽宁	836	7	1757	9	2356	10	3690	9	6908	9	12057	9	17450	9	19217	9
吉林	804	8	1610	12	2023	17	3264	11	6237	10	11326	11	16067	20	17642	19
黑龙江	759	10	1766	8	2148	14	3221	12	6211	11	11095	13	16168	18	17888	18
上海	1907	1	4246	1	5590	1	8248	1	13978	1	23205	1	34911	1	38521	1
江苏	959	6	2457	5	3595	6	5276	5	9118	5	16257	5	24198	5	26791	5
浙江	1099	3	2966	3	4254	3	6660	3	11303	3	21125	2	31930	2	35247	2
安徽	539	26	1303	18	1935	19	2641	22	5285	18	10821	18	16620	11	18368	11
福建	764	9	2049	7	3231	7	4450	7	7427	7	13793	6	20880	6	23229	6
江西	670	15	1537	13	2135	15	3129	13	5789	14	11139	12	16981	10	18684	10
山东	680	13	1715	10	2654	8	3931	8	6990	8	12930	8	18753	8	20794	8
河南	527	28	1232	20	1986	18	2871	19	5524	17	10853	17	16108	19	17533	21
湖北	671	14	1511	15	2269	11	3099	15	5832	13	11844	10	16306	16	18259	14
湖南	664	16	1425	17	2197	12	3118	14	5622	15	10993	15	16585	12	18295	13
广东	1043	5	2699	4	3655	4	4690	6	7890	6	13360	7	20143	7	22306	7
广西	639	18	1446	16	1865	23	2495	24	4543	25	9467	22	14815	22	16363	23
海南	696	11	1520	14	2182	13	3004	16	5275	20	10858	16	16279	17	18076	17
重庆					1892	22	2809	20	5277	19	10505	20	16361	15	18100	16
四川	558	24	1158	23	1904	21	2803	21	5087	21	10247	21	15929	21	17575	20
贵州	435	29	1087	25	1374	30	1877	31	3472	30	7387	30	11642	30	12856	30
云南	540	25	1011	27	1479	27	2042	29	3952	28	8242	28	12842	28	14197	28
西藏	650	17	1200	22	1331	31	2078	27	4139	26	8244	27	14598	23	16935	22
陕西	530	27	963	29	1442	28	2052	28	4105	27	8689	26	13316	27	14745	27
甘肃	431	30	880	30	1429	29	1980	30	3425	31	6936	31	10344	31	11433	31
青海	560	23	1030	26	1491	26	2151	26	3863	29	7933	29	12342	29	13604	29
宁夏	578	22	999	28	1724	24	2509	23	4675	23	9119	25	13889	25	15337	25
新疆	683	12	1136	24	1618	25	2482	25	4643	24	9425	24	14056	24	15575	24

注：2013年以前农村居民为人均纯收入，2013年为新口径人均可支配收入。

Ⅶ　2021 年河北农村工作大事记

一　月

6日　全省农村工作会议在石家庄召开。省委书记、省人大常委会主任王东峰出席会议并讲话。省委副书记、省长许勤主持会议，省政协主席叶冬松出席会议。副省长时清霜传达中央农村工作会议和全国巩固拓展脱贫攻坚成果同乡村振兴有效衔接工作会议精神，安排部署我省农业农村工作。省领导高志立、张古江、张国华、范照兵、周仲明在主会场或分会场出席会议。

二　月

5日　省政府森林草原防灭火指挥部召开全省春季森林草原防灭火工作电视电话会议。省委常委、常务副省长袁桐利出席会议并讲话。

11日　省十三届人大农业和农村委员会召开第十二次会议（视频会议），审议并原则通过《河北省十三届人民代表大会农业和农村委员会2020年工作总结和2021年工作要点》。

16日　省委、省政府关于认真贯彻落实习近平总书记重要讲话精神全面推进乡村振兴加快农业农村现代化的实施意见（冀发〔2021〕1号）。

同日　省委常委会召开扩大会议，认真传达学习贯彻习近平总书记在《求是》杂志发表的重要文章《在河北省阜平县考察扶贫开发工作时的讲话》和二〇二一年春节团拜会上的重要讲话精神，研究我省贯彻落实意见。会议还传达学习贯彻了全国党史和文献部门主要负责人会议精神，审议通过了《关于加强新时代工会工作和产业工人队伍建设的意见》。省委书记王东峰主持会议并讲话。

23日至25日　省长许勤在北京参加全国脱贫攻坚总结表彰大会。

24日　省委常委、常务副省长袁桐利赴石家庄灵寿调研检查森林草原防灭火工作。

26日　省委、省政府关于实现巩固拓展脱贫攻坚成果同乡村振兴有效衔接的实施意见（冀发〔2021〕12号）。

同日　省长许勤在石家庄灵寿调研检查常态化疫情防控、复工复产、安全生产、春耕备播等工作。副省长严鹏程、省政府秘书长朱浩文参加调研检查。

三　月

1日　我省召开巩固拓展脱贫攻坚成果同乡村振兴有效衔接工作会议。副省长时清霜出席会议并讲话。

6日　全省安全生产、森林防火工作调度会在石家庄召开。副省长葛海蛟出席会议并讲话。

12日　省委书记、省人大常委会主任王东峰，省委副书记、省长许勤，省政协主席叶冬松，省领导袁桐利、高志立、张国华、范照兵在雄安新区雄安郊野公园开展义务植树活动，带头推进国土绿化行动。省四大班子其他领导成员、驻冀部队领导同志等同步在石家庄市滹沱河北岸开展植树造林。

14日　省长许勤主持召开省长办公会，深入学习贯彻习近平总书记重要指示精神，落实省委、省政府工作安排和王东峰书记要求，研究加强地下水超采综合治理工作。副省长时清霜、省政府秘书长朱浩文参加会议。

16日　副省长时清霜赴石家庄藁城、邢台南宫调研春季农业生产工作。

18日　省政府森林草原防灭火指挥部召开全省森林草原防灭火工作电视电话会议。省委常委、常务副省长袁桐利出席会议并讲话。

同日　中华全国供销合作总社理事会副主任、中国供销集团董事长侯顺利就基层供销社为农服务能力建设等有关情况赴定州、石家庄调研。副省长时清霜陪同调研。

19日　全省易地扶贫搬迁后续扶持暨“空心村”治理电视电话会召开，省委常委、常务副省长袁桐利出席会议并讲话，副省长时清霜主持会议。

22日　省长许勤主持召开省政府常务会议，深入学习贯彻习近平总书记重要指示精神，研究平台经济规范发展、碳达峰碳中和、科技创新、京津冀协同发展、春季农业生产、白洋淀生态治理等工作。

同日 省长许勤主持召开省政府常务会议，深入学习贯彻习近平总书记重要指示精神，研究平台经济规范发展、碳达峰碳中和、科技创新、京津冀协同发展、春季农业生产、白洋淀生态治理等工作。

同日 省十三届人大农业和农村委员会召开第十三次会议（视频会议），审议并原则通过《河北省人大农业和农村委员会关于“一条例两决定”（《河北省河湖保护和治理条例》《河北省人民代表大会常务委员会关于加强张家口承德地区草原生态建设和保护的决定》《河北省人民代表大会常务委员会关于加强太行山燕山绿化建设的决定》）执法调研情况报告（书面）》。

23日 省园林博览会组委会第六次会议在石家庄召开。副省长丁绣峰出席会议并讲话。

27日 省委常委、常务副省长袁桐利赴廊坊香河北运河中心码头施工现场实地调研，召开全省大运河文化保护传承利用工作推进会，并就开展党史学习教育进行专题宣讲。

30日 全省2021年度省级总河湖长暨河湖治理工作会议在石家庄召开。省委书记、省人大常委会主任、省级总河湖长王东峰出席会议并讲话。省委副书记、省长、省级总河湖长许勤主持会议。副省长时清霜通报2020年度全省落实河湖长制工作情况及考核结果，安排部署2021年度工作任务。省领导袁桐利、邢国辉、周仲明、刘凯、夏延军、葛海蛟、丁绣峰、严鹏程；省直有关单位主要负责人在主会场参加会议。

四　　月

2日 省长许勤赴省林草局防火指挥调度中心检查全省森林草原防火工作，调度部署下步重点任务。

同日 生态环境部部长黄润秋赴雄安新区调研白洋淀生态环境治理工作。省委常委、副省长，雄安新区党工委书记、管委会主任张国华，副省长葛海蛟，生态环境部总工程师张波参加相关活动。

同日 副省长时清霜视频调度全省新冠肺炎疫情防控工作，听取保定市、沧州市、衡水市、邯郸市关于农村地区常态化疫情防控措施落实和春季农业生产组织情况，安排部署下步工作。

6日 省委常委会召开会议认真传达学习贯彻习近平总书记在参加首都义务植树时的重要讲话精神，研究我省贯彻落实意见。会议还审议了《关于完整准确全面贯彻新发展理念的意见》《2021年大气、水、土壤污染防治工作方案》。省委书记王东峰主持并讲话。

8日 副省长时清霜赴石家庄调研中药材产业发展工作。

同日 副省长夏延军赴廊坊调研检查分包河道治理和林草资源保护、河长制林长制落实情况，现场召开会议听取廊坊市相关工作情况汇报，开展党史宣讲，安排部署下一步工作。

13日 省委书记、省委省政府乡村振兴工作领导小组组长王东峰主持召开省委省政府乡村振兴工作领导小组会议。省委副书记、省长许勤出席会议。省领导董仚生、廉毅敏、张政、刘凯、夏延军、时清霜、葛海蛟、严鹏程、徐建培参加会议。

14日 副省长时清霜赴保定唐县调研防返贫动态监测和后续帮扶工作。

15日 副省长时清霜就落实省委省政府乡村振兴工作领导小组会议精神，围绕巩固拓展脱贫攻坚成果与乡村振兴有效衔接赴省扶贫办调研座谈。

20日 全省地下水超采综合治理现场会在邢台宁晋县召开。副省长时清霜出席会议并讲话。

22日 省政府党组成员胡启生赴雄安新区调研白洋淀生态修复保护工作。

27日 省政府党组成员胡启生赴邢台调研水污染防治工作，并主持召开全省水污染防治工作现场推进会议。

28日 副省长、省级河长葛海蛟在廊坊调研检查赵王新河、潴龙河河长制工作落实情况，召开会议部署下一步工作。

30日 全省脱贫攻坚总结表彰大会在石家庄召开。省委书记、省人大常委会主任王东峰出席会议并讲话。省委副书记、省长许勤主持会议，省政协主席叶冬松等出席会议。省委常委、组织部部长廉毅敏宣读《中共河北省委 河北省人民政府关于表彰全省脱贫攻坚先进个人和先进集体的决定》。驻石省委常委，省人大常委会、省政府、省政协领导班子成员，省法院院长、省检察院检察长；省直有关单位主要负责人；北京市扶贫协作办、天津市扶贫协作办有关负责同志等在主会场参加会议。

同日 省政府党组书记、省长许勤主持召开省政府党组会议，深入学习贯彻习近平总书记重要指示精神，认真落实省委常委会扩大会议、全省脱贫攻坚总结表彰大会部署和王东峰书记要求，研究安排近期安全生产、疫情防控、民生保障等重点工作。

同日 省委常委、常务副省长袁桐利主持召开全省应对疫情工作视频调度会，听取有关市情况汇报，对做好“五一”假期疫情防控、安全生产、森林草原防火等工作进行调度安排。

五　　月

1日 省长许勤在石家庄井陉调研检查防火防汛和疫情防控等工作。省政府秘书长朱浩文参加调研检查。

3日 省长许勤在邯郸调研检查地下水超采综合治理、农业产业化、疫情防控等工作。省政府秘书长朱浩文参加调研检查。

6日 省长许勤赴省应急指挥中心紧急调度森林草原防灭火工作。省委常委、常务副省长袁桐利，省政府秘书长朱浩文参加调度。

8日 海河防总以视频方式召开2021年工作会议。海河防总总指挥、省长许勤和水利部副部长陆桂华出席会议并讲话。北京市副市长卢映川、天津市副市长李树起、河北省副省长时清霜、山西省副省长韦韬、河南省副省长武国定、山东省副省长曾赞荣在各分会场作交流发言，海河防总常务副总指挥、水利部海河水利委员会主任王文生主持会议。

10日 省人大常委会党组书记、常务副主任范照兵带队，到廊坊市大厂县、香河县调研四项联动监督工作。省人大常委会秘书长曹汝涛、农工委主任刘书为，省水利厅有关负责同志参加调研。

11日 国务院发展研究中心党组书记马建堂赴邯郸大名就乡村振兴基本思路、帮扶项目推进情况进行调研指导。省政府党组成员胡启生参加有关活动。

12日 省人大常委会副主任聂瑞平到邯郸市开展农业产业结构调整专题调研。

13日 省防汛抗旱指挥部会议暨全省防汛抗旱工作电视电话会议在石家庄召开。省委常委、常务副省长，省防汛抗旱指挥部指挥长袁桐利出席会议并讲话，副省长、省防汛抗旱指挥部常务副指挥长时清霜主持会议，省军区副司令员苏荣就军地抢险救灾工作进行了安排。

18日 副省长时清霜赴张家口蔚县、阳原县，就村庄整治提升、脱贫攻坚成果巩固拓展、林长制推进落实等工作进行调研指导。

同日 省政府党组成员胡启生主持召开全省土壤污染专项治理及黑臭水体治理工作现场推进会议。

20日 省委书记、省人大常委会主任王东峰在张家口市调研检查城乡统筹和“空心村”治理情况。省委副书记、省长许勤参加调研检查。省领导袁桐利、高志立、时清霜，省政府秘书长朱浩文参加调研检查。

21日 省委常委、常务副省长袁桐利赴保定涞源、易县调研检查非煤矿山安全生产和防汛备汛工作。

25日 全省城中村改造工作现场观摩会在保定召开。副省长丁绣峰出席会议。

同日 省政府党组成员胡启生赴衡水安平调研县域特色产业发展工作。

同日 省十三届人大农业和农村委员会召开第十四次会议（视频会议），审议《河北省人民政府关于提请审议<河北省节约用水条例（草案）>的议案》，研究并原则通过河北省人大农业和农村委员会关于《河北省节约用水条例（草案）》审议意见的报告（书面）。

26日 省委常委会召开会议，听取关于支持石家庄市建设发展和当前全省防汛工作有关情况汇报，审议通过《河北省新农村建设指导意见》《河北省综合立体交通网规划纲要》，研究河北省庆祝中国共产党成立100周年有关活动筹备事宜。省委书记王东峰主持会议并讲话。

同日 全省信访稳定暨安全生产工作会议在石家庄召开。省委书记、省人大常委会主任王东峰出席并讲话。省委副书记、省长许勤主持会议，省政协主席叶冬松出席会议。省委常委、常务副省长袁桐利通报全省安全生产情况。省委常委、政法委书记董仚生传达中央有关会议精神，通报全省信访稳定工作情况。省领导高志立、廉毅敏、刘爽、张政、范照兵、刘凯、丁顺生、荣久华；省直有关单位主要负责人在主会场参加会议。

27日 省委常委、常务副省长袁桐利赴沧州调研大运河文化带建设，实地检查吴桥杂技大世界提升项目、大运河谢家坝、大运河捷地减河观光带和大运河生态修复展示区建设情况，并召开全省大运河文化带建设项目部署会议，对下步工作进行安排部署。

29日 中央政治局委员、国务院副总理胡春华在我省考察南水北调中线有关工作。胡春华先后来到保定市徐水区瀑河安肃镇河段、西大洋水库和曲阳县王快水库、唐河退水闸，实地察看南水北调中线一期工程运行管理和华北地下水超采治理情况，深入了解后续工程研究谋划情况。省委书记、省人大常委会主任王东峰，省委副书记、省长许勤，省委常委、秘书长高志立，副省长时清霜分别参加有关活动。

30日 副省长胡启生赴保定唐县调研检查肉羊养殖污染治理和规范提升工作。

31日 中央单位定点帮扶河北暨京冀津冀协作工作座谈会在北京召开。省委书记、省人大常委会主任王东峰，国家乡村振兴局党组书记、局长王正谱出席并讲话。省委副书记、省长许勤主持。副省长时清霜介绍了河北省脱贫攻坚成果及巩固拓展脱贫攻坚成果同乡村振兴有效衔接工作情况。保定市委、张家口市张北县委主要负责同志汇报了有关工作。省领导张超超、高志立参加座谈会。

同日 省防汛抗旱指挥部召开工作会议。省委常委、常务副省长袁桐利，省政府副省长时清霜，省军区副司令员苏荣出席会议。

六　月

1日-2日 省人大常委会副主任聂瑞平到阜平县食用菌产业核心区、博嘉农业红草河示范园区，顺平县顺农果品现代农业园区，就太行山农业创新驿站进行专题调研。

2日 省长许勤主持召开省大气、水、土壤污染防治工作领导小组会议。省领导时清霜、胡启生，省政府秘书长朱浩文参加会议。

6日 副省长胡启生赴邢台检查防汛工作，并调研玻璃产业发展情况。

7日 省人大常委会副主任聂瑞平到保定市，就所包联重点企业汇通路桥建设集团有限公司、河北奥润顺达窗业有限公司、保定天浩制药有限公司、河北中兴汽车制造有限公司、迈拓港湾科技发展股份有限公司进行走访调研。

8日 省委书记、省人大常委会主任王东峰赴衡水调研检查夏收、夏种、夏管工作。省领导高志立、时清霜参加调研检查。

同日 省委书记、省人大常委会主任王东峰赴沧州调研检查地下水超采综合治理和大运河文化带建设等工作。省委副书记、省长许勤参加调研检查。省领导高志立、范照兵、时清霜、胡启生、常丽虹，省政府秘书长朱浩文参加调研检查。

同日 省长许勤赴辛集调研检查种业攻关、夏收、生态环境治理等工作。省政府秘书长朱浩文参加调研检查。

9日 省委、省政府印发关于加强基层治理体系和治理能力现代化建设的实施意见（冀发〔2021〕22号）。

同日 全省水资源保护暨地下水超采综合治理工作会议在沧州召开。省委书记、省人大常委会主任王东峰出席会议并讲话。省委副书记、省长许勤主持会议。副省长时清霜、胡启生分别就全省水资源管理和水生态环境保护工作进行安排部署。省领导高志立、范照兵、常丽虹，省直有关单位主要负责同志在主会场参加会议。各市（含定州、辛集市）、雄安新区、各县（市、区）设分会场。

同日 全省矿山综合治理和荒山绿化工作现场会在邯郸召开，省委常委、常务副省长袁桐利出席会议并讲话。

同日 副省长时清霜赴沧州巡查滏东排河，检查生态补水和防汛工作。

10日 省委、省政府印发关于认真贯彻落实习近平总书记在推进南水北调后续工程高质量发展座谈会上重要讲话精神全力推进全社会节水工作的实施意见（冀发〔2021〕23号）。

同日 省委书记、省人大常委会主任王东峰，省委副书记、省长许勤在石家庄县乡两级人大代表换届选举投票日分别在各自选区参加投票，省政协主席叶冬松委托他人投票，选举所在地的区级人大代表。省人大常委会、省政府、省政协其他领导成员，省法院院长、省检察院检察长等分别在各自选区投票。

11日 副省长葛海蛟赴廊坊调研检查分包的永定河防汛工作情况，并主持召开全省推进城商行高质量发展工作会议。

15日至16日 副省长丁绣峰赴邯郸武安、涉县调研指导包联企业和特色产业，督导安全生产和落实林长制工作。

16日 省人大常委会党组书记、常务副主任范照兵带队，赴省水利厅对地下水超采综合治理和农业结构调整进行调研，省人大常委会副主任聂瑞平、秘书长曹汝涛参加调研。

16日至24日 省人大农委组成三个调研组，先后赴承德、张家口、保定、邢台、邯郸、石家庄等市，开展农业结构调整联动监督专题调研。省人大农委主任委员、省人大常委会农工委主任刘书为带队赴保定、石家庄开展调研督导；省人大农委委员吴晓辉、省人大常委会农工委副主任马桂旺分别带队赴邢台、邯郸和承德、张家口开展调研

17日 中共中央政治局委员、国务院副总理胡春华在我省督导“三夏”农业生产工作。省委书记、省人大常委会主任王东峰，省委常委、秘书长高志立，副省长时清霜参加活动。

同日 省长、省级总河湖长许勤在石家庄调研检查防汛备汛、河流生态修复治理和南水北调等工作，督导推动河湖长制落实。省政府秘书长朱浩文参加调研检查。

25日 省长、省白洋淀生态修复保护领导小组组长许勤主持召开省白洋淀生态修复保护领导小组会议，深入学习贯彻习近平生态文明思想和习近平总书记关于雄安新区规划建设、白洋淀生态环境治理的重要指示批示精神，按照省委、省政府安排，审议2020年度白洋淀生态环境综合治理考核评价结果，研究部署下步白洋淀生态修复保护、生态补水、防洪排涝等工作。省领导张国华、时清霜、胡启生参加会议并讲话。

26日 副省长胡启生在唐山出席河北省第五届园林博览会暨第四节河北国际城市规划设计大赛开幕式。

27日 省长许勤在承德调研检查就业创业服务、防汛备汛、安全生产等工作。省政府秘书长朱浩文参加调研检查。

同日 省委常委、常务副省长袁桐利赴张家口沽源滦河段开展汛期巡查。

同日 副省长、卫运河和南运河省级河长刘凯赴衡水和沧州就包联县域特色产业、分包河系防汛及河长制等工作进行调研。

七　月

6日 省长许勤主持召开省长办公会，研究加快发展节水农业等工作。副省长时清霜、省政府秘书长朱浩文参加会议。

7日 全省应对强对流天气视频调度会议在省水利厅召开。副省长时清霜出席会议并讲话。

同日 副省长丁绣峰赴廊坊调研检查防汛工作。

7月7日至9日 省人大常委会副主任聂瑞平赴衡水市滨湖新区、冀州区、枣强县和沧州市吴桥县、东光县，就

农业结构调整、地下水超采治理联动监督和衡水湖保护立法进行调研督导。

8日　省长许勤赴保定宣讲习近平总书记“七一”重要讲话精神，调研检查高新技术产业发展、承接北京非首都功能疏解、民生保障、防汛和常态化疫情防控等工作并主持召开座谈会。省政府秘书长朱浩文参加活动。

同日　副省长时清霜赴秦皇岛检查防汛工作，实地查看备汛措施落实情况。

9日　全省主汛期防汛抗旱工作动员部署会议暨市县防汛抗旱指挥长培训会议在石家庄召开。省委常委、常务副省长袁桐利出席会议并讲话，副省长时清霜主持会议，省军区副司令员苏荣出席会议。

11日　省长许勤赴省防汛抗旱指挥部检查防汛工作，并主持召开视频调度会。省委常委、常务副省长袁桐利，省政府秘书长朱浩文参加检查调度。

12日　我省召开省市县防汛视频工作会议。省委书记、省人大常委会主任王东峰出席会议并讲话，省委副书记、省长许勤出席会议，省领导袁桐利、董仚生、刘凯、时清霜，省军区副司令员苏荣参加会议。

13日　副省长严鹏程赴沧州检查指导防汛工作和河长制落实情况。

同日　副省长高云霄在承德检查防汛工作。

13日至14日　省长许勤在唐山宣讲习近平总书记“七一”重要讲话精神，调研检查经济运行、港口转型升级、旅游岛规划建设、防汛等工作。省领导张古江、胡启生，省政府秘书长朱浩文参加调研。

15日　省委常委会召开扩大会议，认真传达学习贯彻习近平总书记在中央全面深化改革委员会第二十次会议上的重要讲话精神和中国共产党成立100周年庆祝活动总结会议精神，研究我省贯彻落实意见。会议还听取了全省防汛工作汇报，审议通过了《关于贯彻落实〈中国共产党党徽党旗条例〉的若干措施》《2021中国国际数字经济博览会总体方案》《河北省法治宣传教育领导小组关于在全省开展法治宣传教育的第八个五年规划（2021—2025年）》《河北省土壤污染防治条例》《关于进一步加强公共卫生体系建设的实施意见》。省委书记王东峰主持并讲话。

同日　省十三届人大农业和农村委员会召开第十五次会议，审议《河北省人民政府关于提请审议〈衡水湖保护条例（草案）〉的议案》，研究并原则通过《河北省人大农业和农村委员会关于〈衡水湖保护条例（草案）〉的审议意见》。

16日　省委书记、省人大常委会主任王东峰在雄安新区调研检查防汛工程、生态工程和民生工程建设等情况。省委副书记、省长许勤参加调研检查。省领导袁桐利、高志立、张国华，省政府秘书长朱浩文参加有关活动。

同日　副省长时清霜在省水利厅紧急调度防汛工作。

21日　省委常委、常务副省长袁桐利赴石家庄、邢台、邯郸明察暗访防汛工作。

同日　省人大常委会副主任聂瑞平到高邑县开展学习贯彻习近平总书记“七一”重要讲话精神宣讲。座谈会后，聂瑞平到高邑县众林农业科技有限公司人大代表联络站实地宣讲，并深入高邑乔园苗木种植专业合作社、河北众林农业科技有限公司、石家庄国际陆港项目，实地调研该县农业结构调整和地下水超采治理工作。

21日至22日　副省长胡启生赴承德调研生态环境建设和县域特色产业发展工作。

22日　全省防汛工作会议在石家庄召开。省委书记、省人大常委会主任王东峰在会上传达了习近平总书记7月21日对防汛救灾工作作出的重要指示精神。省委副书记、省长许勤主持会议。省委常委、常务副省长袁桐利通报全省防汛形势和下一步工作安排。省委常委、秘书长高志立，省军区副司令员苏荣在主会场参加会议。

同日　省委书记、省人大常委会主任王东峰赴保定检查指导调度防汛救灾工作。省委副书记、省长许勤参加活动。省领导袁桐利、高志立参加活动。

同日　省长许勤在石家庄检查防汛工作。省政府秘书长朱浩文参加检查。

同日　副省长高云霄赴衡水察看武邑县杨庄闸运行情况和滨湖新区王许庄段河湖清理整治情况，并召开滏东排河省级河长会议。

24日　国家防总副总指挥、水利部部长李国英，海河防总总指挥、省长许勤在邯郸检查指导防汛工作。省委常委、常务副省长袁桐利，省政府秘书长朱浩文参加相关检查。

同日　省委常委、常务副省长袁桐利赴邢台检查防汛备汛工作。

同日　滹沱河省级河长、副省长胡启生赴石家庄藁城、正定调研指导河长制工作落实情况，召开省级河长现场会。

26日　省长许勤在河北分会场参加全国抗洪抢险救灾和防汛工作视频会议并汇报我省工作。会后立即召开全省防汛工作视频会议，就贯彻落实全国会议精神进行安排部署。省领导袁桐利、时清霜，省军区副司令员苏荣参加，省政府秘书长朱浩文主持会议。

同日　副省长丁绣峰赴石家庄地铁三号线位同站，随机检查地铁运行安全和防汛有关工作。

28日　全省防汛防台风视频调度会议在省水利厅召开。副省长时清霜出席会议并讲话。

29日　省长许勤赴邢台宣讲习近平总书记“七一”重要讲话精神，检查防汛防灾防台风工作，慰问退役军人和优抚对象。省领导周仲明、苏银增参加有关活动。

同日 省委常委、常务副省长袁桐利主持召开台风“烟花”防范应对工作视频会议，调度部署防汛防台工作。副省长时清霜出席会议。

30日 省委书记、省人大常委会主任王东峰在秦皇岛调研检查党史学习教育和“四史”宣传教育开展、疫情防控、交通检查、生态环境治理及防汛备汛等情况。省领导董仚生、高志立、刘凯参加调研检查。

同日 副省长夏延军检查指导保定、定州防汛工作。

八　月

3日 省长许勤在衡水调研检查经济运行和防疫、防汛、地下水压采等工作。

5日 副省长葛海蛟赴保定曲阳调研并召开县域农合机构座谈会。

6日 全省乡村振兴系统建设和工作推进电视电话会议在石家庄召开。副省长时清霜出席会议并讲话。

11日 省委副书记、省长许勤赴基层党支部联系点正定县岸下村调研红色教育基地、产业发展和农业种植结构调整等情况，并主持召开座谈会。

12日 全省推进乡村全面振兴工作会议暨农业结构调整工作现场会在石家庄正定召开。省委书记、省人大常委会主任王东峰出席并讲话，省委副书记、省长许勤主持会议，省政协主席叶冬松出席会议。会议期间，王东峰、许勤、叶冬松与参会代表一同观摩了正定县福泽智慧农业园区、塔元庄同福乡村振兴示范园、同福智慧农场、石家庄惠康食品有限公司、河北一然生物科技有限公司。省领导袁桐利、张超超、高志立、张古江、张国华、范照兵、时清霜、严鹏程参加会议。

14日 省委常委、常务副省长袁桐利赴承德丰宁满族自治县将军营镇两间房村党支部联系点调研，实地查看乡村振兴项目以及旅游路建设选址情况，并主持召开座谈会。

16日 省长、省白洋淀生态修复保护领导小组组长许勤主持召开省白洋淀生态修复保护领导小组会议，深入学习贯彻习近平生态文明思想和习近平总书记关于雄安新区规划建设、白洋淀生态环境保护的重要指示精神，按照省委、省政府安排，研究部署白洋淀生态修复保护下步重点任务。省领导张国华、时清霜、胡启生，省政府秘书长朱浩文参加会议。

18日 省防指紧急召开全省防范应对强降雨调度会。副省长时清霜出席会议并讲话。

23日 副省长胡启生赴雄安新区调研检查白洋淀生态环境治理保护工作。

27日 全省农村厕所革命暨地下水超采综合治理工作调度视频会议在石家庄召开。副省长时清霜出席会议并讲话。

九　月

2日 省人大常委会副主任聂瑞平到石家庄市，就所包联民营企业河北明迈特贸易有限公司、河北常山生化药业股份有限公司、河北新大地机电制造有限公司、石家庄洛杉奇食品有限公司、高邑县力马建陶有限公司、石家庄以岭药业股份有限公司、河北快运集团有限公司进行走访调研。

6日 全省抓党建促乡村振兴暨基层党建工作会议在石家庄召开。省委书记、省人大常委会主任王东峰出席并发言，省委副书记、省长许勤主持会议，省委常委、组织部部长廉毅敏传达中组部抓党建促乡村振兴电视电话会议精神。省领导高志立、时清霜；省直有关单位主要负责人，省委组织部领导班子成员在主会场参加会议。

8日 省十三届人大农业和农村委员会召开第十六次会议（视频会议），审议并表决通过河北省人大农业和农村委员会关于《衡水湖保护条例（草案）》修改情况的报告。

13日至16日 省人大常委会党组书记、常务副主任范照兵，带领省人大常委会四项联动监督第一执法组，到邯郸市及成安县、武安市，邢台市及威县、平乡县开展“6+1”联动监督回头看、四项联动监督执法检查。

16日 全省农业农村重点工作视频调度会在石家庄召开。副省长时清霜出席会议并讲话。

23日 我省2021年中国农民丰收节主会场庆祝活动在邢台市信都区前南峪村举行。省委书记王东峰，省长许勤发来《致全省农民朋友的贺信》。副省长时清霜出席开幕式，宣读贺信并致辞。

同日 2021年中国农民丰收节全国供销合作社（河北正定）主题日活动在正定县塔元庄同福乡村振兴示范园正式启动。中华全国供销合作总社党组成员、理事会副主任王伟，副省长刘凯参加活动。

24日 省委常委、常务副省长袁桐利在河北分会场参加全国秋冬季森林草原防灭火工作电视电话会议，并在会后出席全省秋冬季森林草原防灭火工作电视电话会议。

26日 省政府党组书记、省长许勤主持召开省政府党组会议，深入学习贯彻习近平总书记关于统计工作和耕地保护的重要指示精神，落实党中央、国务院决策部署，按照省委、省政府工作安排，研究依法统计、防止耕地“非农化”“非粮化”等工作。

同日 省十三届人大农业和农村委员会召开第十七次会议（视频会议），审议并表决通过河北省人大农业和农村委员会关于《塞罕坝森林草原防火条例（草案）》审议意见。

29日 副省长时清霜考察省农科院藁城堤上试验站、省种质资源库。

十　　月

9日　副省长时清霜在邢台、邯郸调研秋收秋种和防汛抗洪工作。

10日　全省秋收秋种工作视频会议在石家庄召开。副省长时清霜出席会议并讲话。

12日　农业农村部副部长张桃林赴邯郸肥乡调研秋收秋种工作。副省长时清霜陪同调研。

14日　省委书记、省人大常委会主任王东峰在定州调研检查老龄工作、农村宅基地制度改革、新型城镇化和重点项目建设等工作。省领导高志立、时清霜、胡启生参加调研检查。

26日　省委常委、常务副省长袁桐利主持召开省应对疫情工作视频调度会。袁桐利还对确保完成全年经济社会发展目标任务、抓好安全生产和森林草原防火工作进行了安排。

同日　副省长时清霜赴衡水调研秋收秋种工作。

27日　2021年巩固脱贫成果后评估动员部署会议在石家庄召开。省委副书记廉毅敏出席会议并讲话。副省长时清霜主持会议。

31日　代省长王正谱在雄安新区调研检查新区规划和重点项目建设进展情况、白洋淀生态环境保护与治理情况、千年秀林养护管理和防火等工作。省领导张国华、省政府秘书长朱浩文参加调研检查。

十　一　月

7日　代省长王正谱在邢台调研检查疫情防控、特色产业和县域经济发展等情况。省政府秘书长朱浩文参加调研检查。

8日　副省长胡启生赴沧州渤海新区实地调研入海河流和近岸海域水质提升工作，并召开座谈会。

9日　代省长王正谱在衡水调研检查疫情防控、生态环境保护、产业转型升级、乡村振兴等工作情况。省政府秘书长朱浩文参加调研检查。

11日　省人大常委会党组书记、常务副主任范照兵，省人大常委会副主任聂瑞平，省人大常委会秘书长曹汝涛赴阜平县上堡村、寿长寺村、石滩地村调研慰问驻村工作队。

13日　代省长王正谱出席全省冬小麦播种工作视频调度会议并讲话。副省长时清霜在分会场主持会议并作具体工作部署，省小麦专家顾问组组长郭进考就科学高效播种冬小麦作技术指导。

18日　代省长王正谱在沧州调研检查大运河文化带建设、地下水超采综合治理、农业结构调整等工作。省政府秘书长朱浩文参加调研检查。

23日　省委常委、常务副省长袁桐利赴石家庄井陉调研矿山综合治理、能源保供、森林草原防火和安全生产工作情况。

24日　河北省消防安全委员会会议暨2021年全省冬春火灾防控工作电视电话会议召开。省委常委、常务副省长、省消防安全委员会主任袁桐利出席会议并讲话。

25日　副省长时清霜赴衡水、石家庄就高标准农田建设和浅埋滴灌技术推广进行调研。

十　二　月

6日　代省长王正谱主持召开省长办公会，研究县域特色产业提质升级工作。省政府秘书长朱浩文参加会议。

14日至16日　省人大常委会副主任聂瑞平赴廊坊市宣讲党的十九届六中全会精神，并就制定《河北省乡村振兴促进条例》在香河县、固安县开展立法调研。

15日至16日　生态环境部党组书记孙金龙赴承德围场、隆化开展定点帮扶调研并召开座谈会。副省长胡启生陪同调研并参加座谈会。

28日　省委常委会召开扩大会议，认真传达学习贯彻习近平总书记在中共中央政治局常务委员会会议上的重要讲话精神和李克强总理在国务院常务会议上的有关要求，听取了关于中央农村工作会议精神和我省贯彻落实意见的汇报，审议通过了《中共河北省委河北省人民政府关于做好2022年全面推进乡村振兴重点工作的实施意见》。会议还传达学习贯彻了习近平总书记对党史学习教育作出的重要指示和党史学习教育总结会议精神、习近平总书记对党内法规制度建设作出的重要指示和全国党内法规工作会议精神，听取了省人大常委会、省政府、省政协、省法院、省检察院党组工作汇报，全省安全生产工作情况汇报，省政府关于巩固拓展脱贫攻坚成果和推进乡村全面振兴工作情况汇报，安排部署了元旦春节和冬奥会疫情防控工作，审议通过了《河北省法治政府建设实施方案（2021—2025年）》。省委书记王东峰主持会议并讲话。

31日　省委农村工作会议在石家庄召开。省委书记、省人大常委会主任王东峰出席会议并讲话。省委副书记、代省长王正谱主持，省委副书记廉毅敏传达中央农村工作会议精神。省领导张超超、张国华、柯俊、董晓宇、范照兵、时清霜、梁田庚、张古江；省直有关单位主要负责人，省委、省政府分管副秘书长，省委农办、省农业农村厅、省乡村振兴局领导班子成员等参加会议。

同日　省委常委、常务副省长葛海蛟赴保定调研河长制工作落实和节日市场供应、景区安全、疫情防控工作。

同日　副省长袁桐利主持召开省应对疫情工作视频调度会，并对当前安全生产、森林草原防灭火工作进行了部署。

Ⅷ 附　录

一、农村统计主要指标解释

农林牧渔业总产值　指以货币表现的农、林、牧、渔业全部产品总量和对农林牧渔业生产活动进行的各种支持性服务活动的价值，它反映一定时期内农林牧渔业生产总规模和总成果。1957年以前的农林牧渔业总产值中包括了厩肥和农民自给性手工业(如农民自制衣服、鞋、袜，自己从事粮食初步加工等)。1958年及以后，林业中增加了村及村以下竹木采伐产值；牧业中取消了厩肥产值；副业中取消了农民自给性手工业产值，增加了村及村以下办的工业产值；渔业中增加了海洋捕捞水产品产值。1980年及以后，在副业中增加了农民家庭兼营工业商品部分的产值。从1984年起村及村以下工业产值划归工业。从1993年起取消副业，将野生动物的捕猎划入牧业，野生植物采集和农民家庭兼营商品性工业划归农业。从2003年起，执行新的国民经济行业分类标准，农林牧渔业总产值中包括了农林牧渔服务业产值，2018年以后农林牧渔服务业产值改称农林牧渔专业及辅助性活动产值。林业中增加了森林采运业产值。农业中取消了家庭兼营商品性工业产值，将野生林产品的采集划归林业。第一、二、三次农业普查以后，根据农业普查结果，对农业、畜牧业、渔业年报数据和农业、畜牧业、渔业产值进行了修订。2010年执行《统计用产品分类目录》，对2009年的农业、林业产值做了相应调整。

农林牧渔业总产值的计算方法通常是按农、林、牧、渔业产品及其副产品的产量分别乘以各自单位产品价格求得；少数生产周期较长，当年没有产品或产品产量不易统计的，则采用间接方法匡算其产值；然后将四业产品产值及农林牧渔专业及辅助性活动产值相加即为农林牧渔业总产值。

粮食产量　指农业生产经营者日历年度内生产的全部粮食数量。按收获季节包括夏收粮食、早稻和秋收粮食，按作物品种包括谷物、薯类和豆类。其产量计算方法：谷物按脱粒后的原粮计算，豆类按去豆荚后的干豆计算；薯类(包括甘薯和马铃薯，不包括芋头和木薯)1963年以前按每4公斤鲜薯折1公斤粮食计算，从1964年开始改为按5公斤鲜薯折1公斤粮食计算；城市郊区作为蔬菜的薯类(如马铃薯等)按鲜品计算，并且不作粮食统计。1989年以前全国粮食产量数据主要靠全面报表取得，1989年开始使用抽样调查数据。

棉花产量　指全社会的产量。包括春播棉和夏播棉。产量按去籽后的皮棉计算。不包括木棉。

油料产量　指全部油料作物的生产量。包括花生、油菜籽、芝麻、向日葵籽、胡麻籽(亚麻籽)和其他油料。不包括大豆、木本油料和野生油料。花生以带壳干花生计算。

水产品产量　指渔业(捕捞和养殖)生产活动的最终有效成果，包括全部海水和淡水鱼类、甲壳类(虾、蟹)、贝类、头足类、藻类和其他类渔业产品的最终产量。水产品产量是通过各级水产部门逐级上报取得数据。1995年及以前，贝类中牡蛎按鲜肉计算；蚶、蛤、蛙按5斤鲜品折1斤计算。1996年以后则统一按鲜品计算。

猪、牛、羊肉产量　指当年出栏并已屠宰、除去头蹄下水后带骨肉(即胴体重)的重量。包括全社会范围内的产量。1996年以前为全面统计并逐级上报数据。1996年第一次农业普查以后，根据普查结果，对畜牧业主要年报数据进行了修正。1999年以后，国家统计局在部分地区开展了猪、牛、羊、禽等主要畜禽品种的抽样调查，并用抽样数据作为国家定案数据使用。未开展抽样调查的地区和品种，仍使用各级统计部门逐级上报数据。2008年，建立了主要畜禽监测调查制度，猪、牛、羊、禽等主要畜禽数据均以抽样调查数为法定数据。

期初(末)畜禽存栏头(只)数　指报告期初(末)农村与城市实际存在的全部畜、禽头(只)数，包括农村各种合作经济组织和国营农场、农民个人、机关、团体、学校、工矿企业、部队等单位以及城镇居民饲养的大牲畜、猪、羊、家禽等畜禽的数量。数据上报方式及数据调整情况同猪、牛、羊肉产量。

农作物播种面积　指农业生产经营者应在日历年度内收获农作物的播种面积之和，即全部土地(耕地或非耕地)上的播种或移植面积之和。凡是本年内收获的农作物，无论是本年还是上年播种，都算为播种面积，但不包括本年播种，下年收获的农作物面积。

耕地灌溉面积 指具有一定的水源，地块比较平整，灌溉工程或设备已经配套，在一般年景下能够进行正常灌溉的耕地面积。在一般情况下，耕地灌溉面积应等于灌溉工程或设备已经配套，能够进行正常灌溉的水田和水浇地面积之和。它是反映我国农田水利建设的重要指标。

农用化肥施用量 指本年内实际用于农业生产的化肥数量，包括氮肥、磷肥、钾肥和复合肥。化肥施用量要求按折纯量计算数量。折纯量是指把氮肥、磷肥、钾肥分别按含氮、含五氧化二磷、含氧化钾的百分之百成分进行折算后的数量。复合肥按其所含主要成分折算。公式为：

折纯量=实物量×某种化肥有效成分含量的百分比

农业机械总动力 指全部农业机械动力的额定功率之和。农业机械是指用于种植业、畜牧业、渔业、农产品初加工、农用运输和农田基本建设等活动的机械及设备。农机总动力按使用能源不同分为以下四部分：

柴油发动机动力：指全部柴油发动机额定功率之和；

汽油发动机动力：指全部汽油发动机额定功率之和；

电动机动力：指全部电动机(含潜水电泵的电动机)额定功率之和；

其他机械动力：指采用柴油、汽油、电力之外的其他能源，如水力、风力、煤炭、太阳能等动力机械功率之和。

这个指标的统计数据来源于农机部门。

二、农村统计常用计算公式

(一)人口统计常用指标计算公式

1.人口出生率、死亡率和自然增长率

$$出生率=\frac{年内出生人数}{年内平均人数}\times 1000‰$$

$$死亡率=\frac{年内死亡人数}{年内平均人数}\times 1000‰$$

$$自然增长率=\frac{年内出生人数-年内死亡人数}{年内平均人数}\times 1000‰=出生率-死亡率$$

注：$年内平均人数=\frac{年初人口+年末人口}{2}$

2.人口密度

$$人口密度=\frac{某地区总人口数}{某地区土地总面积}$$

(二)土地面积统计常用指标计算公式

1.按农业人口或农业劳动力平均的耕地面积

$$按农业人口平均的耕地面积=\frac{耕地面积}{农业人口}$$

$$按农林牧渔业劳动力平均的耕地面积=\frac{耕地面积}{农林牧渔业劳动力}$$

2. 单位耕地产出指标

$$\begin{matrix}单位耕地面积的产量\\(或产值、增加值)\end{matrix}=\frac{各种农产品产量(或产值、增加值)}{耕地面积}$$

(三)农作物产量统计常用指标计算公式

1. 农作物单位面积产量

$$单产=\frac{总产量}{播种面积}$$

2. 粮食耕地单位面积产量

$$粮食耕地单位面积产量=\frac{粮食总产量}{粮食实际占用耕地面积}$$

3. 平均每人拥有粮食(油料)

$$平均每人拥有粮食(或油料)=\frac{某地区粮食(或油料)总产量}{该地区年内平均总人口}$$

4. 平均每一农林牧渔业从业人员生产粮食

$$平均每一农林牧渔业从业人员生产粮食=\frac{粮食总产量}{农林牧渔业从业人员}$$

(四)林业生产统计常用指标计算公式

1. 森林覆盖率

$$森林覆盖率=\frac{年末实有林地面积}{土地总面积}\times100\%$$

2. 补植面积的计算

(1)用实际补植的株数折算补植面积

例：一块地上补植2000株，这块地每公顷造林密度为200株。

补植面积=2000÷200=10(公顷)

(2)根据造林成活率推算补植面积

例：新造幼林100公顷，成活率60%，在该地补植。

补植面积=100×(1-60%)=40公顷

(3)平均每人拥有林地面积

$$平均每人拥有林地面积=\frac{年末实有林地面积}{年末总人口数}$$

(五)牧业生产统计常用指标计算公式

1. 牲畜全年饲养头数

牲畜全年饲养头数=年末存栏头数+年内出售头数+年内自宰自食头数

2. 牲畜全年出栏头数和出栏率

牲畜全年出栏头数=年内出售头数+年内自宰自食头数

$$牲畜全年出栏率=\frac{年内出栏头数}{年初存栏头数}\times100\%$$

3. 牲畜全年净增头数和净增率

牲畜全年净增头数=年内增加头数－年内减少头数=年末存栏头数－年初存栏头数

$$牲畜全年净增率=\frac{全年净增头数}{年初存栏头数}\times100\%=\frac{年末存栏头数-年初存栏头数}{年初存栏头数}\times100\%$$

4. 能繁母畜在牲畜中的比重

$$能繁母畜在牲畜中的比重=\frac{年末能繁母畜头数}{年末实有牲畜头数}\times 100\%$$

5. 每头出栏肥猪平均胴体重

$$每头出栏肥猪平均胴体重=\frac{出栏肥猪肉产量}{出栏肥猪头数}$$

（六）农林牧渔业总量统计常用计算公式

1. 农林牧渔业总产值

农林牧渔业总产值=∑(某种农产品当年总产量×该种农产品生产价格)

2. 农业总产值发展速度

报告期可比价产值=报告期现价产值÷报告期农产品生产价格指数(农产品生产价格缩减指数)

或报告期可比价农业总产值=报告期农产品产量×上年同期的农产品生产者价格

农业发展速度=报告期可比价农林牧渔业总产值÷基期现价农林牧渔业总产值×100%

可比价指上年同期的价格，基期为上年同期。

3. 农林牧渔业增加值

农林牧渔业增加值=农林牧渔业总产值-农林牧渔业中间消耗

4. 农业增加值发展速度

报告期可比价增加值=报告期现价产值×增加值率÷报告期农产品生产价格缩减指数

农业发展速度=报告期可比价农林牧渔业增加值÷基期现价农林牧渔业增加值×100%

(七)农业现代化统计常用指标计算公式

1. 机械化

(1) 平均每公顷耕地拥有农业机械总动力数

$$平均每公顷耕地拥有农业机械动力=\frac{农业机械总动力（千瓦）}{耕地面积（公顷）}$$

(2) 平均每一村拥有拖拉机台数

$$平均每一村拥有拖拉机台数=\frac{拖拉机台数}{村委会个数}$$

(3) 耕地机械化程度

$$耕地机械化程度=\frac{实际机耕面积}{总播种面积}\times 100\%$$

(4) 播种机械化程度

$$播种机械化程度=\frac{实际机械播中面积}{总播种面积}\times 100\%$$

(5) 收获机械化程度

$$收获机械化程度=\frac{实际机械收获面积}{总播种面积}\times 100\%$$

(6) 粮食脱粒机械化程度

$$粮食脱粒机械化程度=\frac{机械脱粒粮食数量}{粮食总产量}\times 100\%$$

2. 电气化

(1) 说明农村用电的普遍程度

$$有电乡(或村)所占比重=\frac{已通电的乡(或村)数}{全部乡(或村)数}\times 100\%$$

(2) 说明每公顷耕地耗用的电量

$$每公顷耕地电力装备程度=\frac{农村用电量}{耕地面积}$$

3. 化学化

(1) 反映化肥施用水平

$$平均每公顷耕地化肥施用量=\frac{化肥施用量(公斤)}{耕地面积(公顷)}$$

(2) 化学肥料有效成分含量

氮　　肥

名　称	含氮(N)(%)	名　称	含氮(N)(%)
硫酸铵	20	碳酸氢铵	15～17
氨　水	15～17	硝 酸 铵	33～34
氯化铵	24～25	尿　素	46

磷　　肥

名　称	含五氧化二磷(P_2O_5)(%)	名　称	含五氧化二磷(P_2O_5)(%)
过磷酸钙	12～13	钙镁磷肥	12
磷矿粉肥	10～30		

钾　　肥

名　称	含氧化钾(K_2O)(%)	名　称	含氧化钾(K_2O)(%)
硫酸钾	48～50	氯化钾	50～60

复 合 肥

名　称	含氮(N)(%)	含磷(P_2O_5)(%)	含钾(K_2O)(%)
磷 酸 铵	11～13	60	～
硝 酸 钾	13～15	—	45～46
磷 酸 钾	—	24	27
硝酸钾肥	5	50	22

4. 水利化

反映农田水利化程度

$$农田机械化灌溉程度=\frac{机电灌溉面积}{耕地面积}\times 100\%$$

$$农田水利化程度=\frac{有效灌溉面积}{耕地面积}\times 100\%$$

$$旱涝保收程度=\frac{旱涝保收面积}{耕地面积}\times 100\%$$

$$每一农业人口拥有有效灌溉面积=\frac{有效灌溉面积}{农业人口}$$

$$每一农业人口拥有旱涝保收田面积=\frac{旱涝保收面积}{农业人口}$$

(八)度量衡公制、市制常用单位比较表

名　称	公　制	市　制
长　度	1公里=1000米 =2市里 =0.621英里 =0.540海里 1米=100厘米 =3市尺 =3.281英尺 1厘米=10毫米 =0.3市寸 1海里=1.852公里 1英里=1.609公里	1里=150丈 =0.5公里 =0.311英里 =0.270海里 1丈=10尺 1尺=10寸 ≈0.33米 =1.094英尺 1寸=10分 ≈3.33厘米
面　积	1平方公里=100公顷 =4平方市里 =1500市亩 1公顷=1000平方米 =15市亩 =2.471英亩 1平方米=10000平方厘米 =9平方市尺 1英亩=0.405公顷 =6.07亩	1平方里=375亩 =0.25平方公里 1亩=60平方丈 =6000平方尺 =0.164英亩 1平方丈=100平方尺
体积容积	1立方米=1000000立方厘米 =27立方市尺 1立方厘米=1000立方毫米 1公升=1000立方厘米 =1000毫升 =1市升 =0.220英加仑	1立方丈=1000立方尺 1立方尺=1000立方寸 1石=10斗 1斗=10升
重　量	1吨=1000公斤 =2000市斤 1公斤=1000克 =2市斤 =2.205英磅 1英磅(常衡)=0.454公斤 =0.907市斤 1普特(俄制)=16.38公斤 =32.78市斤 1盎司(英制，金药制)=31.1035克 =0.62221市两 1克拉=0.2克	1担=100斤 1斤=10两 =0.5公斤 =1.102(英磅) 1两=10钱
其　他	1千瓦=1.36马力	1马力=0.735千瓦

三、符号使用说明

1. “空格”，表示该项统计指标数据为0、缺或无该项统计资料；
2. “#”表示其中项；
3. “*”或“①”，表示本表下有注解。

四、2021年度河北省科学技术奖获奖项目

序号	奖证号	项目名称	主要完成人	奖项
1	2021ZR2001	我国种养系统养分环境排放规律与调控机制	马林(中国科学院遗传与发育生物学研究所农业资源研究中心), 柏兆海(中国科学院遗传与发育生物学研究所农业资源研究中心), 马文奇(河北农业大学), 王梦茹(中国科学院遗传与发育生物学研究所农业资源研究中心), 胡春胜(中国科学院遗传与发育生物学研究所农业资源研究中心)	二等奖
2	2021ZR2002	华北平原包气带-地下水补给过程及其对硝酸盐迁移的作用机制	王仕琴(中国科学院遗传与发育生物学研究所农业资源研究中心), 宋献方(中国科学院地理科学与资源研究所), 袁瑞强(山西大学), 刘丙霞(中国科学院遗传与发育生物学研究所农业资源研究中心), 郑文波(中国科学院遗传与发育生物学研究所农业资源研究中心)	二等奖
3	2021ZR3005	大豆异黄酮微生物转化产物的有氧合成调控及其抗癌作用机制	王秀伶(河北农业大学), 于秀梅(河北农业大学), 赵慧(河北省产品质量监督检验研究院), 梁晓琳(华北制药股份有限公司石家庄(藁城)新制剂分厂), 高丽(山西大学)	三等奖
4	2021ZR3006	基于抗体的水稻蛋白质组学理论与实践	刘国振(河北农业大学), 李莉云(河北农业大学), 窦世娟(河北农业大学), 兰金苹(河北北方学院), 白辉(河北省农林科学院)	三等奖
5	2021ZR3007	超高静压处理协同酶法降低专用大豆分离蛋白致敏性机理研究	李慧静(河北农业大学), 周惠明(江南大学), 朱科学(江南大学), 彭伟(江南大学), 郭晓娜(江南大学)	三等奖

五、2021年度科学技术进步获奖项目

序号	奖证号	项目名称	完成单位	主要完成人
1	2021JB1012	设施用紫圆茄种质资源鉴评及创制和优质高产新品种选育	河北农业大学	申书兴, 陈雪平, 罗双霞, 张巍巍, 轩淑欣, 王彦华, 王利平, 张超, 顾爱侠, 李晓峰
2	2021JB1013	河北省粮食主产区耕地质量提升与养分精准管理技术	河北省农林科学院农业资源环境研究所, 河北省耕地质量监测保护中心, 河北省农业技术推广总站, 河北萌帮水溶肥料股份有限公司	贾良良, 杨云马, 刘克桐, 杨军方, 邢素丽, 郝立岩, 黄少辉, 孙彦铭, 张培, 王学虎
3	2021JB1014	谷子新种质矮88的创制、遗传解析与应用	河北省农林科学院谷子研究所, 中国农业科学院作物科学研究所, 吉林省农业科学院, 赤峰市农牧科学研究所	刁现民, 程汝宏, 智慧, 刘正理, 王根平, 李顺国, 师志刚, 高鸣, 柴晓娇, 贺强
4	2021JB2002	设施蔬菜生态环境智能调优控制技术及装备	石家庄市农林科学研究院, 北京市农林科学院信息技术研究中心	田国英, 吴华瑞, 杨英茹, 朱华吉, 李瑜玲, 陈诚, 缪祎晟
5	2021JB2003	水肥高效广适冬小麦新品种石麦22选育与应用	石家庄市农林科学研究院, 河北农业大学, 河北大地种业有限公司	何明琦, 郭进考, 肖凯, 傅晓艺, 尹宝重, 高振贤, 武金燚
6	2021JB2004	大葱雄性不育系种质资源创制与新品种选育及应用	石家庄市农林科学研究院, 河北农业大学, 河北时丰农业科技开发有限公司	袁瑞江, 王丽乔, 安进军, 冯大领, 杨瑾, 袁林, 孟小莽
7	2021JB2007	北方土石山区退化植被再造与生态修复关键技术研究	中国科学院遗传与发育生物学研究所农业资源研究中心, 河北省科学院地理科学研究所, 中国水利水电科学研究院	曹建生, 阳辉, 朱春雨, 沈会涛, 赵勇, 王志印, 郝小华
8	2021JB2012	中草药在畜禽养殖中应用及疫病防控体系创制	河北科技师范学院, 河北新华科极兽药集团有限公司, 齐鲁晟华制药有限公司, 嘉兴学院	史秋梅, 张志强, 吴同垒, 张瑾, 高光平, 高桂生, 罗俊峰
9	2021JB2016	滨海盐碱土壤生态化改良及高效利用技术研究与应用	河北省农林科学院滨海农业研究所, 中国科学院南京土壤研究所, 唐山曹妃甸区滨海园林绿化工程有限公司	王秀萍, 刘广明, 鲁雪林, 刘雅辉, 薛志忠, 张国新, 张晓东

序号	奖证号	项目名称	完成单位	主要完成人
10	2021JB2026	华北地下水超采区旱作关键技术与模式构建及应用	沧州市农林科学院,中国科学院遗传与发育生物学研究所农业资源研究中心,沧州市农业技术推广站,河北省农业机械化研究所有限公司	阎旭东,黄素芳,董宝娣,潘秀芬,肖宇,徐玉鹏,范国昌
11	2021JB2046	扇贝对虾加工关键技术与装备创新应用	河北农业大学,上海交通大学,秦皇岛市海东青食品有限公司,广东半岛集团有限公司	王颉,张志胜,刘红英,张秀花,桑亚新,弋景刚,张建华
12	2021JB2047	梨品质形成机理及优质高效关键技术	河北农业大学	张玉星,杜国强,张江红,赵书岗,王国英,李英丽,许建锋
13	2021JB2070	设施菜田有机肥增效机制与肥水精准管理技术	河北省农林科学院农业资源环境研究所,中国农业科学院农业资源与农业区划研究所,河北萌帮水溶肥料股份有限公司	王丽英,黄绍文,李若楠,唐继伟,史建硕,郭丽,张怀志
14	2021JB3008	瘠旱山地山楂优良品种选育及提质增效综合配套技术创新与应用	承德市林业和草原技术推广总站,兴隆县林业和草原局	耿金川,金铁娟,赵玉亮,张春博,周立国
15	2021JB3012	毛皮动物精准营养调控关键技术创新与应用	河北科技师范学院,中国农业科学院特产研究所	张海华,钟伟,刘晗璐,冯敏山,李光玉
16	2021JB3032	动物专用新型抗菌药创制关键技术及其在猪感染性疾病中的应用	保定冀中药业有限公司,保定阳光本草药业有限公司	刘波,李伟岭,王武,岳永波,杨芳
17	2021JB3035	山楂全果营养综合利用及精深加工关键技术创新与应用	河北农业大学,承德瑞泰食品有限公司,北京御食园食品股份有限公司	赵文,董立军,高哲,张静,周茜
18	2021JB3036	河北平原大田作物节水减氮技术及应用	河北农业大学	刘玉春,柴春岭,张西平,杨路华,夏辉

序号	奖证号	项目名称	完成单位	主要完成人
19	2021JB3037	猪病毒性腹泻病免疫预防与检测技术研发与应用	瑞普(保定)生物药业有限公司,河北农业大学	左玉柱,刘涛,吴雅清,吕茂杰,刘浩
20	2021JB3049	邯麦 13 号小麦高产高效绿色栽培技术研究集成与示范推广	邯郸市农业科学院	刘保华,苏玉环,刘庆芳,刘红耀,张清华
21	2021JB3051	猪安全环保饲料关键技术的研究与应用	河北工程大学,石家庄飞龙饲料有限公司,石家庄依欣饲料有限公司	王斌,杨俊琦,马兴树,孙占田,谈春季
22	2021JB3066	小麦密行种植技术及装备	河北农业大学,河北农哈哈机械集团有限公司	张晋国,赵金,粘永康,侯玲玲,韩东亮
23	2021JB3069	河北省重要乡土树种种质资源创制与利用	河北省林业和草原科学研究院,河北农业大学,河北工程大学	张鸿景,梁海永,李良涛,程旭,代剑峰
24	2021JB3072	矿物油农药质量控制关键技术开发与应用	河北省农药检定监测总站,农业农村部农药检定所	王雪娟,段丽芳,杨殿贤,许昊,石凯威
25	2021JB3096	水产品中典型兽药残留免疫快速检测技术创建与应用	河北省科学院生物研究所,石家庄市畜产品和兽药饲料质量检测中心,秦皇岛市农产品质量安全检验监测中心	李春生,李玉静,李云,赵义良,桑丽雅
26	2021JB3097	高产抗旱粮饲兼用春玉米新品种中地175选育及应用	河北省农林科学院旱作农业研究所	卜俊周,谢俊良,岳海旺,魏建伟,李媛
27	2021JB3098	番茄灰霉病菌多抗性分子检测及精准减量绿色防控技术研究与应用	河北省农林科学院植物保护研究所,北京工业大学	赵建江,韩秀英,马雪梅,路粉,吴杰
28	2021JB3113	冀西北森林群落特征、生态功能及调控技术研究	河北省林业和草原科学研究院	王超,尤海舟,毕君,于海东,宋熙龙